워싱턴 어빙(1783~1859)

조지 워싱턴(1732~1799) 길버트 스튜어트. 1797. 미국 초대 대통령(1789~97). 어빙이 여섯 살(1789) 때 대통령을 우연히 만났던 장면이 조지 버나드 2세의 수채화로 남아 있다.

워싱턴 어빙의 초상화 존 웨슬리 자비스. 1809.

〈런던의 가정〉 루이 피에르 스핀들러. 1834~36. 활짝 열어젖힌 창문으로 웨스트민스터 사원이 보인다. 1815년 뉴욕을 떠난 어빙은 영국에 머물면서 영국 작가와 출판계에 인맥을 넓히고 《스케치북》 출판을 성사시킨다. 1826년 스페인 주재 미국공사로, 1829년 영국 주재 미국대사 비서로 부임해 미국과 영국 사이 서인도제도 무역협정을 협상하기 위해 일했다. 어빙은 후임대사가 부임한 뒤 뉴욕을 떠난지 17년 만인 1832년 뉴욕으로 돌아간다.

토머스 캠벨(1777~1844) 영국의 시인. 영국에 머물면서 《스케치북》 영국 출판을 모색하던 어빙은 캠벨을 찾아가 협력을 구했다. 그는 선뜻 월터 스콧과 출판업자 존 머레이에게 소개장을 써주었다.

월터 스콧(1771~1832) **경**   헨리 래번. 1822. 영국의 소설가·시인. 캠벨의 도움으로 어빙의 친구가 된 스콧은 《스케치북》
영국 출판을 돕기 위해 출판업자 머레이를 소개하고, 영국 문단의 유명 인사들과 교류하도록 힘써 주었다.

존 머레이(1778~1843) 영국의 출판업자. 어빙의 《스케치북》영국판 출판을 맡아주어 영국 문단에 널리 이름이 알려지게 되었다. 어빙 연구자인 스탠리 윌리엄스는 '어빙은 친구로는 스콧을, 출판으로는 머레이를 얻었다. 그리고 마침내 두 나라 교양 있는 독자들 사이에 큰 명성을 얻었다'고 했다.

▲〈세비야의 금탑〉 데이비드 로버츠. 1833. 스페인 남부 안달루시아 지방. 1826년 어빙은 스페인 주재 미국 공사로 근무하면서 스페인 역사 연구와 더불어《콜럼버스》(1828) 등을 집필했다.

◀어빙이 1829년 머물렀던 그라나다(안달루시아 지방) 알람브라 궁전 이곳에서 영감을 받아《알람브라 궁전》(1832)을 썼다.

그라나다 알람브라 숲속에 있는 어빙의 동상

▲ 서니사이드
1835년 어빙은 뉴욕시 태리타운에 있는 이 집을 사들이고 여기서 집필과 교우도 하며 남은 여생을 보냈다.

◀ 서니사이드
어빙의 연구실

▲ 서니사이드에 모인 어빙과 그의 문학 동인들 크리스천 슈셀. 1864.

▶ 어빙하우스
맨해튼 동쪽 17번가 122. 워싱턴 어빙고등학교 근처의 어빙하우스로 알려진 이 집에는 어빙의 청동 명판까지 붙어 있으며 어빙을 기리는 명소로 알려져 있다(실제로 어빙이 살았다는 증거는 없다).

▼ 청동 명판

프로스펙트 공원(뉴욕시 브루클린 소재) 안에 있는 어빙의 흉상

워싱턴 어빙의 무덤 뉴욕 슬리피 할로우 묘지

NIEUW AMSTERDAM OFTE NUE NIEUW IORX OPT TEYLANT MAN

▲〈뉴암스테르담 광경〉 요하네스 핑분스. 1664. 1609년 영국인 헨리 허드슨의 탐험으로 세워진 허드슨강 유역의 네덜란드 식민지인 뉴네덜란드의 수도. 1624년 이후 맨해튼섬을 중심으로 번영했다. 1664년 영국군에 점령되어 뉴욕이라 개칭되었다.

◀디트리히 니커보커 펠릭스 옥타비우스 카 딜리.《뉴욕의 역사》속표지에 실린 가상의 인물 니커보커, 그가 식민지 뉴욕의 역사를 미주알고주알 재미있게 풀어나간다.

<이카보드 크레인을 뒤쫓는 머리없는 기수〉 존 퀴도, 1858. 어빙의 단편 〈슬리피 할로우의 전설〉에서 영감을 받아 퀴도가 그린 작품.

▶양키 교사 이카보드 크레인 〈슬리피 할로우의 전설〉 삽화. 달리. 어빙은 그를 허드슨강 유역 시골 교사로 묘사했다. 그는 학교 개구쟁이뿐 아니라 마을 사람들에게도 사랑을 받으며 친밀하게 지낸다.

THE

SKETCH BOOK

OF

GEOFFREY CRAYON, Gent.

———

No. I.

"I have no wife nor children, good or bad, to provide for. A mere spectator of
other men's fortunes and adventures, and how they play their parts; which me-
thinks are diversely presented unto me, as from a common theatre or scene."

BURTON.

PRINTED BY C. S. VAN WINKLE,
101 Greenwich Street.
....
1819.

《스케치북》(1819) 초판 속표지 제프리 크레용이라는 필명으로 뉴욕에서 출판했다.

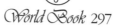

World Book 297

Washington Irving

THE SKETCH BOOK OF GEOFFREY CRAYON, GENT.
스케치북

위싱턴 어빙/강경애 옮김

동서문화사

Illustration : F.O.C. Darley/Smillie(p. 50)/Huntington(p. 145)/Bellows(p. 181)/
R. Caldecott(p. 226, 233, 243, 263, 275, 283)

어빙, 자신을 말하다

내가 머릿속으로 생각하는 것은 호메로스와 마찬가지, 즉 달팽이가 선반에서 빠져나와 두꺼비로 변신해서 앉아 있듯이 사람도 고향을 멀리 떠나 나그네가 되어 떠돌다보면 어느 사이에 기묘하게 바뀌어버린다는 것이다. 따라서 생활양식에 따라 주거를 바꿔, 사람이 살 수 있는 곳이라면 아무리 자기가 원하는 장소가 아니라 해도 머물지 않을 수 없게 된다.

존 릴리의 《유퓨즈》[1]

나는 옛날부터 낯선 곳에 가서 이색적인 사람들을 만나거나 그곳의 풍속과 관습을 관찰했다. 아직 어린아이에 지나지 않았던 시절부터 여행을 하면서, 고향 땅에서도 사람들이 그다지 발길을 옮기지 않는 장소나 미지의 땅을 수없이 탐험하여, 자주 부모님을 걱정시키고 도시 관원들의 주머니를 두둑이 불려주곤 했다. 이윽고 철들 무렵이 되자 나는 관찰 범위를 더욱 넓혀갔다. 그리하여 쉬는 날 오후에는 자주 근교를 돌아다녔다. 덕분에 역사나 전설과 관련이 있는 장소에도 아주 익숙해져서, 살인과 강도 같은 흉악한 사건이 일어난 현장이나 유령이 목격된 장소를 모두 알고 있었다. 또한 인근 마을에 가서는, 그곳에 전해 내려오는 풍속과 관습에 관심을 보이거나, 석학과 명사로 칭송받은 사람들과 이야기를 나누며 지식과 견문을 넓힐 수 있었다. 해가 긴 어느 여름 날, 나는 멀리 나무들이 울창한 언덕 꼭대기에 올라간 적이 있었다. 그곳에서 몇 마일이나 떨어진 곳에 끝없이 펼쳐

---

*1 존 릴리(John Lyly, 1554~1606)는 영국의 엘리자베스 왕조 시대의 대표적인 소설가이자 극작가. 수사학적인 이야기 《유퓨즈》(Euphues, 1578, 1580)로 명성을 떨쳤다.

진 '미지의 나라'를 바라보면서, 내가 살고 있는 이 땅이 얼마나 드넓은지를 실감하며 놀라곤 했다.

주변을 돌아다니는 이 습관은 나이 들수록 더 심해졌다. 그러다가 어느새 항해와 여행에 관한 책이 내 마음을 온통 사로잡아버렸다. 거기에 정신없이 빠져들어 그런 종류의 책을 닥치는 대로 읽느라 학교 정규수업은 완전히 등한시하고 말았다. 날씨가 화창한 날 부두 근처를 어슬렁거리며 산책하다가 먼 이국으로 떠나는 배를 바라보면서 말로 표현할 수 없는 감개에 젖기도 했다. 나는 시야에서 차츰 멀어져가는 돛 그림자에 시선을 모으고 이 대지의 끝을 표류하는 내 모습을 상상해 보곤 했다. 아, 그 일을 얼마나 꿈꾸었던가!

책을 더 많이 읽고 사고력이 높아지자, 이 까닭 모를 막연한 버릇의 정체를 예전보다 더 잘 알 수 있게 되었다. 그리고 그러한 경향은 전보다 더욱더 확고해졌다. 먼저 나는 우리나라의 여러 장소를 찾아다녔다. 내가 단순히 아름다운 풍경만을 접하기 좋아하는 것이라면 굳이 외국까지 나가서 그 소망을 이루려고 하지는 않았을 것이다. 내 조국 미국만큼 풍요롭고 자연의 매력이 가득한 곳은 없기 때문이다. 은을 녹여서 담아놓은 듯한 바다처럼 커다란 호수, 하늘의 밝은 색깔에 물든 여러 산들, 자연스러운 아름다움으로 가득한 매력적인 골짜기, 자연의 정적 속에 울려 퍼지는 거대한 폭포의 굉음, 자연의 늠름함이 느껴지는 푸른 초목이 끝없는 물결을 이루며 펼쳐진 대평원, 엄숙하면서도 조용하고 평온한 느낌을 자아내며 큰 바다로 흘러드는 깊고 넓은 강, 초목이 풍요롭게 우거진 원시림, 여름 구름이 눈부신 햇살의 마법에 불타는 듯이 보이는 하늘. 이처럼 이 땅에 사는 미국인이라면 숭고하고 아름다운 경관을 구태여 다른 나라에서 찾을 필요가 없을 것이다.

그러나 아무래도 유럽의 여러 나라들은 이야기와 시에 노래된 매력적인 정경을 만끽할 수 있는 곳이다. 이를테면, 예술의 걸작과 세련되고 고상한 교양이 넘쳐나는 우아하고 아름다운 사회, 또는 예부터 전해오는 지방의 진기한 민속풍습 등이 그 전형이 될 것이다. 내 조국의 밝은 미래는 젊음과 희망에 차 있지만, 유럽은 이미 성숙기에 이르러 오랜 세월에 걸쳐 쌓인 귀한 보물들로 넘치고 있었다. 그 폐허는 지나간 시대의 긴 역사를 이야기하고 있으니, 무너져가는 돌 하나하나가 저마다의 연대기(年代記)라 해도 괜찮으리라. 나는 역사적 업적으로 유명한 명소와 유적을 찾아가 그 주변을 거닐어보고, 이른바 선인들의 발자취를 더듬어 폐허가 된 성에서 무너
져가는 첨탑을 바라보며 명상에 잠기고
싶었다. 즉, 일상의 평범하고 속된 현실
에서 벗어나 환상 속 과거의 세계에 몸
을 담그고 싶었던 것이다.

나는 또 이외에도 세계의 위인들을
만나보고 싶은 간절한 소망이 있었다.
물론 내 조국 미국에도 위인으로 일컬어지는 사람들이 많다. 사실 그들은 이
나라 곳곳에서 활약하고 있다. 이렇게 말하는 나도, 지난날 그러한 인사들 속
에 섞여 그들을 가까이서 만날 기회가 있었지만, 그 위엄어린 그림자에 거의
압도되고 말았다. 한낱 서민에게 특히 현지의 명사만큼 버거운 존재는 없다. 그
러나 나는 유럽의 위인들을 만나고 싶은 마음이 간절했다. 그 까닭은 이렇다.
여러 철학자들의 책을 되풀이해 읽어보면, 미국에서는 모든 동물이 퇴화하고
있고, 사람도 그 한계를 벗어날 수 없다고 적혀 있다. 그래서 나는 이렇게 생각
했다. 이를테면 유럽의 알프스 봉우리가 뉴욕 허드슨 강 유역의 고지보다 높
은 곳에 있듯이, 유럽의 위인들은 미국의 유명한 인사들보다 더 뛰어난 것이
틀림없다고. 그리고 나는 날이 갈수록 그 생각을 더욱 굳혔다. 우리 가까이에
서 볼 수 있는 수많은 영국인 여행자들은 왠지 모르게 거만하고 거드름을 피
우는 것처럼 보이지만, 그들도 본국인 영국으로 돌아가면 한낱 소시민에 지나
지 않는다는 사실을 알았기 때문이었다. 그래서 나는 이 경이로운 나라를 방
문해 보기로 했다. 그리고 퇴화해 버린 위대한 인종을 내 눈으로 똑똑히 살펴
보리라고 마음먹었다.

마침내 다행인지 불행인지, 나는 떠돌고 싶어 하는 내 자신의 욕망을 충족
시켰다. 나는 유럽 여러 나라를 두루 다니면서 인간들의 세상이 쉴 새 없이 변
하는 모습을 보고 온 것이다. 그렇다고 그 모습을 철학자의 눈으로 사색했다
고는 도저히 말할 수 없다. 오히려 겸손한 그림 애호가가 화랑을 차례차례 들
여다보고 다니듯이, 때로는 미인화에, 때로는 과장되게 표현된 만화에, 또는 멋
진 풍경화에 마음을 빼앗기면서, 느릿느릿하게 시선을 이리저리 돌리며 세상
을 관찰했다는 것이 더 정확할지도 모른다. 아무래도 요즘의 여행자는 연필을
여행 친구로 삼아 온갖 스케치화가 가득한 스케치북을 들고 돌아오는 것이 유

행인 듯한데, 나도 그들처럼 친구들에게 스케치한 것들을 보여주며 즐겁게 대화하고 싶었다. 그런데 그럴 목적으로 빠뜨리지 않고 써두었다고 생각한 비망록과 메모를 훑어보고는 몹시 낙담하고 말았다. 그것은 오로지 나 자신의 게으른 마음 때문이지만, 처음부터 책을 쓰려고 마음먹은 진지한 여행자라면 누구나 잘 생각하고 조사해두었어야 하는 중요한 점을 빠뜨리고 만 것이다. 모처럼 유럽을 여행할 기회를 얻었지만, 자신의 방랑벽에 마냥 내맡긴 탓에 사람들의 눈에 띄지 않는 구석지고 후미진 산골에서 그림을 그리는 풍경화가의 작품 같은 것이 되어버려, 이 책의 내용이 독자 여러분에게 실망을 주지 않을까 걱정이 되기도 한다. 이러한 사정으로 이 《스케치북》에는 시골집, 풍경, 그리고 사람들이 모르는 폐허 같은 것은 많이 그려져 있지만, 산피에트로 대성당*²이니, 콜로세움*³이니, 테르니 폭포,*⁴ 나폴리만*⁵ 같은 명소와 유적은 들어 있지 않으며, 아무리 뒤져봐도 빙하와 화산과 관련된 서술은 전혀 찾아볼 수 없다는 점을 미리 말해둔다.

---

*2 산피에트로 대성당은 바티칸 시국에 있는 세계에서 가장 큰 교회건축으로, 가톨릭교회의 총본산이다. 1984년, 유네스코 세계유산에 등재되었다.
*3 둘레 527미터, 높이 48.5미터 규모의 고대로마의 원형경기장.
*4 이탈리아 중부 움브리아 주에 있는 3단 폭포로 유명한 마르모레 폭포를 가리킨다.
*5 이탈리아 남서부에 있는 만. 나폴리는 "See Naples and then die."('나폴리를 보고 나서 죽어라') 할 만큼 풍광이 아름다운 곳으로도 유명하다.

스케치북

차례

어빙, 자신을 말하다

뱃길 여행

배여, 배여. 네가 바다 한복판에 있다 해도,
나는 너를 찾아낼 것이다.
그리고 너를 찾아가서 묻고 싶다,
너는 무엇을 지키고,
무엇을 기도하는가,
그리고 목적은 무엇인가.
먼 나라에 가서 장사하는 배도 있지만,
조국에 머물며 외국에서 오는 적을 막는 배도 있다.
또 풍요로운 부를 싣고 조국으로 돌아가는 배도 있으리라.
아, 나의 상념이여, 너는 어디로 가고 있는가.

오래된 시

　미국인이 유럽을 방문할 때는 긴 항해를 예상해야 하는데, 때로는 그 자체로 훌륭한 여행 준비가 되기도 한다. 잠시 동안이기는 하지만 그때만큼은 세상의 온갖 번거로운 일을 모두 잊고, 생생하고 신선한 감동을 기분 좋게 느낄 수 있는 절호의 기회이다. 지구를 크게 둘로 나누는 아득하게 넓은 바다는 그야말로 비어 있는 한 장의 새하얀 종이와 같다. 유럽 대륙을 여행하면, 어느새 그 나라의 모습과 사람들의 특징이 다른 나라의 그것과 한데 어우러져 있음을 깨닫게 되는데, 뱃길 여행에서는 그러한 변화의 분위기를 경험하는 일은 없다. 배가 출발한 뒤에 남겨진 고국 땅의 경치가 시야에서 사라지고 나면, 유럽 땅에 발을 들여놓을 때까지 모든 것은 공허에 휩싸인다. 그리고 반대편 해안에 오르자 마자 신기하고 떠들썩함으로 가득한 낯선 세계가 눈앞에 펼쳐진다.
　육지를 여행하면 이런저런 경치들이 시시각각 변화하는 모습이 눈에 들어오고, 또 사람과 사건도 서로 뒤얽힌 채 이어져 우리의 생활이 단절되는 일이 없기 때문에 어느 정도 애틋한 이별의 정을 달랠 수 있다. 한 걸음 한 걸음 나아가는 우리의 여행길은 분명히 '늘어나는 사슬*¹'을 끌면서 걷는 것과 같아서, 그 사슬은 끊어지는 일이 없다. 즉, 연결된 사슬 고리를 하나하나 늘림으로써 다시 본디대로 돌아갈 수 있는 것이다. 그리고 사슬의 마지막 고리는 짐짓 내 몸을 고향땅에 묶어두고 있다고 생각된다. 그러나 바다로 가는 뱃길 여행은 그것과는 느낌이 전혀 다르다. 즉 안전한 정착지에서 멀리 떨어져, 안도감을 느낄 수 없는 불확실한 세계로 내몰리는 듯한 기분이 든다. 그것은 내 멋대로 상상한 이야기가 아니다. 실제로 태풍과 공포, 불안에 노출되어 있어서, 과연 멀리 떨어진 고향으로 다시 되돌아갈 수 있을까 하는 얼마쯤의 불안감을 느끼게 되는 것이다.

적어도 나에게는 그렇게 보였다. 고향 땅이 마침내 한 줄기 푸른 선이 되어 한 점의 뜬구름처럼 수평선 위로 조용히 사라져가는 광경을 눈앞에 보자, 나는 세상 온갖 일이 적혀 있는 책을 덮고 잠시 명상에 잠긴 다음, 다시 다른 책을 펼치려 하는 듯한 기분이 들었다. 이제 막, 나의 시야에서 수많은 그리운 추억으로 물든 고향 땅이 사라지려 하고 있다. 내가 돌아올 무렵, 고향에는 수많은 변화를 거쳤을 수도 있고, 나의 신상에도 여러 일들이 일어났을 수도 있다. 낯선 땅에 일단 발을 들여놓고 나면, 앞날을 모르는 시대의 조류에 휩쓸려 언제 다시 고향으로 갈 수 있을지, 과연 어린 시절에 정들었던 그리운 풍경을 다시 볼 수 있을지, 아무것도 알 수 없게 되고 만다.

이 장의 첫머리에서 바다는 공허하다고 이야기했는데, 그 말을 수정해야 할 것 같다. 즉 백일몽에 잠겨, 공상으로 시간 보내기를 좋아하는 사람에게 뱃길 여행은 많은 것을 명상할 수 있는 절호의 기회가 된다. 그것은 깊은 바다와 푸른 하늘을 둘러싼 놀라움에 대한 것으로, 말하자면 세상의 온갖 일에서 마음을 해방시켜 준다. 나는 날씨가 따뜻할 때는 즐겨 갑판 난간에 기대거나 큰 돛대에 올라가서 몇 시간 동안, 온화한 여름 바다의 너른 품에 안겨 기분 좋게 생각에 잠기곤 했다. 또 수평선 위에 막 모습을 드러낸, 황금빛으로 물든 떼구름

---

*1 '늘어나는 사슬'("a lengthening chain")이란 영국의 시인이자 소설가인 올리버 골드스미스 (Oliver Goldsmith, 1728~74)가 유럽여행 경험에 대해 쓴 장시 《나그네》(The Traveller, 1764)에서 인용했다. "Where'er I roam, whatever realms to see, My heart untravelled fondly turns to thee ; Still to my brother turns, with ceaseless pain, And drags at each remove a lengthening chain."

을 바라보면서 그것을 어느 요정의 나라로 상상하고, 그곳에 내 멋대로 만들어 낸 생물을 살게 하기도 하고, 조용히 다가오는 커다란 파도가 은빛으로 빛나면서 요정의 나라를 향해 천천히 사라져가는 모습을 마음속으로 그려보았다.

나는 어지러울 만큼 높은 곳에서 안도와 경외감이 뒤섞인 감정을 느끼면서, 바다의 깊은 곳에서 춤추고 장난치는 괴물들을 내려다보고 있었다. 뱃머리에는 돌고래떼가 다가와서 희롱하고, 범고래는 그 커다란 몸으로 수면에서 유연하게 헤엄치고, 먹잇감에 굶주린 상어는 마치 원한을 품은 귀신처럼 푸른 바다를 기세 좋게 가로질러 갔다. 나는 상상력을 마음껏 발휘하여 눈 아래 펼쳐지는 넓고 큰 바다의 세계에 대해 지금까지 듣거나 읽은 것들을 떠올려 보았다. 그것은 바닥을 알 수 없는 바다 속 골짜기에서 뛰노는 물고기 떼, 바다 밑 깊은 지층 속에 숨어 있는 끔찍한 괴수, 또는 어부와 선원들의 이야기를 더욱 부풀리게 하는 야생의 괴물들이었다.

때로는 바다 끝까지 미끄러져 들어가는 아득히 먼 돛 그림자가, 밑도 끝도 없는 공상의 또 하나의 주인공이 되기도 한다. 이 세상에서 한낱 나뭇잎 같은 존재에 지나지 않는 이 배가, 지상에서 수많은 인간들이 득실대는 집단 속으로 다시 돌아가기 위해 빨리 달리는 모습은 참으로 흥미롭다. 배는 인간의 발명품 가운데 가장 뛰어나고 멋진 것, 역사에 찬연하게 빛나는 금자탑이 아닐까 싶다. 바람과 파도를 이겨내고 세상의 끝과 끝을 이을 수 있는 도구라고도 할 수 있기 때문이다. 또 남쪽의 호화로운 산물을 거칠고 메마른 땅으로 싣고 가서, 두 지역 사이에 하늘의 은혜로 교역의 길을 열었다. 나아가서는 예지의 빛을 드러내게 하여 문화적인 은혜를 스며들게 할 수도 있었다. 이 바다라는 넘기 어려운 자연의 장벽을 넘어, 세계 곳곳에 흩어져 있는 민족들을 서로 이어주는 데도 크게 이바지했다.

항해 중이던 어느 날, 저 멀리 무엇인가 형체가 뚜렷하지 않은 물체가 떠있는 것이 눈에 들어왔다. 바다 위에서는, 주위의 망망한 경치의 단조로움을 깨는 일이 일어나면, 그것이 어떤 것이든 사람의 주의를 끌게 마련이다. 잠시 뒤, 그것은 배의 돛대임이 드러났다. 그 배는 완전히 난파해 버렸을까. 배의 선원 가운데는 파도에 휩쓸리지 않으려고 죽을힘을 다해 허우적대던 자들도 있었는지, 그런 흔적이 보였다. 즉, 자기 몸을 돛대에 묶었던 손수건이 바다 위에 떠 있었던 것이다. 배의 이름을 알 수 있는 흔적은 아무것도 남아 있지 않았지만,

이 난파선이 몇 달 동안 표류하고 있었던 것은 분명해 보였다. 무엇보다 선체에 조개껍데기가 많이 붙어 있었고, 긴 해초 가닥이 그 양쪽에 달라붙어 바닷물의 흐름에 따라 일렁거리고 있었기 때문이다. 그런데 이 배의 선원들은 도대체 어디로 자취를 감춰버렸을지 나는 생각해 보았다. 힘든 싸움의 시간은 이미 끝나고 그들은 굉음이 울리는 폭풍 속에 내던져져, 오래전에 백골이 되어 바다 속 깊은 곳에서 잠든 것은 아닐까? 쉴 새 없이 으르렁거리는 파도처럼, 침묵과 망각이 그들을 뒤덮어버려 어느 누구도 그 마지막을 이야기할 수는 없었다. 그 배의 소식을 애타게 기다리는 비통한 목소리들이 얼마나 애절하게 탄식을 토해냈을까. 아니면 침울한 얼굴로 가족과 친척들이 쓸쓸한 고향집 난롯가에 모여 어떠한 기도를 올렸을까. 또 연인, 아내, 그리고 어머니들은, 이 바다 속 깊은 곳으로 사라져버린 이들을 찾아 날마다 신문을 얼마나 샅샅이 뒤졌을 것인가. 기대는 사라져 걱정으로 바뀌고, 그 걱정도 공포를 품었으며, 그 공포는 절망으로 떨어지고 말았을 것이다. 아, 슬픔이여! 사랑하는 사람에게는 죽은 사람의 유품 하나 돌아오지 않는다. 오로지 할 수 있는 말이 한 가지 있다면, 배는 항구를 떠나 향해하다가 '그대로 소식이 끊어지고 말았다'는 사실뿐이다.

부서진 그 배의 잔해를 눈앞에서 보았기 때문인지, 늘 그렇듯이 온갖 음산한 소문들이 떠돌기 시작했다. 해질 무렵이 되자, 조금 전까지 조용하고 평안했던 날씨는 어디로 사라져버린 건지 가끔 있는 일이지만, 여름의 잔잔한 항해에 갑자기 먹구름이 몰려오면서 날씨가 거칠어질 낌새가 보이기 시작했다. 승객들은 선실에 켜둔 램프의 어슴푸레한 불빛 주위에 음울하게 모여 앉아, 난파선과 조난에 대해 이야기하기 시작했다. 선장의 이야기는 짧았지만, 나는 다른 어떤 이야기보다 심장이 오그라드는 듯한 충격을 받았다.

"오래 전에 항해하면서 있었던 일입니다." 선장은 이야기를 시작했다. "성능 좋은 튼튼한 배로 뉴펀들랜드의 얕은 여울 부근을 가로질러 가고 있었지요. 그 부근에서는 자주 짙은 안개가 발생하는데, 그래서 한낮인데도 저 멀리 전방의 경치가 흐려져서 아무것도 보이지 않았습니다. 밤이 되자 안개는 더욱 짙어져서, 배의 전체 길이의 두 배 정도밖에 떨어지지 않은 곳도 전혀 알아볼 수 없을 정도였지요. 하는 수 없이 나는 돛대 꼭대기에 등불을 매달고 앞쪽을 지켜보면서, 여울에 닻을 내리고 머물러 있는 소형 어선들을 주시하고 있었습니다. 그런데 공교롭게도 그때 바람이 어찌나 거세게 불던지, 그 바람을 받은 우리 배는 갑자기 맹렬한 속도로 바다 위를 빠르게 내달리기 시작했습니다. 그때 파수꾼이 '앞쪽에 배가 있다!' 하고 큰 소리로 외친 순간, 우리 배는 이미 상대편 배에 올라타고 있었습니다. 그것은 작은 범선이었는데, 뱃전을 이쪽으로 향한 채 닻을 내리고 머무르고 있었지요. 선원들은 모두 잠이 들어 미처 등불 거는 것을 잊었던 것이었습니다. 그러기에 우리 배는 바로 그 한가운데로 돌격하고 만 것입니다. 아무튼 배의 크기와 동력, 중량, 모든 것이 우리 배가 상대를 훨씬 웃돌았기 때문에, 상대의 배는 눈 깜작할 사이에 파도에 휩쓸려 그만 자취를 감춰버렸고, 비정하게도 우리는 그 위를 타넘고 계속 앞으로 나아가는 상황이 되고 말았습니다. 산산조각이 난 선체가 바다 속 깊이 가라앉는 바로 그때, 선실에서 두세 명의 선원들이 웃통을 벗고 뛰쳐나오는 모습이 눈에 들어왔습니다. 자다가 일을 당한 그들의 비명소리가 바람 사이로 내 귀에도 들려왔는데, 그들의 목소리를 실은 바람이 우리 배를 앞질러 버려, 그 슬픈 목소리는 더 이상 들리지 않게 되고 말았습니다. 나는 지금도 그때 그들의 외침소리를 잊을 수가 없습니다. 배의 진로를 바꾸는 데는 꽤 오랜 시간이 걸렸습니다. 그만큼 사나운 속도로 바다를 질주하고 있었으니까요. 그래서 대충 짐작하여 아까 그 배가 머무르고 있던 지점으로 돌아가 봤습니다. 짙은 안개가 시야를 가렸지만 현장으로 짐작되는 곳을 몇 시간이나 돌아보았습니다. 호포(號砲)[2]를 쏘아 신호를 보내면서 생존자의 목소리가 들려오지 않을까 하고 귀를 기울였지만, 주위는 깊은 정적에 싸여 있을 뿐 아무 소리도 들리지 않았습니다. 그 뒤로 그들의 소식은 끝내 들을 수가 없었습니다."

솔직하게 말하면, 이 이야기를 들은 나는 한동안 우아한 공상 따위는 즐길 수 없게 되고 말았다. 밤이 되자 폭풍은 더욱 거칠어져, 바다는 미친 듯이 날뛰어 무시무시한 혼돈에 휩싸이고 말았다. 광기에 찬 물마루가 끔찍한 소리를 내면서 부서지고, 깊은 바다가 서로를 부르고 응답했다.[3] 이따금 머리 위로 몰려드는 칠흑 같은 떼구름이 번개의 섬광에 찢어지지나 않을까 하는 생각이 들 정도였다. 번개가 거품이 이는 바다에서 몸을 한번 뒤튼 뒤에는 더 끔찍한 암흑이 덮쳐왔다. 또 천둥이 미쳐 날뛰는 바다 위에서 포효하자, 집채만한 파도에

---

*2 군대에서 신호로 쏘는 총이나 대포.
*3 이 표현은 구약성서의 《시편》 42편 7절 속의 "Deep calleth unto deep at the noise of thy waterspouts ; all thy waves and thy billows are gone over me."에서 비롯된다.

메아리쳐 그 여운은 언제까지나 사라지지 않고 맴돌았다. 이렇게 발광하는, 동굴 같은 파도 속을 배가 뒤집힐 듯이 빠르게 달려가는 모습을 보면, 그것이 균형을 되찾아 부력을 유지한 채 앞으로 나아가고 있는 것이 기적처럼 생각되었다. 무엇보다도 활대는 바닷물에 잠기고 뱃머리도 거의 파도에 잡아먹힐 듯한 상태였기 때문이다. 이따금 크나큰 파도가 덮쳐오면 배가 곧 뒤집힐 것만 같았지만, 노련한 키잡이 덕분에 겨우 위기에서 벗어날 수 있었다.

선실로 돌아가서도, 그 무시무시한 광경이 나의 뇌리에 달라붙어 좀처럼 떨어지지 않았다. 돛댓줄을 부르르 울리는 바람소리가 장례식 때 터져 나오는 흐느낌소리 같았다. 파도가 출렁이는 바다를 배가 어렵게 나아갈 때, 돛대가 삐걱거리는 소리와 신음하는 듯한 선실 내벽의 소리에 나는 등줄기가 얼어붙는 듯한 공포를 느꼈다. 거친 파도가 뱃전에 부딪치는 소리가 바로 귀밑에서 울릴 때는, 마치 죽은 사람의 영혼이 떠다니는 감옥 주위를 헤매며 미친듯이 먹잇감을 찾는 것처럼 생각되었다. 못이 하나라도 풀려 널빤지 이음매가 벌어지기라도 하면, 그곳으로 죽은 영혼이 비집고 들어오지 않을까 하는 두려운 생각까지 들었다.

그런데 날이 개어 바다가 잔잔해지고 순풍을 받기 시작하자, 신기하게도 그런 음울한 생각은 눈 깜짝할 사이 어디론가 사라져 버렸다. 항해할 때 날씨가 맑고 순풍을 받으면 금세 쾌적해져서 기분이 좋아진다. 배가 돛을 모두 올려, 돛마다 바람을 잔뜩 품고 순조롭게 바다를 나아가는 모습을 보노라면, 얼마나 고상하고 위풍당당한가. 그야말로 바다의 왕자 같은 풍격이라 할 만하다.

뱃길 여행에 얽힌 공상만으로도 책 한 권을 쓸 수 있을지도 모른다. 그도 그럴 것이 나에게 뱃길 여행은 끊임없는 공상의 연속이기 때문이다. 그러나 이제 곧 도착할 시간이 다가온 것 같다.

태양이 찬란하게 빛나는 아침이었다. 어느 순간 돛대 꼭대기에서 "육지다!" 하는 가슴 뛰는 외침이 들려왔다. 처음으로 유럽대륙의 웅장한 모습이 눈앞에 다가온 순간, 미국인의 가슴 속에 어떠한 깊은 감개가 끓어오르는지는 그것을 겪어본 사람이 아니면 아무도 상상하지 못하리라. 유럽이라는 말만 들어도 온갖 상념들이 꼬리에 꼬리를 물고 떠오른다. 유럽은 희망의 땅, 어린 시절에 들어서 알고 있었던 것과 이제껏 배워온 것들이 가득 담겨 있는 땅이다.

그 육지가 눈에 들어온 순간, 그때는 모든 것이 열광적인 흥분으로 끓어오른다. 거인처럼 연안을 떠다니고 있는 군함과, 해협으로 삐죽 나와 뻗어 있는 아일랜드의 곶, 그리고 떼구름을 뚫고 늠름하게 솟아 있는 웨일스의 산들. 그 모든 것들에서 강렬한 흥미가 솟구친다. 머지 강*4을 거슬러 올라갈 때, 나는 망원경으로 연안을 주의깊게 살펴보았다. 그리고 기쁨에 벅찬 눈길로 깔끔하게 다듬어진 떨기나무 숲과 파릇한 잔디의 아담한 시골집을 바라보았다. 덩굴이 뒤엉켜 있는 무너져가는 사원의 폐허와 그 부근의 언덕 위로 솟아 있는 마을 교회의 첨탑도 보았다. 하나같이 영국의 특징을 여실히 보여주고 있었다.

조류와 바람의 방향이 매우 순조로워서 얼마 지나지 않아, 우리가 탄 배는 부두에 닿을 수 있었다. 그곳은 마중 나온 수많은 사람들로 발 디딜 틈 없이 복작거렸다. 특별한 볼일도 없이 막연히 그 풍경을 바라보는 사람이 있는가 하면, 곁눈질도 하지 않고 묵묵히 친구와 친척이 도착하기만을 기다리는 사람도 있었다. 그들 속에서 뱃짐을 기다리는 상인의 얼굴도 알아볼 수 있었다. 금을 감정하고 있는 듯한 표정과 초조해하는 기색으로 그것을 알 수 있었다. 그는 두 손을 주머니에 찔러 넣고, 생각에 잠긴 기색으로 휘파람을 불면서 주변을 어슬렁거렸다. 군중은 이때만은 그 사나이에게 경외심을 나타내며, 그가 지나갈 수 있도록 살짝 길을 비켜주었다. 해안과 배 사이에서는 서로를 알아본 친구들이 서로 인사를 나누는 기쁨에 찬 정경들이 자주 보였다. 그런 혼잡 속에서 한 젊은 여성이 내 눈길을 끌었다. 소박한 차림새이지만 그 움직임이 내 눈을 사로잡은 것이다. 그녀는 군중 속에서 몸을 내밀고 해안으로 다가오는 배를 간절한 눈빛으로 바라보며 기다리는 사람의 얼굴을 초조하게 찾고 있었다. 그러다가 낙담한 듯 안절부절못하는 표정이었는데, 바로 그때 금방이라도 꺼져버릴 듯한 목소리가 그녀의 이름을 불렀다. 그것은 항해하는 내내 병에 시달리며 모든 승객의 동정을 불러 일으켰던 그 선원의 비장감 어린 목소리였다. 그 선원은 배에 탄 사람들의 배려로 날씨가 좋을 때는 갑판의 그늘진 장소를 찾아서 매트 위에 누워 있었는데, 그 무렵 병세가 매우 빠르게 나빠져 해먹으로 옮겨진 뒤 병상에 누워 매우 고통스러워하고 있었다. 그는 죽기 전에 사랑하는 아내를 한번만이라도 보고 싶다는 마지막 소원을 계속 입속으로 중얼거리고 있

*4 머지 강(River Mersey)은 잉글랜드 북서부(맨체스터와 리버풀 주변)를 흐르는 강. 산업혁명의 영향을 받아 어빙이 영국에 머물렀을 무렵에는 그 유역 물이 심하게 오염되었지만, 1985년부터 머지 강 유역의 재생사업이 실시되었다.

었다. 우리 배가 머지 강을 거슬러 올라가는 동안, 그는 사람들의 부축을 받아 갑판에 올라가 이제 돛댓줄에 몸을 기대고 쉬고 있었다. 그의 얼굴이 초췌하고 헬쑥해진 데다 몹시 여위었기 때문에 사랑하는 아내가 그를 알아보지 못한 것도 무리가 아니었다. 그러나 그의 목소리가 그녀의 귀에 이르자 그 눈은 당장 그를 알아보고, 곧 남편의 비참한 모든 상황을 파악한 모양이었다. 그녀는 두 손을 꼭 쥔 채 가냘프게 비명을 지른 다음, 말없이 고통스러운 모습으로 두 손을 맞잡고 그 자리에 가만히 서 있었다.

　모두들 바삐 서둘렀다. 그러자 주위에는 온통 시끌벅적한 광경이 펼쳐졌다. 사랑하는 사람들이 다시 만남을 기뻐하고, 친구들이 반가운 인사를 나누고, 상인들은 상담을 시작했다. 나 혼자만 아무것도 할일이 없었다. 친구가 있는 것도 아니고 이국땅에서 환영받을 이유가 전혀 없었다. 그렇게 나는 선조들 땅의 흙을 밟았다. 그러나 나는 이 땅에서는 이방인이라는 사실을 실감하고 있었다.

로스코 씨에 대하여

인류를 위한 봉사라는 이름 아래
이 세상의 수호신이 되어,
끊임없이 용감한 열정을 기울여 의로운 용기의 불길을 태우며,
땅에 엎드린 무리를 짓밟고,
우리를 영원히 빛나게 해 주는 것,
그것이야말로 삶이다.

제임스 톰슨[*1]

다른 나라에서 온 여행자가 리버풀에서 맨 처음 안내받는 장소는 아마도 애서니엄[*2]일 것이다. 자유롭고 현명한 계획 아래 지어진 곳으로, 그 안에는 훌륭한 도서관과 널찍한 열람실이 있어, 이 지역의 문학 애호가들이 모여드는 휴식의 장소가 되었다. 언제 어느 때 누가 그곳을 방문해도, 진지한 얼굴로 신문을 읽고 있는 사람들을 보게 된다.

예전에 학식이 풍부한 문학애호가들이 모이는 이 장소에 찾아갔을 때 내 주의를 끈 인물이 있었다. 그때 막 열람실에 들어가고 있던 한 남자였다. 그는 키가 큰 노신사였으며 젊은 시절에는 풍채가 좋았을 것으로 짐작되지만, 나이 탓인지 아니면 이런저런 고생을 거듭했기 때문인지 허리가 조금 구부러졌다. 그는 고대 로마인 같은 기품이 감도는 용모를 지녔고, 그 얼굴은 화가가 본다면 눈물을 흘리며 기뻐할 정도로 아름답고 단정했다. 미간에 조금 깊이 패인 주름

─────────────

*1 제임스 톰슨(James Thomson, 1700~48). 스코틀랜드의 시인. 대표작으로 자연시 《사계》(The Seasons, 1730) 등이 있다.

*2 1797년 11월 22일에 '신사클럽'(Gentlemen's Club)이라는 명칭으로 리버풀에 창설되었다. 그 무렵 회원으로는 이 이야기의 주인공 윌리엄 로스코와 '닥터 던컨'(Doctor Duncan)이라는 애칭으로 알려진 저명한 리버풀의 의사 윌리엄 H. 던컨, 그리고 1902년에 노벨생리의학상을 수상한 로널드 로스 등이 있었다.

이 오랜 마음의 번민을 이야기해주는 것 같았다. 그래도 그의 눈동자에는 아직도 시적인 영혼의 불꽃이 일렁이고 있어, 주위에 바쁘게 오가는 사람들과는 어딘지 모르게 다른 분위기를 느끼게 했다.

내가 그에게 이름을 묻자, 로스코라고 대답했다. 그 말을 듣고 나는 나도 모르게 외경심을 느끼며 주춤거렸다. 그도 그럴 것이 그 인물은 세상에 널리 알려진 작가였다. 그처럼 유명인의 이름은 세계 구석구석까지 널리 알려져 있었으므로, 미국의 촌구석에 살고 있었던 나조차도 잘 알고 있었다. 나의 고국 미국에서는 유럽에서 활약하는 작가들에 대해서는 그 저작을 통해서만 알고 있다. 그러므로 그러한 작가들이 다른 여느 서민과 마찬가지로 하찮은 세상사에 얽매어 고달픈 뜬세상의 길목에서 수많은 속인들과 함께 복작거리고 있을 줄은 꿈에도 상상하지 못했던 것이다. 그들은 우리의 마음속에는 언제나 한결같이 뛰어난 존재로서, 문학적 영광의 빛을 받아 천재라는 그 이름을 환하게 빛내고 있었다.

그것과 아울러 명문 메디치 집안*3의 흥망에 대해 쓴 멋스럽고 우아한 그 역사작가가 시끄러운 상업주의에 물들어 있는 것을 보았을 때, 나의 시적인 상상력은 큰 충격을 받았다. 그러나 로스코 씨가 놓여 있는 상황과 처지에, 그에게 최대의 존경심을 표해야 할 이유가 숨어 있는 것이 아닐까. 불우한 처지에서 몸을 일으켜 인생의 수많은 장애물을 제거하고 외롭지만 아무도 밟지 않은 길을 개척하여, 남의 힘에 기대지 않고 자기를 확립한 사람들의 궤적을 더듬는 일은 참으로 흥미롭다. 어쩌면 신은 나면서부터 평범한 재능을 키워 어엿한 한 사람으로 거듭나고자 하는 인간의 노력을 방해하는 데서 기쁨을 얻는 것은 아닐까. 그리고 우연히 태어난 천재에게 간직된 활력과 화려함을 칭송하고 있는 것이 아닌가 하는 생각이 든다. 신은 천재라는 씨앗을 뿌리고서 나머지는 바람에 맡겨버린다. 그러면 어떤 씨앗은 황무지에 떨어져 싹이 아예 말라버리고, 어떤 씨앗은 가시밭길에 떨어져 어린 싹에 상처를 입고 만다. 그러나 그 가운데에는 바위 사이의 비좁은 틈새에 뿌리를 내려, 찬란하게 빛나는 햇살을 한 몸에 받는 것도 있다. 그것은 이윽고 불모의 땅을 푸른 초원으로 되살려 이루 말로 할 수 없는 모든 아름다운 풍경을 만들어낸다.

---

*3 메디치 집안은 막대한 재력으로 이탈리아의 르네상스 문화를 실질적으로 지원했고, 은행가와 정치가로도 이름을 널리 날렸다.

로스코 씨의 경우도 그와 같았다. 그가 태어난 곳은 분명히 문학적 요소를 기르는 장소가 아니라 저잣거리 한복판이라는 비천한 환경이었다. 자산도 인맥도 없고, 하물며 그를 후원하는 사람도 없었다. 따라서 로스코 씨는 자기 스스로 북돋우고 향상시켜, 끈기 있게 격려하고 지원하면서 거의 독학이라고 할 수 있는 삶을 끝까지 밀고 나간 끝에 그 모든 어려움을 이겨냈다. 그리하여 아무리 눌러도 눌리지 않는 높은 위치를 차지하기에 이르러, 유력한 명사의 한 사람으로서 세상에 이름을 알리게 된 것이다. 그리고 그는 그 뛰어난 재능과 영향력을 행사하여 고향의 발전에 기여하고 환경을 위해 노력했다.

사실 내가 이 인물에게 가장 큰 관심을 느끼는 까닭은, 그의 성격에서의 마지막 특성 때문이다. 내가 특별히 그를 나의 고국 미국에 소개하고 싶어 한 이유는 바로 거기에 있다. 아무리 문학적인 공적이 뛰어난 로스코 씨라 해도, 지식인들로 넘쳐나는 영국 안에서는 결국 많은 유명한 작가들 가운데 한 사람일 뿐이다. 그러나 일반적으로 다른 유명한 작가들의 경우, 자신의 명성을 좇거나 환락의 포로가 되어 살아가거나 둘 중 하나인 것이다. 그들의 사생활은 세상에 아무런 교훈도 주지 않을 뿐만 아니라, 인간의 취약함을 안고 모순을 지닌 굴욕적인 모습이라 해도 무방하리라. 특별히 뛰어난 인사라 해도 고작해야 바쁘고 번거로운 일상과 평범한 현실에서 벗어나, 문인에게 흔한 일이듯 지적이기는 하지만 배타적인 환경 속에서 오로지 홀로 편안함과 즐거움에 빠져 있는 것이다.

이에 비해 로스코 씨는 재능 있는 사람이 가진 특권행사를 요구하지도 않고, 또 사상의 낙원과 몽상의 극락세계 속에 칩거하지도 않으며, 인간세상의 큰길로 나아가 지친 순례자와 나그네의 심신을 달래주기 위해 길가의 나무 아래 쉼터를 마련하고, 노동자가 하루의 먼지와 오염을 털어내고 열기에 달아오른 몸을 식힐 수 있도록, 살아 있는 지식의 물을 마실 수 있는 맑고 깨끗한 샘을 파면서 오로지 선행에만 힘쓰고 있었다. 그의 '일상생활 속에는 아름다움'[4]

---

[4] 이 표현은 셰익스피어의 《오셀로》 제5막 제1장에서 인용한 구절이다.

Iago : I have rubb'd this young quat almost to the sense. /And he grows angry. Now, whether he kill Cassio. /Or Cassio him, or each do kill the other. /Every way makes my gain : live Roderigo./He calls me to a restitution large /Of gold and jewels that bobb'd from him. /As gifts to Desdemona ; /It must not be : if Cassio do remain. /He bath a daily beauty in his life /That makes me ugly ; and, besides, the Moor /May unfold me to him : there stand I in much peril : /No, he must die,

이 숨어 있었던 것이다. 그것을 접하는 사람은 똑같이 깊은 생각과 덕망을 갖춘 인물이 될 수 있다. 그의 삶의 방식은 누구도 흉내낼 수 없는 것이기에 쓸데없이 숭고한 것처럼 생각되기 쉽지만, 사실은 그런 것이 아니라 적극적으로 나아가는 기상이 풍부하면서도 단순하여 누구나 본받을 수 있는 덕성을 보여준다. 따라서 사람은 누구나 노력 여하에 따라 그의 영역에 다다를 수 있지만, 유감스럽게도 그것을 실행에 옮기는 사람은 거의 없다. 만일 그것을 실천했더라면 이 세상은 벌써 낙원으로 바뀌었을 것이다.

그러나 로스코 씨의 사적인 생활에는 매우 젊고 바쁜 모습을 보여주는 미국 시민들의 관심을 받을 만한 가치가 있었다. 나의 고국 미국에서 문학과 예술은 나날의 생활에 필요한 볼품없는 풀꽃과 함께 꽃을 피우고 열매를 맺지 않으면 안 된다. 그리고 그 발달을 촉진시키기 위해서는 시간과 부를 투자하고, 귀족들의 은혜를 받는 것이 아니라 공공심이 높은 지식인이 아무리 세속 일에 쫓기더라도 틈틈이 문예의 향상을 꾀하는 일에 노력을 기울여야 한다.

로스코 씨가 몸으로 보여준 것은, 과연 유능한 인물이 여가를 이용하여 사회에 얼마나 이바지할 수 있는가, 또 얼마나 완벽한 형태로 주변의 사물에 대해서도 감명을 줄 수 있는가 하는 것이었다. 고전적인 위인의 전형으로서 그가 존경하고 사랑했던 메디치 집안의 로렌초*5처럼, 로스코 씨도 자신의 경력을 고향의 역사 속에 끼워넣어 그 명성의 기초를 닦고, 그것을 자신의 덕목의 기념비로 삼았다. 리버풀의 어디에 가더라도 윤택한 향기가 감도는 우아하고 진보적인 그의 발자취를 느낄 수 있는 것은 바로 그 때문이다. 그는 상업상의 교역으로만 흘러가는 부(富)의 흐름을 문학의 꽃밭으로 바꾸고, 그것을 윤택하게 가꾸었다. 그리고 스스로 모범을 보이면서 끊임없이 노력하여 상업적인 사상과 지적인 영위의 융합을 꾀했는데, 그것은 최근의 책 속에서도 놀라운 웅변으로 서술되어 있다. 즉, 로스코 씨는 얼마나 유연하게 그 둘을 조화시키고 서로에게 이익을 가져다 줄 수 있는지를 증명한 것이다. 이로써 문학과 과학의 목적을 담당하는 고귀한 연구기관은 리버풀에 높은 평가를 주는 동시에 민중의 마

But so : I hear him coming.

*5 로스코는 《로렌초 데 메디치의 생애》(The Life of Lorenzo de' Medici)를 1796년에 썼다. 참고로 로렌초 데 메디치(Lorenzo de' Medici, 1449~92)는 이탈리아 르네상스기를 대표하는 메디치 집안의 주인. 정치가로도 유명했고, 그 무렵 문예가의 기능을 옹호한 인물로 알려져 있다.

음도 북돋웠는데, 그 대부분의 기관은 로스코 씨가 창설한 것이며, 그 모든 것이 오늘날까지 이롭게 유지되고 있다. 수도 런던과 상업상의 중요성을 다투려하는 리버풀이 빠르게 번영해가는 것을 생각하면, 로스코 씨는 민중 사이에 지적 향상이라는 야심을 일깨움으로써 영국 문학에 두드러진 기여를 했다고할 수 있다.

나의 고국 미국에서 로스코 씨는 문학가로 알려졌을 뿐이지만, 리버풀에서는 은행가로 이름을 떨친 인물이다. 들은 바에 따르면, 아무래도 그와 관련된 사업이 불운에 처해 있었던 것 같다. 그래서 부유층 사이에서는 그를 동정하는 사람들도 있었던 듯하지만, 나는 그에게 동정심을 품을 수가 없다. 그는 사람들에게 동정을 받을 인물이 아니라고 생각하기 때문이다. 이 세상의 굴레 속에 살고 있는 사람들은 불운의 그림자가 드리워지면 의기소침해지기도 하겠지만, 로스코 씨 같은 인물은 어려운 처지에 빠진다 해도 절대로 낙담하지 않는다. 그는 그러한 어려움을 만나면, 오히려 자기 속에 있는 지적 재산과 손잡고 자신의 사상을 좋은 친구로 삼는다. 세상의 뛰어난 인사들도 자칫하면 게을러지고 자칫 밖에서 저속한 사교장을 찾게 마련인데, 로스코 씨에게는 고독을 무너뜨리지 않는 고결함이 갖춰져 있었다. 그는 옛사람과 후대 사람들에게 에워싸여 살고 있었던 것이다. 즉, 집 안에만 틀어박혀 독서에 빠져 감미로운 한때를 누리는 것은 옛사람과의 교감이고, 미래에 획득할 명성을 위해 고상한 소망을 품는 것은 후대 사람과 함께 살아가는 일이다. 이와 같이 마음의 고독 속에서 피어나는 기쁨만큼 좋은 것은 없다. 그때 찾아오는 고상한 명상은 뛰어난 인사에게 걸맞은 영양이 풍부한 은총이다. 말하자면 만나*6처럼 천상에서 지상의 황야에 내려온 은혜 같은 것이다.

그런데 이 일에 대한 흥분과 감동이 채 식기도 전에, 나는 운 좋게도 로스코 씨의 모습을 더듬어볼 수 있는 기회가 있었다. 어느 신사와 함께 마차를 달려 리버풀 근교를 구경하고 있었을 때였다. 그는 갑작스럽게 마차를 돌려 문을 빠져나간 뒤, 화려하게 꾸며진 장소에 들어갔다가 잠시 뒤, 우리는 그리스풍으로 지은 드넓은 저택에 도착했다. 순수한 취미라고 말하기는 어렵지만, 어딘지 모르게 깊이 있는 우아한 분위기를 풍겼으며 어디를 돌아봐도 흠잡을 데가 없

*6 구약성서 출애굽기 제16장에서, 이스라엘 민족이 황야를 방황하며 굶주리고 있었을 때 하느님이 준 음식.

었다. 거기서부터 멀리 떨어져 있는 멋진 잔디밭은 참으로 아름다웠고, 곳곳에 나무들이 우거져 있어서 자연미가 넘치고 날씨가 따뜻할 뿐만 아니라 변화가 풍부한 전원 풍경이 펼쳐져 있었다. 잉글랜드 북서부의 숲으로 에워싸인 드넓고 조용한 목초지 안으로 흘러드는 머지 강이 눈에 들어왔다. 그리고 아득히 먼 저편에는 구름과 어울어져 있는 웨일스 산들이 아련한 수평선에 맞닿아 있었다.

그곳은 로스코 씨가 한창 세력을 떨쳤던 시절에 가장 좋아했던 거주지였다. 옛날에는 손님의 마음을 부드럽게 녹여주는 우아한 접대 장소인 동시에, 은퇴한 뒤에 문예의 세계에 잠길 수 있는 조용한 장소이기도 했다. 그런데 그 저택도 이제는 쇠퇴하여 한산하기만 했다. 앞에서 말한 멋진 잔디밭이 바라보이는 서재의 창문으로 눈길을 돌렸지만 창문은 모두 닫혀 있었고, 지난날 서가에 가득 진열되었던 책들은 하나도 없었다. 그 주위를 어슬렁거리던 인상이 그리 좋지 않은 사람들이 몇 명 있었는데, 아마도 집행관이 아닐까 하는 생각이 들었다. 이를 달리 말하자면 오래된 샘을 찾아갔더니 지난날에는 조용한 나무 밑에서 맑은 물이 샘솟고 있었는데, 세월이 흐른 지금은 물이 말라 먼지로 뒤덮였고, 도마뱀과 두꺼비가 부서진 대리석 위에 앉아 있는 광경과 비슷할 것이다.

나는 로스코 씨 책들의 행방을 물어보았다. 그 책들은 거의 다 외국 희귀본이었는데, 그가 이탈리아 역사를 쓸 때 그 속에서 필요한 자료를 많이 꺼내어 참고했다. 그런데 유감스럽게도 그 장서들은 매수인에게 경매되어 여러 곳으로 흩어지고 말았다 한다. 훌륭한 호화선이 암초에 부딪쳤을 때를 가정해보면 이해가 될 것이다. 가까이 있던 사람들이 배 주위로 몰려와서 그 속의 물건들을 빼앗는 모습과 비슷하기 때문이다. 만일 그런 광경에서 우스꽝스러운 모습을 상상하는 것이 허락된다면, 정체를 알 수 없는 낯선 물질이 학문 영역에 침입하는 기괴한 정경을 상상해 보는 것이 어떨까. 또는 소인국 인간들이 거인의 무기창고를 털어 절대로 사용할 수 없는 무기를 차지하려고 노리는 장면, 또 옛날 고풍스러운 느낌의 표지나 가장자리에 금박을 입힌 호화본에 대해 사기꾼 같은 사람들이 이마에 주름을 잡으며 값을 매기는 우스꽝스러운 광경, 나아가서는 블랙레터[7]라는 고딕체로 쓴 책을 가까스로 손에 넣어, 없는 지혜를 짜내

---

*7 블랙레터는 고딕체 등을 바탕으로 한 15세기 무렵 유럽의 손글씨와 초기 인쇄본에서 볼 수 있었던 글꼴이다.

며 읽어보려고 하지만 도무지 그 내용을 이해할 수 없어 곤혹스러워하는 구매자, 이러한 예를 머릿속에 떠올려 보면 될 것이다.

로스코 씨의 불행한 인생에는 아름답고 학식이 뛰어난 사람의 마음을 뒤흔드는 사건이 있었다. 어쩔 수 없이 가진 책들을 팔아버린 일이 그의 흔들리는 감정을 건드렸는지, 그는 처음으로 시의 신 뮤즈의 자비 속에 시심이 깨어남을 느꼈다. 맑고 깨끗한 사색과 순수한 시간 속에 함께 한때를 보낼 조용하고 웅변적인 친구라면 그것은 책일 테지만, 사람이 어려운 처지에 빠졌을 때 과연 책이 얼마나 소중한 존재인지 알고 있는 사람은 학자밖에 없지 않을까? 우리 주변에 여기저기 흩어져 있는 세속적인 사물들이 쓸모없는 것으로 바뀌어가는 가운데도 책만은 변함없는 가치를 지닌다. 친구들이 냉정해지거나 가까웠던 사람들이 서서히 거리를 두기 시작하여, 그들과 어색하게 이야기하는 단계에 이르러서도, 책만은 좋은 시절의 모습을 간직한 채 기대와 희망을 저버리지 않고 인생의 슬픔과 설움을 위로해 주는 참된 친구이다.

나는 감히 비난할 생각은 없지만, 실제로 만일 리버풀 시민이 로스코 씨와 그들 자신에 대해 적절한 배려를 했더라면, 로스코 씨의 장서가 그런 식으로 팔려나가지는 않았을 것이다. 그때의 사정에는 나름대로 세속적인 이유가 있었겠지만, 한때의 변덕으로 생각되는 다른 이유를 핑계삼아 그것과 다투기는 어렵다. 다만 일상에서는 그러한 장면과 맞닥뜨리는 일은 좀처럼 없다고 생각되지만, 이때야말로 리버풀 시민들은 따뜻하고 신중하게, 또 재빨리 동정심으로라도 불행한 처지에 고뇌하는 그의 숭고한 정신을 위로해야만 했다. 그러나 나날의 생활 속에 천재가 섞여든다 해도, 그를 알아보고 정당하게 평가하는 것이 얼마나 어려울지 쉽게 상상할 수 있다. 천재도 평범한 사람과 섞여 있으면 여간해서 분간할 수 없는 법이다. 우리는 천재가 지닌 위대한 자질을 진기하게 생각하지 않고 그다지 주의를 기울이지도 않는다. 즉, 고상한 인물도 그 바탕을 이루는 것은 이 세상의 누구나 공유하고 있는 보통 요소이며, 우리는 그것에 완전히 익숙해져 버렸기 때문이다. 로스코 씨의 고향에서는 그를 단순한 실업가로 여기는 사람도 있고, 또는 정치가로서 그의 유능함을 칭찬하는 사람도 있다. 그러나 대부분 사람들은 그가 자신들과 마찬가지로 평범한 직업을 가지고 있다고 믿고, 오히려 자신들이 세상을 더 잘 알고 있다고 생각하기도 한다. 선량하고 꾸밈이 없는 순박한 성격, 그러한 속성이 그의 진정한 우월성에 말로 표현할 수 없는 기상을 보여 주고 있었지만, 오히려 그것이 그를 가볍게 보이게 하는 이유가 되었던 것 같다. 진실로 훌륭한 인물은, 늘 빛을 발하면서도 쓸데없는 오만을 부리지도 않지만, 그들은 그것을 모른다. 그러나 리버풀에 대해 이야기하는 문인은 그곳이 로스코 씨가 살았던 곳이라고 거리낌 없이 말한다. ─학식이 풍부한 여행자라면, 어디에 가면 로스코 씨를 만날 수 있는지 물어본다. ─이 지역에서 로스코 씨는 말하자면, 문학의 이정표이다. 그가 리버풀이라는 지명을 아득히 먼 곳의 학도들에게까지 알린 공로를 잊어서는 안 될 것이다. 그는 알렉산드리아의 폼페이 기둥*8처럼 홀로 지난날의 영화를 가슴에 간직한 채 우뚝 솟아 있다.

다음에 기록하는 소네트는 로스코 씨가 자신의 책들을 팔 때 노래한 것으로, 앞에서도 잠시 말한 바 있다. 만일 여기에 표현된 순수한 감개와 숭고한 사상에 무언가 깊은 의미가 있다면, 그것은 이 소네트의 전편이 공상의 산물이 아니라 로스코 씨 본인의 참다운 심정에서 드러난 언어, 즉 심정 바로 그 자체이기 때문이리라.

　　나의 애서(愛書)를 보내다

　　나의 친구와 헤어져야 할 운명이 다가와
　　슬픈 이별 속에서도 희망을 버리지 않고,
　　언젠가 다시 만나 이야기하자고 약속하며
　　그 미소를 다시 만날 수 있기를 기대하노라,
　　그리하여 가슴을 찢는 듯한 고통이 나아지리니.

　　사랑하는 친구여, 예술의 장인이여,
　　그 옛날 나의 지루한 시간을 달래주고
　　모든 인고를 어루만져준 예지의 스승이여,
　　오늘, 그대와의 괴로운 이별을 힘겨워하면서도
　　내 마음은 위축되지 않으리니.

---

*8 로마황제 디오클레티아누스가 서기 292년에 세운 것으로, 기둥 높이는 30미터, 둘레는 8미터, 재질은 아스완 붉은 화강암이다.

어느새 세월이 흘러
옛날보다 즐거운 계절이 찾아와,
그대와의 신성한 우정이 되살아나느니.
그때 대지를 떠나, 끝없는 힘에 의해
마음과 마음이 굳게 맺어져 다시 만날 친구여,
두 번 다시 헤어지지 않으리라.

아내

바다 속 깊이 잠든 보물도,
아내의 사랑에 안긴 남편의 포근한 위안에는 미치지 못한다.
그 집에 가까이 다가가기만 해도
행복의 향기가 나의 후각을 간질인다.
결혼이 뿜어내는 향기는 얼마나 감미롭고 정다운가,
제비꽃밭의 향내도 그것에는 미치지 못하리.

토머스 미들턴[*1]

나에게는, 견디기 힘든 더할 수 없는 어려움에도 굴하지 않고 인내하면서 살아가는 여성들을 만날 기회가 이제까지 몇 번이나 있었다. 만일 남자의 마음을 무너뜨리고, 다시는 일어설 수 없는 상태에까지 이르게 하는 비참한 일이 일어난다 해도, 그녀들은 오히려 온화한 성격에 대담한 용기와 기품을 갖추고, 모든 정력을 기울여 그것과 용감하게 맞서 싸운다. 그러므로 그것이 숭고한 영역에까지 다다른 경우가 있다. 마음이 따뜻하고 순한 아내는, 순탄하게 승승장구하며 인생을 누릴 때는 언제나 연약한 척 남편에게 어리광을 부리며 의지하면서 작은 어려움에도 지나치게 예민한 반응을 보인다. 그러나 갑작스러운 불행을 당하면 마음을 떨치고 일어나 남편을 격려하고 지지하며, 폭풍이 몰아치듯이 어려운 처지에서도 꿋꿋하게 맞선다. 그런 여성들의 모습은 무엇보다도 감동적이다.

덩굴식물은 오랫동안 우아한 덩굴손으로 떡갈나무를 휘감고 높이 올라가 온몸에 햇빛을 받는다. 그러다가 벼락이 떨어져 튼튼한 떡갈나무 줄기가 갈라지면, 덩굴손을 줄기에 더욱 단단하게 감아붙여 찢어진 가지들을 붙들어 맨

---

*1 토머스 미들턴(Thomas Middleton, 1580~1627)은 영국의 극작가이며 시인. 대표작으로 《체스 게임》(A Game at Chess, 1624)이 있다.

다. 이처럼 생각한다면 나날의 행복에 젖어 있는 아내는 남편의 장식품이 되어 곁에 붙어 있는 데 지나지 않지만, 뜻하지 않은 재난이 닥쳤을 때는 남편에게 마음의 지주와 위안이 되어주어야 한다. 즉 아내는 남편의 허물어진 마음속을 헤치고 들어가 고개를 푹 꺾어버린 그 머리를 단단하게 받치고, 상처받은 마음을 어루만져주어야 한다. 이것은 신의 섭리에 속하는 미덕이다.

나에게는 무척 튼튼한 사랑의 끈으로 이어져, 가족의 따뜻한 온기 속에 행복을 누리고 있는 한 친구가 있다. 그런 그에게 내가 덕담을 하자, 그는 열성을 담아 이렇게 말했다. "아내와 자식이 있는 것만큼 멋진 행운은 없을 거야. 만일 자네가 순조로운 시기에 있을 때는 그 행복을 함께 나눌 수 있고, 그렇지 않을 때는 위로를 얻을 수 있으니까."*2 사실 실제로 보면, 만일 불행에 빠지더라도 기혼자가 독신자보다 세속적인 평판을 회복하고 다시 일어서는 것이 더 빠른 듯하다. 그것은 자신을 의지하는, 사랑하는 소중한 가족을 지켜주기 위해 훨씬 더 정진하고 노력할 수밖에 없기 때문이다. 그러나 그 주된 이유는, 가장의 마음이 가족의 사랑과 따뜻한 온기에서 위안을 얻는다는 점에 있다. 즉 남자는 한 걸음만 밖으로 나가면 어둠 속을 방황하며 굴욕을 맛보는 처지가 되지만, 집에 돌아가면 작지만 따뜻한 사랑이 가득한 세계가 있고, 그곳에서는 한 가정의 주인임을 실감하며 자존심을 잃지 않을 수 있기 때문이다. 이에 비해 독신 남성은 아무래도 마음이 거칠어지고 자포자기에 빠지기 쉬우며, 혼자 세상으로부터 버림받았다는 생각에 빠져 버려진 폐가처럼 파멸되기 쉽다.

이러한 사색에 빠져 있노라니, 지난날 가깝게 지냈던 어느 가정에서 일어난 이야기의 한 장면이 마음속에 되살아났다. 내 친구 레슬리는 상류계급에서 자란 아름답고 재능 있는 아가씨와 결혼했다. 사실 그녀에게는 재산이라고 부를 만한 돈은 없었지만, 레슬리는 대단한 자산가였다. 그래서 레슬리는 그녀가 모든 고상한 오락을 즐길 수 있는 환경을 갖추고, 매력적이고 우아한 취미를 살리고 좋아하는 것을 할 수 있도록 기꺼이 힘이 되어 줄 생각이었다. "그녀에게

---

*2 어빙이 1817년 여름, 에든버러의 아보츠포드에 있는 월터 스콧의 집을 방문했을 때, 스콧 본인이 다음과 같이 말한 데서 유래한다. 스콧은 어빙의 어깨에 손을 얹고 "When you return to your own country, you may get married and have a family of young bairns about you. If you are happy there, they are to share your happiness—and if you are otherwise—there, they are to comfort you."라고 말했다.

는 동화 속에 나오는 행복한 인생을 보내게 해주고 싶네." 이렇게 그는 말했다.

그런데 이 두 사람의 성격 차이가 바람직하게 잘 어울렸다. 남편 레슬리는 공상에 잠기는 것을 좋아하고 조금 고지식한 데가 있는 데 비해, 아내는 생기 발랄하고 명랑한 성격의 여성이었다. 나는 레슬리가 많은 사람들 가운데 있는 그녀를 황홀한 눈길로 바라보는 장면을 몇 번이나 본 적이 있다. 그녀는 밝은 성격 때문인지 자연스럽게 주위의 뜨거운 시선을 모으고 있었다. 그러나 사람들의 갈채를 한 몸에 받으면서도 그녀는 레슬리를 따뜻한 눈길로 바라보았는데, 그 표정에서는 오로지 레슬리의 관심을 얻고 싶은 간절하고도 달콤한 바람이 엿보였다. 레슬리의 팔에 기대는 그녀의 화사한 모습은, 그의 남자다운 체격과 멋진 대조를 이루었다. 그녀가 신뢰에 찬 눈길로 레슬리를 다정하게 올려다보면, 그는 그렇게 봐서 그런지 자랑스러운 얼굴로 흐뭇한 기분에 잠겼는데, 그것은 마치 자신밖에 의지할 데가 없는 무력한 존재이기 때문에 그녀를 넘치도록 사랑하는 것 같았다. 아마 이토록 행복하고 앞날이 희망찬 결혼생활이 약속된 이상적인 한 쌍은 어디에도 없을 것으로 여겨졌다.

그런데 레슬리는 자신의 재산을 큰 투기사업에 투자하고 말았다. 그것이 불행의 시작으로, 그는 결혼한 지 몇 달도 되지 않아 잇따라 생각지도 못한 재앙을 당하게 되었다. 정신을 차리고 보니, 그는 이미 모든 재산을 탕진하고 무일푼이나 마찬가지가 되어 있었다. 한동안 그는 이 사실을 가슴 속 깊이 숨기고, 몹시 피폐해진 모습으로 여기저기 돌아다니면서 방황했다. 고통에 시달리는 나날이 이어지는 가운데 무엇보다 괴로웠던 것은, 아내 앞에서는 미소를 잃지 않도록 조심하는 일이었다. 아내가 그 사실을 알면 너무 실망할까봐 두려웠던 것이다. 그러나 사랑에 의한 아내의 직감인지, 그녀는 남편이 하는 일들이 순조롭지 않음을 알아차렸다. 아내는 남편의 표정 변화와 이따금 새나오는 한숨을 애써 밀어넣는 듯한 기색을 이미 눈치 채고 있었던 것이다. 어차피 남편이 억지로 밝은 척 꾸며봤자 아내의 눈을 속일 수는 없는 일이었다. 그녀는 그 밝은 성격에 한껏 기운을 실어서 남편에게 다정하게 말을 걸고, 다시 행복한 기분이 들도록 모든 방법을 다했다. 그러나 그것은 오히려 그의 마음에 상처를 줄 뿐이었다. 그는 아내를 사랑하는 마음이 커갈수록, 그녀가 비참하고 가엾은 생각을 하는 게 아닐까 하여 더욱 견딜 수 없는 심정이 되었다. 그리고 이윽고 그녀 얼굴에서 웃음이라도 사라지리라고 생각했다. 또 그녀의 입에서는 노래도 흘러나오지 않을 테고, 슬픔의 무게 때문에 눈에서도 광채가 사라지게 될 것이다. 지금은 행복 속에 경쾌하게 뛰고 있는 그녀의 심장은, 자신의 심장과 마찬가지로 인간세상의 온갖 고뇌와 불행에 짓밟히고 말 것이다.

그러던 어느 날, 그는 도저히 견딜 수가 없어서 나를 찾아왔다. 그리고 모든 의욕을 잃어 밑바닥에 처박힌 듯한 목소리로 자세한 사정을 털어놓았다. 그가 모든 이야기를 하고나자, 나는 이렇게 물어보았다. "그런데 자네 부인은 이 사실을 모두 알고 있나?" 이렇게 묻자, 그는 참았던 고뇌의 눈물을 흘리며 말했다. "제발 부탁이니 그녀에 대한 이야기는 하지 말아주게. 자네가 나를 조금이라도 가엾은 놈으로 생각한다면, 그녀의 말은 입 밖에 내지 말아줬으면 좋겠어. 그녀를 생각하는 것만으로도 난 지금 너무 괴로워 미칠 지경이라네."

"그건 또 무슨 소린가?" 나는 다시 물었다. "언젠가는 자네 부인도 알게 될 일이 아닌가. 그런 일을 얼마나 오래 숨길 수 있으리라고 생각하나? 그보다도 자네가 아무 말하지 않고 있다가, 다른 사람을 통해 부인이 알게 된다면 그때야말로 더 큰일이 되지 않을까? 사랑하는 사람에게서 들은 고백이라면, 아무리 괴로운 일이라도 어느 정도 부드럽게 전달되는 법이라네. 게다가 자네는 말이야, 자네 부인은 진심으로 위로의 말을 해주려 하는데 그것을 스스로 거부하고 있는 건지도 몰라. 그뿐만이 아니야. 서로의 마음을 이어주고 있는 하나뿐인 끈을 끊으려 하고 있어. 다시 말해서, 자신의 생각과 감정을 함께 나눌 수 있는 수단을 놓치고 있다는 말이지. 자네 부인도 언젠가는 자네가 품고 있는 은밀한 고뇌를 알게 될 거네. 더욱이 참된 사랑으로 맺어진 부부라면 그 어떤 것도 숨겨서는 안 되는 것 아닌가? 아무리 슬픈 일이라 해도 사랑하는 남편이 서투르게 숨긴다면, 아내는 마음속으로 상대에게 무시당했다고 느끼고 견딜 수 없는 굴욕감을 느끼는 법이라네."

"그렇지만, 자네도 생각 좀 해봐. 그런 짓을 했다가 그녀의 앞날의 생활에 어떤 충격을 주게 될지. 자기 남편이 알거지 신세가 되어 자신도 사교의 즐거움 같은, 우아한 삶의 모든 것을 포기하고 나와 함께 가난하게 살아야 한다는 사실을 알면, 그녀 마음이 얼마나 상처를 받겠나. 그렇게 생각하면, 끊임없이 사치를 누리며 화려한 사교생활을 즐기고 있는 그녀를 거기서 끌어내리는 일은 도저히 할 수 없어. 하물며, 그 사실을 어떻게 그녀에게 솔직히 말한단 말인가. 모든 사람으로부터 사랑받고 칭찬만 들어온 사람인데. 그런 그녀가 가난한 생활을 견딜 수 있을 리가 없어. 온갖 사치를 누리는 환경 속에서 자란 품격 있는 여성이 사회에서 따돌림을 당한 채 살아갈 수 있을 리가 없어. 무엇보다 그녀는 사교계의 꽃이었으니까. 틀림없이 비탄에 쓰러져 견딜 수 없는 고통에 시달리게 될 거야."

그가 비통한 심정으로 푸념을 늘어놓자, 나는 묵묵히 그의 이야기를 들어주기만 하기로 했다. 누구든 모든 생각을 다 토해내고 나면 마음이 후련해지게 마련이니까. 그가 흥분상태에서 깨어나 마음이 가라앉게 되자, 나는 곧 다시 부인에게 사정을 털어놓을 것을 권했다. 그는 침울한 기색이었지만 결연한 표정으로 고개를 저었다.

"하지만 언제까지 부인에게 비밀로 해둘 생각인가? 결국 자네가 지금의 상황을 바꾸기 위해서는 무슨 일이 있어도 부인이 그 사실을 알 필요가 있지 않을까? 어쨌든 자네는 생활방식을 바꿔야 한다고 생각하는데." 내가 그렇게 말하자, 그의 얼굴에 고뇌의 표정이 떠올랐다. "아니, 그렇다고 그런 일로 기가 꺾여 괴로워할 건 없어. 자네도 겉모습뿐인 행복을 손에 넣어봤자 아무것도 아니라고 생각하겠지. 다행히 자네에게는 친구들이 있지 않은가. 소중한 친구들 말이야. 그들은 자네가 더 이상 호화로운 집에서 살지 않는다고 해서 자네를 따돌리거나 무시하지는 않을 걸세. 자네도 꼭 대저택에 살지 않아도 부인인 메리와 함께 있는 것만으로도 행복하지 않은가?"

"분명히 그녀와 함께 있으면 난 행복해. 물론 그건 다 쓰러져가는 오두막 속에서도 마찬가지야. 게다가 만일 거지나 다름없는 꼴로 전락해서 굴욕을 당해도 그것을 이겨낼 수 있는 자신은 있어. 아, 신께서 그녀를 축복해주시기를!" 슬픔과 안타까움에 다시 마음이 흔들린 그는 강한 어조로 그렇게 말했다.

"이보게, 내말 좀 들어봐." 나는 그에게 다가가 그의 손을 꼭 잡으면서 말했다. "자네 부인은 자네 편이고, 자네와 마찬가지일 거라고 나는 생각하네. 아니, 그 이상일 수도 있어. 이번 일은 오히려 부인에게도 자랑과 기쁨의 원천이 될지 몰라. 그리고 거기서, 그녀 안에 있는 잠재적인 활력과 강한 동정심이 샘처럼 솟아날 거라고 생각하네. 다시 말해, 그것은 자네만을 사랑한다는 증거도 되니까 그녀도 기뻐하지 않을까? 깊은 사랑을 지닌 참된 여성이라면, 그 마음속에는 천상의 불길이 타고 있을 거야. 그 불꽃은 한 집안이 번영을 이루며 스스로 빛나고 있을 때는 잠자고 있지만, 암담한 역경이 찾아왔을 때는 활활 타올라

새빨간 빛이 되는 법이라네. 아무리 남편이라도 자기가 사랑하는 아내의 마음 속 심정까지 어떻게 다 알 수 있겠나. 설령 그녀의 정체가 구원의 천사라 해도 말이야. 그런데 현실세계의 시련을 겪고 나서야 비로소 그러한 사실을 알게 되는 게 아닐까."

아마도 나의 진지한 태도와 비유적인 표현이 레슬리의 마음을 움직인 모양이었다. 레슬리의 성격을 잘 알고 있던 나는 그가 받은 감명을 놓치지 않고, 집으로 돌아가서 부인에게 그 슬픈 마음과 생각을 털어놓으라고 계속 설득했다.

솔직하게 사실을 털어놓으면, 나는 할 말은 다 했지만 그 뒤의 전개와 결말에 대해서는 조금은 불안감을 느꼈다. 그도 그럴 것이, 주로 기쁨에 찬 인생을 누리고 있는 사람에게 인내를 기대하기란 어려운 일이기 때문이었다. 갑작스럽게 굴욕적인 어두운 길을 걷게 되면, 아마도 평소 화려한 것을 좋아하는 그녀의 기질로는 도저히 받아들이지 못해 불만을 드러내기가 쉽다. 그리고 여전히 환락으로 지새는 생활을 고집할지도 모른다. 게다가 화려한 세계에서 멀어져 하루아침에 하층민으로 떨어지면, 다른 계급사회와는 다른 의미에서 수많은 쓰라린 경험을 하게 마련이다. 그래서 이튿날 아침 레슬리를 만났을 때는 걱정이 되어 견딜 수가 없었다. 이미 레슬리는 부인에게 그간의 사정을 털어놓은 뒤였다.

"그래, 부인은 뭐라고 하던가?"

"오, 마치 천사처럼 착하게 나를 위로해 주더군. 내가 모든 것을 털어놓자 오히려 안심하는 표정이었어. 조용히 내 목을 끌어안고, 요즘 내내 당신이 괴로워했던 것이 바로 그것 때문이었어요? 하고 묻더군. 오히려 내가 가엾어지고 말았어." 그리고 이렇게 덧붙였다. "아무래도 이제부터 우리를 기다리는 생활의 변화를 어떻게 받아들여야 할지, 그녀는 잘 이해하지 못하는 것 같아. 빈곤에 대해 그녀는 개념적으로만 알고 있을 뿐, 실상을 전혀 몰라. 틀림없이 시 속에 그려진 가난함을 떠올리고 있을 거야, 연애에 가난은 따라다니게 마련이라고 생각하면서. 아직은 결핍을 느끼지 못하겠지. 늘 써오던 생활용품과 고급 세간이 부족해서 궁핍한 것은 아니니까. 하지만 곧 가난한 생활이 현실로 나타나면, 조그만 일에도 어려움을 겪거나 가벼운 굴욕을 느끼기도 하겠지. 그때부터 진짜 시련이 시작될 걸세."

"그래도 어쨌든 자네는 가장 어려운 일을 해냈어. 무엇보다 부인에게 모든 사실을 털어놓았으니까. 그런데, 다음은 하루라도 빨리 세상 사람들이 그 사실을 알게 해야 하네. 그게 좋아. 가정 안의 숨겨진 일을 세상 사람들에게 낱낱이 드러내는 것은 굴욕일지도 모르지만, 이렇게 된 이상 마음의 고통을 딱 한 번만 참으면 그것으로 끝날 게 아닌가. 그렇게 하지 않으면, 그것이 언젠가 드러나 세상 사람들이 모두 알게 되지 않을까 하는 불안에 하루하루 시달리게 되지. 보잘것없게 된 사람을 곤혹스럽게 하는 것은 가난함 자체가 아니라, 체면을 버리지 못하고 허세를 부리는 행위라고 난 생각하네. 즉 자존심과 빈 지갑 사이를 오가는 갈등이지. 그러나 그런 포장은 곧 드러나게 마련이니까 용기를 내어, 나는 가난하다고 세상 사람들에게 공개적으로 말하는 걸세. 그러면 가난 때문에 매우 심한 마음의 고생을 없앨 수 있어." 이 시점에서 레슬리의 마음은 완전히 정리되었다. 그에게는 허영심 같은 것은 아예 없었고, 그녀 또한 오로지 달라진 생활환경에 순응하기로 결심하고 있었다.

며칠이 지난 어느 날 밤, 레슬리가 다시 나를 찾아왔다. 그의 이야기에 따르면, 이제까지 살던 큰 집을 팔고 시내에서 몇 마일 떨어진 교외에 작은 집을 구입한 모양이었다. 아마도 이사를 하는 일로 바쁘게 하루를 보낸 듯했다. 새 집에는 얼마쯤의 살림살이만 있으면 충분했기에 아주 간소한 것으로만 들여놓았고 그때까지 큰 집을 장식했던 멋진 가구와 세간은 모두 팔아치웠다는 것이다. 다만 아내가 즐겨 쓰던 하프만은 남겨두었다고 한다. 그 하프는 그녀의 추억과 매우 가까운 관련이 있기 때문이라고 레슬리는 말했다. 그것은 두 사람의 사랑의 잔잔한 추억을 되살려주는 것이었다. 그 둘이 지닌 연애시절의 가장 감미로운 추억의 하나는, 레슬리가 하프에 기대어 그녀의 달콤하게 녹아드는 듯한 노랫소리에 귀를 기울이던 한때였던 것이다. 나는 이 애처가의 낭만적인 연애이야기를 듣자 저절로 입가에 미소가 떠올랐다.

마침 그때, 그는 자신의 새 집으로 가던 중이었다. 집에서는 그의 아내가 온종일 발을 동동거리며 집안을 정리하고 있었다. 나는 그 집을 둘러싼 이야기의 행방에 관심도 있거니와 저녁 바람이 기분 좋게 살랑거리고 있어서, 그와 함께 가고 싶다고 말했다.

그날의 피로에 지친 그는 나와 함께 걷기 시작했는데, 매우 우울한 표정이었다.

"가엾은 메리!" 드디어, 그 말이 깊은 한숨과 함께 그의 입술에서 새나왔다.

"자네 부인이 왜?" 내가 물었다. "부인에게 무슨 일이 있었나?"

"무슨 일이냐고?" 레슬리는 의아한 표정을 지으면서 말했다. "이보게, 이제부터 그녀는 이런 비참한 생활을 견뎌내야 한단 말일세. 그게 아무렇지도 않을 리가 없잖아? 초라한 집안에 갇혀서 하녀처럼 억척같이 일해야만 한다고."

"그럼 부인이 새 집에 사는 것을 내켜하지 않고 불평이라도 하더란 말인가?"

"그녀는 불평 같은 건 전혀 하지 않네. 아무튼 나에게는 다정하게 잘 대해주고 있고 기분도 괜찮아 보여. 평소의 생활에서 이렇게 기분이 좋아 보이는 그녀를 보는 것은 아마 처음인 것 같아. 내게 그녀는 사랑과 친절과 치유력을 갖춘 소중한 존재라네."

"음, 정말 훌륭한 여성이군." 나는 소리높여 말했다. "자네는 자신이 가난뱅이가 되어버렸다고 생각하는 모양인데, 과연 여태까지 이렇게 행복했던 적이 있었을까. 자네에게는 끝없는 가능성을 지닌 보물 같은 멋진 반려자가 있지 않은가. 지금까지 그걸 깨닫지 못한 것 같지만."

"오, 그럴지도 몰라. 하지만, 그 새 집에서 그녀를 만날 때까지는 아무래도 안심할 수가 없어. 오늘은 그녀가 처음으로 가난이라고 말할 수 있는 체험을 한 하루였네. 어쩔 수 없이 그렇게 초라한 집으로 이사할 수밖에 없게 되어, 종일 자질구레한 세간을 정리하느라 정신없이 보냈겠지. 틀림없이 태어나 처음 경험한 집안일에 지쳐 녹초가 되어 있을 거야. 어차피 실내를 둘러봐도 썰렁하기만 할 뿐, 고급스럽거나 편리한 물건은 아무것도 없는 상태이니까. 지금쯤 그녀는 말을 하는 것도 괴로울 만큼 지쳐서 바닥에 주저앉아, 앞으로의 가난한 생활에 대해 이런저런 생각을 하면서 괴로워하고 있을 거네."

나는 레슬리가 자기 아내의 심정을 그렇게 상상하는 것도 무리가 아니라고 생각하고 굳이 반론을 펴지는 않았다. 우리는 둘 다 입을 꾹 다문 채 계속 걸어갔다. 큰길을 벗어나 좁은 골목길에 들어섰다. 그곳은 나무들이 울창하게 우거진 숲이어서 그야말로 마을에서 멀리 떨어진 은둔처 같은 분위기를 풍겼다. 이윽고 레슬리 부부의 새 집이 보이기 시작했다. 과연 그 집은 몹시 초라한 모습으로, 매우 소박한 전원시인이 아니면 살 수 없을 것 같았지만, 그래도 아늑하고 소박한 정취를 만끽할 수 있는 곳이었다. 야생포도 덩굴이 처마 한쪽을 풍성하게 뒤덮었고, 몇 그루 나무에서 뻗어나간 가지가 지붕까지 다정하게 감싸고 있었다. 집 정면의 잔디밭과 현관을 보니, 벌써 꽃을 심은 화분이 아기자

기하게 놓여 있었다. 작은 쪽문을 지나 떨기나무 수풀을 누비듯이 나아가는 오솔길이 현관까지 이어져 있었다. 우리가 현관에 다가간 바로 그때, 어디선가 노랫소리가 들려왔다. 레슬리가 내 팔을 잡았다. 우리는 걸음을 멈추고 그 가락에 귀를 기울였다. 그것은 놀랍게도 그의 아내 메리가 흥얼거리는 노랫소리였다. 나는 메리가 천진난만한 모습으로 레슬리가 매우 좋아하는 곡을 노래하는 모습을 보고 깊은 감동을 받았다.

내 팔을 잡은 레슬리의 손은 가늘게 떨렸다. 그가 더욱 똑똑하게 들으려고 발을 앞으로 내딛자, 자갈을 밟는 그의 발소리가 온 주위에 울려 퍼졌다. 그러자 아름답고 멋진 메리가 창문에서 쑥 얼굴을 내밀더니 깜짝 놀라, 얼굴을 다시 집어넣었다. 그리고 곧 경쾌한 발소리가 들려왔다. 메리가 기뻐하며 달려 나와 우리를 맞이해 주었다. 그녀는 시골풍이기는 하지만 무척 깔끔한 흰옷을 입고 있었다. 들꽃으로 머리를 아름답게 꾸미고, 뺨은 어슴푸레한 장밋빛으로 물들인 그녀의 얼굴은 미소로 환하게 빛났다. 이제까지 그녀가 이토록 사랑스럽게 보인 적은 한 번도 없었다.

"어머나, 조지." 그녀가 들뜬 목소리로 소리쳤다. "어서 와요. 당신이 돌아오기를 얼마나 기다렸는지 몰라요. 오솔길을 달려 내려가 이제나저제나 당신이 돌아오기를 기다렸지요. 집 뒤쪽에 있는 아름다운 나무 아래 테이블을 준비해 뒀어요. 무척 맛있는 딸기도 따 두었답니다. 당신이 아주 좋아하는 거잖아요. 고급 크림도 준비해뒀어요. 이곳은 조용하고 느긋해서 운치가 있어요. 얼마나 멋진 곳인지!" 그녀는 그렇게 말하며 남편의 팔짱을 꼈다. 그리고 그의 얼굴을 상큼한 표정으로 올려다보면서 말했다. "우리, 틀림없이 행복해질 거예요!"

가엾은 레슬리는 가슴이 벅차올라 어느새 그녀를 품안에 안고 있었다. 그리고 얼마나 감격했는지 그녀에게 수없이 키스를 퍼부었다. 할 말을 잃은 그의 얼굴에서는 주체할 수 없을 정도로 눈물이 흘러 나와 멈추지 않았다. 레슬리는 그날 이후 더없이 순조로운 생활 속에 행복하게 살아갔지만 그때만큼 행복했던 적은 없었다고, 그 뒤에 나에게 곧잘 이야기했다.

립 밴 윙클

디트리히 니커보커의 유고(遺稿)에서

수요일이라는 이름의 기원이기도 한
색슨인의 신(神) 오딘에게 맹세코 말하지만,
내가 수호하는 것은 진리이다,
무덤에 들어가는 그날까지.

윌리엄 카트라이트[*1]

이 이야기는 뉴욕의 노신사, 고(故) 디트리히 니커보커 씨의 유고 속에서 발견되었다. 그는 이 지방 네덜란드의 역사와 원시 정착민들의 후손의 풍속과 관습에 매우 흥미를 느끼고 있었다. 그의 역사 연구는 자료나 문서들을 널리 읽거나 찾아다녀서가 아니라, 살아 있는 사람들 사이에서 이루어졌다. 이 노신사가 좋아한 연구 주제에 대해 쓴 책은 놀랄 만큼 적은 데 비해, 네덜란드인 남자들, 아니 그 이상으로 여자들은 참된 역사 기록에 꼭 필요한 귀중한 전설들을 많이 알고 있었다. 그는 이 사실을 잘 알았기 때문에 가끔 커다란 시카모어 나무 아래 지붕이 낮은 집에 사는 순수한 네덜란드인을 만나면, 그 일가를 마치 자물쇠가 채워진, 블랙레터(고딕체)로 기록된 한 권의 작은 책으로 여기고, 책벌레 같은 열정을 기울여 그것에 대해 연구했다.

이러한 모든 연구 결과는 그가 몇 년 후에 출판한 네덜란드 총독 통치 기간 동안의 뉴욕 역사였다. 그 책의 문학적 특성을 둘러싸고 이런저런 평가가 오갔지만, 실제로 빈말로라도 완성도가 높은 작품이라고는 할 수 없었다. 다만 가장 큰 특징은 주도면밀하고 정확한 서술에 있는데, 출판 무렵에는 내용을 조금 의문시했었던 것도 사실이다. 그러나 그 이후, 그것은 고증을 바탕으로 쓴 것

[*1] 윌리엄 카트라이트(William Cartwright, 1611-43)는 영국의 시인이자 극작가·목사. 작품은 계관시인 벤 존슨의 영향이 강하다고 알려져 있다('책을 만드는 법' 주13 참조).

임이 인정되어, 이제는 모든 역사 관련 수집물에 소장되어 권위 있는 역사서로 주목받고 있음은 의심할 여지가 없다.

이 노신사는 그 책이 출판된 뒤 얼마 지나지 않아 세상을 떠났다. 그가 이미 고인이 되었으니, 그 시간을 더욱 중요한 것에 쓰는 것이 더 좋지 않았을까 하고 한마디한다 해도 그의 명예를 크게 해치는 일은 아닐 것이다. 아무튼 이 노신사는 자기 마음대로 후회 없는 자유로운 인생을 보내고자 했다. 그러므로 때로는 주위 사람들에게 폐를 끼치거나, 진심으로 존경하는 친구들을 슬픔에 빠뜨린 적도 있었다. 그러나 이제는 그의 지난날의 실패와 어리석은 행위도 '분노보다 슬픔이 앞서는*2 그런 느낌과 함께 떠오른다. 그는 사람의 마음에 상처를 주거나 화나게 할 생각은 털끝만큼도 없었다고, 일반 사람들은 생각하고 있다. 비평가들이 이 노신사의 명성을 어떻게 평가하든, 그의 이름은 오늘도 많은 사람들에게 친숙한 이름으로 남아 있다. 그들의 의견은 귀 기울일 만하며, 특히 새해를 축하하는 비스킷 과자를 만들 때 이 노신사의 얼굴을 비스킷에 새겨 넣음으로써, 그 명성을 영원히 후세에 전할 기회를 만들어 냈다. 그것은 워털루*3를 기념하는 휘장이나 앤 여왕 시대의 옛 금속 화폐에 새겨져 있는 것과 동등한 대우를 받고 있다.

배를 타고 허드슨 강*4을 거슬러 올라간 적이 있는 사람이라면 누구나 캐츠킬 산맥*5을 기억할 것이다. 이 산맥은 커다란 애팔래치아 조산대의 지맥의 하나로, 허드슨 강 서쪽을 멀리 내다보면서 고상한 기운을 내뿜으며 우뚝 솟아 그 일대에 군림하고 있다. 계절과 날씨가 바뀔 때마다 또 하루의 매시간마다 이 산맥은 마법적으로 색깔과 모양을 바꿔가고 있다. 그러므로 어느 쪽의 아낙

---

*2 '분노보다 슬픔이 앞선다'(More in sorrow than in anger)는 표현은 셰익스피어의 《햄릿》 제1막 2장에서 인용.

*3 1815년, 나폴레옹 보나파르트가 이끄는 프랑스군이, 웰링턴 장군이 이끄는 연합군에 대패한 전투를 '워털루 전투'라고 한다.

*4 뉴욕 주 동부에서 약 500km 남쪽으로 흘러 대서양으로 흘러드는 강. 그 이름은 1609년에, 이 강을 탐험했던 영국인 탐험가 헨리 허드슨(Henry Hudson)에서 비롯된다.

*5 캐츠킬 산지는 뉴욕 주 중부에 위치하고, 완만한 능선으로 이어진 크고 아름다운 산맥을 자랑한다. 이 산지는 제임스 페니모어 쿠퍼(James Fenimore Cooper, 1789~1851)의 장편소설 《모히칸족의 최후》(The Last of the Mohicans, 1826)의 소재가 된 것으로도 유명하다. 그 최고봉은 슬라이드 산이다.

네들도 그것을 둘도 없는 기압계라고 생각한다. 여러 날 동안 좋은 날씨가 이어지면, 이 산맥은 푸른색과 보라색의 색조를 띠며 맑은 저녁 하늘에 윤곽을 선명하게 비춰준다. 그런데 구름 한 점 볼 수 없는 날씨에도, 이 산맥의 정상 부근에는 안개가 껴서 잿빛 두건을 쓴 것처럼 운치가 감도는데, 그것이 저물어가는 마지막 햇살을 받아 명예로운 관처럼 빛나고 밝아진다.

허드슨 강을 거슬러 올라가는 배의 승객들 눈에는, 요정이 살고 있을 듯한 캐츠킬 산맥 기슭의 마을에서 연기가 모락모락 피어오르는 광경이 보일 것이다. 또 산속의 숲 사이로 널판지 지붕이 반짝거리는 것이 보이고, 바로 그 근처에서 고지를 물들이고 있는 감청색의 빛깔이 주변의 푸르른 경치 속에 녹아들고 있다. 그 마을은 규모는 작지만 역사는 오래되었다. 피터 스투이페산트[*6](정결한 영혼이여, 편안히 잠드소서!)가 다스리던 초기에 네덜란드 식민지 개척자들이 세운 마을로, 바로 몇 년 전까지만 해도 원주민 집들이 그 무렵의 모습 그대로 남아 있었다. 네덜란드에서 들여온 조그마한 노란 벽돌로 지은 그 집들은 모두 격자창이 있고 정면에는 박공지붕, 그 지붕 꼭대기에는 수탉 모양의 풍향계가 돌고 있었다.

대영제국의 영토였던 시대까지 거슬러 올라가는 더욱 옛날이야기가 되지만, 이 마을에 한 채의 집(단적으로 진실을 말한다면, 오랫동안 비바람을 견뎌온 낡고 무너져가는 집)이 있었다. 그 집에는 참으로 소박하고 인품이 좋은 사람이 살았는데, 그의 이름은 립 밴 윙클이라고 한다. 이 사람은 립 밴 윙클 집안의 후손으로, 그의 조상은 앞에 나온 피터 스투이페산트가 활약했던 기사도 정신을 존중하던 시대에 이름을 떨쳤고, 또 스투이페산트를 받들어 크리스티나 요새[*7]를 둘러싼 공방전에도 참전했던 빛나는 경력의 소유자였다. 그러나 우리의 립 밴 윙클은 조상의 그러한 무용 정신은 눈 씻고도 찾아볼 수 없을 정도로 전혀 물려받지 않았다. 그는 순박하고 마음씨 좋은 사람이라고 나는 말했는데, 그게 전부는 아니었다. 립은 이웃에게 친절을 다하는 봉사정신도 갖추고 있었다. 그러나 집안에서는 아내의 엉덩이 밑에 깔려 꼼짝 못하는 공처가였다. 물

---

*6 피터 스투이페산트(Peter Stuyvesant, ca. 1612~72)는 네덜란드의 식민지 뉴네덜란드의 마지막 총독을 지낸 인물.

*7 1638년에 스웨덴 크리스티나 여왕의 이름을 따서 현재의 델라웨어 주의 윌밍턴에 세운 요새(뒷날의 아르테나 요새).

론 그런 사정 때문에, 그 온화한 성격과 함께 자연히 주위의 모든 사람이 좋아하는 존재가 되었는지도 모른다. 가정에서 강짜가 심한 아내를 상대하느라 철저히 단련된 남편들은, 집밖으로 한 걸음만 나가면 대체로 상대에게 타협적이고 아첨하게 마련이다. 말할 것도 없이 그런 사람들의 속성은, 가정이라는 활활 타오르는 난로 속에서 온갖 고생을 겪는 동안 납작하게 펴지고 말랑말랑해지도록 훈련받는 것이다. 아내들의 잔소리를 듣는 것은 인내와 참을성의 미덕을 키울 수 있는, 말하자면 온 세계 전문가들의 학설과도 통하는 데가 있다. 따라서 어떤 의미에서는, 무슨 일에나 잔소리가 많은 아내도 신의 은총이라고 생각할 수 있다는 이야기이다. 그렇게 본다면, 립 밴 윙클은 매우 복받은 인간이었다고 할 수 있다.

한 가지 분명하게 말할 수 있는 것은, 립 밴 윙클은 이 마을 아낙네들 사이에서는 무척 인기가 많았다는 점이다. 여성들이란 어차피 그런 동물이라고 생각하지만, 아낙네들은 부부 사이에 다툼이 일어나면 어김없이 이 사나이 편을 들면서, 저녁의 가십거리로 도마 위에 올려놓고 오로지 그가 아내를 흉보곤 했다. 마을의 아이들조차 그가 나타나면 일제히 환호성을 지르면서 그의 주위를 왁자지껄 떠들며 뛰어다니는 지경이었다. 그는 아이들의 놀이 상대가 되어 함께 여러 놀이를 즐겼다. 연날리기와 구슬치기를 가르쳐주고, 유령과 마녀, 그리고 인디언에 대한 이야기를 길게 들려주기도 했다. 그러므로 립이 발길 닿는 대로 마을을 돌아다니면서 여기저기 나타나면, 어느새 많은 아이들이 모여들어 에워싸 버렸다. 그래도 그가 꾸짖지 않는다는 것을 알기 때문에, 그들은 립의 옷자락을 잡아당기고 억지로 등에 올라타기도 하면서 못된 장난을 되풀이했다. 게다가 이 부근에 사는 개들은 한 마리도 그에게 짖어대는 일이 없었다.

그러나 립의 큰 결점은 돈벌이가 되는 일은 어떤 것이든 싫어한다는 점이었다. 그렇다고 부지런하지 않거나 인내심이 없는 것은 아니었다. 그 증거로, 이를테면 그는 젖은 바위 위에 앉아 타타르족의 큰 창 같은 길고 무거운 낚싯대를 강물 속에 던져 넣고, 물고기가 미끼를 한 번도 물지 않아도 불평 한마디 하지 않고 온종일 앉아 있을 수 있었다. 또 사냥총을 어깨에 메고 숲에 들어가 몇 시간이나 걸어서 늪을 지나고 골짜기를 내려가, 고작 다람쥐나 들비둘기 몇 마리를 쏘아 맞히기도 했다. 뿐만 아니라 그는 이웃집의 아무리 거친 일이라도 절대로 거절하지 않고 흔쾌히 도와주었다. 시골에서 즐겁게 밭일을 하는 마을 사람들의 맨 앞에 서서 일했고, 때로는 옥수수 껍질을 벗기거나 돌담을 쌓으면서 땀을 뻘뻘 흘리기도 했다. 그러니 마을의 아낙네들조차 그에게 자주 자질구레한 잔심부름을 부탁하거나, 남편에게 아무리 부탁해도 들어줄 것 같지 않은 시답잖은 일들을 억지로 시키곤 했다. 말하자면 립은 남의 잡일이라면 스스로 떠맡으면서도, 막상 자기 집 일이나 밭일에서는 도무지 그게 안 되는 사람이었다.

립이 자기 밭에 대해 분명히 말하기로는 이렇다. 실제로 그것은 그 주변에서도 매우 나쁜 흙인 데다 끔찍할 정도로 황폐해져서, 부지런히 일해도 잘된 적이 한 번도 없었다는 것이다. 그도 그럴 것이 울타리가 무너졌는데도 그대로 내버려두어서 키우던 소가 어디로 달아나버리거나, 아니면 양배추 밭 속에 들어가 농작물을 망쳐버리곤 했다. 또 손질을 제대로 하지 않아서 잡초가 그 어느 곳보다도 빨리 자라 그 부근을 모조리 뒤덮어버렸다. 더욱이 그가 모처럼 집 밖에서 일 좀 하려고 하면 어김없이 비가 내려 훼방을 놓기 일쑤였다. 그런 형편이라 립의 대에 이르자 부모로부터 물려받은 땅은 차츰 메말라가서, 이제는 옥수수와 감자나 농사짓는, 거의 묵정밭이나 다름없이 되고 말았는데, 그러면서도 이 부근에서는 가장 손길이 미치지 않고 있었던 것이다.

그의 아이들도 마치 넝마를 입은 거지 고아나 다름없는 몰골이었다. 아들은 아버지 립과 꼭 닮은 장난꾸러기로, 이윽고 아버지의 헌옷과 함께 그 게으른 성벽까지 물려받았다. 이 아이는 언제나 망아지처럼 어머니 뒤를 쫓아다니는 모습이 목격되었다. 아버지가 입다 버린 헐렁한 바지에 다리를 꿰고, 간신히 한 손으로 바짓단을 부여잡고 걷는 모습은, 마치 귀부인이 비가 올 때 치맛자락을 붙잡고 걷는 모습과 비슷했다.

이 립 밴 윙클이라는 위인은 경박하고 우둔하면서도 느긋한 기질의 소유자였다. 그는 평소부터 멋대로 자유롭게 사는 생활을 즐기고 있었기 때문에, 흰빵이든 검은빵이든 머리나 몸을 쓰지 않고, 즉 수고하지 않고 입에 넣을 수만 있다면 무엇이든지 상관하지 않았다. 다시 말해, 그는 일해서 버는 1파운드의 돈보다 1페니짜리 동전으로 주린 배를 채우는 편이 낫다고 생각하는 사람인 것이다. 그렇게 해서 아무도 상관하지 않는다면, 그는 태평하게 휘파람이나 불면서 인생을 마음껏 즐겼을 것이다. 그런데 그의 아내로 말하면, 립의 그 게으르고 책임감 없는 행동에 울화가 치밀어서 머지않아 이 집안은 콩가루가 될 거

라고 그의 귓전에서 끊임없이 잔소리를 퍼부으며 몰아세우는데, 그 지껄임은 아침부터 밤까지 멈출 줄을 몰랐다. 아무튼 립의 말과 행동 하나하나가 그녀에게는 마음에 들지 않는 듯, 끝없이 이어지는 잔소리의 재료가 될 뿐이었다. 립에게는 그에 대한 효과적인 대응책이 딱 하나 있었는데, 그것을 자주 되풀이하다보니 이제는 버릇이 되어 있었다. 즉 그런 때는 목을 움츠리고 고개를 옆으로 설레설레 젓다가, 시선을 하늘로 향한 채 아무 말도 하지 않는 것이었다. 그러나 그래도 통하지 않았으니, 마침내 아내에게서 다시 새로운 집중공격을 받게 된다. 그럴 때는 일찌감치 그 자리에서 사라지는 것이 가장 좋은 방법이었다. 사실 그런 때 아내의 엉덩이에 깔린 남편이 갈 곳이라야 집밖이 아니고 어디겠는가.

이 집에서 오직 하나뿐인 립과 같은 편은 애견 울프였는데, 개도 주인과 마찬가지로 부인 앞에서는 도무지 목에 힘이 들어가지 않았다. 그래서 립의 아내는 남편과 울프에게 게으름뱅이라는 수치스러운 별명을 붙이고 그들을 내려다보았다. 그녀는 울프를 늘 험상궂고 사나운 눈길로 쳐다보았는데, 그것은 자기 남편이 멋대로 집밖을 어슬렁거리며 돌아다니게 만드는 장본인은 바로 너라고 말하는 듯한 차가운 눈길이었다. 분명히 누가 봐도 울프는 기품이 있는 훌륭한 개였다. 이 개는 다른 사냥개와 견주어도 전혀 흠잡을 데가 없을 정도로, 숲속을 용감하게 달리면서 사냥감을 잘 쫓아다녔다. 그러나 아무리 용기가 넘쳐나도 그녀의 성난 고함과 욕설 소리에 휩싸이는 그 공포는 견딜 수가 없었다. 그래서 울프는 집에 돌아가면 바로 고개를 숙이고, 꼬리를 땅에 끌거나 때로는 뒷발 사이에 감아 넣고 오그라들고 만다. 그리고 금방이라도 목을 졸라 죽이지 않을까 하는 불안감을 숨기지 못하는 표정으로 잔뜩 겁에 질려 살금살금 걷다가, 립의 아내가 한번 째려보면 너무 불안해서 어쩔 줄 모르는 기색으로 눈알을 이리저리 굴렸다. 그러다가 그녀가 빗자루나 국자를 휘두르는 시늉을 하면, 깜짝 놀라 깨갱깨갱 짖으면서 문 쪽으로 달아나버렸다.

세월의 흐름과 함께 립 밴 윙클의 결혼생활은 날이 갈수록 점점 더 나빠져만 갔다. 아내의 날카롭고 매서운 성격은 나이를 먹는다고 해서 부드러워지거나 둥글게 다듬어지지 않았다. 혀는 쓰면 쓸수록 날카로운 칼이 되는 오로지 하나뿐인 무기이다. 립은 집에서 쫓겨나면 어김없이 마을의 현자나 철학자, 방랑자들이 모이는 휴식처에 가서 그들과 이야기를 나누면서 시름을 푸는 것이 오랜 습관이었다. 그곳은 조지 3세*[8] 폐하의 붉은 얼굴 초상이 간판으로 걸린 작은 여관이었는데, 그들은 그 앞의 벤치에 모여앉아 이야기꽃을 피우곤 했다. 그곳에서 그들은 나무그늘에 앉아 마을의 이런저런 소문에 귀를 기울이거나, 언제 끝날지도 모르는 시시콜콜한 잡담을 나누며 시시덕거리면서 지루한 여름의 긴 하루를 보내는 것이다. 그러나 이따금 어떤 정치가라도 돈을 내고 들을 만한 가치가 있는 심오한 토론을 펼칠 때도 있는데, 그것은 우연히 지나가던 나그네가 헌 신문 쪼가리라도 한 장 던지고 갔을 경우이다. 그럴 때 그들은 더없이 진지한 태도로 신문기사를 들여다보았는데, 그것을 읽어주는 사람은 교장 선생님인 데릭 밴 바멜이었다. 이 인물은 몸차림이 단정하고 유식하며 키가 작

---

*8 조지 3세(George Ⅲ, 1738~1820 : 영국 왕(1760~1820)). 조지 2세의 손자로 내각을 지도하는 등 왕권 강화를 위해 과감한 정책을 실시했으나, 그 여파로 북아메리카 식민지의 반발을 사 미국 독립전쟁을 일으키게 했다.

은 신사였는데, 사전에 나오는 말이라면 아무리 어려운 것이라도 전혀 막힘이 없었다. 그들은 몇 달 전에 일어난 사건에도, 서로 똑똑한 체하면서 시국에 대해 열렬한 논쟁을 벌이곤 했다.

사람들의 의견을 완벽하게 조작하거나 이끌어내고 있었던 것은 니콜라스 베더라고 하는, 마을의 장로격인 인물로, 이 여관의 주인이기도 했다. 그는 아침부터 밤까지 여관 문 옆에 앉아서 쉬는 것을 좋아하는데, 그동안 몸을 움직이는 거라고는 햇빛을 피해 커다란 나무 아래로 옮길 때뿐이었다. 따라서 마을 사람들은 그가 몸을 일으켜 옮겨가는 것을 보고 시간을 알 수 있었는데, 그것은 해시계처럼 매우 정확했다. 실제로 니콜라스 베더는 좀처럼 말은 하지 않고 쉴 새 없이 파이프를 태우고 있었다. 그런데 그를 수행하는 사람들(한 가닥 하는 인물에게는 나름대로 추종자가 있게 마련이다)은 완벽하게 그를 이해하고, 그의 뜻을 파악하는 기술을 터득하고 있었다. 이를테면 누가 신문을 읽어주거나 다른 사람의 이야기를 들을 때, 그것이 마음에 들지 않으면 그는 사나운 기세로 파이프를 피우며 분노를 뿜어내듯이 줄곧 연기를 토해냈다. 반면에 모든 게 마음에 들고 만족스러울 때는 파이프를 피우는 모습이 달라져서, 연기를 천천히 들이마신 뒤 부드러운 구름 같은 연기를 만들어 토해낸다. 때로는 파이프를 입에서 떼어 코밑에서 적당한 향기의 연기가 소용돌이치듯이 피어오르는 동안, 묵직한 태도로 고개를 끄덕여 동의한다는 뜻을 나타내기도 한다.

그런데 립은 불행하게도 그 잔소리꾼 아내 때문에 끝내 이 휴게소에서도 쫓겨나는 신세가 되고 말았다. 립의 아내가 어느 날 예고도 없이 이 모임 장소까지 쳐들어온 것이다. 그러자 눈 깜짝할 사이에 평화로운 공기는 깨져버렸고, 그녀는 자기 남편뿐만 아니라 그 자리에 있던 모두에게 끔찍한 욕설을 마구 퍼부었다. 물론 그 위엄 있는 인물 니콜라스 베더도 예외가 아니어서, 그도 역시 이 무시무시한 여자의 먹잇감이 되고 말았다. 그녀는 니콜라스 베더에게, 당신이야말로 우리 남편을 부추겨 게으름뱅이로 만든 장본인이라고 독설을 퍼부었다.

가엾게도 립은 절망의 늪 가장자리로 내몰리고 말았다. 밭일이나 아내의 잔소리에서 벗어나는 방법은 이제 총을 들고 숲으로 달아나는 길밖에 없었다. 그는 숲속에 들어가면, 내키는 대로 나무 밑동 근처에 앉아서 애견 울프에게 자기 지갑에 있는 것을 나눠주곤 했다. 립은 집에서 자신과 마찬가지로 박해받고 있는 울프를 가엾게 여겼다.

"에휴, 이 불쌍한 녀석, 울프. 내 마누라가 너에게까지 그렇게 화를 내고 있으니. 하지만 이제 걱정 안 해도 돼. 내가 옆에 있는 한 언제까지나 널 지켜줄 테니까."

그러자 울프는 기쁜 듯이 꼬리를 흔들며 주인의 얼굴을 가만히 바라보았다. 만일 개의 마음에도 애틋한 정이라는 것이 있다면, 틀림없이 울프도 속으로 립을 불쌍하게 여기고 있었을 것이다.

어느 화창한 가을날, 숲에서 긴 산책을 즐기던 립은 어느새 캐츠킬 산맥의 가장 높은 봉우리를 올라가고 있었다. 그는 무척 좋아하는 다람쥐 사냥에 온 정신을 쏟고 있던 참이었다. 쥐죽은듯이 조용한 일대에 총소리가 메아리치면, 그 메아리가 산기슭 아래로 다시 되돌아오곤 했다. 사냥에 지나치게 열중한 나머지 온몸의 기운이 다 빠져버린 립이 푸른 목초로 뒤덮인 언덕 위에 몸을 던지고 드러누워 버렸을 때는 이미 오후 늦은 시간이었다. 그 장소는 마침 절벽 위여서 눈 아래로 푸른 나무들이 울창하게 우거진 삼림지대가 몇 마일이나 내려다보이고, 다시 그 아래쪽에는 위풍당당하게 흘러가는 허드슨 강도 보였다. 그것은 거울 같은 물 위의 여기저기에 보랏빛으로 물든 구름 그림자와 일렁이는 작은 배의 돛 그림자를 비추면서 조용하고 웅장하게 흘러가다가 어느덧 감청색으로 빛나는 고지 사이로 사라지고 있었다.

또 다른 방향으로 시선을 돌리면 깊은 협곡이 눈에 들어왔다. 그곳은 초목이 제멋대로 자랐고, 골짜기 바닥은 절벽에서 무너져 내린 바위조각으로 가득 메워져 있어 왠지 모르게 쓸쓸하고 구슬프게 보였다. 립은 저물녘 어슴푸레한 빛도 제대로 비쳐들지 않는 그 어두컴컴한 곳에 잠시 누워 그 광경을 멍하니 바라보았다. 저녁 땅거미가 점차 짙어지고, 산의 길고 푸른 그림자가 골짜기를 향해 움직이기 시작했다. 립은 이러다가 마을에 도착하기도 전에 완전히 어두워져 버릴까봐 걱정이 되었다. 마누라의 붉으락푸르락 화난 표정을 상상만 해도 온몸의 털이 곤두서는 느낌이었다. 립의 입술에서 깊은 한숨이 새나왔다.

립이 산에서 막 내려가려고 한 바로 그때였다. 멀리서 "립 밴 윙클! 립 밴 윙클!" 부르는 소리가 들려왔다. 주위를 빙 둘러보았으나, 까마귀 한 마리가 저쪽 산 위로 날아가는 것 말고는 아무것도 보이지 않았다. 잘못 들었나 보다 하고, 립은 다시 산을 내려가기 시작했다. 그러자 어둠속의 고요함을 뚫고 같은 목소리가 다시 그의 귓전을 때렸다. "립 밴 윙클! 립 밴 윙클!" 그 목소리가 울려 퍼

지는 것과 동시에, 울프가 등의 털을 곤두세우고 낮게 으르렁거리더니 주인 옆에 딱 붙어서 자못 무서운 듯이 골짜기를 내려다보았다. 립은 자신의 몸에 조용히 다가오는 어렴풋한 불안을 느끼고 걱정스럽게 울프와 같은 방향으로 시선을 보냈다. 그 목소리의 주인공은 등에 무거운 짐을 지고 허리를 앞으로 숙인 채, 높고 가파른 바위산을 천천히 올라오는 기묘한 모습의 인물이었다. 이렇게 인가에서 멀리 떨어진 한가하고 고요한 장소에서 사람을 만나리라고는 생각지도 못했지만, 아무튼 립은 이웃 누군가가 도움을 청하고 있는 거라고 생각하고, 서둘러 절벽 아래로 내려갔다.

가까이 다가간 립은 너무나 특이한 그 사람의 모습에 다시 한 번 놀랐다. 그는 키는 작지만 체격이 탄탄한 노인으로, 머리카락은 검고 부스스하며, 수염에는 백발이 섞여 있었다. 아주 오래된 네덜란드풍 옷에 조끼를 입고 허리띠를 졸라매고 반바지를 겹쳐 입고 있었는데, 바깥쪽은 헐렁하게 만들어 양쪽에 장식 단추가 주르륵 달렸고, 양 무릎에는 술이 늘어져 있었다. 그는 술이 가득 담긴 듯한 커다란 통을 어깨에 지고 립에게 도와달라는 듯이 신호를 보냈다. 이 새로운 벗과의 만남에 어딘지 모르게 꺼림칙한 느낌이 들어 묘한 불안을 느꼈지만, 립은 늘 그렇듯이 선선히 그 청에 응하고 말았다. 두 사람은 번갈아 어깨에 통을 지고 말라버린 계곡 바닥을 따라 좁은 산골짜기를 올라갔다. 높이 올라갈수록 이따금 길게 여운을 끄는 천둥소리가 멀리서 들려왔다. 그 소리는 높은 바위 사이의 깊은 협곡보다는 바위틈에서 새어나오는 것 같았다. 두 사람은 험준한 산길을 따라 소리가 들려오는 방향으로 계속 나아갔다. 립은 잠시 걸음을 멈추었지만, 아마 산의 높은 곳에서 종종 일어나는 일시적인 천둥비를 동반한 소리가 틀림없을거라 생각하고 다시 걷기 시작했다. 협곡을 빠져나가자, 작은 원형극장처럼 깎아지른 절벽으로 에워싸인 움푹한 곳이 나왔다. 그 절벽에 에워싸인 곳에는 나뭇가지가 하늘을 뒤덮을 듯이 뻗어 있어서, 푸른 하늘과 새빨갛게 타오르는 저녁놀이 나뭇가지 사이로 언뜻언뜻 보일 뿐이었다. 두 사람은 그동안 내내 입을 다문 채 통을 어깨에 지고 올라가고 있었다. 그러나 무엇 때문에 술통을 어깨에 지고 이토록 험준한 깊은 산길을 올라가야 하는지, 그 이유를 모르는 립은 몹시 이상한 생각이 들었다. 게다가 이 정체를 알 수 없는 인물에게는 어딘지 모르게 기분 나쁜 데가 있어서, 무서운 생각이 들어 함부로 말을 걸 수조차 없었다.

원형극장에 들어서자, 거기서도 기묘한 광경이 눈에 띄었다. 중앙의 평평한 장소에서 신기한 모습을 한 사람들이 나인핀스*⁹ 놀이에 열중하고 있었던 것이다. 그들은 흔히 볼 수 없는 이상한 옷을 입고 있었다. 길이가 짧은 윗도리를 입은 사람도 있고 조끼를 입은 사람도 있는데, 모두가 허리띠에 단검을 꽂고 있었고, 대부분 이 노인처럼 헐렁한 반바지를 입고 있었다. 그들은 얼굴 생김새도 특이해서, 긴 턱수염을 기르고 커다란 머리통에 돼지처럼 동그랗고 귀여운 눈을 한 사내가 있는가 하면, 어떤 사람은 얼굴 전체가 코로 뒤덮인 듯한 모습에 하얀 원뿔 모자를 쓰고, 거기에 붉은 색의 작은 닭 꽁지깃을 꽂고 있었다. 그리고 그들은 하나같이 턱수염을 길렀는데, 그 색깔과 모양은 저마다 제각각이었다. 그들 가운데 리더로 보이는 인물은 다부진 체격의 노신사로, 온갖 고난에 단련된 듯한 풍모를 하고 있었다. 이 노신사는 레이스로 꾸민 허리가 잘록한 옷을 입고, 넓은 허리띠에 단검을 꽂았으며, 깃털을 꽂은 중산모를 쓰고, 붉은 스타킹에 장미꽃 장식이 달린 굽 높은 단화를 신고 있었다. 마을 목사인 도미니 밴 샤이크의 객실에는 오래된 플랑드르 회화*¹⁰가 꾸며져 있는데, 이 사람들을 보자 립은 그 그림 속에 그려져 있던 인물들이 생각났다. 참고로 그 그림은 옛날 정착하던 때에 네덜란드에서 갖고 온 것이었다.

립이 가장 이상하게 여긴 것은 그들을 둘러싸고 있는 기이한 광경이었다. 그들은 틀림없이 놀이를 하고 있는데도, 잠시도 엄격한 표정을 무너뜨리지 않고 묘하게 침묵을 유지하고 있는 것이었다. 립이 그때까지 한 번도 본 적이 없었던 매우 음산한 놀이였다. 그 고요함을 깨는 것은 나인핀스 놀이에 사용되는 공이 부딪치는 소리 정도로, 공이 굴러갈 때마다 마치 천둥처럼 산기슭에 멀리 메아리쳤다.

립과 노인이 놀이에 열중한 사람들에게 다가가자, 그들은 갑자기 나인핀스 놀이를 그만두고 마치 조각상처럼 눈도 깜박이지 않고 두 사람의 얼굴을 쳐다보았다. 그 시선은 참으로 기묘했고, 표정 변화가 전혀 없는 얼굴에는 생기가 없었다. 이렇게 불길한 분위기를 접한 립은 너무 놀라서 무릎이 후들후들 떨려왔다. 립과 동행한 노인은, 이제까지 운반해온 통의 내용물을 몇 개의 술병에 옮긴 뒤, 립에게 그것을 그들에게 나눠주라고 신호했다. 립은 겁이 나서 덜덜

*9 유럽에서 비롯된 놀이로, 9개의 나무 핀을 쓰러뜨리는, 볼링의 원형으로 알려진 게임이다.
*10 반 에이크, 루벤스의 주옥같은 작품으로 대표되는 네덜란드 플랑드르 회화를 가리킨다.

떨면서도 그 명령에 따랐다. 사내들은 여전히 아무 말없이 그 술을 마신 뒤, 다시 나인핀스 놀이를 계속했다.

서서히 립의 두려움과 불안감이 가라앉았다. 그는 누구도 자신에게 주의를 기울이지 않는 것을 알고, 그 틈에 용기를 내어 술을 입에 대어보았다. 그러자 고급 네덜란드산 술의 독특한 향기와 맛이 입안을 자극했다. 타고난 술고래인 립은 다시 한 잔, 또 한 잔의 유혹에 넘어가서 자꾸자꾸 술을 들이켰다. 그렇게 잇달아 술병을 기울이던 립은 점점 술에 취해 마침내 이성을 잃어버렸다. 그리고 머리가 멍해지고 무거워져서 몇 번이나 고개를 꺾더니, 그대로 곯아떨어지고 말았다.

잠에서 깨어나자, 립은 나무가 울창하게 우거진 녹색의 둔덕 위에 자기가 누워 있는 것을 발견했다. 그곳은 어젯저녁 골짜기에서 처음 노인을 만났던 곳이었다. 그는 자기도 모르게 눈을 비비며 주위를 둘러보았다. 햇살이 눈부신 아침이었다. 숲속에서 새들이 지저귀며 높이 날아올랐고, 독수리 한 마리가 하늘 높이 포물선을 그리면서 산의 신선한 숨결을 한껏 들이마시고 있었다. "아니, 설마?" 립은 생각했다. "정말 여기서 밤새도록 잠을 잔 건 아니겠지?" 그는 잠들기 전의 일을 떠올려 보았다. 술통을 어깨에 지고 있던 노인, 산속 협곡, 바위 사이에 숨어 있는 누구도 발을 디딘 적 없는 장소, 나인핀스 놀이를 하던 사람들, 그리고 술병이었다. "그 술병이야! 그 독주에 당했군." 립은 생각했다. "아, 마누라에게 뭐라고 변명을 한담!"

그는 자신이 갖고 있던 총을 찾으려고 주위를 살펴보았지만 그런 물건은 어디에도 보이지 않았다. 그런데 잘 손질하여 기름을 쳐둔 엽총 대신, 발아래 낡은 화승총이 굴러다니고 있는 것이 눈에 띄었다. 총신은 몹시 녹이 슬었고, 방아쇠는 거의 빠질 듯한 상태인 데다 총대는 좀이 슬어 있었다. 그래서 립은 이렇게 생각했다. '이건 그 산적들이 한 짓이고, 그들에게 감쪽같이 속아서 독주를 마시다가 취해 곯아떨어진 사이에 그들이 총을 훔쳐 달아난 게 틀림없어.' 그리고 울프의 모습도 보이지 않았는데, 이 개는 다람쥐와 새를 쫓다가 어디서 길을 잃어버린 건지도 모른다고 립은 생각했다. 그는 울프를 찾아 휘파람을 불고 이름도 불러보았지만 도무지 아무 대답이 없었다. 휘파람과 울프를 부르는 목소리만 계속 메아리칠 뿐, 울프의 모습은 그림자도 보이지 않았다.

립은 먼저 지난밤 나인핀스 놀이장으로 돌아가 찾아보기로 했다. 그래서 만일 그들 가운데 누구라도 만나면, 자신의 총과 울프를 돌려달라고 할 작정이었다. 일어나서 걸으려고 하던 립은 온몸 관절이 굳어버려 도저히 움직일 수 없다는 것을 알았다. "산속에서 잠을 자는 건 아무래도 나에게는 맞지 않는군." 립은 그렇게 생각했다. "이렇게 외박을 한 데다 류머티즘까지 걸려 자리에 눕기라도 하면 호랑이 마누라한테 호되게 나무람을 듣게 될 텐데." 립은 어찌어찌하여 겨우 골짜기로 내려갔다. 그리고 어제 저녁에 노인과 함께 올라간 협곡을 찾았으나, 놀랍게도 어제와는 달리 산악의 계곡물이 하얀 거품을 물고 주변의 바위에 부딪쳐서, 거센 물보라와 함께 굉음을 일으키며 골짜기를 가득 메우고 있었다. 그래도 그는 어떻게든 비탈을 기어 올라가 자작나무와 사사프라스(녹나무과 낙엽수)와 조록나무(조록나무과 낙엽수) 숲을 빠져나갔다. 가는 도중에 야생 포도덩굴이 다리에 감겨 하마터면 굴러 떨어질 뻔했다. 포도덩굴은 나무들을 타넘고 그물처럼 덩굴손을 뻗어서 립이 가는 길을 방해했다.

립은 갖은 고생 끝에 겨우 협곡의 가파른 절벽 사이를 빠져나가 원형극장으로 통하는 장소까지 왔다. 그런데 그 통로 같은 것은 흔적도 없이 사라지고 없었다. 주위를 둘러보니, 절벽은 쉽게 넘을 수 없을 정도로 높이 솟아 있었고, 그 위에서 계곡물이 깃털처럼 하얀 물거품을 일으키면서, 주위의 나무 그림자에 가려 어두컴컴하고 넓고도 깊은 웅덩이 아래로 떨어지고 있었다. 가엾은 립은 그곳에서 우뚝 멈춰서고 말았다. 그는 한 번 더 휘파람을 불어 울프를 찾았으나, 그 소리에 대답한 것은 하늘을 날아다니는 태평스런 까마귀떼의 울음소리뿐이었다. 까마귀떼는 밝은 햇살이 비치는 절벽 위, 나무 주변의 상공을 시끄럽게 날아다니며 놀리고 있었는데, 아마도 그렇게 높은 곳에서 황당한 표정을 한 이 가련한 사내를 내려다보면서 비웃는 것처럼 보였다. 도대체 이 일을 어떡한담? 아침이 지나가고 있는데도 립은 여태 아무것도 먹지 못해 배가 너무 고파 죽을 지경이었다. 총과 애견 울프를 포기하는 것은 슬프고 괴로운 일이었지만, 집으로 돌아가서 마누라를 보기도 무서웠다. 그렇다고 산속에서 굶어죽을 수도 없는 노릇이었다. 그는 고개를 옆으로 젓고는 일단 녹슨 총을 어깨에 메고, 당혹스럽고 불안한 마음으로 집을 향해 길을 서둘렀다.

립은 마을에 다가감에 따라 많은 사람들을 만났는데, 낯익은 얼굴은 하나도 보이지 않았다. 그러자 그도 놀라지 않을 수 없었다. 왜냐하면, 지금까지 그가 모르는 마을사람은 한 사람도 없었기 때문이다. 무엇보다 그들이 입은 복장도 여태까지 보지 못한 것들뿐이었다. 한편, 그들도 모두 같은 놀란 표정으로 립의 얼굴을 빤히 쳐다보고는 어김없이 흠! 하고 턱을 쓰다듬는 것이었다. 그들이 몇 번씩이나 그 몸짓을 되풀이하자, 립은 자기도 모르게 자신의 턱에 손을 대어보았다. 그랬더니 놀라지 마시라, 그의 수염이 1피트(약 30센티미터)나 자라 있는 게 아닌가!

어느새 립은 마을 변두리에 들어서고 있었다. 그러자 어디선가 모르는 아이들이 나타나 그의 뒤에서 재미있다는 듯이 떠들어대면서, 백발이 섞인 그의 턱수염을 가리키며 놀려댔다. 주변에는 옛날에 보았던 개는 한 마리도 없었다. 그래서인지 립이 지나갈 때마다 동네 개들이 죄다 울부짖듯 짖어댔다. 마을 모습도 완전히 변해 있었다. 규모는 전보다 커지고 사람 수도 많아졌으며, 이제까지 본 적도 없는 집들이 줄지어 있었다. 또 그와는 반대로, 립이 뻔질나게 얼굴을 내밀며 지난날부터 익숙하게 드나들었던 집들은 아예 보이지도 않았다. 대문 문패에는 한 번도 들어본 적이 없는 이름들이 적혀 있고, 창가에서 이쪽을 쳐다보고 있는 얼굴들도 모조리 낯설었다. 이렇게 모든 것이 모르는 것뿐이어서 그는 불안해지기 시작했다. 립은 자신도 주위 세계도 마법에 걸린 것이 아닌가 하고 의심하기 시작했다. 틀림없이 이곳은 립이 태어난 마을이고, 그가 이 마을을 떠난 것은 바로 어제 일이었다. 저쪽에는 캐츠킬 산맥이 이어져 있고, 멀리 유유히 흐르는 은빛 허드슨 강도 보이고, 모든 언덕과 계곡도 지난날과 조금도 달라지지 않았다. 립은 완전히 혼란에 빠지고 말았다. "틀림없이 간밤에 마신 그 술 때문이야." 그는 생각했다. "그 술을 마시는 바람에 머리가 완전히 돌아버린 거야."

립은 갖은 고생 끝에 겨우 자기 집으로 가는 길을 찾았다. 그는 떨리는 마음으로 조심조심 집에 가까이 가 보았다. 금방이라도 고막을 찢는 듯한 마누라의 날카로운 목소리가 들려오지 않을까 겁을 내면서. 그런데 집은 완전히 못쓰게 되어 지붕은 내려앉았고, 창문은 깨져서 뻥 뚫린 상태였으며, 문짝은 경첩이 다 빠져 있었다. 울프와 매우 닮은 개는 먹이를 주지 않았는지 굶어죽기 직전인 상태로 내버려져 있었다. 립이 그 개에게 울프 하고 부르자, 개는 이를 드러내고 으르렁거리더니 비틀거리며 어디론가 걸어가 버렸다. 설마 이런 대접을 받을 줄이야, 이렇게 못된 개를 봤나. "나를 잊어버리다니." 립은 저절로 한숨이 나왔다.

립은 집안에 들어갔다. 그의 아내는 한시도 집안 정리정돈을 게을리하지 않는 사람이었다. 그런데 텅 빈 집안은 고요하고 쓸쓸했고 누가 봐도 분명 버려진 집이었다. 이렇게 황량한 상황을 마주하자, 마누라에 대한 공포심 같은 건 이미 어디론가 날아가 버리고 없었다. 그는 큰 소리로 마누라와 아이들 이름을 불러보았다. 그러나 그 목소리는 인기척이 없는 방 안에 잠시 울리더니 다시 고요함이 주위를 감쌌다.

립은 곧 그곳에서 뛰쳐나와 단골로 다니던 마을 여관으로 급히 가보았다. 그런데 그것도 언제 사라졌는지 그 자리에 없었다. 그곳에는 오래되고 낡은 커다란 목조건물이 서 있었다. 또한 건물의 창이라는 창은 모두 활짝 열려 있었고, 몇 개의 창은 부서져서 낡은 모자와 페티코트로 가려져 있었다. 출입문 위를 보니 '조나단 둘리틀의 유니언 호텔'이라고 페인트로 적혀 있었다. 전에는 그 조용하고 산뜻한 네덜란드풍 여관에 그림자를 드리운 커다란 나무가 우뚝 서 있었는데, 그것을 대신하여 지금은 쭉 뻗은 벌거숭이 장대가 하나 서 있고, 그 꼭대기에는 붉은 나이트캡 같은 것이 얹혀 있었으며, 거기서 별과 줄무늬가 조합된 기묘한 모양의 깃발이 펄럭이고 있었다. 립은 자신의 이해를 넘어선 이 모든 일들이 기이하게 생각되어 견딜 수가 없었다. 그는 간판에 그려진 조지 3세의 붉은 얼굴을 쳐다보았다. 옛날에는 그 간판 밑에서 수없이 담배를 피우며 한가롭게 쉬곤 했다. 그런데 그 초상화마저 이상하게 그려져 있었다. 본디 초상화의 인물은 붉은 군복을 입고 있었는데, 이 초상화는 푸른색과 엷은 노란색으로 바뀌어 있었고, 한 손에는 왕홀 대신 칼을 쥐고 있었다. 머리에는 삼각모를 쓰고, 그 아래에는 워싱턴 장군이라고 페인트로 크게 적혀 있었다.

여관 입구는 여전히 사람들로 북적거렸지만, 립이 아는 얼굴은 하나도 보이지 않았다. 그뿐 아니라 그곳에 있는 사람들의 성격까지 확 바뀐 것 같았다. 지난날 그렇게 익숙했던, 졸음이 오는 나른한 평온함은 없어지고, 어딘가 어수선하고 시끌벅적한 분위기만 느껴졌다. 립은 그 마을의 장로인 니콜라스 베더를 찾아보았지만 그의 모습은 어디에도 없었다. 그는 턱이 이중인 커다란 얼굴에 가득 웃음을 짓고, 언제나 기다란 고급 파이프로 구름 같은 연기를 천천히 토해내면서 쓸데없는 말은 한 마디도 하지 않았다. 또 유감스럽게도 느긋한 분위기를 자아내며 헌 신문을 읽곤 했던 교장 반 범멜 씨의 모습도 보이지 않았다. 이러한 옛날부터의 지기들 대신, 여윈 체격에 흥분하기 쉬운 유형의 남자가 주머니 가득 선전용 전단지를 넣고, 시민의 권리와 선거, 의원, 자유, 벙커힐 전투,[11] 독립전쟁 용사, 이런 것에 대해 뭔가 큰 소리로 떠들어댔는데, 모든 것이 놀랍기만 한 립은 그게 무슨 소린지 도무지 알아들을 수가 없었다.

희끗희끗한 긴 턱수염에 녹슨 엽총을 들고 이상한 옷차림을 한 립이 동네 아낙들과 아이들을 뒤에 거느리고 그 자리에 나타났으니, 당연히 정치토론을 벌이며 애국자 행세를 하던 술집 손님들의 눈길을 끌지 않을 수 없었다. 그들은 립을 에워싸고 노골적인 호기심을 드러내며 머리끝부터 발끝까지 천천히 핥듯이 그를 훑어보았다. 조금 전까지 큰소리로 외치던 여윈 사나이가 립에게 서둘러 다가오더니, 그를 한쪽 옆으로 데리고 가서 물었다. "형씨는 어느 쪽에 투표할 거요?" 립은 그저 어안이 벙벙하여 상대방의 얼굴을 멀뚱멀뚱 쳐다볼 뿐이었다. 그런가 하면, 이번에는 간살거리듯이 행동하는 키 작은 사내가 립의 팔을 잡아당겨 발돋움을 하고는 귓전에 대고 이렇게 물었다. "그러니까 연방당이오, 민주당이오?" 역시 전과 마찬가지로, 립은 그 질문의 뜻을 몰라 어떤 대답도 하지 못했다. 그때였다. 뾰족한 삼각모를 쓰고 모든 걸 다 안다는 듯한 표정을 한 거만한 늙은 신사가 팔꿈치로 사람들을 양옆으로 밀치면서 다가와, 립의 앞을 가로막았다. 한손은 허리에 대고, 반대쪽 손은 지팡이 위에 얹은 이 노신사의 날카로운 눈빛과 끝이 뾰족한 삼각모에서 마치 립의 마음속까지 꿰뚫을 것 같은 힘이 느껴졌다. 그는 엄격한 말투로 물었다.

"당신은 도대체 무슨 속셈으로, 선거하러 오면서 총을 메고 군중을 이끌고 온 것인가? 폭동이라도 일으킬 작정인가?"

"무, 무슨 말씀을!"

립은 조금 허둥대는 목소리로 소리쳤다.

"여러분, 나는 이곳에서 태어난 아주 보잘것없는 사람입니다. 왕에게 충성을 맹세한 신민의 한 사람일 뿐입니다. 왕에게 축복이 있기를!"

그러자 립 주위에 있던 사람들이 일제히 소리치기 시작했다.

"토리당(왕당[12])이다! 토리당원이야! 스파이! 망명자! 해치워라! 때려죽여라!"

---

[11] 벙커힐 전투는 1775년 6월 17일에 일어난 미국군과 영국군의 전투. 매사추세츠 주 보스턴의 찰스타운 지구에 벙커힐 기념탑이 있다.

[12] 17세기 후반에 성립된 영국의 입헌군주제 정당이지만, 미국 독립전쟁 무렵, '토리'라는 용어는 영국 정부에 충성을 맹세하는 사람들을 가리켰다.

이 소동을 가까스로 가라앉힐 수 있었던 사람은, 바로 그 삼각모를 쓴 거만한 늙은 신사였다. 그는 아까보다 열 배나 더 엄격한 표정을 지으면서, 이 출신을 알 수 없는 죄인을 향해 왜 이곳을 찾아왔느냐, 또 누구를 찾고 있느냐고 끈질기게 캐물었다. 그 물음에 이 가엾은 남자는 쭈뼛거리는 태도로 말했다. 자신은 사람들을 해칠 생각은 털끝만큼도 없으며, 평소에 이 술집 근처에서 자주 본 마을사람들을 찾으러 온 것뿐이라고.

"음, 그래요? 그렇다면 어떤 사람들을 찾고 있소? 그들의 이름은?"

립은 잠시 생각한 뒤, 이렇게 물었다.

"그럼, 니콜라스 베더 씨는 어디에 있습니까?"

한동안 정적에 싸인 채 아무도 대답하는 사람이 없었다. 이윽고 한 노인이 가늘고 날카로운 목소리로 이렇게 말했다

"니콜라스 베더라고! 아주 옛날이야긴데? 그는 죽은 지 이미 18년이나 되었소. 교회 묘지에 그 사람의 생애에 대해 모든 것이 적혀 있는 나무 묘표가 서 있었는데, 그것도 이제는 썩어서 없어졌소만."

"그렇다면, 브롬 더처 씨는 어떻게 되었습니까?"

"아, 그 사람 말이오? 그는 전쟁이 시작되자 곧바로 군대에 들어갔지. 뉴욕의 스토니 포인트 전투*13에서 죽었다는 사람도 있고, 앤터니스 노즈 곶*14 근처에서 폭풍에 휩쓸려 익사했다는 사람도 있더군. 어쨌든 이유는 잘 모르지만, 그는 두 번 다시 돌아오지 않았소."

"교장 선생님인 데릭 반 바멜 씨는?"

"그 사람도 전쟁에 나가서 민병대 대장으로 싸웠고, 지금은 의회에 있소."

립은 심정이 말이 아니었다. 그도 그럴 것이 자신이 태어난 고향과 지인들의 신상에 일어난 불행한 변화를 듣고, 아무래도 이 세상에 자기 홀로 남겨진 것을 알았으니 무리도 아니었다. 그는 무슨 말을 들어도 그저 당혹스러울 뿐이었다. 또한 어떤 소식도 아주 긴 세월이 흘렀음을 말해 주고 있었고 립이 이해할 수 없는 일뿐이었다. 전쟁, 의회, 스토니 포인트, 이 모든 것이 전혀 모르는 이야기였다. 립은 더 이상 물을 용기도 없어 절망에 사로잡힌 채 소리쳤다.

---

*13 스토니 포인트 전투는 1779년 7월 15일~16일에 미군과 영국군 사이에서 벌어진 미국 독립 전쟁 전투 가운데 하나.

*14 뉴욕 주 웨스트체스터 북쪽 끝 허드슨 강가에 있는 언덕으로, 독립전쟁의 옛 전쟁터였다.

"여러분 가운데, 립 밴 윙클이라는 사람을 아는 사람은 없습니까?"

"립 밴 윙클?"

그곳에 있던 두세 사람이 그 이름을 입에 올렸다.

"그 사람이야 물론 알고 있지. 보시오, 저기 있지 않소. 저 사람이 립 밴 윙클이오. 나무에 기대서 있는 사람 말이오."

립은 그 사람을 쳐다보았다. 정말 그 사람은 캐츠킬 산에 올라갔을 때 자신과 똑같은 꼴을 하고 있었다. 누가 봐도 게으름뱅이 모습으로, 실제로 입은 옷도 똑같은 허름한 넝마였다. 안타깝게도, 가엾은 립은 이 상황이 도무지 이해가 되지 않아 그저 어리둥절할 뿐이었다. 그렇다면 과연 나는 누구인가, 나는 정말 나인가, 아니면 다른 사람인가? 더욱 불안해진 립은 더할 수 없는 당혹감에 사로잡히고 말았다. 그때, 조금 전의 뾰족한 삼각모를 쓴 노신사가 당신은 도대체 누군지 이름을 말해보라고 말했다.

"그걸 누가 알겠소?"

립은 한참 생각한 끝에 겨우 이렇게 말했다.

"나는 내가 아닌 건가? 다른 인물인가? 저기 있는 저 사람이 나인가? 아니, 그럴 리가 없어. 저 사람은 틀림없이 나를 대신해서 나인 척하는 인물이야. 간밤까지 나는 나였는데. 산속에서 잠이 드는 바람에 내 총도 바뀌어버리고, 나를 에워싼 세상도 모조리 변해버렸어. 더구나 나 자신까지 바뀌어버리다니. 내 이름은? 아니 그 전에, 난 도대체 누구란 말인가!"

그때 그를 둘러싸고 있던 사람들은, 서로 마주보면서 뭔가 속삭이더니, 의미심장하게 눈짓을 교환하면서 손가락으로 이마를 톡톡 두드렸다. 그리고 이 노인한테서 총을 빼앗아 위험한 짓을 하지 못하게 하라는 속삭임도 들려왔다. 그런 말을 들어선지 삼각모를 쓴 도도한 노인은 조금 동요하는 기색으로 그 자리를 떠나고 말았다. 이 팽팽한 긴장감 속에 한 젊고 아름다운 여성이 사람들을 헤치고 나타나더니 이 백발이 희끗희끗한 노인의 얼굴을 살펴보았다. 그녀가 안고 있는, 통통하게 살이 오른 귀여운 아기가 립의 모습을 보자 겁을 먹었는지 큰 소리로 울음을 터뜨렸다.

"조용히 해, 립."

그녀는 거친 목소리로 소리쳤다.

"괜찮아, 조용히 해! 정말 바보 같구나. 이 할아버지는 너에게 아무 짓도 하지

않으실 거야."

그런데 아이 이름과 아이 어머니의 태도, 또 그 목소리의 어조, 그 모든 것들이 립의 마음에 하나로 이어지는 기억들을 되살렸다.

"아주머니, 이름이 무엇이오?"

립이 그녀에게 물었다.

"주디스 가드니어라고 해요."

"그럼 당신 아버지 이름은 뭐라고 하나요?"

"제 아버지는 정말 가여운 분이었어요. 립 밴 윙클이라고 하는데, 20년 전에 총을 들고 집을 나간 뒤 지금까지 소식이 없어요. 아버지의 개 울프만 돌아왔죠. 정말 총으로 자살이라도 했는지, 아니면 인디언에게 잡혀간 건지, 아버지가 간 곳을 아는 사람은 한 사람도 없었어요. 게다가 그때 전 아주 어린아이였으니까요."

립은 우물거리면서 한 가지 더 물었다.

"그럼 당신 어머니는?"

"어머니는 바로 얼마 전에 돌아가셨어요. 뉴잉글랜드에서 온 도붓장수와 싸우다가 혈압이 올라 혈관이 터지는 바람에."

립은 그 소식을 듣고 조금 마음을 놓았다. 이 고지식한 사나이는 더 이상 참고 있을 수가 없어서, 두 팔로 딸과 아기를 끌어안으면서 소리쳤다.

"내가 네 아버지다! 나 립 밴 윙클도 옛날에는 젊었는데, 보다시피 이렇게 늙어빠진 몰골로 나타나고 말았구나. 누군가 이 가엾은 립 밴 윙클을 기억하는 사람은 없소?"

주위에 있던 모든 사람들은 완전히 놀라서 멍하니 서 있었다. 그러자 한 노파가 인파를 헤치고 다가와서, 손바닥으로 이마 위를 가리고 립의 얼굴을 자세히 들여다보더니 깜짝 놀라며 소리쳤다.

"틀림없어! 진짜 립 밴 윙클이 맞아. 그 사람이 틀림없어, 반가운 사람이 돌아왔군그래, 20년 동안 어디서 뭘 하고 있었던 거유?"

립은 그동안의 일을 이야기하는 데 채 1분도 걸리지 않았다. 그도 그럴 것이, 만 20년이라는 세월이 그에게는 단 하룻밤에 지나지 않았기 때문이다. 마을 사람들은 그 이야기를 듣고 놀라움을 감출 수가 없었다. 그들 가운데는 서로 의미심장하게 눈짓을 하는 사람이 있는가 하면, 혀를 내밀면서 놀라는 표정을 짓는 사람도 있었다. 한바탕 소동이 가라앉자, 삼각모를 쓴 도도한 노인이 다시 돌아와 입술을 일그러뜨리며 말없이 고개를 저었다. 마치 그것이 신호인 것처럼, 립을 뚫어지게 쳐다보던 군중도 다함께 고개를 설레설레 내젓는 것이었다.

아무튼 피터 밴더 돈크 노인에게 의견을 물어보자는 데 모든 사람의 의견이 일치했다. 바로 그때 그 노인이 한가롭게 길을 걸어오는 모습이 보였다. 그는 이 지방의 오랜 역사를 써 남긴, 같은 이름의 역사가 후손이었다. 피터 노인은 이 마을에서 가장 나이가 많은 어른으로, 과거에 이 지방에서 일어난 기이한 사건과 전설을 잘 알고 있었다. 그래서 그는 립에 대한 기억을 금방 떠올릴 수 있었다. 그는 모든 사람이 이해할 수 있도록 립에 대해 자세히 이야기해 주었다. 이 노인이 그들에게 이야기한 바로는, 전부터 캐츠킬 산맥에 정체불명의 요사스런 물건이 나타난다는 것은 널리 알려져 있던 일이라고 한다. 그것은 선조인 역사가로부터 전해져 내려왔으니 아마도 사실인 듯하다. 그리고 허드슨 강과 그 강이 흐르는 이 지방을 맨 처음 발견한 것으로 유명한 위대한 탐험가 헨드릭 허드슨이 하프문 호(號)의 선원들을 데리고 20년마다 한 번씩 이 캐츠킬 산맥의 산속에서 이른바 불침번을 선다는 것이었다. 그것도 이미 확인되었다고 한다. 그는 그렇게 자신의 탐험지를 되풀이해 방문하여, 자신의 이름이 붙여진 이 강과 땅을 지켰던 것이다. 옛날, 피터 노인의 아버지는 캐츠킬 산맥의 움푹한 땅에서 나인핀스 게임을 즐기고 있는 아주 고풍스러운 네덜란드풍 옷을 입은 사람들을 목격한 적이 있었고, 피터 노인 자신도 어느 여름날 오후에, 마치 멀리서 천둥소리가 울리는 것처럼 공이 세차게 부딪치는 소리를 들은 적이 있다고 했다.

그 뒤의 일을 요약해서 말하면, 그곳에 모여 있었던 사람들은 곧 저마다 흩어져 집으로 갔고, 화제는 그 일보다 훨씬 관심이 높은 선거 쪽으로 돌아갔다. 립의 딸은 아버지를 집으로 모시고 가서 함께 살기로 했다. 딸은 살기 좋은 버젓한 집을 가지고 있었고, 그 남편은 쾌활한 성격에 건장한 체격의 농부였다. 립은 그 사위가 옛날 자기 등에 올라타고 장난을 치던 개구쟁이 가운데 한 명인 것을 기억해냈다. 립의 후계자인 큰아들은 아까 나무에 기대서 있던, 아버지를 쏙 빼닮은 젊은이였는데, 그는 어느 농가에서 일하고 있었다. 립의 아들은 아버지의 성격을 그대로 물려받아서, 무슨 일에나 금방 나서는 버릇이 있었지만, 자신의 일은 아무것도 할 줄 모르는 젊은이였다.

립은 차츰 마음 내키는 대로 산책과 취미를 즐기던 본디의 성질을 되찾아가고 있었다. 옛 친구들도 다시 만났는데, 다들 세월을 이기지 못해 늙고 쇠약해져 있었다. 그래서 립은 젊은 사람들과도 친구처럼 가까이 지냈고, 곧 그들의 마음을 사로잡아 큰 인기를 끌게 되었다.

그는 집에서 특별히 하는 일도 없었지만, 날마다 빈둥거리고 놀아도 잔소리하는 사람도 없었다. 그만큼 그는 이미 매우 늙어버린 것이다. 그리하여 다시 여관 입구에 있는 벤치에 앉아 마을 어른의 한 사람으로 대접받으면서, '미국 독립전쟁 전날 밤'의 낡은 시대를 대표하는 연대기적 인물로서 존경받게 되었다. 얼마 지나자 평범한 잡담을 나누는 사람들 틈에 끼어들 수 있게 된 립은, 산속에서 술에 취해 잠든 동안 일어났던 기묘한 사건도 겨우 이해할 수 있게 되었다. 즉 그동안에 독립전쟁이 어떻게 해서 일어났는지, 미국이 영국의 지배에서 어떻게 독립했는지, 그리고 자기는 이제 조지 3세의 백성이 아니라 미국의 자유를 보장받은 한 시민이라는 사실을 이해할 수 있었다. 사실 립은 정치에는 전혀 관심이 없었다. 따라서 국가와 제국의 정치형태가 어떻게 바뀌었든 립에게는 거의 아무런 감명도 주지 않았다. 그러나 이전에는 어떤 전제정치의 폭정에 위협받았고, 그 밑에서 오랫동안 허덕이며 살았다. 그것은 세상에서 말하는 아내에게 쥐여사는 남편의 처지를 말하는 것이다. 다행히 그것도 이미 끝나 있었다. 또 결혼생활이라는 굴레가 풀렸기 때문에, 립은 이제 포악한 아내한테서도 벗어나 언제든지 마음 내킬 때 집을 드나들 수 있는 몸이 되어 있었다. 그러나 이제까지의 버릇 때문인지, 여전히 아내의 이름을 들으면 그만 고개를 설레설레 젓거나 어깨를 움츠리며 망연히 하늘을 올려다보는 것이었다. 그러한 몸짓은 자신의 운명을 체념하는 표현이라고도 볼 수 있고, 해방된 환희라고도 말할 수 있었다.

립은 둘리틀 여관의 손님이라면 누구에게나 자신의 신상 이야기를 들려주었다. 처음에는 말할 때마다 내용이 달라져서 미심쩍은 점이 있었는데, 그것도 무리가 아니었다. 그가 산속에서 깨어난 지 얼마되지 않았기 때문이다. 마침내 립에 얽힌 이야기는 내가 이제까지 서술해온 줄거리대로 이 땅에 뿌리내린 것이다. 그러므로 근처에 살던 남자든 여자든, 또는 어린아이든 노인이든, 누구나 그 이야기를 감명 깊게 마음에 새겨 넣고 있다. 그렇지만 사람에 따라서는, 이 이야기의 신빙성을 의심하는 듯이, 립은 머리가 이상한 사람이어서 늘 그렇게 엉뚱한 이야기만 한다면서 물러서지 않는 사람도 있었다. 그러나 나이가 지긋한 네덜란드 사람들은 한결같이 립의 이야기를 믿었고, 요즘도 그들은 여름 날 오후에 천둥소리가 캐츠킬 산맥 부근에서 울리면, 어김없이 헨드릭 허드슨과 그 선원들이 나인핀스 놀이를 즐기고 있는 거라고 말한다. 또 이 지역의 아낙네들 엉덩이에 깔려 사는 순둥이 남편들은, 고달픈 세상살이에 마음이 괴로울 때는 자기도 립 밴 윙클의 술병에서 술을 한 잔 마시고 시름을 잊고 싶어 하는 것이다.

원글 주석

이 이야기는 니커보커 씨가 붉은 수염왕 프리드리히 1세*15와 킵하우저 산지

---

*15 프리드리히1세(Friedrich I, Barbarossa, 1123–90)는 신성로마제국의 통치자, 즉 호엔슈타우펜 왕조의 신성로마황제이다. 그는 '바바로사'(붉은 수염왕)라는 애칭으로도 불렸다.

를 둘러싼 독일의 미신에서 착안했을 거라고 생각하는 사람들이 있을지 모른다. 그러나 그가 이 책에 덧붙여진 다음의 주석에 따르면, 이것은 진짜 실화이며, 늘 그렇듯이 충실하게 이야기된 것임을 알 수 있다.

"이 립 밴 윙클 이야기는 대부분의 사람들에게는 믿기 어려운 일로 생각되겠지만, 나는 이 이야기에 흔들림 없는 믿음을 보내고 있다. 우리가 살고 있는 옛날의 네덜란드 식민지 부근에는, 기묘한 사건과 현상들이 수없이 일어났음을 잘 알고 있기 때문이다. 실제로 나는 허드슨 강 부근의 여러 마을에서 이상하고 믿기 어려운 이야기를 이보다 더 많이 들었는데, 어느 이야기나 모두 실증된 것으로서 의문의 여지가 없었다. 나는 립 밴 윙클 본인과 가까이 말을 나눈 적도 있다. 그를 마지막으로 만났을 때는 이미 꽤 나이가 들었지만, 그래도 그밖의 모든 것에 대해서 매우 논리적이었을 뿐만 아니라 일관성이 있었다. 그러므로 양식이 있는 사람이라면, 이 이야기 내용의 신빙성을 인정하지 않을 수 없을 거라고 생각한다. 그리고 나는 이 이야기에 관한 증명서가 지방 재판관에게 제출되어, 재판관의 서명이 든 십자 기호가 기록된 것을 본 적이 있다. 이렇게 생각하면, 이 이야기의 신빙성에는 한 점의 의문도 있을 수 없다. 디트리히 니커보커로부터."

덧붙임

다음은 니커보커 씨의 비망록에서 가려 뽑은 여행기이다.

카스베르크 산맥, 다른 이름 캐츠킬 산맥은 예부터 전설이 풍부한 곳이었다. 그 옛날 인디언들은 그곳을 요정의 은신처로 여겼으니, 그 요정은 날씨를 마음대로 부리며 대지 위에 찬란한 태양을 비추거나 하늘을 구름으로 뒤덮고, 또 사냥철에는 좋은 결실을 선사하기도 하고 재앙을 내리기도 했다. 이러한 모든 것을 다스리는 것은 늙은 어머니 요정인 듯하다. 이 요정은 캐츠킬 산맥 가장 높은 봉우리에 살면서, 밤과 낮의 문을 맡아 알맞은 시간에 열고 닫았다. 그녀는 밤하늘에 새로운 달을 내걸어 빛나게 하고, 오래된 달은 부수어 별로 만들어 버렸다. 햇볕이 내리쬐어 가뭄이 이어질 때는 적당히 비위를 맞춰주면, 이 노파 요정은 거미줄과 아침 이슬에서 여름 구름을 만든 뒤, 캐츠킬 산맥 정상에서 섬유 모양으로 곱게 빗은 솜처럼 한 장씩 뿌려 공중에 둥실 떠다니게 했다. 그러면 그것이 태양열에 녹아 은혜로운 비가 되어 땅 위를 적셔 줌으로써

풀꽃이 싹트고 열매가 영그는 것이다. 또 옥수수 같은 것은 한 시간에 1인치나 자라게 할 수 있다고 한다. 그런데 이 늙은 요정의 비위를 건드리면, 그녀는 숯처럼 검은 구름을 일으켜, 마치 살찐 거미가 집 안의 방석 위에 앉아 있는 듯한 모습으로 도사리게 하는데, 그것이 찢어지면 하계의 협곡에서는 어김없이 커다란 재앙이 일어난다.

　오래 전 인디언의 전설에 따르면, 마니투*16라고 하는, 자연을 지배하는 신이 캐츠킬 산맥의 가장 울창하고 깊숙한 장소에 살면서, 온갖 악행을 저질러 인디언들을 화나게 하고는 아주 재미있어 했다고 한다. 이를테면 때로는 곰이나 표범, 사슴 같은 모습으로 변한 마니투가, 사냥꾼이 산길에서 길을 잃게 하고는 녹초가 될 때까지 숲속의 복잡한 길과 울퉁불퉁한 바위들이 널브러진 너덜지대를 이리저리 끌고 다닌 끝에, 호! 호! 하고 소리치고는, 그 자리에서 어디론가 사라져버린다고 한다. 그러면 당황한 사냥꾼은 가파르고 높은 낭떠러지와 격류가 흐르는 강가에 홀로 남겨지는 것이다.

　마니투가 좋아하는 주거지가 지금도 남아 있다. 그것은 캐츠킬 산맥에서도 가장 깊숙하고 고요한 장소인 커다란 바위나 절벽에 있다. 그 주위에는 꽃이

---

*16 '마니투'란 북아메리카 인디언의 아르곤킨 말로 '모든 사물에 깃들어 있다는 혼령'을 뜻한다.

피는 덩굴풀이 뻗어 있고, 주변에는 들꽃이 흐드러지게 피어 꽃의 바위라는 이름으로 널리 알려져 있다. 그 기슭에 있는 작은 호수는 알락해오라기의 서식지이다. 또 물뱀이 수면에 피어 있는 수련잎 위에서 찬란한 햇빛을 가득 받으며 일광욕을 하고 있다. 인디언들은 이 장소에 외경심을 품고 있기 때문에 제아무리 용감한 사냥꾼이라도 그 성역에서는 사냥감을 쫓지 않는다. 아득한 옛날, 길을 잃고 이 '꽃의 바위' 영역에 들어간 한 사냥꾼이 나뭇가지마다 수많은 표주박이 걸려 있는 것을 보고, 그 가운데 하나를 가지고 돌아가려고 서두르다가 그만 바위 사이에 그것을 떨어뜨리고 말았다. 그러자 곧바로 큰 홍수가 일어나 절벽에서 떨어져 결국은 가루가 되고 말았다는 이야기가 있다. 그 큰 홍수가 허드슨 강이 되어 오늘에 이르고 있다. 그로부터 그 강은 카터스킬이라는 이름으로도 불리고 있다.

영국인 문필가의 미국관

"내 마음에 비치는 것은, 고결하고 기품 있는 국민이 잠에서 깨어난 힘센 사람처럼 몸을 일으켜, 그 강인한 머리다발을 뒤흔들어 터는 광경이다. 마치 독수리처럼 젊은 기상을 새롭게 떨치며, 반짝반짝 빛나는 그 눈은 한낮의 찬란한 태양을 응시하는 듯하다."

존 밀턴《언론 출판의 자유》[1]

영국과 미국 두 나라 사이에 문필에서의 반목이 날이 갈수록 심해지고 있다. 나는 그러한 현상을 볼 때마다 안타까운 마음을 참을 수가 없다. 최근에 나의 나라 미국에 대한 호기심으로 런던 출판업계가 미국 여행기 출판으로 매우 풍성해졌는데, 아무래도 그런 책들은 올바른 지식보다는 잘못된 정보를 퍼뜨리고 있는 것 같다. 그리고 그런 것들이 좋은 성과를 올려 두 나라의 교류가 끊어지지 않고 이어지고 있음에도, 많은 영국인들이 미국에 대해 정확한 지식이 없거나 온갖 편견에 사로잡혀 있다.

세계 최고의 여행자는 영국인이지만, 동시에 그들은 최악의 여행자이기도 하다. 이를테면 그 동기에 자부심이나 이해관계가 얽혀 있지 않으면, 그들은 비할 데 없이 깊고 그윽한 철학적 사회관을 가지고 외부 사물에 대해서도 충실하고 사실적으로 그려낸다. 그러나 일단 자기 나라의 이해와 명예를 둘러싸고 다른 나라와의 사이에 차질이 생기면 완전히 반대의 태도를 보이면서, 평소의 신뢰에 걸맞은 공평함과 성실함은 다 잊고, 악의적인 말로 상대를 공격하고 천박한 비웃음을 퍼붓기도 한다.

그러므로 그 대상이 되는 나라가 멀리 떨어져 있을수록 영국인이 쓰는 여행

---

[1] 존 밀턴(John Milton, 1608~74)은 영국의 시인. 대표작《실낙원》(Paradise Lost, 1667)은 '창세기'를 주제로 한 장대한 서사시이다. 또《언론 출판의 자유》는 언론에 관한 불후의 고전 명저로 불린다.

기는 믿을 만하고 정확하다는 의미가 된다. 이러한 이유로 나는 나일 강 대폭포의 비경, 서해의 미지의 섬들, 인도의 오지, 또는 외국에서 온 여행자라면 누구나 마음속에 그려낼 듯한 공상 속의 토지 등, 그러한 것에 대해 영국인이 서술한 것이라면 망설임 없이 믿는다. 그러나 가까운 제국을 비롯하여 자기 나라와 긴밀한 관계를 유지하고 있는 외국에 관한 영국인의 글에 대해서는 신중하게 생각하고 싶다. 영국인의 진지한 자세에는 믿음이 가지만 그 편견은 받아들일 수 없기 때문이다.

게다가 얄궂은 우연인지 모르지만, 지금까지는 최악의 부류에 속하는 영국인 여행자들이 미국을 찾았다. 즉, 이제까지 북극과 남극 탐험, 그리고 사막을 걸어서 건너는 탐험, 나아가서는 이윤을 얻고 즐거움을 누리지 못하고 있는 미개발국의 풍속과 관습을 연구하기 위해 현지에 투입된 사람은 풍부한 학식과 교양을 갖춘 영국인들이었다. 하지만 그들이 막상 미국의 상황을 조사하고 정확하게 파악하는 단계에서는, 파산한 무역상이나 사기꾼 기질이 다분한 수상쩍은 무리, 또 맨체스터나 버밍엄의 중개인 등에게서 미국에 대한 정보를 수집하는 것으로 만족하는 것이다. 미국은 정신적으로나 물질적으로나 비약적인 성장과 발전을 이룩하고 있는 나라이고, 현재 세계 역사상 가장 큰 정치개혁이 수행되고 있으며, 정치가와 철학자들에게 매우 깊고 중요한 과제를 제시하는 국가이기도 하다.

그러므로 그러한 사람들이 편견을 가지고 미국에 대해 말한다 해도 특별히 놀랍지는 않다. 미국의 본질을 연구하는 데 있어서, 영국인들에게 제공하는 과제가 매우 방대하고 지나치게 고상해서 그들의 수준으로는 충분한 대응을 할 수 없다고 생각한다. 미국의 국민성은 아직도 성장하는 단계이다. 때문에 그 표면에 거품이 생기거나 침전물이 있을지는 모르지만, 그것을 이루는 요소는 어디까지나 충실하고도 건전하다. 이미 미국인이 검소하고 강건함을 으뜸으로 여기는 특성의 징후들은 인증되었기 때문에, 언젠가 국가 체재가 정비되면 실질적으로도 뛰어난 존재가 되리라는 건 당연한 일이다. 그런데 그것을 강화하고 향상시켜주는 모든 사유와 뛰어난 특성의 일상적인 나타남에 대해서 어리석은 무리는 전혀 알지 못하고 있다. 그들은 어디까지나 미국의 현상에 나타나는 피상적인 사상을 겉으로만 파악하고 자기의 이익과 자기만족에만 연결짓기 때문에 결국 그러한 형태로밖에 판단하지 못한다. 그들은 인구가 밀집된 대도시나 세련된 전통 사회에서는 아주 사소한 것에서도 편의성과 위안을 누릴 수 있는데, 미국에는 그런 것이 없어서 아쉽다고 불평한다. 그런 사회에서는 매우 잡다하고 유능한 노동자들이 뒤섞여 일하는데, 그들 대부분은 굴욕적으로 괴로움을 견디면서 나날의 양식을 얻기 위해 일하며, 세상의 방자하고 염치없는 자들의 욕망을 채워주는 것을 제공하고 있다. 그러나 도량이 좁은 자들이 보기에는, 그것이 아무리 사소한 위안거리라 해도 매우 대단한 것으로 보일 것이다. 그래서 그들은 우리 미국 국민이 일반적으로 누리는 풍요롭고 행복한 생활에 비하면, 그런 것은 아예 말할 거리도 되지 않는다는 것을 알지 못할 뿐 아니라 그 사실을 인정하려고도 하지 않는다.

영국인들은 아마도 뜻하지 않은 행운이 날아들어 거금을 손에 넣을 줄 알았는데, 그 어마어마한 기대가 빗나가서 실망했을 것이다. 그들로서는 미국은 금은보화가 넘쳐나는 하나의 황금향, 즉 엘도라도이며 쉽게 재물을 얻을 수 있는 낙원으로 여겼을지도 모른다. 그리고 원주민들은 지혜가 모자라기에 터무니없이 쉬운 방법으로 하룻밤 사이에 부자가 될 수 있을 거라고 믿었던 것은 아닐까. 이렇게 어리석은 망상을 품는 천박한 자일수록 실의의 나락에 빠지면 분노를 삭이지 못한다. 어느 나라나 마찬가지지만 여기에서도 수확하기 전에 씨를 뿌려야 하며, 착실한 노력과 뛰어난 재능에 의해서만 부를 얻을 수 있다. 또 자연계의 온갖 어려움과 영리하고 진취적인 인물들과도 싸워야 한다. 그러나 이러한 것을 알고 나면, 그 나라에 대해 원한을 품게 된다.

아마도 잘못된 생각 때문인지, 적절하지 못한 환대 때문인지, 또는 손님을 극진하게 대접하는 유쾌한 배려를 으뜸으로 치는 미국 특유의 국민적 기질을 나타낸 것인지 얼른 판단하기는 어렵지만, 어쨌든 그들은 미국 국내에서 이제까지의 여행에서는 경험하지 못한 융숭한 대접을 받았다. 그들은 자기의 신분이 남보다 낮아서인지 비굴한 것에 익숙해서 아부하는 자세를 유지하며, 열등감을 안고 자라왔기에 평범한 대우를 받을 기회를 얻으면 곧바로 태도가 뚜렷하게 달라져 거만해진다. 즉, 그들은 주위에서 떠받들어 주면 다른 사람들은 하층민에 지나지 않는다고 생각해버리는 경향이 있다. 따라서 인위적 차별이 존재하지 않는 사회에서는 그들 같은 인종도 그럴싸한 지위에 오를 수 있는데, 그것이 오히려 그 나라를 가볍게 여기는 결과로 나타난다.

그러나 이러한 출처에서 나온 정보는 그 진상을 확인해 볼 필요가 있을 경우, 사람들은 신문 등의 검열 담당이 신중하게 정밀조사해야 한다고 생각한다. 또 이러한 것들을 선전하는 사람들의 동기와 성실함, 조사와 관찰의 기회 및 정보를 정확하게 판단하는 힘 등을 엄밀하게 검토한 뒤, 동족국가의 불이익에 따르는 모든 것을 받아들이는 것이 마땅하다. 그러나 사실은 완전히 그 반대이며, 그 속에서 인간의 절조 없는 모습을 엿볼 수 있다. 영국 비평가들이 아득히 먼 곳에 있는, 그리 중요하지 않은 다른 나라에 대한 기사를 공개하는 여행자의 진실성을 신중하게 검증할 때의 그 날카로운 눈빛은 감히 흉내도 내지 못할 정도이다. 그들은 피라미드를 측정하고 온갖 폐허를 그려낼 때는 아주 철저하게 비교하고 검증해왔다. 또 단순한 호기심에 의한 지식의 잡동사니에 지나지 않는 보고서의 부실한 내용을 아주 매섭게 비판하지 않았던가. 반면에 그들은 영국과 매우 중요하고도 미묘한 관계를 유지하고 있는 동맹국가에 대해서는, 이름도 모르는 작가의 확실하지 않은 서술을 손쉽게 무비판적으로 받아들인다. 그뿐만 아니라, 그들은 이러한 신빙성이 없는 책을 교범으로 삼고, 그에 걸맞지 않은 열정과 재능을 쏟아부으며 대대적으로 널리 알리려고 한다.

그러나 나는 이러한 지루하고 낡은 화제에 언제까지나 매달려 있을 수는 없다. 애초에 이러한 사항에 대해, 나의 조국 미국 국민이 쓸데없는 신경을 쓰지 않고, 또 국민 감정에 영향을 주어 불쾌감을 안겨줄 걱정이 없다면, 나도 이렇게까지 집요하게 이야기하지는 않았을 것이다. 그런데 우리는 그러한 일들을 지나치게 과장되게 생각하는 것은 아닐까. 그러한 일들은 국가의 본질까지 파고들어 무언가를 훼손하는 것도 아니고, 우리 주위를 에워싸고 있는 수많은 거짓 정보도 마치 어린 거인의 팔다리를 거미줄로 얽고 있는 데 지나지 않는다. 무엇보다 우리 미국은 끊임없이 발전을 계속하고 있어서, 그런 일은 거들떠보지도 않는다. 어쨌든 거짓의 장막은 저절로 하나하나 벗겨지게 마련이다. 나의 조국 미국은 더 큰 발전으로 그들을 앞지를 수 있다. 우리는 먹고 살 수밖에 없고, 하루하루 살아가는 나날의 발자취가 반박의 기록이 될 것이다.

영국 문필가들이 똘똘 뭉쳐서 한심한 그 단결에 가담한다고 가정했을 때의 이야기이지만 만일 그렇다 해도, 급격한 성장을 보이면서 확고한 기반을 쌓고 비할 데 없는 번영을 자랑하는 미국의 현실을 덮어 가릴 수는 없을 것이다. 이처럼 미국은 합당한 지위를 확립하고 번영을 이루었지만, 그것은 반드시 물질적이거나 어느 한 곳에만 한정된 것이 아니라 정신적인 요인으로 이루어진 것이라고 생각한다. 즉 그것은 정치적인 자유, 지식의 계몽과 보급, 그리고 건전한 도덕과 종교적인 원리의 탁월성에 힘입은 바가 크다고 할 수 있다. 영국인들이 그 사실을 가릴 수는 없다. 그러한 것은 미국 국민성에 영향을 주어 지속적인 힘으로 작용하는 것이다. 이러한 것들이 놀랄 만한 힘이 되어 결실을 이루고, 미국이 국력과 영광을 마음껏 누릴 수 있었던 것은 널리 알려진 사실이다.

그런데 우리는 왜 그토록 영국인의 비방에 민감하게 반응하는 것일까? 왜 우리 미국 국민은 영국인의 도발에 말려들어 쓸데없이 마음을 어지럽히는 것일까? 영국인의 견해라고 해서, 그것만으로 한 나라의 명예와 명성의 존속이 결정되는 것은 아니다. 온 세계 사람들이 공정한 심판자이다. 수천만의 눈으로 주의 깊게 그 나라의 동정을 지켜보는 것이다. 그리고 다양한 분석지표로써 타국과 비교한 그 나라의 명성 또는 불명예에 관한 평가가 정해지는 것이다.

따라서 우리 미국인에게는 영국인의 지적이 옳든 그렇지 않든 그다지 중요하지 않다. 오히려 그것은 영국인에게 훨씬 더 중요한 의미를 지니게 될 것이다. 무엇보다 영국은 자기 나라 젊은이들의 마음속에 분노와 원한을 불어넣고, 국민의 성장과 함께 그러한 감정을 더욱 부추겨서, 그것을 강화하고 증대시키고 있다. 틀림없이 영국인 작가들 중에는 그러한 행동에 앞장서서 애쓰고 있는 것을 볼 수 있는데, 만약 앞으로 미국이 영국의 끈질긴 경쟁자로서의 존재감을 드러내어 어마어마하게 거대한 원수로 맞서게 된다면, 영국은 그 경쟁심과 적의를 부추긴 그 작가들에게 감사해야 할 것이다. 오늘날에는 누구나 문학의 폭넓은 영향력이 얼마나 큰지 알고 있고, 남의 의견과 열정이 얼마나 지배를 받고 있는지도 잘 알고 있다. 단순히 서로 칼을 주고받는 싸움이라면 그것은 한때이고, 그 손상은 어디까지나 육체적인 부위에 한정된다. 그리고 그것을 용서하고 잊는 것이 자제와 관용을 중시하는 인물의 긍지가 된다. 그러나 문자를 통한 비방과 중상은 심장을 날카롭게 찔러 아무리 기상이 높은 사람이라도 그 상처가 오래가며, 끊임없이 뇌리에서 떠나지 않고 아주 작은 일도 병적으로 생각할 만큼 과잉반응을 보이는 것이다. 하나의 공공연한 행위가 두 나라 사이에 적의를 심는 일은 좀처럼 없지만, 대부분의 경우는 훨씬 이전부터 내부에 잠재해 있던 질투와 악의가 원인이 되어, 거기에서 처음부터 적대 행위가 일어날 낌새가 있었던 것이다. 거기에 이르는 근본 원인을 찾아보면, 해로운 선전을 으뜸으로 치는 공리적이고 탐욕적인 문필가의 소행에 따른 것이 얼마나 많던가. 이런 종류의 문인들은 수치스러운 양식을 얻기 위해 서재에 틀어박혀 묵묵히 집필을 계속하면서, 너그럽고 용맹한 국민의 마음에 화를 불러일으키는 독을 세상에 퍼뜨리는 것이다.

나는 그 점을 지나치게 강조하려는 것은 아니다. 우리나라의 특수한 사정이 그것과 깊이 관련되어 있기 때문이다. 그도 그럴 것이 미국인만큼 신문과 잡지 같은 매체에 영향을 많이 받는 국민도 없다. 게다가 미국에서는 가장 극빈층까지 널리 교육이 보급되었기 때문에 문맹자가 거의 없다. 따라서 영국에서 출판된 미국에 관한 기사들은 우리나라 구석구석까지 널리 퍼져서, 누구나 잊지 않고 기억에 담아두게 된다. 따라서 영국인이 쓴 비방 중상 기사나 영국인 정치가의 입에서 나온 낡은 야유는 하나같이 미국인의 선의를 갉아먹는 행위가 되어, 평소부터 쌓여 있던 울분을 더욱 부채질하는 결과가 되고 만다. 영국에는 영문학의 원천이 있으므로, 그것을 온화하고 너그러운 매개로 삼는 것, 즉 영미 두 나라 사람들이 의미 있는 만남을 통해 평화와 호의를 쌓아올려 친교의 계기를 만드는 것이 바람직한데, 그것은 모두 영국인의 의무 이행과 너그러운 마음에 달려 있다. 그러나 영국이 문학이라는 이 원천을 집요하고 고집스럽게 씁쓸하고 언짢은 감정만으로 바꾸려고 한다면, 언젠가는 그 어리석음을 후회할 날이 올 것이다. 영국에게는 현시점에서 미국과의 우호관계가 그리 중요하지 않을지도 모른다. 그러나 미국의 밝은 미래는 흔들림이 없다는 사실은 의심할 여지가 없는 데 반해, 영국의 경우는 불안을 자아내는 먹구름이 낮게 깔려 있어 어느 정도 비관적으로 생각하지 않을 수 없다. 그러므로 만일 영국이라는 국가가 먹구름에 싸여 다사다난한 시대를 맞이하거나, 자랑스러운 대영제국이 피할 수 없는 비운을 부르게 된다면, 이 나라는 가슴으로 끌어당겨 껴안을 수 있었을지도 모르는 하나의 커다란 미국이라는 국가를 옆으로 밀쳐버림으로써, 결국 자국의 영토 밖에서 진정한 친화관계를 만들 유일한 기회를 파괴할 수도 있는 것이다.

대체로 일반적인 영국 국민은 미국 국민들이 영국에 대해 적의를 품고 있다는 인상을 가지고 있다. 이렇게 수박겉핥기 식의 그릇된 견해가 널리 통하고 있는 까닭은, 제법 글깨나 쓴다고 하는 영국인 문필가들의 농간에 따른 바가 크다. 미국에서는 영국인에 대한 정치적 반목의 골이 매우 깊어서, 일반 시민들이 영국 신문 등의 매체의 편협함에 매우 난감해 하고 있는 것은 사실이다. 그러나 미국 국민은 대체로 영국에 대해 선입견적인 가치 개념을 가지고 있으며, 실제로 그들은 영국을 무척 좋아한다. 예전에 이런 종류의 호의는 미국의 거의 모든 지역에서 뿌리를 내리고 있었고, 영국인이라고 하면 어느 가정에서도 신뢰와 환대의 통행권을 얻은 것처럼 대접받았다. 그래서 한때는 터무니없는 편협성으로 어처구니없이 뻔뻔스럽게 행동했는데, 그 무렵은 온 나라가 흥분과 열광에 들떠서 뭐든지 영국이라는 관념과 연결짓던 시절이기도 했다. 우리 미국 국민은 자기 조상의 나라, 우리 민족의 기념비와 문화유산이 보관된 장소, 우리 조상의 역사상 현자와 영웅 탄생지와 선조 영혼이 모셔진 땅으로서 흠모하고 경애하는 마음을 품고 영국이라는 나라를 우러러보았다. 나의 조국 미국 다음으로, 우리가 그 영예와 공적을 찬양하고 우리 마음이 따뜻한 동족의 정감과 동경을 품는 나라가 어디냐고 묻는다면, 그것은 틀림없이 영국이었다. 지난 전쟁*² 때에도 아주 조금이라도 너그러운 감정이 있었다면, 서로 적의를 드러낸 전쟁을 하는 중이라도, 우리나라의 넓은 마음을 보여주어야 할 인사들은 미래로 이어지는 친구로서의 관계를 맺으려고 기꺼이 모든 열정을 쏟았던 것이다.

과연 이러한 모든 상황에 종지부를 찍어야 할 것인가. 다른 각 나라 사이에서는 매우 드문 예이지만, 동족의 백성이 서로 존경하고 배려하는 황금 같은 유대관계는 이대로 영원히 단절되고 말 것인가. 아마 그것이 최선일지도 모른다. 그렇게 되면 우리 미국 국민을 정신적으로 종속적인 처지로 내몰고, 이따금 진정한 이해관계를 혼돈에 빠뜨려, 타당하다고 생각되는 국민적 자부심의 발달을 가로막았을지도 모르는 환상을 제거할 수 있을 것이다. 그러나 동족의 유대를 끊는 것은 곤란한 일이다. 그것은 국가의 이해관계보다 더 깨끗하고 고귀한 것으로, 자존심보다 정감에 가까운 속성이라고 할 수 있다. 이러한 감정에 끌려다니기 때문에, 말하자면 우리는 부모 곁을 떠나 자립하고 나면 자식의 애정을 결코 받아들이려 하지 않는 부모의 처사를 탄식하면서, 안타까운 감정을 담아 과거를 되돌아보는 경우가 있는데, 그와 똑같은 이치이다.

그런데 앞에서 말했듯이 온갖 말로 욕하는 영국인의 태도는 얕은 소견, 얕은 생각의 극치이지만, 우리가 그에 맞서면 똑같이 분별심이 없는 행위가 된다.

---

*2 1812년 6월에 일어나서, 1814년 12월에 끝난 영미전쟁을 가리킨다.

그렇다고 해서 나는 성급하게 흥분해서 우리나라를 옹호할 생각은 전혀 없으며, 미국을 비웃고 헐뜯는 상대를 강하게 비난할 생각도 없다. 다만 미국인 문필가 중에는 비방에는 비방으로 대응해야 한다는 의견이 힘을 얻고 있어서, 우리도 야유를 보내고 편견을 퍼뜨리면 된다는 경향이 차츰 퍼져가고 있음을 말하고 싶다. 그러나 그런 적나라한 감정 표출은 엄격하게 삼가야 한다고 생각한다. 그런 것은 악한 감정만 더욱 부추길 뿐, 잘못을 바로잡을 수 없기 때문이다. 자꾸만 욕지거리를 하거나 야유를 보내기 쉽지만, 어차피 그것은 어리석고 이로울 것 없는 싸움이다. 그런 것은 정의로운 행동이 아니라 안절부절못하다가 폭발해버리는 병적인 행동이다. 만일 영국이 무역상의 비열한 질투심이나 정치상의 악의와 원한을 억누르지도 못하고, 신문 잡지 등에서의 공정한 언론의 품위를 떨어뜨리고 여론의 원천까지 오염시키려고 한다면, 우리는 그것을 모범으로 삼지 않고 자제해야 할 것이다. 영국은 미국에 대한 이민 수를 줄이는 정책의 하나로 의도적으로 잘못된 개념을 퍼뜨리고, 그것에 의해 생기는 반감을 자기 나라 이익으로 돌림으로써 이민의 흐름을 막으려는 것인지도 모른다. 우리에게는 봉사해야 할 대상이 없으며, 국가적인 질투심을 채울 생각도 없다. 즉 지금으로서는 영국을 둘러싼 모든 분야의 경쟁 환경에서도, 우리는 기운찬 발전의 길을 나아가 우위의 입장에 있기 때문이다. 단순히 보복을 함으로써 기분을 푸는 것 말고는 아무런 의미도 없지만, 그것조차도 이로울 바가 없을 것이다. 영국에서는 어차피 우리의 반론 기사 같은 건 일반 국민의 눈에 뜨일 일이 없을 것이므로, 그 목적을 이룰 수가 없다. 그렇다면 오히려 미국인 문필가들 사이에 더욱 울분이 쌓여 젊은 미국문학에 흐르는 감미로운 물결만 사라져버릴 것이다. 어디 그뿐인가, 그것은 흐드러지게 활짝 핀 꽃밭에 가시와 가시덩굴의 씨앗을 뿌리는 것과 같다. 더욱 나쁜 것은 그러한 반론 기사는 미국 국내에까지 널리 퍼져 물의를 일으키고, 그 영향이 미치는 경우에는 해로운 국민적 편견을 부채질하게 될지도 모른다. 따라서 이것은 엄격히 삼가야 할 해악이다. 우리 미국인들은 여론의 이해와 지지에 매우 큰 영향을 받는다. 그러므로 민중의 고결한 품성을 최대한의 배려로 보전하지 않으면 안 된다. 예지는 힘이고[3] 진리는 예지이다. 따라서 어떠한 처지의 사람이라도 그것을 알고 편견을 퍼뜨

---

[3] 근대 르네상스기 철학자 프랜시스 베이컨(1561~1626)이 한 말. 라틴어로는 "Scientia est potentia."라고 표기한다.

리는 사람은, 의식적으로 국력의 뿌리를 뒤흔드는 행위에 가담하는 셈이 된다.

우리 공화국 사람들은 다른 나라 국민보다 솔직하고 공평해야 한다. 미국 국민 한 사람 한 사람이 주권자의 정신과 의지를 가지고 있으므로, 냉정하고 침착하게 공평하고 사사로움이 없는 판단을 지니고, 모든 국가행위에 대응할 수 있는 자세가 필요하다. 영국과의 관계는 특수한 성격을 띠고 있기 때문에, 우리 미국인들은 다른 나라에 비해 자주 곤란이 뒤따르는 미묘한 내용을 가진 문제, 즉 매우 민감하게 감정을 자극하는 문제와 마주하지 않으면 안 된다. 이러한 문제들을 검토할 때, 우리나라에서는 결국 여론에 의해 국가의 흥망이 결정되는 것을 생각하면, 역시 잠재적인 선입견이나 감정을 더욱 순화하도록 배려해야 할 것이다.

나의 조국 미국은 여러 외국에서 찾아오는 사람들에게 그들이 몸을 의탁할 피난소를 제공하고 있는데, 그런 사람들 모두를 공평하게 맞이해야 한다. 적어도 다른 민족에 대해 반감을 품지 않고, 또 단순한 외교적인 대우에만 머무르지 않고 풍부한 관용 정신을 발휘하여 희귀하고 고귀한 예절을 중시하는 대국으로서의 모습을 보여줌으로써 우리의 긍지를 지키는 것이 바람직하다.

국가적 규모의 편견을 어떻게 생각하면 좋을 것인가. 이러한 편견은 거칠고 무지한 시대에 생겨난 고치기 힘든 고질병으로, 그 무렵에는 여러 나라 사람들이 서로에 대해 알 수 없어서, 국경 밖의 사람들을 노골적인 불신과 적으로 대하는 눈길로 바라보았다. 이에 비해, 우리는 계몽과 이성의 시대를 배경으로 국가 건설을 정상적인 테두리 위에 올려놓았다. 이제는 전 세계 모든 곳의 여러 민족과 인종의 모습들을 끈기 있게 철저히 연구하여 서로를 더욱 잘 알려고 노력하고 있으므로, 만일 우리가 구대륙을 지배했던 부분적인 속신이나 미신을 버리듯이 국가적인 편견을 버리지 않는다면, 이윽고 나의 조국 미국은 그 우위의 입장을 포기하지 않을 수 없게 될 것이다.

어쨌든 중요한 점은, 우리는 분노의 감정이 시키는 대로 영국인의 성격을 이루는, 사랑할 만한 뛰어난 측면을 무시해서는 안 될 것이다. 미국은 젊은 나라이기 때문에 반드시 다른 사람의 행위를 모방함으로써 배우게 된다. 현재 있는 유럽 선진 각 나라의 많은 부분에서 모범을 구하지 않으면 안 된다. 그중에서도 특히 영국은 다른 어느 국가보다도 연구대상으로 다룰 가치가 있는 나라이다. 그것은 첫째로 영국 헌법 정신이 우리 미국의 헌법과 매우 비슷하기 때문이다. 영국의 풍속과 관습, 지적 활동, 언론 자유, 개인생활에서의 가장 큰 취미와 신성한 자선사업에 대한 사고방식, 이러한 것은 모든 미국인의 지향과 기본적으로 공통되며, 실제로 본질적으로도 훌륭하다. 즉, 영국의 번영을 뿌리부터 지탱한 것은 분명 국민의 도덕적인 감정이다. 아무리 건물의 상부구조가 시간의 흐름과 함께 약해지거나 지나친 남용으로 훼손되고 일그러진다 해도, 그것을 군세고 튼튼한 기초구조가 지탱하고 있으며 건축소재도 뛰어나기 때문에, 오랜 기간에 걸친 비바람을 견디면서 튼튼하게 서 있는 것이다.

그러므로 우리는 영국인 문필가에 대한 모든 혐오감과 분노를 버리고, 아울러 그 좁은 도량에 대한 보복행위도 삼가며, 자긍심을 가지고 편견 없이 허심탄회하게 영국 국민과 마주하고 이야기하는 것이 바람직하다. 미국의 일부 민심이 자칫하면 영국 숭배로 흘러, 그들의 모든 것을 찬양하고 모방하려고 하는 무분별한 어리석음을 지니고 있는 것을 미국의 문필가들은 비난한다. 그렇다 해도 그들에게 진실로 찬양할 만한 것이 있다면 거리낌없이 이야기하는 것이 좋다. 이러한 배경에서 우리는 여러 시대에 걸쳐 오랜 세월 동안 배워서 얻은 충실한 경험적 추론이 기록된 반영구적인 참고서로서 영국을 본보기로 삼고 싶다. 미국 국민에게 활력을 주어 사기를 높이고, 그 존재를 빛나게 하기 위해, 이 책 속에 섞여 있을지도 모르는 잘못과 부조리를 피하면서, 실제적인 예지와 귀중한 교훈을 이끌어내고 싶다.

영국의 전원생활

아, 인간 최고의 생업에 걸맞고,
사상, 미덕, 그리고 평화를 탐구하기에 가장 좋은 것은,
전원에서 일하면서 꾸려 나가는 가정생활이다.

윌리엄 쿠퍼[*1]

다른 나라의 나그네가 영국인의 국민성을 올바르게 이해하고 싶다면, 도시의 정해진 범위에서만 그들을 살펴보아서는 안 된다. 그러려면 먼저 전원지대로 발걸음을 옮겨야 한다. 그리고 촌락과 작은 마을에 머물면서 견문을 넓힐 일이다. 그런 다음 성곽과 산장, 농가, 그리고 초가집에도 발길을 옮기는 것이 좋다. 또 공원과 정원을 거닐거나 담장을 따라 오솔길을 산책하는 것도 좋으리라. 전원지대의 교회 부근을 돌아보며 기념축전을 즐기고, 도시나 다른 전원지대의 축제에 얼굴을 내미는 것도 좋다. 그리고 이런저런 처지에 있는 사람들을 만나 그들의 풍속과 관습, 기질도 접해 보아야 한다.

나라에 따라 다르지만, 대도시는 국가의 부와 유행을 불러모으는, 우아한 지적 문화의 유일한 거점지로 주목받는다. 한편 전원지대는 거의가 거친 농민이 사는 한적한 곳이다. 그런데 영국의 경우에만 말한다면, 수도는 단순히 상류계층이 모여 사는 곳, 또는 사교의 장으로 이용되며, 그곳에서 그들은 1년 가운데 짧은 시간을 들여 환락을 좇아 방탕의 극을 달린다. 이처럼 쾌락을 즐긴 뒤, 그들은 도시 생활보다 성격에 맞는 전원 풍경 속의 시골생활로 다시 돌아간다. 그런데 이 모든 계층의 사람들은 이 왕국의 모든 지역에 흩어져 있어서, 아무리 인가가 드문 산간벽지에서도 여러 계급의 표본을 볼 수 있다.

사실 영국인에게는 본디 전원생활을 지향하는 특성이 강하여, 자연의 아름

[*1] 윌리엄 쿠퍼(William Cowper, 1731~1800)는 영국 시인. 대표작에는 무운시로 쓴 대작 《과제》 (The Task, 1785) 등이 있다.

다움에 민감하고 전원지대에서 하는 일과 놀이를 매우 좋아하는 경향이 있다. 이러한 애착은 나면서부터 갖춰지는 것으로 생각된다. 벽돌벽에 에워싸여 바쁘게 뛰어다니며 소란스런 가운데 태어나고 자란 도시 사람들도 아름다운 전원이 펼쳐진 한가로운 풍경 속에서 손쉽게 소박한 전원생활을 시작할 수 있다. 또 관습에 젖어들어 전원지대에서의 일에서 재능을 발휘할 수도 있다. 상인은 수도 근교에 살기 좋은 장소를 확보하고, 그곳에서 열정과 자긍심을 가지고 원예를 기르고 맛있는 과일농사를 짓는데, 그것은 사업을 성공시키는 전략과도 비슷하다. 이렇게 가진 것 없이 태어나 평생을 도시의 먼지와 소란 속에서 살아야 하는 운명에 처한 사람들도, 무언가 자연의 푸른 정경을 떠올리게 할 무언가를 갖기 위해 노력한다. 도시 속에서도 가장 어둡고 지저분한 장소에 모여 있는 집에서도, 그 객실 창가는 이따금 꽃이 피어 있는 둑처럼 보이기도 하고, 식물을 키울 수 있는 곳이라면, 어디든지 잔디가 깔린 정원과 꽃밭이 있다. 그리고 시가지의 아무리 작은 광장에도 산뜻한 초록색을 띤 작은 정원이 자리하고 있다.

도시에서 살고 있는 영국인만 관찰하다 보면, 아무래도 그들의 사교성이 풍부한 성격에 대해 흠을 잡고 싶어지게 마련이다. 이를테면, 거대한 도시 런던에 사는 영국인은 일에 중독되었거나, 아니면 날마다 시간과 생각과 온갖 일에 정신이 팔려 있다. 그래선지 그들은 언제나 바쁘게 뛰어다니고 마음이 수선스럽게 움직이고 있어서 늘 표정이 불안하다. 어디에 있든 마음은 딴 데 가 있고, 언제나 어딘가 다른 곳으로 눈을 돌리고 있다. 어떤 일에 대해 이야기하고 있을 때에도, 마음은 이미 다른 일에 가 있다. 또 친구 집을 방문할 때도, 그날 오전 중에 마쳐야 할 다른 용건을 생각하면서 어떻게 하면 빨리 이 자리에서 빠져 나가 그 일을 처리할 수 있을지를 궁리한다. 아마도 런던 같은 대도시는 인간을 이기적이고 멋없고 무시무시한 생물로 만들어버리는 구조로 이루어진 모양이다. 어쩌다가 가끔 얼굴을 마주하는 사이라면, 상투적인 인사를 나누고 그 자리를 견디는 수밖에 없다. 영국인은 겉으로는 오로지 차가운 성격을 드러낼 뿐, 대체로 정감이 넘치는 따뜻한 속마음을 드러낼 여유가 없다.

영국인이 자연스럽고 느긋하게 행동하는 모습은 전원지대에서의 생활에서만 볼 수 있지 않을까. 그들은 도시의 냉철한 관습이나 마음이 가지 않는 의례적인 행위가 오가는 번거로운 일상에서 탈출하여, 내향적이고 냉정한 관습을 내던지고 유쾌하고 편안한 기분을 만끽할 수 있기 때문이다. 또 영국인들은 상류계급의 편의성이 뛰어나고 우아한 향기에 싸인 모든 것을 가까이 끌어당기지만, 귀찮은 것은 물리쳐 버리는 경향이 있다. 자신의 취미를 즐길 수 있도록 설계된 전원지대의 저택에는 독서를 할 수 있는 공간과 그곳에서 즐길 수 있는 오락 등 필요한 것은 무엇이든지 갖춰져 있다. 책, 그림, 음악, 말, 사냥개, 그밖의 모든 종류의 완구도 구비되어 있다. 그들은 손님은 물론 자기 자신도 불필요하게 구속하는 일 없이 진정한 환대의 정신으로 오락을 제공하고, 누구든지 자신의 성향에 따라 즐거움을 누릴 수 있도록 환경을 갖춘다.

토지경작 기술이 뛰어난 영국인은 조경 원예에 있어서는 매우 정평이 나 있는데, 과연 다른 사람이 쫓아갈 수 없을 정도이다. 활발한 연구 성과의 선물로서, 그들은 아름다운 자연의 모습과 조화를 이룰 수 있는 미묘한 의미를 발견했다. 그러므로 외국에서는 사람의 발길이 닿은 적이 없는 쓸쓸한 땅을 장식하는 자연의 매력이, 영국에서는 사람이 생활하고 있는 주변에 넘쳐난다. 그들은 소박하고 수수한 자연미를 알아차리고, 그것을 마법을 써서 전원지대의 주거 주변에 뿌려놓은 것 같다.

대체로 영국인의 대정원의 풍경만큼 웅장한 경관미를 즐길 수 있는 곳도 없을 것이다. 녹색의 드넓은 잔디밭이 눈앞 가득 펼쳐져 있고, 곳곳으로 눈을 돌리면 거목이 울창하게 자라고 있으며, 그곳에는 크고 작은 나뭇가지들이 우거져 풍성한 잎 더미가 쌓여 있다. 또 숲과 삼림지대에는 빈터가 있는데, 그 엄숙한 아름다움도 남다르다. 그곳을 사슴떼가 소리도 없이 지나가고, 산토끼가 덤불 속에 뛰어드는 동시에 꿩이 하늘 높이 날아오른다. 시냇물이 자연의 흐름을 따라 구불구불 돌아가고, 이윽고 그 흐름은 넓어져서 잔물결 하나 일지 않는 거울 같은 호수처럼 반짝거린다. 멀리 떨어진 곳에 있는 늪은, 수면에 바람 따라 일렁이는 나무 그림자를 비춰내고, 노란 나뭇잎은 수면에 잠자듯이 떠 있으며, 송어는 사람을 두려워하지 않고 주변의 맑은 물속을 자유롭게 헤엄친다! 한편, 오랜 세월의 눈바람을 견디며 녹색 이끼로 뒤덮인 시골풍 교회와 숲 속에 서 있는 조각상들이 이 고요한 정적에 싸인 공간에 어떤 독특하고 신성하며 고전적인 정취를 느끼게 한다.

이것은 영국의 대정원이 자아내는 조금 특징적인 모습에 지나지 않는다. 그런데 나는, 중산계급에 속하는 영국인이 그 소박한 모습을 교묘하게 꾸미는 창조적인 재능을 타고난 것을 알고 얼마나 기뻤는지 모른다. 매우 형편없는 거주지도, 또는 몹시 황폐해진 작은 토지도, 일단 예술적 감성이 뛰어난 영국인의 손에 맡겨졌다 하면 지상의 작은 낙원으로 바뀌어 버린다. 영국인은 그 혜안을 활용하여 당장 그곳의 특성을 알아차리고, 미래의 구상을 마음에 그릴 수 있다. 그곳이 아무리 불모의 땅이라 해도 영국인의 손길이 닿으면 곧바로 아름다운 토지로 바뀌는 것이다. 그것도 교묘한 재주를 구사하여 어느 사이에 후딱 해치운다. 어떤 수목은 소중하게 사랑으로 보살핌을 받고 있으며, 수목에 따라서는 가지치기가 정성스레 손질되어 있다. 부드럽고 나긋나긋한 잎이 달린 꽃나무를 절묘하게 배치하거나, 비단처럼 매끄러운 녹색 잔디가 잔뜩 깔린 느릿느릿한 비탈을 만들고, 나무들 사이에 틈새를 만들어 파랗게 물든 먼 경치와 은빛으로 빛나는 수면을 내다볼 수 있도록 연구하기도 한다. 이러한 모든 것들은 화가가 자랑스러운 그림을 완성하는 마술 같은 붓솜씨와 비슷하여, 그 정교한 솜씨를 살리면서 끊임없는 노력을 거듭하여 결실을 이루는 것이다.

부를 가진 고귀한 신분의 사람들이 시골에 거주함으로써, 어느 정도 정취를 띤 일상생활과 우아한 한때의 즐거움을 낮은 계급 사람들의 생활에까지 스며들게 했다. 초가지붕의 오두막과 한 뼘의 땅뙈기밖에 갖지 않은 노동자조차 그 아름다운 장식에 관심을 갖게 된 것이다. 단정하게 다듬은 산울타리, 집 대문 앞에 펼쳐진 잔디밭, 정성들여 손질한 조그마한 꽃밭, 집 벽을 타고 올라가 격자창에 꽃을 꾸미고 있는 인동덩굴, 창가에 놓인 꽃병, 혹독한 겨울 추위에서 벗어나 신록이 향기로운 여름풍경을 자아내고, 난로를 에워싼 가족의 마음을 치유하기 위해 집 둘레에 심은 신성한 호랑가시나무, 이 모든 것들을 보면 앞에서 이야기한 고상한 취미가 상류의 근원에서 흘러나와 낮은 계급 사람들의 마음에까지 스며들었음을 알 수 있다. 시인의 노래에 나오듯이, 사랑의 신이 기쁜 마음으로 시골의 소박한 집을 방문한다면, 그것은 틀림없이 영국 농부의 오두막일 것이다.

영국 상류계급 사람들이 전원생활을 즐긴다는 사실은 그 국민성에 매우 바람직한 영향을 주고 있다. 나는 영국 신사를 넘어서는 훌륭한 인종은 본 적이 없다. 다른 나라의 상류계급 인사라고 하면 겉보기에 성격이 따뜻하고 너그러우면서 부드러운 것이 특징이지만, 영국 신사는 우아한 분위기 속에서도 소박하고 강건한 것으로 알려져 있다. 게다가 체격이 완강하고 표정은 밝은 생기로 넘친다. 평소부터 매우 열심히 야외생활을 마음껏 누리며 전원에서 여가를 즐기고 있기 때문일 것이다. 이러한 활발한 일상활동을 통해 그들 속에 건전한 마음과 정신이 길러져서, 기개 있고 성실한 행위에 마음을 쓰게 되었다. 그러므로 도시에서의 환락과 방탕한 행동도 그들을 쉽사리 그릇된 길로 이끌지 못하니 완전히 자신을 망치는 일은 더더욱 없는 것이다.

그리고 시골생활에서는 사회 여러 계층에 속하는 사람들과 자유롭게 접촉할 수 있어서, 서로가 절도 있게 사귀고 함께 영향을 주면서 친목을 꾀하고 있는 것 같다. 시골은 도시처럼 신분의 위아래 구별이 뚜렷하지 않고, 또 그것도 넘기 힘든 벽이 아니기 때문이다. 영국에서는 토지와 부지 분할을 통해 작은 땅과 농장이 만들어졌고, 귀족부터 유한신사계급, 소지주, 자산을 가진 농부와 소작농에 이르기까지 정연한 계층 구조가 이루어졌다. 이에 따라 사회의 상층과 하층의 차이를 없애는 동시에, 그 중간층에 있는 계급에도 독립 정신을 불어넣었다. 그러나 오늘날에는 예전만큼 일반화되지 않은 것이 사실이다. 최근의 재앙으로 말미암아 대지주가 소지주의 토지를 모두 흡수하여, 지방에 따라서는 소농부라 불리는 기골 있는 사람들은 거의 사라져 버렸다. 그러나 어차피 이러한 일들은 이미 앞에서 말한 계층의 구조 속에서 일어난 우발적인 파탄에 지나지 않는다.

전원에서 하는 일에는 초라하거나 품격이 없는 것은 전혀 없다. 오히려 그것으로써 인간은 크나큰 자연 풍경 속에 초대받아, 더없이 순수하고 고상한 자연의 감화에 온몸과 마음을 맡긴다. 그러한 환경에 몸을 두는 사람은 매우 단순하고 순박할지도 모르지만 절대로 속되지는 않는다. 그래선지 교양인이 시골에 사는 가난한 하층민과 어울린다고 해서 도시에서와는 달리 불쾌감을 느끼게 되는 일은 전혀 없다. 그리고 그들과 묘한 신경전을 벌이면서 거리감을 유지하는 일도 없이, 마음 편하게 계급을 구별하는 담장을 넘어 서로 진지하게 대하면서 일상생활을 즐긴다. 실제로는 시골에서의 온갖 오락이 사람들과의 거리를 더욱 좁혀 주어, 이를테면 전원에 울려 퍼지는 사냥개 소리와 뿔피리 소리는 모든 사람들의 감정을 조화롭게 만들고 어우러지게 하는 효과가 있다. 그것이야말로 영국 귀족과 유한신사계급이, 다른 나라와는 달리 하층계급의 민중으로부터 두터운 인망을 얻는 이유이다. 그래서 하층계급 사람들이 묵묵

히 수많은 괴로움을 참고 고생스러움을 견디면서도, 혹시 불평등한 특권과 재산분배라 해도 그 일에 대해 노골적으로 불만을 터뜨리는 일은 없다. 나는 그렇게 이해한다.

마찬가지로 영국문학에 면면히 흐르는 목가적인 정취도 상층사회 교양인과 하층사회 민중의 절묘한 화합에서 태어난 산물일 것이다. 그래서 영국문학에서는 전원풍경을 떠올리게 하는 문맥을 흔히 볼 수 있다. 제프리 초서*2의 명작 《꽃과 잎》이 출판된 이래, 끊이지 않고 면면히 우리의 서재에 상쾌한 풍경과 향기를 감돌게 하는, 비할 데 없는 자연묘사가 영국 시인들의 뛰어난 작품들에 풍성하게 담겨 있는 것도 고개가 끄덕여진다. 다른 나라의 전원작가들은 가끔 자연 풍경 속에 뛰어들어 대범한 자연을 접하는 것만으로도 그 매력을 만끽한 듯한 기분에 잠기지만, 영국 시인들은 자연과 함께 여유있고 느릿하게 살면서 자연과 노닌다. 그리고 자연의 품속 깊이 들어가 한껏 마음을 열고, 시시각각 미세한 변화를 거듭하는 자연의 표정에 눈길을 모은다. 작은 가지가

---

*2 제프리 초서(Geoffrey Chaucer, ca. 1343~1400)는 근대 영시의 아버지라 불린 영국 시인. 대표작 《캔터베리 이야기》(The Canterbury Tales)는 중세 영국문학의 최고걸작으로 알려져 있다.

산들바람에 살랑거리고, 나뭇잎이 팔랑팔랑 땅에 떨어지고, 다이아몬드처럼 빛나는 이슬방울이 또르르 흘러내리고, 촘촘하게 피어 있는 제비꽃이 향기를 내뿜고, 데이지꽃이 아침 햇살에 진홍빛 꽃잎을 펼치면 열정적이고 감성적인 관찰자의 주의를 끌지 않을 수 없는 것이다. 그렇게 해서 그 모든 것들은 아름다운 교훈 이야기나 시로 탄생하게 된다.

높고 우아한 정신을 소유하고 있는 사람들이 전원에서 일함으로써, 전원 풍경은 차츰 세련되어 놀랄 정도로 달라졌다. 영국 국토에는 평탄한 땅이 많아서 문화적인 매력이 없었다면 단조로운 경치가 되어버렸을 텐데, 성곽과 궁전이 마치 장식단추나 보석을 뿌린 것처럼 여기저기 흩어져 있고, 공원과 정원은 수를 놓은 듯한 구조로 되어 있다. 따라서 이 나라에는 장대하고 숭고한 풍경이 넘쳐난다기보다는, 느긋하고 평화롭고 조촐한 가정적인 온기가 있는 전원 풍경이 풍부하다고 할 수 있다. 낡은 농가와 이끼 낀 초가집도 그림처럼 아름답다. 오솔길은 끊어지지 않고 가늘게 구부러지다가 무성한 나무와 산울타리에 가려져 끝이 보이지 않는다. 이렇게 끊임없이 이어지는, 감동스러울 만큼 아름다운 작은 경관들이 우리의 눈을 쉴 새 없이 즐겁게 해준다.

그러나 영국 풍경의 가장 큰 매력은 거기에 자연스럽게 배어 있는 도덕적인 감정이다. 그것은 질서, 평화 또는 온건하고 확고한 신념, 그리고 예부터 전래되어 온 풍속과 경건한 관습 등의 관념을 불러일으킨다. 아마도 이러한 모든 것은 규칙적이고 온화한 일상생활 속에서 발전해온 것 같다. 고풍스럽고 중후한 분위기의 나직한 문이 있는 지난날 건축양식의 교회, 그 속에 자리잡고 있는 고딕풍의 탑, 엄중하게 보존되어 있는 격자 세공의 스테인드글라스 창, 현재의 지주의 조상에 해당하는 옛날의 기사와 명사들을 기리는 훌륭한 기념비, 아직도 후손들이 조상으로부터 물려받은 밭을 일구며 그 제단 앞에서 무릎을 꿇고 경건하게 기도를 올리고 있는, 조상 대대로 용감한 기사들의 이름이 새겨진 묘비, 오래되어 외관은 군데군데 낡고 헐었지만 여러 시대와 주민의 취향에 따라 수선하고 보수하는 바람에 기묘하고 불규칙한 생김새의 건축물이 되어버린 목사관, 교회 구내에서 아름다운 풀밭을 지나 어두운 그림자를 떨어뜨리고 있는 울타리를 따라 이어지는 오래된 오솔길, 부근에 흩어져 있는 그윽한 분위기의 초가집과 지난날 지금 주민들의 조상이 즐거운 한때를 보냈던, 오래된 나무들이 우거진 공유지를 가진 근린 마을, 작은 전원풍경을 배경으로 한 토지와 멀찌감치 떨어져서 지어 주변 경치를 지켜보듯이 내려다보는 고풍스러운 저택, 이렇게 영국의 국토를 장식하는 모든 풍경에 공통되는 것은, 조용하고 안정된 분위기와 가정 속에서 길러진 도덕심과 전원에 대한 애착이 조상으로부터 자손에게 이어져 있다는 점이다. 즉 그러한 것들이 영국 국민의 덕망 높은 인격을 깊이, 그리고 절실하게 이야기한다고 할 수 있다.

일요일 아침, 교회 종소리가 정적에 싸인 들판 너머로 엄숙한 선율을 들려주면, 저마다 말쑥하게 차려 입은 농부들이 뺨을 붉게 물들이고 경건하면서도 어딘가 상쾌한 표정으로, 숲 사이로 난 오솔길을 지나 교회에 모여드는 광경은 참으로 미소를 자아내게 한다. 그러나 저녁이 되어 초가집 문 앞에 다시 모인 그들이, 소박한 노리개와 수제 장신구 등을 자랑하며 흥겨워하는 모습은 더욱 즐거운 광경이다.

감미롭고 가정적인 정서와 이 분위기 속에서 자란 따뜻한 사랑, 거기서 생겨나는 평온함, 요컨대 이러한 것들이야말로 가장 굳고 착실한 미덕과 순진한 즐거움을 낳는 원천이다. 나는 이 긴 문장을 마치면서, 특별히 우아하고 즐거운 언어를 엮어놓은 근대 영국시인의 시를 여기에 소개하고자 한다.

어떠한 계급도 가리지 않고, 위로는 성곽의 홀에서 시작하여
거리의 집들과 그늘 깊은 별장,
거리와 마을에 끝없이 이어진 중류계층의 아담한 집들,
그리고 아래로는 골짜기의 오두막과 초가집에 이르기까지
서쪽에 자리한 이 섬나라는 오랜 세월에 걸쳐 행복한 가정의 드높은 명예를 자랑했다.
집안의 행복은 순진무구한 비둘기 같고
(명예와 사랑을 지킴으로)
그 조촐하고 작은 보금자리에는
이 세상에서 바랄 수 있는 모든 것들이 깃들어 있다.
속세를 벗어난 이 좋은 세상에서 삶을 즐긴다.
이를 선으로 여기는 천상의 신만 있다면
집안의 사람들 외에

누구에게도 봐 주기를 원치 않는다.
갈라진 골짜기에 깊이 숨은 꽃처럼
그저 푸른 하늘을 우러러볼 뿐
그리고 미소 짓는다.*3

---

*3 샬롯 공주의 죽음에 대한 시에서부터, A.M. 랑 케네디 목사.

실연

나는 들은 적이 없노라,
한탄과 번뇌를 품지 않은 진실한 사랑이 있음을
근심은 달콤하고 향긋한 봄장미 잎을
송충이처럼 갉아먹는다.

토머스 미들턴

나이를 먹어 젊음의 감수성을 잃어버린 사람들이나, 방탕에 몸을 맡기고 온기 없는 생활에 빠져 살아온 자들은, 거의가 모든 연애이야기를 비웃으며 그저 소설가와 시인들이 지어낸 이야기일 뿐이라고 생각한다. 그러나 인간의 본성을 관찰한 결과, 나는 그것과는 반대로 생각한다. 설령 이 세상의 온갖 고통을 겪어 겉으로는 얼어붙은 듯이 차가운 사람이거나, 또는 사교상 형식적인 웃음을 지을 뿐인 사람이라도, 그 냉혹한 가슴 속에는 조용한 불씨가 꺼지지 않고 살아 있을지도 모른다는 생각이 드는 것이다. 그리고 그것이 한번 타올랐다 하면 맹렬하기 이를데 없으며, 때로는 무서운 파괴력을 발휘하기도 한다. 사실 나는 눈먼 큐피드의 진정한 신자로서 그 교리를 전력을 다해 믿고 있는 한 사람이지만, 솔직하게 고백하면, 인간은 실연(失戀)을 당하면 비탄에 빠져 죽을 수도 있다고 믿고 있다. 그렇다 해도, 이러한 실연 경험이 남자에게 치명적인 결과가 되는 일은 거의 없다. 그러나 한편으로 사랑 때문에 괴로워하는 많은 여성들은 젊어서 세상을 떠나는 것은 있을 수 있는 이야기라고 굳게 믿고 있다.

남자는 이해를 따지고 야심을 품는 동물이다. 그리고 그 본성을 드러내어 세상 속의 투쟁과 소란 속에 몸을 담그는 생물이다. 그러므로 연애는 젊은 시절의 장식품, 또는 막간에 부르는 노래 정도로밖에 생각하지 않는 기질이 있다. 남자는 명성과 부를 좇고 세상의 주목을 받으려 하며, 타인을 지배하려고 한다. 그러나 여성의 한 생애는 사랑의 역사이다. 마음 자체가 여성의 세계이다. 거기서는 여성의 야심이 지배권을 차지하려는 가운데, 은폐된 보물을 탐구하고자 하는 강한 욕구가 소용돌이친다. 여성은 사랑에 목숨을 걸고, 온 마음과 온 힘을 사랑이 오가는 일에 기울인다. 그러므로 그 사랑이 파탄나면 모든 것이 끝나고 만다. 마음이 무너졌기 때문이다.

물론 남자에게도 실연은 쓰라린 마음의 고통이 따르는 경험이다. 무엇보다 다정한 감정이 상처받게 되어 행복하고 밝은 미래를 창조할 수 없기 때문이다. 그러나 남자라는 동물은 활동적이다. 그래서 나날의 잡다한 일에 바쁘게 쫓기느라 괴로운 심정을 풀지도 못하고, 어쩌면 향락의 도가니 속에 뛰어들어 거기에 빠져 있을 수도 있다. 만일 실연에서 다시는 일어설 수 없을 정도로 쓰라린 기억이 가득한 장소에 있다면, 그는 원하는 대로 주거를 다른 곳으로 옮길 수도 있다. 말하자면 새벽의 날개를 타고[*1] '지구 끝까지 날아가서 편안히 쉴 수 있는' 동물인 것이다.

그런데 여성의 생활은 비교적 고정적이며 세상과 멀리 떨어져 있고 명상적이다. 여성은 오히려 사상과 감정을 친구삼아 살아가는 동물이다. 만일 그것들이 깊은 슬픔에 잠겨버린다면, 여성은 도대체 어디서 위안을 찾을 수 있을까. 결국 여성은 남성을 만나 결혼하는 것이 행복한 운명이라고 할 수 있다. 그러나 불행하게도 사랑이 이루어지지 않는 경우, 여성의 마음은 점령당한 성채처럼 결국 거칠어지고 메말라 가고 만다.

얼마나 많은 여성들의 눈에서 밝은 빛이 사라졌던가, 얼마나 많은 여성들의 얼굴이 창백해졌던가, 그리고 얼마나 아름답고 고운 여성들을 무덤으로 끌고 들어갔던가. 그 아름답고 고운 모습을 망가뜨린 것이 과연 무엇인지는 끝내 아무도 알 수 없다. 비둘기가 급소에 맞은 화살을 옆구리의 날개를 접어 가리듯이, 여성에게도 사랑의 흉터를 세상의 눈으로부터 숨기려는 습성이 있다. 섬세한 소녀의 사랑은 언제나 내성적이고 말이 없다. 이를테면 사랑이 이루어졌을 때도 그것을 은밀하게 감추고 내색하지도 않는다. 하물며 사랑이 이루어지지 않는 때에는, 그 생각을 남몰래 가슴 속 깊이 넣어두고 어지러운 마음을 안고 몸을 도사린 채 쓸쓸하게 깊은 생각에 잠기고 만다. 그녀의 마음속 소망

---

*1 이 표현은 구약성서의 《시편》 139장 9절의 "If I take the wings of the morning, and dwell in the uttermost parts of the sea ; "(Psalm 139 ; 9)에서 유래한다.

이 이루어질 수 없게 되어 사랑하는 마음도 사라져 버리는 것이다. 그리고 인생을 채색하는 매력도 사라져 버린다. 즐겁게 몸을 움직여 땀을 흘리는 것은, 기분을 상쾌하게 하고 마음을 달래줄 뿐만 아니라, 맥박수를 높여 생명의 혈류를 온몸의 혈관으로 보내어 건강한 순환을 촉진하는 법이지만, 사랑이 무너진 여성은 마음의 문을 닫아 버리고 그러한 운동을 전혀 하지 않는다. 그리고 마음의 평화도 깨진다. 쾌적한 수면은 신체에 생기를 되찾아 주지만, 그것도 우울한 꿈 때문에 '메마른 슬픔이 그녀의 피를 마셔 버리는'[*2] 것이다. 그리고 마침내 육체가 비명을 지르며, 밖에서 조그마한 상처만 입어도 힘없이 무너져 몸져누워 버리게 된다. 얼마 뒤, 그 여성의 친구들이 그녀의 무덤 앞에서 눈물을 흘리는 광경을 보게 될 것이다. 바로 얼마 전까지 그토록 건강하고 아름다웠던 그녀가 너무나 갑작스럽게 '어둠과 벌레'[*3]가 들끓는 무덤에 묻혀 버린 것이 도저히 믿어지지가 않는다. 그렇게 된 까닭은 아마 몸이 끊어져 나가는 듯한 혹독한 겨울 추위 때문이거나, 아니면 무언가 생각지도 못한 병에 걸렸기 때문이라는 소문이 있지만, 그녀가 그토록 허약하게 병마에 쓰러져 목숨을 갉아 먹기 전에, 실은 마음의 병에 시달렸다는 사실을 아무도 모르는 것이다.

그녀는 숲의 긍지와 아름다움을 나타내는, 어딘가 따뜻함으로 넘치는 나무와도 같은 존재였다. 그 모습은 우아하고, 그 이파리들은 아름다운 광채를 빛내고 있었다. 그러나 모르는 사이에 해충이 그 속을 파먹고 있었다. 나무는 가장 생기를 띠고 있어야 할 때 갑자기 말라버리기 시작하여, 가지는 땅에 힘없이 늘어지고 우거진 잎은 팔랑팔랑 춤추며 떨어졌다. 이윽고 나무는 기운이 다하여 정적에 싸인 숲속에서 쓰러져 버린다. 아름답게 남아 있는 그 잔해를 바라보면서, 사람들은 그렇게 나무를 말라 버리게 한 폭풍과 번개를 그저 망연하게 떠올릴 뿐이다.

나는 쇠약함과 자포자기에 빠져, 마치 수증기가 하늘 속에 녹아들 듯이 문

---

*2 이 표현은 《로미오와 줄리엣》 제3막 제5장의 "Romeo : And trust me, love, in my eye so do you : Dry sorrow drink our blood. Adieu, adieu!"에서 유래한다.

*3 영국 시인 에드워드 영(Edward Young, 1683~1765)의 장편시 《야상》(Night Thought, 1742~45) 속의 다음과 같은 표현에서 유래한다. "The knell, the shroud, the mattock and the grave, The deep, damp vault, the darkness, and the worm."

득 사라져버린 여성들을 많이 보았다. 그리고 내가 수없이 생각한 것은, 그녀들이 결핵, 감기, 쇠약, 권태, 피로, 우울증 같은 온갖 질병에 걸려 이윽고 죽음에 이르렀지만 그 과정을 거슬러 올라가보면, 어떤 질병도 처음에는 실연이라는 타격을 입은 고통스러운 사건에서 시작된다는 것이다. 여기서 최근에 있었던 실례를 한 가지 소개하고 싶다. 그것은 나의 고국에서는 잘 알려진 이야기로, 내가 들은 그대로 전하고자 한다.

아일랜드의 젊은 애국지사 E씨*⁴에게 얽힌 비극적인 일화를 기억하는 사람이 많을 것이다. 그것은 참으로 깊은 감동을 주는 이야기여서 잊고 싶어도 쉽게 잊히지 않는다. 아일랜드 동란*⁵ 때, 이 청년은 반역죄로 유죄선고를 받고 사형에 처해졌다. 그의 마지막은 민중의 마음에 깊은 감동을 안겨줄 만큼 인상적이었다. 그는 매우 지적이고, 관용과 용기를 두루 갖춘, 피 끓는 젊은 인재였다. 그는 모든 사람이 생각하는 이상적인 청년의 속성을 모두 갖추고 있었다. 이 청년은 재판정에서도 숭고하고 의연한 태도로 일관했다. 이를테면, 조국에 대한 반역죄를 부인했을 때 드러낸 고결한 의분(義憤),*⁶ 무고한 몸이라는 증거를 제시했을 때의 당당한 변설, 그리고 죄명을 선고받고 절망의 늪 앞에 세워졌을 때 남은 사람들에게 토해낸 비통한 말들, 그 모든 것이 관용의 마음을 지닌 사람들의 가슴에 깊이 새겨졌다. 누구보다 그의 적들조차 그에게 극형이 선고되었을 때 그 정책상의 엄벌을 슬퍼하며 탄식했을 정도였다.

그런데 여기에 글로 다 표현할 수 없을 정도로 고통과 번뇌에 사로잡힌 또한 인물이 있었다. E씨는 순조로운 생활 속에서 행복을 누리고 있었을 때, 이제는 고인이 된 저명한 아일랜드 변호사*⁷의 딸인 청초하고 아름다운 아가씨*⁸와 사랑을 나눌 수 있었다. 그녀는 첫사랑 소녀의 정결한 마음을 기울여 한

---

*4 이 인물은 아일랜드 독립운동가 로버트 에메트(Tobert Emmet, 1778~1803)를 가리킨다.

*5 아일랜드의 젊은 변호사 울프 톤 등에 의해 결성된 급진적 애국주의 조직 '아일랜드 연합'(United Irishmen, 1791)의 봉기를 의미한다.

*6 "My Lords : What have I to say why sentence of death should not be pronounced on me according to law?"로 시작되는 로버트 에메트의 '피고석에서의 진정'(The Speech from the Dock)으로서 유명하다.

*7 이 인물은 "더블린의 트리니티 칼리지에서 법률을 공부한 아일랜드 변호사, 판사, 정치가인 존 필포트 커런(John Philpot Curran, 1750~1817)을 가리킨다.

*8 '아름다운 딸'이란 존 필포트 커런의 딸 사라(Sarah Curran, 1782~1808)를 가리킨다.

결같이 그를 깊이 사랑했다. 세상의 거센 비난 속에 그의 운이 다하고 나자 그의 명예에는 오명과 위험한 먹구름이 감돌았으나, 바로 그 고난과 시련 때문에 그녀는 인내와 고통의 밑바닥에서 허덕이던 이 청년을 더욱 열렬하게 사랑했다. 그런데 이 청년의 마지막 운명에 적들조차 동정심을 금할 수 없었다면, 그에게 자신의 온 영혼을 쏟은 그녀의 고뇌는 어떠했을까. 무정하게도 세상에서 가장 사랑하는 사람과 자기 사이에 갑자기 묘지의 문이 닫히고, 아름답고 사랑스러운 사람이 사라져 버린 차갑고 쓸쓸한 이 세상에 홀로 남아, 그 묘지 입구에 조용히 앉아 깊은 생각에 잠겨본 적이 있는 사람만이 그 고통을 이해할 것이다.

그렇다 해도 이 청년이 그런 참담한 최후를 맞이하게 될 줄이야. 그것은 너무나 비참하고 굴욕적인 죽음이었다. 죽은 사람을 그리워해 봤자 영원한 이별의 슬픔이 나아지는 것은 아니다. 쓰라린 이별의 장면에 그리움을 더하여, 애달픈 마음을 달래주는 정경은 그 어디에도 없다. 천상에서 내려준 성스러운 이슬처럼, 슬픔을 녹여주고 행복의 눈물로 바꿔주는 것, 또는 이별에 괴로워하고 있을 때에도 마음의 양식이 되는 것, 그런 것은 아무것도 없다.

그리고 홀로 남은 그녀를 더욱 비참한 처지에 빠뜨린 결정적인 사건은, 그 불운한 사랑 때문에 아버지의 분노를 사서 부녀 관계가 끊어진 일이었다. 그러나 이토록 타격을 입은 마음에 친구들의 동정과 연민이 전해져, 그녀는 위안을 받았다. 아일랜드 사람은 기민하고 너그러우며 정이 많은 국민이기 때문이다. 과연 부호와 명가의 인사들은 그녀에게 알게 모르게 깊은 배려의 말과 섬세한 마음씀씀이를 보내거나, 그녀를 어떻게 해서든 사교계로 끌어내려고 애썼다. 사실 그들은 그녀에게 이런저런 오락과 행락을 제공하여, 깊은 슬픔을 달래주고 비극적이고 애절한 사랑의 상처를 치유하기 위해 애쓴 것이다. 그러나 모든 것은 물거품으로 끝나버렸다. 세상에는 영혼에 상처를 주고 나락으로 끌어내리는 잠재되어 있는 고통이 있다. 그것은 행복의 뿌리까지 깊이 파고 들어가 말라죽게 만들어, 두 번 다시 꽃봉오리도 맺게 하지 않고 꽃도 피우지 않는다. 분명히 그녀는 누가 초대하면 거절하지 않고 때때로 즐거운 사교장에 얼굴을 내밀었다. 그러나 그녀는 그곳에서도 깊은 고독 속에 언제나 혼자 우두커니 있을 뿐이었다. 그리고 슬픔으로 뒤덮인 환상 속을 헤매면서 주변세계에는 아무런 관심도 보내지 않았다. 비애가 그녀의 마음속에 스며들어, 친구가 아무리 다정하게 말을 걸어도 즐거운 마음으로 응하지 못하고, '솜씨 좋은 마술사의 소리도, 정신을 홀리는 요술사의 소리도 듣지 못하는'[9] 것이었다.

내게 그 이야기를 들려준 사람은 가장무도회에서 그녀를 본 적이 있는 사람이었다. 즐거움이 가득한 장소에서 그토록 비탄에 잠긴 인물을 만나는 것만큼 가슴 아픈 일은 없다. 주위 사람들은 모두 밝고 유쾌하게 즐기고 있는데, 그녀만은 마치 유령처럼 그곳을 돌아다니면서 혼자 쓸쓸하게 슬픔을 씹어 삼키고 있었다. 화려한 옷을 입었지만 얼굴은 헬쑥했고, 그 가슴속도 이루 말할 수 없는 애통함에 젖어 있었으리라. 마치 비참한 마음을 속이고 잠시라도 깊은 슬픔을 잊어버리고 살아가려는 것 같았다. 그녀는 마음이 전혀 이곳에 있지 않은 무심한 얼굴로 그 호화로운 방을 지나 떠들썩한 군중 사이를 빠져나간 뒤, 오케스트라석의 계단에 앉았다. 그리고 잠시 말없이 멍한 눈길로 주위를 바라보았는데, 오색찬란한 광경을 보면서도 아무것도 눈에 들어오지 않는 것 같았다. 그러다가 병든 마음이 변덕을 부렸는지, 갑자기 그녀는 짧고 슬픈 노래를 부르기 시작했다. 말로는 나타낼 수 없이 아름답고 멋진 목소리였다. 특히 이때는 더욱 그랬다. 그녀가 참으로 소박하게, 그리고 감동적으로 비참한 심경을 표현하며 노래하자, 주위 사람들은 모두 그녀에게 다가갔다. 그리고 그 노래를 듣고 눈물짓지 않는 사람은 한 사람도 없었다.

이렇게 순진하고 지조 있는 여성의 이야기가, 열정이 넘치는 이 나라에서 커다란 관심을 끌지 않을 리 없었다. 이 이야기는 한 용감한 군인 장교의 마음을 크게 움직였다. 그 장교는 당장 그녀에게 결혼을 신청했다. 죽은 사람에게 이토록 성실하게 배려하는 여성이라면, 살아 있는 사람에 대해서도 넘치는 애정을 쏟아줄 거라고 생각한 것이다. 그러나 그녀는 그의 마음을 거절했다. 사별한 옛 연인을 잊지 못해 도저히 그 마음을 받아들일 수가 없었던 것이다. 그래도 포기하지 않고, 그 장교는 열심히 그녀에게 구애를 계속했다. 그는 그녀의 애정을 원하는 것이 아니라 자신이 존경의 대상이 되기를 바랐다. 그녀가 장교를 고결한 인격자라고 믿은 것도 있지만, 생활이 여의치 않아 남에게 의지하여 살아가고 있었던 자신의 처지를 의식한 것도 그에게 이롭게 작용했다. 마침내 그는 그녀와 결혼할 수 있었지만, 그녀의 마음속에는 변함없이 다른 한

---

[9] 이 표현은 구약성서의 《시편》 58장 5절 속의 "Which will not hearken to the voice of charmers, charming never so wisely."(Psalm 58 : 5)에 유래한다.

사람의 영원한 연인이 살고 있었다.

그는 장소가 바뀌면 그녀의 애통한 감정도 희미해지리라 여기고, 그녀를 시칠리 섬으로 데리고 갔다. 그녀는 상냥하고 모범적이며 정숙한 아내로서 남편에게 최선을 다했다. 그녀는 자신도 행복한 아내가 되려고 노력했으나, 끝내 마음속 깊은 곳까지 파고들어가 그녀의 마음을 갉아먹고 있는 우울한 괴로움은 어느 누구도 낫게 해줄 수 없었다. 그녀의 육체는 점점 더 절망감에 사로잡혀 쇠약해졌고, 끝내 실연에 희생되어 세상을 떠나고 말았다.

아일랜드의 국민 시인 토머스 무어가 다음과 같은 시를 썼는데, 바로 그녀를 노래한 것이었다.

그녀는 젊은 애국지사가 잠든 장소에서 멀리 떨어져 있다.
그녀를 사랑하는 사람들은 한숨을 쉬었지만
그녀는 그들의 시선을 차갑게 피하며 눈물을 흘린다.
그녀의 마음은 오로지 무덤 속에 잠든 연인에게 있을 뿐.

그녀는 그리운 고향 들판을 생각하면서 노래를 읊조린다,
그것은 모두 그가 사랑한 가락이었다.
아, 그 노랫가락을 듣고 흥겨워하는 자는
노래하는 사람의 마음이 얼마나 슬픈지 알지 못한다.
그 애국지사는 사랑을 위해 살았고, 나라를 위해 목숨 바쳤다.
사랑과 조국은 그를 이 세상에 살게 한 끈이었다.
마르지 않는 눈물이 조국의 뺨을 적신다.
이윽고 그녀는 그의 뒤를 쫓아 죽음의 세계로.

아아, 해가 지는 곳에 그녀의 무덤을 지어라,
내일을 약속하는 빛나는 노을빛이 넘쳐날 때.
서쪽에서 온 미소처럼 잠든 그녀를 환하게 비춰 주리라.
그녀가 사랑한 슬픔의 섬에서.

책을 만드는 법

"'죽은 사람의 역작을 훔치는 것은 그의 옷을 훔치는 것보다 죄가 더 크다'. 시네시우스[*1]가 한 이 엄격한 말이 진리라면, 수많은 작가들의 운명은 어떻게 될까."

로버트 버턴의 《우울의 해부학》[*2]

세상에 넘쳐나는 엄청난 수의 출판물 현황을 들여다보면, 새삼스럽지만 놀라움을 금할 수가 없다. 신의 저주에 의해 대체로 인간의 두뇌는 쓸모없는 것이 되어버린 듯한데, 왜 이렇게도 많은 책이 잇따라 세상에 나오고 있는 것일까? 나는 아무래도 석연치 않은 느낌이 들었다. 인간은 인생행로를 나아감에 따라 신기한 일을 만날 기회가 점점 줄어들게 마련이다. 아무리 경탄할 만한 일이라도, 그것은 어김없이 매우 하찮은 일에서 비롯된다는 사실을 알기 때문이다. 그런데 나는 런던이라는 대도시를 돌아다니다가, 뜻밖에 서적 제작과 관련된 수수께끼 같은 한 부분을 들여다볼 수 있는 기회를 얻게 되었다. 그리하여 이제까지 내내 수수께끼로 남아 있었던 문제가 당장 풀린 것이다.

어느 여름 날, 나는 대영박물관 넓은 전시실을 둘러보고 있었다. 더운 계절에 감행하는 박물관 견학은 누구에게나 그다지 마음이 내키지 않는 법이다. 나는 어슬렁대며 이따금 광물이 들어 있는 유리 상자에 몸을 기대기도 하고, 이집트의 미라 위에 새겨진 상형문자의 의미를 풀어 보려고도 하고, 또 까다로운 물건인 높은 천장에 그려진 풍자 그림을 풀어보려고도 해보았다. 이렇게 발길 닿는 대로 마음 가는 대로 관람을 즐기고 있는데, 문득 내 눈에 띈 것은 계

[*1] 시네시우스(Synesius)는 철학자이며, 그의 대표작 《꿈에 대하여》(Synesius Platonicus de Somniis)가 있다.

[*2] 로버트 버턴(Robert Burton, 1577~1640)은 17세기 영국의 신학자. 《우울의 해부학》(The Anatomy of Melancholy, 1621)는 그 대표작.

속 이어진 전시실 끝자락에 있는 어떤 문이었다. 그 문은 닫혀 있었는데, 가끔 문이 열리면 대부분 검은 옷을 입은 기묘한 모습의 사람이 나오더니, 주위에는 전혀 시선도 주지 않고 전시실을 빠져나가는 것이었다.

그런 모습에 어딘지 모르게 신비로움이 느껴져서 잠들었던 나의 호기심이 눈을 떴다. 나는 좁은 통로 저쪽에 펼쳐진 알 수 없는 세계의 수수께끼를 풀어보기로 마음 먹었다. 내가 문에 손을 대자, 그것은 마치 모험심이 넘치는 기사의 손이 닿은 마법의 성문처럼 쉽게 열렸다. 안으로 한 걸음 들어서니 널찍하고 밝은 실내공간이 있고, 둘레에는 훌륭한 책으로 꾸며진 커다란 서고가 있었다. 그리고 서고 위와 돌림띠 밑에는 옛 문필가들의 검게 바래진 느낌의 초상화가 죽 걸려 있었다. 실내 곳곳에는 긴 테이블이 놓여 있고, 그 옆에는 나란히 글을 읽고 쓰는 곳이 갖춰져 있었다. 마침 그곳에서는 헬쑥한 얼굴을 한 많은 학구파들이 먼지를 털어내며 고서를 열심히 읽고 있었다. 곰팡이가 핀 사본을 한참 이리저리 넘긴 끝에 겨우 원하는 부분을 찾아내면, 그 내용을 열심히 베껴 쓰는 것이다. 완전한 정적이 이 신비로운 전시실을 지배했다. 들리는 것은 펜 끝이 종이 위를 달리는 소리와 열렬한 한 현학자가 오래된 대형 2절판 책의 책장을 넘길 때 몸을 움직이다가 자기도 모르게 새어 나오는 깊은 한숨 정도였다. 그 한숨은 틀림없이 학문을 탐구할 때 어쩔 수 없이 뒤따르는 아득한 생각에서 나오는 것이리라.

이따금 그 속에서 누군가가 작은 종이쪽지에 뭔가를 써넣고는 벨을 울린다. 그러면 심부름하는 사람이 나타나, 그 쪽지를 아무 말 없이 받아들고 조용하게 전시실에서 나간다. 그리고 얼마 뒤 그 사람은 몇 권의 큰 책을 안고 돌아오는 것이다. 그것을 받아든 그 인물은 굶주린 어린아이처럼 곁눈도 팔지 않고 무아지경에 빠져 탐독하는데, 나는 동방에서 온 현자들이 신비학을 깊이 연구하는 장면을 직접 본 거라고 생각했을 정도였다. 그러한 광경을 바라보고 있으니, 문득 오래된 아라비아 이야기가 떠올랐다. 어느 현자가, 1년에 한번밖에 열리지 않는다는, 깊은 산 속 마법에 걸린 서고 속에 틀어박혀서 학문에 몰두한다는 줄거리였다. 그곳에서 현자는 정령들에게 숨겨진 지식이 담긴 모든 책을 갖고 오게 하여 학문을 연구하는 것이다. 그리고 1년이 지난 뒤 다시 마법의 문이 열리면, 그는 인간에게 금지된 지식에 통달하여 많은 사람들의 머리 위에서 자연을 지배하는 능력을 지니고 산을 떠난다.

나는 강한 호기심에 사로잡혀 전시실에서 나가는 그 심부름꾼을 불러 세워, 눈앞에 펼쳐지는 신기한 광경에 대해 설명해달라고 부탁했다. 그러나 그 이야기를 듣고 보니 특별히 대단하지는 않았다. 내가 동쪽의 현자들로 착각했던 기묘한 사람들은 주로 문필가였고, 그들은 글을 쓰는 중이었다. 그러고 보니 나는 대영도서관의 열람실에 있었던 것이다. 그곳에는 모든 시대의 온갖 언어로 적힌 수많은 책들이 보관 중이었는데, 그 가운데 많은 것은 시대와 함께 잊혀졌고 또 대부분은 좀처럼 읽히지 않았다. 그리하여 망각의 저편으로 밀려난 문학적 자원의 저장고에 현대 문필가들이 모여, 많은 고전적인 지적자원과 '오염되지 않은 순결한 영어'(에드먼드 스펜서의 《요정의 여왕》에서)로 가득한 지혜의 물을 두레박으로 퍼 올리고 있었던 것이다. 그에 따라 그들은 자신들의 사상의 좁은 물길을 풍요롭게 채우고 있었다.

이미 수수께끼가 풀렸기 때문에, 나는 한구석에 앉아서 그들이 글을 쓰는 모습을 지켜보았다. 가장 먼저 내 눈길을 끈 인물은 마르고 간간해 보이는 남자였다. 그는 검은 글자로 인쇄된 심하게 좀이 슬어 있는 책만 찾고 있었다. 이 사람은 보기에는 뭔가 깊고 그윽한 예지로 가득한 책을 쓰는 것 같았지만, 그 책은 학자인 체하는 사람들이 자기도 모르게 허세를 부리며 구입하고는, 사람들 눈에 잘 띄도록 서재의 책꽂이에 진열되거나, 책상에 펼친 상태로 방치된 채 결코 읽히는 일은 없을 것이다. 그는 가끔 주머니에서 큼직한 비스킷을 꺼내 깨물어가면서 일했는데, 과연 그것이 오늘의 저녁식사인지, 아니면 무미건조한 일에 몰두하느라 배가 고픈 건지, 그 판단은 나보다 훨씬 사물의 이치에 밝은 사람에게 맡기는 편이 낫겠다.

그곳에는 단정한 차림새이지만, 화려한 색깔의 옷을 입은 키 작은 신사가 있었다. 그는 재잘거리기를 무척 좋아하는 것처럼 보이는 남자로, 아무리 봐도 출판사와 절친한 사이라고밖에 생각할 수 없는 문필가였다. 이 인물을 주의 깊게 살펴본 끝에 알아냈지만, 그는 잘 팔리는 상품과 직결되는 책을 부지런히 쓰는 유형의 문필가였다. 어쨌든 나는 그가 어떻게 해서 책을 완성하는지, 그것이 완성되기까지의 과정을 신중하게 확인하고 싶었다. 그는 거기에 있는 어느 누구보다 안절부절못하며 바쁘게 여러 종류의 책을 찔끔찔끔 읽거나 사본의 페이지를 넘기고 있었다. "1행에 1행을 더하고 계율에 계율을 더하면서, 여기서도 조금, 저기서도 조금."*3 이것을 베낀 것인지, 그는 여러 가지 책에서 문장을 조금씩 가려뽑아 자신이 좋아하는 문장을 썼다. 그렇게 되자, 그 책의 내용은 《맥베스》에 나오는 마녀의 가마솥 안처럼 여기에 검지, 저기에 엄지, 그리고 개구리의 발가락과 무족도마뱀의 가시도 있고, 그야말로 잡탕처럼 너저분한 모습을 띤 작품이 되고 말았다. 게다가 거기에 우리 주변의 가십 이야기를 '비비의 피'*4처럼 흘려 넣는 것이니, 마치 '걸쭉하면서도 고급스러운' 혼합물 같다고나 할까.

결국 표절 습관이 그 문필가의 뼛속까지 배어 있는 것은 나름대로 현명한 목적에 의한 것이 아닐까. 지식과 지혜 같은 씨앗을 최초로 키운 작물은 반드시 썩는데도 불구하고, 그 씨앗만은 시대에서 시대로 뿌려지고 보존되도록 한 신의 뜻이 작용하고 있는 것이 아닐까. 나는 그렇게 생각했다. 잘 알려졌듯이, 자연은 지혜로운 방법으로 들새를 매개로 하여 땅에서 땅으로 씨앗을 퍼뜨린다. 그렇게 생각하면 동물은 본디 썩은 고기가 되어 흙으로 돌아가는 존재이고, 과수원이나 밭을 파헤치는 골치아픈 약탈자인 것도 사실이지만, 실제로는 자연의 혜택을 퍼뜨리고 보존하는 역할을 하는 운반책이다. 이와 같은 취향으로 먼 옛날에 잊혀진 문필가들의 미사여구를 늘어놓은 작품들은, 이렇게 표절을 하는 작가들의 손에 의해 후세에까지 계속 이어져 전해지는 셈이다. 그리고 다시 꽃을 피우고 열매를 맺는다. 뿐만 아니라, 그러한 작품의 대부분은 현세뿐만 아니라 윤회를 통해 새로운 형식을 갖추어 다시 태어난다. 이를테면 이전에는 보잘것없는 역사책이었던 것이 로맨스소설 형태로 탈바꿈하는 것이다. 또 오래된 전설이 현대풍의 새로운 희곡으로 등장하고, 딱딱한 철학 논문이 유쾌하고 가볍게 쓴 수필이 되기도 한다. 이것은 나의 고국이 삼림지대를 개발하는 방식과도 비슷하다. 격조 높게 늘어선 소나무 숲을 불태운 장소에는, 떡갈나무가 싹을 틔워 어린 나무가 되어 무리를 지어 살고, 땅에 쓰러져 흙 속에서 썩는 나무줄기에는 온갖 종류의 곰팡이균이 많이 퍼진다.

---

*3 《이사야서》 28장 13절에 유래한다. "But the word of the Lord was unto them precept upon precept, precept upon precept : line upon line, line upon line : here a little, and there a little ; that they might go, and fall backward, and be broken, and snared, and taken."(Isaiah 28 : 13)

*4 셰익스피어의 《맥베스》 제4막 제1장에서의 인용구. "Second Witch ; Cool it with a baboon's Blood. Then the charm is firm and good."

따라서 지난 시절 문필가들이 썩어서 망각의 저편으로 사라졌다고 해서 슬퍼할 필요는 없다. 그들은 다만 자연의 법칙을 따르고 있을 뿐이다. 그 대법칙에 따르면, 이 세상의 삼라만상은 존속의 한계를 가지는데, 그 본질은 영원불멸이라는 것이다. 동물도 식물도 세대에서 세대로 옮겨가지만, 그 생명원리는 후세에까지 이어져 종족의 영원한 번영을 가져다준다. 이와 마찬가지로 한 문필가는 새로운 문필가를 낳고 많은 자손을 두어, 일정한 나이에 이르면 그들의 조상, 즉 그 작품을 몰래 사용한 문필가들과 함께 잠들게 된다.

이렇게 끝없는 공상을 하며 즐기는 가운데, 나는 어느새 수북이 쌓인 2절판의 고문서에 머리를 기대고 있었다. 이런 책들이 졸음을 일으키기 때문인지, 깊은 정적에 싸인 실내에 있기 때문인지, 아니면 오래 걸어서 지쳤기 때문인지, 또 때때로 장소를 가리지 않고 갑자기 잠들어 버리는 곤란한 습관 때문인지 어쨌든 나는 반쯤 몽롱한 상태에 빠져 있었다. 그러나 여전히 묘한 공상이 꼬리에 꼬리를 물고 나의 뇌리를 떠다녔다. 실제로 세세한 부분이 조금 바뀌었을 뿐, 이전과 같은 광경은 지금도 내 눈꺼풀 속에 선명하게 새겨져 있다. 그런데 꿈속에서 그 전시실에는 여전히 옛날 문필가들의 초상화가 걸려 있었는데, 그 수는 더 늘어나 있었다. 다만 실내에 나란히 있던 긴 테이블은 보이지 않았고, 동방의 현자와 닮은 인물들을 대신하여 이번에는 커다란 헌옷 상점가로 유명한 몬마우스 스트리트*5 주변을 당당하게 걸어가는, 조금 지저분한 차림새의 사람들이 눈에 들어왔다. 어차피 꿈속 이야기이니 흔히 알고 있듯이 밑도 끝도 없는 전개이지만, 그들이 책을 손에 잡으면 그것은 당장 외국풍이나 고풍스러운 옷으로 변해 버리는데, 그들은 그것을 몸에 걸쳤다. 그런데 주의 깊게 관찰하면 어느 누구도 이거라고 특정할 수 있는 제대로 된 옷을 입으려 하지 않고, 다른 옷에서 소매를, 또 하나의 옷에서 숄을, 그리고 또 하나의 옷에서 옷자락을 주워 모아, 어떻게든 모양을 만들어 몸에 걸치고 있으니 무리도 아니지만, 짐짓 낡아빠진 싸구려 넝마옷이 빌려 입은 외출복 사이에서 고개를 내밀고 있었다.

그들 가운데 당당한 풍채에 혈색이 좋고 뚱뚱한 목사가 있었는데, 그는 안경을 쓰고 곰팡내 나는 논문을 곁눈질하고 있었다. 곧 그는 옛날의 이름 높은

---

*5 몬마우스 스트리트(Monmouth Street)는 현재는 상점가로 유명한 런던의 코벤트가든(Covent Garden)에 있는 멋쟁이 거리인데, 18세기에는 유명한 헌옷 상가였다.

목사가 입던 커다란 망토를 걸치고, 또 다른 목사의 희끗희끗한 턱수염을 빌려, 마치 깊고 오묘한 진리를 추구하는 현자다운 풍격을 느끼게 했다. 그런데 히죽 웃음을 띤 그 평범한 모습 때문에 싱겁게 정체가 탄로 나고 말았다. 또 안색이 나빠 병자처럼 보이는 한 인물은 매우 바쁜 듯이 엘리자베스 왕조 시대의 옛 궁정의장에서 금사를 뽑아 매우 얇은 의상에 섬세한 수를 놓고 있었다. 또 다른 한 사람의 인물은 몸을 화려하게 꾸미고, 가슴에는 《아름다운 의장의 낙원》*6에서 딴 작은 꽃을 꽂은 데다, 궁정시인 필립 시드니 경*7의 해트 모자를 비스듬하게 쓰고, 아무리 봐도 속되어 보이지만 어딘가 고풍스러운 모습으로 으스대면서 걸어갔다. 이어지는 세 번째 인물은 체격이 무척 작았는데, 어딘가에 묻혀 있던 몇 개의 철학논문을 허락없이 사용하고서도 자못 현자인 척하는데, 얼굴만은 고고하고 당당한 풍모를 띠었다. 그러나 그 뒷모습은 참담하기 그지없으니, 그가 입은 반바지는 라틴계 작가의 양피지 조각으로 군데군데 땜질이 되어 있었던 것이다.

분명히 그들 가운데에는 훌륭한 옷을 입고 유연하게 행동하는 신사들도 있었는데 그들은 한두 개의 보석을 몸에 달고 있을 뿐이어서, 그것이 자신의 다른 장식 사이에서 반짝거려도 광택이 손상되지는 않았다. 또 몇몇 사람은 단순히 취향 때문에, 또는 그저 풍격과 정신만이라도 받아들이려고 옛 문필가들의 의장 모양과 색깔을 세심하게 관찰하고 있는 것처럼 보였다. 그러나 유감스럽게도 너무 많은 사람들이 머리끝에서 발끝까지, 방금 말한 것처럼 화려한 색깔로 덕지덕지 이은 옷을 입고 싶어 했다. 그런데 여기에 말하고 싶은 한 천재가 있었다. 담갈색 반바지에 행전을 차고 아르카디아풍 펠트 모자를 쓴 그 인물은, 자연의 아름다움을 노래한 전원시를 매우 좋아했다. 그가 산책하는 곳은 런던 캄덴 특별구에 있는 예스러운 정취가 있는 프림로즈 힐*8과, 정적에 싸인 런던 북부의 리젠츠 파크*9에 한정되어 있었다. 그는 모든 옛 전원시인으

---

*6 《아름다운 의장(意匠)의 낙원》(The Paradise of Dainty Devices)은 1576년에 출판된 시집.

*7 필립 시드니 경(Sir Philip Sidney, 1554~86)은 영국 엘리자베스 1세 시대의 시인. 대표작에 《아스트로펠과 스텔라》(Astrophel and Stella, 1591), 《시의 변호》(The Defence of Poetry, 1595) 등이 있다.

*8 프림로즈 힐(Primrose Hill)은 런던 시 캠던 구에 있는 아름다운 언덕과 인접한 런던 굴지의 조용한 고급 주택가의 이름.

*9 런던 최대의 공원 리젠츠 파크(The Regent's Park) 공원 안에 있는 원형의 퀸 메리스 로즈 가

로부터 마련한 화환과 리본으로 몸을 번쩍거리게 꾸미고, 고개를 조금 기울인 채 묘하게 감상적인 기분에 젖어 '푸른 들판에서 중얼거리면서'[10] 돌아다니고 있었다. 그런데 누구보다 나의 주목을 끈 인물은 쓸데없는 참견을 잘하는 노인으로, 그는 성직복을 입었는데 머리가 매우 크고 각이 져 있었으며 상당히 나이가 많았다. 그러나 그는 늠름하고 자신감이 넘치는 기색으로 사람들을 팔 꿈치로 밀어젖히면서 숨을 헐떡거리며 실내에 들어갔다. 그리고 그리스의 두꺼운 4절판 책을 양손으로 들어 재빨리 머리 위에 얹은 순간, 놀랍게도 곱슬머리 가발로 변해 위풍당당한 태도로 다시 방에서 나왔다.

이러한 문학적인 가장무도회 도중에 갑자기 "도둑이다! 도둑이야!" 고함치는 소리가 곳곳에서 들려왔다. 그러자 놀랍게도 벽면에 걸려 있던 수많은 초상화들이 움직이기 시작하는 게 아닌가! 잠시 동안이었지만, 그 옛날 친숙했던 작가들이 화폭에서 처음에는 고개를, 이어서 어깨를 내밀고 다양하게 가장한 모습의 사람들을 호기심 어린 눈길로 내려다보더니, 곧 분노한 눈빛으로 부당하게 빼앗긴 것을 되찾기 위해 자신의 모습을 드러내고 내려왔다. 그 뒤에 펼쳐진 옥신각신 소동은 도저히 말과 글로 표현할 수 없을 정도였다. 가련한 도적들은 훔친 것을 들고 한걸음에 달아나려고 했지만 어차피 소용없는 일이었다. 한쪽에서는 늙은 수도승 여섯 명이 한 대학교수의 옷을 벗기려 하고, 다른 한쪽에서는 현대의 극작가들이 마구 봉변을 당하고 있었다. 영국 극작가 프랜시스 보몬트[11]가 합작한 상대인 존 플레처[12]와 함께, 그리스 신화에 등장하는 카스토르와 폴리데우케스처럼 이 전장을 휩쓸며 뛰어다녔다. 또 바다 너머 플랑드르로 건너가 지원병이 된 용감한 극작가이자 시인인 벤 존슨[13]은, 옛날보다 훨씬 더 눈부신 활약을 보여주었다. 앞에 말한 쾌활하고 키 작은 잡

든(Queen Mary's Rose Garden)은 일찍부터 알려진 관광명소이다.

* 10 셰익스피어의 《헨리 5세》 제2막 제3장에서의 인용. "His face was gaunt and be was babbling about green fields."

* 11 프랜시스 보몬트(Francis Beaumont, 1584~1616)는 《불타는 절굿공이단의 기사》(The Knight fo the Burning Pestle, 1613)를 대표작으로 하는 영국의 극작가. 존 플레처와의 합작으로도 유명하다.

* 12 존 플레처(John Fletcher, 1579~1625)는 《기러기 쫓아가기》(The Wild Goose Chase, 1621) 등의 수작을 남긴 영국의 극작가.

* 13 벤 존슨(Ben Jonson, 1572~1637)은 영국 극작가·시인으로, 1616년에 계관시인이 되었다. 대표작에는 《연금술사》(The Alchemist, performed, 1610)와 《볼보네》(Volpone, ca. 1606) 등이 있다.

문가(雜文家)로 말하면, 어릿광대 아를르캉*14처럼 여기저기 이어붙인 화려한 색깔의 옷을 입었기 때문에, 그 주위에서 내가 먼저라며 앞다투어 벌이는 치열한 약탈전은 마치 그리스 신화의 영웅 파트로클로스*15의 유해를 둘러싼 공방전을 방불케 했다. 나는 외경심과 존경심을 품고 우러러보았던 많은 사람들이 벌거벗은 모습으로 흩어져 가는 광경을 보고 망연자실했다. 바로 그때, 그리스풍의 곱슬머리 가발을 쓴 참견쟁이 노인이 내 시선을 끌었다. 그는 열 명 정도의 문필가들이 일제히 분노에 찬 고함을 지르자 깜짝 놀라 비틀거리며 달아나는 중이었다. 문필가들이 그 노인의 허리춤을 거의 붙잡을 듯이 쫓아오자, 그 순간 쓰고 있던 가발이 머리에서 벗겨져 굴러떨어지고 말았다. 급히 그 자리에서 벗어나려고 몸을 피할 때마다 몸에 둘렀던 것들이 하나하나 벗겨졌다. 그리고 눈 깜짝할 사이에 그토록 위엄을 느끼게 했던 화려한 치장이 보기에도 끔찍하게 벗겨져, 단순히 키가 작고 호흡이 거친 '늙은 대머리 사수(射手)*16로 모습이 바뀌자, 몇 조각의 넝마조각만 등에 늘어뜨리고 그 자리에서 사라졌다.

이 테베인 학자의 비참한 전말을 보고 있던 나는 그 우스꽝스러운 모습에 나도 모르게 풉, 하고 웃음을 터뜨렸다. 그 바람에 완전히 잠 속의 환상에서 깨어나고 말았다. 그 화려한 소동도 겨우 끝나 실내의 모습은 처음으로 돌아가 있었다. 옛날의 친숙한 문필가들도 본디 있었던 액자 속으로 돌아가 통로 벽의 어두컴컴한 장소에 나란히 늘어서 있었다. 요컨대 나는 완전히 눈을 뜨고 방안의 구석자리에 앉아 있었던 것이다. 그곳에 있던 책벌레들은 모두 놀란 얼굴로 내 쪽을 빤히 쳐다보았다. 다행히도 내가 풉, 하고 웃음을 터뜨린 것 말고는 모두 꿈속에서의 일이었기 때문에 실제로는 아무 일도 일어나지 않았다. 그런데 나의 갑작스러운 웃음소리는 이제까지 일만 하던 엄숙한 성전에서

---

*14 아를르캉(Arlequin)은 17세기 무렵 이탈리아에서 유행한 가면극에 등장하는 어릿광대역을 가리킨다.

*15 파트로클로스(Patroclus)는 그리스신화에서 아킬레우스를 섬긴 무장으로, 트로이 용사 헥토르의 손에 죽었다.

*16 셰익스피어의 《헨리 4세》 제2부 제3막 제2장에서의 인용.

Falstaff : Come, manage me your caliver, So : very well : go to : very good, exceeding good, O, give me always a little, lean, old, chapt, bald shot. Well said, i′faith, Wart, thou′rt a good scab : hold, there′s a tester for thee.

는 들은 적이 없던 소리라, 그곳에 있던 현자들의 귀에는 매우 불쾌하게 들렸을 것이다. 아마도 그것은 허를 찔러 동료들을 깜짝 놀라게 하는, 몹시 혐오스러운 소리였을 것이다.

그때 도서관 직원이 내 옆에 다가와서 입장권을 가지고 있느냐고 물었다. 처음에는 그가 무슨 말을 하는 건지 알아들을 수가 없었지만, 곧 이 도서관은 일종의 문학적 '사냥 금지 구역'이고, 그 규칙에 따라 도서관의 특별이용 허가증을 받지 않으면 들어올 수 없다는 사실을 간신히 알게 되었다. 그렇다면 나는 금지구역에 들어간 침입자임이 분명하므로, 문필가들 모두에게 총공격을 받기 전에 얼른 그 자리를 뜨는 것이 가장 좋은 방법이라고 생각했다.

왕실 시인

비록 몸은 갇혀 있어도
감미로운 사랑에 묶여 있더라도,
마음에 비치는 아름다움은
아무런 속박도 받지 않는다.
그렇다면 높은 뜻을 품고,
붙들고 놓아주지 않는 구속을 견뎌라.

존 플레처

햇살이 화창한 5월의 어느 아침, 나는 과감하게 윈저 성을 거닐기로 했다. 그 성은 이야기와 시적 연상이 풍부하고, 지난날의 영화를 떠올리게 하는 낡았지만 외관은 숭고하고 기품 있는 사상을 북돋우기에 부족함이 없는 분위기였다. 윈저 성은 불규칙한 모양의 성벽과 거대한 탑을 성벽의 관(冠)처럼 높은 봉우리 꼭대기 둘레에 우뚝 세우고, 구름 사이로 왕의 깃발을 펄럭이면서 엄숙한 표정으로 가까운 주변을 내려다보고 있었다.

즐겁고 가벼운 기분으로 유혹하는 듯한 봄기운이 가득한 밝은 아침이었다. 이런 날에는 인간의 마음속에 숨겨진 모든 낭만적인 기분이 깨어나서, 자기도 모르게 입술 사이로 노래와 시를 흥얼거리며 아름다운 사람을 마음속에 그리고 싶어진다. 나는 성안의 호화찬란한 홀과 소리가 메아리치는 긴 회랑을 거닐면서도, 그곳에 죽 진열되어 있는 기사와 정치가들의 초상화에는 특별히 관심을 두지 않았다. 그런데 찰스 2세[1]의 장려한 궁전을 꾸몄던 미녀들의 초상화가 걸린 방에서는 그만 시선을 빼앗겨 발걸음이 떨어지지 않았던 것을 기억한다. 머리를 반쯤 풀어헤치고, 관능적으로 눈동자를 촉촉하게 빛내는 이러한

---

[1] 찰스 2세(Charles Ⅱ of England, 1630~85)는 '재기발랄 군주(Merry Monnarch)'라 불리며, 매우 향락적인 왕이었다.

미인화를 바라보고 있으니 그 아름다운 모습에 그만 마음을 빼앗겨, 궁정화가 피터 렐리*²의 붓솜씨에 나도 모르게 감탄의 소리를 질렀다. 잿빛 벽에 햇살이 빛나는 '드넓은 녹색 정원'을 가로질러 비단 같은 잔디를 흘끗 본 순간, 부드러우면서도 용감한 인물이었지만 불행한 운명을 겪었던 서리 백작 헨리 하워드*³가 문득 떠올랐다. 그가 젊은 날에 아름다운 레이디 제럴딘*⁴에게 지극한 사랑을 바치면서 이 정원을 거닐었다는 이야기에 마음을 빼앗긴 것이다.

"소녀의 탑을 올려다보는 눈빛으로,
사랑에 빠진 남자들이 내쉬는 정겨운 한숨이여."

이렇게 시적인 기분에 잠겨 이 오래된 성의 중앙부 탑 속으로 걸음을 옮겼다. 그곳은 스코틀랜드의 시인과 역사가들의 자랑이요, 중심인물이던 제임스 1세*⁵가 젊은 시절 오랫동안 역적으로서 갇혀있던 장소였다. 수많은 풍설을 견디어 낸 그 잿빛의 거대한 탑은 지금도 웅대한 모습으로 잘 보존되어 있다. 그것은 성내의 다른 어느 부분보다 높은 언덕 위에 서 있으며, 매우 훌륭하고 큰 계단이 그대로 탑 내부로 이어져 있었다. 각 시대별로 여러 종류의 갑옷과 무구가 수집되어 있는 고딕 양식의 홀에 들어가자, 제임스 1세가 소유했던 갑옷과 투구 전부가 걸려 있는 것이 보였다. 나는 거기서 계단을 올라가, 이제는 퇴색했지만 여전히 위엄이 감도는 방에 들어갔다. 거기에는 제임스 1세가 유폐된 정경을 그린 역사이야기풍의 태피스트리가 장식되어 있었는데, 그것은 시와 소설의 요소를 절묘하게 섞어 마술적인 색채를 띠었으며 열정이 넘치는 상상 속 사랑의 정경이 표현되어 있다.

이 사랑스러운 불운한 왕자 제임스의 일생은 남달리 낭만적이었다. 열한 살이라는 어리고 귀여운 나이에 그는 아버지 로버트 3세*⁶의 명을 받아 동맹국 프랑스 궁정에 보내졌다. 스코틀랜드 궁정을 둘러싼 음모와 위험에서 몸을 보

---

*2 피터 렐리(Sir Peter Lely, 1618~80)는 찰스 2세에게 중용된 네덜란드인 궁정화가.
*3 서리 백작 헨리 하워드(Henry Howard, Earl of Surrey, 1517~47)는 영국 시인. 강약5보격(強弱五步格)의 무운시를 처음 쓴 시인으로 알려진다.
*4 그녀의 본명은 엘리자베스 피츠제럴드, 아일랜드 출생.
*5 제임스 1세(James Ⅰ, 1394~1437)는 스튜어트 왕조의 스코틀랜드 왕. 재위기간 1406~1437.
*6 로버트 3세(Robert Ⅲ, ca. 1337~1406)는 스코틀랜드 왕. 재위기간 1390~1406.

호하기 위해 프랑스 왕의 보호 아래 둔 것이다. 그런데 불행하게도 두 나라 사이에 정전협정이 성립되었음에도, 제임스는 잉글랜드 왕 헨리 4세[7]에 의해 항해 중에 붙잡혀 런던에 억류되고 말았다.

제임스가 붙잡혔다는 소식이 아버지 로버트 3세에게도 전해졌고, 잇달아 밀려든 고통스러운 비극의 물결은 로버트 3세에게 생명을 위협하는 결과를 불러왔다. "그 소식은 만찬 석상에서 알려졌다. 자세한 이야기를 들은 로버트 3세는 슬픔을 이기지 못하고 신하들의 품속에 쓰러져 침실로 옮겨졌다. 그러나 먹고 마시는 일을 그만둔 지 사흘 뒤에 굶주림에 의한 심신쇠약과 깊은 슬픔, 그리고 견딜 수 없는 실의 속에 로스시[8]에서 죽었다."고 전해진다.

제임스는 18년이라는 오랜 세월 동안 유폐의 몸이 되었다. 이에 따라서 제임스 개인의 자유는 빼앗겼지만, 그 지위에 걸맞게 매우 정중한 대우를 받을 수 있었다. 즉, 그 기간에 모든 분야의 이로운 지식을 남김없이 전수받았고, 또 어린 왕자로서 길러야 할 심신수양 등의 제왕학도 철저히 교육받았던 것이다. 그런 의미에서는 이 유폐 기간이 그에게 이로웠다고 할 수 있다. 그는 자기수양에 힘쓰며 안정된 환경 속에서 끝없이 지식을 배울 수 있었을 뿐만 아니라, 고상하고 우아한 취미를 기를 수도 있었기 때문이다. 그런 것이 그가 죽은 뒤에 빛나는 명성을 얻게 된 이유가 되었다. 어느 스코틀랜드 역사가가 그린 그의 초기 무렵의 초상은 참으로 매력적이어서, 역사상의 실제로 살았던 인물이라기보다는 소설에 등장하는 주인공에 걸맞다는 생각이 들 정도였다. 들은 바에 따르면, 그는 '검술, 마상 창시합, 모의전, 격투기, 노래, 춤 등에 매우 능숙했고 뛰어난 의사이기도 했다. 또 류트와 하프 연주자로서도 탁월한 기량을 발휘했고, 그 밖의 악기를 연주하는 데도 능숙했다. 그리고 문법, 웅변술, 시문에도 뛰어났다'[9]고 전해진다.

그는 남성적인 늠름함과 교양을 두루 갖추고 활동적이며 풍류가 있는 인물이며 세상의 온갖 즐거움을 더할 나위 없이 사랑하는 인물로 길러졌기 때문

---

*7 헨리 4세(HenryⅣ, 1367~1413)는 잉글랜드 국왕. 재위기간은 1399년부터 1413년. 1406년에 스코틀랜드 왕 로버트 3세의 후계자 제임스(뒷날의 제임스 1세)를 붙잡아 볼모로 삼은 일로 유명하다.

*8 로스시(Rothesay)는 스코틀랜드 중부에 있는 뷰트 섬에서 가장 큰 도시. 뷰캐넌.

*9 이 대목은 스코틀랜드 철학자 헥터 보이스(Hector Boyce, 1465~1536)의 《발렌덴》(Ballenden)의 번역에서 인용한 것이다(원주).

에, 기사도 정신의 명맥이 살아 있던 시대에 젊은 시절을 희생하고 단조로운 유폐 생활을 강요당한 것은 말할 수 없이 쓰라린 시련이었을 것이다. 그러나 제임스는 뮤즈 신이 갇혀 있던 그에게 내려온 것처럼 시적 상상력이 매우 풍부했다. 그것은 그 자신에게는 행운이었다. 그러한 상황에 놓이면, 사람에 따라서는 신체의 자유를 빼앗긴 탓으로 서서히 의기소침해지고 무기력해질 수도 있고, 병적으로 격해지기 쉬워 거칠고 난폭한 인간이 되기 쉽다. 그러나 이러한 감금당한 외로움 속에서도 감수성은 더욱 예민해지고 몽상에 잠기는 것이 시인의 본성이다. 그는 자신의 사상이라는 달콤한 꿀의 잔치에 취해, 새장 속의 새처럼 자신의 마음을 선율에 실어 세상을 향해 노래했다.

> 당신은 나이팅게일을 보지 못했나요,
> 새장에 갇힌 순례자여,
> 그 쓸쓸한 은신처에서
> 어떻게 하여 세상에 알려진 이야기를 흥얼거리는지.
> 그것이 매력적인 가락이라면,
> 그녀가 다리를 쉴 수 있는 가지는 모두 나무이고,
> 그녀의 새장은 숲이라네.

어떠한 통제나 굴레도 미치지 않는 것이 상상력만의 신성한 특질이다. 현실 세계에서 격리되더라도 상상력을 펼치는 것만으로 하나의 세계를 창조할 수 있다. 얼마쯤 마법을 사용하면 아름답고 멋진 모습과 화려한 환상을 만들어낼 수 있고, 아무리 조용하고 쓸쓸한 장소라도 참으로 간단하게 떠들썩한 공간으로 바꿀 수도 있다. 또 어두컴컴한 감옥을 환하게 비춰주는 것도 가능하다. 이탈리아의 서사시인 토르콰토 타소[*10]는 페라라의 어둡고 음울한 감방에 갇혀 있었지만, 그곳에서 구상된 것으로 짐작되는 역사극 《해방된 예루

---

* 10 토르콰토 타소(Torquato Tasso, 1544~95)는 이탈리아의 서사시인. 그 대표작에는 목가극 《아민타》(Aminta, 1573), 장편 서사시 《해방된 예루살렘》(La Gerusalemme Liberata, 1575) 등이 있다. 정신이 이상한 사람이라는 조롱 속에 7년 동안 유폐의 나날을 보내는 모습을 프랑스의 19세기 낭만주의를 대표하는 화가 들라크루아(Ferdinand Victor Eugène Delacroix, 1798~1863)가 절묘하게 그려냈다.

살렘》*11의 웅장하고 화려한 광경은, 틀림없이 상상 속의 화려한 세계를 표현한 것이었다. 또 제임스가 윈저 성에서 유폐된 몸으로 쓴 《왕의 시집》은 억압과 음울한 세계에서 탄생한 또 하나의 아름다운 영혼이 드러난 예였다고 생각된다.

이 시집의 주제는 유폐 중이던 제임스를 사로잡은, 영국 왕실에 등장하는 아름다운 공주, 서머싯 백작의 딸 레이디 존 보퍼트에 대한 뜨거운 열정을 그린 것이었다. 이 시집의 참된 가치는 왕족 시인의 진실된 감정의 토로와, 한결 같은 사랑의 행방을 그린 데 있다고 평가된다. 어쨌든 군주가 시를 쓰고 또 시인으로서 진심으로 진실을 이야기하는 것은 흔하지 않은 일이다. 군주가 그렇게 하여 서민의 주름진 마음을 어루만지며 그들의 환심을 사려고 한다면, 일반서민은 긍지가 채워짐을 느낄 것이다. 그것은 지적 영위의 우열을 평등하게 하는 확실한 증거이기도 하다. 또 모든 인위적인 허식으로 꾸며진 위엄을 내던지고, 서민과 똑같은 위치로 끌어내리고 우열을 겨루어 뛰어났을 때는, 시를 짓는 본인이 지닌 천부적인 재능에 따른 것이라고 할 수밖에 없다. 이렇게 군주의 마음의 여로를 따라가서, 그 마음속에 숨어 있는 인간성에 뒷받침된 순수한 사랑을 엿보는 것도 하나의 즐거움일 것이다. 그러나 제임스는 왕위에 오르기 전에, 사람은 어떻게 시인다워야 하는지를 배웠다. 그는 온갖 어려움과 고생 속에서도 적절한 교육을 받은 덕분에, 독자적인 사상을 마음의 양식으로 삼아 성장했다. 대체로 군주의 위치에 있는 사람에게는 자신의 마음과 이야기하고, 자신의 마음을 시가(詩歌)에 투영할 마음의 여유가 없는 법이다. 따라서 만일 제임스가 궁정이라는 추종과 환락으로 가득한 특수한 환경 속에서 자랐다면, 그 《왕의 시집》 같은 뛰어난 작품을 완성하는 것은 불가능했을 것이다.

그가 시 속에서 자신이 처해 있는 상황에 대한 느낌을 뚜렷이 밝힌 대목과 윈저 성의 탑 속에 있는 방에 대한 기술은 특별히 흥미롭다. 거기에는 본인의 인물상이 숨김없이 드러나, 젊은 시절을 보낸 유폐 장소의 모습이 분명하게 그려져 있기 때문이다. 그것은 참으로 매력적이어서, 독자는 마치 볼모의 몸인 그와 함께 있는 듯한 착각에 빠져 자신도 모르게 그의 명상 친구인 것 같은 감정을 느낄 것이다.

---

*11 타소의 대표적인 장편 서사시로, 제1차 십자군의 예루살렘 원정을 소재로 한 이야기이다.

그는 권태감이 싹튼 일과 처음으로 시를 쓰려고 생각한 계기에 대해 다음과 같이 말했다. 그것은 달빛이 밝게 비치던 조용한 밤의 일이었다. 밝게 반짝거리는 별이 저 높이 밤하늘에 가득 펼쳐져 있고, '달의 여신 신시아가 물병자리에서 머리를 감고 있었던' 밤이었다고 한다. 그는 침실에서 잠이 깬 뒤 좀처럼 잠을 이루지 못해 몸을 뒤척이다가, 하는 수 없이 한 권의 책을 손에 들었다. 그 책은 그 무렵 문필가들 사이에서도 매우 인기가 높고 평판이 좋았던 보에티우스의 《철학의 위안》*12으로, 제임스가 본받고자 했던 시인 초서가 번역한 것이었다. 그가 그 책에 아낌없이 쏟았던 커다란 찬사에서도 헤아릴 수 있듯이, 그 책은 옥중에 갇혀 있던 그가 즐겨 읽던 책 가운데 하나였다. 과연 그 책은 역경 속에서 묵상하는 데는 최고의 것으로, 그야말로 교과서 그 자체였다. 또한 그 책은 비통과 근심, 괴로움을 이겨내고 마음이 정화된 강인하고 고귀한 문호의 문학유산으로, 똑같은 고난을 겪고 있는 후세 사람들에게 깊은 묘미가 넘치는 도덕상의 격언, 자신에게 닥친 온갖 인생의 시련과 그에 맞서는 방법을 아름다운 필치로써 단순한 이치를 토로한 것이었다. 불행한 처지에 있는 사람이라면 그 책을 매우 소중하게 가슴에 품거나, 선량한 왕 제임스처럼 밤마다 머리말에 두고 마음의 양식으로 삼을 것이었다.

그는 책을 덮고, 거기서 읽은 말을 마음속으로 되풀이해 읊조렸다. 그리고 차츰 명상에 잠겨 변하는 운명과 파란만장한 인생, 젊었을 때 입은 재난 등의 괴로운 고난에 대해 생각했다. 그때 갑자기 아침 예배를 알리는 교회 종소리가 그의 귓전을 때렸다. 그 소리는 우울한 망상과 한데 어우러져, 무언가 자신에 대해 글을 쓰라고 권하는 목소리처럼 들렸다. 그래서 그는 수행길에 나서는 기사처럼 그 신비로운 울림에 따르기로 결심하고 펜을 들어 신의 축복을 구하는 십자성호를 그은 뒤, 그때부터 시의 세계에 발을 들여놓았다. 그러한 모든 점에서 어딘지 공상적인 요소가 강하게 느껴지지만, 때때로 시상이 꼬리에 꼬리를 물고 떠오르는 대로 시를 쓰는 것이 정신에 암시되는 뚜렷하고도 단순한 방법의 좋은 실례가 된다는 사실이 매우 흥미롭다.

그는 자신의 시 속에서 자기의 신상에 일어난 비운의 남다른 괴로움, 즉 고

---

*12 보에티우스(Anicius Manlius Torquatus Severinus Boethius, 480?~524)는 고대 로마 말기의 철학자. 대표작은 《철학의 위안》(De consolatione philosophiae)으로 보에티우스가 옥중에서 쓴 산문이다.

독을 안고 옴짝달싹할 수 없는 비참한 삶을 보내야 하는 운명을 타고나, 어찌하여 세상에서 가장 하등한 동물조차 누리고 있는 자유와 쾌락을 얻을 수 없는 공간에 갇혀 있는 것인가, 그 신세를 한탄한 적이 한두 번이 아니었다. 그러나 불평을 쏟아내는 탄식의 말 속에는 달콤함이 느껴졌다. 그것은 부드럽고 따뜻하며 사교적인 인물이 친절과 너그러움을 다했으나, 행동의 자유를 거부당한 것으로 받아들일 수도 있다. 거기에는 상스럽거나 과장스러운 데가 전혀 없이 자연스럽고 감동적인 분위기가 넘쳐, 사람들은 아마도 지나치게 꾸미지 않은 그 무상함에 더한 감동을 느낄 것이다. 그러한 탄식은 시에도 끊임없이 되풀이해 표현되는 푸념, 즉 자신이 부른 재앙에 괴로워하며 죄 없는 세상을 향해 불평을 터뜨리는 병적인 무리와는 그 양상이 전혀 다르다. 제임스는 민감한 감성으로 자신이 처한 처지를 드러냈지만, 일단 이야기를 다 하고 나자 오히려, 마치 그 나름의 의협심이 언제까지나 피할 수 없는 불행을 투덜거리며 한탄해봤자 소용없다고 업신여기는 것 같기도 했다. 이러한 인물이 불평과 푸념을 늘어놓을 때는, 그것이 아무리 하찮은 것이라도 우리는 그 불행한 처지에서 생겨나는 고뇌가 얼마나 큰지에 대해 알고 있다. 낭만주의자인 데다 쾌활하고 문예에 뛰어난 왕자인 제임스는, 화려한 청춘기에 인생의 모든 활력과 기쁨, 높은 뜻과 진취의 기상을 다 빼앗겨 버렸다. 그것을 생각하면 우리는 그에 대해 동정을 하지 않을 수 없다. 그것은 모든 자연의 아름다움에 민감하고, 신성한 빛을 발하는 문예에 깊이 통달했던 시인 존 밀턴[13]이 영원히 눈이 멀어 이루 말할 수 없는 슬픔 속에서, 짧고도 깊은 한숨을 내쉬는 것과 같은 종류이다.

만일 제임스가 이른바 시적 기교만을 늘어 놓는 표현을 추구했더라면, 우리는 이렇게 침울한 서술은 그의 생에 가운데 가장 빛나는 장면에 대한 시작이 아닌가 하고 생각했을 것이다. 그는 인생의 멋진 광채를 빛나게 하고, 그럼으로써 마음에 둔 여성과 관련된 새와 노래와 나뭇잎, 또는 사계절 내내 누릴 수 있는 모든 환락의 밝고 명랑한 속성과 과감히 대비함으로써, 누구보다도 슬픈 처지를 더욱 뚜렷하게 부각시켜 그것을 시로 표현한 것일지도 모른다

---

*13 존 밀턴의 "눈이 먼 것이 비참한 것이 아니라, 그 눈 먼 상태를 견딜 수 없는 것이 비참하다."("It is not miserable to be blind ; it is miserable to be incapable of enduring blindness")라는 말이 유명하다.

는 생각이 든다. 어쨌든 이러한 묘사를 통해, 이 오래된 성 중앙부의 탑 주변은 로맨스의 마법 가루가 뿌려진 듯한 분위기를 띤 것이다. 그의 말로는, 잠들수 없는 밤의 망상의 주술에서 벗어나려고 여느 때처럼 날이 새기 전에 눈을 떴다. '이렇게 홀로 방 안에서 탄식하면서' 모든 기쁨과 구원에 대해서도 절망감을 안고, '생각에 잠겨 비탄에 젖었던' 것이다. 그는 창가에 몸을 기댄 채 자신이 쫓겨난 세계를 아득하게 바라보면서, 갇혀 있는 자신의 신세를 한탄하며 오래도록 깊은 생각에 잠겼다. 그의 창문에서는 탑 아래에 펼쳐진 작은 정원이 내려다보였다. 한적하고 조용한 장소에 아담한 정자와 숲 사이의 오솔길이 꾸며져 있는 그 정원은, 우거진 나무와 산사나무 생울타리로 주위가 차단되어 있어서 밖에서는 잘 보이지 않는 구조였다.

탑의 벽 근처에 펼쳐진 아름다운 정원,
구석구석 자리한 정자는,
가늘고 긴 목재가 에워싸고,
그 주변을 우거진 나뭇잎이 둘러싸고 있다.
산사나무로 엮은 울타리,
주변을 오가는 사람들은 아무도 없고
유령의 그림자도 볼 수 없다.

작은 가지와 무성한 잎이 파랗게 우거지고,
눈 아래의 모든 오솔길은 짙은 그림자로 뒤덮여,
정자들 사이로,
짙푸른 향기를 내뿜는 향나무가 보인다.
아름답게 우뚝 솟아 곳곳으로 가지를 뻗고 있으니,
바라보는 사람의 눈에 비치는 것은,
잔가지들이 팔을 뻗어 정자를 포근히 감싸는 모습이다.

그 푸른 가지에는
작고 귀여운 나이팅게일이 앉아,
높은 목소리로 상쾌하게 지저귄다.

아련한 그리운 마음 드러내는 그 노래,
때로는 부드럽게, 때로는 높다랗게.
나이팅게일의 노래는,
모든 정원과 벽마다 메아리친다.

때는 5월, 모든 꽃들이 일제히 꽃망울을 터뜨렸다. 그는 나이팅게일의 노랫
소리를 빌려 그리워하는 마음을 노래했다.

사랑하는 자들이여, 그대들은 5월을 숭배하라.
그대들의 행복한 날들은 여기서 시작되느니.
함께 노래하지 않으려면, 제발 사라져다오, 겨울이여.
어서 오라, 여름이여. 감미로운 계절이여, 태양이여.

걸음을 멈추고 선 채 이러한 풍경을 가만히 바라보며 새의 노랫소리에 귀를
기울이면, 그는 차츰 기분 좋은, 그리고 말할 수 없이 환상적인 세계에 빠져들
었다. 이 사랑스러운 계절에 젊은 가슴을 두근거리면서, 기회 있을 때마다 책
에서 배운 사랑, 즉 5월의 한숨에 닿아 되살아나서 모든 것을 황홀한 새의 지
저귐 속에 녹이는 듯한 사랑이란 도대체 어떤 것인가 하고, 그는 사색에 잠겼
다. 만일 사랑이라는 것이 정말로 큰 행복인 동시에, 세상에서 가장 작은 존재
라해도 그 은혜를 얻을 수 있다면, 어째서 자신만은 그것을 누릴 수 없는 것
인가.

나는 때때로 깊은 생각에 잠긴다, 어째서 사랑에는
이토록 높은 기품의 힘과 부드러움이 샘처럼 넘치는가.
사람을 사랑하는 것은 책에 있듯이 가슴 뛰고 마음 따뜻해지는 일이다.
어찌하여 사랑은 사람의 마음을 이다지도 흔드는가,
아니면 그것은 모두 헛된 환상인가.

사랑이 이토록 고상하고 아름다운 것이라면,
그리고 모든 것을 배려한다면,

무슨 죄가 있어서,
새들은 저토록 자유로이 하늘을 날아다니는데,
나는 이렇게 죄인의 몸이 되었는가.

　그렇게 명상에 빠져 있었을 때, 눈 아래를 바라보니 이제까지 한 번도 본 적이 없는 '싱그럽고 아름다운 여성'의 모습이 그의 눈에 보였다. 그 여성은 아름다운 레이디 제인으로, '상쾌한 5월 아침'을 마음껏 누리려고 정원을 걷고 있는 중이었다. 풍부한 감수성을 지녔으면서도 고독한 처지에 놓여 있는 제임스의 눈앞에 꿈결처럼 나타난 그녀는, 낭만적인 제임스의 마음을 곧바로 사로잡고 말았다. 그리하여 아름다운 레이디 제인은 제임스의 마음속에서 걷잡을 수 없는 사랑의 대상이 되어, 그가 꿈꾸고 그리는 이상적인 세계 속에서 더없이 높은 존재가 되었다.

　이렇게 아름다운 광경을 그려보면, 초서의 명작 《기사 이야기》*14 머리글에 등장하는 두 사람의 귀공자 팔라몬과 아르시테가, 감옥의 뜰을 걷고 있는 에밀리 공주를 보고 곧 사랑에 빠진 장면과 비슷하다. 아마도 실제로 제임스의 신변에서 일어난 일들이 초서의 작품에서 읽은 사건과 비슷하기에, 그는 그 정경을 자신의 시 속에 섬세하게 그려냈을 것이다. 레이디 제인에 대한 제임스의 묘사는 틀림없이 그즈음의 완벽한 미인상을 표현한 것이라고 할 수 있다. 그도 그럴 것이, 그것은 거장 초서의 회화적이고 정밀한 필치를 본떠서 그렸을 뿐만 아니라, 그 대상은 실제로 존재한 인물이었다. 제임스는 사랑에 빠진 사람이 품고 있는 마음으로 레이디 제인의 차림새까지 세세하게 표현했다. 거기에는 아름다운 금발을 에메랄드와 사파이아가 반짝거리고 은은한 진주까지 달려 있는 호화로운 베일로 감싸고, 목덜미에는 '작은 황금사슬 목걸이'를 걸었는데, 거기서 하트 모양의 루비가 하얀 가슴 위에서 불타오르듯 아름답게 빛났다고 되어 있다. 그리고 그녀가 몸에 걸친 얇고 하얀 천의 옷자락은, 걷는데 지장이 없도록 살짝 걷어 올려져 있었다. 그녀를 두 시녀가 뒤따랐고, 목걸이에 방울을 단 강아지가 그녀 주위에서 뛰놀았다. 아마 그 개는 옛날 화려했던 시절의 우아한 상류계급 부인들이 큰 홀에서 놀이 상대로 사랑받았던 이

────────────────

*14 이것은 《캔터베리 이야기》 속에 있으며, 주로 숲을 무대로 펼쳐지는 기사도 로맨스이다.

탈리아 원산의 우아한 품종이었을 것이다. 제임스는 다음과 같이 알맞은 찬사를 나열하며 시를 끝맺는다.

젊고 아름다운 용모, 겸손한 움직임,
다정하고, 따사롭고, 여성다운 얼굴,
내 펜으로 어찌 다 표현할 수 있으리.
예지와 자비로 넘치는 높은 기품과 사려 깊은 말씨,
세련된 몸짓과 온화한 표정, 그 모든 것이 단아하니,
신은 이보다 더 뛰어난 이를 세상에 내보낸 적이 있었던가.

레이디 제인이 정원에서 나가버리는 바람에 한순간에 끓어오른 감정은 일단 진정되었다. 이처럼 갇혀 있는 장면 속에 사랑이라는 이름의 품위 있고 아름다운 매력이 잠시 다가왔지만, 그러한 환상도 그녀가 그 자리에서 떠남과 동시에 사라져버리고, 제임스의 마음은 다시 채워지지 않는 쓸쓸함에 휩싸였다. 이 세상에 다시없을 아름다운 여인과의 뜻밖의 만남과, 한순간 맛본 행복으로 인해 현실 세계에서의 고독감은 몇 배나 더 커지고 말았다. 애태우며 번민했던 기나긴 하루였다. 제임스는 자신의 불행에 한숨지었다. 저녁때가 되자, 그가 적절히 온갖 아름다운 말을 늘어놓은 것처럼, 그리스 신화에 등장하는 포이보스(태양신 아폴로)는 '모든 나무의 잎과 꽃에 작별의 인사를 했다.' 그러나 그는 여전히 창가에 몸을 기댄 채 떠나지 못했다. 그리고 차가운 돌 위에 머리를 문지르면서 자신의 몸을 사랑과 슬픔이 뒤섞인 감정의 흐름에 맡기고 있었다. 이윽고 황혼이 찾아올 무렵에는 고요한 향수에 젖어 마음도 차츰 가라앉고, 그는 '몽롱한 의식 속에 잠시 졸면서' 환상의 경지에 빠져들었다. 이것이 시의 나머지 부분을 차지하며, 그 속에서 그는 이 열정의 역사를 비유적인 말로 표현한다.

그는 아련한 꿈에서 깨어나자, 돌베개에서 일어나 방 안을 이리저리 거닐면서 어둡고 우울한 생각에 사로잡혔다. 그리고 자신의 영혼에게 물었다. 도대체 어디를 방황하고 있었느냐고. 아니면 꿈을 꾸기 전에 일어났던 일은, 모든 것이 앞서 지나온 모든 상황을 만들어내기 위한 무언가의 행위인가, 아니면 낙담하고 실의에 빠진 마음을 위로하고자 하는 환상의 힘인가. 만일 그것이 환상이라면, 그러한 꿈결 속에서라도 더욱 행복한 나날을 꿈꿀 수는 없는 것인가 하고 자기도 모르게 두 손 모아 기도를 올렸다. 그때였다. 갑자기 새하얀 멧비둘기 한 마리가 창문으로 날아 들어와 그의 손에 내려앉았다. 부리에 한 줄기의 붉은 비단향꽃무를 물고 있었는데, 그 잎새에 금문자로 다음과 같은 글이 새겨져 있었다.

눈을 떠요, 눈을 뜨세요, 사랑하는 이여.
기다렸어요, 틀림없이 당신을 기쁘게 하고 위로가 될 소식을.
웃고 떠들고 노래하지 않겠어요?
당신은 하늘의 계시에 의해 구원받을 테니까요.

그는 불안과 기대가 뒤섞인 심정으로 그 가지를 받고 기쁨에 들떠서 읽었다. 그가 말한 바로는, 아무래도 이것은 잇달아 그를 찾아온 행운의 첫 징후였던 것 같다. 이것이 단순한 시적 창작인지, 아니면 실제로 레이디 제인이 그렇게 낭만적인 방법으로 자신의 마음을 제임스에게 전한 것인지, 그 참과 거짓에 대해서는 독자의 판단에 맡기고 싶다. 어쨌든 그는 꿈속에서 비단향꽃무에 부친 약속이 이루어져 자유의 몸이 되었고, 마음속 연인을 소유함으로써 행복해진 것을 암시하며 이 시를 끝맺는다.

제임스가 윈저 성에서 겪은 사랑의 전말은 이러한 시적 정서가 감도는 이야기로서 결실을 이뤘다. 그 내용의 어디까지가 절대적인 진실이고 어디까지가 상상의 산물인지, 이리저리 대충 추측하는 것은 멋없는 짓이리라. 그렇지만 모든 낭만적인 사건을 실생활과 모순되는 비현실적인 것으로 거부할 것이 아니라, 때로는 시인이 빚어내는 언어에도 귀를 기울이는 것이 좋지 않겠는가. 나는 단순히 윈저 성의 탑에 대해 직접 말한 시행(詩行)에 주목했을 뿐, 그 무렵에 널리 쓰였던 비유적 기법을 구사한 대목은 거의 생략했다. 분명히 그 언어 표현과 기법은 고풍스럽고 깊은 정취가 있다. 그래선지 그러한 많은 아름다운 명문을 오늘날에는 거의 음미하는 일이 없는 듯하다. 그러나 시의 전편에 넘치는 순수한 정감과 꾸밈없는 모습, 세련된 아름다움에는 매혹되지 않을 수 없다. 아름답게 꾸민 자연묘사는 시대에 걸맞는 진실미를 띠며 안목이 뛰어나고 생동감이 넘친다.

전편을 채색하는 아름다운 자연묘사와 그 우아한 세계, 그리고 말로 표현할 수 없을 만큼 섬세한 표현 등에 주목하면서 이것을 하나의 연애시로 본다면, 오늘날처럼 거칠고 노골적인 시대에서는 어떤 사상을 일깨워 준다고 할 수 있다. 이 시는 볼품없는 사상과 무절제한 말을 피하고, 거의 불가사의하다고 생각할 수 있는 순진함과 우아함, 그리고 예절을 중시하는 기품을 잊지 않는 여성 특유의 사랑스러움을 표현하고 있다.

제임스는 중세 영국시인 제프리 초서와 존 가워[15]가 활약했던 시대의 인물로, 분명하게 그들의 저작을 칭찬하며 깊이 연구했다. 실제로 그의 시 속에는 이 2대 시인과의 비슷한 점을 엿볼 수 있으며, 특히 초서의 시행과 비슷한 대목이 많다. 그러나 일반적으로 같은 시대의 문인들의 작품에는 서로 비슷한 부분이 있으며, 그것은 시대에 따르는 경향이 있었다. 문인들은 꿀벌처럼 널리 세계 속에서 꿀을 모은다. 말하자면, 사회에 전해 내려오는 일화와 사상을 자신의 생각과 결합하여 받아들이고자 하는 데가 있다. 그러므로 각 세대의 사람들에게는 자신들이 살았던 시대의 특성을 반영한 공통성을 볼 수 있다.

제임스는 영국 문학사에서 가장 융성한 시대에 활약하며, 스코틀랜드가 영국 문학사의 초기를 대표하는 명예를 새기는 데 크게 이바지한 시인이다. 영국의 몇몇 시인들의 이름은 거의가 그 분야의 선구적인 존재로서 인용되는데, 그들의 동료인 스코틀랜드가 낳은 이 위대한 시인의 이름은 그 대상에서 빠지는 일이 많다. 그러나 그는 틀림없이 문학이라는 창공에 높이 솟아 찬란하게 빛나며, 새벽별처럼 영국 시단의 여명기에 활약하여 불멸의 광채를 발한 시인들이 이루는 작은 별자리에 그의 이름을 올릴 가치가 있는 존재이다.

스코틀랜드의 역사(최근에는 흥미로운 소설 속에 다뤄져 있어서 일반적인 연구대상이 되었지만)에 그리 정통하지 않은 독자라면, 제임스의 늘그막의 나날과 연애의 행방에 얼마쯤의 호기심을 느끼고 흥미를 품을 것이다. 실은 레이디 제인에 대한 뜨거운 마음은 갇혀 있던 그의 심신을 낫게 했을 뿐만 아니라, 다행히 자유의 몸이 되는 계기가 되기도 했다. 즉 제임스가 영국 왕실과 혼인관계를 맺게 되면, 양쪽에 이해관계가 성립될 거라고 생각한 영국 쪽에서 먼저 그 일을 추진했기 때문이다. 그런 까닭으로 그는 이윽고 자유를 되찾아 왕위

---

*15 존 가워(John Gower, 1330~1408)는 영국 시인. 대표작에 《사랑하는 남자의 고해》(Confessio Amantis, 1386~1393) 등이 있다.

에 오르게 되었다. 이미 그 이전에 레이디 제인과 결혼한 제임스는 그녀를 데리고 스코틀랜드로 건너갔고, 그 뒤 그녀는 상냥하고 정숙한 아내로서 남편을 헌신적으로 내조했다고 전해진다.

그런데 제임스가 귀국한 스코틀랜드 왕국은 대혼란에 빠져 있었다. 제후들은 군주의 긴 공백기 동안, 혼란과 곤궁을 틈타 국왕의 힘을 넘어서려 하고 있었다. 그래서 제임스는 먼저 민중의 마음을 자기편으로 끌어당겨 자기 군대의 세력기반을 굳히고자 했다. 그리고 나쁜 폐단을 바로잡고 적정하고도 공평한 재결을 시행했으며, 예술을 장려하여 하층민에게 도움을 줄 수 있는 모든 위로와 돌봄, 편의와 순박한 오락을 널리 알림으로써 높은 신망을 얻었다. 그는 이따금 신분을 가장하고 일반민중 속에 섞여들어, 그들의 난롯가에 가만히 얼굴을 내밀고, 마음에 걸리는 사항에 대한 이야기에 귀를 기울이며 그것을 함께 생각하고, 때로는 함께 오락을 즐기기도 했다. 또 뛰어난 기술에 눈을 돌려, 그 기술의 보호와 개선을 위한 최선의 방법을 연구했다. 이렇게 그는 신하인 민중에게도 자애가 넘치는 눈길을 보내며, 모든 것을 공평하도록 배려했다. 이러한 제임스의 너그러운 태도가 그들의 마음을 강하게 움직인 덕분에, 등을 돌리고 선동적이었던 귀족세력을 끌어들이는 데도 성공했다. 그리고 그들이 지녔던 부당하게 휘둘렀던 특권을 빼앗고, 명백하게 악행과 무도를 일삼는 자들을 처벌하여 모든 민중이 적절한 형태로 국왕에게 충성을 맹세하도록 했다. 그러나 얼마동안 그들은 겉으로는 복종하는 척했지만, 마음속으로는 제임스에 대해 누를 길 없는 원한을 품고 있었다. 그리고 마침내 때가 왔다. 제임스의 생명을 노린 음모가 시도되었고, 그 주모자는 놀랍게도 그의 숙부인 아솔 백작 로버트 스튜어트였다. 그러나 그는 너무나 늙은 나이였기 때문에 제임스를 살해하는 행동에 직접 가담할 수는 없었다. 그래서 그는 손자인 로버트 스튜어트를 부추겨서, 로버트 그레이엄 경과 그 밖의 이름도 없는 일당을 끌어들여 악행을 저지르게 했다. 그들은 제임스가 거처하는 퍼스*16 근교의 도미니코회파 수도원의 침실에 침입하여 무참하게 살해를 실행했다. 깜짝 놀라 현장으로 달려간 왕비가 제임스와 그를 에워싼 모략자들의 마수와도 같은 칼날 사이에 끼어들어 그 연약한 몸으로 헛되이 그를 지키려고 했으나, 암살범들의 칼에

---

*16 퍼스(Perth)는 스코틀랜드의 도시. 옛날에는 스코틀랜드 왕국의 수도였다.

두 번이나 찔려 커다란 상처를 입고 말았다. 그러한 상황 속에서 그들은 강제로 왕비를 그 자리에서 끌어내고 마침내 왕의 암살에 성공했다.

내가 커다란 흥미를 품고 이 오래된 성을 방문한 이유는 바로, 레이디 제인과의 로맨스 넘치는 이야기와 성 중앙의 탑 속에서 탄생한 멋진 시집이 머리를 스쳤기 때문이다. 기사의 마상 시합 때 주목받기 위해 화려하게 꾸며진 갑옷과 무구 전체가 중앙홀에 걸려 있는 것을 바라보자, 용감하고 낭만적인 젊은 왕자의 모습이 눈앞에 선명하게 떠올랐다. 나는 제임스가 시를 썼다고 알려진, 아무것도 없이 메마르고 스산한 방을 거닐었다. 그리고 천천히 창가에 몸을 기대면서, 그가 꿈속에서 방문한 장소가 바로 이곳이 틀림없다고 나 자신에게 들려주듯이 중얼거려 보았다. 또 제임스가 레이디 제인을 처음 보았던 장소도 빼놓지 않고 한동안 바라보았다. 예전이나 오늘이나 변함없이 바람이 향기롭고 상쾌한 5월이었다. 새들은 서로 다투듯이 우아한 선율을 연주했다. 온갖 식물이 싱싱하게 자라 푸른 싹을 틔울 무렵이었다. '시간'이라는 존재가 그 파괴의 손길을 잠시 쉬고 시정과 사랑으로 가득한 이 풍경을 몰래 지나간 듯했다. 그런데 몇 세기가 흘렀지만, 성의 탑 아래에 있는 정원에는 지금도 여전히 나무와 풀꽃이 빽빽하게 자라고 있는 것이 아닌가. 그곳은 옛날에는 이 탑을 에워싸는 경계였는데, 지금은 그 일부가 칸막이벽에 의해 구분되어 있었다. 그래도 장소에 따라서는 제임스 시대의 모습을 고스란히 간직하고 있었다. 이를테면 정자와 그늘진 오솔길 등은 모든 것이 그대로 유지된 채 수많은 풀꽃이 흐드러져, 속세에서 본다면 초연한 모습을 드러내고 있었다. 허망하게 세상을 떠난 절세미인을 생각하고 기록한 발자취가 남아, 시인의 영감으로 정화되고 신성화된 장소에는 무언가 매력이 감돌았는데, 그것은 세월이 지나도 손상되지 않고 오히려 더욱 높아지고 있었다. 실제로 연고가 있는 땅을 신성화하여 장미보다 달콤한 향기가 주위를 감싸고, 선명한 아침놀보다 마술적인 색채를 띠고 있는 것은, 분명 시의 선물임이 틀림없다.

문예에 대해 관심이 없는 사람들은, 기사(騎士)와 입법자로서의 제임스의 위업을 평가하고 논할지 모르지만, 나는 그가 신분이 높은 처지에서 내려와, 단순하고 평범하기 짝이 없는 인생행로에 시가라는 감미로운 씨앗을 뿌린 친구 또는 마음의 은인으로서 즐거운 마음으로 우러러본다. 그에 의해 비로소 스코틀랜드의, 움트는 힘이 강하고 굳건함까지 갖춘 품종이 자란 것이다. 이 식물에는 그 뒤 풍미가 가득한 건강한 열매가 풍성하게 맺혔다. 그는 잉글랜드의 풍요로운 땅에서 태어난 풍치 있는 예술을, 스코틀랜드의 혹독한 자연조건을 가진 토지에 절묘하게 옮겨 심은 것이다. 그는 온 마음과 힘을 기울여 민중을 이끌며, 온화하고 우아하며 밝은 분위기로 예술의 질을 높였다고 할 수 있다. 이러한 예술의 영위에 의해, 온화하고 세련된 스코틀랜드의 국민성이 이루어졌고, 높고 훌륭한 뜻을 관철한 용맹한 정신에 우아한 정취를 곁들일 수 있었다. 제임스는 생전에 참으로 많은 시를 썼다. 그러나 그 시들은 이제는 세상의 곳곳으로 흩어져버려, 불행히도 그의 명성을 세상에 충분히 알릴 수는 없다. 현재 남아 있는 작품 가운데 '푸른 들판의 그리스도교회'라고 하는 이야기 시가 있는데, 그것으로 미루어 짐작할 수 있는 것은, 제임스는 스코틀랜드의 농민들과 함께 사교적이고 인간미 넘치는 감정을 길러주는 원천인 전원에서 놀이와 오락을 즐기며, 소박하고 자연스러운 감정과 유쾌한 기분을 실감하면서 농민과의 향락에 푹 빠진 듯하다. 그는 국민적인 음악문화를 개선하는 데도 크게 힘썼다. 그래선지 제임스의 정감 있는 정서와 풍치 있는 취미를 엿보게 하는 흔적들이, 요즘도 스코틀랜드의 쓸쓸한 산지와 적막한 협곡에 울려 퍼지는 매력적인 선율 속에 숨쉬고 있다고 알려지고 있다. 제임스는 스코틀랜드의 국민성 가운데 가장 우아하고 아름다우며 사랑스러운 것에 자신의 모습을 전부 반영하여 나타냈다. 즉 그는 자신의 향기를 시 속에 배어들게 하여 오래도록 전하고, 스코틀랜드 특유의 풍요로운 선율 속에 오래도록 이름을 남긴 것이다. 제임스가 갇혀 지내던 적막한 장소를 이리저리 거니는 동안, 그러한 회상이 내 마음에 불을 지피고 말았다. 그리하여 나는 로레토*17 신전을 향하는 순례자 같은 열정으로 보클뤼즈*18의 땅을 찾았지만, 실은 윈저 성의 옛탑과 작은 정원을 오랫동안 바라보면서 레이디 제인과 스코틀랜드의 왕실 시인을 둘러싼 로맨스에 대해 상념에 빠졌던 그때만큼 깊은 시적 기분에 잠긴 적은 없었다.

---

*17 로레토(Loreto)는 이탈리아 중부 마르케 주에 있는 도시. 전 세계에서 신자들이 모여드는 순례지로, 로레토의 성모를 모시는 산타 카사(성스러운 집)의 기념교회가 있다.

*18 풍부한 수량(水量)으로 유명한 퐁텐 드 보클뤼즈(Fontaine-de-Vaucluse)는 프랑스 남부의 도시. 14세기 이탈리아 시인 프란체스코 페트라르카(Francesco Petrarca, 1304~74)가 시를 짓던 땅으로도 유명하다.

시골 교회

뭐, 신사라고!
깎은 양털을 담는 자루인가, 설탕통인가.
아니면 비단 레이스인가. 아니, 파운드인가 야드인가.
어느 쪽인가, 자네가 유한신사 계급의 자격을 팔아치우는 것은.

《베거스 부시》*¹에서

인물을 관찰하기 위해서는 영국의 시골 교회만한 곳은 없다고 생각한다. 전에 교회 근처에 거주하고 있는 친구 집에서 몇 주일 동안 지낸 적이 있는데, 무엇보다 그 교회의 모습에 완전히 마음을 빼앗겼다. 그것은 영국 풍경의 고풍스럽고 소박한 운취를 드러내는 것의 하나로, 특이한 매력을 드러내고 있었다. 옛날 집들이 모여 있는 마을 한복판에 있는 그 교회는, 정적에 싸인 차가운 교회 기둥 밖 복도 안에 유서 깊은 가문의 수많은 유골이 모셔져 있었고, 교회 안쪽 벽면은 여러 시대의 양식을 기리는 기념물로 꾸며져 있었다. 빛은 문장(紋章)이 스테인드글라스로 뚜렷하게 새겨져 있는 흐릿한 창을 통해 비쳐들었다. 교회 곳곳에 자리잡고 있는 기사와 귀부인들의 무덤은 모두 색채가 풍부한 대리석으로 되어 있고, 거기에 인물상을 새겨 넣는 등, 호화롭게 만들어져 있었다. 곳곳 어디를 둘러봐도 인간의 야심을 드러낸 묘비가 눈에 들어와서 깜짝 놀라지 않을 수 없었다. 모든 종파 가운데 가장 소박한 성당 안에 모셔진 그것은 인간의 자존심의 발현인지, 이른바 자기 혈족의 유해 위에 세워진 불손한 기념비라고 말할 수 있었다.

모인 사람들 속에는 인근의 귀족들이 있었는데, 그들은 호화로운 천을 씌운 푹신한 의자에 앉아 있었다. 그 자리에는 번쩍이는 금박으로 테두리를 입힌

---

*1 이것은 앞에 나온 극작가 존 플레처의 작품.

기도책이 놓여 있었고, 좌석은 저마다의 문장으로 꾸며져 있었다. 뒷좌석과 오르간 옆의 작은 나무벤치는 시골 사람과 농부들로 넘쳐나고, 교구의 가난한 사람들도 기둥 밖 복도의 긴 의자에 나란히 앉아 있었다.

예배는 콧소리를 내는 뚱뚱한 목사의 주재로 진행되었다. 이 목사는 교회 가까이에 아담한 주거지를 마련하여 살면서 인근에 사는 주민들의 모든 식탁에 초대받는 특권을 누렸는데, 이 지역에서는 가장 솜씨가 뛰어난 여우사냥의 명수로도 알려져 있었다. 그는 이제 나이가 들어 체력과 기력이 떨어지기 시작했다. 그러나 살림이 넉넉한 덕분에, 이제는 한가로이 지내면서 말에 걸터앉아 사냥개가 사냥감을 향해 뛰어가는 모습을 바라보거나, 그것을 요리한 음식을 먹는 것 말고는 아무런 즐거움을 느끼지 못했다.

그런 목사의 예배에서는, 시간과 장소에 걸맞게 깊은 감동에 잠기는 일은 거의 기대할 수 없었다. 그래서 나는 대부분의 속되고 유순한 기독교인처럼 양심과 적당히 타협하여 나의 철저하지 않은 신앙을 남의 탓으로 돌리며, 설교에는 전혀 귀를 기울이지 않고 옆에 앉아서 설교를 듣는 사람들을 관찰하기로 했다.

아직 영국 국정을 잘 알 수 있을 정도로 오래 머물지는 않았기 때문에, 나는 먼저 상류계급의 풍습에 대해 알고 싶었다. 그런데 어디나 마찬가지지만, 이곳에서도 무언가 경의를 표할 만한 직함을 가진 사람은 가장 허식이 적은 인물임을 알 수 있었다. 이를테면 자식을 여럿 둔 귀족 일가를 만나고 크게 감명받았다. 그들의 모습만큼 소박하고 겸허하게 보였던 가족은 없었다. 그들은 주로 매우 소박한 이두마차를 타고 교회에 오는데, 가끔 걸어서 오기도 한다. 어린 딸들은 이따금 걸음을 멈추고, 매우 예의바른 태도로 농부들과 이야기를 주고받거나 아이들과 놀기도 하고, 때로는 허름한 집에 사는 사람들의 말에 조용히 귀를 기울이기도 했다. 그들의 용모는 무척 단정하고 세련되었으며 아름다웠다. 그와 동시에 밝고 유순하며 꾸밈이 없고, 붙임성도 있고 애교가 많아서 참으로 나무랄 데가 없었다. 그녀들의 형제는 모두 키가 크고 우아함이 느껴지는 모습을 하고 있었다. 그들은 유행을 의식하면서도 소박한 옷을 단정하고 산뜻하게 차려 입고, 짐짓 거들먹거리는 듯한 태도는 눈곱만큼도 보이지 않았다. 자연에 순종하는 솔직한 태도를 지닌 그들에게는 어딘지 모르게 기품이 느껴졌다. 그것은 열등감에 시달리며 자기비하에 빠지는 일이 없이, 타고

난 자유로운 정신을 누리고 있다는 증거라고 할 수 있었다. 인간의 참된 위엄에는, 아무리 신분이 낮고 천한 사람과도 친근하게 대화를 나눌 수 있는 건전한 힘이 있는 법이다. 따라서 병적이라고 생각될 정도로 민감한 반응을 보이며, 모든 일에 오로지 위축되는 무리가 지닌 긍지란 어차피 속임수에 지나지 않는다. 이 나라의 귀족 계급에 속하는 집안의 자제들이 큰 관심을 가진 농사일이나 놀이에 대해 농민들과 함께 이야기를 나누는 광경을 보고, 나는 참으로 흐뭇한 감동을 느꼈다. 그 모습에는 귀족의 거만함이나 농민의 비굴함 같은 것은 전혀 느껴지지 않았고, 오직 농민들에게 습관적으로 몸에 배어 있는 공손한 몸짓을 통해서만 겨우 신분의 차이를 구별할 수 있었다.

이와는 대조적으로 막대한 부를 손에 넣어 부자가 된 평민가족이 있었다. 그들은 인근에 사는 몰락한 귀족의 소유지와 저택을 사들여, 그 토지의 역대 영주의 위엄과 격식을 자신의 것으로 만들기 위해 온갖 애를 썼다. 그 집안 사람들은 당당한 위용을 자랑하면서 교회에 들어왔다. 그들은 문장으로 꾸민 마차를 가지고 있었고, 그것을 보란 듯이 타고 다녔다. 마구는 최대한 많은 훈장으로 꾸며져 온통 은색으로 번쩍였다. 호화롭게 가장자리를 모양낸 삼각모자와 곱슬머리 아마(亞麻) 가발을 쓰고, 뺨이 장밋빛으로 물든 풍채 좋은 마부(馬夫)가 자기 자리에 앉아 고삐를 잡고 앉아 있고, 그 옆에는 털이 매끄러운 덴마크 개가 앉아 있었다. 화려한 복장으로 꾸민 두 사람의 하인들은 커다란 꽃다발과 황금으로 꾸며진 지팡이를 들고 마차 뒤쪽에 너저분하게 기대앉아 있었다. 마차는 진동스프링이 작동되고 있는지, 특히 위아래로 진폭이 컸다. 한편, 이두마차를 끄는 말은 재갈을 물고 목을 아치 모양으로 구부려서, 일반 말보다 자랑스럽게 눈동자를 빛내며 주위를 쏘아보았는데, 말이 이 가족의 심정에 얼마쯤 배려를 표시한 것이 아니면, 마부가 평소보다 고삐를 세게 쥐고 있어서일 것이다.

나는 이 화려한 구경거리가 교회 경내의 문까지 이어지는 광경을 감탄의 소리를 내지 않고는 바라볼 수가 없었다. 이 일행이 칸막이벽의 모퉁이를 돌자 채찍소리가 한결 크게 들려왔다. 그러자 말이 지면을 파고들 듯이 말굽을 버티고 서거나 앞발을 내저었지만, 얼마 못 가 마구를 번쩍거리면서 자갈길을 향해 바퀴가 미끄러져 가는 장엄한 광경이 벌어졌다. 이때가 마부에게는 가장 기쁜 순간이었다. 마부가 끊임없이 말을 재촉하거나 통제하자, 말은 마침내 어쩔 줄을 모르고 입에 거품을 물더니, 다음 순간 펄쩍 뛰어오르듯이 내달리기 시작했고, 앞으로 달릴 때마다 거세게 자갈을 튕기며 나아갔다. 교회를 향해 조용히 걷고 있던 마을사람들은 모두 놀라서 서둘러 좌우로 몸을 피해 길을 열어주고는, 황당하다는 듯이 눈을 비비며 그들이 지나가는 모습을 한동안 지켜보았다. 교회 문에 도착하자 마부가 고삐를 당겨 말이 갑자기 멈추는 바람에, 마차 안에 탄 사람들은 모두 하마터면 엉덩방아를 찧을 뻔했다.

눈이 어지러울 정도로 재빠른 동작으로 마차에서 뛰어내린 마부는, 발판을 내려 이 위엄과 당당한 관록을 갖춘 가족들을 한 사람 한 사람 차례대로 마차에서 내려줄 모든 준비를 갖추었다. 마차 문이 열리고 가장 먼저 모습을 드러낸 사람은, 일가의 가장인 둥글고 붉은 얼굴에 나이가 지긋한 상인이었다. 그는 거래소에서 활개를 치며 가벼운 고갯짓만으로 주식시장을 뒤흔드는 무리가 으레 그렇듯이, 그럴싸한 거만한 태도로 주위를 한 바퀴 휘둘러보았다. 다음에 내린 사람은 아름답고 오동통한, 인상 좋은 부인이었다. 솔직하게 말해, 그녀에게서는 새침을 떨거나 고압적인 태도는 볼 수 없었다. 오히려 밝고 정직해 보였고 세상의 온갖 환락을 다 경험한 듯한 느낌을 받았다. 그녀는 현재를 매우 행복하게 살고 있었다. 즉 멋진 옷, 멋진 저택, 멋진 마차, 그리고 멋진 자녀를 두고, 주변의 모든 것이 더없이 멋진 형태로 갖춰져 있는 것에 큰 기쁨을 느끼고 있는 것이다. 그래서 오로지 마차를 타고 다니면서 사람들을 방문하거나 잔치를 즐기고 있었다. 그녀에게 인생의 즐거움이란 영원한 잔치를 누리는 것으로, 결국 하루하루가 런던의 명물행사인 로드 메이어스 데이(11월 9일, 런던 시장 취임식 날)와 같은 것이었다.

이 화려한 부모에 이어서 두 딸들이 등장했다. 과연 그녀들은 남들이 부러워하는 미모를 지녔지만, 그 도도한 분위기가 오히려 화가 되어, 주위로부터 따가운 시선을 받으면서 찬사 대신 비판의 대상이 되고 있었다. 두 사람은 유행의 최첨단을 달리는 옷차림을 하고 있었기 때문에, 그 고상한 차림새에 흠을 잡는 사람은 한 사람도 없었다. 그러나 그것은 이런 시골의 작고 소박한 교회에 어울리는 차림이라고는 말할 수 없었다. 오만한 태도로 으스대며 마차에서 내린 그녀들은 농부 특유의 투박하고 거친 얼굴들을 향해 차가운 눈길을 보내면서, 마치 땅의 흙을 밟는 것도 더럽다는 듯한 발걸음으로 그들 앞을 지나갔다. 그때 귀족 일행과 시선이 부딪치자, 두 딸들의 얼굴에 금세 기쁜 미소가 피어올랐다. 그녀들은 더없이 공손하고 우아하게 고개를 숙이며 인사했지만, 그것에 응하는 귀족 쪽은 그저 얼굴만 조금 아는 듯한 태도로 가볍게 고개를 끄덕이는 정도였다.

야심을 품고 있는 상인의 두 아들에 대해서도 그냥 넘어갈 수 없을 것 같다. 그들은 하인을 거느리고 이두마차를 타고 교회에 왔다. 온갖 사치를 부린 최신 유행의 옷을 입고 있었으나, 짐짓 그 도도한 거동만 봐도 절로 고개를 갸우뚱하게 되는 속된 취향으로밖에 생각되지 않았다. 게다가 그들은 세심하게 신경 써서 다른 사람들과의 거리를 멀찌감치 유지한 채, 마주 오는 모든 사람들을 마치 신분의 높낮이를 묻는 것처럼 곁눈으로 흘겨보았다. 이따금 몇 마디 말을 주고받는 일이 있어도 대화를 하는 것은 아니었고, 그 몸짓에는 어딘가 어색함이 흘렀다. 아마도 지금의 추세에 따라, 예의상 제멋대로 함부로 행동하는 것은 허락되지 않은 듯했다. 요컨대, 요즘 세상에 어울리는 신사로 길러내려면 여러 가지에 걸쳐 인위적인 기교를 부리게 되지만, 어딘지 모르게 감도는 품격만은 타고난 자질에 따라 갖춰지는 것이다. 이 두 사람은 낮고 천한 직업에 몸담고 있는 듯한 천박한 풍채로, 진짜 신사로는 도저히 생각할 수 없는 도도한 태도를 보여주고 있었다.

내가 이 두 가족을 조금 상세하게 설명한 까닭은, 이것이 영국에서 흔히 볼 수 있는 예로서, 참으로 겸허하고 고상한 귀인과, 도도하고 무례한 천민의 가장 알맞은 표본이라고 생각해서이다. 나는 숭고한 정신을 지니지 않은 인물이라면, 그가 만일 작위를 가지고 있는 사람이라도 존중하지 않는다. 그러나 인위적인 계급이 존재하는 나라에서는, 그 최고 자리에 있는 인물은 어김없이 예절을 중시하며 몹시 난폭한 행동은 좋아하지 않는다는 사실을 알고 있다. 즉, 자신의 지위가 높은 것을 잘 아는 사람은 쉽사리 다른 사람의 지위를 침해하지 않는 법이다. 이와는 다르게, 타인을 내려다봄으로써 자신의 처지를 높이려고 어리석게 우쭐대는, 낮고 천한 자들에 대해서는 불쾌감을 참을 수가 없다.

나는 대조적인 두 가족의 모습을 이야기하면서, 한편으로 교회 안에서의 그들의 움직임에도 주의를 기울여야만 했다. 귀족 일가는 정숙을 유지하며 진지하고 주의 깊게 설교에 귀를 기울였다. 그러나 그들은 그다지 신앙심이 깊지는 않은 것 같다. 그것은 교양 있는 사람들이 갖춘 소양으로, 이른바 신성한 것과 신성한 장소에 대해서 외경심을 드러낸 것이라고 할 수 있지 않을까. 또 다른

한 가족은 줄곧 어딘지 모르게 차분한 데가 없이, 뭔가 소곤거리며 이야기하느라 설교 따위는 전혀 관심이 없는 모습이었다. 그들은 오로지 자신들이 입고 있는 화려한 복장을 의식하면서, 시골 사람들 속에서 돋보이기를 바라는, 참으로 안쓰러운 야심을 드러내고 있었다.

진심을 담아 예배하고 있는 사람은 그 노신사뿐이었다. 가족의 신앙을 한 몸에 맡고 있었던 그는, 상체를 곧게 세우고 교회 안에 가득 울리도록 커다란 목소리로 예배를 올리고 있었다. 그는 국교파의 한 사람으로서, 하느님에 대한 신앙과 나라에 대한 충성을 혼동하는 것 같았다. 아무튼 '하느님은 정부에 충성하고, 종교는 참으로 훌륭한 것이므로 늘 장려되고 유지되어야 한다'고 그는 생각했다.

이 늙은 신사가 자기가 낼 수 있는 가장 큰 목소리로 예배를 올렸을 때, 그 자신은 부귀한 몸임에도 이렇게 낮고 천한 사람들의 본보기가 되어, 종교의 가르침에 따라야 한다는 것을 몸으로 가르쳐 보이는 것처럼 생각되었다. 예전에 미식을 즐기던 시의원이 사람들 앞에서 수프를 한 그릇 먹고, "가난한 사람들에게는 제법 먹을 만한 음식이군." 하고 말한 일이 있었다. 나 자신도 그 광경을 직접 보았는데, 아마도 그 늙은 신사의 심정도 이와 비슷했을 것이다.

예배가 끝나자, 나는 두 집안 사람들이 교회에서 나가는 모습을 주의깊게 바라보고 싶었다. 그날은 날씨가 화창하여 귀족 청년과 자매들은 이웃들과 저마다 이야기를 나누면서 들판을 가로질러 집에 가기로 한 모양이었다. 한편 부유한 가족은 교회에 왔을 때와 마찬가지로 화려한 행렬을 지어 출발했다. 다시 마차가 바퀴를 굴리면서 문까지 향했다. 채찍의 매질 소리, 말발굽 소리가 울리고, 마구는 여전히 번쩍거렸다. 그리하여 마차는 한달음에 달려 나갔다. 주위에 있던 마을사람들은 또다시 좌우 어느 쪽으로든 몸을 비켜 길을 열어주지 않을 수 없었다. 바퀴가 요란한 소리와 함께 모래먼지를 일으키자, 야심에 불타는 그 가족은 소용돌이치는 바람을 가르며 내달려서, 우리 시야에서 멀리 사라져 갔다.

과부와 아들

늙은 사람에게 자비를 베풀라. 그 백발 속에는,
언제나 명예와 존경심이 내리쬐고 있으니까.

　　　　　　　　크리스토퍼 말로의 《탬벌레인 대왕》[*1]

　많은 것에 주의를 기울이는 습관이 몸에 밴 사람이라면, 고요히 정적에 싸인 영국 시골의 일요일 풍경에 자기도 모르게 마음이 머물게 될 것이다. 물레방아가 삐걱거리며 돌아가는 소리, 곡물을 터는 도리깨가 규칙적으로 내는 소리, 귀를 먹먹하게 만드는 대장장이의 망치소리. 농부의 휘파람소리, 짐마차가 덜컹덜컹 흔들리는 소리, 그 밖의 시골의 모든 노동에 뒤따르는 모든 소음이 씻은 듯이 사라진다. 농부가 키우는 개조차도 그곳을 지나가는 사람들에게 자극받는 일이 드물기 때문에, 여느 때보다 짖지 않는다. 그때는 바람도 잔잔하게 가라앉아 푸른 아지랑이 속에 녹아든, 신록이 움트는 화사한 풍경은 마치 신성한 조용함을 누리는 것처럼 느껴졌다.

　　감미로운 날, 맑은 날, 고요한 날, 화창한 날,
　　그리고 대지와 하늘이 결합하여 하나가 되는 날.[*2]

　본디 하느님 앞에 기도를 바치는 예배일이 안식일로 정해진 것은 나름대로 이치에 맞는 일이다. 자연에 감도는 성스러운 정적은 도덕적인 영향을 미치게

---

*1 크리스토퍼 말로(Christopher Marlowe, 1564~1593)는 영국의 극작가이자 시인. 《탬벌레인 대왕》(Tamburlaine the Great, 1587)은 그 대표작.
*2 17세기 영국 시인 조지 허버트(George Herbert, 1593~1633)의 시에서 인용한 것으로, 그 원문은 "Sweet day, so cool, so calm, so bright,. The bridal of the earth and sky. The dew shall weep thy fall tonight, Shall weep thy fall tonight, For thou must die."이다.

한다. 그러므로 쉬는 일이 없는 사람의 정서도 가라앉아서 마음속에 숨어 있던 기도하는 마음이 부드럽게 솟아오름을 느낀다. 시골 교회에 있으면, 다른 곳에서는 겪은 적이 없는 아름답고 고요한 자연 속에서 나를 돌아보는 감정이 솟아남을 느낀다. 그래선지 다른 요일보다 신심이 깊어지는 것도 아닌데도, 일요일이 되면 왠지 모르게 착한 사람이 된 듯한 기분이 든다.

나는 바로 얼마 전까지 시골에서 살았는데, 그동안 마을의 오래된 교회에 자주 가곤 했다. 어두컴컴한 측랑, 무너져가는 비석, 거무스름한 떡갈나무 널빤지, 지나간 세월이 빚어낸 음울한 분위기에 모든 것이 신성하고 엄숙한 명상에 잠기는 장소로서 어울리는 것처럼 보였다. 그러나 그 인근에는 넉넉하고 사회적 지위도 높은 사람들이 많이 살고 있어서, 참으로 눈부신 유행의 물결이 이 성역에도 밀려왔다. 내 주위에 우글거리는 불쌍한 벌레 같은 사람들의 냉담함과 도도함 때문에, 나는 끊임없이 이 허망한 세상으로 다시 끌려가는 듯한 느낌을 받았다.

모든 교회 안 사람들 가운데 진정한 기독교도답게 겸허하고 경건한 인물을 든다면, 그것은 가난하고 가련한 늙은 여자 한 사람뿐이었다. 그녀는 노쇠와 병을 이기지 못해 허리가 구부러졌지만, 몹시 가난한 몸으로는 생각되지 않는 분위기를 지니고 있었다. 이 늙은 여인에게는 기품을 엿볼 수 있는 긍지가 아직 얼마쯤 남아 있었다. 너무 낡은 옷을 입고 있었으나 어딘가 깔끔하고 청결한 느낌이 있었다. 한때는 다소의 존경을 받기도 했던 그녀는 가난한 마을 사람들과 함께 어울리지도 않고 홀로 제단의 계단 근처에 앉아 있었다. 이미 사랑하는 모든 사람들, 친구들, 그리고 마을 사람들과 사별하여 다시 만날 수 없게 되었던 것이다. 그래서 지금은 오직 천국에 불려가는 것에 흐릿한 희망을 거는 것 말고는 아무것도 생각하지 않는 듯이 보였다. 그녀는 힘없이 일어나 늙고 쇠약한 몸을 굽혀 기도를 올린 뒤, 쉬지 않고 기도책을 읽었는데 손도 떨리고 시력도 약해져서 이제는 제대로 읽을 수조차 없었다. 따라서 그녀는 기도책에 담긴 문장을 외우고 있었던 것이다. 그런 장면을 보고 있으려니, 이 가련한 늙은 여자의 답답하게 떨리는 목소리가 목사의 찬송가와 오르간 음색, 그리고 성가대의 노랫소리보다도 먼저 천국에 닿는 것이 아닐까 하는 생각이 들었다.

나는 시골 교회 주변을 어슬렁거리며 돌아다니기를 좋아한다. 이 교회도 무척 아늑한 장소에 있어서, 나는 거기에 빠져 자주 발걸음을 옮기곤 했다. 봉긋한 언덕 위에 서 있는 그 교회는 주변에 시냇물이 아름다운 곡선을 그리면서 흘러가고 있었다. 그것은 구불거리면서 아득히 멀리 펼쳐진 한가로운 목장의 풍경 속으로 나아갔다. 교회는 주목나무들에 에워싸여 서 있었는데, 나무의 나이가 교회와 거의 비슷했다. 그곳은 첨탑이 높이 솟은 고딕양식 교회로, 그 첨탑이 주목들 사이로 쑥 뻗어올라 하늘을 찌를 듯하고, 주위에는 언제나 까마귀들이 원을 그리듯이 날아다녔다. 날씨도 화창한 어느날 아침, 나는 그곳에 앉아 두 사람의 인부가 무덤을 파는 것을 구경하고 있었다. 그들이 일부러 골라서 무덤을 파고 있는 곳은, 묘지 가장 바깥 변두리로 사람의 손길이 미치지 않는 한구석이었다. 그 주변에 이름 없는 무덤들이 많이 있는 것으로 짐작건대, 아마 그곳에는 가난하고 일가친척도 없는 고인들이 한 자리에 모여 있는 듯했다.

들은 바에 따르면, 새로 판 무덤은 어느 가난한 과부의 외아들의 것이었다. 세상의 빈부 격차가 무덤 형태에까지 영향을 미치는가 하는 착잡한 생각이 들었다. 그때 죽은 이를 애도하는 종이 울려 장례식이 가까워졌음을 알려주었다. 엄숙한 분위기와는 거리가 먼, 참으로 소박한 빈민의 장례식이었다. 관은 싸구려 재료로 모양만 흉내냈으며, 관을 덮는 천도 없고 아무 장식도 없이 몇몇 마을 사람들이 지고 운반해 왔다. 어딘가 냉담하고 무관심한 기색의 교회지기가 맨 앞에 서 있었는데 하다못해 시늉만이라도, 슬픔에 잠겨 옆에서 함께 눈물 흘리며 죽은 이를 애도하는 사람이 한 사람이라도 있었으면 좋으련만, 그런 사람은 아무도 없고, 진정으로 슬픔에 젖은 상주인 한 여성이 혼자 힘없이 관 뒤에서 터벅터벅 걷고 있었다. 그녀는 고인의 늙은 어머니였다. 앞에서 말했던, 홀로 제단 계단에 앉아 있었던 그 가엾은 노파였다. 이 노파는 한 가난한 친구의 부축을 받으며 여기까지 왔는데, 친구는 노파를 열심히 위로하면서 격려했다. 둘러보니, 인근의 가난한 몇몇 마을 사람들도 장례식에 참석했다. 함께 손을 잡고 뛰어다니며 천진난만하게 큰 소리를 지르며 뛰놀던 아이들은, 어린아이다운 호기심에서 상주인 늙은 여자의 슬픔에 젖은 얼굴을 뚫어지게 쳐다보았다.

장례행렬이 무덤에 가까워지자, 교회에서 목사가 나왔다. 하얀 법복을 입은 그는 손에 기도책을 들고, 옆에는 교회지기를 거느렸다. 그러나 이 장례는 단순한 자선적인 행위에 지나지 않았다. 즉, 죽은 이는 가난의 밑바닥에 있던 몸이었고 홀로 남겨진 늙은 어머니도 무일푼이었다. 그런 사정 때문인지, 장례의식은 담담하고 형식적으로 치러져 냉담하고 썰렁하기 짝이 없었다. 풍채 좋은 목사는 교회 입구에서 겨우 몇 걸음 앞으로 걸어 나와 말을 걸었지만, 그 목소리는 무덤 주변에 있는 사람들에게는 거의 들리지도 않았다. 온정과 엄숙함이 느껴져야 할 장례식이 이토록 차가운 말 몇 마디의 허례로 변해버린 것을 나는 지금까지 한 번도 본 적이 없다.

나는 무덤에 가까이 다가가 보았다. 땅에 내려진 관을 보니, 그 위에 죽은 사람의 이름과 나이가 적혀 있었다. "조지 서머스, 향년 26세." 가엾은 늙은 어머니는 지인의 부축을 받아 관 머리 쪽에 무릎을 꿇고 오그라든 양손을 맞잡고 있었는데, 마치 기도를 올리는 듯한 모습이었다. 늙은 어머니는 온몸을 희미하게 떨고 입술도 가늘게 떨면서, 고인이 된 아들의 모습을 보는 것도 이것이 마지막이라고 자신에게 들려주는 듯이, 자식을 그리는 애끓는 모정을 속으로 삼키면서 아들의 유해를 안타깝게 바라보았다.

관을 땅 속에 묻을 준비가 끝났다. 그때 사랑하는 사람을 잃은 슬픔을 견디고 있는 이의 마음에 가혹하게 채찍질을 가하는 듯한 소란스러운 움직임이 일어났다. 온기가 없는 사무적인 목소리가 날아온 다음, 모래와 자갈이 깔린 지면에 찔러 넣는 삽 소리가 들려온 것이다. 사랑하는 사람의 무덤 주변에서 귀에 들어오는 이런저런 소리 가운데, 그런 소리만큼 견디기 힘든 충격을 주는 것은 없을 것이다. 아마도 주변의 그 술렁거림이 늙은 어머니를 슬픈 환상에서 겨우 깨어나게 한 것 같았다. 늙은 여자는 눈물이 어려 앞이 잘 보이지 않는 눈을 들어, 어찌할 바를 모르고 미친 듯이 주위를 이리저리 두리번거렸다. 곧 마을 사람들이 관을 무덤 속에 내리려고 밧줄을 들고 다가가자, 그녀는 두 손을 맞잡고 울기 시작했다. 그러자 노모 옆에 함께 있던 가난한 차림새의 여성이 무릎을 꿇은 그녀의 손을 잡고 몸을 일으켜 주려고 했다. 그리고 무언가 위로의 말을 속삭였다. "이제 그만 진정하세요, 눈물을 그쳐요, 네?" 늙은 어머니는 고개를 저으며 쥐고 있던 두 손을 더욱 세게 쥐고는, 아무런 위로도 되지 않는다는 듯이 낙담에 빠진 사람의 어두운 표정을 지었다.

유해를 땅속에 내릴 때, 삐걱거리는 밧줄 소리에 늙은 어머니의 얼굴은 고뇌로 일그러졌다. 그때 관이 무언가에 부딪치자, 따뜻함과 사랑스러움이 넘치던 늙은 어머니의 가슴은 찢어지는 것만 같았다. 이제 자신의 아들은 이 세상의 괴로움과 고통이 닿지 않는 곳에 있지만, 그래도 무엇인가 재앙을 당한 듯한 쓰라린 마음 때문에 견딜 수가 없었던 것이다.

나는 차마 더 이상 보고 있을 수가 없었다. 말할 수 없는 슬픔으로 가슴이 먹먹해져서 내 두 눈에는 눈물이 가득 차 올랐다. 말없이 옆에 서서 이 늙은 어머니의 고뇌에 일그러진 얼굴을 바라보고만 있는 것은 너무도 죄스러운 일이라고 생각되었다. 나는 묘지의 다른 곳으로 걸음을 옮겨 이리저리 돌아다니면서 장례식에 참석한 사람들이 흩어질 때까지 그곳에 남아 있었다.

늙은 어머니가 세상에서 누구보다 사랑하는 아들의 유해를 멀리 보낸 뒤, 애끓는 심정으로 무덤을 떠나 조용하고 쓸쓸한 혼자만의 생활로 돌아가는 모습을 가만히 바라보자니, 참으로 내 마음이 아팠다. 나는 생각해보았다. 과연 부유층의 인내와 고통이란 어떤 것일까. 그들은 위로해 주는 친구가 많고, 마음을 달래주는 환락도 많다. 슬픔에서 정신을 딴 데로 돌려주는 것이 얼마든지 있다는 이야기이다. 그렇다면 젊은이들의 슬픔이란 어떤 것일까? 그 상처와 고통은 마음이 성장함에 따라 어차피 사라지게 마련이다. 젊은이의 마음은 탄력이 있어서 절망에 빠진 상태에서도 곧바로 고개를 들고 기운을 되찾을 수 있고, 젊은이의 애정은 누구보다 젊음과 유연성이 넘치기 때문에 새로운 만남에 금세 마음을 열기도 한다.

그러나 달리 위로할 방법이 없는 가난한 이들의 슬픔, 아무리 잘 봐도 인생의 겨울을 맞이하여 이제는 환희가 다시 찾아오기를 기다릴 수 없는 늘그막에 있는 사람들의 슬픔, 고독하고 가난한 신세에 있는 늙은 과부에게 오직 하나뿐인 위안이었던 사랑하는 외아들을 잃은 슬픔, 이러한 종류의 애통함이야말로 아무리 위로하고자 해도 방법이 없는 일이라고 생각했다.

잠시 뒤에 나는 묘지를 떠났다. 집으로 가는 길에 그 늙은 어머니를 곁에서 위로해 주던 그 여성을 만났다. 아마도 늙은 여자를 혼자 외롭게 사는 집까지 데려다 주고 돌아가는 길이었던 모양이다. 그녀를 만난 덕분에 아까 직접 보았던, 연민을 자아내던 광경에 대해 자세히 들을 수 있었다.

그녀의 이야기에 따르면, 죽은 아들의 부모, 즉 이 늙은 여자와 그 남편은 어렸을 때부터 이 마을에서 살았다고 한다. 그들은 무척 깔끔하게 정돈된 집에 살면서 시골에서 할 수 있는 온갖 일에 몸담고 있었고, 아담한 텃밭도 가꾸

Darley-Del.

CHILOS SC

며 나름대로 안락한 생활을 누렸던 모양이다. 두 사람에게는 아들이 하나 있었는데, 그 아이는 자라서 늙은 부모 마음의 지주가 되었을 뿐만 아니라, 두 사람의 자랑거리이기도 했다. "정말 좋은 아들이었어요." 그 착한 여성이 말했다.

"그 아들은 무척 단정한 용모에 천성이 착하고 생각이 바른 청년이어서 이웃 사람들에게도 똑같이 친절하게 대했지요. 또 무척 효자였죠. 일요일에는 늘씬한 키에 단벌옷을 입고 쾌활하고 환한 모습으로 늙은 어머니의 손을 잡고 교회까지 함께 걸어가는데, 그 광경을 보는 사람은 누구나 흐뭇해했답니다. 물론 그 어머니는 자기 남편보다 아들 조지의 팔짱을 끼고 교회에 가는 것을 더 좋아했어요. 늙은 어머니가 아들을 그렇게 자랑으로 여길 만했지요. 이 근처에서 그만큼 훌륭한 젊은이는 없었으니까요. 참 안됐어요."

불행하게도 흉년이 들어 농가의 생활이 몹시 가난해진 어느 해에, 아들은 이웃 사람들이 권하는 대로 근처의 강을 건너는 배에서 일하게 되었다. 그리고 얼마 지나지 않아, 그는 강제 징집대에 붙들려 가서 억지로 뱃사람이 되어 혹독하게 부려지는 신세가 되고 말았다. 그의 부모는 아들이 잡혀갔다는 소식만 들었을 뿐, 자세한 내용은 전혀 알 수 없었다. 어쨌든 그 부모는 소중한 집안의 기둥을 잃은 것이 확실했다. 몹시 병약했던 아버지는 그 일로 인해 완전히 실의에 빠져 폐인이 된 끝에 결국 세상을 떠나고 말았다.

한편, 늙은 몸으로 홀로 남겨진 어머니는 이미 혼자 힘으로 생계를 꾸려갈 수 없는 형편이어서, 얼마 안 가서 교구의 도움을 받게 되었다. 그래도 마을 사람들은 여전히 이 늙은 여자를 깊이 동정하면서, 옛부터의 주민 한 사람으로서 그녀에게 일종의 존경심을 나타내고 있었다. 이 노파가 오랫동안 행복한 세월을 보냈던 그 집에 굳이 살고 싶어하는 사람이 없어서, 그녀는 그곳에서 계속 사는 것이 허락되었고, 홀로 외롭게 거의 남의 손을 빌리지 않고 하루하루 지냈다. 이웃 사람들이 수고를 아끼지 않고 돌봐주는 아담한 텃밭이 있었는데, 거기서 나오는 약간의 먹을 것이면 충분했다.

이러한 사정을 내가 듣기 바로 며칠 전의 일이었다. 노파가 밭에서 식탁에 올릴 푸성귀를 조금 뽑고 있을 때 대문 열리는 소리가 들려왔다. 그러더니 웬 낯선 사내가 안절부절못하는 기색으로 얼굴을 들이밀고 주위를 두리번거리고 있었다. 수병의 옷을 입은 그는 무척 여윈 데다 안색도 몹시 야위어 보였다. 병과 마음의 고통에 시달려서인지 극도로 쇠약해져서 완전히 생기를 잃어버린 모습이었다. 노파의 모습을 발견하고 곧장 그녀에게 다가가는 사내의 지친 발걸음이 몹시 불안하게 휘청거렸다. 그는 노파 앞에서 무릎을 꿇더니 어린아이처럼 훌쩍훌쩍 울기 시작했다. 가엾은 늙은 여자는 공허하고 불안한 눈길로 사내의 얼굴을 가만히 들여다보았다. "아! 어머니, 저를 못 알아보시는 거예요? 당신의 불쌍한 아들 조지예요!" 예전에는 그토록 늠름하고 당당했던 자기 아들이, 이렇게 끔찍한 모습으로 돌아올 줄이야. 그는 부상과 병, 그리고 낯선 나라에서 감금되어 혹독한 고통에 시달리다가, 마지막으로 어린 시절을 보낸 고향의 그리운 정경 속에서 심신을 치유하고 싶어 피폐해진 몸을 이끌고 간신히 집으로 돌아온 것이었다.

나는 모든 기쁨과 슬픔이 담긴 듯한 이 극적인 만남을 굳이 상세하게 이야기할 생각은 없다. 어쨌든 노파의 아들은 살아 있었고, 고향에 돌아왔다. 그래서 그는 더욱 오래 살아남아 늙은 어머니를 잘 모실 수도 있었다. 그러나 안타깝게도 그는 이미 몸도 마음도 쇠약해진 뒤였다. 그의 인생에 종지부를 찍는 데 부족한 것이 있었다면 과연 무엇이었을까? 아마도 고향의 황폐해진 집의 모습이 그것을 충분히 이야기하고 있었으리라. 그는 과부가 된 늙은 어머니가 잠 못 이루는 수많은 밤을 보낸 그 침대 위에 몸을 뉘었지만, 다시는 그곳에서 몸을 일으키지 못했다.

마을 사람들은 조지 서머스가 돌아왔다는 소식을 듣고 그를 보기 위해 집 앞에 모여들었다. 그들은 변변치는 않지만 할 수 있는 한 위로하고 돕고 싶다는 뜻을 전했다. 그러나 그는 온몸이 심하게 쇠약해져서 말 한 마디도 하지 못하고 눈짓만으로 감사의 뜻을 나타내는 것이 고작이었다. 늙은 어머니는 잠시도 아들의 곁을 떠나지 않고 지켜보면서 간호했다. 아들은 어머니 말고는 아무도 만나고 싶어하지 않는 것처럼 보였다.

사람은 몸져누우면 저절로 어른의 긍지도 잃어버리게 마련이다. 그리고 심성이 어려져서 어린 시절의 천진난만한 마음으로 돌아간다. 병과 실의에 빠진 사람이라면, 또는 낯선 땅에서 의지할 데 없이 외롭고 지친 몸을 침대에 던진 적이 있는 사람이라면, 아무리 나이를 먹어도 자신을 낳아준 어머니를 찾게 마련이다. 또 '어린 시절 자신을 다정하게 지켜보면서' 편히 잠들 수 있도록 베개 주름을 펴 주고, 어려움에 처했을 때는 언제라도 도움의 손길을 내밀어준 어머니의 모습을 떠올리지 않는 사람은 없을 것이다.

아, 자식에 대한 어머니의 사랑에는 다른 모든 사랑을 초월하는 영원한 다정함이 있다. 그 사랑은 이기심으로 냉정해지지도 않는다. 또한 위험에 처해도 겁내지 않는다. 또 그 자식이 훌륭한 인물로 자라지 않더라도, 그 애정의 깊이에는 아무런 영향도 주지 않으며, 자식이 어머니의 은혜를 잊는다고 해서 그 애정이 사라지는 일도 없다. 어머니라는 존재는 자기 삶의 모든 환락을 희생해서라도 자식을 위해 무엇인가를 해주고 싶어 하는 법이다. 어머니는 자식을 위해 모든 기쁨을 바친다. 그리고 자식의 명예를 자랑으로 여기고 자식의 출세와 성공을 기뻐한다. 그러나 만일 자식에게 불행이 닥친다면, 어머니는 그 불쌍한 자식을 더욱 애처롭게 생각한다. 자식에게 불명예가 되는 일이 있다 해도, 그것과는 전혀 상관없이 어머니는 자식을 사랑하고 아낀다. 혹 세상의 모든 사람들이 내 자식을 버린다 해도, 어머니는 사랑하는 아들을 감싸고도는 법이다.

가엾은 아들 조지 서머스는 병에 걸려 누구한테서도 위로받지 못하고, 어느 한 사람 찾아주지 않는 감옥 안에서, 홀로 고독과 싸우는 괴로움을 잘 알고 있었다. 그런 처지에 있었기 때문에, 지금도 그는 어머니가 자기 눈앞에 보이지 않으면 불안해 견딜 수가 없어서, 어머니의 모습을 눈으로 끊임없이 쫓고 있었다. 그래서 어머니는 몇 시간이고 아들의 침대 옆에 앉아 잠든 아들의 모습을 말없이 지켜보는 것밖에 할 수 있는 일이 아무것도 없었다. 가끔이지만, 그는 열에 들뜬 것 같은 얼굴로 깊은 꿈에서 깨어나면, 어딘지 불안한 얼굴로 어머니를 올려다보곤 했다. 그때 어머니가 몸을 굽혀 자신을 들여다보는 것을 알면, 안심이 되는지 어머니의 손을 잡고 자기 가슴 위에 조용히 얹었다. 그리고 젖먹이 아기처럼 마음을 놓으면서 편안한 얼굴로 다시 깊은 잠에 빠져들었다. 그렇게 그는 영원한 잠에 든 것이다.

이 슬픈 이야기를 듣고 맨 처음 내 머릿속을 스친 생각은, 먼저 그 늙은 여인의 집을 찾아가서 금전적으로 도움을 주고 싶다는 것이었다. 무례할지 모르지만, 노파의 마음을 위로해줄 수만 있다면 하는 생각에서였다. 그런데 나중에 찾아가 보고 안 사실이지만, 이런 경우에 흔히 그렇듯이 늙은 여인은 이미 마을 사람들로부터 선의의 도움을 받고 있었다. 사실 가난한 계층의 사람들은 서로 인간의 슬픔을 낮게 하는 방법을 모두 터득하고 있어서, 나는 그 이상 깊

이 끼어드는 것은 그만두기로 했다.

그 다음 일요일, 나는 마을 교회로 걸음을 옮겼다. 그러자 놀랍게도 그 가 없은 여인은 교회 통로를 터벅터벅 걸어서, 제단의 그 계단 근처에 앉는 것이 었다.

늙은 여인은 죽은 아들을 위해 상복 비슷한 옷차림으로 조의를 표하고 있 었다. 이렇게 경건한 애정과 몹시 가난하여 비참한 생활 사이에서 살아가는 갈등만큼 보기 괴로운 것은 없다. 검은 리본 같은 것, 거무스름하게 빛바랜 손 수건, 그리고 궁상스러운 것들을 한두 가지 몸에 걸친 그녀에게서는 말할 수 없이 절절하고 깊은 슬픔이 느껴졌다. 나는 주위를 둘러보았다. 내 눈에 들어 온 것은 역사상 이름 높은 기념비, 훌륭한 문장, 차가운 대리석 무덤 등이었는 데, 모두가 고인의 명예를 성대하게 찬양하고 조문하기 위해 만든 것들이었다. 그런데 한쪽으로 시선을 돌리면, 한 가난한 늙은 여인이 쓸쓸하게 서 있는 것 이다. 그녀는 너무 늙은 데다 견딜 수 없는 슬픔으로 얼굴을 일그러뜨리고, 허 리를 구부리고 신의 제단 앞에 앉아 신앙의 기도와 찬미가를 바치고 있었다. 그런 모습을 가만히 바라보고 있으려니, 슬픔의 깊이를 이야기하는 살아 있는 이 기념비야말로, 여기에 늘어선 장엄한 모든 기념비에 걸맞는 것이 아닌가 하는 생각이 들었다.

내가 그 늙은 여자의 비화를 교회 안의 몇몇 부유한 사람들에게 이야기해 주었더니 그들도 똑같이 감동받았다. 그들은 그녀가 처한 상황이 조금이나마 좋아지기를 바라면서, 그녀의 고뇌를 덜어주기 위한 노력을 아끼지 않았다. 그러나 그 노력도 결국은 묘지까지 가는 과정을 아주 조금 편하게 해주었을 뿐이었다. 그 뒤 몇 주일 내내, 그 노파는 더 이상 교회의 그 자리에 모습을 보이지 않았다. 나는 그곳을 떠나기 직전에 그녀가 조용히 숨을 거두었다는 소식을 들었다. 그러자 내 마음에는 왠지 모를 만족감이 가득 차올랐다. 그 노파는 천국에서 사랑하는 사람들과 다시 만나고 있을 것이 틀림없다고 생각되었기 때문이다. 그리고 두 번 다시 그런 슬픔을 겪는 일도 없을 테고, 애끓는 이별을 겪는 일도 없을 것이다.

런던의 일요일

앞 장에서 나는 영국 시골의 일요일에 대한 이야기를 썼는데, 그날에는 평화로운 풍경이 눈앞에 펼쳐지는 것도 말했다. 그러나 소란스럽고 혼잡한 대도시 런던의 중심가만큼 두드러지게 종교적인 느낌에 푹 빠지게 해주는 장소가 또 있을까. 이 거룩한 날에는 거대한 바벨탑 같은 수도 런던의 거리도 조용한 분위기에 매혹되어 잠에 빠지고 만다. 견딜 수 없는 소란과 혼란의 일주일이 끝났다. 모든 가게들이 문을 닫는다. 대장간과 공장 불빛도 꺼지고 검은 연기에도 가려지지 않는 태양이 자연 속에 빛나는 금빛 햇살로 정적 속의 온 시가지를 내리쬔다. 거리에서 어쩌다 마주치는 사람들도 불안한 얼굴로 서로 앞다투어 걷는 것이 아니라 느긋하게 그 일대를 거닌다. 그들은 산더미 같은 일과 걱정거리에서 벗어나 이맛살을 펴고 마음을 내려놓으며, 일요일에 어울리는 표정과 모습과 옷차림으로 몸과 마음이 모두 상쾌한 기분임을 나타낸다.

이윽고 교회 탑에서 아름다운 종소리가 들려오면, 교구 사람들은 그 소리에 이끌려 하나둘 교회로 모여든다. 먼저 부유한 상인으로 보이는 일가의 자녀들이 훌륭한 저택에서 나온다. 그 다음에는 가장과 아름다운 아내가 얼굴을 내밀고, 산양 가죽으로 겉모양을 꾸민 기도책을 손수건에 싸서 손에 든 한창 나이의 처녀가 그 뒤를 따른다. 하녀가 저택 창문으로 그들의 뒷모습을 배웅한다. 성장한 일가의 모습에 찬사를 보내면, 외출 전에 화장을 도와주었던 젊은 처녀들은 고개를 살짝 끄덕이며 생긋 웃어줄 것이다.

어쩌면 부시장(副市長), 또는 관리 정도겠지만, 그런 유력자를 태운 마차가 눈앞을 지나간다. 그리고 빠른 걸음으로 달리는 많은 발소리도 들려오는데, 그것은 자선학교 학생들이 지나가는 소리이다. 학생들은 모두 고풍스러운 제복을 입고 기도책을 옆구리에 꼈다.

종소리가 멎었다. 마차 소리도 사라졌다. 이윽고 아이들의 발소리도 더는 들려오지 않는다. 그러자 교구 사람들은 이 혼잡한 거리 한구석이나 골목길을 지나 오래된 교회로 모여들었다. 교회 입구 가까이에서는 날카로운 눈매를 한 교구의 하급관리인이 마치 양을 지키는 개 같은 모습으로 서 있었다. 잠시 모든 것이 정적에 싸였다가, 곧 마음에 깊이 스며드는 듯한 오르간 소리가 인기척이 없는 조용한 골목길과 한적한 뒷골목에 울려 퍼지고, 성가대는 감미로운 선율의 찬미가를 그 일대에 들려준다. 교회음악이, 기뻐하며 춤추는 큰 강처럼 대도시 런던의 가장 구석지고 고요한 집들 사이를 누비며 울려 퍼졌다. 말하자면 일주일 동안의 모든 불결한 부정을 씻어내는 듯이, 가엾게도 대중의 세속화한 영혼을 승리의 조화라는 물결에 태워 천국으로 이끄는 선율을 접했을 때만큼, 교회음악이 사람의 마음을 정화해 주는 효과를 가진 것을 실감한 적이 없었다.

아침 예배가 끝났다. 그러면 거리는 집으로 돌아가는 사람들로 혼잡해지지만, 얼마 안 있어 다시 고요함을 되찾는다. 그리고 곧 일요일의 점심시간이 찾아오는데, 이것은 이 거리의 상인들에게는 매우 중요한 의미를 가지는 식사여서, 환담으로 가득한 식탁에서의 시간은 여느 때보다 길어진다. 일주일 동안의 바빴던 일을 마치고, 흩어져 있던 가족이 다시 한 지붕 아래에 모인 것이다. 그날은 학교 학생도 부모에게 돌아가는 것이 허락되어 돌아와 있다. 한 집안의 오랜 친구가 찾아와서 일요일 오후의 정찬 때 늘 앉던 자리를 차지하고 앉아 세상이야기를 펼치며, 평소처럼 농담을 날려 아이들과 노인들을 즐겁게 한다.

일요일 오후가 되면, 이 도시에서는 많은 사람들이 소란스러운 장소에서 벗어나 한가로운 공원 같은 조용한 장소로 나가, 휴식을 위해 신선한 공기를 맘껏 들이마시고 내리쬐는 햇살을 듬뿍 받으며 즐거운 시간을 보낸다. 입이 거친 독설가들은 일요일에 런던 시민이 한가로운 전원풍경을 즐기는 일에 대해 이러쿵저러쿵 떠들겠지만, 도시의 혼잡에 갇혀 있던 가엾은 사람들이 일주일에 한 번 도시를 뛰쳐나가 대자연의 푸른 품에 안기는 광경을 바라보는 것도 큰 즐거움이다. 마치 어머니의 품에 안기는 어린아이 같은 느낌이다. 이 커다란 도시 주변 곳곳에 있는 멋진 공원과 드넓은 유원지를 만든 사람들은, 병원, 교도소, 소년원의 설립에 온 힘을 기울인 것과 마찬가지로 적어도 수도 런던 시민의 건강증진을 꾀하고 도덕성을 높인 공로자라고 말할 수 있다.

이스트치프의 선술집 보어스헤드
셰익스피어에 대한 한 가지 생각

"간판을 세운 선술집은 집회의 장소이고, 거래의 장소이며, 선량한 사람들이 쉴 수 있는 소중한 장소이다. 어린 시절에 '사람을 술집으로 이끄는 바람은 좋은 바람'이라는 오래된 속담을 들었다고 나의 증조부의 고조부가 말했다는데, 나는 그 이야기를 증조부한테서 들었다.

《마더 봄비》*¹에서

초상화를 내건 제단 앞에 기원을 담은 등불을 봉헌하며, 성자가 후세에 남긴 공훈에 경의를 나타내는 것은 몇몇 가톨릭 국가에서는 경건한 관습이 되었다. 따라서 성자에 대한 평판은 제단에 바치는 공물의 수로 알 수 있다. 아마도 작은 예배당의 어두컴컴한 곳에서 먼지가 쌓인 상태 그대로 방치되어 있는 성자의 초상화가 있는가 하면, 반면에 등불이 비스듬하게 쓸쓸히 비추고 있는 초상화도 있을 것이다. 한편 천상의 행복을 얻은 이름 높은 성자의 초상화가 내걸린 성전에서는 숭배의 마음을 담은, 불길처럼 타오르는 기도가 아낌없이 바쳐진다. 부유하고 경건한 신자는 밝게 켠 커다란 양초를 바치고, 열광적인 신자는 일곱 가닥의 촛대에 불을 밝힌다. 또 아무리 가난한 순례자도 하다못해 꺼질듯이 타는 작은 등불이라도 걸지 않으면, 죽은 성자에 대해 만족스럽게 경건한 기도를 바친 것으로 치지 않는다. 그 결과, 열심히 불을 밝혀 초상화를 비추려다가 자칫하면 시커멓게 그을려버리는 수도 있다. 나는 예전에 경건한 신자들의 도를 넘어선 열의 때문에, 얼굴을 거의 알아볼 수 없을 만큼 검게 그을린 불행한 성자의 초상화를 본 적이 있다.

불멸의 위대한 업적을 남긴 셰익스피어도 그런 수난을 당했다. 글을 쓰는

---

*¹ 앞에 나온 희곡가 존 릴리의 작품(원제는 《Mother Bombie》).

사람이라면 누구나 셰익스피어의 인물상과 작품을 부분적으로 비춰, 그 특성이나 업적을 망각의 심연 속에 가라앉지 않도록 하는 것이 마땅한 의무라고 생각할 것이다. 풍부한 어휘를 구사하는 주석자가 셰익스피어에 대해 두꺼운 논문을 쓰면, 대부분의 평범한 편집자들은 그러한 책의 각 페이지의 각주에서 안개처럼 모호한 것을 피워올린다. 무례한 삼류문사라면 누구나, 그에 대한 찬사와 비판이 뒤섞인 향기와 검댕을 구름처럼 피워 올릴 것이다.

나는 문학자들에 의해 세워진 어떠한 정설에도 이의를 주장할 생각은 털끝만큼도 없기 때문에, 이 위대한 시인이 후세에 남긴 위대한 업적에 나름대로 경의를 나타내고 들어가는 것이 당연하다고 생각한다. 그리하여 어떻게 해서 그 책무를 다할 것인지에 대해 생각하면서 한동안 몹시 당혹스러웠다. 즉 나는 셰익스피어의 작품에 감히 새로운 풀이를 시도했지만, 어떠한 관점에서도 앞설 수 없었다. 이를테면 논의의 여지가 있다고 생각되는 모든 대목에는 이미 온갖 해석이 시도되었고, 심지어 그것은 설명할 수 없을 정도로 복잡하고 다양한 방면에 걸쳐 있었다. 빼어난 문언에 대해서도, 그 모든 것에서 열성적으로 선도하는 숭배자들에 의한 무조건적인 찬사가 나열되었고, 최근까지도 이 위대한 시인에게 독일의 저명한 비평가가 절대적인 찬양을 바친 것을 비추어 보면, 이제는 지금까지 미(美)라고 주장되지 않은 결점을 찾아내기가 더 어렵다고 할 수 있다.

이러한 점들에 곤혹을 느끼면서, 어느 날 아침 셰익스피어 작품을 읽어보았다. 마침 손에 들고 펼친 페이지는 《헨리 4세》의 유머가 곳곳에 등장하는 유쾌한 장면이었는데, 나는 어느새 선술집 보어스헤드의 광기어린 소동의 소용돌이에 휩쓸리고 말았다. 무엇보다 이 작품의 희극적인 장면은 매우 자연스럽고 현장감이 넘치는 필치로 그려진 동시에, 등장인물들도 일관성이 유지된 강한 필체로 묘사되어 있어서, 독자가 자기도 모르게 현실생활 속의 사건이나 인물과 혼동해버리는 것도 당연하게 여겨질 정도였다. 물론 그러한 모든 묘사가 한 시인이 창조한 이상적인 세계라고 생각하는 독자는 많지 않을 것이고, 실제로 태평하고 유쾌한 사람들이 이스트치프 주변의 울적한 상황에 활기를 주지 않았다고 생각하는 독자도 거의 없을 것이다.

내 취미를 말하자면, 나는 시의 환상적인 세계에 몸을 맡기기를 즐긴다. 내 눈에는 존재하지도 않았던 허구의 영웅이 천년 전부터 존재했던 영웅처럼 고귀한 존재로 비친다. 만일 인간성에 대해서는 무심해도 된다면, 나는 고대의 연대기에 나오는 세상에 드문 위인의 반을 합쳐도, 셰익스피어 작품에 나오는 뚱뚱한 폴스타프를 당하지 못하리라고 생각한다. 그렇다면 나를 포함한 일반 서민에게 아득한 옛날의 영웅들은 과연 어떤 존재이고, 무엇을 이룩했을까. 틀림없이 그들은 많은 나라를 정복했다. 그렇다고 나는 그 가운데 손바닥 만한 토지의 권리를 누린 적도 없고, 또 그들은 월계관을 쓸 수 있었지만 나는 그 이파리 하나 물려받은 적이 없다. 그리고 그들은 세상에 보기 드문 무용을 보여주었으나, 나는 그것을 배울 기회가 없었고, 또 그럴 생각조차 없다. 그런데 셰익스피어가 창조한 늙은 잭 폴스타프, 친절한 잭 폴스타프, 사랑스러운 잭 폴스타프는 어떠할까.[2] 이 허구의 인물은 오락의 범위를 넓혀주지 않았던가. 덕분에 빈민층도 기지와 고급 유머로 넘치는 세계를 널리 섭렵할 수 있고, 절대로 퇴색하지 않는 유산을 후세에 전하여 말대까지 더 큰 기쁨과 즐거움을 인류에게 주었다.

문득 이런 생각이 내 머리를 스치고 지나갔다. '이스트치프에 가보자'. 그리고 책을 덮는 데 이런 말이 불쑥 튀어나왔다. "그곳에서 그리운 선술집 보어스헤드가 아직 있는지 확인해 봐야지. 《헨리 4세》에 등장하는 마담 퀴클리와 그 손님들의 전설적인 추억의 장소를 더듬을 수 있는 사람은 나 말고는 아무도 없을지 몰라. 어쨌든 일찍이 행복의 환희에 넘쳤던 중앙홀에서, 마치 애주가가 빈 술통에 남은 향기를 맡으며 즐거워하듯이 멋진 취향을 맛볼 수 있겠지."

그렇게 결심하자 나는 서둘러 집을 나섰다. 그 여행길의 도중에 만난 온갖 신기한 일들, 유령이 나오는 것으로도 널리 알려진 코크 거리 주변, 리틀 브리튼과 그 인접지역의 쇠락한 모습, 캐트톤 거리와 오래된 유대인 거리에서 만났

---

*2 다음의 셰익스피어 《헨리 4세(제1부)》 제2막 제4장 참조.

Falstaff : But to say I know more harm in him than in myself. /were to say more than I Know. That he is old, the/more the pity, his white hairs do witness it : but /that he is saying your reverence, a whoremaster, /that I utterly deny. If sack and sugar be a fault. /God help the wicked! if to be old and merry be a / sin, then many an old host that I know is damned : if /to be fat be to be hated, then Pharaoh's lean kine are to be loved. No, my good lord ; banish Peto, banish Bardolph, banish Poins ; but for sweet Jack Falstaff, kind Jack Falstaff, true Jack Falstaff, valiant Jack Falstaff, and therefore more valiant, being, as he is, old Jack Falstaff, banish not him thy Harry's company, banish not him thy Harry's company : banish plump Jack, and banish all the world.

던 아슬아슬한 사건, 유명한 런던시청 건물, 모든 악동들을 공포에 빠뜨린 런던의 명물 두 거상(巨商)에 얽힌 이야기, 또 권위의 상징인 런던 스톤*3을 찾아가 반란의 주모자 잭 케이드*4를 흉내 내어 전통 관습에 따라 지팡이로 돌을 두드렸지만, 그런 일에 대해 상세히 이야기하는 것은 여기서는 생략하고자 한다.

이윽고 나는 가슴이 설레는 땅 이스트치프에 도착했다고만 말하고 싶다. 이곳은 재치 넘치는 잔치가 열렸던 옛터로, 오늘날에도 남아 있는 푸딩 길이라는 이름에서 알 수 있듯이 거리 명칭까지 음식을 떠올리게 한다. 존 스토(영국 역사가)가 말했듯이, 과연 이스트치프는 '옛날부터 향락을 즐기는 곳으로 유명한 지역이라 요리사들이 손님을 부르는 요란한 소리가 끊이지 않았고, 두껍게 썬 로스트비프, 먹음직하게 구운 파이, 그 밖에 손으로 만든 일품요리들이 자리가 비좁게 진열되어 있었다. 또 백랍포트, 하프, 피리, 히브리 거문고가 기세 좋게 울리고 있었다'.

앞에 나온 폴스타프나 역사가 존 스토의 향연과 소란의 시대에 비하면, 아, 슬프도다, 이 일대의 풍경도 많이 변했다. 무엇보다 게으르고 방탕한 무리가 고지식한 상인으로 바뀌고, 백랍포트가 울리는 소리와 '하프와 히브리 거문고'가 연주하는 소리는 짐마차의 소음과 청소부의 벨소리로 바뀐 것이다. 그밖에 들려오는 소리라고는, 빌링스게이트 어시장에서 온 죽은 고등어를 사라고 외치는 처녀의 위세 좋은 목소리 정도일 뿐, 노랫소리는 전혀 들을 수 없었다.

나는 마담 퀴클리가 살던 옛 저택을 보고 싶었다. 그러나 찾을 길이 없었다. 그 저택의 유일한 유물이라면 밑돌에 돋을새김으로 새긴 멧돼지의 머리 조각 작품으로, 그것이 마담 퀴클리 저택의 표지 역할을 했다. 그러나 이제는 유명한 선술집 부지에 있는 두 채의 저택 사이의 경계선이 되어 있을 뿐이었다.

나는 이 선량한 부인이 살았던 작은 이 저택에 얽힌 내력을 알고 싶어서, 그 맞은편에서 양초가게를 하고 있는 과부에게 그 사정을 물어보았다. 그녀는 그곳에서 나고 자랐기 때문에, 이 부근의 이런저런 사연에는 매우 밝은 인물로

---

*3 런던 스톤(London Stone)은 런던 시티의 권위의 상징으로, 그 고사(故事)는 고대로마 시대까지 거슬러 올라간다. 현재는 런던의 캐논스트리트에 있는 빌딩 벽의 철격자 속에 보존되어 있다.
*4 '잭 케이드의 난'은 1450년에 일어난 민중봉기.

주위에서도 인정해 주는 존재였다. 그녀는 안쪽의 좁은 홀에 편안하게 앉아 있었다. 그 홀의 창문을 통해 꽃밭으로 이루어진 8피트 사방 정원이 바라다보이고, 맞은쪽에는 유리문이 있어서 쌓인 비누와 양초 사이로 멀리 이어지는 거리가 보였다. 아마 이 두 가지 전망이 그녀의 인생에 색채를 더해 주었을 것이고, 사실 그녀는 그러한 작은 세계 속에서 이제까지 긴 인생을 지내왔다.

그녀의 생각에 따르면, 런던 스톤에서 모뉴멘트에 이르기까지 일의 크고 작음과 상관없이 이스트치프의 역사에 정통하는 것은, 그야말로 우주의 역사에 통달할 만큼의 의미를 가지는 듯 싶다. 하지만 그러면서도 그녀에게는 지성이 넘치는 순진함이 갖춰져 있었고, 가까운 곳들의 여러 사항에 정통하고 총명한 안주인에게서 흔히 볼 수 있듯이 활달하고 매우 수다스러운 데가 있었다.

그렇지만 그동안 쌓아온 그녀의 지식과 정보로는 아득한 옛 시대에 미치는 모든 사항까지 다 알 수는 없었다. 즉, 그녀는 마담 퀴클리가 용감한 피스톨*5과 결혼했던 시대를 자세히 아는 것도 아니고, 런던 큰 화재로 불행히도 불타 버린 선술집 보어스헤드에 대해서도 그 역사를 다 알지는 못했다. 선술집 보어스헤드는 곧 다시 지어져 옛 이름 그대로 간판을 내걸고 여전히 성업 중이었는데, 그 주인은 임종 직전에 이런 말을 했다. 지금까지 저지른 이중장부의 은폐, 술의 중량을 속이는 부정, 그 밖의 온갖 부적절한 행위를 고백하고, 그것을 몹시 뉘우쳤기 때문인지 보어스헤드를 크루키드 거리를 향하고 있는 성 마이클 교회에 넘겨줌으로써 목사를 돕고 하느님에게 용서를 구하려고 했다는 것이다. 그리고 얼마 동안 그 장소에서 정기적으로 교구 총회가 열리게 되었는데, 교회의 관리 아래에서는 선술집인 보어스헤드가 다시 번창할 리가 없었다. 아니나 다를까 보어스헤드는 서서히 쇠퇴하여 30년도 지나지 않아서 망해 버리고, 그 뒤에는 선술집에서 일반가게로 변하고 말았다. 그러나 양초가게 과부가 말하기로는, 그 선술집의 간판그림은 바로 뒤에 있는 성 마이클 교회에 보관되어 있다는 것이었다. 그렇다면 그 그림을 꼭 한 번 봐야겠다싶어서 곧바로 교회지기 주소를 묻고는, 이스트치프의 존경할 만한 정보통인 그 부인에게 서둘러 작별인사를 한 뒤 그곳을 떠났다. 나의 방문은 확실하게 풍부한 전설과 설화를 간직한 그녀의 마음을 크게 북돋워 자신감을 높여준, 그녀의 인생

---

*5 피스톨은 셰익스피어의 역사극 《헨리 4세》 속에서 폴스타프의 동료로서 나온다.

에서 가장 중요한 사건 가운데 하나가 아니었을까.

교회에 몸담고 생계를 유지하는 가난한 교회지기의 집을 한 집 한 집 묻고 다니면서 찾으려니 쉬운 일이 아니었다. 나는 크루키드 거리부터 시작하여, 오래된 치즈와 벌레가 슨 옷장처럼 낡은 이 거리의 중심부를 꿰뚫는 좁은 골목길과 길모퉁이, 어두컴컴한 골목길까지 들어가서 그를 찾아야만 했다. 그렇게 노력한 덕분인지, 간신히 높은 집들로 에워싸인 작은 빈터 같은 장소 한구석에 홀로 서 있는 집을 찾아내어, 그곳에서 그를 방문할 수 있었다. 그러한 입지 조건 속에 있는 주민들은 우물 안 개구리처럼 손바닥 만한 하늘밖에 볼 수 없었다. 이 교회지기는 온화하고 유순한 성격의 자그마한 사내였다. 그의 행동거지는 언제나 겸허하고 낮은 자세였으며 그 눈동자는 어딘가 즐거운 듯이 빛났는데, 그를 조금만 부추기면 마치 신분이 낮은 사람이 신분이 높은 교구 관리나 세상의 유력자들과 자리를 같이했을 때처럼, 조금은 입이 가벼워져서 과감하게 농담을 던지기도 했다. 나는 대리 오르간 연주자와 함께 있는 그를 만났다. 이 연주자는 존 밀턴의 작품에 나오는 천사처럼, 얼마쯤 떨어진 자리에 앉아 유쾌하게 맥주를 마시면서 무엇인가 고상한 교리에 대해 이야기하며 교회 사무를 처리하고 있었던 모양이었다. 대부분의 영국 하층민들은 중요한 안건을 협의할 때는 시원한 맥주를 마시면서 서로 원활한 의사소통을 꾀하는 경향이 있기 때문이다. 내가 도착했을 때는, 두 사람 모두 맥주를 마시며 협의를 마치고 교회를 정리하려던 참이었다. 그들에게 나의 희망을 전하자, 그들은 내가 함께 가는 것을 흔쾌히 허락해 주었다.

크루키드 거리에 서 있는 성 마이클 교회는 빌링스게이트 어시장에서 그리 멀지 않은 곳에 있었고, 이름 높은 생선상인들의 무덤이 수없이 늘어서 있었다. 모든 직업에는 나름대로 역사의 영광에 빛나는 별들이 있게 마련이다. 즉, 그곳에는 위인들의 별자리가 광채를 내고 있었다는 이야기이다. 따라서 옛날의 훌륭한 생선상인의 기념비에 대해 후세의 동업자들이 바치는 찬사에는, 그야말로 시인이 로마 시인 베르길리우스[6]의 묘석을 바라보며 감격하거나, 군인이 말버러[7]와 튜렌느(프랑스 육군 대원수)의 기념비를 넋을 잃고 바라보며 깊

---

[6] 베르길리우스(Publius Vergilius Maro, B.C. 70~B.C. 19)는 고대로마의 시인. 대표작에 전 12권의 서사시 《아이네이스》 등이 있다.

[7] 말버러 공(Duke of Marlborough, 1650~1722)은 스페인 계승전쟁(1701~14)에서 동맹군 최고총

은 생각에 잠기는 것과 같은 감회가 들어 있지 않을까 그런 생각이 들었다.

그렇게 세상에 이름을 날린 저명한 인물을 이야기하는 동안에도, 나는 크루키드 거리의 성 마이클 교회에 묻힌 용감한 기사 윌리엄 월워스의 유골을 돌아보지 않을 수 없었다. 윌리엄 월워스는 스미스필드에서 농민반란의 주모자인 와트 타일러*8를 용감하게 베어 죽인 런던시장이다. 그는 화려한 무훈을 세운 일로도 유명한 인물로, 거의 역대 유일할 정도로 런던시장으로서의 명예에 걸맞은 용사였다. 런던시장이 일반인들에게 모든 권력자 가운데 가장 평화를 존중하는 인물로 알려진 까닭이다. 옛날 선술집 보어스헤드가 있었던 건물 뒤쪽의 창문 바로 아래에 작은 공동묘지가 있었는데, 거기 서 있는 교회에 가까운 곳에 예전의 선술집에서 종업원으로 일했던 로버트 프레스턴의 무덤이 있었다. 맛있는 술을 따라주는 성실한 종업원으로 알려진 이 인물은 파란만장한 삶을 마치고, 이렇게 단골손님들의 목소리가 들리는 장소에 조용히 묻힌 지 100년에 가까운 세월이 흘렀다. 내가 이 인물의 비석에서 잡초를 뽑고 청소를 하고 있으니, 키 작은 교회지기가 조금은 진지한 표정으로 나를 한쪽으로 데려가서 낮은 목소리로 이런 이야기를 시작했다.

먼 옛날, 어느 겨울의 어두운 밤이었다. 폭풍이 미친 듯이 휭휭, 으르렁 쾅, 신음하면서 불어제치며 문과 창문을 요란하게 흔들고 바람개비가 무서운 기세로 마구 돌아가는, 몹시 무시무시한 소리에 깜짝 놀란 사람들은 공포에 떨며 침대에서 뛰쳐나왔다고 한다. 죽은 사람조차 무덤 속에서 편히 잠들 수 없을 만큼 대단한 폭풍이었던 모양이다. 그러던 중, 우연히 그 근처를 방황하던 성실한 프레스턴의 망령이, 선술집 보어스헤드에서 들려 오는 '웨이터!' 하는 귀에 익숙한 소리에 이끌려, 어수선한 활기로 넘치는 선술집 한복판에 갑자기 모습을 드러낸 것이다. 마침 교회 목사가 '캡틴 데스의 진흙 화관' 1절을 부르고 있을 때였다. 민병단 대장들은 갑자기 나타난 망령에 기겁하고 놀랐고, 신앙심이 전혀 없는 대리인은 그 자리에서 열성적인 기독교 신자가 되어, 그 뒤부터는 직무에 관한 것 말고는 전혀 거짓이 없는 인생을 살았다고 한다.

이 일화의 진위 여부에 대해서는 뭐라고 장담하기 어렵다는 점을 부디 기억

사령관으로서 활약한 영국 군인.
*8 와트 타일러(Wat Tyler, 1341?~81)는 영국의 농부. 영국에서 일어난 농민반란 '와트 타일러의 난'(1381)의 지도자로 유명하다.

해주시기 바란다. 그렇지만 옛 수도에 있는 교회 부속 묘지와 가까운 지역이 망령의 등장에 따라 어지러운 상황에 빠진 것은 널리 알려진 사실이었다. 따라서 코크 거리에 나타났다 사라지는 망령과 런던탑 안에 모셔진 왕권 표장을 보호하는 역할을 맡은 망령이, 용감한 많은 보초병들을 공포에 몰아넣어 거의 정신을 잃게 만들어 버렸다는 일화에 대해서는 모든 사람이 잘 알고 있을 것이 틀림없다.

어쨌든 이 로버트 프레스턴은 헬 왕자*9의 잔치때 함께 한 달변가 프랜시스의 후계자다워야 한다고 생각했다. 누가 무슨 일로 불러도, "예, 곧 가겠습니다." 하고 즉각 답하는 자세에서는 두 사람 모두 마찬가지였지만, 성실함에서는 프레스턴이 선배격인 프랜시스를 넘어섰다. 그것에는 아무도 이의를 달 수 없는 확실한 미각의 소유인 폴스타프가, 백포도주 속에 석회를 섞었다는 혐의로 프랜시스를 크게 꾸짖었기 때문이다. 한편 정직한 프레스턴의 묘비명에는 진지한 행동과 술의 섬세한 질, 그리고 술의 중량을 공정하게 달았던 점을 칭찬하는 말이 새겨져 있었다. 그러나 교회의 훌륭한 인사들이, 이 급사의 진지한 미덕에 그다지 감탄하는 것처럼 보이지는 않았다. 이를테면 감상적인 시선을 보내고 있었던 오르간 연주자 대리는, 수많은 술통에 에워싸인 환경에서 자란 자의 절도에 대해 매서운 말을 퍼부었고, 키 작은 교회지기는 의미심장하게 눈짓하면서 회의적으로 고개를 저어 그의 주장을 받아들이고 있었다.

이처럼 모든 수단을 다해 조사한 덕분에 급사와 생선상인, 그리고 시장들의 내력에 접근함으로써, 저마다의 출신을 꽤 밝힐 수 있었다고 자부한다. 그러나 한편으로 선술집 보어스헤드의 그림을 보겠다는 커다란 목표를 세웠지만, 그 간절한 소망을 이루지 못해 실망하지 않을 수 없었다. 결과적으로 성 마이클 교회에서는 간절히 바라던 그림을 볼 수 없었다. "아, 안타깝지만 이 탐색 여행을 여기서 끝내 포기해야 하는가." 그런데 내가 발굴조사에서 벽에 부딪쳐 고민에 빠진 고고학자 같은 얼굴로 체념 비슷한 감정 속에 있었던 그때, 내 친구인 키 작은 교회지기가, 유례가 있는 옛 이야기와 역사를 자랑하는 오래된 선술집에 대한 일이라면 무엇에나 흥미와 관심을 가지고 활발한 연구심을 보여주는 나를 보고, 교회의 제의실에 보관된 최상의 그릇을 보여주겠다고 안내해

---

*9 헬 왕자는 랭커스터 왕조의 잉글랜드 국왕 헨리 5세(Henry V, 1387~1422)를 가리킨다.

주었다. 그것은 선술집 보어스헤드에서 교구 집회가 열렸던 아득한 옛날부터 전해져오는 것으로, 옛날 교구 클럽의 집회실에 보관되어 있었는데, 건물이 낡자 근처의 선술집으로 옮겨졌다고 한다.

우리는 채 몇 걸음 가지 않아 그 건물에 이르렀다. 그곳은 마일스 거리 12번지에 있었는데, 메이슨스 암스라는 호칭으로 불렸다. 건물 관리인은 '망나니 대장'으로 이름을 떨쳤던 에드워드 하니볼이었다. 그곳은 거리 중심부에 모여 있는 많은 선술집의 하나였는데, 그 근처의 소문이나 정보가 모이는 중심적인 장소이기도 했다. 우리는 좁고 어두컴컴한 술집 속으로 들어갔다. 그 일대처럼 집들이 밀집한 골목길이어서 반사되는 빛이 얼마간 비칠 뿐, 한낮에도 어두컴컴한 곳이었다. 그 방은 박스석으로 구분되어 각각의 테이블에는 저녁식사용 새하얀 테이블보가 청결하게 씌워져 있었다. 그 모습으로 판단하건대, 아무래도 손님들은 나이 많은 선량한 사람들이고, 낮 시간대를 둘로 똑같이 나누어 쓰고 있었던 것 같았다. 왜냐하면 그때 시계바늘이 막 한 시를 가리켰기 때문이다. 방 아래쪽 가장자리에서는 난로 속에서 석탄이 빨갛게 타올랐고, 그 앞에는 새끼양의 가슴살이 향기로운 냄새를 풍기며 구워지고 있었다. 난로 위의 벽에 튀어나온 선반에는 번쩍거리는 청동색 촛대와 주석으로 만든 머그컵이 죽 진열되었고, 추억의 옛날 시계가 방 한구석에서 시간을 새기고 있었다. 이렇게 주방과 응접실과 홀이 서로 어우러진 방에는 어딘지 옛날 모습이 남아 있어 마음이 편안해지는 고풍스러운 취향이 느껴졌다. 사실 그 방은 소박한 분위기였지만, 눈에 들어오는 모든 것이 정연하고 깔끔한 느낌이었다. 아마 이 집안 전체를 관리하고 있는 사람은 집안일을 잘하는 영국 부인이 틀림없을 것이다. 어부인지 선원인지 확실하지 않은 묘한 무리가 박스석 하나를 차지하고 요란하게 술판을 벌였는데, 나는 나름대로 대우를 받는 손님으로서, 적어도 아홉 개의 코너를 가진 아담하고 기묘한 형태의 후미진 방에 안내되었다. 그 방의 지붕창에서는 햇빛이 쏟아져 들어오고, 방 한쪽에는 낡은 가죽 의자가 놓여 있었으며, 살찐 돼지 그림이 그려져 있었다. 명백하게 특별한 손님을 위한 방이었겠지만 자세히 보니, 유단(油單)*10 모자를 쓰고 코가 붉은 궁색해 보이는 인상의 신사가 방 한쪽에 있는 의자에 앉아 있었다. 그는 반쯤 마신 맥주

─────────────

*10 기름 먹인 종이 또는 삼베.

잔을 물끄러미 바라보면서 무언가 생각에 잠겨 있는 기색이었다.

늙은 교회지기는 술집 안주인을 가까이 불러서, 아주 거만한 태도로 나의 용건을 전했다. 마담 하니볼은 바쁘게 종종거리고 다니는 통통하고 자그마한 여성으로, 술집 안주인의 귀감으로 일컬어지는 마담 퀴클리의 대리인으로서 조금도 손색이 없어 보였다. 그녀는 다른 사람에게 도움을 줄 수 있는 기회를 얻어 행복해 하는 것 같았다. 그녀는 얼른 이층으로 뛰어 올라가, 교구 클럽 집회실의 귀중한 물품이 보관, 관리되고 있는 방에 들어갔다. 잠시 뒤, 귀중한 옛날 그릇을 든 그녀가 입가에 미소를 짓고 고개를 끄덕이면서 돌아왔다.

그녀가 맨 처음 보여준 것은 옻칠을 한 커다란 철제 담배상자였다.

사람들 사이에서 귀둥냥한 바로는, 기억도 하지 못할 만큼 먼 옛날부터 교구 사람들이 정기적인 집회를 여는 경우에 한해서, 이 상자에서 담배를 꺼내 피울 수 있었다고 한다. 전통적인 관습에 따르면, 일반 사람이 이 담배상자에 손을 대는 것은 금지되어 있어 여느 때에는 절대 사용할 수 없었다. 이러한 사정에 비추어, 나는 그에 어울리는 경의를 표시한 뒤 그 담배상자를 받아들지 않을 수 없었다. 그 담배상자의 뚜껑을 보고 너무 놀랍고도 기뻤다. 거기에는 내가 그토록 찾고 있었던 그림이 그려져 있었기 때문이다. 선술집 보어스헤드의 겉모양을 그린 그림이었다. 선술집 보어스헤드의 문 앞에서 잔치에 참석한 사람들 모두가 테이블을 에워싸고 화기애애하게 이야기를 나누는 모습이 그려져 있었다. 주로 역사상의 장군과 제독의 위업을 후세에 길이 전하기 위해 그들의 초상은 널리 유통되는 담배상자에 그려지는데, 그보다 더 뛰어나면 뛰어났지 못하지 않은 박진감 있는 묘사였다. 게다가 조금의 착각도 허락하지 않겠다는 듯이, 이 뛰어난 화가는 그 의자 밑에 헬 왕자와 폴스타프의 이름을 공을 들여 새겨 넣었다.

또 뚜껑 안쪽에는 닳아서 거의 보이지 않는 다음과 같은 글귀가 적혀 있었다. 이 담배상자는 선술집 보어스헤드에서 열리는 교구 집회에 사용하기 위해 리처드 고어 경으로부터 기증받았음을 나타내는 도장 새김 외에, '1767년에 그의 후계자인 존 패커드 씨가 수선하고 아름답게 손질했다'는 문자를 읽을 수 있었다. 이것이야말로 경의를 나타내야 할 유물에 관한 기록이었다. 학식이 넓고 아는 것이 많기로 유명한 스크리블리우스가 그의 로마 방패를 보았을 때, 또는 원탁의 기사가 오랫동안 찾아 헤매던 성배를 보았을 때도, 과연 이보다

더 가슴이 뛰는 기쁨을 느낄 수 있었는지 의심스러울 정도였다.

내가 황홀한 듯이 담배상자를 바라보고 있으니, 마담 하니볼은 이 상자에 대한 나의 크나큰 관심에 놀라고 만족스러웠는지, 나에게 다리와 대가 달린 고블릿(술잔)을 건네주었다. 이 또한 교회의 제의실에 보관되어 있었던 유서 깊은 물건으로, 옛날 선술집 보어스헤드의 시대부터 전해져 온 것이었다. 고블릿에는 기사 프랜시스 위저스가 기증했다는 글이 새겨져 있었다. 그녀의 말에 따르면, 그것은 매우 가치가 높은 드문 골동품으로 여겨지기 때문에 소중히 보관되었던 것 같았다. 유단 모자를 쓴, 코가 붉은 궁색한 얼굴의 신사도 그녀와 같은 의견임을 보여주었는데, 이 인물은 강직하고 용감한 것으로 알려진 바돌프의 영혼을 이어받은 정통 후계자가 아닌가 하고 나는 속으로 생각했다. 이 신사는 맥주잔을 채우면서 생각에 잠겼다가, 갑자기 정신을 차리고 모든 것을 알았다는 듯이 얼굴을 고블릿에 비춰보며 거친 목소리로 말했다.

"암, 그렇고말고. 이 고블릿을 만든 인물은 이제 두통에 시달리는 일은 없을 걸."

현대의 교구 사람들이 먼 옛날의 술잔치를 기념하는 물건들을 이토록 소중하게 생각하는 것을 알고, 나는 처음에는 좀 어리둥절했다. 과연 고고학적인 연구만큼 사람의 이해력을 예민하게 하는 것은 없는 것 같다. 이것은 바로 폴스타프가 마담 퀴클리에 대해, 사랑 때문에 불성실한 맹세를 했던 '반(半)도금한 술잔'[11]이 틀림없다고 나는 직감했다. 물론 이 고블릿은 엄숙한 혼약의 증거로서 마담 퀴클리가 소유한 화려한 보물로서 소중하게 보관되어 온 것이리라.

선술집 안주인은 이 고블릿에 대해 대대로 전해져 오는 오랜 내력을 나에게 들려주었다. 그리고 그녀는 이스트치프에서 향연에 취했던 사람들이 앉았던 의자에, 그토록 조용하게 홀로 앉아 있었던 훌륭한 교구 신사에 대해서도 자세히 이야기해 주었다. 그것은 바로 많은 주석자들이 셰익스피어에 절대적인 찬사를 드러낸 나머지, 오히려 애매모호한 생각에 빠져드는 것과 비슷했다. 그러나 나는 독자들이 이런 종류의 일에 나만큼 흥미를 느끼는 일은 없을 거라

---

* 11 '반도금한 술잔'은 셰익스피어의 《헨리 4세》 제2부 제2막 제1장에서 인용한 말.
  Mistress Quickly : Marry, if thou wert an honest man, thyself and the money too. Thou didst swear to me upon a parcel—gilt goblet.

고 생각하므로, 이쯤에서 이 이야기를 마치려고 한다. 이스트치프의 마을 사람들이면 누구나 폴스타프와 그 유쾌한 동료들이 실제로 그곳에서 모든 즐거움을 다 누렸다고 믿고 있을 것이다. 이 정도로 이야기하는 것만으로 충분할 것 같다. 아니, 그뿐만이 아니다. 폴스타프에 대한 전설적인 일화는 선술집 메이슨스 암스의 고참 단골손님들 사이에서는 아직도 널리 이야기되고 있으며, 그러한 이야기는 먼 조상으로부터 전해져 온 것이라고 한다. 옛날의 보어스헤드가 있었던 장소에서 가게를 하는 아일랜드인 미용사 카쉬 씨는, 책에도 나오지 않는 뚱뚱한 잭의 빈정대는 듯한 썰렁한 농담을 해대며 손님들을 웃음의 도가니로 몰아넣었다.

그때 나는 내 친구 교회지기 쪽을 나도 모르게 돌아보면서 질문을 하려고 했지만, 기분 탓인지 그는 생각에 잠긴 모습으로 고개를 조금 기울인 채 깊은 한숨을 내쉬며, 눈에 눈물이 고인 것 같지는 않았지만 입가에는 틀림없이 침을 흘리고 있는 듯 보였다. 그가 열린 문 저편을 보고 있어서, 어느새 나도 그쪽으로 시선을 옮겼다. 이글이글 불타는 그의 눈은, 숯불 앞에서 기름을 뚝뚝 흘리며 구워지고 있는 새끼양의 가슴살을 탐욕스럽게 쳐다보고 있었던 것이다.

그때서야 나도 퍼뜩 정신을 차렸다. 그 내력을 정신없이 쫓느라, 그에게 식사를 하게 해주지 않았던 것이다. 나도 마찬가지였기 때문에, 최대한 감사를 담아 마음뿐인 선물 비슷한 것을 내밀고, 교회지기와 마담 하니볼, 크루키드 거리에 서 있는 성 마이클 교회 사람들의 행복을 진심으로 기원하면서 작별인사를 했다. 물론 내 친구인 유단 모자를 쓰고 붉은 코를 한 궁색한 얼굴의 신사도 잊지 않았다.

이렇게 나는 흥미롭지만 조금 '지루하고도 간결한 이야기'*12를 했다. 이 이야기가 너무 짧아서 만족할 수 없다면, 그것은 내가 그 시대 풍조의 문학적 소양이 부족해서 그런 것이니 부디 너그러이 봐주시기 바란다. 앞으로 나보다 훌륭한 웅변과 문학적인 재능이 뛰어난 인물이 불세출의 대시인 셰익스피어의 불후의 명작을 독자적으로 해설한다면, 내가 모은 소재를 더욱 확장해 출판계에서 널리 유통될 수 있는 훌륭한 체재를 갖춘 대작을 완성할 수 있을 것

---

*12 '지루하고도 간결한 이야기'라는 표현은 셰익스피어의 희극 《한여름 밤의 꿈》 제5막 제1장에서 인용한 말.

이다. 거기에는 기사 윌리엄 월워스, 잭 스트로, 로버트 프레스턴 등의 전기와 성 마이클 교회 근처에서 이름을 떨친 생선상인에게 얽힌 일화와, 이스트치프에 대해 이야기한 이런저런 역사, 그리고 마담 하니홀과 아직 말하지 않은 그녀의 딸에 대한 뜻밖의 개인적인 일화 등이 포함될 것이다. 그와 아울러 앞에서 이야기한 새끼양의 가슴살을 구운 여성에 대해서도 말하는 것은 말할 것도 없다. (참고로, 기억을 더듬어보면 그녀는 발뒤꿈치에서 장딴지에 이르기까지 훌륭한 각선미를 보여주고 있었다.) 그런데 이러한 일들은 모두 이미 말한 와트 타일러 사건과 런던 대화재를 계기로 가까스로 세상에 알려지게 되었음을 일러둔다.

나는 이제까지 다뤄온 모든 것을 풍부한 문학자원으로서 후세의 연구자에게 맡겨 그 활용을 부탁하고 싶다. 나는 여기서 밝혀진 담배상자와 '반도금한 술잔'을 찾아서 그것을 볼 수 있는 기회를 포기하고 싶지 않다. 즉 이러한 귀중한 물건은 장래에 조각의 제재가 될 수 있어, 이에 대해 호메로스의 서사시 《일리아스》로도 알려진 아킬레우스의 방패[13]나, 유명한 카메오 유리로 만든 포틀랜드 꽃병[14]에 견줄 만한 대논문이나 논쟁을 부를 가능성이 높기 때문이다.

---

* 13 아킬레우스의 방패는 호메로스의 《일리아스》에도 나오는데, 아킬레우스가 헥토르와 싸웠을 때 사용한 방패.
* 14 포틀랜드 꽃병이란 고대로마에서 제작된 카메오 유리 작품. 나중에 영국의 도예가 조지아 웨지우드(Josiah Wedgwood, 1730~95)는 재스퍼 웨어(Jasper ware)를 통해 '포틀랜드 꽃병'의 제작에 성공했다.

문학의 변덕스러움
웨스트민스터 사원에서의 대화

나는 잘 안다네, 이 세상의 모든 것은,
언젠가 쇠락한다는 것을.
이 세상 사람에 의해 생겨난 것은,
그 무엇이든 오랜 세월을 거치는 동안 무(無)로 돌아감을.
나는 잘 안다네. 천상을 노래하는 모든 시인의 노래는,
크나큰 고통 속에 태어남에도,
그 노래를 찾는 사람이 없음을.
세상의 단순한 찬사만큼 가벼운 것은 없으리.

윌리엄 드라몬드(스코틀랜드 시인)

　우리는 이따금 반쯤 꿈꾸는 듯한 황홀한 기분에 잠기고 싶어질 때가 있다. 그럴 때에는 자신도 모르게 떠들썩한 분위기와 사람들의 눈이 많은 곳에서 몰래 달아나, 공중누각을 짓는 상상에 빠져 누구도 방해하지 않는 조용한 장소를 찾는 법이다. 바로 그런 기분에 빠져, 웨스트민스터 사원의 예스럽고 그윽한 잿빛 회랑 주변을 돌아다니면서 종잡을 수 없는 공상을 즐기고 있을 때, 갑자기 축구를 즐기는 웨스트민스터 스쿨[*1] 학생들의 발랄한 목소리가 주위를 에워싼 고요한 정적을 깨고, 둥근 천장의 통로와 무너져가는 석물에 부딪혀 메아리쳤다. 나는 아이들이 노는 소리가 들려오는 소란에서 벗어나 건물 안까지 들어와서, 관리인에게 도서관에 들어가게 해달라고 부탁했다. 그의 안내로 오래된 조각이 많이 새겨진 낡은 문을 지나, 사제관과 부동산등기부가

[*1] 웨스트민스터 스쿨의 정식 명칭은 "The Royal College of St. Peter at Westminster"이다. 1560년에 창설된 영국 공립학교로, 주요 졸업생에는 시인인 벤 존슨, 조지 허버트, 《아기곰 푸》의 저자인 A. A. 밀른 등이 있다.

보관된 방으로 이어지는 어두컴컴한 통로로 나왔다. 바로 그 통로 안쪽의 왼쪽에 작은 문이 있었다. 관리인은 문 열쇠구멍에 열쇠를 꽂았는데, 이중으로 잠가둔 채 거의 여는 일이 없었기 때문인지 문을 여는 게 여간 힘들지 않았다. 우리는 가까스로 어둡고 좁은 계단을 올라가, 문을 하나 더 지나서 도서관에 도착했다.

나는 천장이 높다란 고풍스러운 홀에 들어갔다. 오래된 영국산 오크(떡갈나무) 도리가 지붕을 받치고 있었다. 그 방은 바닥에서 매우 높은 위치에 있고, 회랑 지붕 위에는 고딕풍의 창이 여러 개 나란히 뚫려 있었는데, 거기서 햇빛이 어렴풋하게 비쳐들었다. 법복을 입은 교회 성직자를 그린 초상화가 벽난로 위에 걸려 있었고, 홀 주변과 작은 전시실에는 조각이 새겨진 아름다운 떡갈나무 상자에 책들이 가지런히 놓여 있었다. 그것은 주로 논쟁을 좋아하는 예전의 작가들이 쓴 책으로 어느 것이나 몹시 훼손되어 있었는데, 많이 읽혀서 그런 것이 아니라 오랜 세월이 지나는 동안 바랬기 때문이었다. 도서관 한가운데에는 테이블이 하나 있고, 그 위에는 책 두세 권과 빈 잉크병, 그리고 오랫동안 쓰지 않아서 녹슬어 버린 펜이 몇 개 놓여 있었다. 그곳은 조용히 연구에 몰두하거나 깊은 명상에 잠기고 싶을 때 꼭 알맞은 장소로 여겨졌다. 무엇보다, 이 도서관은 웨스트민스터 사원의 두꺼운 벽 안 깊이 파묻혀 있어 소란스러운 세상으로부터 떨어져 있기 때문에, 이따금 웨스트민스터 스쿨 학생들의 목소리가 회랑 저편에서 흐릿하게 들려오거나, 기도시간을 알리는 종소리가 사원 지붕의 능선을 타고 엄숙하게 울리는 정도였다. 학생들의 소란은 서서히 멀어지더니 이윽고 사라졌다. 그리고 종소리도 들리지 않자 어두컴컴한 홀은 더욱 깊은 고요함 속에 잠겨 있었다.

나는 묵직한 황동 잠금쇠와 양피지로 꾸며진 두터운 4절판 진본을 꺼내어 탁자 위에 놓고, 유서 깊은 고풍스러운 안락의자에 앉았다. 그러나 그 책을 펼쳐보지는 않고, 사원에서 풍겨나오는 장엄한 분위기와 생동감이 없이 죽은 듯한 고요함에 이끌려 나도 모르게 명상에 잠겼다. 이렇게 낡은 표지에 싸여 안식의 잠을 방해받는 일 없이 책시렁에 가지런히 놓여 있는 옛책을 둘러보고 있으니, 이 도서관은 일종의 문학의 지하 묘지라는 생각이 들지 않을 수 없었다. 이 묘지에는 많은 저서들이 미라처럼 장엄하게 파묻혀, 이윽고 삭아서 검은 먼지로 돌아가 잊혀지게 되는 것이다.

오늘 이렇게 무정하게 옆에 버려둔 책들을 한 권 한 권 바라보면서 지은이의 심정을 생각하니, 못내 안타까운 마음이 들었다. 이러한 책을 완성하기 위해 얼마나 머리를 짜내며 연구했을까, 얼마나 잠 못 이루는 밤과 피곤한 나날들을 보냈을까. 저자들이 바깥과 동떨어진 방과 회랑이라는 고요한 공간 속에 파묻혀 일반 사람들의 생활을 멀리서 바라보면서, 자연의 혜택을 피해 인내와 고통이 따르는 탐구와 엄격한 명상에 몸을 맡긴 채 얼마나 괴로워했을까. 그렇다면 이제까지의 고생은 과연 무엇이었는가. 결국 먼지로 뒤덮인 책시렁 한쪽을 차지하고 있을 뿐이지 않은가. —몇 년의 세월이 흘러, 이따금 그들이 쓴 책의 제목이 게으른 교회 관계자나 나처럼 이 지역에 처음 온 외지인의 시선에 머물지도 모르지만, 같은 책이라도 시대가 달라지면 사람의 기억에조차 남지 않을 수도 있다. 영원히 빛날 명작으로 칭송받던 책도 어차피 이런 것이다. 그것은 단순히 일과성의 이야깃거리로 끝나거나, 좁은 지역에서 명성을 떨치는 데 지나지 않는다. 즉 조금 전에 탑 안에서 울려 퍼진 종소리는, 잠시 동안 귀에 남아 일시적으로 반향을 되풀이하며 여운을 남기다가, 이윽고 사라져 버린다. 여기 있는 책도 그와 비슷하다는 인상을 받았다.

나는 앉아서 한손으로 머리를 받치고, 쓸데없는 사색에 잠기거나 필요없는 것들을 곰곰이 생각하면서 중얼거리기도 하고, 한손으로 4절판 책을 톡톡 두드리면서 한참 만지작거리다가, 어느새 생각지도 않게 황동 잠금쇠를 풀고 말았다. 그러자 놀랍게도 그 작은 책은 갓 깊은 잠에서 깨어난 사람처럼 하품을 두세 번 하더니, 목이 잠겼는지 헛기침을 하고는 천천히 입을 열었다. 그 책은 아무래도 부지런한 거미가 거침 없이 돌아다니며 친 거미줄 때문에 매우 답답했던 데다, 사원의 추위와 습기에 오랫동안 버려 두어서 감기에 걸린 것 같았다. 그래서 처음에는 목소리가 몹시 갈라져서 더듬거렸으나 목이 차츰 풀리자, 그것은 매우 말을 잘하는 책이라는 것을 알 수 있었다. 그러나 아무래도 그 책이 하는 말은 조금 낡아서 새롭지 못한 느낌이 들었고, 발음도 지금은 볼품없는 억양이었지만, 여기서는 되도록 현대풍의 말투로 서술해 보겠다.

그 책은 세상에서 소외된 채 나름의 가치를 지녔으면서도 어느덧 삭아서 비참한 지경에 있다는 것과, 그밖에 흔히 있는 문학상의 불만에 대해 불평을 늘어놓기 시작했다. 또한 2세기가 넘도록 책장이 한 번도 펼쳐진 적이 없음을 몹시 탄식했다. 가끔이기는 하지만 주임사제가 도서관에 얼굴을 내밀고 두세 권의 책을 꺼내어 잠시 만지작거리더니, 곧 다시 책시렁에 올려놓는 것에 대해 그는 불평을 터뜨렸다.

"도대체 언제까지 이토록 가혹한 대우를 받아야 하는 거야?" 그 작은 4절판 책은 조금 분노한 목소리로 그렇게 투덜거렸다. "우리 몇천 권이나 되는 책을 이 도서관에 가둬놓고 2인 1조의 관리인들을 두고 감시하는 것은, 마치 후궁이 된 수많은 미녀들에 대한 소홀한 대접이나 다름없어. 아주 드물게 주임사제가 와서 책을 쓱 둘러보는 정도인데, 정말 이래도 되는 거야? 본디 책은 사람을 온갖 즐거움으로 이끌고 그 즐거움을 누리게 하기 위해 쓰는 거잖아? 그렇기 때문에 주임사제가 적어도 1년에 한 번 꼴로 우리를 한 권 한 권 방문하는 규정을 만들어 주었으면 좋겠어. 만일 그게 불가능하다면, 이따금 웨스트민스터 스쿨의 모든 학생들에게 도서관 입실을 허가해 주어서 우리 사이에 풀어 놓았으면 좋겠어. 하다못해 좀벌레라도 말릴 수 있게 말이야."

"이봐, 좀 진정하지 그래." 내가 대답했다. "자네는 동시대의 수많은 책에 비하면 얼마나 운이 좋은 편인지 모르는 모양이군. 무엇보다 이 오래된 유서 깊은 도서관에 보존되어 있으니까 마치 교회예배당에 보물처럼 모셔진 성인이나 군주의 유해에 못지않잖은가. 그에 비해 자네와 동시대의 책의 유해는 모두 세상의 섭리에 따라 이미 오래 전에 먼지가 되어 사라졌다네."

"이봐요." 그 작은 책은 책장을 마구 넘기면서 도도한 몸짓으로 다음과 같은 말을 내뱉었다. "난 전 세계의 독자들을 위해 쓴 책이야. 사원에서 책을 갉아먹는 벌레를 위해 쓴 게 아니라구. 난 다른 동시대의 위대한 책과 마찬가지로, 사람의 손에서 손으로 전해져 읽히기 위해 씌어졌단 말이야. 그런데도 난 2세기가 넘는 오랜 세월 동안 황동 잠금쇠로 고정된 채 옴짝달싹못하는 신세가 되고 말았잖아. 이런 비참한 상황 속에 있는 나를 구해준 건 당신이 처음이야. 우연히 당신이 한두 마디라도 이야기할 수 있는 마지막 기회를 나에게 주지 않았다면, 나의 내장은 복수심에 불타는 벌레들에 의해 갈기갈기 찢겨 무참하게 그들의 먹이가 되었을지도 모르네."

"하지만 만일 자네 말처럼, 세상의 서적유통에 내던져 두었더라면, 자네는 벌써 오래 전에 그림자도 없이 사라졌을걸. 분명히 인상학 관점에서 판단한다면 자네는 이미 꽤 늙은 나이에 이르렀어. 자네와 같은 시대의 책 가운데 아직도 건재한 것은 매우 드물걸. 극소수이지만 그런 책이 오래 살아남은 이유는,

자네처럼 오래된 도서관에 갇혀 있었기 때문이라고 나는 생각하네. 그리고 도서관은 후궁에 비유하기보다는 종교적인 건물에 곁딸린 나이 많은 사람들을 위한 보호시설 같은 것이라고 생각하는 게 더 타당하고 마음이 편하지 않을까? 그런 시설에서는 나름대로 보살펴주는 데다 특별히 할 일도 용무도 없기 때문에, 늙어 쇠약해진 사람들도 밥벌레 취급을 받는 나이까지 놀랄 정도로 장수하는 일이 이따금 있지. 자네는 자신과 같은 시대의 책이 세상에 넘쳐나는 것처럼 말하지만, 도대체 어디에 가면 그런 책을 만날 수 있나? 자네는 링컨의 대성당 참사회의 로버트 그로스테스트*²에 대해 알고 있나? 아마 그 사람만큼 영원히 스러지지 않는 명성을 얻으려고 열심히 노력한 인물은 없을 거야. 무엇보다도 200권이나 되는 책을 썼다고 하니, 정말 놀라운 일이지. 그는 자신의 이름을 후세에 남기려고 이른바 책의 피라미드를 쌓은 거라네. 그런데 안타깝게도 그 책의 피라미드는 오래 전에 무너져버렸고, 몇 권 남은 단편도 곳곳의 도서관에 분산되어 뿔뿔이 흩어져버리고 말았지. 게다가 고서를 좋아하는 사람들의 주목을 받는 일도 거의 없다네. 그렇다면 역사가이고 고고학자이며 철학자였던 기랄두스 캄브렌시스*³는 알고 있나?

그는 집에만 틀어박혀서 자신의 책을 후세에 남기려고 집필에 전념하느라 주교 자리를 두 번이나 내던졌지. 그러나 오랜 세월 고생한 끝에 이룩한 그의 업적에 관심을 갖는 사람은 아무도 없었다네. 12세기에 활약한 영국 역사가 헌팅턴의 헨리는 어땠을까? 그의 업적에는 그 해박한 지식으로 엮어낸 영국사뿐만 아니라, 세상을 풍자하는 통렬한 비판논문도 포함되었지만, 그 업보 때문인지 망각의 저편으로 사라지고 말았지. 또 고전 영역에서는 시대의 기적으로 일컬어졌던 엑서터의 조셉(영국 시인)이 있는데, 과연 그는 어땠을까? 이 시인은 세상에서 말하는 3대 영웅시를 썼는데, 그 가운데 한 편은 거의 다 사라지고 단편적인 시편만 남은 비참한 상황이라네. 그 밖의 시편도 문학애호가들에게 아주 조금 알려졌을 뿐이지. 연애시와 풍자시는 아예 한 편도 남아 있지 않아. 옛날에 '생명의 나무'라고 불렸던 프란치스코회 수도사 존 윌리스(영국 저명한 수학자)는 오늘날 세상에서는 어떻게 평가되고 있을까? 그와 아울러 맘스베리의 윌리엄(영국 역사가), 더럼의 시메온(영국의 주교), 피터버러의 베네딕트(영

---

*2 영국의 신학자. 링컨 대성당 주교.
*3 《아일랜드 지지(地誌)》 등을 저술한 유명한 지지학자이기도 했다.

국 수도원장), 세인트 올번스의 요한 헴빌(영국의 수도사), 그 밖의 저명한 사람들은 과연 어떨까?"

"아니, 잠깐만." 4절판 책이 짜증난 목소리로 내 말을 가로챘다. "그런데, 자네는 내 나이를 알고 있나? 자네 이야기를 듣고 있으니, 아주 옛날 작가를 말하는 것 같은데, 라틴어나 프랑스어로 책을 썼던 자들에 대해서만 말하고 있군. 어떤 의미에서는 그들이 세상에서 차츰 멀어지고 잊히는 것도 무리가 아니잖아? 난 그 유명한 윈킨 드 워드*4가 개발한 인쇄기로 만든 책이야. 즉 영어라는 언어가 확립되고, 그것이 정착한 시대에 쓴 책이라는 거지. 실제로 나는 정통 영어로 쓴 세련되고 모범적인 책이라는 찬사를 받았단 말이야."

(이런 이야기는 참으로 고풍스러운 말로 이야기되었기 때문에 현대어로 바꿀 필요가 있어서, 나름대로 꽤 힘든 작업이었음을 덧붙여 둔다.)

"자네 나이를 잘못 알고 있었던 것에 대해서는 사과하지." 내가 말했다. "하지만 그런 건 하찮은 일이라고 생각하네. 즉, 자네와 같은 시대의 작가들은 대부분 잊어버린 존재이니까. 따라서 드 워드가 인쇄한 출판물이라도 서적 수집가들 사이에서는 단순한 문학의 희귀본에 지나지 않는다네. 또한 자신이 쓴 작품의 언어는 순수한 것이어서 영원토록 안정성이 지속될 거라고 자네는 생각하는 모양이지만, 그것은 틀림없이 그릇된 견해이며 그것으로 후세에 불후의 명성을 남길 생각을 하는 것 자체가 웃기는 일이지. 그 점은 어느 시대의 작가들에게도 공통되는 것으로, 이를테면 그것은 다른 언어에서 비롯되는 요소가 결합하여 성립된 혼종어(混種語)인 색슨어의 운문으로 역사를 쓴, 위대한 글로스터의 로베르트(영국 역사가) 시대까지 거슬러 올라갈 수도 있는 일이라네. 오늘날에 이르러서도 많은 사람들은 에드먼드 스펜서(영국 시인. 대표작에 《요정의 여왕》)의 '순결이 더럽혀지지 않은 순수한 영어'라는 말을 입에 올리고 있는데, 영어라는 언어가 마치 하나의 샘 또는 하나의 원천에서 솟아난 것이라고 생각하는 모양이야. 끊임없이 혼종과 변천을 되풀이하는 온갖 언어가 결합된 결정(結晶)이라는 생각은 하지 않는 것 같아. 하지만 영국 문학의 풍부한 변천에 중요한 영향을 미치고, 또한 영국 문학사에 찬란하게 빛나는 문인들의 명성을 헛되이 만든 것은 분명 이러한 언어 혼종의 역사에서 비롯한다고

---

*4 윈킨 드 워드(Wynkyn de Worde, d. c. ?~1535)는 영국 최초의 인쇄업자인 윌리엄 캑스턴(William Caxton, ca. 1420~92)의 제자로, 그의 생애에 800점이 넘는 책을 인쇄했다고 한다.

생각할 수 있다네. 그래서 자기의 사상을 밝히는 데도 언어를 매개로 하는 것보다는 항구성 및 불변성에서 뛰어난 것에 맡기는 편이 낫다고 생각하네. 그렇지 않으면 아무리 고상한 사상이라도 다른 것과 똑같은 운명의 길을 걸으며 쇠퇴하게 될 거야. 이건 절대적인 인기를 자랑하는 작가의 허영과 의기양양하고 도도한 태도를 억누르는 데도 효과적이어야 한다고 생각하네. 그런 종류의 작가는 명성을 얻기 위해 쓴 언어가 다양한 변천을 거쳐, 시대의 황폐와 유행의 변화에 이리저리 놀림당한다는 사실을 깊이 깨닫게 될 거야. 작가란 지난날을 그리운 마음으로 되돌아보며, 시대의 인기 스타로 군림한 자기 나라 작가들이 오늘날의 작가들로 교체되는 것을 잘 안다네. 아주 잠깐의 세월이 흘러도 옛날의 명성은 사라지고, 그 참된 가치는 독서애호가만 인정해줄 뿐이지. 작가는 자신의 작품이 거쳐 갈 운명도 이와 같다는 것을 다 헤아리고 있지. 그 시대에 그 작품이 얼마나 이야깃거리를 불러일으키고 지지를 받든, 또는 순수한 언어로 쓰인 모범적인 작품이라고 높은 평가를 받든, 언젠가는 세월을 거치게 되어 낡고 시대에 뒤처진 것이 되어버리게 된다네. 그리고 끝내 고대 이집트의 오벨리스크에 새겨진 신성문자(神聖文字 : 고대 이집트의 상형문자)가, 타타르 지방의 사막에 있는 룬 문자로 새겨진 비문처럼 현지 사람들에게도 거의 해독불가능한 것이 될 거네."

그리고 나는 조금 감정적인 어조로 다음과 같이 덧붙였다. "단언하건대, 호화로운 금박과 장정으로 사치를 다한 신간본이 책시렁에 빈틈없이 빼곡하게 채워진 오늘날의 도서관을 바라보고 있으면, 나도 모르게 그대로 주저앉아 울고 싶은 충동을 느낀다네. 그 옛날 선량한 크세르크세스 1세(페르시아제국 4대째 왕)가 호화찬란한 군장을 새로 갖추고 여러 가지로 정비한 자군병사를 친히 열병했지만, 백년 세월이 흐른 뒤에는 그들 가운데 한 사람도 이 세상에 살아 있지 않을 것을 생각하고 그 허무함을 견디지 못해 눈물짓는 것과 비슷하지."

그러자 작은 4절판 책은 무거운 한숨을 토해내며 입을 열었다. "아아, 무슨 말인지 알 것 같아. 최근에는 옛날의 훌륭한 작가들을 대신하여 싸구려 문사들이 활개를 치고 있어. 그러니까 고작 지금 읽히는 작품으로는, 엘리자베스 시대의 시인인 필립 시드니 경의 《아르카디아》, 토머스 색빌(영국 정치가, 시인)의 장중한 희곡, 또는 《치안 판사를 위한 거울》, 비할 데 없는 존 릴리의 섬세한 미사여구를 제외하고는 아무것도 읽히지 않을걸."

"그것도 오해야." 나는 잘라 말했다. "어쩌다가 자네 시대에 일세를 풍미한 작가가 있었다 해도, 그 작가가 요즘도 여전히 인기를 얻는 것은 도저히 불가능한 일이라네. 그런 시대는 아주 먼 옛날에 지나갔으니까. 필립 시드니 경의 《아르카디아》는 숭배자들에 의해 영원히 빛날 명작으로 예언되었고, 거기에는 물론 뛰어난 사상과 섬세한 이미지, 우아한 언어표현이 넘쳐나는 것은 사실이지만, 유감스럽게도 오늘날에는 그 작품을 말하는 사람조차 거의 없다네. 토머스 색빌은 이미 어둠 속으로 사라져버렸어. 옛날에는 궁정 귀족들의 애호 속에 고사성어의 유래가 되어 그 이름을 영원히 남길 거라고 여겨졌던 존 릴리는, 그 이름조차 모르는 사람이 수두룩하다네. 힘찬 필치로 과감하게 논쟁을 펼친 그즈음의 수많은 문인들은, 자신들이 쓴 저작물이나 치열하게 싸웠던 논의를 길동무 삼아 죽어 없어져 버렸지. 계속 밀려오는 문학의 파도가 그들의 머리 위로 높이 솟아올라 하얗게 부서지면서, 끝내 그들을 깊은 바다 속으로 끌고 들어가 버린 것이지. 지금은 가끔 그 조각들을 기를 쓰고 찾는 잠수부 같은 사람들이 옛것을 좋아하는 동료들의 소원을 이루어주려고, 바다 속에서 그 표본이 되는 유물을 끌어올리는 정도라네."

"나의 견해로는" 나는 계속 말을 이었다. "이러한 언어의 달라짐은 널리 알려진 보편적인 세계를 위해, 특히 작가들을 생각한 신의 현명한 예방책이 아닐까 생각하네. 비유를 들어 추측해보면, 온갖 종류의 아름다운 식물이 싹을 틔우고 이윽고 울창하게 자라, 우리는 한동안 초원을 이루는 아름다운 경관을 실컷 즐길 수 있지. 그러나 그 식물은 언젠가는 말라 떨어져서 먼지가 되어, 다음에 기다리는 식물을 위해 그 땅을 양보하게 된다네. 우리는 지금까지 그러한 일을 겪어왔다. 만일 그렇지 않다면, 자연이 지닌 풍요의 힘은 은혜가 아니라 인간에게 고통을 가져다주는 악한 무리가 되어버릴 것이네. 즉, 지구는 지나치게 우거진 식물에 뒤덮여 숨을 쉬지 못하게 되고, 땅거죽은 아득하게 넓은 황야의 양상을 띠게 되는 거지. 그와 마찬가지로 아무리 학식이 깊고 재능이 풍부한 인물의 작품이라도 언젠가는 지난날의 세력을 잃어버리고 쇠락하여 뒷사람에게 그 자리를 물려주는 법이라네. 언어도 점차 변화하게 마련이듯이, 그럴 만한 시대에 영화를 누린 작가의 작품도 그 언어와 함께 사라져 가는 것일세. 그렇지 않다면 세상은 천재의 창조적인 산물로 넘쳐나게 될 테고,

인간 지성은 문학의 끝없는 미로 속에서 헤매게 될 거야. 옛날 일이지만, 이처럼 남아도는 책의 출판유통에 얼마쯤 제한이 있었던 적이 있었지. 즉, 책을 사람이 손으로 베껴 쓰지 않으면 안 되었기 때문에 시간과 노력이 들었다는 이야기야. 게다가 그런 책은 값비싼 양피지에 썼기 때문에, 이따금 한 작품을 지우고 다른 책을 만들었다네. 그런데 그 양피지를 쓸 수 없는 경우에는, 매우 약하고 찢어지기 쉬운 파피루스 종이가 사용되었지. 따라서 저술은 한정되고 손쉽게 돈을 벌 수 있는 것이 아니어서, 대부분은 성직자가 수도원에서 유유자적하고 조용한 생활을 보내면서 집필에 몸담았던 거지. 또한 이러한 사본을 모아서 갖춰놓는 데는 수고와 시간과 비용이 많이 들어서, 자연히 그 대부분은 수도원에 한정되어 있었다고 할 수 있네. 그러한 상황이어서 우리는 옛날의 깊은 예지에 잠기는 일이 없었던 거지. 또 사상의 샘이 새롭게 개척되는 일도 없고, 현대의 천재가 그런 옛날의 지적 홍수 속에 파묻히는 일도 없다네. 그러나 종이와 활판인쇄술의 발명이 책 생산의 이러한 제한을 완전히 깨뜨리고 말았어. 사실은 그러한 발명 덕분에 누구나 작가가 될 수 있는 시대가 왔고, 모든 사람의 사상을 활자화하여 모든 지적인 계층에 보급하기 위한 방법이 고안되기 시작했네. 그 결과, 놀랍게도 문학의 샘은 물이 가득 차서 훌륭한 폭포가되고, 커다란 강이 되어, 드넓은 바다를 이룬 것이라네. 2, 3세기 이전에는 5, 600권 정도의 베낀 책만 소장하고 있어도 큰 도서관이라고 불리기에 절대로 부끄럽지 않았지만, 오늘날의 도서관은 3, 40만권에 이르는 방대한 장서를 가지고 있는 경우가 많지. 그 배경에는 정말로 많은 작가들이 바쁘게 집필 활동에 전념하는 한편, 활판인쇄기도 놀라운 속도로 책 판매부수를 두 배, 네 배로 끌어올리려고 힘차게 가동하여 날이 갈수록 번영을 이루었다네.

자네는 이 상황을 어떻게 생각하나? 어쨌든 이렇게 시신(詩神)들이 많은 작품을 낳는 시대가 왔으니, 시신의 자손들 사이에 무언가 파멸적인 일이라도 일어나지 않으면 어떻게 될까. 과연 후세 사람들은 어떻게 이에 대처할 것인가, 나는 그게 걱정된다네. 그렇게 되면, 이미 언어의 변동만으로는 아마 충분한 대응이 되지 않을걸세. 비평은 크게 쓸모가 있을지도 몰라. 분명히 비평은 문학의 번성과 함께 커진다네. 그것은 경제학자가 말하는 이로운 인구증가 억제책과 비슷하지. 따라서 좋고 나쁨과 상관없이 문예비평의 발달은 크게 장려해야 한다네. 그러나 이 모든 것들이 불필요하게 끝나는 게 아닌가 하는 두려운 마음이 드는군. 즉 온갖 종류의 책들이 비평의 도마 위에 오르더라도, 역시 작가는 글쓰기를 그만두지 않을 테고, 활판인쇄기의 움직임은 멈추지 않을 거란 말이야. 필연적으로 시중에 양서가 넘쳐날 거라는 이야기지. 그러면 그 책들의 제목을 기억하는 것만으로도 일생을 쓰게 될지도 모른다네. 오늘날의 수많은 지식계급은 평론지는 읽어도 그 밖의 다른 분야에는 거의 눈길도 주지 않아. 그리하여 당장 박식하다고 일컬어지는 인물은 그저 걸어다니는 도서목록이나 다름없다고 해도 절대로 틀리지 않을걸."

"이봐." 작은 4절판 책은 몹시 쓸쓸한 얼굴로 하품을 하면서 말했다. "쓸데없는 참견을 하는 것 같지만, 자네는 하찮은 일에 너무 길게 많은 말을 늘어놓는 것 아닌가? 내가 이 세상을 떠났을 때쯤, 세상을 조금 시끄럽게 한 문인이 한 사람 있었지. 그가 걸어간 문인으로서의 운명을 한 번 더듬어 본다면, 그 무렵에는 이 문인은 일시적으로 주목받고 있을 뿐인 인물로 생각되었지. 그래서 평론가들은 아예 그를 상대하지도 않았어. 그 이유는 이렇다네. 교양이 없고 가난하고 불행하게 자란 성장에는 동정하지만, 그는 라틴어 실력이 부족하고 그리스어는 아예 한 마디도 할 줄 몰랐지. 그도 그럴 것이 그는 사슴 서리를 하기 위해 온 나라를 돌아다녀야만 했으니까. 그 문인의 이름은 아마 셰익스피어라고 했던 것 같은데. 물론 그 이름은 벌써 옛날에 망각의 저편으로 사라져 버렸겠지만."

"모르시는 말씀, 그 반대야." 내가 말했다. "셰익스피어가 살았던 시대 문학은 영국문학사 어디서도 그 예를 찾아볼 수 없을 만큼 오래 번영했는데 그 까닭은, 바로 이 문호의 공적에 의한 것이라고 할 수 있어. 때로는 변하기 쉬운 문학의 반증으로 생각되는 위대한 문인들이 나타나는 일이 있지만, 그것은 그들의 작품이 인간성을 따뜻하게 이해하는 보편성에 뿌리를 내리고 있기 때문이라네. 이러한 문인들은 흐르는 강의 기슭에서 이따금 볼 수 있는 큰나무 같은 것으로, 그 뿌리는 토양층을 뚫고 지구의 기반 속까지 파고 들어가 있지. 다시 말해서 부근의 흙이 강물에 쓸려가지 않도록 미리 방지함으로써, 그 주위에 모여들어 울창하게 자라고 있는 식물과 흔해빠진 잡초도 말라 죽지 않도록 지켜주는 거라네. 셰익스피어는 바로 그런 존재였어. 셰익스피어는 시대의 침식을 받았다고 해서 그것에 조금도 타협하지 않고, 그 시대의 언어와 문학을 굳게 지켜내 오늘날도 사용할 수 있는 문장표현을 남겼지. 우연히 셰익스피어라는 문호를 가까이 접하면서 빛나는 시대를 공유할 수 있었다는 것만으로도 평범한 문인들은 작가의 생명을 오래 유지할 수 있었다고 생각하네. 그러나 안타깝게도 그 셰익스피어마저 시대의 변화와 함께 차츰 쇠퇴해 갔어. 그것은 마치 서서히 기어 올라온 포도 덩굴과 덩굴풀이 자신을 지탱해 주는 귀한 나무를 휘감아 나무가 거의 묻혀 버리는 것처럼, 그는 엄청난 수의 비평가들에게 무자비하게 혹평을 받고 자신의 비참한 모습을 드러내고 말았지."

여기서 작은 4절판 책은 배꼽을 잡고 웃음을 참는 듯하더니, 더는 못 견디겠다는 듯이 '풉' 하고 웃음을 터뜨리고 말았다. 그러다가 배가 너무 당겼는지 거의 숨이 막힐 정도로 폭소를 터뜨렸다. 이 4절판 책은 겨우 호흡을 되찾자, 곧 강한 어조로 이렇게 말했다. "그렇고말고, 암 그럴 테지. 그럼, 그를 뜨내기 같은 사슴도둑이라고 불러야 할지, 아니면 무지몽매한 무리라고 해야 할지, 그렇게 시인다운 풍모를 지닌 인물이라서 문운(文運)도 융성해지고 영구화된다는 건가?" 하더니, 그는 다시 숨이 막히도록 웃어댔다.

솔직하게 고백하면 그의 무례함에 조금은 화가 났지만, 그가 예절을 중시하는 세련된 시대에 살았던 것이 아니기 때문에 너그럽게 넘어가 주기로 했다. 그렇다고 나의 지론을 포기할 생각은 전혀 없었다.

"그렇고말고." 나는 끝까지 물고 늘어졌다. "셰익스피어는 무엇보다 먼저 시인이었네. 그는 세상에 흔히 존재하는 문인 중에서도 후세에 이름을 남길 수 있는 가장 좋은 기회를 가진 인물이었지. 다른 문인들은 머리로 글을 쓰지만 셰익스피어는 마음으로 글을 쓰기 때문에, 인간성에 대해 아는 사람이라면 그의 어떤 작품을 읽어도 이해할 수 있다네. 게다가 셰익스피어는 오래도록 변함없는 자연을 충실하게 그려내는 데에 매우 뛰어났어. 산문작가의 경우, 그들 가운데에는 많은 작품을 쓰는 사람이 많아서 처치곤란이란 말이야. 무엇보다 그들의 책에는 평범한 것만 잔뜩 들어 있고, 엿가락처럼 늘인 사상에는 난감한 것들이 많다네. 그에 비해 진정한 시인의 경우에는, 모든 작품이 간결하고 명료하게 완성되어 감동으로 화려하게 채색되어 있지. 시인은 특별히 갈고닦은 언어를 골라 더없이 숭고한 사상을 이야기한다네. 시인은 자연과 예술 속에 숨어 있는 가장 빼어나다고 생각되는 모든 것들을 통해 그 사상을 표현하지. 아주 가까운 곳에서 펼쳐지는 인간 생활을 생생하게 그려냄으로써 그 사상을 풍요롭게 한다네. 다시 말하면, 시인의 작품 속에서는 시대 정신, 이러한 표현을 써도 된다면, 그 시인이 살았던 시대가 자아내는 향기를 맡을 수 있지. 시인의 주옥같은 작품들은 언어의 보물을 보관하는 작은 상자와 비슷하다고 생각한다네. 그래서 영국문학의 귀한 보물을 후세에 남기기 위해, 전하기 쉽다고 여겨지는 형태로 바꾼 것이지. 물론 그 보석을 끼워 넣는 판은 낡아서 닳아버릴 수 있기 때문에, 이따금 초서의 작품처럼 고칠 필요가 있기는 하다네. 그렇지만 그런 주옥같은 작품의 참된 가치는 쉽게 인정받고, 또 불변의 생명력을 지녔다네. 시험삼아 긴 문학사를 되돌아보는 것은 어떤가? 물론 금욕적인 이야기와 아카데믹하고 자극적인 논쟁으로 가득한 골짜기도 있고, 신학적인 사색에 빠지는 연못, 나아가서는 형이상학적인 들판이 펼쳐지기도 하지. 시적인 예지로 빛나는 순수한 등불을 그 시대부터 다음 시대로 전하기 위해, 멀리 떨어진 산꼭대기에서 피어오르는 봉화처럼 높이 뚫고 올라간 창공에서 찬란하게 빛나는 시인은 여기저기서 조금씩 보일 뿐이라네."

내가 현대의 시인을 칭찬하려고 했을 때였다. 갑자기 방문이 열려, 나는 반사적으로 그쪽을 돌아보았다. 관리인이었다. 도서관을 닫을 시간이 되어 그 소식을 전하러 온 것이었다. 나는 그 4절판 책에 작별인사를 하려고 했지만, 그 훌륭한 책은 입을 다물고 아무 말도 하지 않았다. 황동 잠금쇠가 다시 걸리자, 그 책은 그때까지 있었던 일을 전혀 모르는 듯이 보였다. 나는 그 뒤에도 몇 번 그 도서관을 방문할 기회가 있어서, 그때마다 그 책을 더욱 흥미로운 이야기로 유인해 내려고 했지만 끝내 헛수고로 끝났다. 과연 그토록 산만한 이야기가 정말로 일어난 일일까, 아니면 내가 자주 겪는 기묘한 백일몽의 하나였을까, 그 어느 쪽인지 지금도 확실히 알 수가 없다.

시골 장례식

이곳에 있는 몇 송이의 꽃!
한밤중 되면 더 늘어나리라.

차가운 밤이슬을 머금은 허브,
그대들 무덤에 뿌리기에 어울리네.
꽃처럼 아름다웠던 그대들도, 이제는 시들고 말았구나.
그대들 위에 흩뿌려진 허브도 이내 시들어 스러질 테지.*1

셰익스피어의 《심벨린》

영국의 어느 지방에 요즘도 남아 있는 전원생활의 아름답고 소박한 풍습 중에는, 장례식에 앞서 꽃을 뿌리고 생전에 가까이 지냈던 고인의 무덤에 꽃나무를 심는 습관이 있다. 초기 교회에서 시행되었던 의식의 일부가 남은 풍습이라고 하는데, 옛날에는 그리스·로마 시대 사람들 사이에서도 행해졌다. 때때로 그런 나라들의 문인들에 의해 이야기되어 왔는데, 그러한 의식은 확실히 비통한 생각을 노래로 부르거나, 그 이름을 새겨 넣은 기념비를 세우는 것이 아직 존재하지 않았던 먼 옛날에 시작된 듯하다. 그런 종류의 풍습은 문자를 모르는 그 무렵 사람들의 순수한 애정에서 자연발생적으로 생겨난 것이었다. 그러나 오늘날까지도 그런 풍습을 이어가고 있는 지역은 영국에서도 가장 먼 곳에 있는 외진 마을 정도이다. 그런 지방에서는 새로운 유행의 물결이 밀려왔다고

---

*1 셰익스피어의 희곡 《심벨린》 제4막 제2장에서의 인용.

Belarius : Here's a few flowers : but 'bout midnight, more ; /The herbs that have on them cold dew o' the night/ Are strewings fitt'st for graves. Upon their faces,/You were as flowers. now wither'd : even so/These herblets shall, which we upon you strew./Come on away : apart upon our knees./The ground that gave them first has them again : /Their pleasures here are past, so is their pain.

해서, 예전의 오래되고 흔하지 않은 풍습을 없애지는 않는다.

사람들 말에 따르면, 남웨일스 지방의 글러모건셔 주에서는, 유해가 누워 있는 바닥을 꽃으로 메우는데, 과연 그것은 셰익스피어의 《햄릿》에 등장하는 오필리아의 애처롭고 비애감이 감도는 장면을 노래한 한 편의 시 속에도 나오고 있다.

> 산의 눈처럼 수의로 치장하고
> 향기로운 꽃에 싸여
> 무덤으로 가는 길,*2
> 진정한 사랑의 눈물이 전송해주네.

저 멀리 영국 남부에 위치한 마을에서는 결혼을 하지 않은 채 젊은 나이에 죽은 여성의 경우, 우아하고 기품이 넘치는 장례식이 치러진다. 하얀 꽃으로 꾸민 화관은 고인의 나이와 신체, 그리고 용모와 가장 비슷한 젊은 여성의 손으로 유해 앞에 바치고, 그 다음에는 고인을 기리며 생전에 고인이 앉았던 교회 좌석에 바친다. 때에 따라서 그 화관은 하얀 종이로 생화처럼 만들어 그 속에 주로 순백의 장갑 한 켤레를 넣는데, 그것은 고인의 순결함과 천상의 신이 내려주는 영예의 관을 상징한다.

또 어느 지방에서는 성가와 찬미가를 부르면서 묘지까지 장례행렬을 지어 고인을 보내는 의식이 있다. 영국의 시인 본이 말했듯이, "그들은 환희 속에 생애를 마쳐 승리자가 되었다."는 뜻으로, 거기에는 환호성과 같은 느낌이 배어 있다. 듣기로는, 그것은 잉글랜드 북쪽 지방, 특히 노섬벌랜드에서 치러지는 의식인 듯하다. 어딘가 고요함을 품은 듯한 조용한 외진 마을 황혼녘에, 먼 곳에서 점점 들려오는 장례의 구슬픈 가락에 귀를 기울이면서 장례행렬이 시골 풍경 속을 지나가는 광경을 바라보면, 왠지 모르게 슬픈 시름을 띤 선율에 이끌

---

*2 《햄릿》 제4막 제5장에서 인용.

　　Ophelia : Pray you mark./White his shroud as the mountain snow.

　　Gertrude : Alas, look here, my lord!

　　Ophelia : Larded all with sweet flowers ; /Which bewept to grave did not go/With true-love showers.

려 편안함을 느끼게 된다.

보라, 이렇게 우리는 아무런 방해도 받지 않고
망령도 나타나지 않는 그대 무덤을 에워싸고
그대를 보내는 애도가를 부르네.
우리는 수선화와 다른 꽃들을
사랑하는 그대의 제단, 돌 위에 바치려네.

로버트 헤릭(영국 시인)

또 이렇게 외진 땅에서 길을 가다가 장례행렬을 만나면, 나그네는 숙연하게 존경심을 나타낸다. 사람은 풍요로운 자연과 조용한 정취 속에 드문 광경을 접하면, 영혼이 흔들릴 정도로 깊은 감동을 느끼기 때문이다. 장례행렬이 다가오면, 나그네는 일단 멈춰 서서 모자를 벗고 깊이 고개를 숙인다. 그리고 장례행렬이 지나가기를 기다렸다가, 한동안 묵묵히 그 뒤를 따른다. 때로는 그대로 묘지까지 함께 가기도 한다. 또는 2, 300미터쯤 따라가다가 내내 서 있기도 한다. 어쨌든 나그네는 이렇게 고인에게 경의를 나타낸 뒤 몸을 돌려 다시 여행길에 오른다.

영국인의 성격 속에 있는 감동적이고 우아한 기품이 풍부하면서도 한편으로는 침울한 기질은, 이러한 감상적인 풍습이나 일반 시민들이 평온하고 존중받는 무덤을 갖고 싶어 하는 염원 속에서도 뚜렷이 확인할 수 있다. 가장 신분이 낮은 계층에 속하는 농부라도, 또 살아 있을 때 아무리 가난했더라도, 자신의 유골에 얼마쯤 경의를 나타내 주기를 바란다. 토마스 오버베리 경(영국 시인)은 '아름답고 행복한 젖 짜는 여자'를 썼는데, 그 속에서 "그녀가 그렇게 살면서 오로지 생각한 것은, 봄에 죽어서 무덤 위에 많은 꽃이 놓여졌으면 하는 것뿐이었다."고 말했다. 주로 인간의 감정을 토로하는 시인도 마찬가지로 무덤에 대한 감상적인 심정에 끊임없이 관심을 둔다. 극작가 프랜시스 보몬트와 존 플레처의 합작 《처녀의 비극》 속에도 이와 비슷한 것을 볼 수 있다. 거기에는 슬픔에 몸부림치는 처녀의 우수에 흔들리는 마음이 그려진다.

바닷가에 피어 있는 꽃들을 바라보던 그녀

한숨을 내쉬며 시녀에게 말을 걸었네.
사랑하는 사람을 묻을 곳은 이토록 아름다운 장소여야 한다고.
처녀는 시녀에게 피어난 꽃을 따게 하여,
죽은 사람을 흉내 내며 자기 몸에 뿌렸네.

석물을 꽃으로 꾸미는 습관은 옛날 영국에서는 매우 일반적이었다. 고리버들은 잔디를 상하게 하지 않으려고 조심스럽게 석물 위로 늘어져 있고, 그 주변에는 상록수와 꽃들을 심는다. 영국의 인기 작가이자 원예가인 존 이블린은 저서 《실바, 또는 삼림론》에서 다음처럼 말했다.

"우리는 죽은 사람의 비석에 꽃과 그윽한 향기를 풍기는 식물을 바쳐서 꾸미는데, 그것은 바로 인생의 상징이다. 성서 속에서는 퇴색하여 말라가는 아름다운 꽃의 뿌리는 불명예와 함께 대지에 묻혀도, 다시 싹이 터서 영광 속에 화려하게 피어나는 법이라며, 사람의 일생에 비유했다."

이것은 오늘날의 영국에서는 매우 보기 어려운 관습이 되었지만, 웨일스 산속에 있는 아주 작은 지역의 묘지에 가보면, 이러한 옛날부터의 풍습이 지금도 남아 있음을 볼 수 있다. 그러고 보니 클루이드 주의 아름다운 계곡 끝에 있는 러스벤이라는 아담한 마을에서 목격한 장례식 광경이 떠오른다. 글래머간셔에서 한 소녀의 장례식이 치러졌는데, 마침 거기에 있었던 내 친구의 이야기에 따르면, 장례식에 참석한 여성들이 앞치마에 꽃을 가득 담아 와서, 유골이 묻히고 나면 그 꽃을 무덤 주위에 꽂아준다는 것이었다.

내 친구는 그 밖에도 똑같은 방법으로 아름다운 꽃이 꾸며진 무덤을 몇 개본 적이 있다고 한다. 꽃은 그대로 꽂아두기만 하고 심은 것이 아니기 때문에 곧 말라버리지만, 그렇게 꽃들이 스러져 가는 과정은 모두 똑같지 않고 참으로 다양하다. 즉 시들어가는 꽃도 있고, 말라서 떨어지는 꽃도 있다. 그러한 꽃들은 나중에 호랑가시나무나 로즈마리, 그 밖의 상록수 가지로 교체되는데, 때로는 무서운 기세로 번식하여 비석을 완전히 덮어버리기도 한다.

예전에는 이렇게 소박한 공물을 바치는 데도, 어쩐지 시적인 감흥을 자아내는 우울하면서도 기발한 생각해 냈던 것이다. 이따금 장미에 백합을 섞어서 덧없는 인생을 나타내기도 한다. 존 이블린은 다음과 같이 말했다. "가시 있는 가지에 핀 아름다운 꽃과 백합의 어우러짐은, 헛되고 불안에 찬 인생의 덧없음을 그대로 표현한 상형문자로 볼 수 있다. 그 꽃은 얼핏 보면 숨을 삼킬 만큼이나 아름답지만, 고통과 고난을 품고 있음을 잊어서는 안 된다."

이러한 꽃과 그것을 묶는 리본의 종류와 색채에는, 특히 고인의 인품과 인생에 관련되었거나 슬픔의 뜻을 나타내는 사람의 느낌이 담긴 경우가 많다. 그런데 '코리돈의 애절한 종소리'(토머스 퍼시의 작품에서 인용)라는 옛 시 속에는 연인의 무덤을 꾸민 장식을 이렇게 그려냈다.

두터운 정에 보답하기 위해,
예술과 자연의 기교를 다하여,
여러 색깔의 꽃을 바친다
호의의 표시로

그리고
영롱한 빛깔의 리본을 곁들이지만,
주로 검은색과 노란색으로
사랑하는 그녀의 무덤을 꾸민다.

그녀 무덤을 아름다운 꽃으로 장식하리.
진기한 꽃으로.
비처럼 눈물을 흘리면서,
신선하고 푸르게 지키리라.

옛부터 전해 내려온 이야기에 따르면, 처녀 무덤에는 하얀 장미를 심고, 그 화관에는 더럽히지 않은 순결을 표현하기 위해 하얀 리본을 매었다고 한다. 그때그때 다르지만, 검은 리본을 곁들여 남겨진 사람들의 깊은 슬픔을 드러내기도 한다. 또 자비의 깊이를 강조하기 위해 이따금 붉은 장미를 바칠 때도 있는데, 일반적으로 장미꽃은 연인의 무덤에 바쳤다고 한다. 존 이블린은 다음처럼 말한다. 그가 살았던 시대 설리 주 부근에서는 이 관습이 완전히 사라지지는 않아서, '처녀들은 사랑하는 사람을 잃은 슬픔을 표현하기 위해 그 무덤에 장미나무를 1년에 한 번 심는다'는 것이다. 윌리엄 캄덴(영국 역사가)의 역사서

《브리타니아》에서도 그러한 기록을 볼 수 있다.

"이 땅에도, 특히 사랑하는 연인을 잃은 젊은 남자 또는 여자가 그 무덤에 장미나무를 심는, 옛부터 내려온 관습이 남아 있다. 따라서 오늘도 묘지로 가는 길에는 장미꽃이 흐드러졌다."

또한 고인의 사랑이 불행했으면, 상록수인 주목이나 사이프러스 같은, 한결 음울한 분위기를 자아내는 식물을 바쳤다고 한다. 만일 꽃을 뿌렸다면, 그것은 가장 우울한 기분을 부르는 색으로 물들어 있었을 것이다. 토머스 스탠리(영국 작가·번역가)가 1651년 발표한 시에도 다음과 같은 구절이 있다.

> 나의 쓸쓸한 무덤 위에,
> 뿌려주오.
> 당신의 손에 있는 제물들을,
> 버림받은 사이프러스와 슬픈 주목을.
> 나의 박복한 무덤에서는
> 어여쁜 꽃이 피어나는 일은 없을 테니.

앞에 나온 《처녀의 비극》 속에 슬픈 시름을 부르는 짧은 시편이 있다. 거기에는 사랑을 잃은 여성의 장례식을 어떻게 감동적으로 연출하는지, 그 방법이 적혀 있다.

> 어딘가 음울한 주목 나무를,
> 내 영구차 위에 꽂아다오,
> 처녀들이여, 내 진실한 마음도 죽었으니,
> 버들가지로 꾸며 다오.
>
> 내 사랑은 거짓이었지만,
> 내 마음은 태어났을 때부터 한 번도 변치 않았다네,
> 내 유골 위에,
> 흙을 조용히, 그리고 부드럽게 덮어다오.

누군가의 죽음을 슬퍼하는 심정은 저절로 솟아나는데, 그 감정은 사람의 마음을 순수하게 만들고 감상에 젖게 한다. 이러한 장례의식 전체에 감돌고 있는 순백의 감정과 맑고 깨끗하며 우아한 사상 속에 그 증거가 있다. 이렇게 달콤한 향기를 내뿜는 상록수 가지와 잎, 꽃 말고는 아무것도 사용되지 않는 것은 남다른 배려가 있기 때문이다. 아무래도 거기서는 묘지에 대한 공포심을 완전히 없애고, 언젠가는 스러질 운명에 놓이게 될 인간의 굴욕을 걱정하지 않고, 또 고인을 기리는 마음을 자연계의 가장 우아하고 아름다운 것과 하나로 만들고자 하는 의도를 엿볼 수 있다. 유골이 먼지로 돌아가기 전까지는 상상을 넘어서는 음울한 일이 무덤 속에서 펼쳐진다. 우리는, 생전의 젊음과 미모로 빛나는 연인의 모습이 눈앞에서 떠나지 않고, 또 아름다웠던 기억들을 잊지 못하기에 그 사랑스러운 모습을 지금도 떠올리는 것이다. 《햄릿》에서 레어티스는 누이인 오필리아를 말하면서 '그녀를 흙 속에 묻으라'고 말한다.

그리고 그 아름답고 순결한 육체에서
오월의 제비꽃이 피어나겠지.

로버트 헤릭도 자신의 작품인 '젭타의 만가(輓歌)'에서, 살아 있는 사람의 기억 속에 고인의 이름을 빛나게 해주는 시적인 사상과 영상을 쏟아 넣었다.

그대여, 편히 잠들라, 향기를 내뿜는 바닥에 누워
이 세상의 모든 것을 낙원으로 만들어
부디, 꽃향기 그윽하게 피어나라.
그리고 풍요롭고 기름진 유향도 여기서부터 향기를 피우기 바라노라.

젊은 나이에 세상을 떠난 그대, 자신의 무덤에서 향유와 계피로 그 향기를 피워라.

바라건대 모든 처녀들이여, 원하는 시간에
그대들의 무덤에 꽃을 뿌려라.
부디 처녀들이여, 남자에게 슬퍼하는 마음을 바칠 때는,

그 제단 위에 향을 피워,
그대가 돌아간 뒤에도 편안한 잠을 이루게 하라.

이러한 의식이 널리 퍼졌던 시대에 그들을 즐겨 다루며 재치 있는 글을 썼던 영국의 고전 시인들의 시를 인용하여 이 장의 페이지를 메울 수도 있지만, 나는 이미 필요 이상으로 많은 것을 인용했다. 그러나 흔해빠진 시구로 생각될지 모르지만, 아무래도 셰익스피어의 작품에서 한 구절을 인용하지 않을 수 없다. 그것은 이렇게 꽃을 바치는 행위에 때때로 깊이 녹아들어 있는 상징적인 의미를 이야기하고 있기 때문이다. 그뿐만 아니라, 거기에는 셰익스피어 탁월한 언어의 매력과 적절한 비유가 숨어 있다.

내가 여름 동안 이곳에 머무는 한, 피델이여,
이 세상에서 가장 아름다운 꽃으로,
그대의 슬픈 무덤을 꾸미겠노라.
나는 그대의 얼굴처럼 연한 색조의 앵초를 빠뜨리지 않겠노라.
또 그대의 혈관과 같은 하늘색의 실잔대(야생화)를 곁들이는 것도 잊지 않고,
들장미도 끊이지 않게 하리라.
그런 꽃들을 비방할 생각은 조금도 없지만,
그대의 향기로운 한숨에는 아득히 미치지 못한다네.

이렇게 재빨리 자연스럽게 반응하여 자연의 공물을 바치는 것이, 비싼 가격의 인공적인 기념비보다 훨씬 큰 감동을 부를 것이다. 사람의 마음이 따뜻할 때 손이 무덤 위에 꽃을 바치고, 애정의 버들가지를 잔디밭에 뿌리면 눈물이 무덤 위로 떨어진다. 그러나 비애감은 뾰족한 끝의 느린 움직임 속에 사라져 버리고, 공을 들여 의장을 새긴 차가운 대리석의 허식 속에 싸늘하게 식어버린다.

오늘날에는 이렇게 우아하고 감동적인 관습이 거의 사라져서, 그저 구석지고 후미진 산골 마을에만 남아 있어 참으로 유감스럽다. 이제 시적인 감동이 느껴지는 관습은 세련된 사회에서는 거의 볼 수 없게 된 것 같다. 세상 사람들

이 예절을 중시하게 될수록 시적인 정서는 사라져 없어질 것이다. 사람들은 시에 대해 무미건조하게 이야기하거나, 이상하게도 자유로운 시적 충동을 억누르며 번뜩이는 시정(詩情)의 광채를 믿으려 하지 않는다. 그리고 사람의 마음을 움직이는 아름다운 습관을 버리고, 그 대신 부자연스럽게 꾸민 형식과 화려한 의식을 엄숙하게 실행하게 되었다. 영국 도시에서의 장례식만큼 위엄이 감돌고 어딘가 냉철한 인상을 주는 것은 거의 없을 것이다. 그 장례식은 구경거리와 음울한 분위기를 띤 행렬로 이루어져, 조의를 나타내는 상장을 단 마차, 장례용 말, 장례용 깃털 장식, 슬픔을 나타내기 위해 고용된 장례 참석자들로 구성되어 있기 때문이다. 영국의 저명한 성직자인 제레미 테일러는 말한다.

"무덤을 파고 엄숙하게 장례를 치러 인근에 널리 알려지지만, 그날이 지나면 금세 세상의 기억에서 사라져 버린다."

어수선한 도시 속이면 더 말할 것도 없다. 분명히 그 뒤, 새로운 친구를 만나고 새로운 즐거움을 발견하면서 자신을 둘러싼 상황이 눈이 어지러울 만큼 변하기 때문에, 상실감은 곧 사라져 버린다. 상황은 늘 바뀌고, 사람도 끊임없이 바뀌기 때문이다. 그러나 시골 장례식은 엄숙한 분위기 속에서 크고 넓게 퍼져, 한가로운 전원생활 속에서 마주치는 두렵고도 감동적인 사건이다. 장송하는 애도의 종소리는 모든 사람의 귀를 울리며, 언덕과 골짜기를 음울한 분위기로 물들이고, 모든 풍경 속에 슬픈 선율을 연주한다.

늘 변함없는 차분한 시골의 경치조차도 오래전 함께 그것을 바라보았던, 이제는 죽고 없는 친구의 살아생전 모습을 언제까지나 잊을 수 없게 한다. 그 친구는 산책 동료로서, 아무리 고요하고 조용한 산책길을 걷고 있어도 늘 활기찬 생기를 불어넣어 주었다. 아름다운 자연의 매력을 접할 때마다 어김없이 그가 떠오른다. 산에서, 죽은 친구가 좋아했던 메아리 소리를 들으면 그의 목소리가 생각나거나, 그와 자주 지나갔던 숲에 서면 그의 영혼을 만날 수 있을 것만 같다. 고요함이 감도는 언덕에 올라도, 또는 슬픈 시름이 감도는 계곡 속에 들어가도, 역시 죽은 친구가 생각난다. 기분 좋고 상쾌한 아침에는, 죽은 친구의 쾌활한 미소를 띤 밝은 얼굴이 마음속에 되살아난다. 또 따뜻한 저녁이 되어 땅거미가 차츰 깊어지고 고요함이 주변을 에워쌀 무렵이면, 황혼의 감미로운 우울함 속에 다정한 어조로 말하던 죽은 친구의 목소리가 문득 들려온다.

아무리 조용하고 쓸쓸한 장소에 있어도 그대 생각에,
끝없이 넘쳐흐르는 눈물.
더 이상 매혹될 수 없을 만큼 그대를 사랑하네,
연민의 마음이 사라질 때까지 슬퍼하리라.

시골에 사는 사람들이 죽은 사람을 오래 그리워하며 공양하는 또 하나의 이유는, 도시와는 달리 남겨진 사람들의 생활범위 안에 무덤이 있다는 사실, 바로 그것 때문이다. 그도 그럴 것이, 무덤은 그들이 교회에 가는 길 중간에 있어서, 예배로 마음의 평안을 얻었을 때 그 무덤이 눈에 들어온다. 그들은 안식일이 되면 무덤 주위를 거니는데, 그럴 때는 세상일의 번거로움에서 해방되고 현세의 쾌락과 애욕의 굴레에서 완전히 벗어나서, 과거를 떠올리게 하는 엄숙한 기념물 앞에 무릎을 꿇고 싶어진다.

북웨일스 지방 이야기를 하자면, 그 지역 농부들은 고인이 땅에 묻힌 뒤 일요일마다 몇 번에 걸쳐 죽은 친구의 무덤 앞에서 무릎을 꿇고 두 손을 모으고 기도한다. 그리고 꽃을 뿌리고 꽃나무를 심는 그 아름다운 관습이 지금도 뿌리 깊게 남아 있는 곳에서는, 부활절과 성령강림절 또는 그 밖의 축일이 찾아오면 어김없이, 그 의식이 새로운 느낌 속에 엄숙하게 치러진다. 그럴 때는 예전에 같은 의식에 참석했던 죽은 친구가 가슴에 더욱 생생하고 또렷하게 떠오른다. 이 의식은 반드시 가까운 친척이나 그 친구들에 의해 이루어진다. 하인이나 고용인이 자리를 함께하여 시중을 들어주는 일은 없다. 그리고 이웃들이 도와주는 일이 있다 해도, 그 대가를 생각하는 것은 모욕으로 여긴다.

이처럼 내가 아름다운 전원 지방 관습을 이야기한 이유는, 애정이 담긴 가장 신성한, 그리고 가장 마지막 임무의 하나이기 때문이다. 묘지는 참된 애정을 확인하는 시금석이다. 결국 인간 영혼에 깃든 신성한 정열이 단순한 애정을 띤 본능적인 충동을 넘어서는 것은, 바로 이 장소이다. 애정은 그 대상이 존재하는 한 항상 신선한 자극을 받으면서 지속되지만, 영혼 속에 깃드는 정열은 마음에 오래 살아남는다. 단순한 감각의 지향은 그것을 기분 좋게 자극하는 매력과 함께 쇠퇴하여, 묘지라는 음울한 장소로부터 혐오감을 품고 도피해 버린다. 그런데 참된 정신적 애정은 무덤에서 태어난다. 그곳은 인간의 모든 관능적인 욕망을 정화하고, 마치 성스러운 불꽃처럼 현세에 남겨진 사람들의 마음을 비추어 그 영혼을 정화해 주는 장소이다.

죽은 사람에 대한 슬픔은, 우리가 고인과 헤어지고 싶지 않다는 유일한 슬픔을 의미한다. 우리는 다른 모든 상처와 고통을 치유하려고 그 밖의 고통의 씨앗을 망각의 저편으로 보내 버리려고 하지만, 마음의 슬픔과 고통만은 그대로 담아두는 것을 의무로 여기고, 가슴 속에 조용히 남겨 두고 담담히 생각한다. 그런데 아무리 모든 고통의 씨앗이라 하더라도, 덧없이 떨어지는 꽃처럼 어린 자식을 잃은 어머니는 과연 그 추억을 잊으려고 할까? 생각나면 고통스러운 고민의 시간을 함께 하게 되더라도, 과연 부모의 자애로운 마음을 잊는 자식이 있을까? 아무리 괴로워도 죽은 친구에게 슬퍼하는 마음을 바치는 것을 잊지는 않으리라. 진심으로 사랑한 여성의 유해가 묘지에 묻히고, 이윽고 그 입구가 엄숙하게 닫힌다고 가정하자.

가슴이 찢어질 듯이 괴로운 그러한 순간에도, 사람은 고인을 잊어버리라는 위로를 받아들이지 않는다. 아마도 그런 사람은 어디에도 없을 것이다. 고인을 불쌍하게 여기는 것은 현세에 사는 사람의 마음에 깃든 가장 숭고한 정신의 속성이다. 거기에는 비탄과 환희가 함께 머문다. 상실의 슬픔에 격정적으로 울음을 쏟아낸 뒤, 감정이 가라앉고 추모의 따뜻한 눈물이 솟아날 때, 사랑하는 사람을 잃은 깊은 상실감에 사로잡히지만, 이윽고 마음이 가라앉아 죽은 사람에 대한 추억에 잠길 때, 과연 누가 그런 감정을 뿌리째 뽑아내 버리려고 할 것인가. 유쾌하게 들뜬 소동 속에서도 한동안 슬픔이 통절하게 마음을 짓누르는 일도 있을 것이다. 또는 고독 속에 더욱 깊고 침울한 슬픔에 휩싸이는 일도 있으리라. 그러나 누가 그러한 슬픔을 술자리의 노래나 환락으로 바꾸려고 할 것인가. 묘지 쪽에서 들려오는 목소리에는 노랫소리를 넘어서는 아름다움이 있고, 또 죽은 사람의 추억에는 산 사람이 도저히 이길 수 없는 매력이 깃들어 있다. 아, 무덤이여, 무덤이여. 무덤은 모든 잘못을 묻고, 모든 결점을 가리고, 모든 분노와 원망을 정화시킨다. 그 따뜻한 가슴에서 솟아나는 것은 참으로 달콤한 회한과 따뜻한 추억뿐이다. 혹 살아 있을 때 원수의 무덤이라 해도 그것을 내려다보고 있노라면, 나는 왜, 이렇게 썩어서 한줌의 흙에 지나지 않는 가엾은 사람과 싸웠던가 하고 지난날을 떠올리며 회한에 사로잡힌다.

우리가 사랑하는 사람들의 무덤이야말로 조용히 명상에 잠길 수 있는 장소이다. 무덤가에 서면, 우리는 고인의 삶을 짙게 물들였던 순결하고 따뜻한 마음, 그리고 모르는 사이에 일상 속에 스며들어 깨닫지 못했던 수많은 온화한 인정의 숨결을 몇 번이고 되풀이해 떠올리지 않을 수 없다. 또 임종 때의 슬픔 속에 느껴졌던, 부드러움이 넘치는 두려움의 정을 새삼스럽게 떠올리는 것도 이 장소에서다. 가슴이 막히는 듯한 슬픔, 말없는 가운데 정성스런 간호, 그리고 오로지 조용히 지켜보는 임종의 순간. 사랑하는 사람이 세상을 떠날 때 남기는 마지막 말. 가늘게 떨리는 손이 손을 맞잡는 모습. 자신의 죽음 앞에서 마지막으로 짜내는 듯한, 사랑을 담은 한 마디를 전하려고 흐릿하게 뱉는 고통스러운 목소리. 저 세상에 한 발을 들여놓고도 우리에게 향하고 있는 자애로운 마지막 눈길.

이제 사랑하는 사람이 묻힌 무덤에 가서 명상에 잠겨보자. 그리하여 당신이 고인에게 보답하지 못했던 생전의 모든 은혜와 의리, 돌아보지 않았던 생전의 모든 애정을 생각의 저울에 달고 생각해 보자. 다만, 당신이 뉘우쳤다고 해서 고인이 위로를 받기 위해 이 세상에 다시 돌아오는 일은 절대로 없다.

당신이 자식으로서 자애로 가득한 부모의 마음을 슬프게 하고, 그 늙은 얼굴의 미간에 주름을 깊이 새겨 넣은 적이 있다면, 당신이 남편으로서 그 가슴에서 행복을 찾는 아내의 마음속에 깊은 정과 성의를 조금이라도 의심하게 하는 일을 한 적이 있다면, 당신이 완전한 신뢰를 보내고 있는 친구의 마음을 속이고 헐뜯는 말, 또는 욕설과 악담으로 상처를 준 적이 있다면, 차갑게 잠든 정결하고 사랑스러운 사람에게 부당한 고통을 준 적이 있다면, 이제는 묘지에서 지난날의 싸늘했던 눈길과 배려 없는 말, 거친 행동 등에 대한 기억을 되살리고 슬퍼하면서 당신의 마음을 찌르게 될 것이다. 그때 당신은 틀림없이 무덤가에 무릎을 꿇고 연민과 슬픔에 젖어, 홀로 고독하게 신음하며 후회의 눈물을 흘리게 될 것이다. 게다가 그러한 사람에게 알려질 수 없는 슬픔은 더욱 더 깊고 괴로운 것이 된다.

그때는 화관을 만들어 아름다운 꽃을 무덤가에 뿌려줘도 좋겠다. 그러면 따뜻하면서도 헛된 회한의 공물이 애절한 마음에 위로가 되어 줄 것이다. 그리고 앞으로는 고인에 대한 회한과 자책을 가슴 속 깊이 묻고, 세상에 남겨진 사람들에게 한결같이 깊은 애정을 쏟으며 성실하게 살아갈 일이다.

이 글을 쓰면서, 나는 영국 농민들 사이에 남아 있는 장례식 관습을 이토록 자세하게 설명할 생각은 아예 없었다. 다만 이 지역 특유의 장례식을 소개할 때 내가 아는 바를 조금 덧붙이거나, 인용문을 곁들인 것에 지나지 않는다. 아울러 나의 발표하지 않은 문장에 붙일 주석으로서 도움이 되게 한 것뿐인데, 어느새 매수가 늘어나 이런 형태가 되고 말았다. 아시다시피 장례에 대한 전문적인 지식을 자세히 밝힌 책은 그밖에도 많기에, 내가 쓴 글은 어디까지나 이런 종류의 풍습을 생각나는 대로 간결하게 써내려간 것에 지나지 않는다. 이점을 밝혀 두고자 한다.

한 마디 더 덧붙이자면, 나는 꽃으로 무덤을 꾸미는 관습은 영국에만 있는 것이 아니라 다른 나라에서도 볼 수 있는 의식이라는 점을 잘 알고 있다. 실제로 나라에 따라서는 이런 종류의 관습이 더욱 넓은 범위에 걸쳐 이루어지고, 부유층에서도 지지를 받고 있는 곳도 있다. 그러나 그 경우에는 유감이지만, 맨 처음 소박함을 지향한 특성은 사라지고 겉치레로 흐르기 쉽다. 리처드 브라이트(영국 의학자)는 저서 《로어 헝가리 여행》에서 대리석 기념비, 관엽식물의 그늘에 의자를 둔 산뜻하고 조용한 집, 그리고 무덤이 그 계절을 물들이는 가장 아름다운 꽃으로 꾸며진 것에 대해 말했는데, 그는 다음과 같은 것도 이야기했다. 그것은 효도와 관련된 뜻밖의 풍경이어서 여기서 꼭 소개하려고 한다. 그 광경은 여성이 지닌 바람직한 덕목을 보여주는 것인 동시에 흐뭇한 일이라고 생각하기 때문이다. 브라이트는 이렇게 설명한다.

"내가 베를린에 머무를 때의 일이다. 나는 한 시대를 휩쓸었던 독일 명배우 아우구스트 빌헬름 이플란트의 장례식에 참석할 기회를 얻었다. 그것은 조금 과장된 연출이지만, 전체적으로는 참가자의 진정성이 유감없이 드러난 장례였다. 그 의식 중에 내 눈길이 맨 먼저 머문 것은 한 아름다운 여성이었다. 그녀는 새로운 잔디로 덮은 무덤 위에 서서, 그곳을 지나가는 참석자들의 발에 함부로 짓밟히지 않도록 유의하면서 지키고 있었다. 이야기를 들으니, 그것은 바로 그녀 부모의 무덤이었다. 이 사랑 넘치는 여성의 아름다운 모습이야말로 기념비 그 자체라고 할 수 있다. 그것은 가장 값비싼 예술작품보다 빛난다."

내가 이전에 스위스 산속에서 잠시 보았던 무덤 장식의 한 풍경에 대해서도 간단하게 소개하고자 한다. 그곳은 게르사우라는 이름의 마을로, 리기 산기슭의 루체른 호숫가에 있었다. 옛날 이 마을은 이름도 없는 작은 공화국의 수도에 지나지 않았다. 알프스 산맥과 루체른 호수 사이에 갇힌 듯한 형국이어서, 다른 지역과는 작은 오솔길을 통해 교통이 이루어졌다. 그 공화국의 군대는 모든 병력을 동원해도 600명이 채 되지 않았다. 게다가 고작 몇 마일 주변은, 이른바 산기슭을 파낸 듯한 형태를 이루어 그 경계가 되는 구역을 포함했다. 게르사우 마을은 다른 세계로부터 떨어져 있었으므로, 더욱 순진무구한 시대의 고귀한 소박함을 유지하는 것처럼 보였다. 이 마을에는 교회가 하나 있고, 그 근처에는 묘지가 있었다. 묘석 위에는 목제와 철제 십자가가 세워졌는데, 그중에는 작은 초상화가 함께 있는 경우도 있었다. 매우 허술해 보였지만, 틀림없이 고인의 초상을 그린 것이었다. 십자가 위에는 화관이 꾸며져 있는데, 그 가운데에는 말라버린 것도 있었다. 그런가 하면 자주 교체되는지 싱싱한 꽃도 있었다. 나도 모르게 걸음을 멈추고는 그 광경에 마음이 송두리째 빠져들고 말았다.

나는 마치 시의 원천에서 쉬는 듯한 착각을 느꼈다. 즉 그것은 시인이라면 누구나 기뻐하며 노래를 읊을 만한, 아름다운 마음이 반영된 순진한 공물이었기 때문이다. 열기와 쾌락이 소용돌이치는 사람이 북적대는 장소라면, 나는 이 관습을 책에서 얻은 지식과 감동에서 비롯된 인위적인 것이라고 짐작했겠지만, 게르사우 마을의 선량한 사람들은 책이라는 것을 거의 몰랐다. 사실 이 마을에는 소설이나 연애를 노래한 시가도 없었다. 그래서 나는 생각했다. 과연 이 마을의 농부들은 사랑하는 이의 무덤에 바치기 위해 새로운 화관의 모양을 요리조리 생각하면서 엮어가는 동안에도, 자신이 시적 정취가 넘쳐나는 의식을 올리고 있다거나, 실제로 한 사람의 시인이라는 생각은 꿈에도 하지 않았을 거라고.

여관 주방

내가 이 여관에서 편히 지낼 수 있을까?

폴스타프

　내가 예전에 네덜란드를 여행했을 때의 일인데, 어느 날 저녁에 플랑드르 지방의 작은 마을에 있는 고급 여관 폼므 도르에 도착했다. 이미 저녁식사 시간이 지났기 때문에, 나는 커다란 식탁에 남아 있는 음식에서 적당히 골라 혼자 쓸쓸하게 저녁식사를 마치는 수밖에 없었다. 쌀쌀한 날씨였다. 나는 넓지만 음산한 분위기의 식당 한쪽에 앉아 저녁을 먹었다. 소박한 저녁을 마치고나자, 이 고요하고 긴 밤을 특별히 즐겁게 보낼 방법이 없어서, 아무래도 하는 일 없이 시간을 보내야만 될 것 같았다. 그래서 나는 여관주인에게 말을 걸어 무언가 재미있는 읽을거리라도 없는지 물어보았다. 그러자 주인은 네덜란드어로 적힌 가정용 성서와 달력, 며칠 분의 파리의 지나간 신문 등, 여관에 있는 읽을거리를 몽땅 갖다 주었다. 그 신문 일부를 손에 들고 낡고 케케묵은 비평기사를 읽으면서 졸고 있으려니, 주방에서 이따금 귀를 때리는 듯한 높은 웃음소리가 들려왔다. 유럽 대륙을 여행한 적이 있는 사람이라면, 소박한 여행객에게는 시골의 주방이 사람들이 즐겨 모이는 쾌적한 장소가 되는 것을 잘 알고 있을 것이다. 날씨가 시원치 않거나, 저녁이 가까워져 난롯불이 생각날 무렵에는 그런 경향이 더욱 강해진다. 나는 어느새 손에 들었던 신문을 내던지고 주방으로 가서, 즐거운 듯이 흥을 내고 있는 사람들을 들여다보았다.

　몇 시간 전에 승합마차를 타고 도착한 여행객들도 있었지만, 그밖에는 여관의 단골손님이나 여관 종업원들이었다. 그들은 커다란 난롯가에 둘러앉아 있었는데, 그 모습이 마치 성단 앞에 무릎을 꿇고 기도라도 올리는 것처럼 보였다. 그 난로에는 윤이 나도록 잘 닦은 이런저런 부엌용품들이 다닥다닥 진열되어 있었는데, 그중에서 특히 눈길을 끈 것은 숙, 숙, 김을 내뿜고 있는 커다란 구리 주전자였다. 주방에 설치된 아주 큰 램프는, 그들의 머리 위에서 눈부신 빛을 내면서 그 수많은 이상한 윤곽들을 또렷하게 비춰주고 있었다. 노란 불빛은 넓은 주방의 일부만 비춰줄 뿐, 멀리 떨어진 구석은 어두컴컴했다. 또 돼지 옆구리살의 측면에는 부드러운 빛이 비치고, 잘 닦인 그릇에서 반사된 빛이 어둠 속으로 새어 나왔다. 긴 금빛 펜던트를 귀에 달고, 하트 모양 금목걸이를 가슴에 매달고 있는 플랑드르 출신의 체격이 큰 회당의 사제가 그 집합소의 중심적인 인물이었다.

그들의 대부분은 파이프를 물고 술잔을 기울이면서 서로 이야기를 즐기고 있었다. 그들은 거무튀튀한 주름투성이 얼굴에 멋진 구레나룻을 기른 키 작은 프랑스인이 늘어놓는 연애담에 모두 흥겨워하고 있었다. 한 이야기가 끝날 때쯤에는 모두가 격의 없이 왁자하게 웃음을 터뜨렸다. 이러한 일이 가능한 까닭은, 이곳이 여관이고 사람이 생각하는 대로, 또 있는 그대로 행동할 수 있는 장소이기 때문이다.

나는 떠들썩한 그 분위기 속에서도 지루함이 감도는 저녁시간을 보내며 달리 이렇다 할 재미있는 생각이 떠오르지 않아서, 난로 가까이 자리를 잡고 앉아서 여행객이 쏟아내는 온갖 이야기에 묵묵히 귀를 기울이기로 했다. 무척 엉뚱하고 재미있는 이야기도 들을 수 있었지만, 대부분 지루한 이야기뿐이었다. 그리고 이제부터 말하는 이야기를 제외하면, 모두 나의 시원치 않은 기억에서 사라져버리고 말았다. 그 이야기는 참으로 흥미로웠는데, 그 까닭은 오로지 이야기하는 사람의 말솜씨와, 그가 말할 때 보여주는 독특한 분위기와 행동 덕분이었다.

그 사람은 여행에 이골이 난 사람임을 짐작하게 하는 풍채가 좋은 노령의 스위스인 여행자였다. 그는 빛바랜 녹색 여행복 차림으로, 허리에는 폭넓은 띠를 매고 엉덩이에서 발목까지 단추가 달린 바지를 입고 있었다. 푸근한 얼굴은 아주 조금 붉은 기를 띠었으며, 이중턱에 매부리코였는데, 눈은 유쾌한 듯이 빛났다. 밝은 색의 머리카락은, 머리 한쪽에 얹은 낡은 녹색의 비로드 모자 밑에서 물결치는 듯이 보였다. 그의 이야기는 새로운 여행객의 도착과 듣는 사람의 질문에 의해 여러 번 끊기고, 또 파이프에 살담배를 채워 넣느라 이따금 중단되었는데, 그럴 때는 대개 매력적인 눈짓을 하면서 살찐 하녀를 음흉한 농담으로 놀리곤 했다.

　자, 이제 나의 독자 여러분은 상상력을 한껏 펼쳐보기 바란다. 커다란 팔걸이의자에 몸을 깊숙이 묻은 한 노인이, 한쪽 팔꿈치를 짚고 다른 손에는 은사슬과 비단 술로 꾸민, 해포석으로 묘하게 뒤틀리게 만든 파이프를 들고, 고개를 갸웃거리면서 다음 장에 이어지는 이야기를 하기 시작했다.

유령 신랑

어느 여행자 이야기에서

그를 맞이할 만찬은 준비되었지만,
오늘 밤 차갑게 식어 몸을 누일지도 모른다네.
어젯밤에는 침실에 불러들였으나,
오늘밤은 칼이 되어 바닥에 누워있다네.

《에거 경, 그레이엄 경, 그리고 그레이스틸 경》*¹ 에서

아득히 먼 옛날 일이기는 하지만, 마인 강과 라인 강이 합치는 지점에서 그리 멀지 않은 상부 독일의 황량하고 낭만적인 풍경이 펼쳐진 지역, 오덴발트 산지 꼭대기에 폰 란트슈트 남작의 성이 있었다. 그 성은 지금은 완전히 쇠락해 버려서 너도밤나무와 우거진 전나무 속에 거의 묻히다시피 했지만, 그 나무들 위로 오래된 성의 망루를 바라볼 수 있고, 앞에서 이야기한 옛날 성의 성주들처럼 어떻게든 버티고 서서 도도하게 고개를 높이 쳐들고 가까운 곳 전체를 내려다보고 있었다.

남작은 카체넬른보겐*² 이라는 명문의 몰락한 분가(分家) 출신으로, 조상의 유산과 함께 그 거만한 자만심까지 고스란히 물려받은 사람이었다. 조상들은 싸움을 좋아하는 기질 때문에 재산을 몽땅 날려버렸지만, 남작은 그래도 여전히 스러진 옛날의 그 위용을 조금이라도 지키려고 노력했다. 그 무렵은 평화로웠기 때문에, 대부분의 독일 귀족들은 산속에 독수리 둥지처럼 지은 불편하고 오래된 성에서 나와 골짜기에 좀 더 살기 좋은 집을 마련했다. 그러나 남작은 여전히 그 작고 비좁은 성채에 틀어박혀, 조상으로부터 물려받은 고집스러움을 버리지 않고 조상 대대로의 숙적에게 원한을 품고 있었다. 그래서 조상들

*1 Early Metrical Tales(1826) 속에 있는 이야기.
*2 '고양이 팔꿈치'라는 의미로, 옛날 이 지방에서 영화를 누렸던 일족의 이름. (원주)

사이에서 일어난 전쟁 때문에 몇몇 인근 주민들과도 관계가 원만하지 못했다.

남작은 자식이라고는 딸 하나밖에 없었는데, 신의 은총이라고 할까, 자식이 하나밖에 없는 경우, 대개 그런 아이는 비범한 재능을 지니고 태어난다. 남작의 딸도 예외는 아니었다. 유모와 시골의 친척들, 그리고 가십거리를 좋아하는 마을 사람들도 모두 입을 맞춰, 그녀의 아름다움은 주변의 어느 누구와도 비교될 사람이 없으며, 독일 전체에서도 그녀와 어깨를 겨룰 만한 미녀는 아무도 없을 거라고 그 아버지에게 딱 잘라 말했다. 사실 그들 이상으로 그런 사정에 밝은 사람들이 또 있을까. 게다가 그녀는 결혼하지 않은 두 고모들의 보호 아래 금이야 옥이야 매우 소중하게 길러졌다. 이 두 고모들은 젊은 시절에 몇 년 동안 독일의 작은 궁정에서 지낸 적이 있어서, 아이를 훌륭한 귀부인으로 기르는 것에 필수로 여겨지는 모든 분야의 지식에 정통한 사람들이었다. 이러한 뛰어난 훈육을 양식으로 하여, 그녀는 눈 깜짝할 사이에 놀랄 만큼 재능을 드러냈다. 열여덟 살이 될 무렵에는, 자수를 매우 솜씨 좋게 놓아 모두를 감탄하게 했다. 그녀는 태피스트리에 성인들의 일대기를 나타냈는데, 그들 표정이 어찌나 생생한지, 마치 연옥에서 괴로워하는 인간의 얼굴처럼 보였다. 또 그녀는 책도 손쉽게 술술 읽을 수 있었다. 그래서 교회에 얽힌 여러 전설과 중세 독일의 영웅시에 나오는 이상야릇한 모험을 담은 기사도 이야기를 거의 모두 알고 있었다. 또 글 쓰는 능력도 뛰어나서, 자신의 이름을 한 글자도 틀리지 않게, 게다가 매우 알아보기 쉽게 서명할 줄 알았다. 그 덕분에 고모들은 안경을 끼지 않고도 그 글자를 읽을 수 있었다. 그리고 실용적이지는 않지만 여성 취향의 온갖 멋진 장신구를 만드는 재능도 훌륭했고, 그 무렵에 가장 어렵다는 댄스에도 뛰어났으며, 이런저런 가곡을 하프나 기타로 연주할 수도 있었다. 또 연애시인들이 노래하는 감미로운 발라드를 모두 외우고 있었다고 하니, 그야말로 재주와 미모를 두루 갖춘 여성이었다.

그녀의 고모들은 젊은 시절엔 몸가짐이 헤프고 교태를 부리던 여성들이었는데, 그런 까닭에 이 조카의 평소 행실을 눈에 불을 켜고 주의 깊게 살피면서 엄격하게 감시하는 역할에는 완전히 적임자였다. 아리땁고 요염한 중년여성만큼 생각이 깊고, 게다가 무자비하리만치 예절을 중시하는 감시역은 좀처럼 없기 때문이다. 따라서 그녀가 고모들의 눈이 미치지 않는 곳에 가는 것은 꿈도 꿀 수 없는 일이어서, 성 밖에 나갈 때는 반드시 보호자가 함께 따라가야 했다. 그렇게 그녀는 늘 엄밀한 감시 아래 행동해야만 했다. 그리고 끊임없이 엄격한 예절과 절대적인 복종이 요구되었는데, 모르는 남자에게는 절대로 가까이하지 말라고 귀에 못이 박일 정도로 주의를 받았으며, 무슨 일이 있어도 남자를 절대로 믿어서는 안 된다는 생각이 주입되었다. 그래서 정당한 이유가 없으면 그녀는 세상에서 가장 잘생긴 남자를 만나도 얼굴 한 번 제대로 쳐다볼 수 없었다. 따라서 아무리 비할 데 없는 절세의 미남자가 눈앞에 쓰러져 사경을 헤매고 있다 해도, 그녀는 그쪽으로 눈을 돌리지도 않았을 것이다.

이러한 교육은 곧바로 좋은 효과를 나타냈다. 이 젊은 숙녀는 온순함과 단정함의 본보기였다. 다른 처녀들은 화려하고 현란한 세상의 물결에 휩쓸려 쉽게 아름다움이 빛바래 남의 손에 꺾이고 버려지기도 했지만, 그녀는 한 점 나무랄 데 없는 완벽한 감시역인 두 고모의 감싸줌과 보호 아래, 수줍음이 많으면서도 사랑스럽고 싱싱한 여성으로 자랐다. 마치 장미 꽃봉오리가 가시의 보호를 받으면서 붉게 물드는 것과 비슷했다. 고모들은 성장하는 그녀의 모습을 자랑스러운 듯이 바라보면서 기뻐했다. 그녀들은 세상의 모든 젊은 처녀들이 불행한 길로 잘못 들어서서 인생을 망친다 해도, 카체넬른보겐 남작의 외동딸만은 그런 위험에 빠지는 일은 절대 없을 거라고 자랑스럽게 큰소리를 쳤다.

그러나 폰 란트슈트 남작이 아무리 자식복이 없다고는 해도 절대로 소가족은 아니었다. 왜냐하면 신의 배려로 가난한 친척들이 수두룩했기 때문이다. 그들은 가난한 친족들이 으레 그렇듯이 인정이 많은 속성을 지녀서, 놀랄 만큼 이 남작을 사랑하여 기회만 있으면 한꺼번에 찾아와 성을 떠들썩하게 만들었다. 이렇게 선량한 사람들에 의해 벌어지는 일가의 모든 축하행사에 드는 비용은 모두 다 남작의 주머니에서 나왔다. 그들은 맛있는 음식을 대접받고 만족하면, 늘 그렇듯이 흥에 겨워 저절로 온 얼굴 가득 활짝 웃음을 지으며 이렇게 말했다. 같은 일가가 이렇게 모두 한 자리에 모여 환락에 취하는 것만큼 행복한 일은 없다고.

체격은 작지만 도량이 넓은 남작은 자기를 에워싼 이 작은 세계 속에서 자신이 가장 훌륭하다고 생각하며 완전히 만족을 느꼈다. 주위의 벽에는 음산한 표정을 띤 옛 기사들의 초상화가 걸려 있어, 그 얼굴들이 엄격한 얼굴로 자신을 말없이 내려다보았다. 그는 그 기사들에 얽힌 일화를 끝없이 이야기해 들려주는 것을 매우 좋아했는데, 자신이 음식을 대접한 자들은 열심히 그 이야기를 들어준다는 사실을 깨달았다. 또한 그는 신기한 것을 매우 좋아하여, 독일 곳곳의 산과 골짜기에 얽힌 초자연적인 이야기라면 어떤 것이든 굳게 믿어 의심치 않았다. 그런데 그런 것에 대한 손님들의 집요하기까지 한 믿음은 남작보다 더했으면 더했지 못하지 않았다. 그들은 남작이 들려주는 신기한 이야기에 번번이 눈을 크게 뜨고 입을 쩍 벌린 채 귀를 기울이면서, 그 이야기를 백번 되풀이해 들어도 결코 놀라지 않았다. 그래서 폰 란트슈트 남작은 식탁의 예언자, 작은 영토의 절대군주, 특히 자신은 당대 으뜸가는 현자라는 확신을 품고 행복한 나날을 보냈다.

바로 그 무렵, 성안에서는 매우 중요한 일을 앞두고 일가의 모든 사람들이 한자리에 모여 있었다. 이미 결정되어 있었던 딸의 신랑을 성안에 맞이하여 축하잔치를 벌이기로 했기 때문이다. 이 일은 이미 남작과 바이에른의 늙은 귀족 사이에서 의논이 진행되어, 자식들의 혼인으로 권위 있는 두 집안이 인척관계를 맺게 되어 있었다. 이미 옛 방식에 따라 엄숙한 의식을 치를 준비가 갖춰졌다. 양가의 아들딸은 사전에 만난 적도 없이 약혼이 성립되어 결혼식 날짜까지 잡혀 있었다. 따라서 젊은 폰 알텐부르크 백작은 이번 일을 위해 군대에서 불려나와, 정식으로 아름다운 신부를 맞이하려고 성으로 오는 중이었다. 폰 알텐부르크 백작이 머물던 뷔르츠부르크(독일 남부 바이에른 주 북쪽의 도시)에서 편지가 도착했는데, 거기에는 예정된 백작의 도착 날짜와 시간이 적혀 있었다.

성안은 백작을 성대하게 맞이할 준비가 한창이었다. 한편, 아름다운 신부는 온갖 보살핌을 받으며 단장을 마쳤다. 무엇보다 그 두 고모들은 그녀를 아름답게 돋보이도록 화장을 담당하고, 오전 중에는 내내 혼례복과 장신구 하나하나를 둘러싸고 말다툼을 할 정도였다. 당사자인 젊고 아름다운 아가씨는 두 사람이 사납게 입씨름을 되풀이하는 그 틈을 타서 자신의 취향에 맞춰 마음대로 차려 입었는데, 다행히 그것이 제법 잘 어울렸다. 그녀는 비할 데 없이 아름답게, 세상의 젊은 신랑들이 더 이상 바랄 수 없을 만큼 화려하게 꾸몄다. 그리고 기대에 가슴을 두근거리면서 혼례를 기다리는 그녀는 더욱 매력을 발산하며 눈부시게 빛났다.

얼굴과 목덜미가 발갛게 물들고 가슴이 높게 고동치는 가운데 이따금 조용히 생각에 잠기는 눈길, 그 모든 것이 그녀의 작은 가슴 속에서 흔들리는 여린 감정을 나타내고 있었다. 고모들은 그녀의 주변을 할 일도 없이 계속 맴돌았다. 아무튼 노처녀 고모란 이런 일에는 매우 관심을 가지는 법이다. 그래서 그녀들은 신부로서의 행동거지, 인사하는 방법, 그리고 신랑을 맞이하는 예의범절에 대해 그녀에게 요모조모 진지하게 조언해주었다.

남작도 그녀들 못지않게 바쁘게 돌아다니며 준비했다. 그러나 그는 실제로 해야 할 일은 아무 것도 없었다. 나면서부터 그는 자그마한 체격에 어수선하고 시끄러운 성격이어서, 모두가 하나같이 바쁘게 움직이는데 혼자만 가만히 있는 것이 견딜 수가 없었다. 그는 도무지 걱정이 되어 안절부절못하고 성을 위아래로 어수선하게 돌아다니면서, 묵묵히 성실하게 일하는 하인들에게 끊임없이 말을 걸며 게으름을 피우지 말고 제대로 잘하라고 잔소리를 늘어놓았다. 또 큰 홀이고 작은 방이고 어디든 얼굴을 내밀고는 무엇인가 하는 것도 아니면서 그저 시끄럽게 고함만 쳤다. 마치 더운 여름날 커다란 쉬파리 한 마리가 윙윙 귀에 거슬리는 날개소리를 내며 날아다니는 것과 비슷했다.

그러는 동안 통통하게 살이 오른 송아지를 잡아 죽여 숲에서 사냥꾼들의 환성이 울려 퍼지고, 주방에서는 맛있는 제철 음식들이 넘쳐나고 있었다. 지하실의 술 창고에서는 라인 주와 페르네 주를 엄청나게 꺼내 와서, 하이델베르크성의 큰 술통*3까지 거두어졌을 정도였다. 그야말로 용의주도하게 모든 준비를 다 갖추어, 진정한 독일풍 정신에 따라서 떠들썩한 분위기 속에서 특별한 손님들을 후하게 대접하려 한 것이다. 그런데 정작 중요한 손님은 아무리 기다려도 나타나지 않고 시간만 자꾸 흘러갔다. 바로 조금 전까지, 햇살이 아래쪽으로 오덴발트의 우거진 숲을 향해 찬란하게 쏟아졌는데, 이제는 산등성이를 따라 희미한 빛을 보낼 뿐이었다. 남작은 성의 가장 높은 탑에 올라가, 멀리 백작과 그를 따르는 무리의 모습이 보이지 않나 하고 시선을 모으며 찾고 있었다. 얼핏 그들의 모습이 보이는 것 같았다. 뿔피리 소리가 골짜기에서 울리더니 그것이 산에 메아리쳐 길게 꼬리를 끄는 가운데, 수많은 기마대열이 유유히 길을 오는 모습이 아득히 눈 아래에 보였다. 그런데 산기슭에 거의 다 온 그들이 갑자기 길을 벗어나 다른 방향으로 가버리는 것이었다. 마침내 햇빛도 사라지고 하루가 끝나려 했다. 박쥐가 어슴푸레한 땅거미 속을 날기 시작했다. 길은 땅거미 속에 녹아들어 차츰 흐릿해졌다. 눈에 보이는 것이라고는 이따금

*3 하이델베르크성의 술창고는 요한 카지미르(Johann Kasimir von Pfalz–Simmern, 1543~92)에 의해 건설되었다. 이때의 큰 술통의 용량은 거의 127,000리터라고 전해진다.

농부가 하루 일을 마치고 집으로 돌아가는 모습뿐이었다.

폰 란트슈트 남작의 성이 이러한 혼란 상태에 있을 때, 오덴발트에서 떨어진 장소에서는 참으로 흥미로운 광경이 펼쳐지고 있었다.

젊은 폰 알텐부르크 백작은 침착하고 느긋한 걸음으로 성으로 가는 길을 조용히 나아갔다. 이 여행길 끝에 즐거운 잔치와 아름다운 신부가 틀림없이 자신을 기다리고 있는데, 발걸음이 경쾌해지지 않을 남자가 어디 있겠는가. 그러던 중 뷔르츠부르크에서 우연히 전에 군대에서 함께 있었던 젊은 전우를 만났다. 그 친구 헤르만 폰 스타켄파우스트는 국경에서 함께 군무에 몸담았던 인물이었다. 그는 독일의 막강한 기사들 중에서도 특히 기품이 넘치고 용감하기로 유명했던 용사의 한 사람으로, 갓 제대하여 고향으로 돌아가던 중이었다. 그의 아버지 성은 폰 란트슈트 남작의 성채에서 그리 멀지 않은 곳에 있었는데, 옛날부터 불화가 끊이지 않아 서로 적의를 품은 채 요즘도 두 집안의 관계는 냉랭한 상태였다.

오랜만에 옛 친구를 만나 반가운 나머지 문득 가슴 속에서 뜨거운 감정이 솟아난 이 젊은이들은, 자신들의 지난날 모험담과 무운에 대해 신이 나서 서로 쉴 새 없이 이야기를 주고받았다. 그때 폰 알텐부르크 백작은, 아직 한 번도 만난 적은 없지만 황홀할 만큼 아름다운 미모를 자랑하는 남작의 영애와 혼례를 올리게 되었다며 그 내막을 자랑스럽게 털어놓았다.

어쨌든 두 친구는 행선지가 같은 방향이어서 앞으로 여행길을 함께 하기로 결정하고 조금이라도 느긋하고 즐겁게 여행할 수 있도록 뷔르츠부르크에서 아침 일찍 출발했다. 폰 알텐부르크 백작은 하인들에게 뒤에서 따라오라고 지시했다.

두 사람은 군무에 몸담았던 시절의 추억과 사건을 회상하면서 옛이야기에 꽃을 피우며 잠시 동안 여행의 피로를 풀었다. 폰 알텐부르크 백작은 아름다운 신부에 대한 평판과 자신을 기다리고 있을 행복에 대해서도 자랑스럽게 이야기했는데, 때로는 그 이야기가 너무 장황해서 듣기에 지루할 정도였다.

그렇게 두 사람은 오덴발트의 깊은 산속에 들어가, 울창한 숲으로 뒤덮인 고갯길을 가로지르고 있었다. 이미 잘 알려진 것처럼, 독일의 숲에서는 강도들이 자주 나타나 사람들을 공포에 떨게 했는데, 그것은 독일의 성에 출몰하는 유령만큼이나 무서운 일이었다. 게다가 그 무렵에는 일자리를 잃은 병사들이 온 나라에 넘쳐나서, 그들이 도적질을 일삼았다. 따라서 이 두 기사들이 숲 한복판에서 그런 도적 일당의 습격을 받은 것은 그리 놀랄 일이 아니었다. 그들은 용감하게 맞서 싸웠지만 곧 위험한 상황에 빠지고 말았다. 얼마 뒤 폰 알텐부르크 백작의 하인들이 뒤따라와서 그들과 함께 싸움에 뛰어들자, 그것을 본 도적들은 곳곳으로 흩어지고 말았다. 그러나 그때는 이미 폰 알텐부르크 백작은 도적들과의 싸움에서 치명상을 입은 뒤였다. 깊은 상처를 입은 그는 재빠르게 뷔르츠부르크로 다시 옮겨졌고, 곧 가까운 수도원에서 한 수도사가 불려왔다. 그 수도사는 마음의 병을 낫게 할 뿐만 아니라, 몸 상처도 치료하는 것으로 유명한 인물이었지만, 그의 의술로도 더는 손을 쓸 수 없을 만큼 절망적인 상태였다. 불운한 폰 알텐부르크 백작의 목숨은 금방이라도 꺼지려 하고 있었다.

이윽고 최후를 맞이한 그는 친구 스타켄파우스트에게 이렇게 간청했다. 이제부터 곧장 란트슈트 성으로 가서, 남작 딸과의 결혼 약속을 이행할 수 없게 된 피치 못할 사정을 설명해 달라는 것이었다. 그는 그다지 연애에 열광하는 편은 아니었으나 매우 성실한 성격이어서, 자신의 사명은 민첩하고도 정중하게 완수하고자 하는 사람이었다. "혹시라도 이 바람이 이루어지지 않는다면 난 무덤 속에서 편히 잠들지 못할 거네." 그는 이 마지막 말을 특히 무거운 말투로 되풀이했다. 이 절박한 순간에 친구가 하는 마지막 부탁을 어떻게 망설일 수 있겠는가. 스타켄파우스는 친구인 폰 알텐부르크 백작을 위로하면서 약속을 충실하게 지키겠다며 절망에 허덕이는 그를 격려하고, 엄숙한 맹세의 표시로 손을 내밀었다. 반죽음 상태에 있던 젊은이는 감사의 마음을 담아 그 손을 꼭 잡더니 곧 의식을 잃고 말았다. 그는 머리가 몽롱한 상태에서 자기도 모르게 헛소리를 했다. 신부와 약혼에 대한 이야기, 맹세의 말, 말을 타고 란트슈트 성을 향해 달려가는 이야기였다. 그리고 끝내 그는 숨을 거두었는데, 그의 마지막 모습은 말안장에 막 뛰어오르려는 듯한 모습이었다.

스타켄파우스트는 깊은 한숨을 내쉰 뒤, 친구의 뜻하지 않은 비운을 슬퍼하며 눈물을 흘렸다. 그리고 자신이 얼마나 거북한 역할을 맡고 말았는지 깊이 고민하는 동안, 그의 마음은 무겁게 가라앉고 머리는 혼란스러웠다. 그도 그럴 것이 적의에 가득 찬 시선을 온몸에 받으면서 초대받지 않은 손님으로 저쪽의 가족과 친척들이 기다리는 잔치 자리에 나타나, 그 자리에 모인 사람들의 기대를 짓밟는 일을 전함으로써 모처럼의 경사스러운 잔치를 망쳐야 하기 때문이었다. 그러나 한편으로는, 세상에서 격리되어 은둔의 몸이나 마찬가지인 카첸넬른보겐에서 평판이 자자한 미인을 꼭 한 번 만나고 싶은 호기심도 가슴 속에서 꿈틀거렸다. 어쨌든 그는 열렬한 여성숭배자로, 성격이 조금 유별나고 모험적인 데가 있어서 이색적인 것이라면 뭐든지 좋아했다.

출발에 앞서, 그는 수도원의 수도사들과 함께 친구의 장례에 대해 알맞은 절차를 의논했다. 마침내 친구의 유해는 뷔르츠부르크 대성당에 묻기로 했는데, 그 가까운 곳에 이름이 널리 알려진 그의 친족들이 잠들어 있었다. 그리하여 폰 알텐부르크 백작을 따르던 무리들이 그 유해를 맡게 되었다.

한편 이야기를 카첸넬른보겐 집안으로 되돌리면, 그들은 손님이 도착하기를 이제나저제나 기다렸지만, 그 이상으로 초조하게 기다렸던 것은 맛있는 음식이었다. 그러고 보니 키 작은 폰 란트슈트 남작을 고성의 망루에 남겨둔 채 깜박 잊고 있었는데, 날이 저물어 어둠이 찾아와도 기다리는 사람이 나타나지 않자 남작은 몹시 낙담하여 망루에서 내려왔다. 손님을 기다리느라 잔치시간을 자꾸만 늦출 수도 없는 노릇이었다. 맛있는 고기는 이미 오래 전에 다 익어버려 요리사는 고민에 빠져 있었고, 성에 있는 모든 사람들은 배가 고파서 마치 굶어 죽기 직전의 성안 수비병 같은 얼굴을 하고 있었다. 남작은 본의는 아니지만 오늘밤의 손님을 더는 기다리지 않고 잔치를 시작하기로 했다. 그리하여 모두가 자리에 앉아 막 식사를 시작하려는 그때, 성문 밖에서 뿔피리 소리가 울려 퍼졌다. 그것은 손님이 다가온 것을 알리는 신호였다. 이어서 길게 꼬리를 끌며 울리는 뿔피리 소리가 오래된 성의 안마당에 메아리쳤다. 그러자 성 안에 있는 수비병이 그 소리에 대답했다. 남작은 서둘러 미래의 사위를 맞이하러 나갔다.

성문의 도개교는 이미 내려졌고, 그 낯선 손님이 성문 앞까지 와 있었다. 키가 크고 늠름한 모습의 기사로, 검은 말을 타고 있었다. 얼굴은 헬쑥하여 생기가 느껴지지 않았지만 낭만적으로 빛나는 눈동자가 인상적이었다. 그러나 당당한 그 풍모에는 어딘지 모르게 침울한 기색이 엿보였다. 그리고 이 남자는 간소한 차림이었으며 하인도 데리고 있지 않았다. 여기에는 아무래도 남작도 조금 못마땅해 하는 것 같았다. 남작은 한 순간 자신의 위엄이 떨어졌다고 느꼈다. 이렇게 엄숙한 경우에, 게다가 이번에 결혼식을 치르려고 하는 유서 깊은 한집안의 가장에 대해, 조금 예의를 벗어난 불손한 차림새가 아닌가 하는 생각이 들었던 것이다. 그러나 아마 이 손님은 젊은 혈기에 조급한 마음을 누르지 못해, 하인들보다 한 발 먼저 이곳에 달려온 것이리라. 남작은 그렇게 생각하고 자신을 위로했다.

"이렇게 때 늦은 시각에 찾아뵙게 되어 참으로 죄송합니다." 그 남자가 말했다.

여기서 남작은 그 남자의 말을 가로막고 최대한 치하를 늘어놓으며 환영인사를 했다. 사실을 말하면, 남작은 자기의 예절 바른 태도를 뽐내며 자신의 웅변에 취해 있었다. 새로 온 손님은 막힘없이 술술 나오는 남작의 말을 한두 번가로막으려 했지만 소용없었다. 그래서 그는 머리를 숙이고, 남작의 거침없이 쏟아져 나오는 말을 들으며 고통스러워했다. 남작의 이야기가 거의 끝날 무렵, 두 사람은 이미 안마당까지 와 있었다. 그리고 남자가 다시 말을 꺼내려고 했지만, 이번에는 조금 수줍은 듯 뺨을 붉게 물들인 새색시를 데리고 나온 이 성의 부인들에게 가로막히고 말았다. 그는 순간 넋을 잃고 그 자리에 서서 그녀를 바라보았다. 마치 그의 영혼까지 그 눈길 속에 빨려 들어가 그녀의 아름다운 모습 위에 못 박힌 듯했다. 노처녀 고모 한 사람이 그녀의 귓전에 대고 뭔가 속삭였다. 그녀는 무엇인가 말을 하려고, 촉촉하게 반짝이는 푸른 눈동자를 조심스레 쳐들고 수줍어하면서 이 남자에게 묻는 듯한 시선을 향했다. 그러나 얼른 다시 고개를 숙이고 말았다. 그녀가 하려고 한 말은 마음속에서 떠올랐다가 사라져 입으로 나오지는 않았지만, 입술은 감미로운 미소를 띠고 뺨에는 귀여운 보조개가 떠올라 있었다. 그 눈길은 그녀가 기뻐하고 있음을 말해 주었다. 결혼을 앞두고 있는 데다 연애에 예민한, 꽃도 부끄러워할 열여덟 살 처녀이니, 어찌 이토록 멋진 기사의 나타남에 어찌 마음이 움직이지 않을 수가 있겠는가!

손님이 성에 도착한 시각이 너무 늦어서 천천히 이야기를 나눌 시간이 없다고 생각한 남작은, 혼자만의 결정으로 일단 자세한 이야기는 내일로 미루고, 먼저 그를 손도 대지 않고 있던 음식이 차려진 연회장으로 이끌었다.

연회석은 성의 큰 홀에 마련되어 있었다. 주위의 벽에는 엄격한 용모를 한 카체넬른보겐 집안 역대 명사들의 초상화와 그들이 전쟁과 사냥에서 손에 넣은 전리품들이 걸려 있었다. 칼에 맞은 상처가 새겨진 갑옷, 날이 못쓰게 된 마상시합용 돌격창, 갈기갈기 찢어진 깃발 등도 사냥의 수확물과 함께 섞여 있었다. 늑대의 턱과 멧돼지의 엄니가, 석궁과 전투용 도끼 사이에서 무시무시하게 이를 드러내고 위협하고 있는가 하면, 숫된 신랑의 머리 바로 위에는 매우 커다란 한 쌍의 사슴뿔이 쑥 튀어나와 있었다.

이 기사는 자리를 잡고 있는 사람들과 산더미 같은 음식에는 거의 눈길도 주지 않았다. 그는 음식은 먹지 않고, 오로지 신부의 아리따운 맵시에 홀려 있는 듯했다. 그는 다른 사람에게는 들리지 않는 낮은 목소리로 신부에게 속삭였다. 역시 사랑의 말은 결코 커다란 목소리로 말할 필요가 없는 것이다. 연인의 달콤한 사랑의 속삭임을 놓치는 미련한 여성은 아무도 없을 테니까. 이 기사의 행동에는 부드러움과 진지함이 함께 하는 듯했고, 그것이 젊은 신부에게 강렬한 인상을 준 것 같았다. 가만히 귀를 기울이는 그녀의 뺨이 발갛게 달아올라, 짙어졌다가 옅어지기를 되풀이했다. 이따금 그녀는 수줍어하면서도 기쁜 듯이 대답했는데, 그의 눈길이 잠시 옆으로 빗겨 가면 그 낭만적인 표정을 곁눈질로 홀끗 훔쳐보고는 행복에 겨운 한숨을 내쉬곤 했다. 서로 강하게 끌리고 있는 것이 틀림없었다. 마음의 미묘한 움직임을 잘 알고 있는 고모들은, 두 사람이 서로 첫눈에 사랑에 빠졌음을 확신했다.

잔치는 즐겁고 밝은 분위기 속에 떠들썩하고 활기차게 진행되었다. 가벼운 주머니 사정과 산의 맑은 공기 속에서는 으레 그런 법이지만, 손님들은 모두가 왕성한 식욕을 발휘하여 잔치를 즐겼다. 남작은 전에 없이 소중히 간직해둔 재미있는 이야기를 줄줄 풀어냈는데, 오늘처럼 감명 깊고 교묘한 말솜씨로 이야기한 적은 한 번도 없었다. 그 이야기 속에서 불가사의한 내용이 나오면, 듣는 사람들은 자기도 모르게 깜짝 놀라 소리를 질렀고, 또 우스꽝스러운 이야기를 할 때는 반드시 웃어야 할 대목에서 배를 잡고 웃었다. 사실 이 남작은 대부분의 명사들이 그렇듯이 매우 도도한 말투로 시시껄렁한 농담을 섞은 이야기밖에 할 수 없었다. 무엇보다 잔에 넘치도록 따른 고급 호크하임 주*4가 더욱 흥을 돋우었다. 게다가 만일 그것이 하찮은 농담이라 해도, 잔치에 참석하여 오래된 최상의 술을 대접받으면 누구라도 웃음이 나오지 않을 수 없는 법이다. 가난하지만 재치 있는 사람들이 흥미로운 이야기를 많이 들려주었지만, 이러

---

*4 빅토리아 여왕도 즐겨 마셨다고 하는 독일의 유명한 술.

한 자리가 아니라면 아무리 재미있어도 되풀이해 듣는 것은 괴로운 일이었다. 한편, 부인들은 은밀하게 귓전에서 속삭이는 비밀 이야기에 티를 내지 않고 어깨를 떨면서 웃음을 머금었다. 가난한 처지였지만 유쾌하고 얼굴이 커다란 남작의 사촌이 노래를 한두 곡 부르자, 노처녀 고모들은 그 우스꽝스러운 모습이 재미있어 죽겠다는 듯이 키득거리며 부채로 얼굴을 가렸다.

떠들썩한 잔치가 절정에 이르렀을 때도 그 남자는 이상하게 그 자리에 어울리지 않는 무거운 태도를 이어갔다. 밤이 깊어질수록 그의 표정은 더욱 침울해졌다. 게다가 기묘하게도 남작이 던지는 농담조차도 그의 우울한 기분을 오히려 부채질하는 것 같았다. 그는 이따금 생각에 잠겨 있는가 하면, 때로는 안절부절못하면서 흔들리는 눈길로 주위를 둘러보며 왠지 모르게 불안정한 정신 상태를 보여주었다. 그가 신부에게 하는 이야기는 갈수록 진지함을 띠고 있어 무엇인가 심상치 않은 분위기가 감돌았다. 그리고 그녀의 아름답고 따뜻한 이마에는 근심이 가득 뒤덮였고, 그 나긋나긋한 팔다리는 가늘게 떨렸다.

이토록 이상한 광경은 사람들의 주의를 끌지 않을 수가 없었다. 오늘밤의 환락은 어딘가 석연치 않은 신랑의 음울함 때문에 완전히 흥이 깨지고 만 것이다. 그들도 그런 분위기에 이끌려 왠지 모르게 저마다 기분이 우울해져서, 서로 작은 목소리로 속삭이거나 눈짓을 하고, 때로는 어깨를 으쓱 추켜올리면서 의아한 듯이 고개를 젓기도 했다. 그리고 노랫소리와 웃음소리는 점점 잦아들었다. 이윽고 어딘가 싸늘하고 어색한 분위기가 감돌기 시작하자, 대화도 끊어지기 일쑤였다. 나중에는 여기저기서 황당무계한 이야기와 이상한 전설들이 되풀이해서 나왔다. 하나의 불길한 이야기가 더욱 불길함을 띤 이야기를 나오게 했다. 남작이 아름다운 레오노라 공주*5를 데리고 사라진 요괴 기사 이야기를 꺼내자, 몇몇 여성들은 단순히 놀라는 정도가 아니라 마치 발작을 일으킬 것처럼 무서워했다. 그러나 그 무서운 이야기는 나중에 멋진 시 속에서 찬양되어 온 세계 사람들이 그것을 읽고 심지어 굳게 믿기까지 했다.

신랑은 그 이야기에 주의 깊게 귀를 기울였다. 그러더니 그는 조용히 눈길을 모아 남작을 바라보다가 이야기가 마지막 부분에 들어설 무렵, 천천히 자리에서 일어났다. 그러자 놀라서 망연자실한 남작의 눈에는 신랑의 키가 점점 커

---

*5 독일 시인 뷔르거(Gottfried August Bürger, 1747~94)의 유명한 발라드 《레노레》(Lenore)에 나오는 공주이다. 참고로, '유령 신랑' 이야기는 이 《레노레》에서 유래한다.

져서, 마치 거인으로 착각할 만큼 커진 것처럼 보였다. 곧 남작 이야기가 끝나자, 그는 갑자기 깊은 한숨을 내쉬더니 정중한 태도로 사람들에게 작별인사를 했다. 그 자리에 있던 사람들은 하나같이 놀라움을 숨기지 못했고, 남작은 얼굴빛이 변할 정도로 놀라고 말았다.

"아니, 이 한밤중에 성을 떠나겠다는 말이오? 당신을 맞이하기 위해 이렇게 모든 준비를 다 해두었는데. 만일 쉬고 싶어서 그러는 거라면 잠자리도 다 준비되어 있소만."

그 남자는 애절하고도 기묘한 표정으로 고개를 저었다.

"오늘밤에는 다른 곳에서 묵어야만 합니다."

그 대답과 목소리에는 어딘가 남작의 마음을 걱정하게 하는 데가 있었다. 그래서 남작은 물러서지 않고, 손님을 모시는 주인의 마음으로 내 성에서 머물러 달라고 거듭 권했다.

그러나 손님은 그럴수록 입을 다문 채 고개를 저으며 딱 잘라 거절했다. 그리고 모든 이에게 손을 흔들고 작별인사를 한 뒤 홀에서 천천히 나가 그 자리를 떠나고 말았다. 노처녀 고모들은 완전히 놀라 어리둥절한 채 우두커니 서 있었고, 새색시는 말없이 고개를 숙이고 눈에 눈물을 글썽거렸다.

남작이 손님을 이 성의 넓은 안마당까지 바래다주자, 검은 말은 기세 좋게 땅을 박차고 히힝거리면서 주인을 기다리고 있었다. 깊이 경사진 아치형 통로를 화톳불이 어렴풋이 비추는 성문까지 가자, 손님은 걸음을 멈추고 남작에게 공허한 목소리로 중얼거리듯이 말했다. 그런데 그 목소리가 둥근 천장에 불길하게 울려 퍼지자 주위는 더욱 음울한 분위기에 싸였다.

"이제 우리 두 사람뿐이니" 그 손님이 말을 꺼냈다. "제가 물러가는 이유를 말씀드리겠습니다. 실은 저에게는 무슨 일이 있어도 꼭 지켜야만 하는 약속이 있습니다."

남작이 말했다.

"그렇다면 누군가 다른 사람이 당신을 대신하여 그 일을 행할 수는 없소?"

"누가 대신할 수 없는 일입니다. 무슨 일이 있어도 제가 직접 참석해야만 합니다. 사정이 있어서 저는 뷔르츠부르크 대성당에 가야만 합니다."

"그렇소?" 남작은 애써 기분을 돌이키려고 힘썼다. "어쨌든 내일까지 기다리는 게 어떻겠소? 내일이라도 새색시를 데리고 가면 되지 않겠소?"

"아닙니다, 그건 안 됩니다." 손님은 무겁고 엄숙한 목소리로 대답했다. "그 약속은 새색시와는 아무 관계가 없습니다. 실은 그 약속 상대는 바로 구더기입니다. 구더기가 저를 기다리고 있습니다. 저는 이미 죽은 몸입니다. 저는 도적들에게 살해되어 그 유해가 뷔르츠부르크에 누워 있습니다. 그래서 제 몸은 오늘 밤 자정에 묻힐 예정입니다. 그러니까 무덤이 저를 기다리고 있다는 이야기이지요. 그러므로 저는 무슨 일이 있어도 그 약속을 지켜야만 합니다."

그는 검은 말에 훌쩍 뛰어오르더니 도개교(跳開橋)를 기세 좋게 달려가, 말발굽 소리와 함께 밤바람 속으로 사라지고 말았다.

남작은 완전히 깜짝 놀라 큰 홀로 뛰어 들어가서 모든 사람들에게 처음부터 끝까지 털어놓았다. 그러자 두 부인은 너무 무서운 나머지 그 자리에서 까무러쳐 버렸고, 다른 사람들도 유령과 함께 잔치를 벌였다고 생각하니 기분이 으스스해져서 자신도 모르게 몸을 떨었다. 어떤 사람의 의견에 따르면, 그 신랑은 독일 전설에 나오는 유명한 유령 사냥꾼*6이었는지도 모른다는 것이었다. 또 어떤 사람은 아주 먼 옛날부터 독일의 착한 백성들을 괴롭혀온 산의 요정, 숲의 악마, 또는 그 밖의 요괴나 마물일지도 모른다고 말했다. 또 가난한 친척한 사람은 이런 말을 불쑥 내뱉았다. 젊은 기사가 우리를 희롱하느라고 핑계를 댄 것이 아닐까, 그리고 그렇게 자리에 어울리지 않게 음산한 분위기를 풍기던 모습으로 보아 아무래도 그런 쪽의 음울한 인물에 어울리지 않느냐고 과감하게 말했다. 그 발언은 거기에 있었던 모든 사람들의 분개를 사고 말았다. 특히 남작은 불같이 화를 내면서 그를 거의 이교도로 취급했다. 그러자 그는 곧 자신이 한 말을 번복하여, 진정한 신자로서의 신앙을 증명하지 않을 수 없었다.

그러나 그들이 어떤 의심을 품었든, 결국 이튿날에 도착한 정식문서에 따라서 그 의심은 완전히 사라지게 되었다. 그것은 젊은 백작이 살해되어 뷔르츠부르크 대성당에 매장되었다는 확실한 사실을 전하는 소식이었다.

그 사실을 안 사람들의 놀란 모습을 상상하는 것은 어렵지 않은 일이다. 남작은 그대로 자신의 방에 틀어박히고 말았다. 남작과 함께 연회를 즐기려고 찾아왔던 손님들은, 비탄에 잠긴 그를 그냥 내버려 둘 수도 없어서 안마당을 서성거리다가 줄줄이 큰 홀에 모여들었다. 그리고 선량한 남작의 불행을 생각

---

*6 시인 뷔르거의 "Der Wilde Jäger"(참고로 월터 스콧에 의한 번역은 "The Wild Huntsman"이다)에 등장하는 '유령 사냥꾼'을 가리킨다.

하며 고개를 흔들고 어깨를 으쓱거렸다. 어떻게든 남작이 더는 의기소침해지지 않도록, 사람들은 여느 때보다 오래도록 식탁에 둘러 앉아 왕성한 식욕을 보여주었다. 그러나 졸지에 미망인이 되어 버린 새색시 처지는 차마 눈뜨고 볼 수 없을 만큼 가엾었다. 다정하게 포옹할 기회조차 갖지 못한 채 남편을 잃어버렸기 때문이다. 게다가 그렇게도 훌륭하고 멋진 남편을. 유령이 되었어도 그토록 기품이 감도는 고귀한 사람이었으니, 살아 있을 때의 그는 얼마나 더 멋진 인물이었을까. 새색시 슬픔이 온 성안을 감돌았다.

미망인이 된 지 이틀째 밤이었다. 그녀는 함께 자겠다고 고집을 부리는 고모 한 사람에게 이끌려 침실로 내려갔다. 유령에 얽힌 이야기에 있어서는 그녀를 당할 자가 없다는 말을 들을 정도로 독일에서는 가장 무서운 이야기를 많이 아는 사람이었던 그 고모는, 그중에서도 특히 긴 유령 이야기를 조카에게 들려주다가 그만 잠이 들고 말았다. 꽤 먼 곳에 있는 그 침실에서는 작은 정원이 내려다보였다. 조카는 멍하니 생각에 잠긴 채 침대에 누워, 하늘 높이 떠 있는 달빛이 격자창 앞에 솟아 있는 사시나무의 우거진 잎 위에서 흔들리는 모습을 바라보았다. 성의 시계가 자정을 알리는 소리가 울려 퍼졌다. 바로 그때, 무엇인가 부드러운 선율이 정원 쪽에서 조용하게 들려왔다. 그녀는 침대에서 내려가 가벼운 발걸음으로 창문에 다가갔다. 그러자 나무 그늘 속에 키가 큰 사람의 그림자가 보였다. 잠시 뒤 그 그림자가 천천히 고개를 들었을 때, 한 줄기 달빛이 그 얼굴을 비췄다. 놀라지 마시라, 그녀가 본 것은 그 유령 신랑이었다! 그 순간 날카로운 비명소리가 귀를 찢는 듯하더니, 고모가 그녀의 품안으로 쓰러졌다. 고모도 조금 전의 선율에 이끌려 그녀를 따라 가만히 창문 앞에 와 있었던 것이다. 그녀가 다시 눈을 들어 그곳을 바라보았으나, 그 모습은 흔적도 없이 사라지고 없었다.

이 두 여성 가운데 고모 쪽이 오히려 더 놀라 정신을 진정시킬 필요가 있었다. 고모는 두려움 때문에 완전히 넋이 나간 상태였다. 그러나 젊은 그녀는 사랑하는 사람이 아무리 망령이라 해도 어딘가 애처로운 감정을 가슴에 품고 있었다. 그 망령의 모습에서 아직도 섬세한 아름다움과 늠름한 사내다움이 느껴졌기 때문이다. 물론 남자의 그림자만으로는 사랑에 흔들리는 여심이 채워질 수는 없었지만, 그래도 그 인물의 실체를 만날 수 없다면 그 그림자라도 위로가 되었던 것이다. 반면에 고모는 두 번 다시 그 방에서는 잘 수 없다고 선언했다. 그러나 이번만은 조카도 고집스럽게 물러서지 않았다. 성안의 다른 방에서 자는 것은 절대로 싫다면서 말을 듣지 않았던 것이다. 마침내 그녀는 그 방에서 혼자 자게 되었는데, 그 유령에 대해서는 누구에게도 말하지 않도록 고모에게 입막음을 하도록 했다. 이 세상에 남겨진, 단 하나의 슬프고도 기쁜 순간을 빼앗기고 싶지 않았기 때문이다. 그것은 사랑하는 사람의 망령이 밤마다 불침번을 서 주는 방에서 함께 지내는 일이었다.

다만 그 선량한 부인이 그 약속을 언제까지 제대로 지킬 수 있었는지는 확실하지 않다. 고모는 이상한 이야기를 누구에게든 들려주기를 좋아했기 때문이다. 게다가 무서운 이야기를 누구보다 먼저 말하는 것은 하나의 우월감을 느끼게 하는 법이다. 그런 그녀가 꼬박 일주일 동안, 남에게 그 일을 털어놓지 않고 완강하게 침묵을 지킨 것은, 이른바 그런 여성이 비밀을 엄수할 수 있었던 드문 예로서, 그 인근에서 지금도 이야깃거리가 되고 있다. 그런데 일주일이 지난 어느 날 아침, 그녀는 갑자기 자신이 정한 그러한 굴레에서 벗어났다. 즉, 남작 딸의 모습이 어디에도 보이지 않는다는 소식이 아침식사 자리에 전해진 것이다. 딸의 방은 이미 비어 있었고, 침대에는 누웠던 흔적도 없이 창문이 열려 있었고, 작은새는 이미 어디론가 날아간 뒤였다.

그 소식을 들은 사람들은 이루 말할 수 없는 놀라움과 걱정에 휩싸였다. 고귀한 사람이 재난을 당한 충격이 주위의 가까운 사람들에게 어떠한 동요를 불러오는지 눈앞에서 본 사람이라면 아마 쉽게 상상할 수 있으리라. 그 가난한 친척들조차도 그 말을 듣는 순간, 식탁에서 정신없이 먹고 있던 손길을 멈췄을 정도였다. 처음에는 놀란 나머지 아무 말도 못하던 고모는 자신도 모르게 두 손을 꼭 맞잡으면서 새된 소리로 외쳤다.

"도깨비예요! 도깨비! 그녀는 틀림없이 그 도깨비에게 납치된 거예요!"

고모는 정원에서 펼쳐진 그 무서운 광경을 짤막하게 이야기했다. 그리고 그때 본 유령이 신부를 납치해 간 것이 틀림없다고 말을 끝냈다. 두 하녀가 그 말을 뒷받침하는 증언을 했다. 그녀들도 자정 무렵 산에서 내려오는 말발굽소리를 들었다는 것이다. 그리고 그것은 분명히 흑마를 탄 유령이며, 그 유령이 그녀를 묘지까지 데리고 간 것이 틀림없다고 주장했다. 그러자 그 자리에 있던 사람들은 모두 숨을 삼키며, 그야말로 온몸의 털이 곤두서는 듯한 무서운 일이지만 정말 있을 수 있는 이야기라고 받아들였다. 독일에서는 그런 사건은 결코 드문 예가 아니었다. 사실 많은 이야기들이 증명하듯이 그 신빙성은 매우 높은 편이었다.

그건 그렇다 쳐도 누구보다 가련한 사람은 비참한 처지에 빠진 남작이었다. 딸을 끔찍하게 사랑하는 아버지의 입장에서 보나, 카첸넬른보겐의 명망 있는 인사로 보나 얼마나 비통한 처지에 내몰린 것일까. 정말 남작의 사랑하는 딸은 묘지로 끌려가 버렸으니 숲의 악마를 사위로 맞이하지 않으면 안 되는 것인가. 그렇게 된다면, 경우에 따라서는 악마 손자를 두게 될지도 모른다. 당연한 일이지만 남작은 완전히 제정신이 아니었고, 성안은 갈피를 못 잡고 헤매며 혼란에 빠지고 말았다. 마침내 친척들에게 말을 타고 오덴발트의 깊은 산속의 길이나 오솔길, 골짜기를 구석구석 수색하라는 명령이 내려졌다. 남작도 가죽 부츠를 신고 대검을 찬 뒤, 말을 타고 막연하기 짝이 없는 수색에 나섰다. 바로 그때, 새로운 유령이 남작 앞에 나타났다. 남작은 그 자리에 멈춰 섰다. 한 여자가 작은 여성용 말을 타고, 역시 말을 탄 기사와 함께 성에 다가오는 것이 보였다. 그녀는 말을 타고 성문까지 질주해 와서 가볍게 말에서 뛰어내리더니, 남작의 발아래 몸을 굽히고 그 무릎에 매달렸다. 그것은 바로 행방을 알 수 없었던 딸이었다. 그리고 동반자는 놀랍게도 그 유령 신랑이었던 것이다. 남작은 믿을 수 없는 광경에 기겁하고 놀랐다. 그는 먼저 딸을 가만히 바라본 뒤 동반자인 유령 쪽으로 눈을 돌렸다. 남작은 눈앞의 광경에 자신의 눈을 의심했다. 그런데 유령 신랑은 이승에서 저승에 간 뒤로 매우 훌륭한 풍채의 남자로 변해 있었다. 차림새도 말쑥하고, 남자답게 균형 잡힌 몸에 기품이 느껴지는 모습이 참으로 늠름했다. 이미 슬픔을 띤 우울한 표정은 사라져 보이지 않았고, 얼굴에는 터질 듯한 젊음이 환하게 빛났으며 커다란 검은 눈동자에는 기쁨이 넘쳤다.

그 신비로운 사건의 진상도 마침내 밝혀졌다. 이 기사(독자 여러분은 이미 눈치 챘겠지만, 실제로는 유령이 아니었다)는 헤르만 폰 스타켄파우스트 경이라고 자신의 신분을 밝혔다. 그는 젊은 백작과 함께 당했던 뜻하지 않은 사건을 털어놓았다. 그리고 백작의 비보를 알리기 위해 서둘러 성으로 가서 그 소식을 전하려고 했지만, 남작이 쉴 새 없이 말을 퍼부었기 때문에 그만 그 이야기를 꺼낼 기회를 놓치고 만 것, 아름다운 신부의 모습을 처음 본 순간 마음을 송두리째 빼앗겨 잠시라도 그녀와 함께 있고 싶다는 유혹을 뿌리치지 못해, 일부러 입을 다물고 신랑으로 오인 받은 채로 있었던 것 등을 이야기했다. 또 그 자리를 자연스럽게 떠날 방법을 몰라 어떻게 할까 혼자 궁리하다가, 남작이 하는 괴담을 듣고 그 기상천외한 탈출극을 생각해냈다는 것이다. 그런 다음에는 남작 일가의 봉건적인 잔재를 띤 적대감 때문에 두려웠지만, 몇 번이나 성에 몰래 숨어들어 그녀의 방 창문 아래 정원에 들어가 청혼을 했고, 마침내 그녀의 승낙을 얻자 의기양양하게 그녀를 데리고 가서 그 아름다운 여성과 결혼하게 된 과정을 자세히 털어놓았다.

여기에 무슨 다른 의미가 있었다면, 남작은 끝까지 물러서지 않았을 것이다. 무엇보다 남작은 아버지로서의 위엄을 유지하려고 애썼고, 일가에 따라다니는 원한에 대해서도 완강하게 양보하지 않는 고집스러운 면이 있었기 때문이다. 그러나 남작은 자기 딸을 누구보다도 깊이 사랑했다. 그래서 딸을 잃어버렸다고 깊은 슬픔에 잠겨있는데, 이렇게 멀쩡히 살아 있는 모습으로 나타났으니, 어찌 기뻐하지 않을 수 있으랴! 분명히 딸의 남편은 원수 집안 출신이지만, 그는 다행히 망령은 아니었다. 사실 이 기사가 자신은 죽은 몸이라며 남작을 속인 장난은 바람직하지 않았고, 그것은 무슨 일에서든 거짓 없는 삶을 신념으로 삼는 생각과는 양립하지 않았다. 그러나 그 자리에 있었던 전쟁을 겪은 몇몇 옛 친구들에 따르면, 연애란 온갖 수단과 방법을 구사하여 교묘하게 상대를 내 사람으로 만드는 일인 만큼, 그것은 용서받아도 되는 전략이라는 것이었다. 그러므로 그들은 최근에 기병으로 종군했었던 이 기사에게 특별한 선처를 내려줄 수 없겠느냐고 남작에게 간청했다.

그러므로 문제는 행복하게 정리되었다. 남작은 그 자리에서 젊은 두 사람을 용서했고, 성안에서는 다시 잔치가 열렸다. 가난한 친족들은 새로운 이 가족의 한 사람을 진심으로 환영했다. 신랑은 매우 늠름하고 너그러운 마음을 지닌 데다 부유한 신분이었다. 고모들은 조카를 엄중하게 격리하여 복종심을 길러준 교육이 이러한 결과로 끝난 것 때문에 감정이 상하기는 했지만, 그것은 오로지 창문에 쇠창살을 설치하지 않은 게으름 때문이라고 말했다. 한 고모는 자신의 괴담이 물거품으로 끝나버린 것과 자신이 지켜본 유령이 가짜라는 것에 굴욕감을 느끼고 분노했다. 그러나 조카는 그가 결코 육체에서 떠난 영혼이 아니라, 피와 살을 가진 인간임을 알고는 매우 행복해 보였다. 그리하여 이 이상야릇한 이야기는 막을 내렸다.

웨스트민스터 사원

세상에 이름 높은 웨스트민스터 사원에
황동과 돌의 기념비가 되어 모여 있는,
모든 왕후 귀족들을 깊은 놀라움과 함께 바라보면,
이제는 회한, 자만, 허세 따위는 털끝만큼도 보이지 않고,
선인으로 바뀐 귀인들의 모습에서,
화려한 세상을 누리는 일도 없이 속세의 권세를 버린,
죄 없는 제왕의 기품이 엿보이누나.
영롱한 색채의 장난감 같은 석물에는
맑게 정화된 고요한 영혼이 얼마나 가득차 있을까.
옛날에는 그들이 살았던 전 세계로도,
그 욕망을 채울 수 없었던 것을.
인생은 냉혹한 지옥의 서리 같은 것,
그리고 죽음은 우리의 모든 허영을 소멸시킨다.

크리스톨로의 풍자시 1598년, T. B작

　가을도 깊어지면, 아침저녁의 빛과 그림자가 어우러져 저물어가는 한해의 우수를 더해주게 마련이다. 따뜻하면서도 음울하고 쓸쓸한 어느 날, 나는 웨스트민스터 사원을 거닐며 몇 시간을 보내게 되었다. 역사가 오래된 사원의 수심을 띤 듯한 장엄함에는, 어딘가 이 계절에 어울리는 데가 있었다. 출입구에 들어서자, 나는 아득한 옛 시대로 돌아가 과거의 아련한 세계에 몸을 담그는 듯한 착각에 빠졌다.

　웨스트민스터 스쿨의 마당 한가운데를 나아가 나지막하고 둥근 천장의 긴 통로를 지나 사원 구내로 들어가자, 그곳은 커다란 벽에 뚫린 둥근 구멍에서 비쳐든 빛이 일부만 희뿌옇게 비추고 있어서, 마치 지하실에 있는 듯한 느낌이

었다. 그 어두운 통로를 지나자 멀리 회랑이 보였는데, 그곳에 검은 옷을 입은 늙은 관리인의 모습이 보였다. 그는 어두컴컴한 둥근 천장 아래를 마치 가까운 묘지에서 기어 나온 유령 같은 모습으로 걷고 있었다. 이토록 음울한 분위기의 수도원 터를 지나 사원에 다가가면, 저절로 엄숙한 사색에 빠져들 것 같은 기분이 든다. 회랑에는 예전의 조용하고 호젓함이 느껴지는 정적이 아직도 감돌고 있었다. 그러나 습기 때문에 잿빛 벽면은 빛이 바래고, 오랜 세월 동안 낡아서 무너져가고 있었으며, 회백색을 띤 이끼가 벽 위의 기념비의 비문을 뒤덮었고, 두개골과 그 밖의 장례용 상징물들을 가리고 있었다. 또 아치 창문에 붙인 호사스러운 장식에 날카롭게 파고든 끝의 흔적은 완전히 사라져버리고, 이맛돌(쐐기돌)을 꾸민 장미꽃 무늬도 그 아름다운 이파리의 아름다움을 잃고 있었다. 어쨌든 세상의 모든 것은 세월의 흐름과 함께 조금씩 황폐해져서, 그 흔적을 간직했던 것이 그렇게 쇠락해버린 모습을 보면 어딘가 마음을 움직이고, 즐겁게 해주는 매력이 있다.

황금빛으로 물든 늦가을의 햇살이 마당 한가운데에 쏟아져서, 그 한복판에 깔린 얼마 안 되는 잔디를 비추고, 아치 통로의 어두컴컴한 귀퉁이에는 빛이 비쳐들어 제법 장엄한 분위기를 자아내고 있었다. 통로 사이로 구름 한 조각이 흘러가는 하늘이 조금 보였다. 그리고 이 사원의 첨탑이 햇빛을 받아 반짝이면서 맑은 하늘에 우쑥 솟아 있었다.

때로는 영광과 쇠퇴가 뒤섞인 듯한 광경을 물끄러미 바라보고, 때로는 보도의 포석이 되어버린 묘비명을 읽으면서 회랑을 거닐다가, 문득 세 사람의 조각상에 내 눈길이 멈췄다. 거칠게 깎아 돋을새김으로 새긴 조각상이었는데, 몇 세대에 걸쳐 오가는 사람들의 발길에 밟혀 거의 닳아 없어졌다. 그 세 사람의 조상들은 옛날의 수도원장들이었다. 거기에 새겨진 비문체(碑文体)의 시문은 완전히 사라져버렸지만, 이름만은 겨우 남아 있어 판독할 수 있었다. 그러나 그것은 나중에 다시 새겨진 것이 틀림없었다. (비탈리스 수도원장, 1082년. 기스레벨투스 크리스피누스 수도원장, 1114년. 및 로렌티아스 수도원장, 1176년). 나는 잠시 동안 남아 있는 옛 유물들을 바라보면서 사색에 잠겼다. 그것은 오랜 시간동안 떠돌다가 머나먼 해안에 닿은 난파선의 잔해 같은 모습을 드러내고 있었다. 이 광경은, 그러한 훌륭한 인물이 그 시대에 살았고 그리고 죽었음을 이야기할 뿐이었다. 이는 인간의 긍지가 얼마나 무익한 것인지를 보여주었다.

무엇보다 죽어서도 후세에 이름을 남겨 존경 받는 존재이기를 바라고, 비석에 새긴 글자가 된 뒤에도 계속 살아 있고 싶어 하기 때문이다. 좀더 세월이 흐르면 이러한 작은 흔적마저 사라져버릴 것이고, 그 기념비들도 기념물로서의 가치를 잃게 되리라. 그러한 석물을 내려다보고 있다가 사원에 울려 퍼지는 종소리에 문득 정신이 들었다. 그 종소리는 버팀벽에서 버팀벽으로 울리며 회랑에 메아리쳤다. 무덤 사이를 누비듯이 번져가서, 커다란 파도처럼 우리 인간을 무덤으로 이끌고 가는 시간의 흐름을 알리는 종소리를 들었을 때는 짐짓 놀라고 말았다. 나는 다시 사원 안으로 통하는 아치형 문까지 나아갔다. 그리고 사원에 한 발짝 발을 들여놓는 순간, 그 건축물의 어마어마한 크기에 깜짝 놀라고 말았다. 무엇보다 사원 회랑의 나지막한 아치 천장에 비하면 그 차이가 너무나 또렷했기 때문이다. 또 크나큰 묶음기둥뿐만 아니라 놀랄 만큼 높이 솟아 있는 아치도 눈길을 끌었다. 기둥의 토대 주변을 오가는 사람은 인간이 만들어낸 이 건축물에 비해 자신이 얼마나 작은 존재인지 잘 알게 될 것이다. 또한 이 사원은 무척 넓고 어두컴컴해서, 그곳을 찾아 둘러보는 이들에게 신비롭고 깊은 외경심을 심어준다. 우리는 무덤 속 어둠의 신성한 정적을 깰까 봐 두려워하며 세심하게 주의를 기울이면서 천천히 걸었다. 한 걸음 한 걸음 발길을 옮길 때마다 그 발소리가 주위의 벽에 부딪쳐 반사되거나 무덤에 울려 퍼지며, 성당의 고요를 완전히 깨고 있음을 한층 더 강하게 느꼈다.

이 자리에 감도는 숭고한 분위기는 마치 인간의 영혼에 무겁게 내려와서, 그것을 바라보는 사람에게서 말을 빼앗고 경건한 마음이 들게 하는 듯하다. 여기에는 역사에 남는 위업을 이룩하여 온 세계에 명성을 날린 지난날의 위인들의 유해가 모셔졌기 때문에, 자신이 그것에 둘러싸여 있음을 느끼게 된다.

그러나 이제 그 위인들이 흙으로 돌아가 그 속에서 복작거리는 모습을 보니, 인간 야심의 덧없음에 절로 헛웃음이 새나온다. 살아 있을 때는 수많은 왕국을 거느리면서도 만족하지 못했으나, 지금의 그들은 더없이 작은 일면에 지나지 않는다고 할까, 미처 보지 못하고 지나쳐버릴 듯한, 눈에 띄지 않는 한구석, 또는 음산한 한쪽을 마지못해 서로 나눠가지고 있을 뿐이다. 옛날 몇 세대에 걸쳐 세상 사람들의 눈과 귀를 놀라게 하고, 칭찬을 한 몸에 받으려고 했던 위인들의 명성을 다만 몇 년이라도 잊히지 않도록 참으로 많은 형상과 형태와 세공물이 고안되었으나, 오늘에 와서는 야속하게도 그저 지나가던 나그네들이 그것들을 아무 생각 없이 한 번 흘끗 쳐다보는 것이 고작이다.

　나는 포에츠 코너*¹라 불리는 문인의 기념비를 바라보면서 그곳에서 잠시 시간을 보냈다. 그 기념비는 사원의 익랑(翼廊), 즉 십자형 측랑의 한 곳을 차지하고 있었다. 그 기념비도 거의 소박한 모습이었는데, 문인들의 생애가 조각사에게 새겨 넣을 정도로는 눈부시지 않았기 때문이다. 단, 셰익스피어와 조지 애디슨(영국 시인·극작가)은 특별한 취급인지 그 위업을 찬양하는 조각상이 세워져 있었는데, 주로 흉상이나 원형의 부조이고, 때로는 묘비명 형태로 남아 있기도 했다. 내가 살펴본 바로는 거기에 늘어선 것은 소박하고 꾸밈이 없는 기념비임에도, 사원을 찾아오는 관광객들은 이 포에츠 코너에서 가장 오래 걸음을 멈추고 바라보았다. 그리고 무엇보다 관광객들이 위인과 영웅의 훌륭한 기념비를 바라볼 때의 그 차갑고도 호기심에 찬 눈길과 막연한 칭찬이, 포에츠 코너에 서면 훨씬 친근하고 애정어린 기분으로 바뀐다. 그들은 마치 오랜 친구의 무덤에라도 서 있는 듯한 기분이 들어 좀처럼 그곳을 떠나지 못한다. 사실 문인과 독자 사이에는 우정 비슷한 감정이 싹트는 일이 있지만, 문인 이외의 위인들에 대해 말한다면, 그들의 명성은 역사를 매개로 하여 후세 사람들에게 전해지게 마련이다. 역사는 끊임없이 흐릿해지면서 불투명한 양상을 드러내지만, 문인과 독자의 교류는 늘 신선하고 생기가 넘쳐나며 직접적이다. 문인은 자기를 위해서라기보다 독자를 위해 살며, 가까이 있는 오락을 외면하고 사교를 둘러싼 즐거운 생활을 끊은 채, 멀리 떨어진 사람들과 먼 시대와도 긴밀한 관계를 맺으려고 한다. 세상 사람들이 문인의 명성을 칭찬하고 그것을 그리워하는 목소리가 계속 이어지는 것도 수긍이 간다. 무엇보다 문인의 명성은 폭력과 유혈의 참사로 얻은 것이 아니라, 끝없는 노력으로 독자에게 즐거움을 나눠준 결과이다. 그래서 후세 사람들이 기쁜 마음으로 그 기억을 되살리는 것인지도 모른다. 문인은 헛된 명성과 어마어마한 공적을 후세에 유산으로 남긴 것이 아니라, 모든 예지의 보물, 보석처럼 빛나는 사상, 그리고 언어라는 황금의 광맥을 남겼기 때문이다.

　나는 포에츠 코너를 뒤로 하고, 다시 안으로 나아가 사원 내부에 있는 국왕의 무덤 쪽으로 걸어갔다. 예전에는 예배당으로 쓰였지만, 이제는 위인들의

---

*1 웨스트민스터 사원 안의 유명한 시인 묘지와 기념비가 있는 곳.

무덤과 기념비가 자리하고 있는 그 일대를 즐거운 마음으로 거닐었다. 걸음을 옮길 때마다, 저명한 인물의 이름과 역사에 빛나는 발자취를 남긴 명문가의 문장(紋章)이 눈에 들어왔다. 이렇게 어두컴컴한 곳에서도 시선을 모아 보면, 고풍스러운 조각상이 쭉 늘어서 있는 것을 볼 수 있다. 어떤 사람은 예배하는 듯한 자세로 벽감 속에서 무릎을 꿇고 있고, 어떤 사람은 공손하게 두 손을 맞잡고 무덤 위에 엎드려 있다. 갑옷을 입은 기사들은 마치 전쟁이 끝난 뒤 휴식을 취하는 듯한 모습이고, 고위 성직자들은 모두 주교장(主教杖)을 들고 머리에는 주교관(主教冠)을 썼다. 그리고 예복을 입고 관을 쓴 귀족들은 마치 매장되기 전에 당당하게 죽음의 자리에 누워 있는 듯한 모습을 하고 있다. 이렇게 쟁쟁한 위인들이 자리가 비좁다는 듯이 한 자리에 모여 꼼짝도 하지 않고 말없이 늘어선 이상야릇한 광경을 바라보고 있으니, 마치 모든 사람들이 느닷없이 돌로 변해버렸다는 전설에 나오는 저택 안을 거닐고 있는 것처럼 느껴졌다.

나는 걸음을 멈추고, 갑옷으로 무장한 기사의 조각상이 조용히 누워 있는 무덤을 유심히 바라보았다. 커다란 버클이 한쪽 팔에 걸쳐 있고, 두 손은 기도하는 것처럼 가슴 앞에 모았다. 그리고 얼굴은 투구 속에 거의 감춰졌고, 두 다리를 꼬고 있는 점에서, 이 기사는 성전(聖戰)에 참여한 전사임을 알 수 있었다. 틀림없이 십자군 병사의 무덤이었다. 이 병사는 종교와 로맨스 소설을 기묘하게 혼합하고, 사실과 허구를 뒤섞어서 역사와 동화(童話)를 접목하는 고리를 만든 열광적인 전사의 한 사람이다. 볼품없는 문장과 고딕풍의 조각이 새겨져 있어도, 이러한 용사의 무덤에서는 어딘가 그림처럼 아름다운 정취가 느껴진다. 이런 무덤은 보통 고풍스러운 예배당 속에 있으며, 그것과 절묘한 조화를 이룬다. 그 무덤을 가만히 바라보고 있으면 나도 모르게 상상력이 되살아나서 십자군 전쟁을 노래한 시가에 등장하는 전설적이고 낭만적인 이야기나 기사도 시대의 장엄하고 화려한 세계가 눈앞에 펼쳐지는 듯한 느낌이 들었다. 그러한 무덤은 완전히 지나간 시대의 유물이라고 할 수 있다. 그리고 동시에, 우리의 기억에서 사라져버린 유명 인사들의 유물, 또는 우리와는 전혀 다른 풍속과 관습을 가진 유물이다. 말하자면, 그것은 아득히 먼 땅 끝에서 떠돌아다니다 이곳에 닿은 것과 같다. 그것에 대해 정확한 지식을 갖고 있지 않아서, 어딘가 아득하고 환상적인 존재로서 파악하는 수밖에 없다. 고딕풍의 무덤 위에서 죽음의 자리에 누워 있는 건지, 아니면 임종 기도를 바치기 위해 누워 있는 건지 어느 쪽이든 그러한 모습에는 외경스러움과 장엄함이 느껴진다. 이러한 조각상에는, 오늘날의 기념비에서 흔히 볼 수 있는 기발한 모습과 온갖 의장을 갖춘 장식, 우화적인 군상 등이 도저히 미칠 수 없는 매력이 갖춰져 있어서 참으로 인상적인 그런 점에서 진한 감동을 느꼈다. 또 오래된 묘비명이 거의 모두 훌륭한 것에도 크게 감명받았다. 옛날에는 모든 것을 간결하게, 그리고 당당하게 표현하는 훌륭한 방법이 있었다. 어느 고결한 귀족 일가에 대해 "형제는 모두 용감무쌍했고, 자매는 한결같이 정조관념이 강했다."[2]고 밝힌 묘비명만큼, 한 집안의 가치와 명예로운 가계에 대한 자각을 숭고하게 나타낸 것은 본 적이 없다.

포에츠 코너의 반대쪽 익랑(행랑)에는 근대예술 중에서도 가장 뛰어난 걸작으로 일컬어지는 기념비가 하나 있었다. 거기에는 숭고함을 뛰어넘은, 무엇인가 무시무시함 같은 것이 느껴졌다. 그 기념비는 루이 프랑수아 루빌리아크(프랑스 출생 영국 조각가)가 만든 나이팅게일 부인의 무덤이다. 기념비 아래쪽은 대리석 문을 활짝 열어놓은 것처럼 제작되었고, 그곳에는 수의로 몸을 감싼 해골이 나와 있었다. 해골은 산제물인 나이팅게일 부인을 향해 창을 던지는 모습이었는데, 살이 벗겨진 신체에서 수의가 미끄러져 내릴 듯이 보였다. 그녀는 공포에 떠는 남편의 품속을 파고들고 있고, 남편은 공격을 피하려고 죽을 힘을 다해 헛된 발길질을 하고 있었다. 이 기념비는 전체적으로 무서우리만치 진실미를 띄고 있어 생기가 넘쳐났다. 또 요괴의 열린 입에서는 금방이라도 의기양양해하는 듯한, 의미를 알 수 없는 말이 튀어나올 것만 같았다. 그러나 우리는 어째서 죽음을 불필요한 공포심으로 뒤덮으려고 하는 것일까. 또 그 공포를 사랑하는 사람들의 무덤에까지 퍼뜨리려고 하는 것일까. 본디 무덤은 그곳에 모셔진 고인에게 진정한 경의와 추모의 정을 바치는 곳으로, 지금 이 세상에 살고 있는 이들을 높은 덕으로 이끄는 장소여야 한다. 다시 말해 무덤은 혐오와 놀라움의 장소가 아니라 슬픔과 명상의 장소인 것이다.

이렇게 음울한 아치 천장과 쥐 죽은 듯이 고요한 측랑을 돌아다니면서 고인이 남긴 기록을 조사하는 동안, 사원 밖에서는 바쁜 일상의 소음이 이따금 들

---

*2 뉴캐슬 공작부인의 정확한 묘비명은 "All the brothers were valiant, and all the sisters virtuous"이다.

려왔다. 마차가 지나가는 소리, 떠들썩한 군중의 목소리, 그리고 유쾌한 웃음소리. 이러한 소리는 주위를 뒤덮은 죽음 같은 침묵의 정적과 뚜렷한 대조를 이루었다. 인간 세상의 일상을 상징하는 생기 넘치는 물결이 황망하게 몰려와서, 묘지의 네 벽을 때리는 소리를 들으니 문득 이상한 기분이 든다.

나는 그렇게 무덤에서 무덤으로, 예배당에서 예배당으로 계속 걸음을 옮겼다. 해가 기울어짐에 따라 멀리 사원 주변을 서성이는 사람들의 발소리도 차츰 줄어들었다. 아름다운 음색의 종소리가 저녁기도 시간을 알렸다. 저 먼 곳에 하얀 법복을 입은 성가대 회원들이 측랑을 지나 안쪽의 자리로 들어가는 것이 보였다. 나는 헨리 7세(튜더 왕조 초대 잉글랜드 왕)의 예배당 입구 앞에 섰다. 장려하게 꾸며진 깊고 어두컴컴한 아치형 지붕아래를 지나자 계단이 예배당으로 이어졌다. 그지없이 정교한 세공이 풍부하게 새겨진 커다란 황동문은 경첩에 의해 묵직하게 열리고, 이렇게 호화로운 무덤에는 일반인들은 함부로 드나들 수 없는 분위기가 감돌았다.

예배당 안으로 들어가자, 대담하고 화려한 건축미와 정교한 조각이 새겨진 아름다운 장식에 눈길이 사로잡혀 잠시 멍하니 서 있었다. 주위의 벽 자체가 정교한 세공으로 메워져 있고 구석구석까지 풍요롭게 꾸며졌을 뿐만 아니라, 트레서리(틈새기 장식)도 풍부하고, 반원형의 벽감 속에는 많은 성도와 순교자들의 조각상이 꾸며져 있었다. 돌은 끌을 절묘하게 사용해 마치 마술에 걸린 것처럼 무게와 밀도를 무시하고 머리 위에 높이 매달려 있었다. 또 격자를 짜서 마감한 지붕은 거미줄처럼 놀랍도록 정교하게 고정되어 있었다.

예배당 양쪽 벽을 따라 바스(Bath)의 기사들이 앉는 높직한 떡갈나무 의자가 놓여 있었는데, 거기에는 고딕 건축 특유의 이상야릇한 장식이 새겨져 있었다. 이 의자의 뾰족한 끝에는, 망토와 칼과 함께 기사들의 투구와 깃털장식이 꽂혀 있고, 그 위에는 문장으로 꾸며진 깃발이 걸려 있어, 황금색과 보라색, 진홍색의 영롱한 색채가 곳곳에서 차가움이 느껴지는 지붕의 잿빛 격자무늬와 대조를 이루었다. 이 웅장한 묘지 한가운데에는 창립자의 무덤이 있고, 창립자의 조각상이 왕비의 상과 나란히 호사스러운 석물 위에 모셔져 있으며, 그 모든 것들이 화려하게 세공된 황동 난간으로 에워싸여 있었다.

이러한 웅장한 화려함 속에는 어딘지 모르게 처연한 분위기가 느껴졌다. 거기에는 무덤과 전승기념품의 기묘한 혼합을 볼 수 있었기 때문이다. 순서는 달라도 세상 모든 사람들은 흙으로 돌아가 그 이름이 망각 속에 묻히게 마련인데, 그 사실을 이야기해주는 무덤의 기념품 바로 옆에 이렇게 불타는 야심을 상징하는 물건들이 늘어서 있는 것이다. 옛날에는 수많은 사람들이 복작거리며 화려한 소란 속에 소용돌이쳤지만, 이제는 사람의 그림자도 없이 고요한 정적만이 감도는 곳을 거닐고 있을 때만큼 견딜 수 없는 적막감에 사로잡히는 일은 없다. 기사와 그를 따르던 하인이 앉아 있었던 자리는 비어 있고, 옛날에는 그들 앞에서 힘차게 펄럭였던 선명한 색채의 화려한 깃발이 먼지에 뒤덮여 줄지어 있는 모습을 바라보고 있으려니, 어떤 감동을 느끼지 않을 수 없었다. 이 홀에서 이 나라의 자랑스러운 영웅과 뛰어나게 아름다운 미녀들, 그리고 영롱한 보석으로 치장한 귀족과 군인들이 찬란하게 빛나는 가운데, 수많은 사람들의 발소리와 군중의 감동에 찬 목소리가 울려 퍼지는 광경이 나의 뇌리를 스쳤기 때문이다. 그러나 모든 것은 사라지고, 다시 죽음의 정적이 온 주위를 에워쌌다. 정적을 깨는 것은 이따금 들려오는 새들의 노랫소리뿐이었다. 새들은 예배당 속에 들어가서 조각이 새겨진 벽과 늘어뜨린 장식 속에 둥지를 지었는데, 그것이 찾아오는 사람이 드문 조용한 장소임을 말해주고 있었다.

깃발에 기록되어 있는 이름을 읽어보니, 그들은 모두 멀고도 넓은 세계에 이름을 떨친 인물들이었다. 어떤 이는 아득히 먼 바다를 떠다녔고, 어떤 이는 먼 이국에서 군무에 몸담았으며, 또 어떤 이는 궁정과 내각에서 날마다 바쁘게 비밀회의를 거듭했다. 그 모든 사람들은 이 어두컴컴한 명예의 전당에서 또 하나의 영예인 '음울한 기념비'를 보상으로 받으려는 것이다.

이 예배당 양쪽에 있는 두 개의 작은 통로는, 무덤 속에 들어가면 일반 서민이나 영웅이나 모두 똑같다는 통절한 사례를 보여준다. 즉, 이러한 무덤은 제압한 사람을 제압당한 사람과 같은 수준까지 끌어내리고, 원한을 품은 원수끼리 유해를 한 자리에 섞고 만 것이다. 이를테면 한 측랑에는 도도한 엘리자베스 1세의 무덤이 있는데, 또 하나에는 그녀에게 희생된 비운의 메리 스튜어트[3]의 무덤이 있다. 하루 종일 박복한 메리의 운명을 애도하며 엘리자베스에 대한 분노를 드러내는 사람이 끊이지 않는다. 엘리자베스가 잠든 무덤 벽에는, 원수의 무덤에서 끊임없이 새나오는 깊은 동정의 한숨이 메아리친다.

---

[3] 메리 스튜어트(Mary Stuart, 1542~87)는 스코틀랜드 여왕. 재위기간은 1542년부터 1567년이다.

메리가 묻힌 통로에는 일종의 독특한 음울함이 주위에 감돌고 있었다. 먼지에 뒤덮인 창문에서 비쳐드는 빛 때문인지 그곳은 희미하고 어둑어둑했다. 이 통로의 대부분은 깊은 그림자에 싸여 있고, 벽은 오랜 세월의 비바람에 시달려 더러움과 상처가 두드러져 보였다. 대리석으로 만들어진 메리의 조각상은 무덤 위에 누워 있었고, 그 둘레를 에워싸고 있는 그녀의 고국 스코틀랜드의 국화인 엉겅퀴 꽃 문장으로 꾸며진 철난간은 퇴색되어 심하게 녹이 슬었다. 나는 사원 안을 둘러보느라 피곤해진 다리를 쉬기 위해 그 기념비 옆에 잠시 앉아 있으려니, 기구한 운명에 끌려다녔던 가련한 메리의 비참한 생애가 내 머릿속에서 맴돌았다.

이따금 들려오던 발소리도 끊어졌다. 들려오는 소리라고는 멀리서 저녁기도를 되풀이하는 사제의 목소리와 성가대가 그에 호응하는 희미한 목소리뿐이었다. 그런 소리도 사라지고 잠시 지나자 완전한 정적에 휩싸였다. 그리하여 주변에 서서히 스며드는 듯한 조용함과, 어둡고 무거운 적적함이 감돌면서 더욱 엄숙한 분위기가 찾아들었다.

> 소리 없는 무덤에는 이야기를 나누는 말소리도 없고,
> 친구의 반가운 발소리, 연인들이 속삭임도,
> 신중한 아버지의 충고도, 아무 것도 없다
> 남은 것은 모든 망각
> 그리고 먼지와 끝없는 어둠

갑작스러운 일이었다. 문득 어디선가 오르간의 무겁고 낮은 소리에 실려 노랫소리가 들려온 것이다. 그 소리는 점차 커져서 마치 거대한 파도처럼 귀를 울렸다. 웅대하고도 풍부한 음량은 이 커다란 건축물과 조화를 이루고 매우 장엄했다. 말할 수 없이 장엄하고 화려한 분위기 속에 커다란 아치형 천장 가득히 묵직하게 울려 퍼진 그 가락은, 죽음의 동굴에 조화로운 가락을 엄숙하게 불어넣어 침묵하는 무덤을 휘감았다. 때로는 점점 음계를 높여 한 음씩 쌓아올린 끝에, 승리와 환희의 외침으로 널리 울려 퍼졌다. 그러다가 그 음이 끊어지면 합창단의 감미로운 노랫소리가 아름다운 선율로 솟구치면서 주위에 가득 메아리쳤다. 그것이 한 단 더 높게 솟아오르자 지붕 주변까지 올라가서,

마치 순결한 천상의 노래를 펼치는 것처럼 높은 아치형 천장에서 춤추듯이 울려 퍼졌다. 그러자 다시 오르간이 천둥처럼 쿵쾅거리며 공기를 뒤흔들어 사람의 영혼마다 스며들었다. 이 얼마나 길고 은은하게 울리는 음률인가. 이 얼마나 장엄하고 무섭기까지 한 협화음인가. 오르간 소리는 더욱 더 깊고 강해져 이 커다란 고딕 건축물 전체에 가득차서 사방의 벽까지 뒤흔들 것같은 기세가 느껴졌다. 그 소리에는 귀를 먹먹하게 하며 오감을 압도하는 박력이 있었다. 그러자 이제 그 소리는 낭랑하게 울려 퍼지면서 지상을 떠나 천상으로 솟아오르더니, 그야말로 사람의 영혼까지 빼앗으며, 높아지는 음계의 파도 사이사이로 떠다니는 듯했다.

나는 한동안 음악에서 느끼는 몽상에 잠겨 앉아 있었다. 땅거미가 차츰 짙어지고 기념물들이 더욱 강한 그림자를 던지기 시작하자, 멀리서 큰 시계가 서서히 저물어가는 하루의 끝을 알렸다.

나는 천천히 일어나 사원을 떠날 준비를 했다. 본당으로 통하는 계단을 내려갈 때 에드워드 참회왕[4]의 사당이 내 시선을 끌었다. 거기서 사당으로 가기 위해 작은 계단을 올라가자 황량한 묘지의 전경이 내려다보였다. 이 사당 주위를 역대 왕과 왕비의 무덤이 에워싸고 있었다. 높은 곳에서 내려다보니, 기둥과 묘비 사이로 눈 아래의 예배당과 방들이 있고 무덤도 늘어서 있었다. 그곳에서는 전사, 고위성직자, 조정 신하, 그리고 정치가 같은 인사들이 '어둠의 잠자리'[5]에 누워 썩어가는 것이다. 내가 있는 바로 옆에는 커다란 대관식용 의자가 보였는데, 고딕 시대때 떡갈나무로 만든 것으로 거칠게 깎아서 세련된 멋은 없었다. 마치 지나치게 기술적인 기교만 부려, 보는 사람에게 감명을 주고자 연구한 듯한 느낌이었다. 여기에는 이 세상의 온갖 영화를 누리고, 권력을 손에 넣은 인간의 시작과 끝을 보여주는 하나의 전형이 있었다. 이 장소에서는 문자 그대로, 왕좌에서 무덤에 이르는 거리는 고작 한 걸음에 지나지 않는다. 이렇게 부조화를 보여주는 기념물은, 이 세상의 쟁쟁한 위인들에 대한 하나의 교훈이 아닐까? 즉, 인간은 아무리 가장 높은 절정에 있었다 해도 결국

---

*4 에드워드 참회왕(Edward the Confessor, ca. 1004~66)은 잉글랜드 색슨 왕조의 왕. 재위기간은 1042년부터 1066년이다.

*5 《욥기》 제17장 제13절의 "If I wait, the grave is mine house : I have made my bed in the darkness." 에서 인용한 것이다.

에는 망각의 저편으로 밀려나 아무도 돌아보지 않는 굴욕을 맛보게 된다는 것을 보여주는 게 아닐까? 또 머리에 얹은 왕관도 사라지고, 무덤의 흙과 굴욕 속에 누워서 군중 가운데서도 가장 비천한 신분인 사람들의 발에 짓밟히는 운명을 안고 있음을 보여주기 위한 것인가. 과연 사람들은 이런 식으로 생각하지 않는 것일까. 참으로 기이한 일이지만, 여기서는 이미 무덤조차도 신성한 장소가 아니다. 세상에는 외경심을 품어야 마땅한 것을 조롱하는 매우 경박하고 비천한 무리가 날뛰고 있다. 사실은 지금 살아 있는 사람들에게 향해져야 할 비천한 복종과 추한 노예근성에 대한 원한을, 이미 죽고 없는 저명인사의 영혼에게 풀면서 은밀한 기쁨을 느끼는 것이다. 그리하여 에드워드 참회왕은 관이 파헤쳐져 그 유해에 있던 부장품까지 빼앗기고, 오만불손했던 엘리자베스 1세의 손에서는 왕홀이 자취를 감추었으며, 헨리 5세*6의 조각상은 아예 머리 부분이 없어져버렸다. 왕의 기념비를 바라보면, 어느 것이나 인간의 존경심이 얼마나 거짓으로 가득하고, 또 얼마나 믿을 수 없는 것인지를 증명한다. 즉 어떤 이는 빼앗기고, 어떤 이는 손발이 잘려나가고, 또 어떤 이는 비열하고 굴욕적인 말을 가차 없이 듣고 있다. 아무래도 모든 기념비는 정도의 차이는 있을지언정, 굴욕과 치욕을 뒤집어쓰고 있다고 해도 지나친 말이 아닌 것이다.

하루의 끝을 알리는 석양이 바야흐로 내 머리 위 높이 있는 아치형 천장의 장식유리를 통해 흐릿하게 비쳐들었다. 이 사원 아래쪽은 이미 어슴푸레한 황혼에 싸였다. 예배당과 통로를 뒤덮는 어둠이 차츰 짙어져, 곧 왕들의 조각상은 어둠에 싸여 보이지 않게 되고, 대리석으로 만든 기념물은 희미한 빛을 받아 신비한 형태로 변모할 것이다. 저녁의 미풍이 무덤의 차가운 숨결처럼 통로에 가만히 숨어들었다. 포에츠 코너를 당당하게 걷는 관리인의 발소리조차 어딘지 구슬프게 들려왔다. 나는 아침에 지나갔던 길을 천천히 돌아갔다. 회랑 문을 나가자 문이 삐걱거리는 소리를 내며 닫혔고, 그 소리가 사원 전체에 메아리가 되어 울려 퍼졌다.

나는 여태까지 본 것을 머릿속에 정리해 보려고 했지만, 이미 뚜렷한 흔적은 사라지고 혼돈만 남아 있었다. 사원의 문턱을 넘어 밖으로 나온 순간, 기억속에서 명사의 이름도 비문도 기념품도 모두 한데 뒤섞여버렸다. 이 엄청나게

---

*6 헨리 5세(Henry V, 1387~1422)는 중세 잉글랜드의 랭카스터 왕조의 왕. 재위기간은 1413년부터 1422년이다.

많은 무덤의 집단은 아무래도 굴욕의 저장고로밖에 생각되지 않았다. 과연 이것은 명성의 덧없음, 죽은 뒤에는 쓰라린 망각 속에 사라진다는 뚜렷한 사실을 몇 번이고 되풀이해 말하는 커다란 전당이 아니고 무엇인가. 나는 그렇게 생각했다. 실제로, 이곳은 죽음의 제국이다. 암흑의 대궁전이다. 그곳에서는 죽음의 신이 웅장한 모습으로 앉아 인간의 지나간 영광의 유물을 비웃으며 왕후들의 기념비 위에 먼지를 뿌리고 망각의 어둠 속에 묻어버린다. 어차피 불후의 명성을 자랑하는 것은 헛된 자만에 지나지 않는다. 시간은 쉬지 않고 조용히 그 페이지를 넘긴다. 우리는 이 속세의 사정은 잘 알고 있지만, 역사를 물들인 인물들과 그들의 온갖 일화에 대해서는 생각도 하려고 하지 않는다. 그리고 저마다의 시대는 한 번 읽고 버려진 책처럼 내던져져 눈 깜짝할 사이에 잊히고 만다. 오늘날의 숭배자는 우리의 기억에서 어제의 영웅을 밀어내고, 이어서 내일의 계승자에게 그 지위를 물려준다. 17세기의 저명한 의학자이자 문인이기도 했던 토마스 브라운 경은 이렇게 말했다. "우리의 조상은 우리의 흐릿한 기억 속에서 자신들의 무덤을 발견하듯이, 마침내 지금의 우리도 후세 사람들의 기억의 밑바닥에 묻혀버릴 것이다." 역사는 이윽고 우화처럼 된다. 그리고 의혹과 논쟁에 의해 사실은 흐려지고, 비문(碑文)은 비석의 앞쪽 면에서부터 썩어 사라질 것이다. 그리고 조각상은 그 받침대에서 무너져내린다. 기둥, 아치, 피라미드, 그 모든 것이 모래의 퇴적이 아니고 무엇인가. 또 그러한 묘비명은 먼지 위에 기록된 문자가 아니고 도대체 무엇인가. 무덤의 안전성과 유해를 썩지 않게 보존하는 것에는 어떤 의미가 있다는 말인가. 알렉산드로스 대왕의 유해는 바람에 날려갔다. 그래서 이제는 그를 모셨던 빈 석관은 단순히 진기한 물건에 지나지 않는다. "캄비세스 왕(페르시아 왕)도, 그리고 세월도 손을 대지 않고 보존해 두었던 이집트의 미라도 탐욕스러운 인간의 손에 짓밟힌다. 고대이집트의 미라는 상처에 바르는 연고로, 또 이집트왕 파라오의 미라는 진통제로 팔려나가고 있다."

　지금 내 머리 위 높이 솟아 있는 이 대건축물이 크나큰 무덤과 같은 운명의 길을 걸어가지 않을 거라는 보장이 어디에 있는가. 지금 금박을 입힌 호화찬란한 아치형 천장이 저렇게 높이 묵직하게 솟아 있지만, 언젠가는 썩어서 발 아래에 무너져 내리는 날이 틀림없이 올 것이다. 그때가 오면, 가곡이나 찬미가의 선율이 아닌 바람이 손상된 아치형 지붕에 울려 퍼지고, 부엉이가 무너진 탑에서 호, 호, 우는 소리가 들려올 것이다. 이윽고 눈부신 햇살이 이 음울한 죽음의 전당에 내리쬐면, 덩굴손이 쓰러진 기둥을 감아올리고, 여러해살이 풀인 디기탈리스(별명 여우장갑)는 죽은 사람을 조롱하듯이 이름도 없는 뼈단지 주변에 흐드러지게 피어 있을 것이 틀림없다. 그리하여 사람은 세상을 떠나고, 그 이름은 기록과 기억에서 사라져버린다. 사람의 일생은 이 세상에서 지어내는 덧없는 이야기와 같은 것이 되어 그 기념비조차 폐허로 남는다.

크리스마스

그 옛날 그리운 산타클로스 할아버지는 이제 없는 것일까. 남은 것은 멋진 백발과 수염뿐이란 말인가. 그럼 그것이라도 얻자, 할아버지가 남긴 것이 그뿐이라면.

산타클로스를 부르는 외침

그 무렵 크리스마스 시즌이 오면,
어느 집에서나 볼 수 있었지.
따뜻한 난로 옆에서 추위를 녹이며,
신분의 차별 없이, 모두에게
맛있는 고기를 대접했지.
그날은 이웃사람들도 초대를 받아,
모두 정성스럽게 대접 받았지.
가난한 사람이라도 문전박대 당하는 일이 없었다네.
이 낡은 모자가 새것이었던 시절의 이야기이지만.

옛 시

영국에서 무엇보다 나를 황홀하게 만들고 사로잡은 것은, 요즘도 옛날 그대로 남아 있는 축일 풍습과 시골 놀이문화였다. 그런 것을 접하면, 젊었을 때 머릿속에 곧잘 그렸던 공상의 세계가 되살아난다. 그 시절 나는 책에서 얻은 지식에만 의지하며, 이 세상은 시인들이 그린 것이라고 믿었다. 그 옛날을 문득 떠올리면, 순진했던 지난 시절의 향기가 피어오르는 듯하다. 마찬가지로 착각인지는 모르겠지만, 그때 사람들은 오늘날보다 훨씬 소박하고 인정이 넘쳤으며 즐겁게 살았던 것 같다. 그러나 유감스럽게도 그러한 풍습과 놀이는 나날이 희미해져서 시대의 흐름과 함께 차츰 스러지게 마련이다. 게다가 요즘의 유행 그림자에 가려져 완전히 잊혀버리고 만다. 그것은 영국의 여기저기 흩어져 있는 우아한 고딕 건축*¹의 일부가 시대의 황폐와 함께 무너지거나, 후세의 보수와 개수로 말미암아 본디의 모습을 잃어버리는 것과 비슷하다. 그러나 시 (詩)는 전원풍의 유희나 축일의 잔치 장면을 그리면서, 그것에 파고들어 거기서 수많은 주제를 이끌어내고 있다. 마치 덩굴손이 고딕식 아치와 무너져가는 탑을 그 풍요로운 잎사귀로 꾸며서, 자신을 지탱해 준 것에 보답이라도 하는 듯한 모습이다. 즉, 무너져가는 폐허를 우거진 새잎으로 포근하게 감싸 안음으로써 영원히 그 향기를 간직하려는 것이다.

그러나 옛부터 전해오는 모든 축제 가운데에서도 크리스마스만큼 강렬한 인상을 남기며, 마음이 따뜻해지는 정경을 떠올리게 하는 축제는 없을 것이다. 크리스마스에 깃든 어떤 독특하고도 신성하며 엄숙한 분위기가 우리의 밝은 마음과 서로 하나가 됨으로써, 인간 정신을 저절로 높은 곳으로 끌어 올려 정결하고 숭고한 기쁨의 경지에 이르게 한다. 크리스마스가 가까워지면, 대성당에서의 예배는 지극히 감미로운 선율로 물들어 우리에게 깊은 감동을 느끼게 한다. 그리고 우리 신앙의 기원에 대한 아름다운 일화와, 그리스도 탄생 때의 전원 풍경이 아름답게 이야기된다. 그리고 강림절*² 기간의 예배는 더욱 더 신자들의 열기로 풍성해지면서 애수에 젖어든다. 마침내 인류에게 평화와 선의를 가져다주는 크리스마스 당일 아침이 되어 더없는 환희의 순간을 맞이한다. 대성당에서 성가대 전원이 오르간 연주에 맞춰 부르는 크리스마스 찬송가가 성당 안에 아름답게 가득 울려 퍼지는 것을 들을 때만큼, 음악이 지닌 위대한 힘이 인간의 도덕적 감정을 북돋는 일은 아마 없을 것이다.

그밖에도 아득한 옛날부터 끊임없이 이어져 내려온 아름다운 관습이 있다. 평화와 사랑이 어우러진 종교의 선포를 기념하는 크리스마스가 되면, 온가족이 한자리에 모인다. 속세의 고난과 환희, 비애를 안고 뿔뿔이 흩어져 있었던 가족과 친지들이 다시 가까이 모이는 것이다. 부모 슬하를 떠나 넓은 세상 속

---

*1 고딕 건축은 12세기 중기에 프랑스 북부에서 나타난, 정신성과 구조미가 절묘하게 조화를 이룬 건축양식이다. 파리의 노트르담 대성당은 그 무렵의 건축 상황을 오늘에 전하고 있다. 이 양식은 곧 영국 남부를 중심으로 전파되어 수많은 고딕 사원이 탄생한다. 참고로, 영국의 대표적인 고딕건축으로는 캔터베리 대성당 , 웨스트민스터 사원, 솔즈베리 대성당 등을 들 수 있다.
*2 강림절은 그리스도의 탄생을 기다리는 크리스마스 이전 4주간을 가리킨다.

을 떠돌던 자녀들도 집으로 돌아와, 난롯가에 둘러앉는다. 그리고 따뜻한 가족의 유대를 느낄 수 있는 사랑을 접하면서 어렸을 때의 그리운 추억에 잠겨 지난날의 젊음을 되찾고 서로 사랑을 주고받는다.

이 계절에는 크리스마스 축제를 더욱 빛내는 매력이 있다. 다른 계절에서는 자연이 빚어내는 아름다움 속에서 많은 기쁨을 얻는다. 그래서 우리는 마음이 높이 고동치면 밖으로 나가, 눈부신 풍경 속에서 마음의 긴장을 풀고 기분을 전환시킨다. 그렇게 '야외의 곳곳에서 쉬는' 것이다. 지저귀는 새소리, 시냇물의 속삭임, 생명의 숨결이 느껴지는 봄 향기, 즐거운 여름의 향락, 금빛으로 물드는 풍부한 색채의 가을, 잎의 초록빛에 뒤덮인 드넓은 대지, 웅장하고 화려한 구름이 떠다니는 아름다운 감청색 하늘, 그 모든 것이 조용한 가운데 우리 마음을 말로 표현할 수 없는 환희로 채워준다. 이렇게 우리는 우아한 감각의 사치에 젖을 수 있다.

그러나 겨울이 깊어지면, 자연은 모든 매력을 잃어버린 모습으로 변하고, 주변은 온통 새하얀 눈옷으로 갈아입는다. 그러면 우리도 크게 달라져 도덕적인 원천을 구하여 거기서 만족을 얻으려 한다. 맑고 아름다운 풍광은 황량하게 바뀌고, 쓸쓸한 겨울의 짧은 햇살과 쓸쓸한 밤의 어둠은 바깥 산책의 즐거움을 방해할 뿐만 아니라, 우리의 감정까지 안에 가둬버리고 밖에서 노는 것을 허용하지 않는다. 그렇게 되면, 가족의 단란함에 의해 생겨난 서로의 유대가 더욱 더 깊어져서 거기서 즐거움을 이끌어내게 된다. 그 속에서 우리 사색은 한결 깊어지고 더욱 마음이 이어져 단단한 유대감이 생긴다. 우리는 함께 함으로써 싹트는 즐거움을 나누며, 마음을 터놓고 친밀하게 사귀게 된다. 그리고 마음과 마음이 서로 통함으로써, 그 깊은 내부에 있는 배려로 가득 찬 샘에서 온갖 기쁨을 퍼 올린다. 그곳을 찾아가기만 하면, 이 샘은 가정의 행복이라는 맑은 물을 제공해 주는 것이다.

바깥은 어둠에 싸여 음울한 분위기로 가득하기에, 난로 불빛이 따뜻하게 밝혀주는 방으로 돌아오면 마음이 아늑해진다. 활활 타오르는 그 붉은 불길이 인공적인 여름과 햇빛을 만들어내어 방 전체를 환하게 비추면, 모든 사람의 얼굴에 즐거운 환대의 표정이 떠오른다. 성의를 다해 대접하려는 마음이 담긴 표정은 부드러워지면서 문득 가슴속에서 따뜻한 미소가 피어나고, 수줍은 듯 사랑하는 마음을 품은 시선이 감미롭고 막힘이 없는 당당한 말투로 변하면,

겨울의 난로를 에워싸고 편안히 쉬는 그곳이 천국이 아니겠는가. 이윽고 차가운 겨울바람이 집 현관에 불어 닥쳐 저 멀리 있는 문을 두드리고, 창문을 덜컹덜컹 뒤흔들며 굴뚝으로도 불어온다. 그럴 때, 아늑한 방에서 가족들이 따뜻하고 단란한 한때를 보내는 광경을 보면, 참 다행스럽고 마음이 편안해지며 안도감을 느끼게 된다.

본디 영국에서는 사회 계급과 상관없이 시골 풍습이 옛날 그대로 깊이 뿌리내리고 있기 때문에, 그들은 축제와 나라의 기념일을 맞이하면 여느 때의 단조로운 시골 생활에서 잠시 벗어나서, 유쾌하게 오락을 즐기기를 좋아한다. 그들은 특히 그 옛날, 크리스마스라는 종교적이고 사회적인 전통행사를 매우 소중히 지켰다. 그러므로 이 축제일에 열리는 고풍스럽고 유머러스한 예능, 익살스러운 야외극, 그리고 모든 것을 잊고 친목과 쾌락을 누리는 일 등을, 어느 옛것을 좋아하는 사람이 멋없는 필치로 세세하게 썼지만, 그래도 읽어보면 마음을 흔드는 듯한 감동을 느낄 수 있다. 크리스마스 시즌을 맞이하면, 아마도 모든 집의 대문이 활짝 열리고, 사람들은 모두들 마음속에 품고 있는 깊은 생각을 터놓고 화목하게 대화를 나누는 듯하다. 농부이든 귀족이든, 온 계급의 사람들이 다 함께 환희와 친절한 마음이 넘쳐나는 넉넉하고 따뜻한 시간 속에 녹아든다. 성과 장원 영주 저택의 고풍스러운 객실 *3에서는 하프가 연주되고 크리스마스 찬송가가 흐른다. 맛있는 음식이 잔뜩 차려진 커다란 식탁은 무게를 이기지 못해 삐걱거리는 소리를 낼 정도였다. 그리고 아무리 가난한 농부 집에서도 푸른 월계수와 호랑가시나무를 꾸미고 그 축일을 맞이했다. 난로의 밝은 불빛이 격자창에서 새나오면, 그 불빛에 이끌려 그곳을 지나가던 사람들도 빗장을 풀고 안에 들어가서는, 난로를 둘러싸고 앉아 이야기꽃을 피우고 있는 친구들 사이에 스스럼없이 끼어든다. 그리고 옛부터 전해오는 우스운 이야깃거리와 낡은 크리스마스 이야기를 즐기면서 기나긴 겨울밤을 함께 보낸다.

오늘날 가장 바람직하지 않은 세련된 풍습의 하나를 말하자면, 그것은 마음이 따뜻해지는 옛날 그대로의 축제행사에 타격을 주었다. 그래서 이러한 생활상의 장식품에 감도는 깊은 감동은 사라지고, 생기로 넘치던 돋을새김 무늬도 완전히 지워지고 말았다. 물론 지금의 사회는 이전보다 훨씬 세련되고 부드러운 소통이 이루어지고 있어 매끄러운 양상을 드러내지만, 그 표면에서는 뚜렷하게 옛날의 특색은 사라졌다. 즉, 대부분의 크리스마스 유희와 의식은 완전히 자취를 감추고, 셰익스피어의 《헨리 4세》에 등장하는 폴스타프의 셰리 주 이야기*4처럼, 주석자들 사이에서 연구와 논쟁의 대상이 되어버렸다. 이러한 놀이와 행사가 활발하게 열리던 시대에는 공기가 거친 분위기를 띠었지만, 세상은 활기와 열기로 가득했고, 사람들은 진심으로 기쁨에 넘쳐 인생을 마음껏 누렸다. 그렇듯, 그 시대는 어딘가 야성미를 풍기면서도 우아하고 화려했다. 그랬기에 시에 풍부한 소재를 제공하고, 희곡에도 수많은 매력적인 인물과 풍물이 나올 수 있었던 것이다.

그런데 오늘날 세상은 갈수록 세속적이 되어, 그 결과 즐길 거리는 늘었지만 진정한 기쁨은 줄어들고 말았다. 즐거운 기분을 만끽할 수 있는 영역은 넓어졌으나 그 흐름은 더욱 얕아졌고, 아늑한 가정생활의 밑바닥을 기분 좋게

---

*3 중세 영국의 매너하우스(장원풍 저택)는 귀족, 기사, 유한신사 계급에 속하는 인사들의 큰 저택이다.

*4 존 폴스타프 경(Sir HJohn Falstaff)은 셰익스피어의 《헨리 4세》와 《윈저의 즐거운 아낙네들》에 나오는 쾌활한 술고래의 늙은 기사이다. 이 묘사는 《헨리 4세》 제2부 제4막 제3장에서 셰리 주의 효용에 대한 폴스타프의 재치 있는 연설을 가리킨다.

흘러가던 그 깊고 조용한 수맥은 사라져버렸다. 사회는 더욱 세련되고 우아한 정취를 느낄 수 있게 되었으나, 지방색이 강한 특성과 가족적인 배려, 난롯가의 순박한 이야기와 기쁨은 없어졌고, 옛날의 전통적인 아름다운 습관과 봉건사회의 환대 정신, 그리고 왕후귀족과 같은 잔치도, 그것이 성대하게 열렸던 귀족의 성이나 호화롭고 드넓은 장원과 함께 사라져버렸다. 하기야, 그러한 것은 어두컴컴한 중앙홀이나 커다란 떡갈나무로 에워싸인 회랑, 태피스트리를 건 호사스러운 객실에는 어울리지만, 오늘날과 같이 밝고 현란하게 꾸며진 홀이나 객실에는 어울리지 않는다.

그러나 고풍스러운 축제적 전통은 사라졌어도, 영국의 크리스마스 파티는 요즘도 마음을 설레게 한다. 모든 영국인의 가슴속에는 가정적인 감정이 유감없이 되살아나는데, 그것은 참으로 강인하여 보기에도 미소가 절로 나온다. 먼저 친척들과 친구들이 다시 한자리에 모여 친목을 위해 모든 준비를 갖춘다. 그리고 존경의 표시이자 두터운 정을 나타내는 선물을 서로 교환하고, 집과 교회에는 평화와 환희의 상징인 전나무 가지가 꾸며진다. 그러한 것들 모두가 친목을 굳게 다지고 정다운 감정을 불러일으키는 데 가장 바람직한 효과를 가져다준다. 아무리 서툴더라도 깊은 밤에 들려오는 '웨이츠' 성가대의 크리스마스 캐럴*5은 절묘한 조화를 이루며 겨울의 이슥한 밤에 울려 퍼진다. 그래서 '깊은 잠이 덮쳐와 모두 자리에 쓰러져 곯아떨어지는'*6 조용하고 엄숙한 시간에 그 소리에 잠이 깨더라도, 나는 기뻐하며 그 소리에 귀를 기울였다. 그리고 그것은 기쁘고 신성한 계절과 연결지어, 평화와 선의를 아울러 사람들에게 전하는 천사의 합창이 아닌가 하는 생각이 들었다.

상상력이 이렇게 도덕적인 영향을 받으면, 모든 것은 선율과 아름다움으로 바뀐다. 이 얼마나 즐거운 일인가. 시골의 정적에 싸인 정경 속에서 이따금 들려오는 '암탉에게 밤의 불침번을 알리는'*7 수탉의 울음소리조차 일반 사람들

---

*5 '웨이츠'라 불리는 성가대가 집집마다 돌아다니며 크리스마스 송가를 부르는 관습이다.

*6 이 묘사는 《욥기》의 제33장 제15절에서 인용한 것이다. "In a dream, in a vision of the night, when deep sleep falleth upon men, in slumberings upon the bed;"

*7 존 밀턴의 대표작 《코머스—러들로 성의 가면극》(Comus, A Mask Presented at Ludlow Castle, 1634)에서 인용한 시구. 원문에는 다음과 같이 묘사되어 있다.— "Count the night—watches to his feathery dames./'T would be some solace yet, some little cheering/In this close dungeon of innumerous boughs."

에게는 성스러운 축제의 날이 다가왔음을 알리는 신호로 여겨진다.

> "어떤 사람은 우리 구세주의 탄생을 축하하는 계절이 오면,
> 새벽을 알리는 새는 밤새도록 울고,
> 어떤 유령도 감히 주변을 헤매고 다니지 못한다고 말한다.
> 밤은 고요한 정적에 싸여, 행성이 충돌하지 않는다,
> 요정에게 홀리지도 않고, 마녀도 신통력을 잃어버린다,
> 그토록 성스러운 축복으로 가득한 시간이 된다."*8

이 시기를 맞이하면, 사람들은 행복에 겨워 마음이 들뜬다. 그 절정에서 감동하지 않을 사람이 어디 있겠는가. 확실히 이 계절에는 기분이 새로워지고 마음도 밝아진다. 그리고 홀에 친목의 등불을 켤 뿐만 아니라, 사람의 마음에도 자비로운 자선의 등불을 켠다.

쓸쓸하게 지나가 버린 세월을 건너뛰어, 어린 시절 사랑의 장면이 늙은 마음에 생생하게 되살아난다. 환락의 향기에 찬 가족을 그리는 마음이 울적한 기분을 달래주고 다시 생기를 불어 넣어 준다. 마치 아라비아 바람이 사막을 헤매는 지친 순례자들에게 아득히 먼 곳에 있는 초원의 신선한 공기를 불어넣어 주는 것과 같다.

나는 한 사람의 이방인으로서 영국에 머물고 있는 처지이기 때문에, 사교적인 친목의 불빛을 받는 일도 없고, 대문이 열리고 현관에서 상냥하게 맞아줄 사람도 없다. 하물며 우정의 증거를 보여주기 위해 따뜻하게 악수를 나누며 환대받을 일도 없다. 그래도 여전히 이 계절의 감동이 주위 사람들의 행복한 표정에 반짝거리며 나타나기에, 그것이 내 마음에도 물드는 것 같다. 참된 행복은 하늘에서 빛처럼 쏟아져서 반사된다. 그러므로 어느 누구의 표정도 미소로 빛나며, 순진무구한 환희 속에 마치 거울처럼 영원히 빛나는 숭고한 자애

---

*8 셰익스피어의 《햄릿》 제1막 제1장에서의 마셀러스의 대사. 다음은 그 원문이다.

"It faded on the crowing of the cook./Some say that ever 'gainst that season comes/Wherein our Saviour's birth in celebrated./The bird of dawning singeth all night long : /And then, they say, no spirit dares stir abroad ; /The nights are wholesome ; then no planets strike,/No fairy takes, nor witch hath power to charm,/So hallow'd and so gracious is the time."

의 빛을 다른 사람들에게도 비춘다. 주위 사람들은 기쁨 속에 있는데도, 가까운 친구의 행복을 무시하는 무례한 태도로 홀로 고독한 어둠 속에 숨어서 화를 내며 불평을 터뜨리는 무리도, 어쩌면 뜨거운 감격을 느끼며 자기 만족감에 젖을지도 모른다. 그러나 그런 사람들도 즐거운 크리스마스의 매력인 다정함과 사교적인 온기를 원한다.

역마차

모든 준비를 마쳤으니,
이제 시름없이,
즐길 수 있는 시간이 왔다.
책은 당장 던져버려라,
때가 왔으니.

축일의 학교 노래에서

앞 장에서는 영국의 크리스마스에 대해 짤막하게 썼으므로, 여기에서는 예전에 시골에서 보낸 크리스마스 이야기를 몇 가지 소개하고 싶다. 그런데 꼭 한 가지 바라는 것이 있다. 부디 독자 여러분은 이 글을 읽을 때 딱딱한 생각은 일단 한쪽에 내려놓고, 못마땅한 일도 아무쪼록 여유로운 마음으로 너그럽게 넘기고, 오로지 기쁨만 느꼈으면 하는 것이다.

어느 해 12월의 일이었다. 크리스마스 전날, 나는 역마차에 흔들리며 요크셔로 가는 긴 여행길에 있었다. 역마차는 안팎이 모두 손님들로 꽉 차서 비좁고 답답했다. 그들이 나누는 이야기를 들으니, 승객들은 주로 크리스마스 만찬에 참석하기 위해 친지나 친구들의 집을 찾아가는 듯했다. 이 마차에는 사냥 수확물이 들어 있는 커다란 광주리가 몇 개나 실려 있었고, 그밖에도 맛있는 음식이 담긴 바구니와 상자도 있었다. 마차꾼 좌석 주변에는 긴 귀를 늘어뜨린 산토끼가 매달려 있었는데, 아마도 눈앞에 다가온 크리스마스 파티를 위해 먼 곳의 친구가 선물하는 것이리라. 마차 안에서는 뺨이 발갛게 물들어 아름답게 빛나는 세 소년들과 함께 앉게 되었다. 내가 이 나라에서 만났던 다른 어린이들과 마찬가지로, 그들도 생기발랄한 사내아이들답게 밝고 천진난만하게 떠들고 있었다. 소년들은 크리스마스 방학을 보내려고 집으로 돌아가는 중으로, 이제부터 펼쳐질 즐거운 일을 상상하면서 이리저리 생각을 굴리고 있었다. 이 작은 개구쟁이들은 책과 채찍, 교사 등의 속박에서 벗어나 거의 실현가능성이 없는 어마어마한 계획과 놀이를 머릿속에 떠올리며, 6주 동안의 방학을 실컷 즐기려는 기대로 가슴이 부풀어 있었다. 그들의 그런 이야기를 듣기만 해도 저절로 유쾌해지는 기분이었다. 소년들은 가족은 말할 것도 없고, 귀여운 개와 고양이도 이제 곧 만날 수 있다는 기대감으로 가득차 있었다. 그리고 사랑스러운 누이동생들을 기쁘게 해주려고 주머니 속에는 선물을 숨기고 있었다. 그러나 그들이 누구보다도 만나고 싶어한 것은 밴텀이었다. 그것은 포니라고 불리는 소형말이라는 사실을 알 수 있었는데, 그들의 이야기로는 아마도 밴텀은 부케팔로스*1 이래 최고의 명마인 듯했다. 빠른 걸음과 달리기에서는 말할 것도 없고, 높이 뛰어오르기도 멋들어지게 해내어 인근의 어떠한 담장도 깨끗하게 넘어버린다는 것이다.

이 소년들은 마차꾼에게 남다른 보살핌을 받고 있었다. 그래선지 기회만 있으면 그들은 마부에게 마구 질문을 퍼부으며, 이 세상에서 가장 좋은 사람은 마차꾼 아저씨라고 평가했다. 사실 이 마차꾼이 다른 때보다 바쁜 듯이 움직이며 어딘지 모르게 거들먹거리는 모습에 나는 자꾸만 신경이 쓰였다. 그는 모자를 조금 삐딱하게 쓰고, 크리스마스를 꾸미는 작은 상록수 가지다발을 외투 단춧구멍에 끼우고 있었다. 역마차의 마부는 늘 부지런히 손님들의 신변을 보살피며 빈틈없이 일하지만, 크리스마스 시즌이 되면 특히 더 바빠진다. 또 이때는 크리스마스 선물을 교환하는 시기여서, 여기저기서 부탁받는 일이 많기 때문이다. 그래서 실제로 여행을 한 경험이 없는 독자 여러분에게는 의미가 있는 일이라고 생각하여, 그렇게 중요한 직종에 있는 사람들이 일하는 모습을 스케치하듯이 생생하게 그려보고자 한다. 그들은 옷차림과 몸짓, 그리고 언어 사용에서도 독특한 분위기를 풍기고 있으며, 그러한 특징은 동업자들 사이에서는 널리 알려져 있기 때문에, 영국인 마차꾼은 어디에 가더라도 다른 직종의 사람들과 혼동될 일이 거의 없었다.

마차꾼은 보통 넓적하고 풍만한 얼굴인데, 안면에 홍조와 함께 묘한 발진이 솟아 있는 경우가 많고, 식욕이 늘 왕성하며, 혈액순환이 좋아선지 피부의 모든 혈관이 열려 있는 것처럼 보인다. 또 끊임없이 맥주를 마셔서 신체가 느슨

---

*1 알렉산드로스 3세(알렉산드로스 대왕)의 애마 이름. 사람을 잡아먹는다는 전설도 유명한 말이다.

해져 버린 데다 외투를 겹쳐 입어서 몸집이 더욱 커 보인다. 그것은 마치 콜리 플라워(꽃양배추) 속에 파묻혀있는 것 같은 모습으로, 맨 위에 걸친 외투자락 은 거의 발뒤꿈치까지 닿을 것 같았다. 그는 브림이라고 하는, 챙 부분이 납작 하고 높이가 낮은 모자를 쓰고, 목에는 염색한 손수건을 큼직하게 감고 멋을 부려 묶은 끝자락을 가슴팍에 찔러 넣었다. 그리고 여름에는 옷 단춧구멍에 큼직한 꽃을 꽂는데, 그것은 아마도 그에게 연심을 품은 어느 시골 처녀한테 서 받은 것이리라. 그의 조끼는 세로줄무늬에 화려한 색깔이고, 조금 짧은 듯 한 바지는 무릎까지밖에 오지 않아서 정강이 근처까지 오는 승마구두에 거의 닿을 지경이었다.

이러한 의상은 참으로 세심하게 손질이 되어 있었다. 고급 옷감으로 지은 옷 으로 모양을 내는 것은 그의 취미 가운데 하나였다. 그것은 영국인 특유의 성 질이 반영된 것으로 짐작되는데, 그 복장은 얼핏 볼품없이 보이지만 한편으로 는 늠름한 몸가짐과 예절이 엿보이기도 했다. 그는 큰 거리 일대에서는 꽤 얼 굴이 통하는 인물인 듯, 이를테면 마을 아낙네들의 신뢰가 두텁고 의지할 수 있는 인물이어서 곧잘 상담역을 맡는 모양이었다. 그리고 미모의 처녀들과도 은근히 마음을 주고받는 것 같았다. 말을 바꾸는 장소에 도착하자 그는 어딘 가 거들먹거리는 몸짓으로 고삐를 풀어 내던지고, 타고 온 말을 마부에게 넘 겼다. 그의 임무는 역참 사이를 마차로 오가는 것뿐이었다. 그는 마부석에서

내리자, 두 손을 커다란 외투 주머니에 찔러 넣고, 거의 화려한 왕후귀족 같은 분위기를 풍기며 여관 안마당을 걸어 다녔다. 그러면 주로 마차꾼을 우러러보는 사람들이 그를 에워싼다. 즉 마부, 마구간지기, 구두닦이, 그 밖의 이름 없는 부랑자 같은 무리다. 이 추종자들은 여관과 술집을 오가면서 온갖 잔심부름을 하거나 허드렛일을 해주고, 주방의 남은 음식과 술집에서 사람들이 마시고 남긴 술을 얻어먹으면서 입에 풀칠을 한다. 그들은 마차꾼을 마치 신처럼 떠받들며, 그의 독특한 말투까지 공손하게 흉내 낼 뿐만 아니라, 말과 경마를 둘러싼 온갖 화젯거리에 대한 마차꾼의 의견을 그대로 받아들였다. 특히 마차꾼의 행동거지를 열심히 따라했다. 어떠한 부랑자도 외투를 걸치고는 마차꾼처럼 두 손을 주머니에 찔러 넣고 그의 걸음걸이를 흉내 내거나, 특이한 은어로 말하며 신참 마차꾼 흉내를 낼 수 있다.

아마 내 마음이 너그러운 기분으로 가득했기 때문이겠지만, 모든 사람이 밝은 표정으로 즐겁게 여행을 즐기는 것처럼 느껴졌다. 역마차가 박차를 가해 내달리면 어김없이 그 주변은 활기가 넘치고, 신호하는 뿔피리 소리가 마을 입구에서 울려 퍼지면, 온 마을이 시끄럽게 들끓어 올랐다. 친구를 마중하려고 서둘러 찾아오는 사람이 있는가 하면, 꾸러미나 상자를 내려놓고 일찌감치 자리를 확보하려는 사람도 있었는데, 지나치게 서두르느라 함께 타고 온 사람들과 작별인사도 제대로 나누지 못하는 경우도 있다. 그 사이에 부탁받은 자질구레한 용무를 마쳐두어야 하는 마차꾼은, 특산물인 산토끼와 꿩 배달을 포함하여 소포와 신문을 술집 입구에 던져둔다. 그리고 다 알고 있다는 듯한 표정으로 곁눈질로 상대를 훔쳐보며, 조금 부끄러운 듯한 몸짓과 함께 입가에 흐릿하게 웃음 짓고 있는 하녀에게, 시골 연인이 보낸 연애편지를 건네기도 한다. 또 마차가 덜컹덜컹 소리 내며 마을의 거리를 달려가면, 모두가 집 창가로 달려가서 바깥을 내다보기 때문에, 주위 어디를 보아도 시골 사람들의 맑고 건강한 얼굴과 환하게 웃는 소녀들의 모습을 볼 수 있다. 마을 네거리에서는 부랑자와 마을의 현자들이 모여 진을 치고 있다가 역마차가 지나가는 것을 바라보는 중요한 역할을 수행한다. 그러나 더욱 현명한 자들의 경우는 이야기가 달라져서 그들은 주로 대장간에 모이는데, 그곳을 역마차가 지나가는 일은 그들에게는 깊은 사색의 대상이 되는 커다란 사건이다. 대장간 주인은 말편자를 무릎 위에 올려놓은 채 마차가 지나가는 광경을 바라보면서 바쁜 일손을 잠시 쉬고, 모루를 둘러싸고 있는 키클롭스[2]들은 경쾌하게 내려치던 망치를 잠시 멈추고 쇳물이 식는 것도 아랑곳하지 않는다. 또 갈색 모자를 쓰고 검댕을 칠한 도깨비 같은 모습의 직공이 화덕 안에 풀무로 부지런히 바람을 보내다가 손잡이에 잠시 몸을 기대면, 목을 가르랑거리는 듯한 소리를 내던 풀무는 긴 한숨을 쏟아낸다. 그는 대장간의 검은 연기와 유황 빛 사이로 눈을 반짝거리면서 역마차를 바라보고 있었다.

크리스마스가 다가오기 때문에 주변은 그 어느 때보다 활기를 띠며 북적거렸다. 그래서 그런지, 어느 얼굴이나 반짝반짝 생기로 가득차 보였다. 주변 마을에서는 사냥한 짐승 고기와 가금류, 그밖의 온갖 산해진미가 풍성하게 거래되고, 식료품점, 푸줏간, 과일가게 등 어느 가게나 단골손님들이 모여들어 북새통을 이루었다. 아낙네들은 바쁘게 움직이며 집안을 정리하고 청소하느라 정신이 없었다. 마침내 윤기가 흐르는 신성한 호랑가시나무 가지가 영롱한 붉은 열매를 달고 창가에 모습을 드러내기 시작했다. 그러한 풍경을 보고 있으면, 나도 모르게 17세기에 활약했던 영국 시인 매슈 스티븐슨이 쓴 크리스마스 준비를 노래한 작품 《열두 달》이 떠오른다. 거기에는 다음과 같이 그려진다.

"이제부터 소와 양은 물론이고 수탉, 암탉, 칠면조, 벙어리뻐꾸기, 그리고 집오리까지 모두 목이 비틀리기 시작한다. 그 까닭은 어지간한 음식으로는, 거의 12일에 이르는 동안 수많은 사람들의 위장을 채울 수가 없기 때문이다. 건포도, 향신료, 설탕, 그리고 벌꿀이 파이, 스프와 함께 테이블에 차려졌다. 바로 음악이 흘러나와야 할 때. 노인들이 난롯가에 앉아 있는 동안, 젊은이들은 춤추고 노래하며 몸을 덥혀야 한다. 시골 처녀가 크리스마스이브에 카드를 사는 것을 잊는다면 쇼핑의 반을 잊은 것이나 마찬가지이니, 다시 한 번 심부름을 해야 한다. 크리스마스 장식을 하는 데 호랑가시나무냐 담쟁이덩굴이냐를 놓고 법석을 떨고, 그것을 결정하는 일로 부부 사이에 서로 논쟁을 벌인다. 집사는 주사위나 카드게임으로 자신의 주머니를 살찌우고, 정신없이 움직이는 요리사는 거푸 맛있다, 맛있다, 하면서 맛을 보면서 자신의 배를 채운다."

마차 안에서 이렇게 호화로운 공상에 빠져 있던 나는 함께 앉은 소년들의 노랫소리에 꿈결에서 깨어나 현실세계로 돌아왔다. 이제까지 몇 마일을 달려

---

[2] 키클롭스(사이클롭스)는 그리스 신화에 등장하는 뛰어난 대장장이 기술을 가진 외눈박이 거인이다. 따라서 본문에서는 뛰어난 대장장이라는 뜻.

오는 동안 소년들은 뒤로 흘러가는 바깥 경치를 계속 차창으로 바라보고 있었다. 집이 가까워질수록 창에서 보이는 나무와 집들이 모두 낯익은 광경으로 변하자 모두가 환호성을 질렀다.

"아! 존이다! 그리고 그리운 카를로도 있어. 밴텀도 있다!"

함께 탄 개구쟁이 소년들은 감격하여 손뼉을 치면서 매우 기뻐했다. 샛길이 끝나는 곳에서 진지한 표정의 늙은 하인이 제복을 입고 소년들을 기다리고 있었다. 이 하인 곁에는 늙은 개 포인터와 경의를 표할 만한 밴텀이 딱 붙어 있었다. 밴텀은 아주 작은 말로, 갈기는 거친 느낌이 드는 뻣뻣한 털이지만 적갈색을 띤 꼬리털은 길게 늘어져 있었다. 이 조랑말은 잠든 채로 조용하게 길가에 서 있었는데, 이제부터 자신이 얼마나 곤욕을 치르게 될지 꿈에도 몰랐을 것이다.

나는 소년들이 이 충실한 하인 곁에서 소리를 지르고 빙글빙글 돌면서 즐거워하는 모습과 애견을 꼭 끌어안고 있는 것을 보고 덩달아 기쁨을 느꼈다. 소년들에게 안긴 포인터는 온몸을 비비 꼬면서 기뻐했다. 그러나 뭐니 뭐니 해도 소년들의 관심은 밴텀에게 있었다. 모두가 동시에 밴텀의 등에 올라타는 바람에 늙은 하인 존은 조금 난감해 하다가, 겨우 차례대로 밴텀에게 태워주기로 했다. 맨 처음 탄 것은 가장 나이가 위인 소년이었다.

마침내 그들이 그 자리에서 사라졌다. 한 소년은 밴텀을 탔는데, 그 앞에서 개가 재롱을 부리며 뛰어오르고 짖어댔다. 다른 두 소년들은 존의 두 팔에 매달려 한꺼번에 집 소식을 묻거나 학교 이야기를 하면서 즐거워하는 통에 존은 정신이 하나도 없었다. 그런 그들을 눈으로 배웅하던 나는 갑자기 어떤 감정이 치밀어 올랐다. 기쁨인지 슬픔인지는 알 수 없었지만, 그들과 같은 또래였던 시절이 아련하게 떠올랐던 것이다. 그 시절에는 나도 그들처럼 고난도 비애도 몰랐기에 기념일은 그저 행복하기만 한 날이라고 생각했다. 우리의 마차는 몇 분 동안 멈춰 서서 말에게 물을 먹이고 쉬게 한 뒤 다시 나아가기 시작했는데, 길모퉁이를 돌자 곧 훌륭한 저택이 모습을 드러냈다. 그 저택 현관 앞에 서 있는 한 부인과 두 소녀의 모습이 눈에 들어왔다. 또 나의 어린 친구들이 밴텀과 카를로, 그리고 늙은 하인 존과 함께 마찻길을 나아가는 모습도 눈에 들어왔다. 나는 차창으로 그들의 즐거운 만남 장면을 보려고 했지만, 앞쪽에 우뚝 서 있는 가로수가 시야를 가려 볼 수 없었다.

저녁이 되어 우리가 탄 마차는 그날 밤 묵기로 예정된 마을에 다다랐다. 마을 여관의 커다란 문에 들어서자, 한쪽 주방에서 붉은 불빛이 창문으로 새나오고 있는 것이 보였다. 주방에 들어간 나는 나도 모르게 탄성을 터뜨렸다. 몇 번을 방문해도 그 감동은 끝이 없는데, 뛰어난 편리성은 물론이고 그 청결함, 그리고 느긋한 즐거움을 맘껏 누릴 수 있는 영국 여관의 특징을 여기에서도 유감없이 볼 수 있었기 때문이다. 그곳은 넓은 주방이었다. 사방의 벽에는 정성들여 윤을 낸 구리와 주석으로 만든 식기류가 걸려 있었고, 곳곳에 크리스마스를 축하하는 전나무 가지가 꾸며져 있었다. 그리고 햄, 소의 혀, 베이컨 등의 고깃덩이가 천장에 매달려 있고, 난롯가에서는 스모크 잭*3이라고 하는 꼬치돌리개가 쉴 새 없이 소리를 내고 있으며, 한구석에서는 기둥시계가 째깍째깍 시간을 새기고 있었다. 길을 잘 들인 전나무 탁자는 주방 구석에 놓여 있다. 그 탁자 위에는 차가운 소고기를 비롯하여 맛있는 음식들이 차려져 있고, 그 한가운데에 거품이 한 가득인 커다란 맥주잔 두 개가 마치 보초병처럼 놓여 있었다. 상스러운 여행객들은 눈앞의 호화로운 음식에 남보다 먼저 뛰어들려고 준비했고, 다른 사람들은 난롯가의 떡갈나무 목재로 만든 높은 의자에 앉아 담배를 피우고 맥주를 마시면서 잡담을 즐겼다. 깔끔하게 차려 입은 하녀들은 젊은 안주인의 경쾌한 지시에 따라 바쁘게 움직이다가 조금이라도 틈이 나면, 난로 주변에 진을 친 손님들과 유쾌한 대화를 주고받으며 장난을 치고 때로는 희롱하는 웃음을 짓기도 했다. 이러한 광경은 바로 푸어 로빈이 한 겨울 최소한의 위안거리로 여긴 것을 완벽하게 나타낸 듯했다.

이제 주변의 나무들은 나뭇잎 모자를 벗고
은빛 머리로 덮인 겨울에 경의를 표한다.
아름다운 아내와 유쾌한 남편,
맥주병, 토스트,
그리고 담배와 질 좋은 석탄 불은,
이 계절에는 무엇보다 필요한 것.

—《푸어 로빈의 연감》*4 1684년에서

---

*3 꼬챙이에 꿴 고기를 회전시키면서 난롯불에 굽는 장치.
*4 《푸어 로빈의 연감》("Poor Robin's Almanack")은 1663년에 시작되어 1776년에 최종호가 나온

내가 여관에 들어온 지 얼마 안 되어 사륜역마차 하나가 문 쪽으로 다가왔다. 거기서 한 젊은 신사가 내렸는데, 램프 불빛에 얼핏 본 얼굴이 어딘가 낯익은 데가 있었다. 내가 몸을 내밀어 좀 더 자세히 보려고 쳐다보았을 때, 바로 그 사람과 눈이 딱 마주쳤다. 역시 잘못 본 것이 아니었다. 그는 프랭크 브레이스브리지라는 위세가 있고 인상도 좋은 젊은이로, 예전에 유럽을 함께 여행했던 친구였다. 그런 만큼 이 재회가 참으로 반갑고 기뻤다. 지난날 여행을 함께 했던 반가운 얼굴을 보면, 어김없이 그때의 즐거웠던 장면과 재미있는 사건, 재치 있는 농담 등의 그리운 추억들이 마음에 되살아난다. 여관에서의 짧은 한때로는 아무리 퍼내도 마르지 않는 샘물 같은 추억담을 실컷 즐길 수가 없다. 그는 내가 바쁘게 시간에 쫓기는 처지도 아니고 그저 관광을 즐기고 있을 뿐이라는 사실을 알자, 나에게 꼭 하루 이틀 시간을 내어 여기서 몇 마일 떨어진 곳에 있는 자신의 아버지 집에서 크리스마스 휴가를 함께 보내는 게 어떻겠느냐고 제안했다. 그는 크리스마스를 아버지의 집에서 보내기로 한 모양이었다.

"그편이 여관에서 혼자 외롭게 크리스마스 만찬을 먹는 것보다 낫지 않을까요? 조금 고풍스러운 접대가 될지도 모르지만, 전 당신의 방문을 진심으로 환영합니다."

사실 맞는 말이었다. 고백하자면, 실은 크리스마스를 맞이할 준비로 들떠 바삐 돌아가는 주위의 정경을 곁눈으로 보면서, 홀로 외롭게 지내는 것이 괴롭게 느껴지기 시작하던 참이었다. 그래서 망설일 것도 없이 그의 제안을 받아들였다. 마차가 여관 현관 앞에 왔다. 그리고 우리는 브레이스브리지 저택*5으로 떠났다.

풍자성이 강한 연감으로, 영국 시인 로버트 헤릭(Robert Herrick, 1591~1674)은 처음부터 여기에 참여했다고 전해진다.

*5 이 책의 서술자인 조프리 크레용이 방문하는 브레이스브리지 저택은 영국의 버밍엄에 현존하는 장원풍의 애스턴 저택(Aston Hall)을 모델로 한 것이다. 이 저택은 1635년에 건설되었으며, 초대 영주는 토머스 홀트 남작(Sir Thomas Holte, 1571~1654)이다. 참고로, 어빙이 영국 체류 중에 방문했을 때는 에이브러햄 브레이스브리지가 영주였다. 이 책에 나오는 지주 '브레이스브리지'라는 이름의 유래이기도 하다.

크리스마스이브

성 프랜시스 님, 성 베네딕트 님,[1]
부디, 이 저택을 사악한 자들로부터 보호해주소서.
악몽과 못된 장난을 좋아하는 요정 로빈으로부터 보호해주소서.
모든 악령과 요정, 족제비, 쥐, 흰족제비로부터 보호해주소서.
초저녁부터 새벽까지.

토마스 카트라이트

달빛이 눈부시게 빛나는 밤이었다. 그러나 매우 추운 날씨였다. 우리가 탄 이륜마차는 얼어붙은 대지를 질풍처럼 달려갔다. 마차꾼은 쉴 새 없이 말에 채찍을 가했고 말은 한동안 질주를 멈추지 않았다.

"마차꾼은 어디로 가야 하는지 잘 알고 있지요."

내 친구 프랭크 브레이스브리지가 웃으면서 말했다.

"그는 하인방에서의 유쾌한 모임과 맛있는 음식을 생각하면서 쉬지 않고 달리는 겁니다. 그런데 미리 알려두고 싶은 것이 있는데, 고집스러운 옛날사람인 제 아버지는 고리타분한 영국식 대접을 요즘도 계속하는 것을 자랑으로 여기는 사람이지요. 아버지는 옛날 기질을 간직한, 영국 시골 신사의 본보기 같은 인물입니다. 지금은 그런 순수한 생각을 품고 있는 사람은 좀처럼 볼 수 없지만 말입니다. 돈이 많은 사람은 거의가 런던에서 사는 세상이고, 또 시골에도 유행의 물결이 밀려와서 옛날의 시골 생활에 뿌리 내린 특징은 갈수록 사라지고 있지요. 그런데 제 아버지는 젊은 시절부터 체스터필드[2]에서 그 성실한

---

[1] 기독교 안에서, '성인 프랜시스'와 '성인 베네딕트'는 모두 특정한 직업과 지역 등을 지키는 수호성인으로 여겨진다.

[2] 필립 체스터필드(Philip Dormer Stanhope, 4th Earl of Chesterfield, 1694~1773)는 영국의 문인, 정치가. 그의 대표작 《아들에게 보내는 편지》(Letters to his Son, 1774)는 널리 알려진 명작이다.

피챔*³의 교과서를 본보기로 여기고 소중히 해 왔지요. 그리고 시골의 부유한 신사가 조상 대대로의 땅에 사는 것은 무엇보다 존중하고 부러워해야 할 일이라고 진심으로 생각합니다. 그래서 1년 내내 자신의 영지 안에서 사는 거지요. 게다가 옛날 시골의 놀이와 기념일 관습을 되살리려고 열심히 애쓰고 있어서, 그것에 관한 책이라면 옛날 것이든 요즘 것이든 모조리 읽어서 아주 훤하답니다. 사실 아버지가 즐겨 읽는 책은 적어도 2세기 전의 유명 작가들이 쓴 책인데, 아버지의 말로는 아무래도 그 시절 작가들의 저작과 사고(思考)에서 후세 작가들보다 본디의 영국적인 정신을 훨씬 더 찾아볼 수 있다는 겁니다. 아버지는 가끔 당신이 2, 3세기 전에 태어났으면 좋았을 거라고 매우 아쉬워합니다. 그 무렵의 영국 사회는 영국 본디의 모습을 지니며 독특한 풍속과 관습을 간직하고 있었으니까요. 아버지의 집은 큰길에서 꽤 떨어진 한적한 곳에 있는 데다 근처에는 이름난 저택이 없으므로, 어느 누구에게도 방해받는 일 없이 자신의 취향에 따라 자유롭게 생활을 즐긴다는 의미에서는 영국인으로서 참 부러워할 만한 행복을 누리고 있지요. 이 부근에서 가장 오래된 집안을 대표하며, 또 농부들 거의가 아버지의 소작인이어서, 그들의 존경을 받으며 세상 사람들로부터는 보통 '지주'라 불리고 있습니다. 물론 이 저택의 가장에게는 아주 먼 옛날부터 그런 호칭이 사용되기는 했지요. 이런 말을 하는 까닭은, 제 아버지의 기이한 모습을 보게 되더라도 미리 얼마쯤 마음의 준비가 되어 있으면 괜찮을 거라고 생각해섭니다. 그렇지 않으면, 제 아버지가 그저 생각이 얕고 우스꽝스러운 존재로밖에 보이지 않을 테니까요."

우리를 태운 마차는 정원을 에워싼 담장을 따라 잠시 더 달리다가 마침내 저택 문 앞에 이르러 멈춰 섰다. 중후하고 고풍스러운 철책문의 윗부분은 화려한 당초무늬와 꽃무늬로 기발하게 꾸며져 있었다. 문장이 새겨진 문을 커다란 각기둥이 지탱하고, 그 문 바로 옆에 문지기의 오두막이 보였다. 그 오두막은 우거진 전나무 그늘에 가려져 거의 떨기나무 숲에 파묻혀 있었다.

마차꾼은 문지기 오두막에 있는 커다란 종을 울렸다. 얼어붙은 듯한 조용한 공기 속에 갑자기 종소리가 울려 퍼졌다. 그러자 멀리서 개 짖는 소리가 그 소리에 응답했다. 아마 그 개들이 저택을 지키고 있으리라. 곧 늙은 하녀가 문간

---

*3 영국의 저명한 교육론자 로저 애스컴(Roger Ascham, ca. 1515~68)의 명저 《교사론(教師論)》 (The Scholemaster, 1570)에는 스파르타 교육을 거부한 헨리 피챔의 교육론이 서술되어 있다.

에 나타났다. 달빛이 눈부시게 쏟아져 내려 그 자그마하고 소박한 모습이 세세한 부분까지 훤히 보였다. 그녀는 고풍스러운 옷에 깔끔한 두건과 가슴장식을 하고, 눈처럼 새하얀 두건 아래 은빛으로 구불거리는 머리카락이 살짝 보였다. 늙은 하녀는 젊은 주인 프랭크 브레이스브리지를 맞이하기 위해 문간에 나타나 공손하게 인사했다. 그 표정과 말씨에 순수한 기쁨이 드러났다. 아마도 그녀의 남편은 저택의 하인방에서 크리스마스이브를 축하하고 있으리라. 그는 노래는 말할 것도 없고 이야기도 곧잘 해서 그 자리에 꼭 있어야만 했을 것이다.

내 친구 프랭크 브레이스브리지의 제안에 따라, 우리는 마차에서 내려 거기서 그리 멀지 않은 저택까지 정원 안으로 걸어가기로 했다. 그리고 타고 온 마차는 뒤에서 따라오게 했다. 분위기가 있는 훌륭한 가로수 길이 제법 구불구불 이어졌다. 잎이 떨어진 가로수의 나뭇가지 사이로 달빛이 비쳐드는데, 그 달은 구름 한 점 없는 맑은 밤하늘에 홀로 떠 있었다. 먼 곳의 잔디에는 눈이 엷게 쌓였고, 곳곳에서 반짝반짝 빛나는 것은 달빛이 얼어붙은 눈의 결정을 비추고 있는 정경이었다. 거기서 조금 떨어진 낮은 지대에서는 투명한 수증기가 사람 눈을 피하듯이 슬며시 피어올라 서서히 주변 경치를 뒤덮고 있었다.

프랭크 브레이스브리지는 황홀한 얼굴로 주위를 둘러보면서 말했다.

"방학을 맞아 집에 돌아올 때마다 수없이 이 가로수 길을 달려가곤 했지요. 어렸을 때는 이 나무 아래에서 자주 놀았어요. 그래서 저는 어린 시절 우리를 소중히 키워준 사람들을 존경하는 마음을 품게 되었지요. 제 아버지는 남달리 고지식한 데가 있어서 축일은 어김없이 저택에서 축하파티를 여는데, 그때는 반드시 아버지 주위에 다들 모여야 했습니다. 아버지는 우리의 놀이까지 세세하게 간섭하고 지시 감독했는데, 어찌나 엄격한지 마치 다른 부모들이 아이들의 공부를 간접할 때와 같았어요. 하나하나 세세한 부분까지 까다롭고 융통성이 없는 고집스러운 아버지는, 우리에게 영국의 전통적인 놀이를 옛날 방식 그대로 하기를 원해서, 옛날 책을 조사하여 아무리 '즐거운 놀이'에 대해서도 선례와 근거를 찾는 겁니다. 그런데 묘하게도 박식함을 자랑하려고 하는 아버지의 모습을 보면 뜻밖에 기분이 유쾌해지곤 합니다. 선량한 늙은 신사의 전략이라고나 할까요, 아버지는 아이들이 자기 집을 세상에서 가장 즐거운 곳으로 생각하기를 바라는 거겠지요. 그리고 실제로 부모가 주는 선물 가운데 가정적인 따뜻함이 있는 사랑만큼 좋은 것은 없다고 생각합니다."

우리의 대화는 크기도 종류도 다양한 개들의 울부짖음으로 중단되었다. '잡종, 강아지, 어린 개, 사냥개, 또 품종을 알 수 없는 개까지' 문지기의 종소리와 마차 바퀴가 내는 요란한 소리에 놀라 입을 크게 벌리고 짖어대면서 잔디를 가로질러 달려왔다.

"작은 개들까지 모두 한꺼번에, 보십시오, 트레이, 블랜치, 스위트하트까지 모두 나를 보며 짖는군요."[*4]

프랭크 브레이스브리지가 큰 소리로 그렇게 읊으면서 웃었다. 그런데 그의 목소리를 듣자, 개들의 사나운 울부짖음은 당장 기쁨의 환성으로 바뀌었다. 프랭크 브레이스브리지는 이 충실한 개들에게 포위되어 거의 몸을 움직일 수조차 없을 정도였다.

우리는 고풍스러운 저택의 전체 모습이 바라보이는 곳까지 와 있었다. 그 저택의 일부에는 깊은 그림자가 드리워졌고, 다른 일부에는 오늘 밤의 차가운 달빛이 비쳤다. 그것은 매우 웅장하고 화려한 건물이었지만 균일하지 않은 모습을 보여주었다. 아마도 여러 시대에 걸쳐 지어진 건축물의 집합체 같았다. 저택의 한쪽 날개에 해당하는 딸린 건물은 분명하게 예스러운 분위기로, 묵직하게 돌기둥을 배치하여 돌출한 창(窓)에는 담쟁이덩굴이 휘감고 있었고, 나뭇잎 그림자 사이로 작은 다이아몬드 모양의 창유리가 달빛아래 빛났다. 또 이

*4 셰익스피어의 《리어 왕》 제3막 제6장에서의 인용. 《리어 왕》의 원문은 "The little dogs and all,/ Tray, Blanch, and Sweet—heart, see, they bark at me."

저택의 다른 부분은 찰스 2세*5 시절에 지은 프랑스식 건물로, 내 친구 프랭크 브레이스브리지의 말을 빌리면, 그것은 왕정복고 시대에 찰스 2세의 명을 받아 귀국한 어느 조상이 수리와 개수를 시행한 것이라고 한다. 이 저택을 에워싼 정원은 옛날의 방식을 바탕으로 만들어졌으며, 인공적인 조형미로 꾸며진 화단, 깔끔하게 손질한 관목, 높은 테라스, 또 몇몇 항아리로 꾸며진 중후한 돌난간, 그리고 납으로 만든 동상이 한두 개 있었고, 또 분수도 있었다. 들은 이야기로는, 이 저택의 노신사는 특별히 세심한 주의를 기울여 예스러운 멋이 어우러진 모든 장식을 원형 그대로 남기려 했다고 한다. 그는 이 원예 양식을 찬양하면서, 거기에는 장엄한 정취와 고귀한 품성이 감돌고 있어 그야말로 풍치 있고 우아한 옛 가문의 양식에 잘 어울린다고 생각했다. 최근의 원예 양식은 자연을 당당하게 본뜬 것인데, 그것은 오늘날의 공화주의 사상의 발달과 함께 탄생한 것으로, 군주제에서는 아무래도 낯선 느낌이었다. 즉 거기에는 사회적인 평등성을 반영한 분위기가 느껴진다는 것이다. 나는 원예 양식에도 정치가 개입되었음을 알고 쓴웃음을 짓지 않을 수 없었다. 그래서 이 노신사가 자신의 신조를 지나치게 고집하는 것이 아닌가 하는 우려를 거리낌없이 프랭크 브레이스브리지에게 던져보았다. 그런데 그가 딱 잘라 말하기로는, 그의 아버지가 정치에 대해 발언하는 것은 드문 일로 거의 이때 정도였고, 거기에는 몇 주일 동안 머물렀던 어느 국회의원의 의견이 그대로 반영된 것이 틀림없다는 이야기였다. 이 저택의 지주는 가끔 현대의 정원을 꾸미는 이들이 비방하는, 깔끔하게 다듬은 주목과 형식을 중시한 테라스를 변호해 주는 이야기라면 무엇이든 기꺼이 귀를 기울였다.

우리가 저택에 다가가자 음악소리가 들려왔다. 이따금 저택 끝 쪽에서 웃음소리가 와, 하고 일어났다. 프랭크 브레이스브리지의 말로는, 그 소리는 하인방에서 들려오는 것이었다. 거기서는 12일간의 크리스마스*6 내내 배부르게 먹고 향락을 마음껏 즐기는 것이 허용되었다. 아니 저택의 지주는 오히려 그것을 장

---

*5 청교도혁명에 의해 망명 중이었던 찰스가 복위를 위한 브레다 선언을 내놓자, 잠정의회가 이를 수락했다. 이에 따라 왕정복고를 이룩한 그는 1660년 5월에 찰스 2세로 즉위했다. 그는 '의복개혁'을 선언하는 등, 당시 사회계를 이끌어간 일로도 유명하다.

*6 성탄절에서 공현축일까지 12일 동안을 가리킨다. 이에 관한 전승동요 '12일간의 크리스마스' ("Twelve Days of Christmas", 1780)는 돌림노래로 유명하다.

려했다. 그러나 모든 것은 옛 관습 그대로 따라야만 했다. 여기서는 지금도 그리운 옛날 놀이가 남아 있었다. 이를테면 귀신놀이, 벌금놀이, 장님게임, 흰빵 훔치기, 애플 보빙(커다란 물그릇에 마음에 둔 사람 이름을 새긴 사과를 띄워 놓고, 입으로 물어서 꺼내는 전통놀이), 건포도 집기 등이다. 크리스마스이브에는 언제나 난로 속에서 커다란 통나무장작 율로그*7가 타오르고, 크리스마스 촛불도 꺼지는 일 없이 불을 밝힌다. 그리고 하얀 열매가 달린 겨우살이가 매달리면, 귀여운 하녀들에게는 금방이라도 위험한 순간이 닥쳐올 것만 같았다.*8

하인들은 놀이에 푹 빠졌는지, 우리가 몇 번이나 벨을 눌러도 전혀 듣지 못했다. 가까스로 우리의 도착이 알려지자, 이 저택에 사는 지주가 두 아들을 이끌고 모습을 드러냈다. 아들 하나는 휴가를 얻어 고향에 돌아온 젊은 육군 장교이고, 또 하나는 이제 막 고향에 돌아온 옥스퍼드 대학의 학생이었다. 매우 건강해 보이는 지주는 훌륭한 노신사다운 풍채를 지녔다. 머리카락은 은빛으로 조금 곱슬거리고, 혈색이 좋은 얼굴에는 윤기가 흘렀다. 관상가가 만일 나처럼 사전에 지주에 대한 정보를 한두 가지 얻을 수 있다면, 그 얼굴에 분방한 마음과 자애로운 마음이 기묘하게 어우러진 것을 알아볼 것이다.

이 집안 식구들의 만남에는 따뜻한 사랑이 넘쳐흘렀다. 밤이 깊었기 때문에, 지주는 우리에게 여행복을 갈아입을 시간도 주지 않고, 곧장 모두가 모인 고풍스러운 홀로 안내했다. 거기에는 곳곳에서 온 친지들이 한자리에 모여 있었다. 늘 하던 대로 그 파티에 참석한 사람들은 늙은 숙부 부부, 한가한 생활을 보내고 있는 유한부인들, 늘그막을 맞이한 독신여성들, 혈기왕성한 사촌형제들, 철들 무렵이 된 소년들, 그리고 기숙사 생활을 하는 아리따운 소녀들이었는데, 모두 저마다 원하는 것을 하느라 분위기가 무르익어 있었다. 차례로 카드를 고르면서 게임을 즐기는 사람도 있고, 난롯가에 앉아 이야기에 열중한 사

---

*7 크리스마스이브에 '율로그(yule-log)'라 불리는 커다란 장작을 집에 가져와서 난로에 태워 풍요를 기원하는 의식. 프랑스어로 '뷔슈 드 노엘'이라는 이름의, 장작 모양을 한 크리스마스 케이크도 있다. 이 책의 원주(原註)에는 시인 로버트 헤릭이 쓴 '율로그'의 노래가 다음과 같이 기록되어 있다. "Come, bring with a noise/My merrie, merrie boyes,/The Christmas log to the firing ; /While my good dame, she/Bids ye all be free,/And drink to your hearts' desiring."

*8 원주에는 "겨우살이(mistletoe)는 크리스마스 시즌이면 지금도 농가와 주방에 매달려 있다. 젊은 남성은 그 밑에서 여성에게 키스할 권리가 주어진다. 그때마다 나무 열매를 하나씩 딴다. 그 열매가 모두 없어지면 이 권리도 사라진다."고 적혀 있다.

람도 있었다. 홀 구석에는 젊은이들이 모여 있는 것이 보였는데, 그 무리에는 곧 성년을 맞이하는 소년과 아직 꽃봉오리 같은 모습의 어린아이들도 끼어 있었다. 목마와 장난감 트럼펫, 그리고 부서진 인형이 바닥에 아무렇게나 던져져 있는 것을 보니, 아마도 요정처럼 귀엽고 순진한 아이들이 신나게 놀고 난 뒤 같았다. 하루를 즐겁게 뛰놀았으니 이제는 모두 침대에 들어가 건강한 잠을 자고 있을 것이다.

젊은 프랭크 브레이스브리지와 친지들이 서로 인사를 나누는 동안, 나는 방 안을 천천히 둘러보았다. 내가 이 방을 홀이라고 부른 까닭은, 실제로 예전에는 이곳이 분명히 홀이었기 때문이다. 지주가 이 방을 옛날의 원형을 간직한 상태로 되돌리려고 무척 애쓴 것이 확실해 보였다. 무게가 있고 품격 있는 벽난로 위에는 갑옷을 입은 기사가 백마 옆에 서 있는 모습의 초상화가 걸려 있었고, 마주보는 벽에는 투구와 방패와 창이 걸려 있었다. 또 홀 끝의 벽에 걸어 둔 한 쌍의 커다란 사슴뿔은 모자와 채찍, 박차를 거는 걸이로 쓸모있게 쓰였다. 홀 구석구석에 엽총과 낚싯대, 그 밖의 사냥도구가 보였다. 그곳에 갖춰진 세간은 거의 구식으로 무게가 나가는 짐스러운 것이지만, 최근의 편리성을 살린 것도 있어 떡갈나무 바닥재를 깐 마루에는 카펫이 깔려 있었다. 이렇게 전체적인 모습에는 응접실과 홀이 묘하게 어우러진 분위기였다.

난로의 연료를 받치는 쇠살대는 커다란 벽난로에서 떼어내어, 장작이 빨갛게 잘 타도록 설계되었다. 벽난로 안에서 통나무가 활활 타올라, 그 방에 많은 빛과 열을 쏟아내고 있는 광경을 보고 있으니, 이것이 바로 크리스마스이브에 벽난로에서 태우는 크리스마스 장작 율로그이구나 하고 감탄이 절로 나왔다. 지주는 세세하게 지시를 내려, 오래전의 관습에 따라 커다란 크리스마스 통나무를 저택에 들여놓고, 그것을 난로에서 태우게 하는 것이었다.

이 저택의 늙은 지주가 손님들을 융숭하게 대접하며 조상 대대로 내려온 난로 옆에서 유서 깊은 안락의자에 앉아 주위를 빙 둘러보자, 마치 태양빛이 사람들의 마음에 똑같이 온기와 기쁨을 보내는 것처럼 느껴졌다. 그런 흐뭇한 광경을 보게 되어 나 또한 기뻤다. 지주의 발아래 몸을 쭉 뻗고 누운 개조차도 천천히 자세를 바꾸거나 하품을 한 뒤, 사랑스럽게 주인의 얼굴을 올려다보면서 바닥 위로 꼬리를 흔들고는, 다시 몸을 쭉 뻗고 편안하게 드러누워 잠을 청했다. 그 행동은 주인이 자상하게 자신들의 잠든 모습을 지켜보고 있다는 믿음에 의한 것이었다. 진심이 담긴 응대에는 마음속에서 끓어오르는 감동을 느끼게 마련이다. 그것은 도저히 말로 표현할 수는 없지만 순간적으로 느껴지는 법이다. 따라서 처음 보는 손님이라도 왠지 모르게 마음이 편안해진다. 이렇게 말하는 나도 착한 지주의 난로 옆에 앉은 지 몇 분도 지나지 않아, 이 가족의 한사람이 된 것 같은 기분이 들면서 완전히 마음을 터놓은 듯한 분위기에 젖어들었다.

우리가 도착한 뒤 얼마 지나지 않아 곧 만찬이 시작된다는 전갈이 왔다. 만찬은 떡갈나무 목재로 지은 넓은 방에 마련되었고, 그 방의 널빤지는 밀랍을 칠해 반짝반짝 윤이 났다. 방을 에워싼 벽에는 가족의 초상화가 걸려 있었고, 호랑가시나무 가지와 담쟁이덩굴로 꾸며져 있었다. 평소처럼 조명이 켜졌는데, 그밖에 크리스마스 양초라 불리는 커다란 양초 두 자루를 세운 촛대에 상록수 가지가 서로 뒤엉켜, 집안 대대로 전해 내려온 오래된 은식기와 함께 정성 들여 닦은 식기장 위에 놓여 있었다. 그 식탁 위에는 먹음직스러운 요리가 풍성하게 가득 차려져 있었다. 그러나 지주는 퍼머티(우유밀죽)만으로 저녁식사를 마쳤다. 그것은 오래전부터 전해오는 크리스마스이브의 단골메뉴로, 찐 케이크를 우유에 넣고 끓인 뒤 진한 향신료를 친 것이다. 나는 눈앞에 아낌없이 차려진 음식 가운데서 내게 익숙한 작은 민스파이[9]를 발견하고는 얼마나 반가웠는지! 게다가 그 파이가 크리스마스이브의 완벽한 메뉴 가운데 하나라는 사실을 알고, 내 취향도 아주 형편없지는 않다고 생각했다. 그런 의미에서, 나는 품격을 갖춘 옛 친구와 인사를 나눌 때와 같은 따뜻한 진심을 담아 이 민스파이를 따뜻한 마음으로 맞이했다.

그 만찬 자리의 즐거운 분위기를 더욱 북돋운 사람은, 브레이스브리지 씨가 마스터 사이먼[10]이라고 기묘한 이름으로 부르던 익살스러운 괴짜 사내였다. 그는 독신자다운 분위기를 풍기면서 유쾌하게 돌아다니는 자그마한 노인으로 코는 앵무새 부리 같고, 얼굴에는 천연두 자국이 조금 남아 있었으며, 피부는

---

[9] 민스파이(mince pie)는 영국의 크리스마스에는 빠지지 않는 전통적인 과자. 모양은 그리스도의 요람을 나타낸 것이라고 한다. 처음에는 다진 고기와 과일, 향신료 등을 섞은 민스미트를 타르트 속에 채운 파이였다.

[10] 마스터 사이먼은 어빙의 《브레이스브리지의 저택》에 나오는 기지가 넘치는 독신남으로, 지주의 절대적인 신뢰를 받는 집사로 그려진다. 이 인물은 어빙이 1817년에 월터 스콧의 애버츠포드 저택을 방문했을 때 친구가 된, 스콧 저택의 집사 조니 바우어로 추정된다.

윤기를 잃어 늦가을 서리 맞은 나뭇잎처럼 말라 있었다. 눈은 약삭빠르고 생생하게 빛나며 쳐다보기만 해도 저절로 웃음이 터져버릴 듯한, 짓궂고 우스꽝스러운 표정을 짓고 있었다. 그 사내는 틀림없이 집안에서는 재치가 넘치는 존재로, 부인들을 상대로 냉소적인 농담과 야유를 잘하고 지치지도 않고 과거의 이야깃거리를 되풀이하면서 흥을 돋우고 있었다.

그런데 안타깝게도, 나는 이 저택의 역사를 잘 몰라서 그 이야기가 그다지 재미있게 들리지 않았다. 만찬 자리에서 그는 함께 앉은 어린 소녀를 자꾸만 놀렸는데, 아이는 내내 터져 나오려는 웃음을 참으려고 애썼다. 아마도 몹시 곤욕스러워 하는 그 아이의 모습을 보면서 그는 매우 재미있어 하는 것 같았다. 이 소녀의 정면에 앉아 있던 아이의 어머니는 딸의 버릇없는 행동을 꾸짖으려고 강한 시선을 보냈지만, 그래도 아이는 웃음을 참을 수가 없었던 모양이다. 확실히 마스터 사이먼은 그 자리에 있는 젊은이들 사이에서는 남달리 인기가 있는 인물로, 그의 모든 행동과 작은 표정 변화에도 주위에서 와 하고 웃음이 터져 나왔다. 아마 그 또한 결코 이상한 일은 아닐 것이다. 젊은이들의 눈에는 틀림없이 그에게 예능의 신이라도 깃든 듯한 놀라운 인물로 보였을 것이기 때문이다. 그는 '펀치와 주디'라는 영국에서 유명한 인형극 흉내도 잘 냈고, 태운 코르크와 손수건을 잘 활용하여 한손으로 늙은 여자를 닮은 인형을 만들 줄도 알았다. 그리고 오렌지를 우스꽝스러운 인물처럼 잘라 젊은이들을 웃음의 도가니로 끌어넣으면서 즐거워하기도 했다.

나는 프랭크 브레이스브리지한테서 마스터 사이먼에 대해 간단한 이력을 들었다. 그에 따르면, 그는 늙은 독신남으로, 혼자 지낼 수 있을 만큼의 수입으로 그럭저럭 생활을 꾸려가면서 나름대로 충실하게 살고 있는 듯했다. 그는 혜성이 자취를 그리며 돌듯이 친지들 사이를 발길 닿는 대로 돌아다니면서, 한 친지를 방문하는가 싶었는데 어느새 멀리 있는 다른 친지의 집을 찾아가곤 했다. 그것은 친척이 많기는 해도 재산이 없는 영국의 유한신사들 사이에서는 그리 드물지 않은 일이었다. 마스터 사이먼은 유쾌하고 밝은 기질의 사내로, 언제나 '지금' 현재를 마음껏 즐기고 있었다. 게다가 지낼 곳과 교우관계도 자주 바뀌기 때문에, 독신 노인들에게서 흔히 볼 수 있는 고집스럽고 낡은 습관에 빠지는 일은 없었다. 그는 이 집안의 묵은 뿌리 같은 존재로, 브레이스브리지 집안 전체의 족보와 역사, 결혼에 관한 모든 일들을 꿰뚫고 있어서 나이가 지긋한 사람들은 그를 매우 좋아했다. 그리고 늙은 귀부인이나 중년부인들 사이에서는 멋진 남자라는 평판을 들으면서 여전히 젊은이 취급을 받았다. 한편, 아이들 사이에서는 축제의 달인으로 통했다. 그래서 언제 어디에 가든 사이먼 브레이스브리지 씨를 능가하는 인기인은 좀처럼 볼 수 없었다. 최근에 그는 지주의 저택에 머물면서 날마다 거의 모든 시간을 함께 보냈기 때문에, 지주의 신변을 보살펴주는 집사 역할을 하고 있었다. 그리고 생각나는 대로 옛이야기를 끄집어내어 지주와 함께 흥겹게 마음의 파장을 맞추며 그때그때에 따라 옛날 노래를 흥얼거리곤 했다.

우리는 마지막으로 이야기한 마스터 사이먼의 재능의 정점을 접하게 되었다. 만찬이 끝난 뒤 크리스마스 특유의 향료가 든 와인*11과 다른 음료들이 식탁에 나오자, 곧바로 마스터 사이먼의 그리운 크리스마스 노래를 듣기로 한 것이다. 그는 잠시 망설이더니, 곧 눈을 빛내며 그리 나쁘지 않은 낭랑한 목소리로 크리스마스 노래를 불렀다. 이따금 목소리가 갈라져서 찢어진 갈대피리 같은 소리가 새나오기는 했지만 그래도 예스러운 맛이 있었다.

"자, 크리스마스가 왔다.
우리 모두 북을 힘차게 두드려,
이웃들을 불러 한자리에 모이세.
그리고 모두 다 모이면,
우리 다같이 환호하고
바람도 폭풍도 멀리 보내버리세."*12

만찬은 즐거웠고 모두들 마음이 유쾌해졌다. 하인방에서 늙은 하프 연주자가 불려왔다. 지주의 집에서 손수 만든 양조맥주를 마시고 흥이 난 그는 밤새도록 하프 줄을 퉁기면서 곡을 연주했다. 내가 듣기로는, 그는 이 저택에서 식

---

*11 크리스마스 멀드와인(Christmas Mulled Wine)이라고도 불리며, 적포도주에 계피 등의 향신료를 넣어 따뜻하게 마신다.

*12 이 노래는 영국 시인 윌리엄 윈스탠리(William Winstanley, ca. 1628~98)의 《크롬웰의 참상에서 크리스마스 축제를 지킨 남자》(The Man Who Saved Christmas from Cromwell's Misery)에서 인용했다. 그의 크리스마스에 관한 발상은 뒷날 찰스 디킨스(Charles Dickens, 1812~70)의 《크리스마스 송가》(A Christmas Carol, 1843) 등의 작품에도 영향을 주었다.

객 노릇을 즐기는 인물로, 명색은 이 마을 주민이지만 자기 집에 있는 시간보다 지주의 저택 주방에 있는 시간이 더 많다고 한다. 늙은 신사가 이 저택의 큰 홀에서 흘러나오는 하프 소리를 좋아했기 때문이었다.

만찬에 이어지는 무도회가 대부분 그렇듯이, 그날 밤의 무도회는 참으로 유쾌했다. 나이 많은 사람들 중에도 춤을 즐기는 이가 있었고, 지주도 상대의 손을 잡고, 몇 쌍의 춤꾼들을 부끄럽게 만들었다. 그도 그럴 듯이, 이날의 춤 상대와는 반세기 가까이 해마다 크리스마스에 짝을 이루어 춤을 추는 사이라는 것이었다. 마스터 사이먼은 옛 시대와 새로운 시대의 다리 역할을 맡은 인물로 생각되었는데, 그 멋은 조금 예스러운 느낌이 있었다. 그러나 춤에는 자신이 있는 듯, 옛 방식에 따른 힐 앤드 토와 리고동,*13 또 그 밖의 우아한 댄스를 보여주고 찬사를 듣고 싶어서 열심히 춤을 추었던 것만은 분명하다. 그런데 불행히도 그는 기숙학교의 왈가닥 처녀와 상대가 되는 바람에 무척 진땀을 빼야했다. 그녀는 젊은이답게 너무도 활기차게 몸을 놀려 이 늙은 신사를 쩔쩔매게 만들었다. 그 바람에 모처럼 진지하고 우아하게 춤을 추려던 그의 시도는 그만 물거품이 되고 말았다. 아무튼 옛 기질을 지닌 노인은 이런 불행한 사례를 당하기 쉬운 법이다.

이에 반해, 젊은 옥스퍼드대학 학생은 이 자리에 미혼의 고모를 데리고 나왔다. 이 짓궂은 학생이 아무리 심한 장난을 해도 이상하게 누구도 꾸짖는 사람이 없었다. 그래서 그는 장난기 가득한 몸짓으로 고모와 사촌누이들을 놀리면서 유쾌하게 즐겼다. 그래서 그런지 제멋대로이고 터무니없는 젊은이들이 보통 그렇듯이, 그도 모든 여성들 사이에서 인기가 높은 듯했다. 그리고 춤으로 누구보다 사람들의 눈길을 끈 것은 젊은 장교와 늙은 신사가 후견인인, 꽃도 부러워할 만큼 아름다운 열일곱 살 아가씨였다. 그날 밤 두 사람이 수줍은 듯이 서로 눈빛을 나누는 장면을 여러 차례 보았기 때문에, 나는 그 둘 사이에 서로 그리워하는 아련한 마음이 싹트기 시작했다고 생각했다. 틀림없이 이 젊은 장교는 사랑스러운 처녀의 마음을 사로잡기에 전혀 부족함이 없는 인물이었다. 늘씬한 키에 달콤하게 생긴 얼굴이 돋보이는 그는, 요즘 영국의 젊은 장교에게서 곧잘 볼 수 있듯이, 유럽에서 익힌 이런저런 교양이 어딘지 모르게

---

*13 리고동(Rigaudon)이란 17세기 프랑스 프로방스 지방에서 발상한, 4분의 2박자 또는 4분의 4 박자의 템포로 추는 전통적인 궁정 춤곡.

배어 있는 것 같았다. 이를테면 그는 프랑어나 이탈리아어를 유창하게 말하고, 풍경화도 멋지게 그릴 줄 알았다. 또 노래도 잘 부르는 데다, 춤은 거의 신기에 가까울 정도였으니 더 말할 것이 없지 않은가. 그러나 무엇보다도 그는 워털루 전투*14에서 명예로운 부상을 입은 장교였다. 시와 이야기를 자주 읽어서 잘 알고 있는 열일곱 살 소녀라면, 이 젊은 장교처럼 무훈이 있고 나무랄 데 없는 완벽한 인물에 매혹되지 않을 리가 없었다.

춤이 끝나자, 그는 기타를 손에 들고 고풍스러운 대리석 난로에 기대어 짐짓 자세를 잡고서, 트루바두르*15라 불리는 프랑스의 서정시인을 방불케 하는 소곡을 노래하기 시작했다. 그러자 지주는 크리스마스이브에는 그리운 옛날 영국의 노래 말고는 부르지 말라고 강한 말투로 말했다. 그러자 젊은 음유시인은 잠시 천장을 쳐다보며 기억을 되살리려는 듯한 몸짓을 하더니, 곧 다른 소곡을 연주하며 황홀하고 매혹적인 분위기 속에 영국 시인 로버트 헤릭*16의 '줄리아에게 바치는 세레나데'를 부르기 시작했다.

> "반딧불은 자신의 눈을 그대에게 빌려주고는,
> 밤하늘에 흐르는 별을 거느리고,
> 사랑스러운 요정들도 동그랗고 귀여운 눈동자를
> 불꽃처럼 빛내면서 친구가 되려 하네.
>
> 도깨비불도 그대를 속이지 못하고,
> 뱀과 도마뱀도 그대를 물지 않네.
> 그러니 그대여 앞으로 나아가세요, 걸음을 늦추지 말고.
> 유령이라도 그대를 놀라게 하지 않을 테니까.

---

*14 워털루 전투는 1815년 6월 18일 브뤼셀 남동쪽 워털루 부근에서 영국, 네덜란드 연합군과 프로이센군이 나폴레옹군을 쳐부순 전투이다. 이것이 나폴레옹의 마지막 전투가 되었다.

*15 트루바두르(Troubadour)란 중세 유럽에서 유행했던 귀족 음유시인, 음악가를 말한다. 참고로 여성의 경우는 트루바이리츠(Troubairitz)라고 불렸다.

*16 로버트 헤릭(Robert Herrick, 1591~1674)은 영국의 풍물을 배경으로 한 서정시를 잘 쓴 영국의 시인이자 성직자. 영국의 저명한 작곡가 레녹스 버클리(Lennox Berkeley, 1903~89)의 작품이 헤릭의 시상에서 큰 영향을 받은 것으로 알려진다.

한밤중에도 겁먹을 필요 없어요.
달빛이 잠들어도,
밤하늘의 별이 그대에게 빛을 내려줄 테니,
수많은 촛불처럼.

사랑하는 줄리아여, 그대에게 말하고 싶소,
그대가 내 곁에 온다면,
그래서 은빛으로 빛나는 발을 볼 수 있다면,
내 영혼을 그대에게
바치겠노라고."

이 노래는 그 아름다운 줄리아에게 바치는 것인가, 아니면 다른 사람인가. 왜냐하면 이 젊은 장교의 춤 상대였던 소녀의 이름도 줄리아였기 때문이다. 그런데 줄리아는 그 노래의 의미를 전혀 모르는 모양이었다. 그녀는 노래하는 장교의 얼굴을 쳐다보기는커녕, 가만히 바닥만 바라볼 뿐이었다. 분명히 그녀의 얼굴은 복숭앗빛으로 아름답게 물들었고 가슴은 부드럽게 고동쳤으나, 그것은 춤으로 인한 신체의 움직임 때문이었다. 사실 그녀는 그에게는 전혀 무관심한 얼굴로, 온실에 핀 아름다운 꽃을 따서는 즐거워하고 있었다. 그리고 그의 노래가 끝날 무렵에는 그 꽃들은 무참히도 바닥에 흩어져 있었다.

그날 저녁의 잔치가 끝나, 그 자리에 참석했던 사람들은 모두가 옛 방식에 따라 진심이 담긴 악수를 굳게 나누고 그곳을 떠났다. 나도 홀을 지나 방으로 돌아가는데, 가는 길에 크리스마스이브의 장작 율로그의 불빛이 좀처럼 사그라들지 않고 그때까지도 어슴푸레한 빛을 내고 있는 것을 보았다. 만일 그때가 '망령도 두려워서 나타나지 않는' 계절이 아니었으면, 자정에 몰래 방을 빠져나가 난로에서 요정들이 파티를 벌이고 있지 않을까 엿보고 싶은 유혹에 사로잡혔을지도 모른다.

내가 묵을 방은 이 저택의 옛 건물에 자리했고, 크고 묵직한 가구들이 갖춰져 있어서, 거인이 살았던 시대에 만든 것이 아닌가 하는 생각이 들 정도였다. 큰 널빤지를 두른 방이었는데, 천장과 벽 사이의 돌림띠에는 공을 들인 조각이 빼곡하게 새겨져 있었고, 꽃무늬와 이상한 얼굴 조각이 묘하게 조합을 이루고 있었다. 벽에서는 한 줄로 늘어선 거무스름한 얼굴의 초상화가 애절하게 나를 노려보았다. 침대는 호화로운 다마스크 직물*¹⁷이었지만 색이 바랬고, 내닫이 창 반대쪽 벽의 움푹한 곳에 자리하고 있었다. 막 침대에 들어가려는데, 고요함을 깨고 음악 선율이 창 바로 아래쪽에서 흐릿하게 들려오는 것 같았다. 귀를 기울여 보니, 그 소리는 아무래도 어딘가 이웃 마을에서 찾아온 악단의 연주 같았다. 악단 일대가 저택을 빙 둘러싸고 창문 아래에서 연주를 시작한 것이다. 나는 커튼을 열고 더 잘 들리도록 몸을 내밀었다. 달빛이 창 위쪽에서 새어 들어와 고풍스러운 방의 일부를 비춰주었다. 조금 뒤 악단의 소리가 차츰 멀어지자 흐릿하고 부드러운 정경이 밤의 고요함과 달빛에 서로 녹아드는 것 같았다. 나는 가만히 귀를 기울이며 들었다. 소리가 조금씩 부드럽게 멀어지다가 어느새 사라질 무렵, 나는 베개에 머리를 파묻고 깊은 잠에 빠져들었다.

---

*17 부드럽고 매끄러우며 광택이 있는 천에 아름다운 무늬를 짜넣은 직물을 말한다.

크리스마스 데이

어둡고 따분한 밤이여, 이곳에서 물러가라,
12월이지만 5월의 향기가 감도는
오늘의 크리스마스에 영예를 주어라.
얼어붙은 겨울 아침이건만,
어찌하여 옥수수로 뒤덮인 가을 들판처럼 미소 짓는가.
어찌하여 새롭게 베어낸 봄 들판처럼 향기를 내뿜는가.
와서 보라,
이 모든 것들이 어떻게 그윽한 향기를 내뿜는지를.

로버트 헤릭

　이튿날 아침 눈을 뜨니, 어제의 일이 마치 꿈만 같았다. 그러나 이 고풍스러운 방이 어젯밤 그대로인 것을 보고, 지난밤의 소동이 현실이었음을 알 수 있었다. 내가 베개에 머리를 기대고 생각에 잠긴 동안에도, 저택 밖에서는 아이들이 작은 발소리를 내며, 무언가 이야기를 주고받는 소리가 들렸다. 그러자 곧 어린이 성가대의 귀여운 목소리가 들리더니, 옛날의 크리스마스 캐럴이 흐르기 시작했다. 그 가사는 이랬다.

　기뻐하라, 우리 구세주 탄생하신
　크리스마스 날 아침이 왔다.

　나는 침대에서 가만히 일어나 옷을 걸치고 문을 살짝 열었다. 그러자 내 눈에 들어온 것은, 화가가 그린 아름답고 깜찍한 요정을 떠오르게 하는 성가대의 모습이었다. 그 성가대는 천사처럼 사랑스런 세 아이로, 계집아이 하나와 사내아이 둘이었는데, 가장 큰 아이도 여섯 살은 넘지 않은 듯했다. 그들은 저택 주위를 돌면서 모든 방문 앞에 멈춰 서서 크리스마스 캐럴을 불렀다.[1] 그런데 느닷없이 내가 세 아이 앞에 나타나자, 깜짝 놀란 그 아이들은 부끄러운지 부르던 노래를 그만두고 말았다. 그러고는 손가락으로 입술을 만지작거리면서 이따금 눈썹 아래로 거북한 듯한 눈길로 나를 흘끔 쳐다보더니 갑자기 생각난 것처럼 허둥지둥 뛰어가 버렸다. 무사히 달아나서 기쁜지 회랑 모퉁이에서 아이들의 밝은 웃음소리가 들려왔다.

이렇게 옛날식 접대를 고집하는, 이 요새 같은 대저택에서는, 모든 일들이 하나하나 사람들에게 따뜻함과 행복을 가져다주었다. 내가 머문 방 창문은 여름에는 틀림없이 전망이 아름다울 것 같은 방향에 있었다. 완만하게 경사진 잔디밭 아래쪽으로 가느다란 강이 구불구불 흘러가고, 그 건너편에 보이는 큰 정원에는 풍요롭고 우아한 정취를 풍기고 있는 나무들이 울창하게 자라며, 사슴도 몇 마리 어른거렸다. 저 멀리 기슭에는 아담한 마을이 보이는데, 초가집 굴뚝에서 피어오른 연기가 옥상에서 일렁거리고, 교회의 검은 첨탑은 맑은 겨울 하늘에 그린 듯이 우뚝 솟아 윤곽을 또렷하게 드러냈다. 영국의 옛 전통에 따라 상록수로 에워싸인 이 저택은 거의 여름 같은 분위기를 띠었지만, 이날 아침은 너무 추워서, 전날 밤의 엷은 안개가 그 추위 때문에 더 낮게 가라앉아 있었다. 그래서 모든 나뭇잎과 풀잎은 아름다운 얼음 결정을 덮고 있어, 새하얀 아침 햇살이 반짝이는 이파리에 비쳐 눈부시게 빛났다. 내가 있는 방 창문 바로 앞에 솟아난 붉은 열매가 잔뜩 맺힌 물푸레나무 가지에는 울새 한 마리가 앉아 아침햇살을 쬐고 있었는데, 이 새는 뭔가 불만인 듯 투박한 음색으로 지저귀는 것처럼 보였다. 한편 공작새 한 마리가 그 화려한 윗꽁지덮깃을 부채꼴로 활짝 펼치고, 마치 스페인 고급 귀족처럼 고압적이고 위엄에 찬 늠름한 자세로 창 아래 테라스를 맵시 있게 돌아다니고 있었다.

내가 옷을 갈아입고 나자 곧 하인이 와서 가족의 기도시간이라고 알려준 뒤, 이 저택의 오래된 건물에 딸린 작은 예배당으로 안내해주었다. 화랑 같은 장소에 이미 이 집안의 거의 모든 사람들이 모여 있었고, 쿠션과 무릎담요, 큼직한 기도서 등이 마련되어 있었다. 하인들은 아랫자리에 앉았고, 지주가 회랑 앞쪽의 책상 위에 얹어 둔 기도서를 읽자 마스터 사이먼이 집사처럼 선두에

---

[1] 영국에는 크리스마스이브에 어린이들이 집집마다 들러서 크리스마스 캐럴을 부르는 '캐럴링'(caroling)이라는 관습이 있다.

서서 노래를 불렀다. 더없이 객관적으로 판단해도, 그는 참으로 엄숙하고 예절 바르게 이 의식을 집행하고 있었다.

이 의식 뒤에 크리스마스 캐럴이 흘렀는데, 그 가사는 브레이스브리지 씨가 좋아하는 시인 로버트 헤릭의 시 한 편에서 따온 것으로, 마스터 사이먼이 옛부터 전해오는 교회음악을 붙인 것이었다. 이 저택의 집안에는 아름다운 목소리를 지닌 사람이 여럿 있었기 때문에 노래는 참으로 훌륭했다. 그러나 무엇보다 내 마음을 뒤흔들어 불현듯 감사의 마음이 들게 한 것은, 그 훌륭한 지주가 어느 구절을 읽었을 때였다. 그의 눈에는 눈물이 맺혀 반짝거렸지만, 그의 목소리는 음악 소리와 딱 맞아떨어지지는 않았다.

나의 빛나는 난로에
순수한 웃음을 주고
그 테두리까지 향료를 넣은 술을 내린다.
그것은 주님의 뜻.
주여, 저의 영토를 풍요롭게 하는 것은
당신의 은혜롭고 넉넉한 손입니다.
많은 씨앗을 뿌리면,
그것을 스무 배로 저에게 돌려주십니다.

나중에 안 일이지만, 이른 아침의 의식은 매주 일요일 또는 해마다 만성절이면 브레이스브리지 씨 본인이나 집안의 누군가가 1년 내내 집행하는 것 같았다. 이 습관은 예전에는 영국 귀족과 유한신사 계급 사이에서는 매우 당연한 일이었지만, 이제는 거의 볼 수 없게 되었다. 그것은 참으로 안타까운 일이 아닐 수 없다. 이렇게 아침에 이따금 멋진 의식을 치르는 가정에는 질서와 평안이 가득할 테고, 이러한 아침 의식은 이른바 악곡에서 으뜸음과 같은 것으로, 그날 하루의 기분을 다스리는 밑바탕이 되어 사람의 정신을 조화롭게 하는 효과가 있다. 그쯤은 누구라도 알 수 있으리라.

이 저택의 아침식사는 지주가 진정한 전통 영국식 식사라고 부르는 것이었다. 그는 요즘 유행하는 홍차와 토스트 같은 아침식사를 늘 못마땅하게 여겼고, 누가 뭐래도 오늘날의 젊은 사람들이 나약하고 무기력에 빠진 원인은, 모두 이런 종류의 식사 때문이라고 탄식했다. 그리고 이런 식습관이 전통적인 영국인 특유의 따뜻한 마음까지 없어져 버렸다고 안타깝게 여겼다. 이 늙은 지주는 손님 기호에 맞추기 위해 식탁에 그러한 음식들을 갖춰놓지 않을 수 없었지만, 손님의 음식을 얹어 두는 작은 탁자 위에는 차가운 고기와 와인, 그리고 맥주 같은 호화로운 메뉴가 차려져 있었다.

아침식사 뒤, 나는 프랭크 브레이스브리지와 마스터 사이먼, 아니 사이먼 씨라 부르는 편이 나을까, 지주 말고 다른 사람들은 모두 그렇게 불렀다. 어쨌든 그들 두 사람과 함께 저택 부지 안을 거닐었다. 이 집 주변에 있는 신사 같은 얼굴을 한 많은 개들이 호위를 맡았는데, 그 종류는 건강한 스패니얼종 사냥개부터 늠름한 늙은 사냥개 스태그하운드에 이르기까지 다양했다. 그런데 이 스태그하운드는 꽤 오래 전부터 이 저택에 있는 사냥개로, 마스터 사이먼이 단춧구멍에 꽂아둔 조련용 호루라기를 불면 신통하게도 온순하게 말을 잘 들었다. 한창 장난을 치는 중에도, 개의 한쪽 눈은 이따금 그가 손에 든 짧은 채찍을 바라보고 있었다.

이 고풍스러운 저택은 푸르스름한 달빛 속에서보다도 태양의 황금빛을 받아 빛날 때가 훨씬 더 장엄하게 느껴졌다. 지주의 말로는 예스러운 멋이 그윽한 테라스와 묵직하게 만들어진 난간, 그리고 깔끔하게 다듬은 주목 등에 격조 높은 귀족적인 분위기가 풍긴다는 것이다. 나는 그렇게 말하는 그의 견해에 감탄하지 않을 수 없었다. 또 이 저택 주변에는 많은 공작들이 자유롭게 길러지는 듯했다. 내가 공작 몇 마리가 양지바른 벽 앞에서 햇볕을 쬐고 있는 것을 보고, 그 한 떼의 공작들에 대해 무엇인가 말하려고 하자, 마스터 사이먼이 내가 말한 한 떼를 의미하는 'a flock of'라는 표현을 부드럽게 지적하면서, 사냥에 관해 가장 오래되고 믿을 만한 문헌에 따라, 공작 한 떼를 표현할 때는 'a muster of'라는 표현을 사용해야 한다고 가르쳐 주었다.

"이와 같은 경우가 있는데," 그는 조금 학구적인 태도로 말했다. 즉 닭이나 참새 떼의 경우는 'a flight of', 메추라기는 'a bevy of', 사슴, 굴뚝새, 학 종류는 'a herd of', 여우는 'a skulk of', 그리고 까마귀는 'a building of'라고 말하는 식이다. 영국의 저명한 법률가인 앤소니 피츠허버트[2]에 따르면, 하고 그가 다시 말을

---

*2 앤소니 피츠허버트 경(Sir Anthony Fitzherbert, 1470~1538)는 영국의 법률가, 문인. La Novelle Natura Brevium(1534) 등의 법률서를 많이 남겼다.

이었다. "이 새는 이해력이 뛰어나고 명예도 존중할 줄 압니다. 즉, 공작은 사람들이 칭찬하면 주로 윗꽁지덮깃을 태양을 향해 펼쳐 가장 아름다운 모습을 아낌없이 사람들에게 보여주지요. 그러나 나뭇가지에서 잎이 떨어지는 계절이 되어 윗꽁지덮깃이 빠져버리면, 공작은 슬픔에 잠겨 깃털이 다시 자랄 때까지 몸을 숨깁니다."

마스터 사이먼이 이렇게 갑작스러운 이야기를 하며 온갖 지식을 다 동원하는 모습을 보고, 나도 모르게 새어나오는 미소를 금할 수가 없었다. 이 저택에서 공작은 어느 정도 중요한 존재로, 어쨌든 프랭크 브레이스브리지의 말로는, 지주에게 공작은 애완용 새이므로 그 종이 끊이지 않도록 남달리 신경 쓰며 키우는 것 같았다. 그 이유의 하나는, 공작은 기사도의 세계와 일맥상통하는 데가 있어, 옛날의 큰 잔치에서는 꽤 필요한 존재였기 때문이다. 또 다른 이유는, 공작에는 화려함과 풍격이 갖춰져 있기 때문에 유서 깊은 저택에 어울리는 기품을 풍긴다는 점을 들 수 있다. 예스러운 돌난간 위에 앉은 그 기품과 위엄에 찬 공작의 모습을 보노라면, 이것을 뛰어넘는 것은 없다는 생각이 든다고 지주는 늘 말했다.

마스터 사이먼은 마을의 합창대 멤버들과 교회에서 자신이 편곡한 곡을 공연하기로 약속되어 있어서 그 자리를 서둘러 떠나야만 했다. 이 조그마한 남자의 밝고 생기로 가득한 태도에는, 어딘가 무척 기분 좋은 데가 있었다. 여느 때 가까이하고 있었으리라고는 도저히 생각되지 않는 작가의 책에서도 그는 참으로 절묘하게 명문을 따왔는데, 그런 모습에는 놀라움을 느끼지 않을 수 없었다. 프랭크 브레이스브리지에게 그 이야기를 하자, 그는 싱긋 웃으면서 나에게 말했다. 그에 따르면, 마스터 사이먼이 알고 있는 모든 지식은, 지주가 지난 날 그에게 빌려준 옛날 작가의 책 몇 권에 한정된 것이라고 한다. 즉, 그는 무엇인가 배우고 싶다는 생각에 사로잡히면, 비가 오는 날이나 겨울의 긴 밤에도 빈둥거리면서 시간을 헛되이 쓰지 않고 쓸모있게 활용하여, 그런 책들을 몇 번이고 되풀이해서 읽는다. 이를테면 앤소니 피츠허버트 경의 《가정의 책》(1523년), 저베이스 마크햄[*3]의 《시골의 오락》(1615년), 토마스 코케인[*4]의 《사냥

[*3] 저베이스 마크햄(Gervase(or Jervis) Markham, ca. 1568~1637)은 《사랑하는 사람의 눈물》(The tears of the beloved, 1600) 등의 대표작을 가진 영국의 시인, 작가.

[*4] 토마스 코케인(Sir Thomas Cockayne, 1519~92)은 영국 중부 더비셔 주 출신의 세계적으로 유

의 책》(1591년), 아이작 월튼*5의 《낚시의 명수》(1653), 그 밖에 오래전에 이름 높았던 두세 명의 작가들의 책이 그의 교과서였다. 독서 경험이 많지 않은 사람들은 보통 그러한 책에 맹목적으로 심취하여, 어떠한 경우든 거기서 온갖 말들을 인용한다. 또 노래는 주로 지주의 서재에 있었던 오래된 책에서 빌린 것에, 18세기 명사들 사이에서 인기가 높았던 유행곡을 적용하여 편곡한 것이다. 그는 실제로 문학작품의 단편을 자주 이용하기 때문에, 인근의 마부나 사냥꾼들로부터는 책의 지식에 관해서는 절대적인 권위자로 존경받았다.

우리가 이러한 대화에 열중하고 있을 때, 멀리서 마을 교회종이 울리는 소리가 들려왔다. 내가 듣기에는, 지주는 크리스마스 날 아침에는 반드시 가족들을 교회에 보내는 모양이었다. 이날은 감사의 마음을 바치고서 기쁨을 누려야 한다고 생각하기 때문이다. 이에 대해 저 유명한 시인 토마스 터서*6는 다음처럼 노래했다.

크리스마스가 오면 즐거워하라,
신께 감사하라.
그리고 가난한 이웃을 초대하라.
신분의 높낮이는 묻지 말고.

"만일 당신이 교회에 갈 생각이라면" 프랭크 브레이스브리지가 말했다. "그때는 틀림없이 내 사촌 사이먼의 실력이 어느 정도인지, 그 솜씨를 보게 될 겁니다. 교회에는 오르간이 없기도 해서, 마스터 사이먼은 마을에서 음악을 좋아하는 사람들을 불러 모아 음악대를 만들었습니다. 그리고 실력 향상을 목표로 음악클럽도 만들었지요. 제 아버지가 그 《시골의 오락》의 저자 저베이스 마크햄의 지도에 따라 사냥개를 분류한 요령으로, 마스터 사이먼도 합창대를 편성했어요. 즉, 마을 농부들 가운데 낮은 음을 맡는 베이스는 '깊이 있고 중

명한 수렵가이다.

*5 아이작 월튼(Izaak Walton, ca. 1593~1683)은 낚시 책으로 한 시대를 휩쓸던 영국 작가. 《낚시의 명수》(The Complet Angler, 1653)가 대표작으로서 널리 알려졌다.

*6 토마스 터서(Thomas Tusser, 1524~80)는 이튼스쿨에서 케임브리지 대학에 진학한 저명한 시인으로, 특히 농업에 관한 독특한 시가 유명하다.

후한 목소리'를 가진 사람을 뽑고, 높은 음역의 테너는 '높게 울리는 목소리'의 남성을 뽑았습니다. 또 아주 묘한 취미이지만, 그는 '달콤한 목소리'를 가진 멤버를 인근 마을에서 귀엽기로 평판이 높은 소녀들 가운데서 뽑았습니다. 그런데 마스터 사이먼이 말하기로는, 각 성부(聲部)의 음정을 맞추는 데 가장 힘들게 하는 이들이 그 소녀들이라는군요. 소녀들이란 모두가 제멋대로이고 변덕스러워서, 자칫하면 말썽을 일으키기 쉽거든요."

이날 아침에는 서리가 내렸지만, 날씨는 매우 맑았다. 그래서 대부분의 사람들은 교회까지 걸어가기로 했다. 교회는 잿빛 돌로 지은 오래된 건물로, 정원의 문에서 반 마일쯤 떨어진 마을 근처에 있었다. 교회 옆에는 나지막하지만 산뜻한 목사관이 보였다. 아마도 교회와 같은 시기에 지어진 듯했다. 교회 정면은 벽을 기어가듯이 우거져 자란 주목으로 완전히 뒤덮였고, 짙은 초록색 이파리 틈새로 낡고 작은 격자창에 햇살이 비쳐들었다. 우리가 나뭇잎으로 뒤덮인 그 건물 앞을 지나갈 때, 목사가 나오더니 갑자기 우리의 맨 앞에 섰다.

나는 넉넉한 후원자가 많은 장소에 아담한 집을 가지고 있다면 건강하고 혈색 좋은 인물일 거라고 상상했는데, 실제로 목사를 보았을 때는 실망하고 말았다. 그는 키가 작고 볼품도 없으며 가무잡잡했다. 게다가 지나치게 큰 백발이 섞인 가발이 양쪽 귀에서 밖으로 나와 있었는데, 마치 껍데기 속에 들어 있는 말라비틀어진 개암처럼, 머리가 가발 속에서 오그라든 것처럼 보였다. 그는 품이 큼직하고 빛바랜 외투를 입었는데, 그 주머니는 성서와 기도서가 들어갈 정도로 컸다. 또 그 작은 발은 커다란 버클이 달린 큼직한 구두에 파묻힌 상태여서 더욱 작아 보였다.

프랭크 브레이스브리지의 이야기로는, 이 목사는 옥스퍼드 대학 재학 시절에 지주와 학우였던 인연으로, 지주가 이 영지에 돌아온 뒤 곧 지금의 일자리를 얻은 모양이었다. 목사는 블랙레터체(고딕체)로 쓴 옛날 책의 완벽한 수집가로, 로마자 필기체로 쓴 최근의 책에는 거의 눈길도 주지 않았다. 어쨌든 윌리엄 캑스턴과 윈킨 드 워드*7 같은 장인 인쇄술을 사용한 책이 그의 마음에

---

*7 영국에서는 윌리엄 캑스턴(William Caxton, ca. 1415~ca. 1492)에 의해 처음으로 인쇄기가 도입되어 인쇄업이 시작되었다. 그는 토마스 맬러리(Sir Thomas Malory, 1399~1471)의 《아서왕 전설과 고귀한 원탁기사》(The Hoole Booke of Kyng Arthur & of His Noble Knyghtes of the Rounde Table)를 1485년에 '아서 왕의 죽음'(Le Morte D'Arthur)이라는 제목으로 출판한 일로도 알려졌

꼭 들었다. 그리하여 그만한 가치가 없어서 망각의 저편으로 밀려난 옛 영국 작가들의 문학을 끈기 있게 계속 연구하고 있었다. 그는 브레이스브리지 씨의 뜻에 따라, 마치 그의 개인 이야기꾼인 것처럼 옛날의 축제행사와 축일의 관습에 대해서도 열심히 연구했다. 그런데 그는 단순히 학문이라는 이름 아래 모든 연구에 닥치는 대로 뛰어들어 맹렬하게 힘쓰는 고지식한 사람들처럼, 그것이 현자의 뛰어난 학설이든, 오래전의 속되고 음탕한 속설이든, 그 본질을 연구하지는 않았다. 그는 이러한 옛책을 애써 노력하여 정독했기 때문에, 그 표정에도 옛책이 지닌 무언가가 반영된 것처럼 보였다. 흔히 사람의 얼굴은 마음속을 나타낸다고들 하는데, 마치 블랙레터체(고딕체)로 쓰인 옛날 책 목록이 그의 얼굴에도 적혀있는 듯했다.

우리가 교회 문 앞에 도착해 보니, 목사가 교회를 꾸미는 상록수 가지에 겨우살이를 섞어 넣었다고 흰머리가 성성한 교회지기를 꾸짖는 중이었다. 목사의 말에 따르면, 겨우살이는 고대 켈트민족 신앙의 원천인 드루이드교*⁸ 사제가 신비적인 의식을 치를 때 썼던 부정한 나무라는 것이었다. 혹 큰 홀이나 주방에서 축제용 장식으로 별다른 뜻없이 이용하더라도, 영국국교회 장로들은 그것을 사악한 것으로 보고 성스러운 목적에는 절대로 써서는 안 된다고 생각했던 것 같다. 목사는 그 점을 고집스럽게 양보하지 않았기 때문에, 가엾은 교구 교회지기는 조촐하면서도 보기 좋게 꾸민 대부분의 장식을 떼어내야만 했다. 목사가 그렇지 않으면 그날 기도를 시작하지 않겠다고 엄포를 놓은 것이다.

교회 내부는 웅장하고 화려하지만 소박한 구조였다. 벽에는 브레이스브리지 집안의 공적을 찬양하는 몇 개의 벽화 기념물이 걸려 있었고, 제단 바로 옆에는 세공을 한, 오래된 무덤이 있었다. 그 위에는 갑옷을 입은 성스러운 기사(騎士)들의 조각상이 놓여 있었다. 성스러운 기사의 다리는 십자가를 형상화한 것처럼 꼬여 있었는데, 그것은 이 인물이 십자군의 한 사람이라는 증거이다. 그는 성지에서 무훈을 세운 이 집안의 한 사람으로, 큰 홀의 난로 위에 걸린 초상화와 같은 인물이었다.

다. 윈킨 드 워드(Wynkyn de Worde, ?~1534)는 캑스턴의 후계자로서 활동했고, 15세기 말부터 16세기 초까지 영국의 인쇄업은 이 두 사람의 기술로 크게 발전했다.

*8 드루이드교(Druidism)는 자연 신앙을 주체로 한 고대 켈트민족의 원시종교로, 숲과의 밀접한 관계를 유지하면서 산 제물을 바치는 의식이 이루어졌다고 한다.

기도 중에 마스터 사이먼은 자리에서 일어나 큰 소리로 노래를 되풀이해 불렀다. 그것은 구파(舊派) 신사나 여러 대를 이어 온 집안의 일족이 전통적인 의식을 굳게 지키고 있다는 증거이다. 마스터 사이먼이 보란 듯이 과장된 몸짓으로 두툼한 2절판 기도서를 넘기는 모습이 눈에 들어왔다. 아마도 그 손가락에서 빛나는 조상 전래의 보물인 듯한 커다란 인장반지를 가까이 있는 사람들에게 보여주려는 것이리라. 그러나 그는 이 의식적인 연주에는 매우 진지하게 임하며, 합창대 연주에 가만히 눈길을 모으고 있었다. 그리고 요란스런 몸짓으로 힘을 잔뜩 실어서 조화를 꾀했다.

오케스트라 악단은 이 교회의 좁은 통로에 자리 잡고 있었다. 참으로 기묘한 모습을 한 집단으로, 겹쳐서 층을 이루고 있는 악단 가운데 가장 내 눈길을 끈 것은 마을 재단사의 머리였다. 그는 이마와 턱 주변이 움푹 들어가 있고 뭔가 편치 않은 기색으로 클라리넷을 맡고 있었는데, 얼굴이 한 가운데로 몰려 있는 듯한 생김새였다. 또 한 사람은 키는 그다지 크지 않지만 풍채가 좋은 느낌이었다. 그는 베이스비올라*9라는 찰현악기 위에 몸을 굽히고 조금 난처한 표정이었는데, 대머리인 정수리가 환해서 마치 거위알처럼 보였다. 여성 단원 가운데 몇몇의 아름다운 처녀들은, 서리가 내린 아침의 차가운 공기로 뺨이 선명한 장밋빛으로 물들어 있었다. 그러나 남성 성가단원들은 뚜렷하게 옛

---

*9 비올라 다 감바라 불리며, 16세기 무렵에 스페인에서 탄생한 찰현악기이다. 교회와 궁정의 실내악에서 즐겨 쓰였다.

날 크레모나 바이올린*¹⁰처럼 생김새가 아니라 소리 음색에 따라 뽑혔는데, 악보 한 권을 단원 몇 명이 공유하며 노래하게 되어 있어서 마치 이상야릇한 인물들의 전시장 같았다. 그 모습은 우리가 이따금 시골의 비석위에서 볼 수 있는 이상한 무리와 다르지 않았다.

합창단의 일상적인 연주는 매우 뛰어났지만 노래 쪽은 악기보다 조금 못한 느낌이었다. 내내 갈피를 못 잡던 바이올리니스트는 가끔 박자를 놓친 부분을 바로잡으려고 엄청난 속도로 악보 일부를 빠르게 연주했는데, 그것은 날쌘 여우사냥꾼이 사냥감의 최후를 확인하려고 말뚝을 뛰어넘는 것보다도 더 빨랐다. 그러나 무엇보다도 걱정스러운 것은 마스터 사이먼이 편곡한 중요한 찬송가의 완성도였다. 그는 그 성과에 큰 기대를 걸었다. 그런데 불행히도 처음부터 삐걱거리고 만 것이다. 그로 말미암아 악단 구성원들은 당황했고, 마스터 사이먼은 심한 공황상태에 빠졌다. 그때부터는 불협화음이 일어났고, 합창단의 노래가 거의 끝나갈 즈음 드디어 다함께 한 목소리로 노래해야 할 대단원에 이르렀는데, 그것은 합창단의 해산 신호가 되고 말았다. 모든 것이 불협화음과 혼란의 도가니에 빠지고 만 것이다. 합창단은 단원들마다 제멋대로 갈팡질팡하면서 억지로 마지막까지 끌고 갔다. 아니, 되도록 재빠르게 진행하여 서둘러 막을 내려버렸다고 하는 편이 더 정확할지도 모른다. 단, 그중에도 예외인 사람이 있었다. 길고 커다란 코에 뿔테 안경을 낀 늙은 단원이 그 주인공이었다. 마침 다른 단원들과 떨어진 위치에 서 있던 그는, 어느새 자신의 목소리에 흠뻑 취해 떨리는 듯한 목소리로 멈추지 않고 노래하면서 고개를 돌려 악보를 흘끔 보고는, 적어도 세 소절은 콧노래로 독창했다.

목사는 우리에게 크리스마스 의식과 예법에 대해 매우 박식한 설교를 늘어놓았다. 즉, 크리스마스 날은 단순히 신께 감사하는 것에만 머무르지 않고, 오락으로서도 의의가 있는 날이라고 설명하고, 그 생각의 정당함을 입증하기 위해 옛 시대의 영국국교회 관습 등을 따와서 장황하게 설명했다. 그리고 이해를 돕기 위해 주교 테오필로스, 성 키프리안, 성 크리소스토무스, 성 어거스틴, 그 밖의 현자와 주교 등 이런저런 말을 남긴 권위자들의 논설을 끌어내어, 거기서 듬뿍 인용했다. 그래서 나는 조금 어리둥절하지 않을 수 없었다. 목사가

---

*10 크레모나 바이올린은 이탈리아 북서쪽 크레모나에서, 아마티 집안을 비롯하여 16세기부터 18세기까지 안토니오 스트라디바리 등의 장인이 만든 뛰어난 성능을 가진 바이올린이다.

펼치는 이야기에 다른 의견을 말하는 사람은 하나도 없는데, 무엇 때문에 그런 위대한 권위자들의 논설까지 끌어대면서 자신의 주장을 강조하는 것일까? 그러나 그 이유는 곧 알게 되었는데, 이 착한 목사는 앞의 논점을 둘러싸고 참으로 많은 가상의 적을 두고 있었던 것이다. 그래서 목사는 크리스마스에 대해 연구를 진행하는 중에, 청교도혁명 시대에 일어난 종교 논쟁의 소용돌이 속에 완전히 사로잡히고 말았다. 막 떠오르기 시작한 청교도들은 영국국교회 의식을 거세게 탄압했고, 그에 따라 딱하게도 국회의 선언에 의해 크리스마스는 나라 밖으로 쫓겨나고 말았다.*11 이처럼 이 훌륭한 목사는 과거의 시간 속에 살면서 지금의 실정에는 어두웠던 것이다.

목사는 오래된 작은 서재 속에서 좀이 슨 책에 파묻혀 있었던 탓인지, 옛날 책은 오늘의 신문과 같으며 청교도 혁명도 근대사 속의 사건에 지나지 않는다고 생각했다. 온 나라의 민스파이를 철저히 물리치고 자두가 든 오트밀죽을 '옛날 교의의 유물'이라고 비난하거나, 로스트비프는 기독교적이 아니라고 물리쳐 온 지 벌써 2세기 가까이 세월이 흘렀고, 또 왕정복고를 맞이하여 화려한 궁정생활을 즐긴 찰스 2세의 치세가 되자, 크리스마스 축제는 다시 승리한 것처럼 교회 축일로 채택되었는데, 그는 이즈음 사정을 완전히 잊고 있었다. 목사는 자기도 모르게 자신의 논의에 빠져 논쟁하지 않으면 안 되는 가상의 적들을 마음속에 떠올리며 흥분의 절정에 있었다. 그리하여 늙은 프린*12이나 이미 잊혀버린 몇몇 청교도 지도자들을 상대로, 크리스마스 축제에 대한 치열한 논쟁을 되풀이했던 것이다. 목사는 무척 엄숙하고 감동적인 분위기 속에서 조상 전래의 전통적인 관습에 따라, 이 즐거운 영국국교회의 기념제를 맞이하여 성대하게 축제를 열어 기쁨을 누려야 한다고 청중에게 말하고서야 겨우 설교를 마쳤다.

나는 한바탕의 연설이 이토록 즉각적으로 좋은 효과를 나타낸 예를 지금까지 본 적이 없다. 교회에서 나갈 때, 목사의 설교를 듣고 크게 힘이 난 사람들은 하나 같이 밝은 표정으로 환희에 찬 것처럼 보였다. 어른들은 교회 구내에 무리지어 모여 악수를 하면서 인사를 나누었다. 아이들은 "유르! 유르!" 하고

---

*11 여기서는 영국의 청교도혁명에 의해 크리스마스 축제행사가 한때 중단된 것을 의미한다.

*12 1633년 청교도계 변호사이자 작가인 윌리엄 프린(William Prynne, 1600~69)이 그 무렵의 크리스마스 축제를 상업적 성격을 띤 것이라고 통렬하게 비판한 일을 말하는 듯.

소리치며 조금 멋없는 가사를 되풀이해 노래하면서 신이 나 있었다. 마침 그 자리에 있었던 목사가 나에게 말한 바로는, 그 노래는 먼 옛날부터 전해 내려 왔단다. 마을 사람들은 지주가 그곳을 지나가자 모두 모자를 벗고 진심이 담긴 따뜻한 표정으로 계절 인사를 했고, 지주는 그들에게 친절하게 말을 걸어 주었다. 그리고 그들은 겨울 추위를 이길 수 있도록 베푸는 지주의 선물을 얻고자 저택 초대를 받는 것이다. 지주가 몇몇 가난한 서민들로부터 축복을 받는 장면을 보고, 이러한 향락의 절정에서도, 지주는 크리스마스의 참된 자비의 정신을 잊지 않는 덕망 높은 인물임을 알 수 있었다.

집으로 가는 길에, 지주의 마음은 너그럽고 행복한 감정으로 넘쳐나는 것처럼 보였다. 전망 좋은 언덕을 지나갈 때는 시골 사람들의 즐겁게 들뜬 목소리가 이따금 들려왔다. 그러자 지주는 잠시 걸음을 멈추고, 뭐라 말할 수 없는 따뜻한 표정으로 주변을 둘러보았다. 그날의 아름다운 정경을 바라보는 것만으로도 자애로운 마음을 일깨우는 데 충분했던 것이다. 아침에 서리가 내렸는데도 구름 한 점 없는 하늘의 태양은 서서히 붉은 빛을 띠며 그 빛을 더하여, 눈으로 살짝 덮힌 남쪽의 모든 절벽의 눈을 녹여내고 있었다. 그러자 한겨울이지만 영국 특유의 경치를 물들이는 신록의 빛이 뚜렷하게 드러났다.

아름다운 신록으로 따뜻하게 미소 짓는 넓은 들판과는 달리, 깊은 그림자가 드리운 산비탈과 낮은 지대는 눈부신 은빛으로 물들었다. 강한 햇살이 내리쬐는 모든 강둑은 이슬을 머금어 더욱 파릇파릇하고, 차갑고 맑게 일렁거리는 은빛 강물 위에 아지랑이가 아련하게 피어올라, 지상까지 엷게 퍼진 안개 속에 섞여들었다. 몹시 추운 겨울, 서리 내리는 삼림지대에 볕이 드는 곳 같은 따뜻함과 반짝이는 신록은 참으로 기분 좋은 것이었다. 이것이 바로 지주가 말했듯이, 허례와 이기심의 차가움을 깨뜨리고 모든 사람의 마음에 따뜻한 기운을 느끼게 하는, 이른바 크리스마스를 환영하는 의식이었다. 지주는 아늑한 농가와 나지막한 초가집 굴뚝에서 피어오르는 연기를 반가운 듯이 손가락으로 가리키며 말했다.

"나는 이날의 축하 행사가 가난하든 넉넉하든 모든 사람을 똑같이 든든하게 지켜 온 것이라 생각하니 참으로 기쁜 마음이 들어요. 적어도 1년 가운데 이날 하루만은 어디에 있든 반드시 환영을 받으니까요. 이것은 세상이 널리 문호를 열어놓고 있기 때문이지. 참으로 고마운 일이 아니고 무엇이겠소. 그래서 나는, 만일 이 순수한 크리스마스 축제를 물리치려는, 천하고 무엄한 사람이 있다면 악담을 퍼붓고 싶을 정도라오."

"크리스마스를 불평하면서,
이 축하의 날을 물리치려는 자는,
먹을 것이 없어 죽거나,
참수당해 죽어야 하리."

지주는 다시 말을 이어 오늘의 실정을 탄식했다. 옛날에는 이 크리스마스 시즌을 맞이하면, 하층민들 사이에서는 온갖 놀이와 오락이 풍성하게 열렸다고 한다. 또한 그것은 상류층 사람들에게도 장려되어, 그 무렵 왕궁과 장원풍의 오래된 홀이 있는 건물은 해가 뜰 무렵이 되면 개방하여 식탁에 돼지고기, 소고기와 거품이 가득한 맥주를 차려놓고, 하프 소리와 크리스마스 캐럴을 하루 종일 울리면서, 신분의 차별 없이 모든 사람을 똑같이 환영하며 즐거운 한때를 보냈다. 그는 계속해서 말을 이었다.
"우리의 오래된 놀이와 시골 관습은, 이를테면 농부가 자신의 가족을 돌보고 가정을 소중히 하는 데 큰 영향을 주었어요. 또 상류계급이 이러한 놀이를 장려한 것은, 농부의 존경과 사랑을 한 몸에 모을 수 있기 때문이오. 이러한 놀이는 그 시대를 더욱 즐겁고 활기차게 만들고, 더욱 친절하고 선량한 마음이 살아 숨 쉬게 했지요. 이런 옛 시를 하나 소개하고 싶군요."

"나는 이러한 것들을 사랑한다.
신기할 정도로 완고하고 진지하게,
또 거창한 위엄을 부리며,
이 순수한 놀이를 몰아내려는 자는,
그 옛날의 지성스러운 마음을 잃는 것과 같다."

지주의 말은 다시 이어졌다.
"그런데 영국 국민은 변했어요. 이제는 소박하고 순진한 농부 따위는 거의 사라졌소. 그들은 상류계급과 동떨어진 존재가 되어 서로 이해관계가 다르다고 생각하고 있소. 그리하여 차츰 많은 지식을 얻게 되자, 그들은 신문을 읽기 시작했고 술집에서 정치담론에 귀를 기울이면서 세상을 바꿀 개혁에 대해 이야기하기도 하지요. 이렇게 각박한 세상에서 농부와 잘 지내는 방법은, 귀족과 상류계급이 이 시골 영지 안에서 농부들과의 친목에 더 많은 시간을 들이고, 영국의 옛날 놀이를 되살리기 위해 힘을 기울이는 일이라고 생각한다오."

그러한 것으로써 이 착한 지주는 시골 사람들이 품은 불평불만을 달래려는 것이다. 이전에도 실제로 그는 자신의 생각을 실행에 옮기려고 한 적이 있었다. 몇 년 전에 옛 관습에 따라 휴일에 저택을 개방한 것이다. 그러나 시골 사람들은 다 같이 즐기는 자리에서 어떻게 처신해야 하는지 충분히 알지 못했다. 그 결과 어이없는 사태를 부르게 되어, 이 저택에 정체를 알 수 없는 시골 부랑자들이 수없이 몰려와서, 일주일도 되지 않아 순찰 관리가 1년이 걸려도 다 쫓아내지 못할 정도로 많은 거지들이 그 영지에 모인 것이다. 그때부터 지주는 인근의 넉넉한 농부들에 한해 크리스마스 당일에 초대하기로 하고, 가난한 농부들에게는 소고기와 빵, 맥주 등을 보내어 저마다 자신의 집에서 즐길 수 있게 했다.

저택으로 돌아오자, 곧 멀리서 음악 소리가 들려왔다. 윗옷을 입지 않은 채 기발하게 셔츠 소매를 리본으로 묶고, 모자를 푸른 가지로 꾸미고는 손에 곤봉을 쥔 젊은이들의 악단이, 마을 사람과 농부들을 이끌고 가로수 길을 따라 걸어오는 것이 보였다. 그들은 저택 문 앞에 멈춰 서서 이색적이고 독특한 음악을 연주하기 시작했다. 젊은이들은 이상야릇하고 복잡한 스텝을 밟으면서 한 걸음 나아갔다가 다시 한 걸음 뒤로 물러서는 등, 곤봉을 서로 부딪쳐 소리를 내면서 박자에 맞춰 경쾌하게 춤추었고, 한쪽에서는 여우 가죽을 뒤집어쓴 이상야릇한 사내가 꼬리를 등 쪽으로 휘두르며 춤을 추면서, 온갖 옛날풍 몸짓으로 크리스마스 선물이 든 상자를 대그락대그락 울렸다.

지주는 반가운 듯이 깊은 관심을 가지고 그 이상한 춤을 구경하면서, 나에게 그 춤의 유래를 똑똑히 들려주었다. 그에 따르면, 그 역사는 영국이 로마인의 지배를 받던 시절까지 거슬러 올라간다고 한다. 즉 그것이 먼 옛날부터 전해 내려온 칼춤에 얽힌 정당한 풍습임을 분명하게 설명해준 것이다.

"그 칼춤은 쇠퇴해서 요즘은 좀처럼 볼 수 없는데, 마침 인근에 이 춤이 남아 있는 것을 알게 되어, 그 부흥을 위해 후원한 것입니다. 사실 저녁이 가까워질 때까지 매우 거친 곤봉춤이 계속되며, 상황에 따라서는 상대의 머리를 깨부수는 사고가 일어날지도 모릅니다."

춤이 끝나자, 그들 일행은 돼지고기, 소고기, 직접 만든 맥주 등을 대접받았고, 지주도 농부들 속에 섞여서 그들로부터 어딘가 어색하지만 경이로운 환영 인사를 받았다. 맥주잔을 입으로 가져가려던 몇몇 젊은 농부들은 지주가 등을 돌리자, 얼굴을 조금 찌푸리며 서로 힐끗거리며 눈짓을 주고받았다. 그러더니 나와 눈이 마주치자, 갑자기 정색을 하고는 아무 일도 없었던 듯이 시치미를 뗐다. 그러나 마스터 사이먼과 환담을 나눌 때는 분위기가 완전 달라져서, 그들은 모두 편안하게 쉬는 기색이었다. 마스터 사이먼은 이러저런 일과 오락에 관계하기 때문에, 이 지역에서는 일찍부터 유명한 존재였다. 그는 모든 농가와 외딴 마을의 집을 찾아가서, 농부와 그 아내들과 함께 세상이야기를 즐기면서 그집 딸들을 상대로 춤을 추는 등, 전형적인 자유로운 독신남의 나날을 누렸다. 마치 꿀벌이 주변에 가득 피어 있는 장미꽃에서 넘치는 달콤한 꿀을 마음껏 빨아들이는 정경과도 비슷했다.

많은 음식과 융숭한 대접을 받자, 손님들의 거북해하는 마음도 차츰 사라졌다. 하층민이 상류계급 인사들의 온정이나 자비로운 마음을 접하고 감동을 느끼면, 어딘가 인간이 지닌 순진한 영혼이 드러나는 법이다. 들떠서 신나게 소동을 벌이는 속에도 깊이 감사하는 마음이 스며들어 있으면, 귀한 양반이 무심코 던진 친절한 말이나 하찮은 농담 한 마디가, 고기나 와인보다 그들의 마음을 훨씬 더 기쁘게 한다. 지주가 그 자리를 떠나자 잔치는 곧 절정으로 치달았다. 그중에서도 마스터 사이먼과 고집스러워 보이는 백발머리에 붉은 얼굴을 한 농부의 절묘한 대결이 매우 각별하여, 두 사람을 에워싸고 큰 웃음이 터지면서 활발한 대화가 오갔다. 그 농부는 마을에서 재치가 뛰어난 익살꾼으로 이름난 모양이었다. 사람들은 입을 쩍 벌리고 그의 재치 있는 대답을 기다렸는데, 그 의미를 이해하기도 전에 그 자리에 어울리지 않는 엉뚱한 웃음이 일어난 장면에, 마침 나도 있었던 것이다.

저택 전체가 환희에 몸을 내맡긴 듯한 유쾌함으로 가득한 상황이었다. 내가 만찬에 참석할 준비를 하기 위해 방으로 가려고 하는데, 작은 정원에서 음악 소리가 들려왔다. 어디서 나는 소리인가 보려고 창문으로 얼굴을 내밀자, 여행

악단이 팬파이프(오래된 관악기)*¹³와 탕부랭(긴 북)으로 연주하는 광경이 보였다. 몇몇 하인들이 보는 앞에서 귀엽고 요염한 하녀가 시골의 말쑥한 젊은이와 함께 지그댄스*¹⁴를 추고 있었다. 한참 춤을 추던 그녀는 창문에서 고개를 내밀고 있는 나를 얼핏 보더니, 얼굴이 빨개져서 민망하다는 시늉을 하더니 어딘가로 뛰어가 버렸다.

---

*13 갈대 등을 뗏목 같은 형태로 짠 관악기.
*14 지그(Jig)는 아일랜드를 기원으로 하는 8분의 6박자 또는 8분의 9박자의 춤곡.

크리스마스 만찬

자, 즐거운 크리스마스가 왔으니
모두 유쾌하게 즐기자.
모든 방을 담쟁이덩굴로 꾸미고,
모든 기둥을 호랑가시나무 가지로 꾸며 두었다네.
집집마다 성스러운 크리스마스 장작을 태우니
어느 굴뚝에서도
연기가 피어오르네.
오븐 위에는 구운 고기가 가득,
모든 쇠꼬챙이가 돌고 있네.
슬픔은 문밖으로,
이런저런 슬픈 것들이 차갑게 식으면,
크리스마스 파이 속에 묻어버리자.
그리고 언제나 유쾌하게 즐기자.

조지 위더*[1]의 '크리스마스 캐럴'

   내가 준비를 마치고 넓은 서재에 있는 프랭크 브레이스브리지와 함께 잠시 시간을 보내고 있으려니, 멀리서 딱, 딱, 하고 크리스마스를 축하하는 소리가 들려왔다. 크리스마스 만찬이 준비되었다는 신호라고 프랭크 브레이스브리지가 말했다. 지주는 큰 홀뿐만 아니라 주방에서도 오래된 관습을 지키게 했기 때문에, 요리사가 식기찬장을 쇠꼬챙이로 두드린다면, 그것은 하인에게 고기를 나르라는 신호이다.

---

*[1] 조지 위더(George Wither, 1588~1667)는 《위더의 모토》(Wither's Motto, 1621) 등의 작품으로 알려진 영국 시인으로, 본문에 인용된 《크리스마스 캐럴》은 1622년 작품이다.

바로 그때, 요리사가 세 번 두드렸다.
급사들 모두가 곧 그 신호에 응했다.
급사마다 손에 접시를 들고,
마치 민병대처럼 기세 좋게 앞으로 나아가서,
접시를 내밀고는 돌아갔다.

존 서클링[*2]

크리스마스 만찬은 저택의 큰 홀에 차려졌는데, 그곳은 지주가 정해놓고 크리스마스 파티를 여는 장소였다. 거기에는 이 넓은 방을 따뜻하게 하기에 충분할 만큼의 크리스마스 장작 율로그가 켜켜이 쌓여, 타닥타닥 소리를 내면서 붉게 타오르면 그 불꽃이 주위에 빛을 던지며 소용돌이치다가 넓은 굴뚝을 타고 올라갔다. 십자군 용사와 흰말이 그려진 커다란 그림이, 크리스마스를 축하하여 수많은 호랑가시나무 가지로 꾸며져 있었다. 맞은편 벽에는 이 용사가 지녔던 무기로 보이는 칼과 투구가 걸려 있었고, 그 주위에도 호랑가시나무와 담쟁이덩굴이 뒤얽혀 있었다. 덧붙이자면, 나는 이 그림과 무기가 진실로 이 십자군 용사의 것인지에 대해서는 확신할 수 없었다. 왜냐하면 좀 더 뒤 시대의 것으로 짐작되는 흔적이 보였기 때문이다. 그러나 이야기에 따르면, 이 그림은 아득한 옛날부터 그렇게 추정되어 왔던 모양이고, 또 무기도 지주가 옛날 창고에 보관되었던 것을 조상이었던 용사의 무기라고 감정하여, 현재의 장소에 내걸었다고 한다. 지주는 저택에서의 모든 일에 관해서는 전권을 장악했기 때문에, 그 그림과 무기의 유래에 대해서는 그대로 받아들이는 수밖에 없었다. 그 기사 시대의 전리품 바로 아래쪽에는 찬장이 있고, 그 위에(그 수는 많지 않아도 여러 종류인) 벨샤자르 왕[*3]의 신전을 꾸미고 있는 도기 전시실에 견줄 만한 도기들이 진열되어 있었다. '큰 술병, 기름병, 컵, 아가리가 큰 잔, 고블릿, 수

＊2 존 서클링 경(Sir John Suckling, 1609~42)은 《고블린스》(The Goblins, 1638, prt. 1646) 등의 대표작을 가진 영국 시인. 또 《혼례의 노래》(A Ballad Upon A Wedding)라는 결혼 축가를 쓰는 시인으로도 유명하다.

＊3 벨샤자르(Belshazzar)는 신바빌로니아의 왕이었던 나보니두스(Nabonidus)의 아들로, 온갖 사치를 다한 향연을 여는 것으로 유명한 왕이었다. 참고로, 그는 렘브란트의 대표적인 종교화인 《벨샤자르의 향연》(Belshazzar's Feast, 1635)에 그려져 있으며, 그 모습은 구약성서의 '다니엘서' 제5장에도 기록되어 있다.

반, 아가리가 큰 물병 등이다. 이 모든 물건은 대대로 이어온 저택 주인들이 오랜 세월에 걸쳐 조금씩 수집해온 것이었다. 이러한 물건들을 앞에 두고 크리스마스 축제용의 커다란 양초 두 자루가 두 개의 큰 별처럼 찬란하게 빛나고 있었고, 그 밖의 양초도 각각 가지에 꽂혀 있어, 이 방 전체가 마치 눈부신 은빛 광채를 내는 저 하늘처럼 반짝반짝 빛나고 있었다.

우리는 음악 소리에 이끌려 크리스마스 연회장 좌석에 앉았다. 그 늙은 하프 연주자는, 난로 옆 의자에 앉아서 아름다운 선율보다 강렬한 연주로 존재감을 드러냈다. 이토록 착하고 마음이 풍요로운 사람들이 모인 크리스마스 파티도 드물지 않을까. 겉모습은 그리 볼품없는 사람이라도 행복한 표정을 띠고 있으니, 짐짓 뭔가 행복을 느끼는 것이야말로 사람의 무뚝뚝한 표정을 풀어주는 특효약이라는 생각이 들었다. 늘 하는 생각이지만, 영국의 오래된 가문에는 한스 홀바인*⁴의 초상화나 알프레히트 뒤러*⁵의 목판화 컬렉션에 못지않은 가치가 있기 때문에, 좋은 연구 대상이 될 수 있지 않을까 한다. 거기에는 우리가 얻을 만한 많은 고고학적 지식이 쌓여 있고, 또 그런 옛 시대의 세상을 반영하는 방대한 지식도 있다. 이것은 다음과 같은 요인에 의한 것이 아닐까. 즉 영국의 옛 가문이라면, 그 저택에 보관된 조상 대대로의 초상화가 금방 눈에 띄는 벽면에 꾸며져 있어서, 틀림없이 이러한 조상들의 모습이 현재 가족의 얼굴에 매우 충실하게 투영되어 있을 것이다. 나는 예전에 유화가 걸린 어느 방에서 초상화를 보고 있었을 때, 한 가족의 일원의 코 모양이 거의 노르만 정복*⁶ 시대부터 유전자로서 조상 대대로 계속 이어지는 것을 보고 매우 놀란 적이 있다. 지금 내 주변에 있는 사람들에게서도 그와 같은 경우를 볼 수 있다. 주로 그들의 얼굴 생김새는 고대 시대까지 거슬러 올라가 그 기원을 찾아볼 수 있는데, 사실은 후세의 초상은 단순히 그 얼굴 모습을 본뜬 것에 지나지 않는다. 그런 가운데 특이한 한 소녀가 있었다. 조용한 태도의 그 소녀는 높은 매부리코가 눈에 띄는 예스럽고 이상야릇한 얼굴을 했는데, 모든 점에서 브레

*4 한스 홀바인(Hans Holbein, ca. 1497~1543)은 독일 르네상스기 화가이다. 특히 토마스 모어, 에라스무스 등의 초상화가 유명하다. 늘그막에는 헨리 8세의 궁정화가로도 이름을 날렸다.
*5 알프레히트 뒤러(Albrecht Dürer, 1471~1528)는 독일 르네상스기 화가로 목판화의 거장이다. 목판화만으로도 300점 넘게 남겼다고 하며, 독일 미술사에서 가장 위대한 화가이다.
*6 노르만 정복은 1066년에 노르망디 공 윌리엄(프랑스어로는 기욤 Guillaume)이 헤이스팅 전투에서 승리하여 영국을 정복한 일.

이스브리지 집안 특유의 모습이 보여서, 지주는 헨리 8세[7] 궁정에서 두각을 나타낸 조상의 한 사람이 살아 숨 쉬는 듯하다고 말했다. 그래서 그는 이 소녀를 남달리 아끼고 있었다.

목사가 식전 기도를 올렸다. 그것은 요즘 흔히 하는, 격식을 차리지 않는 짤막한 현대식 기도가 아니라, 옛날식으로 길고 우아하게 온갖 미사여구를 늘어놓았다. 그 기도 뒤에 무언가를 기대하게 하는 듯한 공백이 있었다. 그때 갑자기 집사가 몹시 서두르는 기색으로 큰 홀에 들어왔다. 그는 은쟁반을 들고 있었는데, 그 위에 로즈마리로 꾸미고 레몬을 입에 물린 크나큰 돼지머리가 얹혀 있었다.[8] 그의 양 옆에는 커다란 양초를 든 하인 둘이 따랐다. 그들은 엄숙한 의식에 따라 그것을 테이블 끝에 내려놓았다. 이 화려한 행렬이 홀에 나타난 순간, 하프 연주자가 연주를 시작했다. 그것이 끝나자 이번에는 지주로부터 무언가 신호를 받은 젊은 옥스퍼드 대학생이 진지한 표정으로 일어나 옛날의 크리스마스 캐럴을 부르기 시작했는데, 그 첫 소절은 다음과 같았다.

돼지머리를 바치고,
신께 감사드립니다.
저는 아름다운 꽃과 로즈마리를 곁들인
돼지머리를 가지고 왔습니다.
시인이여, 함께 즐거이 노래하지 않겠는가,
유쾌한 기분으로.

나는 지주의 독특한 취미와 기호에 대해 이미 들어서 알고 있었으므로, 언젠가 그러한 기발한 상황을 세세히 볼 기회가 있지 않을까 하고 기대했었다. 그러나 솔직히 고백하면, 그 기묘한 음식이 큰 홀에 운반되어 오는 행렬에는 놀라지 않을 수 없었다. 그런데 지주와 목사가 나눈 대화에서 새로운 지식을

---

*7 헨리 8세(Henry Ⅷ, 1491~1547)는 튜더 왕조의 잉글랜드 왕으로, 문무에 뛰어난 인물이었다. 이 시대에 영국국교회가 확립되었다.

*8 멧돼지나 돼지 입에 오렌지, 레몬, 사과 등을 채운 요리가 '돼지머리 캐럴'("The Boar's Head Carol") 제창이 울리는 가운데 홀에 운반되면 만찬이 시작된다. 본문에도 쓰여 있듯이, 이미 옥스퍼드 대학 퀸스칼리지 홀에서의 '돼지머리 캐럴' 제창 의식은 유명했다고 한다.

얻을 수 있었는데, 이 행렬은 멧돼지 머리를 가져오는 의식을 대신하는 것 같았다. 그 옛날, 멧돼지 머리는 크리스마스 날에 여러 의식과 함께 음유시인의 시 또는 노래를 보고 성가를 들을 때 제공되는 음식이었다.

"나는 예스러운 관습을 좋아합니다." 지주가 말했다.

"그것은 웅장하고 화려한 분위기를 띠며 유쾌할 뿐만 아니라, 내가 교육받은 옥스퍼드 대학에도 있었던 관습이니까요. 그 그리운 옛 노래를 들으면, 아직 놀이에 빠져 있었던 어린 시절과 옥스퍼드 대학의 넓고 고풍스러운 대강당, 그 대학에서 검은 가운을 입고 학업에 힘썼던 동창생들의 모습이 떠오르지요. 이제는 그들 가운데 많은 이들이 유명을 달리했지만."

그러나 지주처럼 먼 옛날의 추억에 마음이 흔들리는 일 없이 늘 책에 몰두하며 탐구심을 불태우고 있는 목사는, 그러한 정서에 잠겨 함께 마음을 나누는 일 따위는 없었다. 그는 옥스퍼드 대학생이 부르는 크리스마스 캐럴 가사의 해석에 이의를 제기하며, 그것은 대학에서 불리는 것과 다르다고 주장했다. 그는 실력이 모자라는 비평가 같은 말을 줄곧 하면서, 온갖 주석을 끌어대어 대학풍의 읽는 방법에 대해 길고 지루하게 설명을 늘어놓았다. 처음에는 모든 사람들에게 이야기했지만, 청중의 관심이 점차 다른 잡담이나 관심거리로 향하고 듣는 사람의 수가 줄어들자 그의 목소리도 낮아지더니, 나중에는 옆자리에 앉아 있는 정신이 멍한 노인에게 작은 목소리로 말하고는 이야기를 마쳤다. 그런데 정작 그 노인은 조용히 접시에 수북하게 담긴 칠면조를 먹느라 정신이 없었다.

식탁에는 문자 그대로 진수성찬이 잔뜩 차려져 있어, 식품 저장실에 제철 식품이 넘치도록 저장된 이 계절에 시골 음식이 얼마나 풍성한지 고스란히 보여주었다. 수많은 음식 중에서도 가장 이채를 띤 중심 요리는, 지주가 말하는 '전통 설로인 스테이크'였다. "이 음식은 옛날, 영국식 접대의 표준이라고 할 수 있지요. 이 훌륭한 스테이크는 정말 기대해도 좋을 겁니다." 그밖에도 기묘하게 장식된 전통적인 요리들이 진열되어 있었는데, 내가 너무 호기심이 지나친 것 같아서 굳이 물어보려고 하지는 않았다.

그렇지만 고기가 들어간 호화로운 파이에는 저절로 눈길이 갔다. 그것은 우아한 공작꼬리 모양으로 훌륭하게 꾸며져 식탁의 거의 전부를 뒤덮을 듯이 놓여 있었다. 지주가 조금 뜸을 들이면서 말하기로는, 이것은 꿩고기 파이이며 본디는 공작 고기를 쓰는 것이 정식 조리법이지만, 이 시기에는 그 수가 크게 줄어서 공작을 한 마리라도 죽일 수가 없었다고 했다.

나처럼 기발하고 시대에 뒤떨어진 것에 대한 호기심은 없을 것으로 생각되는 나의 현명한 독자 여러분에게는, 어디까지나 옛 시대의 이색적인 관습의 자취를 더듬으려는 의욕이 가득한 지주의 온갖 노력을 기울인 취향을 자세히 설명해봤자 지루하기만 할 것이다. 그러나 나는 지주의 자녀들이나 친지들이 그의 그런 고집스러운 습관에 경의를 나타내는 것을 보고 기쁜 마음이 들었다. 그들은 지주의 취향을 수없이 보아왔기 때문에, 그 정신세계에도 쉽사리 들어가서 꽤 정통한 것처럼 보였다. 또 어떤 이상야릇한 행동이라도 집사와 하인들이 참으로 엄숙한 분위기 속에서 자신의 역할을 하고 있어서, 보는 사람까지 유쾌한 기분이 들었다. 그들은 대부분 이 저택에서 자라서 모두 예스러운 얼굴을 하고 있고, 이 고풍스러운 저택과 지주 기분에 맞춰 생활하는 데 익숙했으므로, 지주의 엉뚱한 의향이라 해도 아마 모두 유서 깊은 저택의 가훈쯤으로 여겼을 것이다.

테이블보를 치우자, 집사는 기묘하게 세공된 크고 깊은 은그릇을 가져와서 지주의 눈앞에 놓았다. 그것은 크리스마스를 축하하고 잔치 분위기를 북돋기 위한 것으로 세상에 널리 알려진 크고 깊은 볼(bowl), 와세일의 큰 잔*9이었다. 그것이 놓여지자 주위에서 박수갈채가 일어났다. 그 안에는 지주 자신이 지휘하여 섞어 만든 음료가 들어 있었는데, 볼 내용물의 배합에는 숙련된 기술이 필요한 데다, 특히 지주가 자랑으로 여기는 것이었다. 거기에는 일반 하인들은 여간해서 이해할 수 없는 깊고 절묘한 기술이 필요하다고 지주는 주장했다. 분명히 그 향료가 든 강한 에일은 마실 것을 좋아하는 이들의 마음을 설레게 하지 않을 수 없는 것으로, 가장 향기롭고 풍미가 있는 와인을 넣어 양조하는 데다 향료와 감미까지 첨가되어 있었다. 그 위에는 구운 사과도 둥둥 떠 있었다.

이 커다란 볼의 내용물을 휘젓는 늙은 지주의 온화한 얼굴에는 기쁨의 빛이 넘쳤다. 지주는 그 잔을 입술 높이까지 들어올리고, 그 자리에 참석한 사람들에게 진심어린 크리스마스 축사를 한 뒤, 식탁을 돌면서 넘칠 듯이 담긴 잔을 교환했다. 그러자 오랜 관습에 따라 손님들도 지주의 동작을 따라했다. 지주는 "옛날 그대로의 좋은 감정이 솟아나는 샘 속에서, 여러분 한 사람 한 사람의 마음이 함께 이어집니다." 하고 말했다.

이 엄숙한 크리스마스의 기쁨의 상징인 축하의 잔이 식탁을 한 바퀴 돌자, 잔치 자리는 즐거운 웃음과 농담으로 분위기가 한껏 무르익었다. 부인들은 어딘가 수줍은 듯한 표정으로 가만히 잔을 입술에 갖다 댔다. 축하의 잔이 드디어 마스터 사이먼에게 돌아오자, 그는 잔을 두 손으로 잡고 높이 쳐들더니, 익살스러운 몸짓으로 와세일 송이라는, 술잔치의 옛 노래를 부르기 시작했다.

와인이 담긴 큰 잔이여,
기분 좋은 와인볼이여,
축하연의 식탁에서 이 잔이 돌아오면,
부어라,
붓고 또 부어라,
세상 사람들은 저마다 말한다,

---

*9 와세일의 큰 잔(Wassail Bowl)은 크리스마스 등의 축연에서 나오는, 육두구 등의 향신료를 친 와인, 또는 독한 에일을 담은 커다란 깊은 바리 모양의 볼이다.

마셔라, 배를 채울 때까지.

깊은 볼이여,
기분 좋은 와인볼이여,
그대가 즐겁게 움직일 때,
노래하라,
춤춰라,
왕처럼 유쾌하게 즐겨라,
유쾌하게 소리 높여 웃어라.

크리스마스 만찬 자리에서 나누는 정겨운 이야기의 대부분은, 나에게는 잘 알지 못하는 이 브레이스브리지 가문에 대한 이야깃거리에 집중되었다. 한편, 마스터 사이먼이 한 명랑한 미망인에게 계속 추파를 보내며 농담을 속삭이자, 주위에서 그 불량한 희롱을 비난하고 나섰다. 처음에는 부인들의 공격적인 날카로운 눈길과 따가운 말이 날아들었고, 이어서 공격을 퍼부은 사람은 목사 옆자리에 앉아 있던 어딘가 조금 멍해 보이는 노인이었다. 그는 걸음이 느린 사냥개의 지칠 줄 모르는 끈기로, 크리스마스 만찬이 끝날 때까지 사나운 공격을 멈추지 않았다. 이 노인은 장황하게 익살을 늘어놓는 유형으로, 사냥에 뛰어드는 것은 늦지만 사냥감을 겨냥하여 내 것으로 만드는 데는 둘도 없는 재능을 드러내며, 식탁에서 손님들의 즐거운 이야기가 끊길 때마다 그다지 더 나을 것도 없는 농담을 연달아 해댔다. 그 말이 마스터 사이먼의 아픈 데를 찔렀다고 생각하자, 쉴 새 없이 나에게 눈짓을 보냈다. 사실 마스터 사이먼은 늘 그맘의 독신남이 거의 그렇듯이, 그런 쪽의 이야깃거리로 놀림을 받는 것을 싫어하는 편은 아니었다. 기회를 틈타 나에게 작은 목소리로 말한 내용에 따르면, 이번에 이야깃거리에 오른 여성은 화려한 것을 매우 좋아해서 언제나 말 두 필이 끄는 이륜포장마차를 타고 온다는 이야기였다.

크리스마스 만찬의 한때는 손님들의 이러한 실없고 유쾌한 이야기를 즐기는 가운데 지나갔다. 이 예스러운 홀에서는 그 옛날에는 잔치의 떠들썩한 목소리가 오늘보다도 높은 환희의 외침이 되어 울려 퍼졌겠지만, 과연 이렇게 깨끗하고 진심으로 넘쳐나는 환희의 광경을 볼 수 있었을지는 의문스럽다. 자선

가라면 사람들에게 즐거운 기분을 주는 정도는 쉬울 테지만, 친절한 마음은 기쁨의 샘이면서, 또한 얼마나 충실하게 우리 주변의 온갖 하찮은 일마다 생기를 불어넣고 미소를 이끌어내는 것인가. 이 훌륭한 지주의 낙천적인 기질에는 주위 사람들을 자신과 똑같이 유쾌한 기분으로 이끄는 힘이 있었다. 즉, 자신이 행복한 경지에 있으므로 세상 사람들도 똑같이 행복해지기를 바라는 것이다. 이런 기인 기질은 어떤 의미에서는 박애정신에서 뿜어져 나오는 달콤한 향기 같은 것이 아닐까.

여성 손님들이 물러가자, 늘 그렇듯이 즐거운 이야기는 곧 활기를 띠기 시작하여 식탁에서 떠오른 것이라도 부인들의 귀에는 들어가지 말았으면 하는, 이런저런 재미있는 이야기들이 저마다의 입에서 저절로 터져 나왔다. 기지에 찬 통쾌한 이야기들이 모두 나왔다고 단언하기는 어렵지만, 적어도 아무리 그런 이야기의 달인이라 해도 이토록 웃음이 터지게 하는 것은 도저히 불가능할 만큼 재미있는 이야기를 많이 들을 수 있었다. 결국 기지란 매우 강렬하고 자극성이 강한 속성이 있는 데다 신맛도 강해서, 사람에 따라서는 위장에 좋지 않은 경우도 있다. 그러나 악의 없는 유머는 잔치 자리의 손님을 똑같이 즐겁게 하는 윤활유로, 이른바 와인 같은 특성이 있다. 따라서 농담이 적고, 끊임없이 웃음소리가 넘쳐나는 자리만큼 편안한 곳은 없다.

이윽고 지주는, 대학에 다니던 시절의 온갖 못된 장난과 일화에 대해 길게 이야기해 주었다. 그 가운데 몇 가지는 목사와도 관련이 있었다. 지금 목사의 풍채와 용모를 눈앞에 보고 있으면, 저렇게 바싹 마른 어리석은 인물이 그처럼 무모하게 날뛰는 소동에 낄 수 있었는지 좀처럼 상상이 되지 않았다. 틀림없이 대학 동창이었던 이 두 사람의 그 뒤의 삶을 보면, 크게 운명이 갈라져서 완전히 다른 인생을 걷는 전형이라는 생각이 들지 않을 수가 없다. 지주는 대학을 졸업하자마자 조상 대대로의 드넓은 영지를 물려받아, 그곳에서 활기차고 넉넉한 생활을 하며 행복과 번영을 누리다가, 지금도 건강하게 화려한 늘그막을 맞이하고 있다. 이에 비해 안타깝게도 목사 쪽은 이제는 적적하고 음울한 서재에 틀어박혀, 먼지에 뒤덮인 책속에 파묻혀서 거의 숨이 막힐 것 같은 생활을 보내는 것이다. 그래도 그의 영혼의 깊은 바닥에서는 사라져가는 정열의 불씨가 흐릿하게 남아서 아직도 빛나는 것처럼 생각되었다. 지주가 그 옛날, 자신들이 아이시스 강변에서 만났던 사랑스러운 젖 짜는 처녀와 목사의 로맨스 이야기를 암시하자, 목사는 은근히 의미심장한 표정을 지었다. 내가 살펴본 바로는, 아무래도 그 표정은 치밀어 오르는 웃음을 계속 참는 것 같았다. 그러고 보면 젊었을 때의 로맨스를 들춰낸다고 기분나빠하며 화를 내는 노인은 거의 본 적이 없다.

와인과 와세일 등의 축하주의 기운 때문에, 잔치가 한창인 사람들의 진지하고 냉정한 분별심은 완전히 둔해져버린 것 같았다. 사실 손님이 던지는 익살이 서서히 이상해질수록 술자리는 더욱 분위기가 무르익어가고, 웃음소리도 한결 커졌다. 그러자 마스터 사이먼이 한껏 흥이 올라 마치 메뚜기가 안개에 젖어 우는 것처럼 노래를 부르기 시작했다. 그 옛 노래는 갈수록 유쾌한 가락을 띠기 시작했는데, 아까 그 미망인에 대한 이야기가 나오자 그만 감상적인 어조가 되고 말았다. 그는 미망인을 구슬리려고 긴 노래를 부르기 시작했는데, 그 노래는 '큐피드에게 사랑을 간청하는 자'라는 제목의 멋진 고서에서 발췌한 것이었다. 그 책에는 독신자에게 도움이 되는 지혜와 견해가 들어 있으니 나에게도 빌려주겠다고 그가 약속했다. 참고로 제1절은 다음과 같은 가사로 시작된다.

> 과부에게 사랑을 구하려는 자는 망설이지 말라.
> 해가 떠 있는 동안 일을 끝내라.
> 그녀의 심기 따위에는 신경 쓰지 마라.
> 그러니 대담하게 말해라, 당신은 내 것이라고.

이 노래는 그 멍한 노인에게 용기를 주었다. 그는 조 밀러[10] 작품에서 이 자리에 어울린다고 생각되는 조금 노골적인 이야기를 골라 몇 번인가 말하려고 애썼지만, 언제나 중간에서 막히고 말았다. 그러나 듣는 사람들은 모두 아는 내용이라서, 아무리 애를 써도 생각나지 않는 사람은 이야기하는 그 자신뿐이었다. 목사에게도 맛있는 음식과 술의 효과가 나타났는지, 차츰 눈의 초점이 흐려지더니 이윽고 졸음이 덮쳐와, 가발이 이상한 꼴로 한쪽으로 기울어졌다. 우리가 객실로 안내된 것은 바로 그때였다. 아무래도 이것은 지주의 센스 있는

---

*10 조 밀러(Joe Miller, 1684~1738)는 런던에서 활약한 희극배우로, 대표작은 사후에 출판된 《조 밀러의 농담집》(Joe Miller's Jests, 1739) 등이 있다.

조치였던 것 같다. 틀림없이 그는 유쾌한 일을 매우 좋아하지만, 아무래도 손님에게는 예절을 존중하도록 신경 쓰고 있었던 것이다.

크리스마스 만찬 테이블이 정리되자, 그 큰 홀은 그 집안 젊은이들 차지가 되었다. 곧 지주의 아들인 옥스퍼드 대학생과 마스터 사이먼이 앞장서서, 마시고 노래하면서 떠들썩하게 즐기는 여흥이 벌어졌다. 그들이 뛰고 춤추며 난장판을 벌이자, 그 맹렬한 환희의 울림으로 큰 홀의 오래된 벽이 모두 마구 뒤흔들리는 것 같았다. 나는 아이들의 기운차게 놀이에 열중하는 모습을 좋아했다. 특히 즐거운 크리스마스 시즌이 되면 더욱 그렇다. 아이들이 유쾌하게 떠들고 웃는 목소리가 들려오자, 나도 모르게 가만히 객실에서 빠져나가 그 광경을 보고 싶어졌다. 그들은 까막잡기 놀이를 했는데 그 놀이의 술래 역할은 마스터 사이먼으로, 그는 옛날부터 신분이 높은 사람의 자리에 광대를 앉히는 임금 놀이에서 '임금' 역할을 번번이 자진해서 떠맡는 모양이었다. 그래서 이번에도 마스터 사이먼은 눈가리개를 한 상태로 홀 중앙에 앉아 이 놀이를 즐겼다. 아이들이 마스터 사이먼의 주위를 신나게 뛰어다니는 모습은 마치 폴스타프를 둘러싼 장난꾸러기 요정들처럼 유쾌해보였다. 그들은 이따금 꼬집어보거나 외투 자락을 잡아당기고, 지푸라기로 간질이기도 하면서 재미있게 놀고 있었다.

그 자리에는 열세 살쯤 된 파란 눈의 예쁘장한 소녀가 있었는데, 아마빛 머리카락을 아름답게 헝클어뜨린 그 아이는 밝고 장난기 있는 얼굴을 발갛게 물들이고, 옛날의 정장 프록코트를 어깨 중간까지 내려서 완벽하게 축제 소동의 분위기에 어울리는 모습으로, 이 놀이의 중심 인물의 전형적인 역할을 하고 있었다. 마스터 사이먼이 꾀 많은 작은 사냥감인 아이들을 피해, 꺅꺅 소리를 지르는 이 왈가닥 소녀를 홀 구석까지 쫓아다니며 의자를 뛰어넘으면서 노는 모습을 바라보고 있으니, 아마도 그는 스스로 즐겨 눈가리개를 하는 것이 아닐까 하는 생각이 들었다.

객실로 돌아와 보니, 모든 손님이 난로 주위에 앉아서 목사 이야기에 귀를 기울이고 있었다. 목사는 높은 떡갈나무 의자에 깊숙이 파묻히듯이 앉아 있었는데, 그 의자는 지나간 좋은 시절, 장인의 기술에 의해 만들어진 것으로, 그를 특별히 배려하여 도서실에서 가져온 것이었다. 검은 그림자 같은 모습과 거무스름하게 메마른 얼굴의 목사를 에워싼 분위기가, 이 예스러운 의자와 매우 잘 어울렸다. 그런 가운데, 그는 이 부근에서 오래전부터 전해 내려 온 미신 이야기와 전설 등 진기한 이야기를 하기 시작했다. 물론 그런 종류의 지식은 그의 골동품 연구에서 나온 것으로, 내게는 그 자신도 어딘가 미신적인 분위기를 띠고 있는 것처럼 생각되었다. 이 목사처럼, 변두리의 한가한 곳에 살면서 경이롭고 초자연적인 이야기들이 블랙레터처(고딕체)로 가득 적혀 있는 고서에 파묻혀 오로지 학구적인 생활을 보내는 은둔자에게서 흔히 볼 수 있는 경향이었다. 그는 교회 제단 옆 묘비 위에 모셔진 십자군 기사상에 얽힌, 인근의 농부를 끌어들인 이야기에 이르렀는데, 그 속에 또 몇 가지 신기한 이야기들이 담겨 있었다. 이 기사상은 인근에서 유일한 기념상이어서 마을 아낙네들은 늘 깊이 우러렀는데, 특히 벼락이 치고 폭풍이 부는 밤이면, 이 기사상이 무덤을 떠나 교회 부지 주위를 돌아다닌다는 것이었다. 교회 부지 근처에 살던 한 늙은 여인은, 이 기사상이 달 밝은 밤에 회랑을 걸어 다니는 것을 교회 창 너머로 본 적이 있다고 했다. 고인이 된 사람의 생전의 악행이나 부정이 아직 밝혀지지 않았거나, 아니면 재물이 어딘가에 숨겨져 있거나, 어쨌든 의심과 질투로 번뇌하는 영혼이 여전히 이 세상을 떠돌고 있다는 것이다. 어떤 이의 이야기에 따르면, 무덤 속에는 보물이 묻혀 있어서 그 영혼이 불침번을 서고 있는 거라고 한다. 또 지금도 사람들이 여전히 믿는 미신이 있다. 그것은 옛날, 한밤중에 교회지기 한 사람이 무덤을 헐고 내부에 들어가려고 했을 때, 마지막 한 발만 남긴 상태에서 이 대리석 기사상의 강렬한 일격을 받고 기절하여 쓰러졌다는 이야기이다. 이토록 음산한 이야기를 들어도, 마음이 군센 농부들은 그런 이야기에 겁을 먹는 것은 겁쟁이라고 비웃었지만, 그래도 밤이 되면 아무리 고집스러운 불신자라해도 혼자서 무덤 옆을 지나가는 것을 무서워했다.

이러한 이야기를 포함하여 계속해서 나온 모든 미신에서 생각해보건대, 아무래도 이 부근에 알려진 이상야릇한 이야기 가운데 사람들이 가장 마음에 들어 하는 주인공은 십자군 기사인 것 같았다. 하인들은 큰 홀 벽에 내걸린 이 기사의 초상화에는 어딘가 초자연적인 분위기가 있다고 생각했다. 왜냐하면, 홀 어디에 있더라도 이 기사의 눈길이 느껴진다는 것이다. 여기서 태어나고 자란 이 저택 문지기의 아내도, 하인들 가운데서도 특히 소문을 좋아하여 젊었을 때 그런 이야기를 자주 들었다고 한다. 이를테면 한여름 저녁이면 악귀

와 요정 등의 모든 유령들이 바깥을 떠도는데, 그때 이 십자군 기사도 초상화에서 빠져나가 말을 타고 저택 주위를 돈 뒤, 큰길로 나가 가로수 길을 지나서 무덤으로 가기 위해 교회로 향한다는 것이다. 그럴 때면 교회 문은 그를 위해 저절로 열리지만, 물론 유령은 그런 것은 아무래도 상관없다. 즉, 기사의 유령은 문이 닫혀 있어도, 또는 돌벽이 가로막혀 있어도 쉽게 뛰어넘을 수 있기 때문이다. 실제로 어느 젖 짜는 처녀는, 유령이 몸을 종이처럼 얇게 흐느적거리면서 넓은 정원에 있는 두 개의 문기둥 사이를 빠져나가는 모습을 목격했다고 한다.

지주는 이러한 모든 미신에 얽힌 이야기를 듣고 아주 재미있어 했지만, 사실 그 자신은 미신을 믿는 유형은 아니었다. 그래도 다른 사람이 미신에 사로잡혀 있는 모습을 보는 것은 무척 좋아하는 듯했다. 지주는 주위에서 화제에 오른 어떠한 괴담에도 진지한 표정으로 귀를 기울였다. 그래서 아마도 지주는, 그런 신기한 이야기에서는 아무도 따를 사람이 없는 수위의 아내를 무척 마음에 들어 하는 모양이었다. 지주는 옛날의 전설과 로맨스의 애독자여서 이런 이야기를 믿지 못하는 것을 안타깝게 여길 정도였다. 말하자면 그는, 미신을 믿는 사람들은 이른바 신선의 나라에 살고 있는 무리일 거라고 생각했던 것이다.

다들 목사 이야기에 열중하고 있는데 갑자기 큰 홀에서 이상한 잡음이 들려왔다. 그 잡음 속에는, 옛 음유 시인의 가곡을 떠올리게 하는 목소리와 함께 많은 아이들이 흥겹게 떠드는 소리와 소녀들의 천진난만한 웃음소리가 섞여 있었다. 그러자 갑자기 문이 활짝 열리더니, 요정 나라의 궁정에서 잘못 튀어 나온 듯한 한 무리가 실내에 뛰어들었다. 지칠 줄을 모르는 마스터 사이먼은, 임금놀이의 '임금' 역할을 충실히 하기 위해 크리스마스 가면을 쓴 광대극의 아이디어를 끌어 들이고, 그 상대로서 뛰고 구르면서 즐거워하는 유쾌한 장면에 어울릴 거라고 생각되는 옥스퍼드 대학생과 젊은 사관에게 제안하여 당장 준비하기 시작했다. 먼저 늙은 하녀와 의논하여 오래된 옷장과 옷방을 뒤져서, 몇 세기 동안 햇빛을 본 적 없이 보관되던 옷들을 찾아냈다. 그리고 객실과 홀에 있는 사람들 가운데 젊은이들을 데려와서, 곧바로 옛날의 희가극풍의 가면극*¹¹을 본떠서 꾸민 것이다.

마스터 사이먼은 '아주 오래된 크리스마스'의 등장인물로 분장하여, 그 늙은 하녀가 입던 의상을 자세하게 본떠서 주름깃이 달린 짧은 옷을 입은 기묘한 차림으로 맨 앞에 나타났다. 그리고 17세기 커버넌터스(맹약파) 시대에 한때를 풍미했던 끝이 뾰족한 모자를 썼는데, 그것은 마을 첨탑으로도 쓸 수 있을 것 같았다. 모자아래 대담하게 휘어져 솟아 있는 코는 서리 맞은 꽃처럼 벌겋게 얼어서, 마치 12월에 불어 닥친 삭풍을 맞은 듯했다. 이어서 등장한 사람은 푸른 눈의 왈가닥 처녀로, 그녀는 '민스파이 부인'같은 기발한 차림으로 사람들의 눈길을 모았는데, 빛바랜 브로케이드라 불리는 견직물에 긴 가슴장식을 달고, 뾰족한 모자를 쓰고, 높은 구두를 신어서 유난히 눈에 띄었다. 또 젊은 사관은 로빈후드로 분장하고 나타나, 켄덜 그린이라는 녹색 사냥망토를 걸치고 머리에는 금빛 장식술이 달린 두건을 쓰고 있었다.

이 차림새는 엄밀하게 고증을 바탕으로 꾸민 것은 아니었고 그 나이 때의 남자라면 당연한 일이지만, 아마도 마음에 둔 여성의 눈길을 의식하여 멋진 청년으로 보이고자 하는 속셈이 엿보였다. 한편 아름다운 줄리아는 일편단심 로빈만 생각하는 가엾은 처녀 '마리안'으로 분장하여, 시골풍이지만 사랑

---

*11 영국의 가면극은 축제적 행사인 궁정가면극으로 발전했다.

스러운 드레스를 입고 젊은 장교의 팔짱을 끼고 나타났다. 이어지는 가장행렬에서도 모두 저마다 자기 차림새에 공을 들여 이 자리를 더욱 빛냈다. 처녀들은 브레이스브리지 집안의 혈통을 지닌 아득한 옛날 미인의 나들이옷을 입었다. 거기에 젊은 남성들은 코르크 태운 것으로 가느다란 콧수염을 그린 뒤, 폭넓은 옷자락과 긴 소매 의상을 차려입었다. 거기에 엄숙한 표정으로 곱슬머리를 늘어뜨린 풀버텀이라고 하는 의식용 가발을 쓰고, 로스트 비프와 플럼 푸딩, 그 밖의 옛날 가면무도극의 유명한 등장인물로 분장하고 있었다. 가장한 무리를 지휘하는 사람은 '임금놀이'의 '임금' 역할에 가장 알맞은 옥스퍼드 대학생이었는데, 나는 그가 낭창낭창한 지팡이를 휘두르며, 이 가장행렬 속에서 어색하게 움직이는 사람에게는 너무 심하게 나무라는 모습을 보았다.

이 가장 혼성단을 이루는 사람들이 옛 관습에 따라 북을 두드리며 분위기를 띄우자, 잔치는 환성과 소란 속에서 절정에 이르렀다. '아주 오래된 크리스마스' 속 등장인물 역할을 맡은 마스터 사이먼은, 당당하고 늠름한 태도를 무너뜨리지 않고 있어 모든 사람의 찬사를 한 몸에 받았다. 그가 우스꽝스러운 느낌이 나는 절세 미녀 '민스파이 부인'과 미뉴에트를 추고 난 뒤, 가장 무리들 모두가 플로어에 서자, 그 광경을 바라보던 나는 저마다의 옷차림이 하도 다양해서 마치 조상 대대로의 초상들이 액자에서 튀어나와 모두 이 잔치에 참석한 듯한 착각에 사로잡혔다. 즉 저마다의 세기에 활약했던 사람들이 오른쪽, 왼쪽 방향을 바꿔가며 서로 손을 잡고 춤을 추는가 하면, 유럽 중세의 암흑시대에 살던 사람들은 피루에트*12라고 하는, 발끝을 축으로 하여 돌아가는 춤과, 두 사람이 추는 리고동 춤을 추고 있었다. 또 엘리자베스 여왕 시대의 인물로 꾸민 가장자들은 다음 세대의 가장자들의 줄을 빠져나가 홀 안에서 유쾌하게 어지러운 춤을 추었다.

지주는 유쾌한 오락과 오래된 옷장이 부활하기를 기대하면서, 천진난만한 어린아이처럼 즐거워하며 그 광경을 가만히 지켜보았다. 두 손을 비비며 입가에 미소를 띠고 서 있는 그는, 목사의 말에는 조금도 귀를 기울이지 않았다. 한편 목사는 파온이라고 불리는, 예스럽고 중후한 느낌의 공작춤은 미뉴에트

---

*12 피루에트(Pirouette)란, 발레 등에서 한쪽 발끝을 축으로 하여 몸을 회전시키는 것.

에서 그 원천을 찾을 수 있다고 매우 진지한 표정으로 자기가 아는 지식을 드러냈다. 나는 눈앞에서 잇따라 유쾌하고 자유롭게 펼쳐지는 천진무구한 놀이 광경을 바라보면서 그저 흥분할 따름이었다. 이런 엄동설한의 음울한 추위 속에서 귀천의 구별 없이 한데 어울리는 신나는 놀이와 마음 따뜻한 대접, 그리고 늙은 사람들이 이런 잔치에 거리를 두고 무관심하게 있는 것이 아니라, 자신도 모르게 젊은 시절의 신선했던 기분을 떠올리며 함께 즐기는 모습을 보니, 격려를 받은 듯 마음이 따뜻하게 녹아드는 느낌이었다. 이렇게 사라져 가는 옛날의 좋은 관습들이 망각의 저편에 가라앉아 버리는 것을 생각하니, 영국에서 옛날 그대로의 관습을 엄격하게 지키는 것은 아마도 이 저택의 가족뿐일 거라는 생각이 들어, 눈앞의 광경을 보면서 진심으로 감동하지 않을 수 없었다. 큰 홀에서는 독특하면서도 풍치가 있고 소박한 정취가 주를 이룬 예스러운 잔치가 여러 가지로 펼쳐졌다. 게다가 오늘 밤의 잔치에 어울리는 장소와 시간이 정해져 있는 이 오래된 귀족풍의 저택은 환희의 목소리로 떠나갈 듯이 떠들썩하고, 와세일의 축배주에 취해 무너질 것처럼 흔들렸다. 그런 광경을 보고 있으려니, 마치 지나간 옛날의 떠들썩한 술자리로 되돌아간 것만 같았다.

이제 크리스마스의 즐거운 소동에 대해서는 다 털어놓았으니, 나의 크리스마스 이야기도 여기서 그만두어야 할 때가 되었다. 그러나 성실한 독자라면 이런 질문을 던질지도 모르겠다.

"그런데 지금까지 장황하게 풀어낸 이러한 이야기의 참뜻은 어디에 있는가. 이런 이야기를 들었다고 과연 현명해질 수 있는가?"

아! 그렇다면, 세상에 쓸모 있는 지식을 퍼뜨리기 위해서는 더 많은 현자들의 예지가 필요하지 않을까. 만일 그렇지 않다 해도, 나보다 뛰어난 몇천 명의 작가들이 단단히 노력하고 있지 않은가.—지식을 가르치기보다 사람을 즐겁게 하는 것이 더 유쾌하다—나는 한 사람의 교사가 되기보다는 한 사람의 친구가 되는 편이 더 낫다고 생각한다.

결국 내가 지식을 쌓는 일에 이바지할 수 있다고 한다면, 그것은 어디까지나 아주 작은 것에 지나지 않을 것이다. 또 다른 사람들의 생각에 길안내자로서 쓸모있는지 어떤지도 확신이 서지 않는다. 하기는 오락을 지향하여 쓴 것이라면, 혹 그것이 독자의 입맛에 맞지 않아도 나 한 사람만 비방을 견디면 끝날 일이다. 그래서 생각했는데, 뜻밖의 요행으로라도 이 야박한 세상에서 이마에

잡힌 주름을 잠시나마 펴고, 가슴을 무겁게 짓누르는 괴로운 생각을 한 순간이라도 낫게 할 수는 없을까. 만약에 내가 쓴 이 글이 염세적인 사람의 시름을 덜어주고, 또 어떤 이의 마음속에 있는 박애정신을 일깨워, 나의 독자들은 물론이고 그 친구와 지인의 기분까지 북돋아 줄 수 있다면, 내가 완전히 헛것을 쓴 것은 아닐 것이다.

골동품이 있는 런던 풍경

나는 걷는다.
불빛이 흐릿한 등불을 들고,
가이드 보즈 같은 모습으로 걷는다.
마을에 불을 지르려고 몰래 숨어든다.
나는 푸르스름한 도깨비불인가, 아니면 요정인가.
시골에서는 틀림없이 그렇게 생각하겠지.

존 플레처

    나는 고대의 사냥꾼으로, 옛 유물을 찾아 런던을 탐험하기 좋아한다. 이것들은 곧잘 도시의 깊숙한 곳에서 발견되는데, 보통은 산더미처럼 쌓인 벽돌이나 두껍게 깔린 몰타르 속에 묻혀, 거의 사람 눈에 띄지 않는다. 그러나 그러한 유물이 널려 있는 평범한 일상 세계에서는 시적이고 낭만적인 감흥이 되살아나게 마련이다. 지난 여름, 내가 이 근처를 거닐고 있었을 때, 그런 종류의 실제 사례를 우연히 맞닥뜨려 마음이 흔들렸던 적이 있다. 여름이 오면 런던 시가지는 겨울의 짙은 연기와 안개, 그리고 비와 진흙에서 벗어나게 되는데, 바로 그런 시기이기 때문에 편하게 탐색을 즐길 수 있다. 나는 플리트 거리*¹에 모여드는 인파 속에서 한동안 곤욕을 치러야 했다. 유난히 따뜻한 햇살 때문에 신경이 둔해지고 시끄럽게 들려오는 소음과 사람들이 떠들어대는 목소리 등의, 귀에 거슬리는 잡음으로 신경이 곤두서고 날카로워져 있었다. 그렇게 몸도 피곤하고 기력이 없어서, 억지로라도 어수선한 군중 속에서 빠져나가야 한다고 생각하자 마음이 초조해졌다. 어찌어찌하여 가까스로 그곳을 빠져나가자 좁은 길이 나왔다. 어두컴컴한 골목 구석과 모퉁이를 몇 개 지나 예스러운 분위기가

---

*1 플리트 거리(Fleet Street)는 런던 중심부에 있으며 중요한 신문사가 많은 거리로 유명하다.

느껴지는 조용한 공터로 나오니, 그 한가운데에 느릅나무 숲이 그늘을 드리운 잔디밭이 눈에 보였다. 그 나무는 반짝이는 물줄기가 있는 분수 덕분에 언제나 신선하고 푸른빛을 띠고 있었다. 손에 책을 든 학생이 돌로 만들어진 긴 의자에 앉아 책을 읽고, 이따금 어린아이를 보살피고 있는 단정한 차림새의 유모들을 바라보며 생각에 잠기기도 했다.

나는 마치 목이 타서 허덕이는 메마른 땅의 사막 한복판에서, 갑자기 신록이 넘치는 오아시스를 만난 아랍인 같았다. 마침 그곳은 시원하고 조용한 장소여서, 나는 조금씩 기분이 안정되고 심신이 상쾌해졌다. 그러다가 다시 길을 나아가 바로 옆에 참으로 아주 오래된 예배당이 있는 곳으로 왔다. 거기에는 중후하고 풍요로운 질감을 지닌 색슨풍의 낮은 현관이 있고, 예배당 안은 둥근 천장이 아주 높았는데 위에서 햇살이 환하게 비쳐들고 있었다. 주변에는 오래된 무덤이 많았고, 그 위에 무장한 전사의 대리석상이 늘어서 있었다. 그런 전사상 중에는 겸손한 표정으로 팔을 가슴 앞에 포개고 있는 모습도 보였고, 매장되어서도 칼집 머리를 잡고 적을 위협하는 자세를 하고 있는 전사도 있었다. 한편 다리를 꼬고 자세를 취한 전사들은, 옛날 십자군으로서 성지로 간 경건한 믿음을 지녔던 전사였음을 말해주었다.

신기하게도 속세의 먼지를 뒤집어쓴 시가지 한복판에 남아 있는 이 템플기사단*2의 예배당 안에 실제로 들어간 나는, 한 순간 이익에 날뛰는 일상생활에서 벗어나, 모든 것이 땅거미에 물들어 누런 흙먼지와 망각으로 뒤덮인 음산한 무덤 앞에 앉아보았다. 그러자 이런 시간만큼 속인의 마음에 인상적인 교훈을 주는 것은 없다는 생각이 들었다.

그 뒤에도 탐색을 멈추지 않은 나는 런던 중심부에 갇힌 '지나간 세계'의 또 다른 유물을 만났다. 한동안 누구의 눈길도 끌지 못하고 어떠한 상상력도 불러일으키지 못한 단조롭고 지루한 거리를 이리저리 누볐는데, 오래된 고풍스러운 고딕식 문이 내 눈에 들어왔다. 그 문은, 그 안의 당당한 고딕풍 건물 안마당을 이루는 넓은 정방형 대지로 나그네를 불러들이는 듯 매혹적으로 열려 있었다.

---

*2 템플기사단(The Knights Templar)은 수도사이면서 기사이기도 한 무장수도회(Religious Military Order)의 하나이다. 옛날에는 '그리스도와 솔로몬 신전의 가난한 무장기사들'("The Poor Fellow—Soldiers of Christ and Temple of Solomon")이라고 불렀다.

아마도 그것은 공공건물인 듯해서, 골동품을 찾아다니던 나는 소리를 죽이고 조심조심 그 건물 안으로 들어가 보았다. 그곳에 발을 들여놓아도 아무도 가로막거나 의심하는 사람이 없어서 계속해서 안으로 들어갔다. 그러자 중앙 홀에 이르렀는데, 모든 것이 고딕식 구조로 이루어진 그곳에는 높은 아치 지붕과 오크 목재로 지은 회랑이 있었다. 홀 한쪽 끝에는 커다란 난로가 놓여 있었고, 그 양쪽에는 높다란 나무 장의자가 있었다. 그리고 다른 쪽 끝에는 한 단 높은 자리, 즉 귀빈단이 설치되었고, 그 위의 벽에는 성직자용의 긴 옷과 주름 깃이 달린 매우 예스러운 옷을 입고 멋진 흰 수염을 기른 인물의 초상화가 걸려 있었다.

이곳 전체는 수도원 같은 고요한 정적이 감돌았지만, 그것에 신비로운 매력을 더하는 것은, 어쩐 일인지 내가 이 건물의 문지방을 넘고 나서 어느 누구도 만나지 못한 일이었다.

이러한 고요함에 이끌려 나는 커다란 아치형 창문의 구석진 곳에 앉았다. 건물 유리창에서 황금빛 햇살이 가득 쏟아져 들어와서 스테인드글라스가 빚어내는 온갖 색채가 곳곳에 또렷하게 줄무늬를 그리는 한편, 열린 창문에서는 여름의 부드러운 공기가 흘러들어왔다. 그곳에서 나는, 한손으로는 턱을 괴고 다른 한 손은 떡갈나무 탁자 위에 내려놓은 채, 그 옛날 이 건물의 쓰임은 무엇이었을지 잠시 생각해 보았다. 처음에는 분명히 수도원 건물로 지어졌겠지만, 그 뒤에는 학문을 장려하기 위해 만들어진 대학 같은 고등교육기관의 건물이 된 것은 아닐까. 끈기 있게 연구를 계속한 수도사가, 이렇게 조용하고 아늑한 공기에 싸인 환경 속에서 한 페이지 한 페이지, 한 권 한 권씩, 책을 쌓아올려 자신의 예지의 산물을 이 건물 크기와 겨루었으리라.

그렇게 명상에 잠겨 앉아 있으려니, 건물 위쪽에 있는 아치 모양의 작은 문이 열렸다. 그러자 길고 검은 옷을 입은 백발이 희끗한 노인들이 한 사람, 또 한 사람 잇달아 이쪽으로 줄줄이 걸어 나왔다. 그들은 말 한 마디 없이, 모두가 핼쑥한 표정으로 나를 쳐다보면서도 그냥 지나쳐 아래쪽에 있는 문 밖으로 모습을 감췄다.

그들의 이상야릇한 풍모는 무엇보다도 놀라웠다. 노인들의 검은 옷과 예스러운 시대의 정서가 감도는 모습은, 신비로운 위용을 자랑하는 이 유서 깊은 건물의 양식과 조화를 이루었다. 마치 내가 명상한 지난날의 망령들이 눈앞에서 사열하며 행진하는 것 같았다. 그러한 공상 세계에 푹 빠진 나는 모험 세계 속에 있는 사람이 되어, 물질세계의 한복판에 존재하는 그림자의 나라와, 또 마음속으로 떠올린 것을 탐색하기 위해 걸음을 내딛었다.

나는 미로 같은 안마당과 복도, 그리고 황폐한 회랑을 정처 없이 돌아다녔다. 중앙부에는 여러 시대에 온갖 양식으로 지은 많은 증축물과 부속물이 있었고, 널찍한 빈터에서는 틀림없이 이 건물에 사는 것으로 보이는 많은 사내아이들이 기운차게 놀고 있었다. 그러나 어디에 있어도 눈길을 끄는 존재는 그 검은 망토를 쓴 이상야릇한 백발노인들로, 혼자 산책을 즐기는 사람도 있고, 다같이 모여 무언가 이야기를 나누는 사람들도 있었다. 그들은 이 일대에 모여드는 마술사처럼 보였다. 왜냐하면 아주 오래전 대학에서는 사법 점성술, 지오맨시라 불리는 흙점, 망자와 영혼을 사이에 두고 이루어지는 사령마술(死靈魔術), 그 밖에 금지된 마법학을 가르쳤다는 사실을 어떤 책에서 읽은 적이 있었기 때문이다. 그렇다면 이것은 그런 종류의 건물이고, 이 검은 옷을 입은 노인들은 흑마술을 가르치는 교수들인가?

온갖 종류의 이상야릇한 물건들이 가득한 방 안을 잠시 들여다보기만 했는데, 머릿속에서 이러한 상상들이 소용돌이쳤다. 그것은 야만적인 전쟁도구나 참으로 이색적인 우상, 박제된 악어, 병에 담긴 뱀과 기괴하고 볼품없는 물건들이 죄다 난로 위 선반에 놓여 있었다. 그 예스러운 제단을 덮는 관 뚜껑에는, 인간의 해골이 이를 드러낸 상태로 미소짓고 있었다. 그리고 그 양쪽에는 박제된 고양이가 놓여 있었다.

사령마술사에게 어울리는 그 신비로운 방을 좀 더 자세히 보려고 다가간 나는, 방의 어두컴컴한 구석에서 나를 가만히 노려보고 있는 인물과 눈이 딱 마주쳐서 흠칫 놀라고 말았다. 그는 뺨이 홀쭉하고, 철사처럼 빳빳하게 선 백발 섞인 눈썹 아래로 눈이 형형하게 빛나며, 얼굴에 주름이 많은 조그마한 노인이었다. 처음에는 이상야릇한 형태로 보존된 미라가 아닌가 했는데, 그가 몸을 움직이는 것을 보고 살아 있음을 알았다. 그는 그 검은 옷을 입은 노인의 한 사람이었는데, 기묘한 인상과 시대에 뒤처진 옷을 가까이에서 보고 그를 둘러싸고 있는 참으로 음산한 분위기를 느꼈을 때는, 틀림없이 마술사들을 이끄는 지도자일 거라고 확신했다.

내가 문 앞에서 걸음을 멈추는 것을 본 노인이 나에게 안으로 들어오라는 시늉을 해서 나는 용기를 내어 거기에 따르기는 했지만, 만일 이 노인이 마법의 지팡이를 휘둘러 나를 무언가 정체를 알 수 없는 생물로 바꿔버리거나, 난로 위에 놓인 병들 가운데 그 하나로 바꿔버리지 않을까 하고 겁이 났다. 물론 노인은 마술사 같은 수상한 인물이 아니었고, 오히려 쾌활하고 솔직하게 긴 이야기를 늘어놓아서 이 고풍스러운 건물과 거주자들에게 감도는 이상한 공기가 한꺼번에 다 사라진 것 같은 기분이 들었다.

아마도 이 낡은 건물은 늙은 상인들이나 나이 든 가장들을 위해 지은 양로원인 것 같았다. 나는 그 한가운데로 들어가고 만 것이다. 여기에는 입학정원이 정해져 있는 남자학교가 딸려 있었다. 이 예스러운 양로원은 거의 2세기 전에 수도원으로 세워진 곳이어서, 어딘가 그럴싸한 분위기와 성격이 남아 있었다. 중앙홀에서 내 눈 앞을 조용히 지나갔던 검은 망토를 입은 노인들, 즉 내가 마술사라고 착각했던 인물들이 이루는 음산한 그림자 같았던 행렬은, 예배당에서 아침 예배를 마치고 돌아가던 양로연금 수령자들이었다.

내가 마술사단의 지도자라고 생각했던 인물은, 존 하룸이라고 하는 대단한 골동품 수집가로, 이 건물에서 6년이나 살았다고 한다. 그는 자신이 모은 유물과 진기한 물건들에 에워싸여, 마지막 안식처가 될 이 장소에서 늘그막을 보낼 생각이었다. 본인한테서 들은 바로는, 그는 여행을 좋아하여 오래전에 프랑스를 다녀온 적이 있는 듯하며, 네덜란드까지 발길을 뻗어 여행을 계속하려고 했다. "그때 갔었으면 좋았을걸. 그랬으면 네덜란드에 가 보았다고 말할 수 있었을 텐데." 이렇게 끊임없이 후회할 만큼, 그는 무척 여행을 좋아했다.

그는 생각도 귀족적이었다. 일반 양로연금 수령자들과는 달리 어딘가 초연한 데가 있었다. 그와 가까운 친구는 라틴어와 그리스어를 할 줄 아는 맹인인데, 하룸은 그 어느 쪽 언어도 전혀 할 줄 몰랐다. 그는 아버지가 남긴 4만 파운드의 유산과 아내의 지참금 1만 파운드를 다 써 버려서 이제는 영락한 신세이지만, 이 작은 사내 하룸이 방탕하게 거액의 돈을 물처럼 써버린 것은 틀림없이 양가의 혈통을 이어받은 인물이라는 증거이고, 그는 분명 고매한 정신의 소유자일 것이다.

덧붙임

이렇게 나의 독자를 헤매게 한 옛 시대의 훌륭한 유물이란, 이전에는 샤르트

뢰즈 수도원이라고 불렸던 카르투지오회 수도원이다. 이 건물은 1611년에 토마스 서튼 경[*3]이 옛날의 수도원 터에 지은 것으로, 그의 너그러운 뜻을 이어받은 위엄이 가득한 자선단체의 하나이다. 그것은 근대에 런던이 이룩한 사회 변동과 변혁의 한가운데에서도, 지나간 좋은 시절의 평안하고 신성한 정취를 간직하고 있다. 이 장소에서 일찍이 떵떵거리며 살았던 80명의 영락한 신사들은, 늘그막이 되자 식사, 의복, 난로장작, 사비(私費) 연금을 저마다 받고, 옛날의 수도사들과 마찬가지로, 이전에는 수도원의 식당이었던 원내에서 식사를 함께 했다. 참고로, 이 건물에는 44명의 아이들이 다니는 부속학교가 있었다.

나는 스토의 저작을 참고하여 그 사실을 검증해 보았다. 이 백발의 연금 수령자의 의무에 대해 그가 말한 바에 따르면, "그들은 자선시설의 일반사무에 대해 간섭해서는 안 되며, 신의 의무를 게을리 해서도 안 된다. 그리고 자신에게 주어진 것에 대해서는 불만을 품거나 불평하지 않고, 감사하는 마음으로 받아야 할 것이다. 누구도 무기를 지니거나 머리를 길게 길러서는 안 된다. 그리고 색깔이 있는 신을 신어서는 안 된다. 모자에 깃털을 장식해서는 안 되고, 그밖에 무뢰한이 입는 옷을 입어서도 안 된다. 아무쪼록 자선시설에 어울리는 차림새를 갖추는 것이 좋다." 스토는 다시 말을 잇는다.

"사실, 이러한 노인들이 세속의 사람들이 느끼는 비애와 번뇌와는 멀리 떨어져서 이토록 편안한 장소에서 조용하게 살 수 있는 것은 행복한 일이다. 한 가지 마음을 쓴다면, 늘 신을 섬기고 날마다 영혼의 정화에 힘쓰며, 우애의 정신 아래 평온한 생활을 꾸려 나가는 것뿐이다."

나의 관찰을 바탕으로 쓴 이 스케치풍의 못난 글에 관심을 가지고, 런던 거리의 신비로운 일을 좀 더 상세히 알고 싶은 독자를 위해, 내가 카르투지오회 수도원을 방문했을 때 친구가 된, 자그마한 갈색 가발을 쓰고 짙은 황토색 상의를 입었던 그 이상야릇한 늙은 노신사로부터 물려받은, 어느 지방 역사가 기록된 소책자를 소개하고자 한다. 솔직하게 고백하면, 이것은 나처럼 파고들기 좋아하는 여행자에게 은밀하게 전해져 내려온 가짜가 아닌가 하고 처음에는 조금 의심했다. 또 진실성을 좇는 인간의 보편적인 지향을 아무런 의미도 없이 비난으로 몰고 간 것이 아닌가 하는 생각도 했지만, 자세히 검증한 끝에 그 저

─────────────────

[*3] 상인이었던 토마스 서튼 경(Thomas Sutton, 1532~1611)은 이 수도원(런던 차터하우스) 터에 소년을 위한 학교 외에 양로원과 병원도 설립했다.

자는 성실한 작가라는 충분한 확증을 얻을 수 있었다. 듣기로는, 사실 이 인물은 자신이 사는 그 지방에서 오래전부터 전승되어 온 흥미로운 이야기를, 상세하고 엄밀하게 서술한 듯하다. 다음 내용은 어디까지나 전단계로서 기록한 것에 지나지 않는다고 생각해도 좋을 것이다.

리틀 브리튼

내가 쓰는 것은 모두 진실을 바탕으로 한다…… 내 옆에는 온갖 사건에 관한 기록이 산더미처럼 쌓여 있다. 만약 내가 그것을 널리 알린다면 엄격한 노인들(보 교회의 종소리가 들리는 범위 안에 있는 사람들에 한하지만) 중에는 나를 지겹게 생각하는 사람도 있으리라.

토마스 내시[*1]

대도시 런던 중심부에는 수많은 좁은 길과 골목길, 그리고 매우 낡은 고아하고 중후한 집들이 늘어서 있는 구역이 있다. 사람들은 그곳을 '리틀 브리튼'이라 부른다. 그곳은 크라이스트처치 학교와 성 바르톨로뮤 병원[*2]이 서쪽 경계를 이루고, 런던 북서부에 있는 지역 스미스필드와 롱 골목이 북쪽 경계를 이룬다. 또 올더스게이트 거리가 이 구역을 동부지구에서 나누고, 한쪽에서는 불 앤드 마우스 거리의 커다란 연못이 부처스 홀 거리와 뉴게이트 지구로부터 이 구역을 나누고 있다. 이렇게 경계가 정리되어 '리틀 브리튼'이라 불리게 된 소구역 위쪽에는, 세인트폴 대성당[*3]의 둥근 지붕이 패터노스터 거리와 에이멘 코너 또는 아베마리아 거리의 복잡하게 얽힌 주택가 위로 솟아 있어, 마치 수호신인 어머니신처럼 온화하고 따뜻한 분위기를 자아내며 내려다보고 있다.

리틀 브리튼이라는 이름은, 이 구역에 그 옛날 브리타니 공의 저택이 있었던 것에서 비롯한다. 그런데 런던이 넓어짐에 따라 상류사회에 속한 사람들이 서쪽으로 옮겨가기 시작하자, 그에 붙어서 살던 상업이 그들에게 버림받은 주거터를 차지한 것이다. 리틀 브리튼이라고 불리는 이 구역은 한동안 학문의 중심

[*1] 토마스 내시(Thomas Nashe, 1567~1601)는 영국의 작가로, 케임브리지 대학출신 '대학 재인파' ("University Wits") 가운데 한 사람이다.

[*2] 런던의 스미스필드에 있는 유명한 병원으로, 1123년에 창설되었다.

[*3] 세인트폴 대성당(St Paul's Cathedral)은 런던에 있는 영국국교회 대성당.

지가 되어, 서적판매에 관한 생산성을 중시하는 사람들로 번화해졌다가, 그들도 곧 그곳을 떠나 뉴게이트 지구의 드넓은 바깥쪽으로 옮겨가서 패터노스터 거리와 세인트폴 대성당 주변에 자리잡게 되었고, 최근에도 그 숫자가 늘어나고 있다.

그러나 이렇게 쇠락해가고 있지만, 리틀 브리튼은 그 옛날 화려했던 흔적이 여전히 남아 있다. 이 주변에는 무너지기 직전의 가옥이 몇 채 있는데, 그 건물 전면에는 흉측한 얼굴과 낯선 새, 동물, 물고기, 그리고 식물학자조차 분류하기 힘든 드문 과일과 풀꽃 등의 문양이 오래된 떡갈나무에 화려하게 새겨져 있었다. 알더스게이트 거리에는 한때 호족이라는 이름을 제멋대로 함부로 쓰며 융성함을 자랑했던 드넓은 저택터가 남아 있다가 최근에 몇 채의 셋집으로 분양되었다. 여기서는 흔히 소상인(小商人) 가족의 모습을 볼 수 있는데, 그들은 번개 무늬를 넣은 천장, 금박을 입힌 돌림띠, 어마어마하게 큰 대리석 난로 등에 에워싸여, 오래된 장식품에 묻힌 듯한 커다란 방 안에서 번쩍이는 싸구려 가구를 놓고 생활을 꾸려나갔다. 좁은 길이나 골목길에도 그리 크지는 않지만 산뜻한 독채가 많이 늘어섰고, 저마다의 집은 마치 옛날의 지방 세력가들처럼 높고 우아한 분위기를 지니고 있다는 점에서는 전혀 모자람 없는 운치로 넘치고 있었다. 이러한 집들은 박공널의 끝자락이 가까운 거리까지 뻗었고, 마름모꼴 창유리를 납 테두리에 끼워 넣은 활꼴의 돌출창, 또는 이상야릇한 조각품을 장식한 낮은 아치형의 어마어마하게 큰 입구를 갖추고 있었다.

나는 그중에서도 가장 숭고하고 보호받을 수 있는 작은 방에서 조용하게 몇 년을 보냈다. 그 방은 가장 작고 오래된 건물 3층에 있었는데, 작은 창틀을 배치하고 오래된 벽판을 붙인 곳으로, 여러 종류의 가구와 세간이 갖춰져 있었다. 나는 빛바랜 브로케이드(견직물)를 씌우고 다리에 고양이 발을 신긴 높은 의자를 특별한 존경심을 담아 바라보았다. 거기에는 지난날 영화를 자랑했던 자취가 남아 있어, 틀림없이 리틀 브리튼의 오래된 저택들을 꾸미고 있었음을 보여주었다. 그 의자는 가죽의자를 매우 심한 모욕을 담은 눈길로 내려다보는 것처럼 보였다. 거기에는 마치 세력을 잃어버린 유한신사가 평민 지위까지 굴러떨어진 틈바구니에서도 거만한 태도를 무너뜨리지 않는 듯한 품격이 감돌았다. 그 방의 정면에는 돌출창이 나란히 있는데, 저마다의 창유리에는 옛날 몇 세대에 걸친 주민들의 이름이 새겨져 있었다. 그와 함께 더없이 평범한 유한신사 같은 인물이 쓴 시의 단편도 적혀 있었는데, 그것은 알아보기 어려운 문자로 새겨져 있었지만, 아득히 먼 옛날에 번영을 누리다가 이윽고 기울어져 사라져버린 리틀 브리튼에 얽힌 수많은 매력을 찬양한 것이었다. 나는 평범하고 한가로운 사람으로서 이렇다 할 직업은 없지만, 매주 내야 하는 집세를 미루는 일은 없었다.

그래선지 가까이 있는 사람들은 나를 유일하게 경제적으로 여유가 있는 자립한 유한신사라고 생각하고는 존경의 눈길로 보고 있었다. 나는 호기심이 이끄는 대로, 마치 다른 세상을 이룬 듯한 지역 커뮤니티 내부의 실태를 탐색하려고 노력한 끝에, 이 지역에서 일어난 모든 사건과 은밀한 일에 대해 알 수 있었다.

리틀 브리튼은 정말 런던의 심장부로 불리는 데 손색이 없을 정도의 모습을 갖춘 구역으로, 진정한 존불(영국인을 가리키는 속어)의 혼이 생생하게 살아 있는 요새같은 곳이다. 일찍이 번영의 절정을 누렸던 시대에는, 옛날 그대로의 사람들과 풍습이 유지되었던 대도시 런던의 한 부분이다. 이 구역에서는 지난날에 성대했던 축일에 벌어지는 수많은 놀이와 습관이 여전히 어김없이 지켜지고 있다. 이곳 주민들은 가을걷이를 축하하는 오순절 화요일에는 팬케이크, 예수 수난일인 금요일에는 하얀 십자가가 새겨진 핫 크로스 번스(십자 모양을 새겨 구운 과자), 그리고 9월 29일에 열리는 성미카엘 축제에는 거위찜을 어김없이 먹는다. 또 발렌타인 기념일에는 연인에게 러브레터를 보내고, 11월 5일에는 교황인형을 불태우며, 크리스마스때 겨우살이 밑에서 모든 젊은 여성들과 키스를 나누면 영원한 사랑을 얻을 수 있다고 전해지는 풍습을 즐긴다. 요즘도 변함없이 미신을 바탕으로 한 경의를 가지고 로스트비프와 플럼 푸딩을 먹는 전통이 관행으로 이어지고 있다. 또 포트와인과 셰리주는 진정한 영국산으로서 그 지위를 쌓아올려, 그 밖의 술은 모두 질 나쁜 외국제 음료로 여기고 있다.

리틀 브리튼 역사를 살펴보면 이상한 이야기들이 많이 나온다. 주민들은 그것을 세계에 널리 알려진 기담으로 여긴다. 이를테면 세인트폴 대성당의 큰 종에 얽힌 이야기에서는, 그 종이 울리기 시작하면 모든 맥주가 신맛이 강해진다고 한다. 또 세인트 던스턴 교회의 시계가 시간을 알려주는 숫자, 런던 대화재 기념비,*4 런던탑의 사자상, 길드홀의 목제 거인상,*5 등이 모든 사람이 알고 있는 신비로운 이야기로 전해지고 있다. 이곳에 사는 사람들은, 오늘날에도 여전히 꿈풀이나 점(占)을 믿으며, 그런 가운데 불 앤드 마우스 거리에 사는 한 늙은 여인은 도난품을 알아맞히거나, 때가 된 처녀들의 좋은 인연을 점쳐주면서 꽤 넉넉한 생활을 하고 있었다. 그들은 혜성 출현과 태양과 달에 일어난 이변 원인인 일식과 월식에 의해 자칫하면 기분이 나빠지거나, 밤에 개가 구슬프게 짖으면 이 구역에서 반드시 누군가가 죽을 것이라는 불길한 조짐으로 여긴다. 그뿐만이 아니라 수많은 괴담, 특히 오래된 대저택을 둘러싼 이야기가 널리 퍼져 있다. 몇몇 대저택에서는 주민들이 이상한 광경을 직접 본 일도 종종 있는 것 같았다. 주로 귀족과 귀부인들에 대한 것이다. 풀버텀이라고 하는 하얀 곱슬머리 가발을 쓰고 긴 소매 속에 칼을 숨긴 왕후귀족, 그리고 스테이스라고 하는, 앞섶을 끈으로 조르는 속옷을 입고, 그 위에 후프스커트를 입은 뒤 무늬가 두드러진 비단을 덧붙인 귀부인, 이러한 귀인이 달 밝은 밤이면 완전히 황폐해진 큰 방을 이리저리 떠돌아다닌다는 것이다. 현지 사람들은 그 정체를, 성장하고 당당하게 걸어다니는 오래전 그 집안사람들의 유령이 아닌가 하고 수군거렸다.

리틀 브리튼에도 현자와 위인이 있다. 현자로서 특별한 사람은 키가 크고 담박한 성격의 늙은 신사로, 작은 약국을 경영하는 스크라임이라는 인물이다. 어딘가 헬쑥하고 찌든 표정을 한 그의 얼굴은 마맛자국처럼 온통 울퉁불퉁하고, 두 눈 근처에는 뿔테 안경을 쓴 듯한 갈색 흔적이 남아 있었다. 그는 주위의 늙은 여인들로부터 크게 추앙받고 있었다. 그녀들은 이 인물을 마법사로 대하고 있었다. 무엇보다 그가 경영하는 약국에는 박제 악어가 두세 마리 벽에 걸려 있었고, 뱀이 든 병이 몇 개 진열되어 있었다. 그밖에도 그는 역법에 정통하고 신문을 샅샅이 읽기를 매우 좋아했다. 특히 음모와 비밀결사, 화재, 지진, 화산의 분화 같은 세상을 깜짝 놀라게 한 사건을 다룬 기사를 비상한 관심을 가지고 읽고 있었다. 특히 화산 분화를 수난 시대가 찾아올 불길한 조짐으

---

*4 런던 대화재(The Great Fire of London)란, 1666년 9월 1일에 일어나 나흘 동안 계속 타올랐던 대화재를 가리킨다. 1677년에 부흥을 기념하여 높이 62미터의 '런던대화재 기념비'라는 탑이 세워졌다.
*5 길드홀(Guildhall)의 입구에 서 있는 한 쌍의 거인상.

로 보았다. 그는 약을 사러 오는 손님들에게 약의 효용과 함께 언제나 그러한 종류의 음울한 이야기를 들려주어, 손님의 심신을 마구 어지럽혔다. 그리고 조짐과 예언 같은 것을 철석같이 믿으면서, 아마도 로버트 닉슨*6과 마더 쉽톤*7의 예언서를 외우고 있는 것 같았다. 일식과 월식이나 칠흑 같은 밤을 소재로 그 사람만큼 훌륭하게 이야기를 만들어내는 것은 아무나 할 수 있는 일이 아니었다. 그는, 최근에 떨어진 혜성의 꼬리라고 하면서 무언가를 고객과 제자들의 머리 위에 번쩍 치켜들고 위협하여 끝내 기절시키기도 했다. 바로 얼마 전에도 널리 알려진 전설과 예언을 머릿속에 기억해 두고, 그것을 웅변적으로 이야기했다고 한다. 이러한 사건을 중요시하는 옛날 여자 예언자들 사이에서는, 지금도 전해져 내려오는 이야기가 하나 있다. 그것은 거래소 지붕 위의 메뚜기와 보교회 첨탑 꼭대기에 있는 도마뱀이 악수를 하면 무서운 사건이 일어난다는 전설이다. 아마도 실제로 있었던 이상야릇한 현상인 듯하다. 최근에 그 건축가가 거래소의 둥근 지붕과 보 교회 첨탑을 수리하는 일에 고용되어 일을 시작했는데, 말하기도 무섭지만 메뚜기와 도마뱀이 실제로 뺨을 비비고 있는 장면을 직접 보았다고 한다.

스크라임 씨가 자주 말하기로는 '사람에 따라서는, 별이 반짝이는 밤하늘에서 두 개의 천체가 어떤 관측지점에서 보아 거의 같은 위치에 있는 것을 찾아낼수 있을지도 모른다는 것이다. 그러나 이 지상에서는 내 집 근처나 아주 가까운 곳에서도, 점성술사의 어떠한 예언이나 예측을 뛰어넘는 현상이 일어난다'. 이와 같이 저마다의 불길한 풍향계가 서로 가까워져서 뺨을 비빈 뒤, 이미 몇가지의 슬픈 사태가 일어났던 것이다. 이를테면, 선량한 왕 조지 3세가 82세까지 장수를 자랑하다가 어느 날 갑자기 사망한 것도 그 하나일 것이다. 그에 따라 조지 4세가 왕위를 이었다. 또 어느 공작이 갑자기 세상을 떠났고, 프랑스의 한 공작은 암살당하는 비극적인 최후를 마쳤다. 또 영국 전역에 걸쳐 과격한 집회가 열렸다. 맨체스터에서의 피비린내 나는 광경, 케이트 가에서의 대음모 등, 음산한 사건이 잇따라 일어나 왕비가 이탈리아에서 영국으로 돌아오게 되었다. 스크라임 씨는 일종의 독특한 불안한 표정을 짓거나 음울한 분위기

＊6 로버트 닉슨(Robert Nixon, ca. 1467~?)은 잉글랜드 북서쪽 체셔의 전설적인 예언자로, 자세한 경력은 분명하지 않다.

＊7 마더 쉽톤(Mother Shipton or Ursula Southeil, ca. 1488~1561)은 영국의 예언자.

로 고개를 저으면서 그러한 불길한 사건들을 자세히 이야기했다. 리틀 브리튼 사람들은 그의 약 효능 이야기에 이끌리거나, 박제된 이상야릇한 바다 생물과 병에 담긴 뱀, 또는 그 독특한 표정이 그와 연관되어 있음을 떠올리고는 기분이 몹시 우울해졌다. 그들은 보 교회 옆을 지나갈 때면 어김없이 고개를 저으며 다음과 같이 말한다. 런던 시장 휘팅턴과 그 고양이 이야기가 증명하듯이, 옛날에는 기쁜 일을 알려주었던 그 첨탑을 무너뜨리면 앞으로 좋은 일이 없을 거라고.

리틀 브리튼에서 스크라임 씨에 견줄만한 현자라고 한다면 부유한 치즈 상인일 것이다. 그는 옛날의 대저택 부지 한쪽에 집을 마련하고, 체셔치즈 한가운데를 파먹고 통통하게 살이 오른 벌레처럼 호사스러운 생활을 누리며 살고 있다. 과연 대단한 인물로 평가되는 만큼, 그의 이름은 멀리 허긴 거리와 래드 거리, 나아가서는 앨더먼베리에까지 알려져 있다. 그는 국가행위에 대해서도 일가견을 가진 인물로, 반세기에 걸쳐 《젠틀맨스 매거진》이나 라팽의 《영국사》,*8 《해사록(海事錄)》 등은 물론, 《일요신문》까지 훑어보고 있다. 그의 머릿속은 몇 세기 동안 혹사를 견딘 귀중한 격언으로 가득 채워져 있다. 영국이 항상 스스로에게 충실한 한, 그 존재를 뒤흔드는 일은 '도의상 있어서는 안 되는 일이다', 이것이 그의 확고한 지론이다. 또 그는 국가부채 문제에도 할 말이 많은 모양으로, 어쨌든 나라 빚을 커다란 국가적 방어벽이자 축복이라고 생각했다. 이 부유한 치즈 상인은 인생의 대부분을 리틀 브리튼 변두리에서 보냈는데, 늘그막에 큰 돈을 번 모양이었다. 사실 그는 일요일에 지팡이를 짚고 위엄을 부리면서 당당하게 걸을 수 있을 만큼 유복한 생활을 누리고 오락을 즐기면서 세상의 움직임을 알게 되었다. 그래서 햄스테드와 하이게이트, 그 밖의 인근으로 수없이 걸음을 옮기며, 망원경으로 도시의 거리를 돌아보거나 성 바르톨로뮤 교회의 첨탑을 보는 일로 날마다 오후의 대부분을 보냈다. 불 앤드 마우스가의 승합마차 마부는 그가 지나가면 반드시 인사를 했고, 구스 앤드 그리드아이언과 세인트폴 대성당 영내에 있는 승합마차 매표소에서는 그를 고급 단골손님으로 환영했다. 가족들은 영국 남동쪽 끝에 있는 켄트 주의 마케이트를 여행하는 것이 어떻겠느냐고 권했지만, 그는 증기선이라는 새로운 탈것이 영 미

---

*8 라팽(Paul de Rapin de Thoyras, 1661~1725)은 프랑스 출신 역사가로, 주요 저서에 《영국사》(The History of England, 1732)가 있다.

덥지 않아 매우 불안하게 여겼다. 사실, 그만한 늙은 나이에 뱃길 여행을 감행하는 것은 어차피 무리라고 생각했던 것이다.

리틀 브리튼에서는 이따금 저마다 무리를 지어 단체를 조직하는 일이 있다. 그리하여 '장례비 보험 조합'이 두 개 생겼는데, 그에 따라 한때 저마다 당파 정신이 무척 활발했다. 그 하나는 스완 엔드 호스 쇼에서 집회를 열었고, 치즈 상인이 그 후원자가 되었다. 다른 한쪽은 약국의 스크라임이 후원했으며, 그 단체는 코크 엔드 크라운에서 집회를 열었는데, 말할 것도 없이 후자 쪽이 더욱 활발했다. 나는 이 두 단체의 집회에서 하루 또는 이틀 밤을 보내며 귀중한 정보를 얻었다. 이를테면 특허를 취득한 철제 관(棺)에 대한 정보뿐만 아니라, 교회 영내의 특징 비교와 매장에 관한 가장 좋은 방법에 대해서도 알 수 있었다. 단, 철제 관에 대해서는 내구성 관점에서도 법률로 금지해야 한다는 의견들이 여러 입장에서 제시된 일은 나도 알고 있다. 지금까지 이래저래 말이 많았던 두 단체의 불화는 다행히도 최근에 들어서서 사라진 듯하지만, 지난 몇 년 동안은 논쟁 대상이 되었다. 그 까닭은 바로 리틀 브리튼 사람들은 장례의 명예를 소중하게 여기며, 무덤 속에서 편히 잠드는 것을 매우 진지하게 생각하기 때문이었다.

이 두 장례 단체 말고도, 성격이 완전히 다른 제3의 단체가 등장하여 그 일대의 분위기를 살리려고 했다. 이 단체는 웨그스태프라는 이름의 쾌활한 술집 주인이 운영하는 옛날 그대로의 고풍스러운 작은 집에서 일주일에 한 번 집회를 열었는데, 그곳은 참으로 매혹적인 포도송이를 붙인 예쁜 반달 배지를 달고 있었다. 이 건물 전체가 술꾼들의 시선을 끄는 이름으로 가득했다. 이를테면 맥주로 유명한 '트루먼 핸버리'를 비롯하여, '와인, 럼주, 브랜디 등의 술 저장고' 나아가서는 '올드 톰 진, 럼, 컴파운드' 등이다. 사실, 이곳은 아주 옛 시대부터 술의 신 바쿠스와 불평과 비난의 신 모무스의 전당이었다. 그것은 언제나 웨그스태프 집안 속에 있었기 때문에, 그 역사와 전통은 집주인에 의해 보존되어 왔다. 또 이 가게는 엘리자베스 왕조 시대 멋쟁이나 기사가 자주 다녔던 일로도 유명하며, 찰스 2세 시대의 재사들의 모습도 가끔 볼 수 있었다. 웨그스태프 씨가 자랑 삼아 하는 이야기가 있는데, 그것은 헨리 8세가 밤에 거닐면서 그 유명한 지팡이로 웨그스태프의 조상 가운데 한 사람의 머리를 박살냈다는 것이다. 하기야 사람들은 자만심이 강한 주인의 자랑 이야기에는 속지 않도록 조심해야 한다고 입을 모아 말하기는 한다.

지금 이곳에서 매주 모임을 열고 있는 이 클럽은, '리틀 브리튼의 포효하는 청년들'이라는 이름으로 널리 통한다. 이곳에는 현지에 옛날부터 전해 오는 전통적인 돌림노래와 무반주 성가곡(聲歌曲), 그리고 엄선된 이야기가 산더미처럼 있다. 그러한 것은 런던 어디를 찾아봐도 볼 수 없다. 익살스러운 노래에서는 견줄 사람이 없다고들 한다. 명성이 높고 저돌적인 장의사는 뛰어난 존재였지만, 뭐니 뭐니 해도 이 클럽의 중심적인 존재일 뿐만 아니라 리틀 브리튼에서 으뜸가는 재사로 여겨지는 인물은 분명히 망나니 기질의 웨그스태프 씨가 바로 그 사람이다. 그의 조상 중에는 재치가 넘치고 유머를 이해하는 사람들이 많은데 그런 집안 영향 때문인지, 그도 이 술집과 함께 노래와 유머 감각을 유산으로 물려받았다. 즉, 그러한 특성은 조상 대대로 이어져 내려온 것이었다. 그는 어딘지 수선스러운 느낌이 드는 조그마한 남자로, 안짱다리인 데다 배는 볼록 튀어나오고, 붉은 얼굴에 유쾌한 눈동자가 반짝였는데, 뒤통수에 흰머리가 조금 보였다. 그는 그 클럽 모임에는 반드시 초대되는 저명인사였다. 개회에 앞서서 그는 '신앙고백'을 노래하는데, 그것은 《개머 거튼의 바늘》*9에서 가려 뽑은 유명한 술잔치 노래였다. 아마도 아버지에게서 말로 전해 내려온 것을 배운 건지 온갖 장단에 맞춰 노래할 수 있었는데, 그 노래는 만들어진 이래 '반달'과 '포도송이'에서는 말하지 않아도 다 아는 애창곡이었다. 아니, 그뿐만이 아니었다. 리틀 브리튼이 전성을 누리던 시대에는 그의 조상은 영광스럽게도 귀족과 유한신사가 참석한 크리스마스 가장무도회에서 이따금 이 노래를 선보인 적이 있다고 그는 인정했다.

클럽 모임이 열리는 밤이 오면, 이 유쾌한 저택에서 환희의 목소리와 노랫소리, 그리고 때때로 몇 사람이 불협화음을 일으키는 합창이 새어 나오는데, 듣기에 제법 괜찮았다. 이런 때 거리에는 그것을 들으려는 군중으로 꽉 차는데, 그들은 과자가게의 쇼윈도를 들여다보거나 음식점에서 흘러나오는 냄새를 실컷 즐기는 것과 같은 기분에 잠길 수 있다.

리틀 브리튼에는 일 년에 두 번, 떠들썩하게 법석을 뜨는 행사가 있다. 그것

---

*9 《개머 거튼의 바늘》(Gammer Gurton's Needle)은 1533년에 만들어진 영국 초기 희극.

은 성 바르톨로뮤 축제*¹⁰가 열리는 장날과 런던 시장 취임식 날*¹¹이다. 런던의 스미스필드에 인접한 지방에서는 성 바르톨로뮤 시장이 열리는 동안, 저마다 소문에 이야기꽃을 피우며 바깥에서 산책을 즐긴다. 밤 늦게 주위가 조용해지면, 리틀 브리튼의 모든 거리는 서서히 모여드는 낯선 사람들로 어느새 가득 차서, 모든 술집은 혼란과 흥분의 현장이 된다. 술집에서는 바이올린과 노랫소리가 아침부터 밤까지 쉬지 않고 들려오고, 창문마다 실눈을 뜨고, 모자를 삐딱하게 쓰고, 입에 파이프를 물고, 한손에 커다란 맥주잔을 들고, 짐짓 새롱거리거나 시시껄렁한 이야기로 흥을 돋우거나, 술을 한 잔 걸치고 취해서 노래하는 유쾌한 사람들의 얼굴이 보인다. 여느 때에는 엄숙한 이웃 사람들의 가정 안에서의 예절조차도, 이 농경제에 대항할 수가 없다. 그때는 하녀들도 집안에 가둬둘 수 없다. 그녀들의 머릿속에는 인형극과 회전목마, 이탈리아의 요술쟁이 폴리트 씨, 불꽃을 삼키는 요술쟁이, 마술사로 유명한 파프 씨, 그리고 아일랜드의 멋쟁이 남자들로 가득하기 때문이다. 아이들은 장난감이나 금종이로 포장된 생강빵을 사느라 용돈을 다 써버리고, 그 결과 집안은 작은 북이나 트럼펫, 그리고 호루라기 소리로 넘쳐난다.

그러나 뭐니 뭐니 해도 런던 시장 취임식 날만큼 중대한 기념일은 없다. 런던 시장이라는 위치에 있는 인물은 리틀 브리튼 시민으로부터 세상에서 가장 위대한 주권자로 추앙받는다. 하물며 말 여섯 마리가 끄는 도금한 마차를 타는 것은 모든 사람들의 영광의 정점에 서는 것을 뜻하고, 수많은 사법장관과 참사관을 거느린 그 행렬은 그야말로 이 세상에서 가장 호화찬란한 행렬이라는 평가 속에 시민들에게 환호를 받는다. 행여 국왕이라 해도, 먼저 유서 깊은 템플바*¹²의 문을 우러러보면서 런던 시장의 허가를 청하지 않으면 안에 들어갈 수가 없다. 만일 무단으로 들어가려고 하다가는 큰 사건으로 번지게 되니, 그 결과는 미루어 짐작할 수 있으리라. 무기를 갖추고 시장 앞에 늘어서는 기마호위병은 시의 수호신으로, 그는 시의 위엄을 더럽히는 사람이 있으면 가차없이 칼

---

*10 성 바르톨로뮤 축제 때 열리는 시장. 처음에는 런던의 스미스필드에서 해마다 8월 24일부터 2주일 동안 열렸는데, 이윽고 나흘로 단축되었고 1753년부터는 9월에 열리고 있다.

*11 런던 시장 취임식 날은 해마다 11월 두 번째 토요일이다.

*12 런던의 템플 바(Temple Bar)는 런던시(City of London)에 들어가기 위한 문. 시티와 웨스트민스터의 경계를 나타내는 13세기 기둥과 사슬을 대신하는 것으로, 국왕도 스틀랜드에서 플리트 거리에 들어가기 위해서는 런던 시장의 허가를 얻어 이 문을 지나야 한다.

을 휘두르라는 명령을 받았다. 그리고 접시 모양의 비로드 모자를 쓴 작은 사내가 호위역을 맡는데, 그는 창자루처럼 긴 칼을 차고 시장이 탄 마차 창 쪽에 앉는다. 따라서 만에 하나 그 칼이 칼집에서 뽑혔다 하면 국왕도 목숨을 보장할 수 없는 것이다.

따라서 이 위대한 주권자의 보호 아래, 리틀 브리튼 시민들은 안심하고 베개를 높이 베고 잘 수 있는 것이다. 템플 바는 내부의, 모든 적대심을 내비치는 사람들에 대해서도 방호벽 역할을 하며, 바깥 적에 대해서는 시장도 런던탑에 몸을 던져 민병단을 불러 모으고, 탑의 상비군들을 무장시키면 그로써 충분하다. 그러면 세계를 향해서도 큰 싸움에 도전할 수 있다.

그리하여 고유의 이해관계와 풍속습관, 그리고 세상의 여론 속에서 리틀 브리튼은 눈부시게 성장하는 대도시 런던의 건전한 중심지로서 오랜 세월에 걸쳐 번영을 누려왔다. 내가 바람직하게 생각하는 것은, 이곳은 국민성이 퇴폐하고 타락했을 때, 그것을 제대로 되살릴 수 있는 진실하고 굳센 존불(영국인 기질) 정신의 원천이 파종기 씨앗처럼 비축된, 선택받은 장소라는 점이다. 또 나는 널리 조화를 이룬 정신적 풍토를 지닌 이 구역 전체의 모습에서도 큰 기쁨을 느꼈다. 그렇지만 앞에서 말한 치즈 상인과 약사의 지지자들 사이에서, 이따금 약간의 의견차이로 충돌하고, 장례비 보험조합에서도 서로 미워하는 일이 가끔 있지만, 모두 잠깐 그럴 뿐 곧 해소되고 만다. 사람들은 상대를 배려하는 마음으로 해후하여 굳게 악수를 나눈 뒤 헤어지되, 서로 비방이나 중상은 하지 않는다. 다만 은근히 험담하는 일은 있을지 모르지만.

오래전에 내가 얼굴을 내민 적도 있는 유쾌했던 큰 잔치에 얽힌 드물고 이상야릇한 이야기를 소개하고자 한다. 우리는 그 잔치에서 카드놀이의 '올포' '포프 조안'을 비롯하여 그 밖의 옛날 놀이를 즐기거나, 가끔이긴 하지만 로저 카발리 경의 춤곡에 맞춰 추는 옛날의 영국댄스를 즐기기도 했다. 그것은 일 년에 한 번 있는 행사로, 지역 사람들이 모여 런던 북동쪽 에핑 숲에 가서 집시 파티라고 하는 모임에 참가한 적도 있다. 나무 그늘 아래 상쾌한 풀밭에서 여는 잔치 모습을 보면 누구라도 기분이 좋아진다. 우리가 그 작은 사내 웨그스태프와 유쾌한 장의사가 부르는 노래에 도저히 참지 못하고 그만 배를 잡고 웃음을 터뜨리면, 그 웃음소리가 온 숲속에 메아리쳤다. 식사를 마치고 나면 아이들은 술래잡기와 숨바꼭질에 여념이 없고, 젊은이들이 가시나무의 가시에 걸려 씨름하는 모습을 바라보거나, 이따금 덤불숲에서 소녀들이 장난치며 깔깔거리는 웃음소리를 들으면 참으로 기분이 유쾌했다. 한편, 나이가 지긋한 사람들은 치즈 상인과 약사의 정치담론을 들으려고 주위에 모여들었다. 아무튼 그들은 보통, 야외에서의 시간을 보내려고 주머니에 신문을 숨기고 와서 거기에 참여하는데, 가끔 논쟁이 과열되어 지나치게 흥분하기도 했다. 그럴 때는, 어김없이 이중턱에 풍채가 좋고 훌륭한 옛날 기질을 지닌 우산 장인이 중재에 나서서, 다들 원만하게 화해하고 넘어가기도 한다. 그는 논쟁 과정을 전혀 모르는 상태에서도 참으로 원만하게 일을 해결해 버리곤 했다.

어느 철학자 또는 역사가의 말에 따르면, 제국이라는 이름이 붙는 것은 모두 어쩔 수 없이 변화하여 개혁하지 않을 수 없는 운명을 지닌다고 한다. 사치와 혁신이 숨어들면 정치적인 당파가 결성되거나, 어느 일족이 제 마음대로 휘두르는 경우도 있다. 그러면 야심과 음모가 날뛰어 종래의 조직은 혼란에 빠지게 된다는 것이다. 과연 그 말대로, 요즘 리틀 브리튼의 평화로움은 몹시 흔들리고 있었다. 리틀 브리튼 본디의 그 소중하고 소박한 풍속 풍습이, 출세의 야심에 불타는 은퇴한 정육점 가족에 의해 파멸될 위기에 처한 것이다.

그 램 가문은 이 지역에서는 오랫동안 가장 눈부신 번영을 자랑해 온 집안의 하나였다. 특히 램 가문 여성들로 말하면, 모두 리틀 브리튼에서는 절세 미녀로 이름을 날렸다. 나이 든 램이 재산을 일군 뒤 정육점 문을 닫고, 입구에 있는 놋쇠 표찰에 그 이름을 남긴 것을 보고, 주변 사람들은 모두 기뻐했다. 그런데 다행인지 불행인지 램 집안의 소녀 하나가 해마다 런던 시장 부인이 주최하는 무도회에 부인을 시녀로서 모시는 영광을 얻은 것이다. 그때 그녀는 모자 옆에 세 개의 거위 깃털 장식을 달고 등장했다. 그 가족은 한 번 그 맛을 보자 버릇이 들고 말았다. 그녀의 가족은 상류계급의 화려한 생활을 하루빨리 손에 넣기 위해, 말 한 마리가 끄는 마차를 마련하고 하인들의 모자에도 금몰 자수를 놓을 정도로 안간힘을 썼다. 그때부터 그런 이야깃거리들이 끝없이 퍼져, 마침내 그 집안은 그 지역에서 증오의 대상이 되고 말았다. 그러나 이 집안은 이제 포프 조안(다이아몬드의 8을 빼고 하는 카드놀이)이나 술래잡기 같은 놀이는 더 이상 하지 않고, 리틀 브리튼 시민들은 이제까지 들어본 적도 없는, 4조의 남녀가 사각을 이루어 추는 카드릴(4쌍 이상의 사람들이 네모꼴을 이루며 추는 춤) 댄스라는 춤을 추는 데 여념이 없었다. 그리고 소설에 심취하고, 서툰 프랑스어를 하거나 피아노를 치는 등의 향락을 좇게 되었다. 어느 변호사를 도와주는 일을 하던 이 가족의 형도, 이전에는 이 주변에서는 그다지 이름이 알려지지 않았지만, 이제는 한껏 멋을 부리며 내로라하는 비평가라고 자기 스스로 이름을 내걸었다. 게다가 유명한 배우 에드먼드 킨,[13] 오페라, 그리고 《에든버러 리뷰》지[14] 등에 대해 이야기하며 자신의 지식을 뽐내서, 주위에 있는 현자들을 몹시 난감하게 했다.

더욱 난처한 일이 일어났다. 램 집안이 큰 무도회를 열었는데, 옛날부터 이웃으로 지내던 사람들은 누구도 초대하지 않고, 테오발트 거리와 레드 라이온 광장, 또는 서쪽의 부유층 사람들을 대거 초대한 것이다. 그중에는 그레이스 인 거리와 다이아몬드 거래의 중심지로도 알려진 해튼가든에서 온 행세깨나 하는 형의 지인들도 몇 명 섞여 있었고, 딸들을 동반한 시의회 의원 부인들도 세 사람쯤 있었다. 그것은 그냥 용납하고 넘어갈 일이 아니었다. 철썩 하고 늙은 말에 채찍을 가하는 소리, 삯마차의 덜컹거리는 소음 등, 리틀 브리튼의 곳곳이 시끄러운 소란에 휩싸였다. 집집마다 창문에서는 인근의 말 많은 늙은 여자들이 나이트캡을 쓴 채 얼굴을 내밀고, 요란한 소리를 내며 미친 듯이 질주하는 마차를 바라보았다. 심통맞은 늙은 여인들은 정육점 집 정면에 있는 집에서 몸을 내밀고, 현관에서 손님이 문을 노크할 때마다 그 사람을 빤히 쳐다보면서, 도마 위에 올려놓고 이러쿵저러쿵 입방아를 찧는 광경도 자주 볼 수 있었다.

이 무도회의 개최는 거의 인근에 대한 선전포고로 받아들여졌다. 인근 주민들은 하나같이 앞으로 램 집안 사람들과는 절대로 말을 섞지 않겠다고 선언했다. 다만 이런 일은 있었다. 램 부인은 상류계급 사람들과 선약이 없을 때는, 지난날 가깝게 지냈던 늙은 여인들을 불러 작은 티파티를 열고, 그녀 말로는 '무척 화기애애한 분위기 속에서 차를 즐겼다'는 것이다. 그녀들은 램 집안과는 절대로 사귀지 않겠다고 큰소리치며 선언해놓고도, 실제로는 램 부인의 초대에는 언제나 응했던 것이다. 그뿐만이 아니었다. 착한 부인들은 자리에 앉아 램 집안 딸들이 부끄러워하면서도 서툰 피아노로 치는 아일랜드 민요를 들으며 즐

---

[13] 에드먼드 킨(Edmund Kean, 1787~1833)은 영국의 유명한 셰익스피어극 배우.

[14] 프랜시스 제프리(Francis Jeffrey, 1773~1850)와 시드니 스미스(Sydney Smith, 1771~1845)에 의해 1802년 에든버러에서 창간된 영국 정당인 휘그(자유당)계 평론지.

거워했다. 게다가 램 부인이 포트소켄 지구의 시의회 의원 플런켓 집안과 클러치 프라이어의 대부호의 상속녀인 팀버레이크스 양에 대한 이야깃거리를 제공하자, 그녀들은 솔깃해 하며 귀를 쫑긋 세우며 들었다. 그러고는 나중에 가서야 문득 정신을 차리고, 다음 수다 모임에서는 램 집안에서 있었던 일의 자초지종을 털어놓고, 램 집안과 그 파티를 무지막지하게 헐뜯음으로써, 그들과 잠시 한때를 보낸 일에 대한 주위의 비난을 피하려고 했다.

이 가족 중에서 유일하게 그 흐름에 낄 수 없었던 사람은, 은퇴한 정육점 주인 본인이었다. 그 이름은 참으로 부드럽게 들리지만 고지식하고 정직한 램은 거칠고 무뚝뚝한 데가 있었고, 목소리는 사자처럼 굵었다. 또 구둣솔처럼 뻣뻣한 검은 머리가 특징이었고, 커다란 얼굴에는 자신의 가게 상품이기도 한 소고기의 흰 반점 같은 것이 보였다. 그 집안 딸들은 언제나 그를 '노신사'라고 부르거나, 유난히 상냥한 목소리로 '파파'라고 부르면서, 신사다운 몸짓과 댄스용 구두 등, 온갖 신사다운 기호를 익히게 하려고 애를 썼지만, 아무리 해도 소용이 없었다. 가족 모두가 집요하게 밀어붙여 보았으나 끝내 이 정육점 주인의 고집을 무너뜨릴 수는 없었다. 결국 그는 타고난 고집스러운 성격 때문에 딸들의 감언에 넘어가지 않았던 것이다. 그에게는 어딘가 미워할 수 없는 촌스러운 기질이 엿보였다. 무슨 일에나 섬세한 딸들은, 그의 농담을 들으면 질색을 했다. 무엇보다 그는 아침에는 남빛으로 물들인 무명옷을 입었고, 오후 두 시에 점심을 먹었으며, 간단하게 '홍차를 곁들인 소시지' 파티라도 하지 않겠느냐고 끈덕지게 제안했기 때문이다.

그러나 그는 가족들에 대한 평판이 그다지 바람직하지 않다는 것을 깨닫고야 말았다. 옛 친구들이 갈수록 자신을 차갑고 서먹한 태도로 대한다는 사실을 안 것이다. 이제 그가 농담을 날려봤자 즐겁게 웃어주는 사람은 아무도 없었고, 이따금 '어떤 양반들은' 또는 '상류사회에 빼앗긴 일가'라느니 하면서 험담까지 하는 지경이었다. 그런 이야기도 말재주가 없는 정육점 주인을 불쾌하고 곤욕스럽게 했다. 그러자 그의 아내와 딸들은 여성 특유의 빈틈없는 방식으로, 이때다 하고 그를 설득하기 시작했다. 그리하여 겨우 웨그스태프 술집에서 늘 하던 대로 오후에 파이프를 물고 맥주를 마시는 것을 포기하도록 했다. 그는 저녁 식사를 마친 뒤에는 혼자 조용히 의자에 앉아 스스로 술을 따라서 좋아하지도 않는 와인을 한 잔 마신다. 그리고 음울한 상류사회의 법칙에 따라,

홀로 초연하게 의자에 앉아 낮잠을 잤다.

　그때부터 램 집안 딸들은 프랑스풍의 세련된 부인용 모자인 보닛을 쓰고, 출신을 알 수 없는 멋쟁이 남자와 함께 환락가를 제세상인 양 우쭐해서 돌아다니며 크게 떠들거나 깔깔거리고 웃어젖혔다. 그것은 자연히, 그런 모습을 보게 된 부인들의 감정을 건드렸다. 게다가 놀랍게도 그녀들은 자신들이 마치 후원자라도 되는 듯이 행동하면서 실제로 프랑스인 댄스교사를 인근에 초대하려고 했다. 그런데 리틀 브리튼의 현자들이 그 일에 반대 의사를 표시하자, 이 가련한 프랑스인은 냉랭한 대접을 받은 끝에, 결국 바이올린과 댄스용 구두를 가방에 챙겨 넣고 숙박비도 내지 않은 채 서둘러 떠나고 말았다.

　처음에 나는 이 구역 주민들의 격렬한 분노를, 옛날부터의 우아한 영국 풍습을 지키고자 하는 열의와 혁신적인 움직임에 대한 두려움에서 비롯된 것이라고 내 마음대로 생각했다. 그래서 이렇게 갑자기 벼락부자가 된 사람들의 자만과 프랑스풍 패션, 그리고 램 집안 딸들의 행동을 둘러싼 시끄러운 소동에 대한 무언의 모욕에 대해 주민들을 칭찬하고 싶은 마음이었다. 그러나 유감스럽게도 주민들이 그런 종류의 취향에 서서히 물들어가고 있음을 곧 깨달았다. 지역 주민들은 사납게 비난을 퍼부으면서도, 어느새 램 가족의 행동을 본받게 된 것이다. 나는 이 집 여주인이 남편에게, 딸들이 적어도 한 학기만이라도 프랑스어와 음악, 그리고 카드릴*15이라는 프랑스 춤을 배우게 하자고 집요하게 조르는 것을 본 적이 있다. 나는 일요일마다 램 집안의 딸들과 나이가 비슷한 대여섯 명의 여성들이 머리에 프랑스풍 보닛을 쓰고 리틀 브리튼을 당당하게 걸어다니는 광경을 여러 번 보았다.

　그래도 나는 여전히 희망을 버리지 않았다. 결국에는 그런 어리석은 일들이 모두 사라지고, 언젠가 램 가문이 이곳을 떠날 때가 오거나, 그들이 내일이라도 갑자기 사망할지도 모르고, 또 신출내기 변호사 견습생을 데리고 정들었던 이곳에서 달아날지도 모른다고 말이다. 그렇게 되면 소박한 것을 좋아하는 조용한 분위기를 이 공동체에 다시 되찾을 수 있으리라고 나는 생각했다. 그런데 엎친 데 덮친 격으로 또 한 사람의 경쟁자가 나타났다. 어느 부유한 식용유 제조자가 죽자, 과부에게 연금과 아름답고 건강한 딸들이 남겨졌다. 이 딸들은

---

*15 카드릴(Quadrille)은 네 사람이 한 조로 사각형을 지어 추는 프랑스 춤이다. 주로 8분의 6박자 또는 4분의 2박자의 느린 템포 춤으로, 특히 19세기에 유행했다.

생전의 아버지의 인색함에 질려서 오랫동안 불만을 품고 있었다. 그 때문에 지금까지 우아한 생활은 꿈도 꿀 수 없었던 그녀들은 이제 홀가분한 신분이 되어 누구의 눈치도 볼 필요가 없어지자, 그녀들 속에서 소용돌이치던 야심의 불길이 세차게 타올라, 보란 듯이 정육점 집안을 적대시하기 시작했다. 그러나 세련된 유행의 첨단을 걷는다는 점에서는 먼저 선수를 친 집안이 한 발 앞서 있었다고 할 수 있다. 램 집안 딸들은 서툴지만 프랑스어를 조금 할 줄 알았고, 피아노도 칠 줄 알았다. 또 카드릴도 출 수 있고, 상류계급 사람들과의 인맥도 만들어져 있었다. 그런 한편, 후속주자인 트로터스 집안 딸들에게도 얕잡아볼 수 없는 면이 있었다. 이를테면 램 집안 딸들이 모자에 두 개의 깃털 장식을 달면, 트로터스 집안 딸들은 그에 지지 않으려고 깃털 장식을 네 개로 늘리는 것이었다. 게다가 상대보다 두 배나 아름답고 멋진 깃털을 달았다. 또 램 집안이 무도회를 열면 트로터스 쪽도 절대로 지지 않았다. 손님의 수준은 자만할 수 없지만, 참가자 수를 배로 하여 두 배로 즐겼다는 이야기이다.

마침내 이 지역 전체는 이 두 가족의 깃발 아래 두 개의 유행파벌로 크게 갈라지고 말았다. 이미 '포프 조안'이나 '톰캄치크루미' 같은 옛날 놀이는 완전히 사라지고, 소박한 시골풍의 무도회를 여는 일도 없었다. 지난해 크리스마스에는 이런 일이 있었다. 내가 겨우살이 아래에서 오래된 관습에 따라 어느 젊은 아가씨에게 키스하려고 했더니, 그녀는 무섭게 화를 내면서 쌀쌀맞게 거절하는 것이었다. 그 이야기를 들은 램 집안 딸들은 '저급하기 짝이 없는 행위'라고 쏘아붙였다. 리틀 브리튼에서 시대에 앞장서서 유행을 이끄는 것은 어느 쪽인가를 두고 격렬한 논쟁이 일어나기도 했다. 램 집안은 크로스 키 광장 쪽으로 기울었고, 트로터스 집안은 성 바르톨로뮤 근처에 가세했다.

그리하여 이 작은 구역은 그 이름이 새겨진 대영제국처럼 당파와 내부 불화가 들끓었다. 이러한 상황에서는 예언에 재능을 발휘할 수 있는 약제사로서도, 어느 한 쪽의 손을 들어주는 데는 난감하지 않을 수 없다. 이런 상황이 이어진 결과, 나는 본디의 진정한 존불(영국인 기질) 정신이 사라져 버리지 않을까 하는 염려와 두려움마저 느끼게 되었다.

나는 즉시 나타나는 현상들이 몹시 불쾌했다. 이미 말했듯이, 나는 독신 남성으로, 안일을 추구하면서 게으르게 세상을 살아가는 유형의 인간이다. 그러나 앞에서 말한 대로 나는 이 작은 구역에서는 유일한 유한신사로 여겨졌다. 그런 사정 때문에 나는 양쪽으로부터 크게 신뢰를 얻고 있어서, 그들이 회의하는 모습이나 양쪽의 온갖 욕설과 매도에 귀를 기울일 필요가 있었다. 그런데 나에게는 은근하게 행동하는 데가 있어서, 오히려 그것이 방해가 되어 그 부인들과는 어떠한 경우에도 의견이 맞지 않았다. 그래서 그들을 비난하게 되어 양쪽에서 심하게 의심을 받고 말았다. 지금 생각하면, 나는 내 자신의 양심으로 돌아갈 수도 있었다. 양심이란 참으로 다루기 쉽고 순종적인 성질을 띤다. 그렇다해도 나의 이해를 넘어서는 것이기는 하지만. 만일 램 가문과 트로터스 가문의 관계가 회복되어 그들이 함께 내 기록 노트를 보게 된다면, 나는 끝이다.

그리하여 나는 기회를 보아 그곳을 떠나려고 마음먹었다. 사실 나는 이 대도시 속에서 옛 영국의 특징이 지금까지도 남아 있는 다른 장소를 찾고 있었다. 프랑스풍의 음식과 술, 댄스가 없고, 프랑스어를 쓰지 않는 곳을 찾고 있던 것이다. 다시 말한다면, 시대 유행을 쫓아가는 은퇴한 상인 가족이 존재하지 않는 그런 곳이다. 그곳만 찾아낼 수 있다면, 근처에서 오래된 집이 무너지기 전에 늙은 쥐처럼 얼른 물러가야 하지 않겠는가. 그리고 슬픈 일이기는 하지만, 지금의 집에 긴 작별을 고해야 하지 않을까. 이 혼란에 빠진 리틀 브리튼은 서로 시기하고 미워하는 램 가문과 트로터스 가문에 맡겨두고.

스트랫퍼드 어폰 에이번

고요하게 흘러가는 에이번 강이여, 은빛으로 반짝이는 물가에서,
셰익스피어는 저 하늘나라의 꿈에 잠겨 있다,
아름다운 달빛을 받으며, 요정은 푸른 침대 옆에서 춤춘다,
베개가 되어줄 그 잔디밭은 참으로 신성한 것.

데이비드 개릭[*1]

이 넓은 세상에서 내 것이라고 할 만한 한 뙈기의 땅도 가지고 있지 않은 떠돌이에게는, 나른한 하루 여행을 마친 뒤 구두를 벗어버리고 실내화로 갈아 신고, 여관 난로 앞에서 천천히 몸을 뻗고 쉬는 순간이야말로 더없이 행복한 시간이다. 이때만은 집을 가진 주인이 된 듯한, 무언가 남다른 감개에 잠긴다. 세상이 어떻게 되든, 또는 왕국이 한창 발전하든 멸망하든 내 알 바 아니다. 나에게 집세를 낼 금전적인 여유가 있는 한, 이따금 천하를 내려다보는 황제가 된 기분에 잠길 수 있다. 여관방에 놓여 있는 안락의자는 거의 임금의 자리라고나 할까, 그리고 부지깽이는 왕홀이다. 12피트 네 면으로 이루어진 작은 방은 어느 누구의 간섭도 받지 않는 나의 왕국이 된다. 이곳은 바로 인생의 굴곡을 음미하면서 그 소용돌이 속에서 싸워 얻은, 작고 흔들림 없는 세계이다. 그것은 잔뜩 흐린 가운데 문득 빛나는 햇살이 부드럽게 내리쬐는 순간이라고 해도 좋다. 조금이나마 이 세상의 고초를 겪으며 살아온 사람이라면, 오락 시간이 얼마나 소중한지 알 것이다. 나는 스트랫퍼드 어폰 에이번의 여관 '레드 호스'의 아담한 방에서 불을 피우고 나른하게 안락의자에 기대앉아 만족스럽게 주위를 둘러보았다. 그리고 "내 집이나 마찬가지인 이 여관에서는 내 멋대로

[*1] 데이비드 개릭(David Garrick, 1717~79)은 영국 배우이자 극작가. 개릭이 프랑스 무용가 장 조르주 노베르(Jean-Georges Noverre, 1727~1810)를 '무용계 셰익스피어'라고 높이 평가한 이야기는 유명하다.

행동할 생각이다"*² 라고 말한 셰익스피어의 명대사를 떠올렸다.

내가 사랑하는 문호 셰익스피어의 말이 내 머리 속을 한 순간 스쳐 지나간 그때였다. 그가 묻힌 성트리니티 교회*³의 탑에서 자정을 알리는 종이 울렸다. 바로 그때 방문 두드리는 소리가 났다. 예쁘장한 하녀가 얼굴에 웃음을 지으면서 '부르셨습니까?' 하고 조금 조심스러운 기색으로 물었다. 그것은 곧 취침 시간임을 넌지시 알려주는 행동이라는 것을 알 수 있었다. 내가 꿈꾼 독재적인 왕국은 이렇게 끝을 맞이했다. 이렇게 된 이상 어쩔 수 없다고 생각한 나는, 사려 깊은 군주가 취해야 할 행동을 본받아, 퇴위를 강요당하기 전에 스스로 왕위에서 물러나, 스트랫퍼드의 안내서를 베개 동반자로서 옆구리에 끼고 잠자리에 들었다. 그리고 문호 셰익스피어와 그 기념제, 그리고 데이비드 개릭(이 기념제 주최자)을 꿈꾸기로 했다.

이튿날은 초봄 무렵에 가끔 볼 수 있는 참으로 상쾌한 아침이었다. 계절은 3월 중순으로 추위에 얼어붙은 긴 겨울이 끝을 알리고, 북풍이 이별을 아쉬워하며 얼어붙은 한숨을 토해내자, 부드러운 바람이 서쪽에서 살그머니 다가와 자연계에 생명의 숨결을 불어넣는다. 그리고는 모든 봉오리와 꽃들에게 유혹의 손짓을 하며, 사랑스럽고 달콤한 향기와 아름다움을 가득 뿜어낸다.

나는 처음부터 문학적인 시적 순례로 스트랫퍼드까지 발걸음을 옮겼다. 그래서 가장 먼저 들른 곳이 셰익스피어의 생가였다. 곳곳에서 정보가 모여 알려지게 된 바로는, 셰익스피어의 아버지는 모직물 생산을 생업으로 하고 있었다고 한다. 따라서 이 문호는 그러한 환경에서 자란 셈이다. 셰익스피어의 생가는 목조에 흰 벽으로 된 작고 초라한 건축물로, 대시인의 보금자리답게 그 방 한구석에서 병아리를 품는 데나 어울릴 것 같았다. 그곳을 방문하는 신분이 낮은 농부에서 왕후귀족에 이르기까지, 또는 여러 나라의 다양한 지위와 처지에 있는 사람들이 수많은 언어로 쓴 이름과 헌사가 방 안 벽에 빼곡하게 새겨

---

*² 셰익스피어의 《헨리 4세》 제1부 제3막 제3장에서 인용한 구절.
　Falstaff : How! Poor? Look upon his face, what call you rich?/Let them coin his nose. Let them coin his cheeks ; /I'll not pay a denier. What, will you make a younker of me?/Shall I not take mine case in mine inn but I shall have my pocket picked? I have lost a seal—ring of my grandfather's worth forty mark.

*³ 13세기에 아름다운 에이번 강가에 세워진 이 교회는 셰익스피어가 세례를 받은 곳으로도 유명하다.

져 있었다. 그것은 아마도 자연발생적인 행위로 매우 단순한 방식이지만, 셰익스피어에 대한 일반인의 존경심을 보여주는 좋은 예이다.

수다스러운 늙은 여인이 셰익스피어 생가로 안내해 주었다. 그녀의 서리 맞은 것처럼 시든 뺨은 붉은 색이었지만, 푸른 두 눈은 차가운 근심을 띠고 있었고, 몹시 더러운 두건 아래로 아마색 곱슬머리가 내려와 이마를 가리고 있었다. 세상에 알려진 수많은 전당과 마찬가지로, 이 집안에도 많은 기념물이 놓여 있었다. 이 안내인은 남다른 배려로 그것에 대해 열심히 설명해 주었다. 전시물 중에는 아주 오래전 셰익스피어가 사슴을 몰래 사냥했을 때 사용한 것으로 짐작되는 화승총의 부서진 총대가 있고 담배통도 있었는데, 그것은 셰익스피어가 월터 롤리 경*4과 어깨를 겨루는 애연가였음을 말해 주고 있었다. 셰익스피어가 자신의 작품 햄릿을 연기했을 때 사용했던 칼도 보였다. 그리고 로미오와 줄리엣의 무덤 옆에서 그 비극적인 장면을 보았던 수도승 로렌스가 들고 있었던 등불도 전시되어 있었다. 또 셰익스피어가 직접 심은 것으로 전해지는 뽕나무도 많았는데, 그것은 그리스도를 십자가형에 처한 진짜 십자가로 알려진 목재처럼 자연히 증식하는 신비로운 힘을 가지고 있어, 마치 커다란 군함이라도 만들 수 있을 정도로 많이 있었다.

그러나 뭐니 뭐니 해도 내 호기심을 불러일으킨 것은 셰익스피어가 사용했던 의자였다. 그 의자는 그 옛날 아버지의 모직물 제작 작업장으로 쓰였던 방에 가까운 어두컴컴한 작은 방의 난로 옆에 놓여 있었다. 아마 어린 시절 셰익스피어는 수없이 이 의자에 앉아 지루하게 기다리면서, 천천히 돌아가는 구이용 꼬챙이를 바라보고 있었을 것이다. 또 해질녘이 되면, 일꾼들이나 이야기꾼들이 끝없이 이야기하는 잉글랜드의 괴담과 전란 시대 무용담에 귀를 기울였을 것이다. 셰익스피어의 생가를 방문하는 사람은 거의 반드시 이 의자에 앉아보는데, 아마도 지금까지의 관습에 따르는 것이리라. 아니면, 그 의자에 앉음으로써 대시인에게서 무언가 영감을 받으리라는 어렴풋한 기대감이 있어서인지도 알 수 없다. 나는 다만 사실을 이야기할 뿐이다. 안내하는 늙은 여인의 말로는, 이 의자는 단단한 떡갈나무로 만들었는데, 셰익스피어 열성적인 숭배자들의 불타는 열의 때문에 망가지기 쉬워서 적어도 3년에 한 번은 의자 가죽

---

*4 월터 롤리(Sir Walter Raleigh, ca. 1554~1618)는 영국 탐험가, 문인, 군인. 엘리자베스 1세의 총애를 받은 신하로도 알려져 있다.

을 바꿀 필요가 있다고 한다. 여기서 이 신비로운 의자에 얽힌 주목할 만한 일화를 조금만 소개하자면, 이 의자는 신의 힘으로 옮길 수 있는 로레토의 성스러운 집,*5 또는 아라비아 마법사의 하늘을 나는 양탄자*6처럼 마음대로 사라졌다 나타나는 특성을 지니고 있다. 그래서 몇 년 전에 북쪽의 왕후귀족에게 팔렸지만, 신기하게도 지금은 이렇게 다시 옛날 집 난로 옆으로 돌아왔다는 것이다.

나는 그런 이야기를 쉽게 믿어버리는 성향이 있다. 만약 속더라도 불쾌하지 않다거나 어떤 손해를 입지 않는다면, 나는 기꺼이 속아도 좋다고 생각한다. 그래서 나는 골동품이나 전설, 또는 그 지방의 요괴 이야기와 위인들에 대한 이야기의 신봉자가 되고 만다. 만족스러운 여행을 지향하는 모든 사람들에게는 나처럼 하라고 말해주고 싶다. 예컨대 그것이 진실이면 어떻고, 허구이면 또 어떻다는 건가. 무엇보다 그런 것을 의심하지 않고 그냥 믿고 즐기는 태도가 중요하다. 이번에도 나는 이 안내인 늙은 여인이 말한, 자신이 셰익스피어의 자손이라는 말을 그대로 기분 좋게 받아들이려고 했지만, 참으로 딱하게도 그녀는 자신이 지어낸 이야기라고 하면서 각본 하나를 나에게 건네주었다. 그로써 그녀는 대시인의 혈통을 이은 후손이 아니라는 사실이 너무나 뚜렷하게 드러나고 만 것이다.

셰익스피어 무덤은 그 생가에서 걸어서 가까운 곳에 있었다. 이 대시인은 교구의 성트리니티 교회 성단소(성직자와 합창대가 앉는 제단 옆 자리)에 묻혀 있었다. 교회는 세월의 흐름과 함께 쇠락했지만 크고 장엄한 건물 외관은 호화롭게 꾸며져 있었다. 교회는 에이번 강변에 우거진 나무들로 에워싸여 있고, 주위를 둘러싼 정원으로 말미암아 대도시의 번잡함으로부터 멀리 벗어나 있었다. 그곳은 자연 안에 있는 한적하고 조용한 장소였다. 교회 아래쪽에서 에이번 강이 흘러가는 소리가 정답게 들려오고, 강가에 우거져 자란 느릅나무가 맑은 강물 위로 가지를 늘어뜨리고 있었다. 보리수 가로수가 정원 문에서 교회 현관까지 길게 이어져, 여름이면 나뭇가지들이 절묘하게 뒤엉켜서 나뭇잎 아치가 만들어진다. 주변의 수많은 무덤은 잡초로 뒤덮여 황폐해졌고, 잿빛 돌

---

*5 로레토의 성스러운 집(Snata Casa of Loretto)는 15세기부터 18세기에 걸쳐 세워졌다. 참고로, 성모는 비행(飛行)을 다루는 사람의 수호성녀라고 전해진다.

*6 《아라비안나이트(Arabian Nights)》에 나오는 '하늘을 나는 마법의 양탄자'를 방불케하는 장면.

비석 몇 개는 흙속에 묻힌 채 오래된 이 숭엄한 건물과 마찬가지로 이끼로 거의 뒤덮여 있었다. 새들이 벽 중간에 두른 띠나 틈새 사이에 둥지를 짓고 쉴 새 없이 날개를 파닥이면서 지저귀고, 떼까마귀가 교회의 잿빛 첨탑 부근을 울면서 빙빙 돌고 있었다.

정처 없이 이리저리 거닐다가 생각지도 않게 에드먼드라고 하는 흰머리의 교회지기를 만난 나는, 이 기회를 놓칠세라 그에게 부탁하여 교회 열쇠를 빌리고자 그의 집까지 함께 가기로 했다. 이 노인은 어릴 때부터 80세인 지금까지 스트랫퍼드에 살고 있는데, 나이에 비해 매우 정정했다. 그래도 얼마간 불편한 데가 생겨서, 몇 년 전부터 점점 걷기가 힘들어진다고 했다. 그의 집에서는 에이번 강이 바라다보였다. 집은 풀밭에 접한 작은 독채로, 이 나라의 어떤 빈민층의 집에서는 볼 수 없는 청결과 정리정돈, 그리고 안락함의 전형이었다. 낮은 천장에 벽은 흰색이며 돌바닥은 정성들여 닦았지만, 거실과 부엌과 객실을 겸한 방이 하나 있을 뿐이었다. 조리대에는 반짝이는 주석 제품과 도기류가 가지런히 놓여 있었다. 예쁘게 길을 들인 오래된 떡갈나무 탁자 위에는 성서와 기도책이 놓여 있었고, 서랍 안에는 손때 묻은 열 권 정도의 장서도 있었다. 작은 집의 세간치고는 귀한 편에 속하는, 조상 대대로 물려받은 괘종시계가 마주보는 벽에서 째깍째깍

Geoffrey Crayon. Del.

소리를 내며 움직이고 있고, 그 옆의 벽에는 광택이 나는 침상용 보온기구가 걸려 있었다. 멋진 뿔 손잡이가 있는 외출용 지팡이도 보였고 벽난로는 넓고 깊어서 그 좌우 양쪽에 친구들과 앉아서 이야기를 나눌 수 있는 넉넉한 공간이 확보되어 있었다. 방 한쪽에서는 노인의 손녀딸이 앉아서 부지런히 뜨개질을 하고 있었는데, 그녀의 푸른 눈동자가 참으로 아름다웠다. 또 그 반대쪽 구석에는 존 앤지라고 하는

한 노인이 한가로이 앉아 있었다. 아마도 그와 어릴 때부터 가깝게 지내는 사이 같았다. 이 두 사람은 마음이 서로 잘 맞는 친구로서 어린 시절을 함께 보냈고, 어른이 되고나서는 일하며 서로를 격려했으며, 늙어버린 이제는 유쾌하게 수다를 떨며 여전히 함께 나날을 보내는 관계였다. 머지않아 두 사람 모두 근처의 교회 묘지에 묻힐 터인데, 이렇게 그들의 인생 시간은 늘 함께 따뜻하고 느릿하게 흘러갔다. 그러한 광경은 자연에 에워싸인 조용하고 한적한 시골에서나 볼 수 있는 것이었다.

나는 옛날 일이라면 무엇이든지 다 알고 있을 것 같은 이 두 노인들로부터 대시인과 관련된 전설적인 일화를 이끌어내려고 애썼지만, 유감스럽게도 양쪽 다 특별히 새로운 정보를 가지고 있지는 않았다. 셰익스피어 저작들이 꽤 오랜 기간에 걸쳐 소홀히 여겨졌기 때문에, 그의 경력은 신비의 베일에 가려져 있었던 것이다. 그리하여 오늘날 셰익스피어 전기 작가들이 그 생애를 구성하는 단계에서, 남은 자료가 많지 않아서 불확실하고 하찮은 억측에 의지할 수밖에 없었던 것은 과연 다행일까 불행일까.

교회지기 에드먼드와 그의 친구 존 앤지는 그 유명한 스트랫퍼드의 셰익스피어 기념제를 준비하는 목수로 뽑혀 일했기 때문에, 그때 모든 준비를 갖추고 지휘 감독했던 데이비드 개릭을 기억했다. 교회지기 말에 따르면, 개릭은 '늘 기운이 넘치고 유쾌하게 일하는 작은 남자'인 듯했다. 한편, 존 앤지는 셰익스피어가 심은 뽕나무를 벌채할 때도 도운 경험이 있으며, 그때 그가 팔기 위해 뽕나무 가지 하나를 자기 주머니 속에 숨겼다고 한다. 그것은 아마도 시상(詩想)을 북돋우기 위한 것임에 틀림없을 것이다.

나는 이 두 사람이 셰익스피어의 집을 안내해 준 늙은 여인에 대해, 어딘가 수상하게 여기는 말투로 이야기하는 것을 듣고 마음이 좋지 않았다. 그래서 내가 늙은 여인이 가지고 있는 수많은 귀중한 기념품, 특히 뽕나무 이야기를 꺼내자, 존 앤지는 고개를 옆으로 설레설레 저으며 동의하지 않는다는 뜻을 나타냈다. 그런가 하면, 늙은 교회지기는 셰익스피어가 정말로 그 집에서 태어났는지도 의문이라는 말까지 했다. 나는 곧 상황을 파악했다. 최근에는 셰익스피어 묘지를 찾는 사람이 비교적 적어서, 교회지기는 자신의 경쟁상대가 나타나자 걱정스러운 마음에 일종의 악의를 품고 늙은 여인의 집을 바라보았다. 나는 그 자리에서 사정을 헤아릴 수 있었다. 애초에 세상의 많은 역사 연구가

들이 주장을 달리하는 것도 바로 이런 점에 대해서이다. 하찮은 돌멩이 하나도 진리의 원천에 있어서 몇 개의 흐름으로 갈라져 버리는 수가 있는 것이다.

우리는 보리수 가로수를 지나 교회로 갔다. 더없이 화려하고 아름답게 꾸며진 고딕풍 현관에 도착해 보니, 정교하게 새겨진 튼튼해 보이는 떡갈나무 문이 있었다. 내부는 널찍했고, 건축양식과 장식은 시골의 다른 교회들보다 뛰어났다. 거기에는 왕후귀족과 유한신사를 기리는 오래된 기념비가 있고, 장의용 문장과 조기(弔旗)가 몇 개의 벽면 상부에서 드리워졌다. 셰익스피어 무덤은 교회 성단소에 있었는데, 그곳은 엄숙하고 음울했다. 한층 더 높게 솟은 느릅나무는 교회 첨탑의 아치 모양 창문 앞으로 쭉 뻗어 있고, 교회 벽에서 그리 멀지 않은 곳에서는 에이번 강물이 끊임없이 낮게 속삭이면서 흘러가고 있었다. 평탄한 돌비석 하나가 셰익스피어 무덤임을 알려주었고, 거기에 그 유명한 4구로 이루어진 비명이 새겨져 있었다. 그것은 셰익스피어 친필이라고 전해지고 있어선지, 보는 사람으로 하여금 두려움마저 느끼게 했다. 만일 그 비문이 셰익스피어 본인의 친필이 맞는다면, 그것은 그가 묘지의 평온을 바라고 있었음을 뒷받침하는 증거가 되며, 사려 깊고 섬세한 시인으로서는 매우 당연한 일로 생각된다.

선한 벗이여, 바라건대
여기 묻힌 유해가
도굴되지 않도록
예수의 가호가 있기를,
이 비석을 보존하는 자에게는
축복이 있을 것이며,
나의 유골을 옮기는 자에게는
저주가 있으리라

바로 이 무덤 위의 벽감에 셰익스피어 흉상이 꾸며져 있는데, 그가 죽은 뒤 곧 만들어진 것으로, 본인 모습에 가깝다고 전해진다. 그 얼굴은 쾌활하고 맑은 분위기를 띠며, 이마는 둥글게 솟아 아름다운 형태를 이루고 있다. 나는 그 흉상을 바라보면서, 셰익스피어의 풍부한 천부적 재능은 물론, 같은 시대 문인들 중에서도 한결 빛나는 그 위대한 광채를 느끼는 한편, 쾌활하고 사교적인 특징도 똑똑히 읽을 수 있었다. 그 비명에는 그가 죽었을 때의 나이가 향년 53세라고 새겨져 있었다. 전 세계 사람들은 그의 때 이른 죽음을 몹시 안타까워했고 슬퍼했다. 속세의 번잡함에서 벗어나 서민계급과 귀족계급들의 두터운 인망 속에 찬란하게 빛을 내면서, 황금기라고 할 수 있는 원숙한 경지에 다다른 사상 속에서 더욱 훌륭한 작품이 태어나기를 기대했기 때문이리라.

그런데 그의 묘비명에는 나름대로 효과가 있었다. 한때 세상의 주목을 모았듯이, 셰익스피어의 고향 스트랫퍼드에서 웨스트민스터 사원으로 옮기려던 계획이 미루어졌기 때문이다. 그로부터 몇 년 뒤에 몇몇 노동자들이 가까운 곳에 묘지를 만들려고 땅을 파다가 지반이 무너져 아치 모양의 빈 굴이 생겼다. 그곳을 지나면 셰익스피어 무덤에 이를 수 있었는데, 그 저주의 말로써 보호받고 있는 셰익스피어의 유해에 손을 대려는 사람은 아무도 없었다. 그러나 부랑자와 호기심이 활발한 무리, 또는 골동품 수집가들이 약탈을 자행하지 않도록 하려고, 그 늙은 교회지기는 빈 굴이 완전히 메워질 때까지 이틀 동안 그 무덤에서 불침번을 섰다고 한다. 그 교회지기는 이런 말을 했다. 자기도 모르게 대담하게 빈 굴 속을 들여다보았지만, 거기에는 관도 유골도 없고 오직 먼지만 쌓여 있었을 뿐이었다는 것이다. 그러나 그것이 셰익스피어의 재였다면 이야기는 달라진다.

셰익스피어 무덤 옆에는 아내와 장녀 수재너(존 홀 부인), 그 밖의 가족들이 잠들어 있었다. 가까운 무덤 위에는 고리대급업자로 유명했던 셰익스피어의 옛 친구 존 쿰의 전신상이 있었다. 그런데 그의 비명을 새길 때, 셰익스피어는 조소를 불러일으키는 문장을 썼다고 한다. 그 주위에는 다른 기념비가 몇 개 세워져 있지만, 여기서는 셰익스피어와 관련이 없는 것에 대한 설명은 줄이기로 한다. 무엇보다 그곳은 셰익스피어에 대한 생각으로 가득 차 있어서 어쩔 수 없이 이 성트리니티 교회 전체가 마치 그 한 사람만의 영묘처럼 여겨진다. 이 장소에서는 더 이상 혐의와 의혹에 시달리는 일은 없다. 이 교회 속에 잠시 머무는 것만으로도, 있는 그대로의 셰익스피어를 깊이 느낄 수 있다. 세상에는 셰익스피어와 관련 있는 물건이라고 거짓으로 꾸며진 것이 넘쳐났지만, 이 교회에서는 모두 뚜렷한 증거와 절대적인 확실성이 보장되었다. 그 크고 당당한 포석 위를 천천히 거닐고 있으니, 셰익스피어의 유해가 바로 내 발아래에 묻혀 있다는 생각에 깊은 감개와 전율을 금할 길이 없었다. 그래서 그곳을 떠날 결심을 하기까지 꽤 오랜 시간이 걸렸다. 나는 묘지를 빠져나가 돌아가면서 느릅나무 가지를 하나 꺾어, 그것을 스트랫퍼드를 방문한 유일한 기념품으로 가지고 돌아왔다.

이제까지 나는 일반적인 순례자들이 방문하는 명소는 거의 다 가보았지만, 그래도 아직 보지 못한 찰리코트의 루시 집안의 옛 저택만은 놓치고 싶지 않다는 강한 욕구에 사로잡혔다. 즉, 젊은 날의 셰익스피어가 스트랫퍼드의 불량배들과 한통속이 되어 사슴을 도둑질하는 죄를 저지르고 고향에서 쫓겨나게 되었다고 전해지는 그 유명한 장원을 걷고 싶었던 것이다. 사람들의 이야기로는, 셰익스피어는 사슴 도둑질이라는 어처구니없는 일을 저지름으로써 감시인 오두막에 붙잡혀 하룻밤 동안 감금되었다고 한다. 그 뒤에는 아마 영주인 토마스 루시 경*7의 눈앞에 끌려 나가 굴욕스러운 엄격한 신문을 받았을 것이다. 그것은 셰익스피어가 루시 경을 풍자하는 신랄한 시를 써서 찰리코트의 장원 문에 붙였다는 사실에서도 분명하다.

토마스 루시 경의 위엄을 떨어뜨린 비열하기 짝이 없는 이 행위는 그를 몹시 격분시켰다. 그리고 마침내 그는 워릭의 변호사에게 부탁하여, 이 사슴 도둑 시인을 엄벌에 처하기로 했다. 그러나 셰익스피어는 주 선출 변호사와 소송 대리인이 결탁한 권위에는 감히 맞서지 않았다. 그는 곧바로 정든 에이번 강변의 풍경에 남몰래 작별을 고하고 조상으로부터 물려받은 일자리도 버린 채 런던으로 가서 극장의 식객이 되었고, 그 뒤 배우로 직업을 바꾸어 마지막에는 각본에까지 손을 대게 된 것이다. 그리하여 토마스 루시 경의 박해로 말미암아 스트랫퍼드는 그다지 열의가 없는 한 사람의 양털깎이를 잃었지만, 그 대신 세계는 영원히 빛날 대시인을 얻게 되었다. 그러나 한동안 셰익스피어는 그 찰

---

*7 토마스 루시 경(Sir Thomas Lucy, 1532~1600)은 영국의 저명한 정치가이지만, 본문에도 그려졌듯이 셰익스피어와 얽힌 사건으로 이름을 남겼다. 참고로, 셰익스피어가 쓴 풍자시 한 수는 다음과 같다.—신분은 국회의원이자 보안관,/집에서는 불쌍한 허수아비, 런던에서는 당나귀,/세상 사람들이 루시는 추하고 비열한 인물이라고 말한다면,/루시는 틀림없이 추하고 비열한 인물,/본인은 스스로 위대한 인물이라고 생각하는 모양이지만,/영내에서는 어차피 당나귀 신세,/과연 귀가 길어서 당나귀에 딱 어울리는 동무라네,/세상 사람들이 루시는 추하고 비열한 인물이라고 말한다면,/루시는 틀림없이 추하고 비열한 인물이라고, 이렇게 소리치노라. (원주)

리코트 영주의 매정한 처사를 잊지 못하여, 끝내 자신의 작품 속에서 보복할 수단을 찾았다. 그러나 무척 호인이었던 그가 찾아낸 방법은 우스꽝스럽고 유머러스한 풍자였다. 셰익스피어의 유명한 희극 《윈저의 즐거운 아낙네들》에 나오는 오만한 샬로 판사가 토마스 루시 경을 모델로 한 것이라고 전해지고 있다. 그 풍자 수단으로서 셰익스피어는 토마스 루시 집안의 문장에 그려진 루스(흰 창꼬치)를 샬로 판사의 방패 모양 문장 속에 교묘하게 집어넣었다.

이 시인이 젊은 시절에 저지른 잘못을 너그럽게 보고, 변명할 기회를 주고자 하는 노력이 전기 작가들에 의해 몇 번이나 시도된 적이 있었다. 그러나 나는 그 일은 그의 환경과 타고난 성격에서 나온 얕은 생각 때문에 일어난 사건이라고 생각한다. 젊은 시절 셰익스피어는, 자제심이 부족하고 인생의 지침을 얻을 기회를 얻지 못하여 무모한 정열에 몸을 맡기는 세상의 많은 천재들처럼, 아마도 거칠고 불규칙적이며 되는대로 행동하는 나날을 보냈을 것이다. 그의 시적인 정감에는 어딘가 괴팍한 기질이 자연스럽게 배어 있어서, 만일 그런 기질대로 살았더라면 마음내키는대로 느슨하고 난폭하게 흘러, 모든 일에서 엉뚱한 생각에 사로잡히거나 방종에 빠져 살았을 것이다. 그 결과는 천재이거나 대악당, 아니면 대시인이 되어 명성을 떨치게 되는 것이 아닐까. 어쨌든 흥할지 망할지는 운명의 여신 손에 달려 있다고 할 수 있다. 만일 셰익스피어가 문학의 세계에 발을 들여놓지 않았더라면, 연극에서 모든 일반 법칙을 깬 것처럼 세상의 모든 법률을 어기고 처벌을 받았을지도 모른다.

젊은 날의 셰익스피어는 마치 미쳐 날뛰는 말처럼 스트랫퍼드 일대를 마구 휘젓고 다니면서 세상을 시끄럽게 하고, 온갖 불량한 짓을 저지르는 난폭한 무리와 어울렸기 때문에 그 지역의 노인들은 그의 이름을 들으면 한결같이 고개를 설레설레 저으며, 언젠가는 틀림없이 교수대에 올라갈 때가 올 거라고 예언했던 악동의 한 사람이었던 것만은 사실인 듯하다. 셰익스피어로서는, 토마스 루시 경의 장원에 몰래 숨어드는 행동은 말할 것도 없이 스코틀랜드의 기사가 잉글랜드에 함부로 뛰어드는 것처럼, 어딘가 사나이의 모험심을 자극하는 달콤한 매력이 있었을 것이다. 아마도 그런 것이 그의 야성적이고 대담한 상상력을 유쾌하게 자극한 것이 분명하다.

찰리코트의 옛 저택과 그 주변의 장원은 오늘날도 여전히 루시 집안 소유로 되어 있다. 그 사실은 셰익스피어가 젊었던 시절의 알려지지 않은 이상야릇하고도 중요한 사건으로서 깊은 감개를 느끼게 한다. 이 저택은 스트랫퍼드에서 약 7마일밖에 떨어져 있지 않아서, 나는 걸어서 찾아가 보기로 결심했다. 셰익스피어가 처음으로 조용하고 한가로운 전원 풍경의 이미지를 끌어냈다고 생각되는 멋진 풍경을 즐기면서 한가롭게 걷고 싶었기 때문이다.

마침 이 지방에는 낙엽이 져서 나뭇잎이 하나도 남아 있지 않은 풍경이 펼쳐졌다. 그러나 영국 경치는 언제나 초록이 풍성하다. 급격한 기후 변화가 있으면, 자연의 풍경은 활기를 띠고 드라마틱할 정도로 아름다운 광경을 보여준다. 처음에는 봄의 숨결을 느끼면서 부드럽고 따뜻함을 오감으로 받아들이며, 물이 듬뿍 오른 풍요로운 대지에서 신록의 새싹이 움트기 시작하는 아름다운 광경을 바라본다. 그리고 나뭇가지와 딸기나무가 영롱한 색채로 빛나기 시작하면서 새싹이 싹트고 봉오리가 벌어지고, 예쁜 꽃들이 활짝 필 준비를 하는 모습을 바라보노라면, 사람도 기분이 상쾌해지고 생동감을 느끼게 된다. 겨울 끝자락에서 초봄에 걸쳐 꽃을 피우는 차가운 스노드롭이, 청초한 흰 꽃을 피워 초가집 앞뜰을 꾸미고 있었다. 산양 새끼의 첫울음 소리가 흐릿하게 들판에 울려 퍼지고, 참새는 띠지붕의 처마와 꽃봉오리가 부풀어 오른 울타리에서 쩍쩍거리고, 울새는 얼어붙는 듯이 혹독한 긴 겨울을 버텨내는 노래가 아니라, 봄을 알리는 싱그럽고 편안한 노랫소리를 들려주었다. 한편 종달새는 갑자기 아침이슬에 젖은 목장 안에서 단숨에 하늘로 날아오르더니, 쉬지 않고 내내 지저귀다가 두둥실 떠 있는 하얀 구름 사이로 사라져버렸다. 그 작은 새가 조금씩 하늘 높이 날아올라 아득한 점이 되어 하얗게 빛나는 구름 사이로 숨은 뒤에도, 그 울음소리가 내 귓속을 파고든 채 사라지지 않아서, 셰익스피어의 희곡 《심벨린》의 우아한 시구가 문득 머릿속에 떠올랐다.

들어라, 들어보아라, 종달새가 동쪽 하늘에서 노래하고 있다,
태양의 신 포이보스도 하늘 높이 오르고,
그의 말은 샘에서 마른 목을 축이고
잔 모양 꽃 위에 누워 있다.

금잔화도 졸린 듯이 황금 꽃봉오리를 열기 시작했다.
이렇게 생명 있는 아름다운 것들은 모두 기지개를 켠다.

그러니 나의 사랑하는 아가씨여,
　　이제 그만 일어나시오!

　　과연 이 근처에서는 어디서나 시적인 정감을 느낄 수 있고, 어떠한 일, 어떠한 물건 하나도 셰익스피어의 관념과 연결되지 않는 것이 없었다. 내 눈에 들어오는 낡은 초가집은 모두 셰익스피어의 어린 시절 놀이터였고, 그는 그러한 장소에서 전원 풍경과 이런저런 관습에 대한 상세한 지식을 알아냈던 것 같다. 또는 그러한 환경 속에서, 셰익스피어가 뒷날 자신의 작품 속에 담았던 전설과 황당무계한 미신 등의 다양한 이야기를 사람들에게서 들었다 해도 전혀 이상할 것이 없다. 셰익스피어 시대의 긴 겨울밤을 보내는 방법이라면, 주로 다음과 같은 이야기를 즐기는 것이 일반적이었을 것이다. 즉, '화로 주위에 둘러앉아 모험을 찾아다니는 기사, 여왕, 연인, 귀족, 숙녀, 거인, 난장이, 도적, 사기꾼, 마녀, 요정, 요괴, 그리고 수도사에 대한 유쾌한 이야기'로 밤을 새는 것이다.

　　나는 에이번 강의 풍경을 바라보면서 길을 걸었다. 이 강은 구불구불한 계곡 사이를 조용히 흘러가면서 온갖 경관을 빚어냈다. 강은 때로는 양쪽 기슭에 자라는 버드나무 틈새로 반짝반짝 빛을 내기도 하고, 때로는 수풀 속으로 완전히 모습을 감춰버리기도 했다. 또는 푸른 둑 아래에 묻히는가 하면, 다시 완전한 모습을 드러내며 눈앞에 나타나, 느릿느릿 비탈진 목장 근처를 감청색이 되어 흘러간다. 이 아름다운 전원 속에 깊이 들어가면 '붉은 말의 계곡'이라고 불리는 곳이 있다. 아득히 먼 곳에 물결처럼 느릿느릿하게 오르내리는 푸른 구릉이 그 경계를 이루는 듯하지만, 그 사이사이의 경치는 에이번 강이라는 은빛 사슬로 이어진 것처럼 보였다.

　　3마일쯤 걸어가자 오솔길이 나왔다. 그 길은 들판과의 경계를 따라 뻗어가서 담장 아래를 지나 그 장원 뒷문으로 통했다. 그곳에는 보행자의 편리를 위해 층층대가 만들어져 있었다. 즉, 이 구내에서의 통행이 공개적으로 허용된 것이다. 나는 이 영지를 사람들을 위해 개방한 것에 감탄했다. 적어도 이 오솔길에 한해서만 말한다면, 저마다의 이용자가 이른바 자신의 소유권을 주장할 수 있는 셈이다. 한편, 장원과 유원지가 일반에게 공개됨으로써 빈민으로 하여금 자신의 처지를 그대로 받아들이고 이해하게 해줄 뿐만 아니라 더 큰 의의를 가져다준다. 그들이 그 부근에 살고 있는 넉넉한 사람들을 원망하거나 한탄하는 일이 없이, 서로의 친목을 위한 휴식의 장이 된 것이다. 빈민들은 그 토지의 영주와 마찬가지로 신선한 공기를 마음껏 마실 수 있고, 나무그늘 아래에서 사치를 누리며 쉴 수도 있었다. 그들에게는 영내에서는 모든 물품을 자신의 소유물로 할 권리는 없지만, 그 대신 그에 대해 세금을 낼 의무도 없고 질서를 유지해야 하는 번거로움도 없었다.

나는 이미 몇 세기 동안 성장해왔음을 말해주는 커다란 떡갈나무와 느릅나무들이 늘어선 길로 들어섰다. 나뭇가지 사이로 엄숙한 소리를 울리며 바람이 지나가고, 나무 꼭대기에 있는 오래된 둥지에서는 떼까마귀 우는 소리가 들려왔다. 길게 이어지는 가로수길 앞쪽이 차츰 좁아져서 잘 보이지 않게 되자, 눈에 들어오는 것은 아득히 먼 곳에 있는 사람이나 나무 사이를 그림자처럼 달려가는 야생 사슴 정도이다. 그 밖에 눈앞 경관을 가로막는 것은 아무것도 없다.

이런 위풍당당한 분위기를 풍기는 오래된 가로수 길에는 어딘가 고딕풍 건축물을 떠올리게 하는 데가 있다. 단순히 겉으로 드러난 형태가 비슷하기 때문만은 아니다. 그것은 오랜 역사 속에 성장해 왔다는 사실, 옛 시대의 장대한 낭만적인 관념 속에서 양쪽의 기원을 찾을 수 있기 때문이다. 그리하여 가로수에서는 옛 가문의 흔들림 없는 위엄과 독립자존의 기상을 엿볼 수 있다. 나의 오랜 친구인 어느 귀족은 최근 유한신사의 호화로운 저택에 대해 이런 말을 했다.

"돈만 있으면 귀중한 석재와 회반죽을 사용해 화려한 건축물을 지을 수 있지. 그러나 어느 날 갑자기 떡갈나무 가로수길이 생기는 일은 없다네."

젊은 시절의 셰익스피어가 이토록 풍요로운 자연 풍경 속에서 그 무렵 루시 가문이 소유했던 풀브로크의 낭만적이고 한가로운 환경 속에 있는 장원 주변을 한가로이 거닐던 것에는 나름대로 의미가 있었다고 생각된다. 그러한 체험은 이미 몇몇 셰익스피어 연구자가 지적했듯이, 명작 《뜻대로 하세요》에서 셰익스피어의 기운을 느낄 수 있는 숲에서의 명상 장면이나, 숲이 만들어내는 아름다운 풍경 묘사에 반영되었기 때문이다. 주로 우리 마음속에 심원하고 고요한 영감이 솟아나서 자연의 아름다움과 장엄함을 더욱 강하게 느끼게 해주는 것은, 이렇게 정취가 있는 풍경 속에서 혼자 외롭게 이리저리 거닐

때이다. 그럴 때의 사람은 무한한 상상력을 번뜩이면서 환상 세계에 빠져 환희의 극치에 이르게 된다. 그러면 정체 모를 끝없는 환상과 상념의 물결이 가슴 속에 차례차례 밀려와서, 우리는 말없이 뭐라 형언할 수 없는 기분 좋은 감개에 젖을 수 있다. 시인 셰익스피어가 공상이 향하는 대로 전원 풍경 속에 들어가, 자연미가 넘치는 최고의 한때를 노래한 《뜻대로 하세요》에는 다음과 같은 시가 있다. 이 시구는 이러한 아름다운 분위기 속에서, 푸른 둑을 따라 일렁이며 흘러가는 에이번 강의 수면을 그 그늘로 뒤덮은 나무 아래에 앉아 쓴 것이리라.

> 푸른 나무 그늘에서
> 나와 함께 편히 누워,
> 지저귀는 새소리에 맞춰서
> 밝게 노래하기를 바라는 이여.
> 이곳에 오시라, 이곳에 오시라, 어서 이곳에 올 일이다.
> 이곳에는 두려운 것은 아무 것도 없느니,
> 겨울의 그 거친 날씨만 빼면.

이제 저택이 보이는 장소에 다다랐다. 이 저택은 엘리자베스 여왕이 즉위하던 해에, 고딕 양식을 그대로 좇아 벽돌로 지은 크나큰 저택으로, 외벽에는 빈틈없이 돌이 쌓여 있지만 외관은 옛날의 원형을 고스란히 간직하고 있어, 그 무렵 넉넉한 시골 신사 저택의 가장 좋은 본보기로 생각되었다. 그곳의 장엄한 문은 장원에서 저택 앞에 펼쳐진 안마당으로 통했는데, 그 정원은 잔디밭과 꽃밭으로 아름답게 꾸며져 있었다. 묵직한 문은 고대의 성 외벽을 본뜬 하나의 주둔소 같은 것으로, 많은 탑이 있어 측면이 보호된다. 그러나 이것은 단순한 장식일 뿐 방어용은 아니다. 저택 정면은 완벽할 정도로 예부터 내려온 고풍스러운 양식미가 느껴지고, 돌기둥에 나 있는 창과 중후하게 세공된 커다란 출창과 아울러 돌에 새긴 문장이 끼워진 문이 보이고, 이 건물 사방마다 팔각형 탑이 서 있으며, 탑 위에는 도금한 공 모양의 탑머리와 풍향계가 달려 있었다.

장원 사이를 누비면서 흐르는 에이번 강은 저택 뒤쪽에서 완만하게 비탈진

둑 바로 아래에서 호를 그리듯이 구부러졌다. 한편, 사슴이 떼를 지어 에이번 강둑에 자라고 있는 풀을 뜯으며 한가하게 노닐고 있는 광경과 백조가 물 위를 우아하게 헤엄치는 모습도 볼 수 있었다. 이 호화롭고 예스러운 풍치가 그 윽한 저택을 바라보고 있으려니, 머릿속에 문득 이런 생각이 떠올랐다. 폴스타프가 샬로 판사의 저택을 칭찬한 말, 그 소리를 듣고 샬로 판사가 짐짓 무덤덤한 표정을 지으면서도 속으로는 기뻐했던 그 장면이다.

폴스타프 : 당신은 멋진 저택에서 풍요로운 생활을 보내고 있군요.
샬로 판사 : 무슨 말씀을. 그저 오막살이일 뿐이오, 오막살이. 뭐 거지나 다름없는 생활이지요, 존 경. 하지만 공기는 확실히 좋아요.

셰익스피어 시대에, 이 오래된 저택에서 아무리 화려한 잔치가 성대하게 열렸다 해도, 이제는 그저 심연 같은 정적에 둘러싸여 고요함이 그 일대를 지배했다. 안마당으로 통하는 훌륭한 철문은 굳게 닫혔고, 저택 주변에서 바쁘게 일하며 돌아다니는 하인들은 그림자도 보이지 않는다. 사슴은 더 이상 스트랫퍼드의 악명 높은 약탈자들의 먹이가 되는 일이 없기에, 내가 그곳을 지나가도 그저 무심한 표정으로 나를 바라볼 뿐, 겁을 내는 기색도 없이 태연자약하다. 내가 저택 안에서 유일하게 만난 생명체는 하얀 고양이였다. 그 고양이는 뭔가 못된 짓을 하려던 것처럼, 조심스럽게 주위를 살피면서 마구간 쪽으로 살금살금 나아갔다. 그 마구간 벽에 불량배 같은 까마귀 사체가 하나 매달려 있었던 것을 빠뜨리고 넘어갈 수는 없다. 이는 루시 집안이 지금도 여전히 밀렵에 혐오감을 강하게 드러내는, 그 긍지 높은 태도를 고수하면서, 셰익스피어에게 더없이 가혹한 처사를 했을 때처럼 영주의 권력을 굳게 지키고 있다는 증거이기도 하다.

잠시 그 주변을 거닌 뒤에 나는 드디어 저택 옆쪽으로 난 문에 다다랐는데, 그 문은 평소에 늘 드나드는 용도로 쓰였다. 그곳에서 어딘지 품위가 느껴지는 집안일을 돌보는 늙은 가정부가 예를 다해 나를 맞아 주었다. 그녀는 신분에 걸맞은 예의범절로 나에게 친절하게 말을 걸면서 저택 안을 안내해 주었다. 저택의 대부분은 현대풍의 취향과 생활양식에 적응할 수 있도록 수리되어 있었다. 오래되고 중후한 떡갈나무 계단과 옛날 장원 영주풍 저택의 품격 높은 특징을 갖춘 큰 홀은, 지금도 외관만은 셰익스피어 시대의 모습을 그대로 간직하고 있었다. 무척 높은 아치 천장, 한쪽 끝 회랑에는 오르간이 놓여 있고, 벽에는 옛날 시골 신사의 저택 홀을 꾸몄던 수렵용 도구와 그 수확물 대신, 이제는 가족 초상화가 걸려 있었다. 그 밖에도 옛날식으로 많은 장작이 필요한 넓고 보기 좋은 벽난로가 있었는데, 그것은 예전에는 겨울 잔치 때의 집합 장소이기도 했다. 홀 반대쪽에는 거대한 고딕 내닫이 창이 있는데, 거기서 넓은 뜰을 내다볼 수 있었다. 이 내닫이 창의 스테인드글라스에는 몇 세기 동안 루시 가문의 문장이 새겨져 있었는데, 어떤 것은 1558년이라는 연호가 새겨져 있는 것도 보였다. 나는 그 방패 문장(紋章)의 4분의 1을 차지하는 세 마리의 흰 창꼬치를 발견하고 반가운 마음이 들었다. 토마스 루시 경과 샬로 판사가 똑같은 인물임을 증명해준 것이기 때문이다. 이것이 나오는 작품은 《윈저의 즐거운 아낙네들》 제1장이다. 그 장면에서 그는 폴스타프에게 다음과 같은 말을 하며 분노를 드러냈다. "내 부하를 등쳐서 내 사슴을 죽이고, 내 집에 침입하지 않았나?"

셰익스피어가 이 시구를 썼을 때, 그 가슴 속에 자신과 친구들이 받은 능욕을 안고 있었음이 틀림없다. 이 오만한 권력자 샬로 판사가 자신의 집안을 코에 걸고 의분에 찬 술책을 부리는 장면은, 말할 것도 없이 토마스 경의 오만함과 분노한 모습을 크게 부풀려 풍자한 것으로 생각된다.

샬로 판사: 결코 그만둬서는 안 되오, 휴 경. 무슨 말로 나를 설득해도 소용없을 거요. 나는 이 안건을 추밀원 직속 법정에서 심의하게 할 생각이오. 만일 존 폴스타프 스무 명이 한꺼번에 달려든다해도, 그는 로버트 샬로 경을 향해 욕설을 퍼붓는 짓은 절대하면 안 되는 거요.

슬렌더: 당신은 글로스터 주에서는 누구나 다 아는 치안판사, 그것도 사법권을 행사할 수 있는 대단한 인물이시죠.

샬로 판사: 물론 그렇지, 슬렌더. 게다가 나는 명예로운 기록 보관인이라오.

슬렌더: 어련하시겠습니까. 게다가 최고 판사이시고, 무엇보다 타고난 신사라고도 할 수 있는 양반이니, 뭐. 그러니 어떠한 어려움에도 자신의 이름 뒤에 준귀족이라고 라틴어로 쓰시는 거겠죠. 조서, 영장, 차용서, 계약서도 마찬가지고.

샬로 판사 : 암, 그렇소. 지난 300년 동안 언제 어느 곳에서도 그렇게 기록해 왔지.

슬렌더 : 조상들도 마찬가지로 모두 그렇게 기록해 왔고, 물론 뒤를 잇는 분들도 그렇게 하시는 게 마땅하죠. 모두 그 문장에 흰 창꼬치를 열두 마리라도 새길 수 있습지요.

샬로 판사 : 이번 일은 법적수단에 호소하는 수밖에 도리가 없소. 말하자면 이건 폭동이니까 어쩔 수 없어.

에반스 : 그렇다고 법적수단에 하소연하는 건 좋지 않다고 생각합니다. 폭동이라는 건 신도 두려워하지 않는 소행이니까요. 폭동이라는 이유로 신께 그것을 고소할 수 있을까요. 어떻게 생각하십니까, 신을 공경하고 숭배하는 말이라면 몰라도, 폭동을 고소해본들 신은 기뻐하지 않으실 겁니다.

샬로 판사 : 아, 내가 조금만 더 젊었으면 단칼에 결판을 내버릴 텐데.

이렇게 문장이 끼워진 창유리 옆에는 피터 렐리[8]가 그린 루시 집안 사람의 초상화가 하나 걸려 있었다. 그 주인공은 찰스 2세 시대를 빛낸 뛰어나게 아름다운 미인이었다. 고용인인 늙은 가정부는 그 초상화를 가리키며 고개를 옆으로 젓고는, 나에게 이런 말을 암시했다. 안타깝게도 이 부인은 카드놀이에 완전히 미쳐서 영토의 대부분을 잃어버렸다는 것. 그 안에는 셰익스피어와 그 친구들이 사슴을 몰래 사냥했던 장원의 일부도 포함되어 있었다. 유감이지만 잃어버린 영토는 아직도 이 집안에 반환되지 않았다. 그렇지만 이 부실한 여성이 뛰어나게 아름다운 용모를 지닌 것은 사실이므로, 굳이 어떠한 비난도 하지 않고 있는 그대로 말할 뿐이다.

그런데 무엇보다 관심이 갔던 것은 난로 위에 걸린 커다란 초상화였다. 그 그림은 셰익스피어가 늘그막을 보낼 무렵, 이 저택에 살던 토마스 루시 경과 그의 가족을 그린 것이었다. 나는 처음 그 초상화를 보았을 때 복수심에 불탔던 루시 경인가 했는데, 늙은 가정부의 말로는 그 사람은 루시 경의 아들이라는 것이었다. 여하튼 토마스 루시 경을 그린 것으로서 유일하게 현존하는 초상화는 가까운 찰리코트 마을에 있는 교회 무덤 위에 걸려 있다고 한다. 이

---

[8] 피터 렐리(Sir Peter Lely, 1618~80)는 네덜란드인 초상화가인데, 영국에서는 궁정화가로 활약했다.

초상화를 보면, 그즈음 복장과 풍속이 어땠는지 짐작할 수 있었다. 토마스 루시 경은 러프라고 하는, 사치스러운 흰 주름깃을 달고 허리가 잘록한 조끼를 입었으며 장미를 곁들인 하얀 구두를 신었다. 거기에 끝이 뾰족한 노란 수염, 아니, 《윈저의 즐거운 아낙네들》에서 슬렌더가 자주 입에 올린 '감자색 수염'이라고 하는 편이 나을까, 그런 수염을 길렀다. 한편 그 부인은 커다란 흰 깃과 긴 스토마커를 입고 반대쪽에 앉아 있었으며, 아이들도 제대로 정장을 갖춰 입은 늠름한 모습이었다. 사냥개와 스패니얼 개들이 이 가족의 풍경 속에 어우러져 분위기를 더했다. 또 사진 앞면에는 매 한 마리가 횃대에 앉아 날개를 쉬고 있고, 그 옆에서 한 아이가 활을 든 모습이 그려져 있었다. 그러고 보면 토마스 루시 경이 짐승사냥, 매사냥, 양궁 등에 얼마나 뛰어났는지 쉽게 알 수 있다. 그런 소질은 그 무렵 교양이 풍부한 신사의 기호로서 반드시 갖춰야 하는 것이었다.

나는 홀에 자리 잡고 있었을 오래된 가구들이 사라진 것을 보고 진심으로 실망했다. 음각으로 무늬를 새겨 넣은 떡갈나무 목재의 중후한 안락의자를 한 번 보고 싶었기 때문이다. 그 옛날, 아마 이 저택의 영주는 그 의자에 앉아 자신의 영지 안에 불온한 움직임이 없는지 주시하면서, 주도권을 잡고 지휘채를 휘둘렀을 것이다. 상상하건대, 오만한 토마스 경이 소심한 셰익스피어를 눈앞에 끌어냈을 때도, 틀림없이 위풍당당한 모습으로 그 의자에 앉아 있었을 것이다. 머릿속에 멋대로 상상하면서 혼자 흥분해버리곤 하는 나는, 이 불운한 대시인이 사슴 도둑 혐의로 감시 초소에 구류되었다가 이튿날 아침에 취조를 당한 장소가, 바로 이 방이었음이 틀림없다고 나름대로 상상하며 내 멋대로 해석까지 내렸다. 그리고 또한 이런 상상을 하면서 혼자 흡족해 했다. 그 시골 군주 토마스 경은 자기 주위에 고용인 우두머리와 시동, 그리고 문장을 넣은 제복을 입은 하인들로 이루어진 호위대를 거느리고, 가엾고 불민한 죄인이 된 셰익스피어를 그 자리에 끌어내어 감시인, 사냥꾼, 사냥개 사육담당 등에게 감시하게 하자, 이때다 하고 군중과 구경꾼들도 가세하여 매우 시끄러운 상황으로 발전하지 않았을까 하고 그려보았다. 그리고 다시 이런 생각을 하면서 마음의 위로를 받기도 했다. 그 와중에도 호기심이 넘치는 시녀는 조금 열린 문 틈새로 안을 들여다보고, 저택 회랑에서는 토마스 경의 딸들이 우아하게 몸을 굽혀 '여성의 마음에 깃든' 자비로운 눈길로 이 젊은 죄인을 바라보고 있었던 것은 아닐까. 그런데 셰익스피어가 오만한 시골 군주의 간이 법정에 끌려 나오자, 더 이상 배겨내지 못하고 마음이 위축되어버린 끝에 시골 사람들에게 웃음거리가 되고 만 가난한 떠돌이가, 곧 왕후귀족에게 불려가 시대의 총아로서 한 시대를 풍미하고, 이윽고 여러 세대 뒤에도 남을 문인의 귀감으로 칭송받으며 모든 사람 마음을 사로잡는 대시인이 되리라고, 과연 그 누가 상상이나 할 수 있었으랴. 또한 낙서 같은 시로 세상을 풍자하여 토마스 경의 이름까지 불멸의 것으로 만들줄 어찌 알았겠는가.

나는 집사의 권유로 정원으로 들어갔다. 샬로 판사가, "내가 직접 접붙여서 작년에 거두어들인 사과를 캐러웨이*9와 함께 먹어보지 않겠소." 하면서 존 폴스타프와 조카 사일런스 판사를 초대하여 식사를 대접하는 장면이 있는데, 그 정자와 과수원을 찾아보고 싶었다. 그러나 그날은 주변을 거니는 데 거의 모든 시간을 보냈기 때문에, 더 이상 산책을 계속할 수가 없었다. 그래서 잠시 뒤 작별하려고 했을 때, 늙은 가정부와 집사로부터 정중한 다과를 대접받았다. 그러자 나는 감격하지 않을 수 없었다. 그것은 지나간 좋은 시절을 떠올리게 하는 두터운 환대의 한 예이지만, 안타깝게도 오늘날 사회에서는 나와 같은 역사 유적 탐방자가 이런 대접을 받을 기회는 그리 많지 않기 때문이다. 이렇게 멀리서 온 손님을 따뜻하게 대접하는 관습은, 루시 집안 역대의 당주들이 조상 대대로 물려받은 미덕이라고 생각한다. 셰익스피어는 풍자를 의도한 문맥 안에서도 이 점을 말하여 샬로 판사를 철저하게 접대를 좋아하는 인물로 그리며, 작별을 고하는 폴스타프와의 대화 속에서 이렇게 소개했다.

어떠한 이유에서든, 오늘밤에 떠나는 것은 들어줄 수 없소. ……내가 그걸 허락할 것 같소? 당신도 그렇게 생각할 거요, 그건 받아들여지지 못할 거라고. 그걸 허용하다니 말도 안 되는 소리. 그런 허락은 있을 수 없는 일이지. 어차피 승낙될 리가 없으니까. ……데비, 듣고 있나? 비둘기 몇 마리하고 닭 두 마리, 그리고 커다란 양고기 한 덩이. 아, 그리고 몇 가지 요리를 곁들이라고 요리사 윌리엄에게 전해주게.

---

*9 캐러웨이(caraway)는 씨앗을 향신료로 쓰는 회향 식물로 강하게 쏘는 맛이 스튜 요리의 풍미를 더해 준다.

나는 이제 아쉬운 마음으로 어쩔 수 없이 이 오랜 전통을 지닌 저택과 작별했다. 내 머릿속은 이 저택과 관련된 상상 속의 풍경과 인물로 가득했다. 그래선지 오롯이 그러한 정경 속에서 살고 있는 듯한 착각에 빠지고 말았다. 내 눈앞에 있는 모든 것들이 그 광경과 인물을 느끼게 하는 것이다. 그때 마침 식당문이 열렸다. 그 순간, 나는 마스터 사일런스가 나타나, 가늘게 떨리는 목소리로 장기인 노래를 불러주는 것이 아닌가 하고 생각했다.

수염을 흔들며 웃으면서
잔을 비우고 신나게 즐겨보세.
자, 술이다, 즐거운 축제다.

여관으로 돌아오면서 나는 이 대시인의 뛰어난 시적 재능을 생각하지 않을 수 없었다. 셰익스피어는 가슴 속에 숨겨진 마력(魔力)을 자연의 표면에까지 미쳐, 사물과 장소에 본디 갖춰지지 않은 가공의 매력과 성질을 부여하여 꾸며냄으로써, 현실의 시름을 잠시 잊을 수 있는 완벽한 꿈속 세계를 창조해 냈다. 셰익스피어는 진정한 마술사로, 그 마력은 인간의 오감에 작용하는 데 머무르지 않고, 사람의 상상력을 자극하고 마음까지 뒤흔든다. 그래서 진실로 셰익스피어의 마력에 매혹되어 나는 온종일 그야말로 꿈속 세계를 떠돌았는데, 한마디로 말해서 시(詩)라는 프리즘을 통해 무지갯빛으로 아름답게 물든 풍경을 바라보고 있었던 것이다. 그리하여 나는 시의 힘으로써 창조된 가공의 인물과 허구의 사물에 에워싸인 듯한 기분에 휩싸였다. 내 눈에는 모든 것이 현실감을 띤 매력적인 사물로 비쳤다. 그래서인가, 나는 제이퀴즈가 떡갈나무 아래에서 혼잣말을 하는 소리를 듣고, 숲속을 탐색하는 로잘린드와 그 친구의 모습을 보았다. 그리고 상상의 나래를 펼쳐 그 뚱뚱한 잭 폴스타프를 비롯하여, 그 분야의 권위자인 샬로 판사로부터 온후한 마스터 슬렌더, 사랑스러운 앤 페이지에 이르는 여러 사람들이 다시 한 번 정신적으로 존재한듯 생각되었다. 이 따분한 현실 세계를 끝없는 환상으로 꾸며내고, 우리의 변화무쌍한 인생행로에 돈으로 살 수 없는 온갖 즐거움을 주며, 수없이 우리를 덮치는 인생의 덧없음과 적막감을 극복하게 해준 이 대시인에게 한없는 존경심과 축복을 바치고 싶다.

나는 귀로에 올랐다. 그 도중에 에이번 강 위의 다리를 건널 때로 기억하는데, 문득 걸음을 멈추고 대시인이 묻힌 아득히 먼 성트리니티 교회를 가만히 바라보았다. 그리고 이 대시인 셰익스피어의 유해가 신성한 묘지에서 편히 잠들기를 바라며, 그 저주가 담긴 비문을 다행으로 생각하지 않을 수 없었다. 셰익스피어의 이름이 높은 작위를 수여받은 사람의 묘비나 문양이 새겨진 방패, 돈 냄새를 잔뜩 풍기는 찬사 등이 회오리치는 먼지 속에 섞여 있다고 해서, 과연 영원히 빛날 그 명예가 손상되는 것일까. 쟁쟁한 위인들이 우글우글한 웨스트민스터 사원의 포이츠 코너와 셰익스피어 한 사람을 모시는 영묘로서 아름답고도 외롭게 조용히 서 있는 장엄한 교회를 비교한다고 과연 어떤 의미가 있을까? 어쨌든 셰익스피어의 무덤을 둘러싸고 파고드는 것은, 민감하리만큼 신경을 곤두세운 결과에 지나지 않을지도 모른다. 그러나 인간의 본성은 약점과 편견으로 이루어져 있으며, 최고와 가장 강한 애정은 이러한 사실적인 감정과 뒤섞여 있다. 만일 세계의 정식무대로 뛰어나가 명성을 얻고 세상의 갈채와 선망의 눈길을 한 몸에 받는다 해도, 또 어떠한 애정이나 칭찬, 갈채도 고향에서 샘솟듯이 솟아오르는 그러한 것에는 미치지 못한다. 그야말로 고향에 있으면, 거기서 편안하게 친척과 옛 친구로부터 마음의 평화와 존경을 얻을 수 있다. 게다가 심신이 모두 지쳐서 서서히 인생의 늘그막을 맞이할 시기에 접어들면, 어머니 품에 안겨 포근하게 잠든 젖먹이 아기처럼, 사람은 어린 시절에 보낸 그리운 고향의 풍경 속에 몸을 두고 영원한 잠에 들고 싶은 것이 아닐까.

이미 말했듯이 셰익스피어가 굴욕을 당하면서도 세상의 차가운 시선 속에 정처 없이 떠돌지 않을 수 없게 되어, 끝내 그 조상 대대로의 집을 바라보며 괴로운 결별 의지를 나타냈을 때, 그 자신은 머지않아 화려한 명성 속에 고향에 금의환향하여 곧 그 이름이 고향의 자랑과 명예가 되고, 그 유해는 더없이 귀중한 보물로서 공손한 존경과 찬사를 받게 될 것을 예감할 수 있었을까. 이제 그가 눈물에 젖은 눈으로 바라보았던 흐릿하게 멀어져 가는 사원 첨탑은, 어느 날엔가 한가로운 전원 풍경 속에 의연하게 우뚝 솟은 봉화가 되어 그의 무덤을 찾아오는 각국의 문학 순례자가 길을 잃지 않도록 안내자 같은 역할을 할 것이다.

아메리카 인디언의 특징에 대하여

"나는 감히 백인에게 묻고 싶다. 옛날 백인이 주린 배를 안고 로건의 통나무집에 나타났을 때, 로건이 그에게 먹을 것을 주지 않았단 말인가. 옛날 백인이 추위에 몸을 떨면서 몸에 아무것도 걸치지 않고 찾아왔을 때, 로건이 그에게 옷을 나눠주지 않았단 말인가."

아메리카 인디언 추장의 말에서

북미 야만인의 성격과 습관을, 그들이 평소부터 걸어다니면서 익숙해진 크나큰 호수와 끝없이 펼쳐진 숲, 또는 완만하게 흐르는 큰 강과 이제까지 누구도 가 보지 못한 대초원 같은 자연 환경과 관련지어 생각하면, 거기에는 놀랄 만큼 멋진 감흥을 불러일으키는 그 무엇인가 숭고한 것이 있는 듯 여겨진다. 그들이 황야에서 살아가야 하는 신세가 된 것은, 아랍인이 사막의 유랑민이 된 것과 비슷하다. 그들은 엄격하고 순박하며 인내심이 강한 특성을 타고나서, 어떠한 어려움에 맞닥뜨려도 꺾이지 않고 끝까지 해쳐나가면서 가난함을 이겨 낼 수가 있다. 얼핏 보아 그들의 마음속에는 크고 넓은 박애 정신을 기르는 토양 같은 것은 거의 존재하지 않는 듯이 보이지만, 사실은 그렇지 않다. 수고를 아끼지 않고 과감하게 그들의 마음속 깊은 곳에 들어갈 수 있다면 저절로 알 수 있겠지만, 좀처럼 본성을 드러내지 않는 그 오만한 금욕적인 태도와 함께 평소에는 과묵하고 필요 없는 말을 하지 않는 특이한 습성을 가진 그는, 사람들의 일반적인 생각보다는 동정심이 풍부하고, 애정도 깊으며, 이 문명생활을 누리는 우리와도 통하는 데가 있다.

식민지 초기의 아메리카 원주민인 인디언의 운명은 비참했다. 그들은 백인으로부터 이중의 박해를 받았다. 이따금 이욕에 사로잡힌 무법적인 전쟁에 의해, 그들은 조상 대대로 전해 내려온 재산을 빼앗기는 불행을 당했다. 게다가 그들의 민족적인 속성에 대해서도 어리석고 고루하며 사욕에 사로잡힌 작가들의 펜에 의해 무참한 비방 중상에 시달렸다. 백인 개척자들은 인디언을 숲속에 사는 동물처럼 취급했으며, 문필을 생업으로 하는 사람들은 백인의 유린 행위를 정당화하려고 온갖 농간을 다 부렸다. 식민지 개척자들로서는 인디언을 문명 세계로 이끌기보다 아주 없애버리는 쪽이 쉬웠고, 작가들도 그들의 성격을 진지하게 판단하기보다 매도하는 편이 더 간단했던 것이다. 상대를 야만인이라고 부르며 이교도라는 낙인을 찍는 것만으로 적대 행위를 정당화하는 근거가 되었던 시대이다. 따라서 그들은 깊은 숲속에서 유랑 생활을 하다가 불행하게도 갑자기 습격을 받거나, 까닭 없는 적대행위의 표적이 되기도 했는데, 그것은 그들에게 잘못이 있어서가 아니라 무지했기 때문일 뿐이다.

그들 아메리카 인디언의 권리가 백인에게 정당하게 인정받고 존중받는 일은 매우 드물었다. 보통 때에는 때때로 백인과의 교묘한 교역에 농락당하고, 막상 전쟁이 시작되면 야만적인 동물이라고 마구 멸시당하는 가운데, 그들을 살리는 것도 죽이는 것도 경계심을 품고 있는 백인의 뜻대로였다. 인간은 자신의 생명이 위험에 처하여 상대로부터 위해를 당할 걱정이 없고, 또 자신의 몸이 비호를 받는 경우에는 참으로 상대를 쉽게 없애 버리는 잔인한 동물이다. 이를테면 사람이 뱀에 물렸을 때 그것을 죽일 수 있는 힘을 가지고 있다면, 그 사람에게 자비심을 기대하기란 도저히 불가능하다.

이렇게 옛날부터 있어온 나쁜 편견이 오늘날에도 여전히 공통적으로 존재하고 있다. 분명히 어떤 학술단체는 의욕적으로 인디언의 성격과 습관 등의 실태를 파악하기 위해 조사를 시작해 상세한 기록을 남기려고 노력하고 있다. 또 한편으로는 미국 정부도 깊은 사려와 인도적인 자세를 유지하면서 우애 정신과 관용의 마음을 그들에게 전하고, 타자에 의한 기만과 부정한 침해로부터 보호하려고 애쓰고 있다.*1 오늘날의 일반대중이 인디언의 성격에 대해 품고 있는 견해는, 자칫하면 개척의 변경지대를 돌아다니며 마구 휩쓸어버리고, 한 구석에 정착하여 비참하게 살아가는 인디언 집단의 실태 관찰에 따른 것이다.

---

*1 "미국정부는 원주민인 아메리카 인디언의 처지를 개선하기 위해 열정적으로 노력해 왔다. 또 그들에게 오늘날 현대 문명사회의 발달된 기술을 제공하고, 시민으로서의 지식을 가르치며, 종교에 관한 지식과 교육을 적절하게 펼쳐왔다. 그리고 인디언들을 악덕 백인 상인의 사기행각으로부터 지키기 위해, 개인이 인디언이 소유한 토지를 구입하는 것은 허용되지 않으며, 또 인디언으로부터 토지를 증여받을 때는 정부의 공인을 필요로 한다. 이러한 조치는 엄격하게 시행되고 있다." (원주)

처음부터 그러한 무리는 어김없이 백인 사회의 악덕에 물들어, 스스로를 부패로 이끌어 취약해진 끝에 문명의 혜택도 받지 못하는 타락한 존재로 구성되어 있다. 따라서 그들의 도덕 사상의 중심에 자리한 자주독립 정신은 사라져 버리고, 그 도덕의 구조는 완전히 파괴되었다. 그들은 열등감에 시달리며 그 영혼은 일그러지고 비굴해졌을 뿐 아니라, 타고난 용기는 변경지대에 접한 문명인의 탁월한 지식과 위엄 앞에 완전히 꺾이고 말았다. 백인의 문명사회 물결이 인디언 집단으로 다가가는 모습은, 이따금 넓고 비옥한 땅의 황폐를 불러 풀과 나무를 말려버리는 거센 불길과도 같다. 이러한 상황이 이어지자 인디언들은 살아갈 의욕을 잃고 기력도 상실해 버려, 결국은 온갖 질병에 시달리게 되었다. 거기에 나면서부터 지니고 있는 야만성에 문명사회의 악습까지 가세했다. 그것은 그들의 욕망을 한없이 부추기는 동시에 하루하루 살아나갈 양식도 없는 상황에 빠지는 것을 뜻했다. 동물은 개척자들의 도끼와 연기를 피해 이리저리 달아나다 마침내 깊은 숲속의 사람 발길이 닿지 않은 오지에서 안식처를 찾는다. 그리고 우리가 변두리 땅에서 자주 보는 인디언은 지난날의 강한 힘을 잃고, 이제는 개척자들의 마을 근처를 떠도는 가엾은 빈민으로 떨어지고 말았다. 대자연 속에 동화된 생활에서는 몰랐던 구제할 길 없는 극심한 빈곤에 몰린 악습이, 어느새 그들의 마음을 파먹어 그들의 천성인 자유롭고 활달하며 고상한 정신까지 타락시켜 버린 것이다. 이윽고 그들은 술을 탐닉하며 게으르고 안일함에 빠져 약해지고, 도벽을 드러내어 비겁한 행동을 하기에 이른다. 그리고 부랑자처럼 개척자들의 마을 근처를 돌아다니거나, 값비싼 세간이 갖춰진 저택에도 나타나기 시작했다. 그리고 자기를 되돌아보며 자신들의 비참한 처지를 한탄한다. 온갖 사치를 부린 호화로운 요리가 그들의 눈앞에 즐비해도 그들은 그것을 즐길 수가 없고, 기름진 논밭이 풍작을 이룬 그 한복판에서도 그들은 혜택을 입지 못하고 심각한 굶주림에 허덕인다. 황야 가득 풀꽃이 싹을 틔워 아름다운 정원처럼 계절 꽃으로 가득해도, 그들은 자신들을 그 정원에 들끓는 파충류처럼 생각했다.

그들의 상황은, 그 옛날 이 땅의 절대군주로 군림했던 지난날과 비교하면, 그 차이가 너무나 뚜렷하여 그야말로 보잘것없다는 느낌을 지울 수가 없다. 그들은 결코 많은 것을 바라지 않으며, 또 그것을 채울 생활 양식은 주위에 얼마든지 널려 있었다. 주변의 동포들도 같은 운명 속에서 똑같은 인고를 견디며, 같은 음식을 먹고 마찬가지로 허름한 옷을 입고 담담하게 나날의 생활을 꾸려 나가고 있었다. 그 무렵에는 유랑하는 나그네를 문전박대하는 집은 없었고, 숲속에서 연기가 피어오르는 곳이라면 어디든 기꺼이 나그네를 맞이하여 불을 둘러싸고 앉아 사냥꾼과 함께 식사와 술을 대접했다. 어느 뉴잉글랜드의 늙은 역사가는 이것을 다음과 같이 말했다.

"그들은 고뇌가 없는 생활을 하면서 서로 깊은 애정을 나누고, 저마다 소유한 자산을 공유자산으로 쓸모있게 활용했다. 이 점에 대해서는, 그들은 동정심이 두텁고 인정이 넘치기 때문에 한 동료가 굶주림의 고통을 겪고 있으면, 동포 모두가 함께 배고픔을 견디지 않으면 안 된다고 생각한다. 그렇게 그들은 평온한 가운데 나날의 생활을 즐겁고 쾌적하게 누리고 있었다. 그래서 우리 백인의 호화로운 생활상을 보아도 특별히 신경 쓰지 않고 초연하게 지금의 처지에 만족하는 것이다. 물론 그 초라한 모습을 가엾게 생각하는 사람도 있을 것이다."[2]

인디언들이 원주민족 고유의 긍지와 담력을 품고 활보하던 시절은 그런 상황이었다. 그들은 숲속의 나무 그늘 아래 무리지어 사는 식물처럼, 사람의 손을 타면 위축되고, 햇빛 아래에서는 말라 죽어 버리는 야생 생물이다.

아메리카 인디언의 성격을 논할 때, 대부분의 작가들은 그들이 가볍고 우둔하다는 편견과 감정적인 과장에 빠지는 경향이 강하여, 진정한 철학적 사색을 바탕으로 공평하게 대하려는 자세가 부족했다. 그것은 작가들이 아메리카 인디언이 처한 특수한 상황과 그 심신에 새겨진 독특한 사고방식을 충분히 이해하지 못했기 때문이다. 이 세상에 인디언만큼 질서와 규율을 중시하고 엄격하게 행동하는 인종은 없다. 그런 그들의 모든 일상 행동은 어릴 때 배운 몇 가지 일반적인 가르침에 따른다. 그런데 인디언의 마음을 지배하는, 그들이 준수해야 할 가르침은 그리 많지 않다. 그렇기 때문에 그들은 그 하나하나의 가르침을 소중히 여기며 모든 율법을 지키는 것이다. 그런 반면, 백인 사회에서는 종교, 도덕, 예의범절에 관한 세세한 규율이 너무나 여러 방면에 걸쳐 있어서, 그 모든 것을 다 따를 수 없을 때가 많다.

인디언은 이따금 거친 비난여론과 마주할 때가 있는데 그것에는 다음과 같

---

[2] 토마스 모턴(Thomas Morton, ca. 1579~1647)의 New English Cannon(1637) 속에 묘사된 초기 뉴잉글랜드인들의 생활상.

은 이유가 있다. 그들은 백인들과 합의한 약속을 깨뜨리는 경우가 있으며, 그 배신과 방종은 절대로 만만하지 않기 때문이다. 이를테면, 얼핏 평온한 나날을 보내는 것처럼 보이던 그들이 어느 날 갑자기 우리에 대한 적대감을 노골적으로 드러내는 것이다. 그래선지 백인과 인디언이 사귈 때는 자연히 냉담한 기분과 경계하는 마음이 일어나며, 그 관계는 늘 압제적이고 모욕적인 경향을 띠게 된다. 백인이 인디언을 대할 때, 신뢰와 허심탄회한 마음으로 참된 우정을 쌓으려고 하는 경우는 좀처럼 없으며, 그들은 인디언의 자부심과 미신을 바탕으로 한 관습을 해치지 않도록 신중하게 배려하지 않는다. 그렇게 되면 인디언은 손익계산을 넘어서, 먼저 백인에 대한 적대감을 드러내어 공격하게 된다. 과묵한 인디언은 말이나 태도로 드러내지는 않지만, 감수성이 뛰어나기에 매우 날카롭다. 그들의 예민한 감각은 백인처럼 넓고 얕지 않으며, 깊이와 견실함이라는 측면에서 백인을 훨씬 넘어선다고 할 수 있다. 단, 그들이 자존심, 애정, 미신 등을 적용하는 대상은 많지 않지만 일단 그런 것이 상처를 받으면, 그 상처의 정도에 비례하여 거의 우리가 이해할 수 없을 정도로 강한 적대감을 일으키는 원동력이 되는 일이 있다. 인디언처럼 한정된 인원수로 이루어진 하나의 사회, 게다가 가부장제에 바탕을 둔 부족사회에서는, 한 개인이 입은 피해는 부족 전체의 피해가 되기 때문에 그 복수심은 부족 전체에 불꽃처럼 불타오른다. 그러면 인디언들은 화톳불을 에워싸고 단 한 번의 회합을 열고, 거기서 전략을 의논하여 그 자리에서 최종적인 의사를 결정한다. 그것만으로써 충분하다. 그리하여 모든 전사와 현자들이 화톳불 앞에서 한자리에 모여, 예부터 전해오는 미신을 바탕으로 한 지론을 웅변으로 펼침으로써 전사들의 혼을 북돋운다. 능변가의 설교는 그들의 투쟁심을 불러일으키고, 예언자와 몽상가가 펼치는 환상은 그들을 하나의 종교적 열광의 경지로 이끌어간다.

　인디언의 성격에서 비롯된 돌발적인 격정의 폭발에 대한 한 예가 초기 매사추세츠 식민의 옛 기록에도 남아 있다. 일찍이 플리머스의 개척자들은 파소나게싯 땅에 있는 인디언의 묘비를 파괴하고, 추장 어머니의 무덤을 장식한 가죽을 약탈하는 폭거를 저질렀다.*³ 인디언은 자기 혈족의 무덤에 깊은 외경심

───────────────

*3 초기 플리머스(Plymouth Colony)에 신앙의 자유를 찾아 이상향을 건설하려고 한 것은 필그림 파더스(Pilgrim Fathers)라 불리는 청교도들이었다. 식민들이 영지의 범위를 점점 넓히자 아메리카 인디언들과의 대립과 전투가 시작되었다.

을 품고 있었다. 조상의 땅에서 쫓겨나 몇 세대에 걸친 긴 세월 동안 우연히 그 부근을 지나가게 되면, 그들은 으레 본길을 벗어나, 사람 눈을 피하듯이 몇 마일이나 되는 좁은 길을 걸어가면서 전해 내려오는 옛말을 길안내로 삼아, 조상이 묻혀 있는 오래된 무덤을 찾는다고 한다. 그리하여 그곳에서 몇 시간이나 명상에 잠기는 것이다. 이렇게 숭고하고 신성한 감정 속에서, 자기 어머니의 무덤이 보란 듯이 모독당한 것을 목격한 추장은, 부하들을 모아놓고 다음과 같은 아름답고 논지가 명쾌하며 비장하기까지 한 연설을 했다. 이것은 바로 아메리카 인디언의 웅변솜씨를 이야기해주는 매우 드문 사례의 하나인 동시에, 원주민이 마음속에 품고 있는 효심을 나타내는 사건이기도 하다.

"이윽고 창공에서 찬란하게 빛나던 태양이 대지 아래로 가라앉고, 새들도 어느새 지저귐을 멈춰 주변이 정적에 싸이자, 나는 관습에 따라 자리에 누워 잠을 청했다. 그런데 눈을 감기 전에 무언가 환상적인 세계에 이끌리는 듯한 감각을 느꼈다. 그 환상은 마음속에 소용돌이치는 번뇌가 되었다. 이 슬픔이 어린 듯한 환상에 전율을 느낀 순간, 하나의 혼령이 소리높이 외쳤다. '보아라, 애지중지 사랑으로 키운 나의 아들아. 네가 그토록 매달렸던 이 젖을. 그리고 너를 따뜻하게 품고 키웠던 이 손을, 보아라. 설마, 너는 야만적인 백인들이 내 무덤을 모욕하고, 우리 조상의 기념비를 더럽히며 소중한 관습을 파괴한 비열한 행위에 대한 복수를 잊은 것은 아니겠지. 잘 보아라. 추장 무덤이 이렇게 천하고 낮은 인종의 손에 더럽혀져 버렸으니, 이래서야 평민 무덤과 다를 게 무엇이겠느냐. 나의 소망은 오직 하나, 요즈음 우리 영토에 침입하여 제 것인 양 오만방자하게 날뛰는 비열한 백인들을 응징하는 것이다. 이대로는 영면의 땅에서 편히 잠들 수가 없다'. 이렇게 마음속 불만을 쏟아낸 뒤 이 혼령은 자취를 감췄다. 잠에서 깨어보니, 온몸에 식은땀을 흘린 채 말을 잊고 있다가 가까스로 기력을 되찾아, 모두의 힘을 모아야겠다고 결심하고 이렇게 청하는 바이다."

내가 자세히 이야기한 이 일화는, 인디언이 상대에게 느닷없이 적대감을 품고 한때의 감정에 이끌려 배신 행위를 하는 것이 아니라, 거기에는 사려 깊고 고매한 큰 뜻이 있음을 여실히 보여준다. 이는 백인이 인디언의 성격과 습관에 너무나 무지하고 부주의하여, 그 중요한 의미를 올바르게 이해하지 못했다는 증거이다.

그리도 또 한 가지, 아메리카 인디언이 거세게 비난받는 이유를 말한다면,

그것은 그들이 패자에게 심한 만행을 저지르는 야만성 때문이다. 그러한 행위를 하는 근본적인 이유의 하나는 정책이지만, 또 하나는 조상 전래의 미신에서 비롯한 것이다. 그들의 부족은 때로는 민족이라는 명칭으로 널리 쓰이지만, 그 인원수가 결코 많지 않아서 혹 몇 사람이라도 일족의 전사를 잃는 것은 그들에게는 크나큰 통한이 된다. 인디언은 자주 전투에 나가기 때문에 그런 경우에는 특히 타격을 입게 된다. 아메리카인디언의 역사에서 다음과 같은 몇 가지 사례를 살펴볼 수 있다.

이를테면 장기간에 걸쳐 근린지역을 위협했던 한 부족의 강건한 전사들이 붙잡혀서 사형에 처해지자, 그 부족은 파괴적인 타격을 받고 무너지고 말았다. 이러한 경우, 승자는 차갑고 무자비하여 인정을 베풀지 않는다. 그것은 자신의 복수심을 채우기 위한 잔혹행위라기보다는 앞으로 신변의 안전을 확보하기 위한, 이른바 호신의 의미가 강하다. 인디언에게는 미신적인 신앙이 있다. 그것은 미개한 인종에게서 곧잘 볼 수 있으며 고대로부터 전해져 온 것으로, 전쟁터에서 쓰러진 동포의 영혼은 포로가 흘린 피로 위로받을 수 있다고 하는, 그런 믿음이다. 그런데 영혼에 바치는 산 제물을 벗어난 포로는 죽음 대신 친족에게 받아들여져, 친족은 물론이고 친구와 지인들의 헤아릴 수 없는 애정과 신뢰 속에 깍듯한 대우를 받게 된다. 포로들은 그들의 진심어린 대접과 깊은 애정에 깊이 감동해 그곳에 계속 머물지 고향으로 돌아갈지 어느 한쪽을 선택하라는 요구를 받으면, 고향으로 돌아가서 그리운 옛 친구와 다시 만나는 것보다는, 대부분 그곳에 머물며 그들과 의기투합하여 의형제를 맺는 쪽을 선택한다.

백인에게 식민지화 된 이래, 포로에 대한 인디언의 잔학 행위는 한층 더 심해졌다. 이전 같으면 정략과 미신에 따랐지만 이제는 더욱 격렬해져서 잔학 행위를 통해 복수를 하는 것만이 그 목적이 되었다. 인디언은 백인을 조상 대대로 이어온 토지의 강탈자, 타락으로의 유혹자, 부족멸망의 인도자로 생각하지 않을 수 없었다. 그들은 개인적으로 입은 박해와 고통, 능욕에 대한 원한을 품고, 유럽인이 불러온 광범위한 전쟁 잔해와 황폐의 비참한 상황을 탄식하면서 백인들과 전쟁을 하는 동안, 절망감은 더욱 깊어져서 광기어린 심리상태에 빠지고 말았다. 백인들은 인디언 촌락을 불태우거나, 많지도 않은 생활 양식을 빼앗는 악행을 일삼고, 걸핏하면 매우 심하게 행동하며 일방적으로 인디언들을 업신여겼다. 그런데 인디언들은 비참한 상처를 남기고 가까스로 목숨을 건 진 것 말고는 아무것도 남기지 않았던 백인들이 온건함과 너그러운 마음을 드러내지 않는지 이상하게 여겼다.

우리는 또한 인디언을 불성실하고 비열한 인종으로 여겨 업신여기고 무시한 다. 그들은 전쟁 때 정공법으로 도전하는 것이 아니라 교활한 책략을 써서 적 을 쫓아버리기 때문이다. 그러나 이는 정당하고 어엿한 내력이 있는 전통적인 전법에 따른 것이었다. 게다가 그들은 어릴 때부터, 그러한 정성들여 갈고닦은 꾀는 칭찬해야 할 지략이라고 배웠다. 그래서 아무리 용맹하고 과감한 전사 라도, 싸울 때는 가만히 몸을 숨기고 적의 빈틈을 노려 재빠르게 허점을 찌르 는 꾀를 쓰는 것이다. 인디언들은 그것을 특별히 명예롭지 않은 행위라고는 생 각하지 않는다. 오히려 적의 허점을 찔러 공격하는 탁월한 비법은 뛰어난 지혜 와 민첩한 몸놀림 덕분이라 믿고 자랑으로 여긴다. 사실 인간은 맹수에 비하 면 체력 면에서 훨씬 뒤떨어지고 취약한 동물로, 자연히 힘보다는 꾀를 부려 맹수를 농락하고 쓰러뜨리는 수법을 사용한다. 당연히 맹수에게는 나면서부터 신체에 갖추고 있는 무기가 있기 때문이다. 이를테면 뿔, 엄니, 발굽, 날카로운 발톱 등을 무기로 상대를 공격하는 것이다. 이에 비해 인간은 자신의 지략에 기대는 수밖에 없다. 그래서 적인 맹수와 싸울 때는, 인간은 용기와 지략을 무 기로 싸운다. 따라서 인간이 사악함에 빠져 동포에게 적대감을 드러내는 상황 에 이르게 되면, 그러한 지략과 책모를 펼쳐 싸움에 임하는 것을 으뜸으로 여 기는 것이다.

당연한 일이지만 싸움의 원리원칙은 적진에 가장 큰 타격을 주는 한편, 아 군 진영에는 피해를 최소한 억제하는 것이며, 그때는 물론 교묘한 책략이 성공 으로 이끄는 열쇠가 된다. 우리에게는 기개가 넘치는 기사도 정신으로 조금도 두려워하지 않고 꿋꿋하게 잔인한 전쟁과 맞서는 담력이 있는데, 그것은 다름 아닌 문명사회의 훌륭한 산물이고 교육에 의해 만들어진 것이다. 그것이 고상 한 행위로 여겨지는 까닭은 바로 숭고한 정신이 고통을 기피하는 본능을 이기 고, 또 사회 지탄을 받으며 개인적 안일을 추구하고 평안을 탐하는 마음을 이 겨내고 있기 때문이다. 용사의 정신은, 긍지를 일깨워 치욕에서 벗어나고자 하 는 마음에 달려있다. 그러므로 용사는 사회에서 치욕 당하는 것을 두려워하 기보다는 차라리 위험과 재해를 당하는 편이 더 낫다고 생각한다. 수많은 책략적인 수단에 하소연함으로써 용사의 정신은 더욱 드높고 활성화되어, 품격 있고 용맹한 기사도를 노래한 시가와 소설의 주제가 되기도 한다. 이윽고 고전 시인과 음유 시인들은 눈부시게 아름다운 허구의 세계를 기꺼이 만들어내고, 또 역사가까지 엄정한 객관성을 바탕으로 한 서술을 하기보다는, 펜을 놀려 용사의 정신을 찬양했다. 말하자면 개선을 축하하는 화려한 행렬이 용사에 대한 보수이다. 그리고 국민의 감사와 찬양을 후세에까지 길이 남도록, 큰 돈을 들여 예술의 정수를 모아 기념비를 세운다. 이렇게 인위적으로 만들어진 용맹한 전사의 정신은 높은 곳에 이끌려서, 터무니없이 아름답게 꾸며진 영웅으로서 추앙받는다. 마침내 '허영으로 물든 전쟁'이라는 이 거추장스러운 속성은, 인간의 기품을 고상한 영역으로 조용히 이끌어 행복을 느끼게 하는 미덕과 헛된 명성을 바라지 않는 고귀한 미덕의 관념을 타락시킨다.

그러나 만일 본질적으로 용맹한 정신 속에 위기와 인고를 굳세게 마주하는 속성이 깃들어 있다면, 인디언의 생애는 늘 용기로 가득 차 있다고 할 수 있다. 인디언은 끊임없이 전투와 위험 속에서 일상생활을 꾸려 나가기 때문이다. 위험을 각오하고 모험에 나서는 것은, 인디언의 성격에 호응한다기보다는 그 재능을 일깨워 삶의 보람을 주는 흥미를 불러일으키는 데 없어서는 안 되는 것이다. 적의 부족에게 포위당한 형태로 삶을 살아가는 인디언은, 늘 매복과 기습을 두려워하면서 전투에 대비하여 무기를 한시도 손에서 놓지 않고 경계의 눈빛을 번뜩인다. 그것은 고독한 적막함이 감도는 큰 바다로 쫓겨난 한 척의 배가, 두려움 속에서 물 위를 내달리는 것과 다름없다. 또는 새가 소나기구름 속에 날아들어가 한 점이 되어서, 길 없는 창공을 가로지르며 날갯짓하는 모습과도 닮았다.

그리하여 인디언은 고고함을 유지하고 흔들리거나 굽힘 없는 정신을 지키며, 끝없는 황야의 끝자락을 이리저리 내달린다. 인디언의 원정이 위험을 안은 긴 여행이라는 점에서는, 신자들의 성지순례 여행이나 모험을 좋아하는 기사의 십자군 원정과도 비슷하다. 그들은 여행지에서 질병이나 부상 때문에 어려운 처지에 놓여있기도 하고, 가까운 곳에 숨어 있을지도 모르는 적을 두려워하거나 굶주림에 시달리면서 드넓은 숲속을 빠져나가야 하는 일도 있다. 이를테면 물살이 거친 파도처럼 밀려오는 커다란 호수가 눈앞을 가로막아도, 그것은 방랑여행에 지장을 주지 않는다. 그들은 목재 골조에 나무껍질을 씌운 가벼운 카누에 몸을 싣고 거친 파도 위를 깃털처럼 떠다니는가 하면, 때로는 요란한 소리를 내며 흘러가는 격류를 타고 화살처럼 재빠르게 미끄러져 나아가기도 한다. 그들은 고통을 참으며 위험을 안은 채 생활 양식을 얻기 위해 동분서주하지 않으면 안 된다. 그렇게 고생을 거듭하며 위험을 무릅쓴 사냥을 통해 식량을 얻고, 곰이나 표범, 물소 가죽을 벗겨 몸을 감싸고 소리가 요란하게 울리는 천둥과 같은 폭포소리 사이에서 잠을 잔다.

고대나 현대의 어떤 영웅도 아메리카 인디언처럼 초연하게 죽음에 얽매이지 않고, 혹독하기 짝이 없는 위험과 재해에도 아랑곳하지 않고 견뎌내는 용사는 없었다. 분명히 그 점에서 인디언은 특별한 가르침을 받음으로써 백인을 뛰어넘는다고 할 수 있다. 백인은 적진의 대포를 향해 돌진하여 화려하게 목숨을 바치지만, 인디언은 적에게 포위되어 고군분투한 끝에 온갖 고문을 받고 기나긴 고통이 뒤따르는 화형에 처해져도, 다가오는 죽음의 그림자를 조용히 받아들이면서 숨을 거둘 때까지 견뎌낸다. 인디언은 박해자에게 불길한 냉소를 보낸 뒤, 고문 방법까지 참견하며 적대심을 드러낸다. 이윽고 맹렬한 불길이 그 오장육부를 태우고 내장이 검게 타면서 근육과 힘줄에서 떨어져 나와 오그라들면, 그는 마지막 외침을 우렁차게 질러 굽힘 없는 심정을 드러낸다. 그리고 조상의 영혼들을 불러내어 신음 소리 하나 내지 않고 형장의 이슬로 사라지는 것이다.

식민지 시대 초기 역사가들은 이토록 불행한 원주민들의 기질적 특성을 온갖 말로 헐뜯어 숨기려 했지만, 그래도 이따금 그들의 미덕을 엿볼 수 있고, 기억 속에 일종의 우울한 광채를 내는 일이 있다. 이를테면 미국 동부에 남아 있는 훼손된 옛 문서 속에는, 어느 인디언 부족을 둘러싼 고집스럽고 낡은 서술이 많이 들어 있는데, 물론 그 가운데에는 사실로 여겨지는 기록도 곳곳에서 볼 수 있다. 이러한 기록은 인디언에 대한 뿌리 깊은 편견이 사라졌을 때 비로소 찬양과 동정으로 받아들여지게 될 것이다.

미국 동부의 뉴잉글랜드 지방에서 일어난 피쿼트 전쟁*4에 대한 사항을 적나라하게 그려낸 옛날 책 속에는, 피쿼트족이 절멸의 위기에 내몰린 비참한 장면이 그려져 있다. 이러한 냉혹하고 비정한 무차별 학살을 자세히 서술한 장면

---

*4 피쿼트 전쟁(Pequot War, 1636~37)이란 뉴잉글랜드 코네티컷 주에서 일어난 일종의 인디언 민족정화전쟁을 가리킨다.

에는 인간미가 털끝만큼도 느껴지지 않는다. 그 옛 책의 어떤 대목에는 백인 이주자들이 피쿼트족의 마을을 한밤중에 기습하는 묘사를 볼 수 있는데, 이 공격으로 그들이 사는 천막집은 거센 불길과 연기에 휩싸여 아수라장으로 변했다. 그들은 달아나지도 못한 채 끝내 백인이 쏜 빗발처럼 쏟아지는 총탄에 잇따라 쓰러졌다. '부족 사람 모두를 죽이는 데 한 시간도 걸리지 않았다'고 한다. 한바탕 벌어진 일련의 불행한 사건 뒤, 역사가들은 '우리 백인 병사들은 신의 보살핌으로써 피쿼트족을 모조리 없애버릴 각오가 되어 있다'고 경건하게 썼지만, 침략을 당해 궁지에 몰린 비운의 피쿼트 족이 천막집과 마을에서 쫓겨나기에 이르자, 백인들은 총칼을 들고 피쿼트족을 끈질기게 추적했고, 그 결과 살아남은 몇 명의 용감한 피쿼트족 전사들은 가족을 이끌고 황량한 늪지 속으로 달아나지 않을 수 없었다.

그들은 분노에 휩싸여 절망의 밑바닥에 내던져졌다. 동족의 멸망 앞에 가슴이 터질 듯하여 아무 말도 할 수 없는 비장감에 사로잡혔다. 그리하여 마침내 마지막 순간을 맞이하자, 그들은 패배의 굴욕감에 고통스러워하면서, 오만한 적에게 목숨을 구걸하며 굴복하기보다는 깨끗하게 죽음을 선택하기로 했다.

밤이 깊어지자, 그들은 암울한 그 장소에서 꼼짝달싹하지 못한 채 달아날 방법을 잃어버리고 말았다. 이때를 놓칠세라 '백인 병사들은 그들에게 집중포화를 퍼부었다. 그리하여 거의 모든 전사들이 총탄에 쓰러져 그 일대가 시체로 뒤덮였다.' 동 트기 전, 어둠을 틈타 안개 속에서 몇몇 인디언은 자신들이 있던 곳에서 달아나 숲속에 들어가 몸을 숨겼다. 그러나 '달아나지 못해 백인에게 붙잡힌 이도 있었고, 대부분은 숲속 깊은 늪지에서 살해되었다. 그들은 사나운 개처럼 무서운 기세로 상대를 노려보면서 조용히 앉아, 총탄에 뚫리든 그 몸을 갈기갈기 찢기든', 구차하게 백인들에게 자비를 청하지 않았다. 새벽이 되자 반짝이는 햇살이 비쳐들어, 동포를 대부분 잃고 고립되어 구원 받을 수 없는 상황 속에서도 굽히지 않는 정신을 지켜나간 몇몇 남은 무리가 모습을 드러내자, 늪지에 발을 들여놓은 백인 병사들은 '서로 몸을 기대고 앉아 있는 몇 명의 원주민들을 발견했다. 백인들은 나무 그늘 아래에 몸을 숨기고 열 또는 열두 발의 탄환을 채운 소총을 겨눈 뒤, 2, 3야드의 가까운 거리에서 그들을 향해 가차 없이 총을 쏘았다. 그 결과, 이미 살해당한 원주민 전사들 말고도 더욱 많은 시체들이 늪 속에 가라앉았다고 전해진다. 그 뒤, 적과 아군 양쪽 진영 모두 이 사건을 다시 돌이켜보는 일이 없었다'.

이 꾸밈없는 솔직한 기록을 읽으면 자연히 알게 되지만, 그 용사들의 담력과 본능적인 감정을 높은 곳으로 이끌었다고 생각되는 강인한 결단력, 굽힘없는 긍지, 숭고한 정신을 찬양하지 않을 사람이 과연 있을까? 갈리아인들이 로마를 침략했을 때, 원로원 의원들은 예복을 입고 그 자리에 냉정하고도 침착하게 앉아 있었다고 한다. 이렇게 원로원 의원들은 저항도 애원도 하지 않고 죽음을 받아들였다. 그것은 고귀하고 숭고한 태도라는 찬사를 받았다. 그런데 불행한 아메리카 인디언은 어리석고 고집센 민족이라 하여 비웃음과 헐뜯음으로 매도되었다. 짐짓 인간은 무조건 겉모습과 처지에 따라 판단이 흔들리기 쉬운 동물이다. 보라색 의상을 입고 예의바르고 위엄 있는 태도로 자리에 앉아 있는 미덕과, 헐벗은 채 헛되이 황야에서 목숨을 바치는 미덕을 비교해 보라. 그 차이는 너무나 뚜렷하고 크다.

이제 더 이상 이렇게 비통하고 음산한 광경에 대해 이야기하는 것은 그만두고 싶다. 미국 동부에 살던 각 부족은 이미 오래 전에 자취를 감춰버렸다. 원주민들이 터전으로 삼았던 삼림은 베이거나 깎여버리고, 인구밀도가 높은 뉴잉글랜드의 각 주에서는 그들의 흔적을 거의 찾아볼 수 없으며, 곳곳의 마을과 강의 이름에 겨우 옛 자취가 간직되어 있는 정도이다. 늦든 빠르든 피할 수는 없지만, 가끔 자신들이 머무는 숲에서 유인당해 백인의 전쟁에 참가하는 개척지 부근의 부족은, 또다시 같은 처지에 빠질 것이다. 그리하여 얼마 뒤에는 모든 인디언과 같은 운명을 걷게 될 것이다. 휴런 호수*⁵와 슈피리어 호수*⁶ 연안 부근, 또는 미시시피 강의 지류를 따라 아직도 살고 있는 부족, 오래 전 매사추세츠와 코네티컷 주변에 흩어져서 허드슨 강변에서 위엄을 내뿜으며 자리 잡았던 부족, 그 옛날 서스퀘해나 강*⁷ 연안의 국경에서 살았다고 전

---

*5 휴런 호수(Lake Huron)는 북미 동부에 위치한 5대 호수의 하나.

*6 슈피리어 호수(Lake Superior)는 3대 호수 중에서 가장 큰 곳으로, 담수호로서는 세계에서 가장 크다.

*7 아메리카 동해안에서 가장 긴 서스퀘해나 강(Sasquehanna River)은 뉴욕, 펜실베이니아, 메릴랜드 3개 주를 거쳐 워싱턴 D.C.의 체서피크 만으로 흘러드는 하천. 참고로 스리마일 섬의 원자력 발전소는 펜실베이니아 주 서스퀘해나 강의 모래톱에 있다.

해지는 거인족, 포토맥 강*8과 래퍼핸녹 강변*9에서 번영했던 부족, 동해안 셰넌도어 강*10의 드넓은 계곡 부근에 사는 부족, 그 어느 것도 같은 운명의 저주를 받을 위험을 안고 있어 머지않아 그들도 마치 수증기처럼 사라져 흔적도 없어지고, 그 역사 또한 망각의 저편으로 묻혀버리게 될 것이다.

그리고 '지금, 그들의 거주가 인정되고 있는 장소는 언젠가 고색창연하게 변해 아무에게도 알려지지 않게 될 것이 분명하다.' 다만 불확실성은 남아도 그들의 기념물이 오랫동안 후세에 전해진다면, 그것은 시인의 허구 속에서 그려지거나, 아니면 고대의 신들인 임야 목축의 신 파우누스*11와 숲의 신 사티로스,*12 숲의 정령 실반*13처럼 상상의 숲속에 자리 잡고 살거나, 둘 중의 하나일 것이다. 만일 시인이 인디언이 당한 학대와 비참한 사건을 포함한 음울한 이야기를 굳이 이야기하고자 한다면, 또는 어떻게 인디언이 무법적이고 부당한 침략을 받고, 그로 말미암아 파괴와 약탈을 당하여 끝내 그들의 집과 묘지에서 쫓겨났을 뿐만 아니라, 황야의 야수처럼 내몰려 가차 없는 폭력과 죽임에 시달리다 묻혀버리게 된 그 끔찍한 광경을 말한다면, 후세 사람들은 의심을 품으면서도 공포에 떨면서 그 이야기에서 귀를 막거나, 조상의 잔인성에 분노를 느끼고 수치스러워하게 될 것이다. 어느 인디언 늙은 전사는 '우리는 더 이상 한 발짝도 물러날 수 없는 처지에 내몰리고 있다'고 말했다.

"우리의 손도끼는 부서지고, 우리의 활은 꺾이고, 우리의 불은 거의 꺼져가고 있다. 이제 곧 백인들은 우리를 공격할 수 없게 될 것이다. 우리는 이 세상에 더 이상 존재하지 않을 것이니까."

---

*8 포토맥 강(Potomac River)은 워싱턴 D.C. 동쪽의 체서피크 만으로 흘러드는 하천이다.
*9 래퍼핸녹 강(Rappahannock River)은 버지니아 주 노잔네크에 접하여 흐르는 하천으로, 그 북쪽에는 포토맥 강이 흐른다.
*10 셰넌도어 강(Shenandoah River)은 버지니아 주 북서쪽을 흐르는 포토맥 강 지류의 하나.
*11 파우누스(Faunus)는 고대 로마의 숲의 신으로 임야와 목축을 보호한다. 그리스 신화의 목신 판과 같다.
*12 사티로스(Satyr)는 술의 신 바쿠스를 따르는 그리스 신화의 반인반수.
*13 실반(Sylvan)은 숲에 사는 정령.

포카노켓의 필립
어느 인디언 회고록에서

변함없는 그 모습은 청동의 동상과도 같다.
연민의 손길을 뻗쳤지만 결코 흔들리지 않는 영혼,
나무 위 요람에서 무덤에 들어갈 때까지,
좋은 일도 나쁜 일도 견뎌내는 법을 배우고,
아무 감정도 없이, ─치욕을 두려워하며─
숲속의 금욕자─눈물을 보이지 않는 남자.

토마스 캠벨[*1]

아메리카 대륙 발견과 그 식민지 실상을 매우 뚜렷하게 그려낸 그 무렵 작가들이 원주민의 특이한 생활양식에 대해, 있는 그대로의 자세한 기록을 남기지 않은 것은 참으로 안타까운 일이다. 오늘날 세상에 전해지는 원주민 이야기는 많지 않지만 흥미로운 특징을 띠고 있다. 그것으로써 인간성을 더욱 깊이 확인할 수 있고, 자못 원시적인 상황 속에 놓여 있는 인간의 모습, 또는 인간이 어떻게 문명에 의지하여 살아가고 있는지, 그 양상을 실감할 수 있다. 이렇게 아직 알려지지 않은 인종의 내력을 밝히고, 이른바 도덕적인 마음씨가 길러지는 모습을 살펴보면서 지역사회와의 유대를 통해 인위적으로 만들어진, 너그럽고 낭만적인 속성이 드넓고 거친 환경 속에서 성장하는 과정을 보는 일도 의미가 있을 것이다.

문명사회에서 인간의 일상적인 행복과 직결되는 것, 어쩌면 인간 존재 자체

[*1] 토마스 캠벨(Thomas Campbell, 1774~1844)은 스코틀랜드의 시인. 어빙은 캠벨의 소개장을 가지고 애버츠포드를 방문하여, 역사소설 《롭 로이》(Rob Roy, 1817)를 집필 중이던 월터 스콧을 만날 기회를 얻었다. 참고로, 본문 속의 시구는 《와이오밍의 거트루트》(Gertrude of Wyoming ; A Pennsylvanian Tale, 1809)에서 따온 것이다.

라고 할 수도 있겠지만, 그러한 것은 주로 주위의 의견과 생각에 좌우되는 경우가 많다. 사람은 자신의 뜻에 맞지 않는 역할을 인생이라는 무대에서 끊임없이 연기한다. 타고난 대담하고 특수한 성격은 예의범절 같은 개념적 평등의 강요에 닳아 없어져 무디어지고 만다. 사람은 모든 이들로부터 호감을 얻기 위해 수없이 하찮은 거짓 행동을 하고 너그러운 마음을 가장하기 때문에, 마침내 본디 가지고 있던 자기 자신의 성격과 일부러 만들어낸 성격을 구별하지 못해 곤혹스러워하는 일도 이따금 있다. 이에 비해 문명사회의 속박과 우아함과는 거리가 먼 인디언은 매우 고독하고 고고한 존재로서, 자신이 하고자 하는 충동과 그 판단에 따른다. 따라서 그 특성은 자연스러운 과정에 따라 저마다 개별적으로 크고 뚜렷하게 발달한다. 그런데 문명사회는 마치 잔디밭 같아서 표면이 고르지 않고 기복이 있으면 당장 평평하게 깎이고 잡초는 모조리 뽑혀, 마치 비로드를 깐 것처럼 아름답게 반짝이는 초록으로 뒤덮여 우리의 눈길을 빼앗아버린다. 그러므로 천지자연의 섭리를 확인하고자 하는 사람은, 먼저 깊은 숲을 지나 계곡을 헤치고 들어가서 세차게 흐르는 물과 낭떠러지에 도전할 필요가 있다.

인디언에 대한 이러한 감개는 초기 식민지 역사를 섭렵했을 때 느낀 것으로, 그 기록 속에는 인디언의 잔학 행위와 식민지 개척을 위해 들어간 뉴잉글랜드인과의 전쟁 모습이 매우 신랄한 필치로 기록되어 있었다. 이렇게 백인이 쓴 편중된 서술에서도 원주민족의 혈맥 속에서 얼마나 문명이 진보한 흔적을 찾을 수 있는지, 침략의 욕망에 사로잡힌 뉴잉글랜드 지방의 식민지인들은 얼마나 쉽게 적대심을 드러내며 전투를 시작했는지, 또 그 전투는 얼마나 무자비하고 끔찍한 살육이었는지, 그런 것들을 진지하게 생각하면 참으로 슬프고 마음이 아프다. 또 그들로 인해 지적 재능이 뛰어난 용사들이 이 세상에서 얼마나 많이 사라졌고, 또 얼마나 많은 용감하고 고귀한 용사들, 이른바 문명인이라는 가짜들과는 달리 자연계의 진짜라고 할 수 있는 인종이 역사의 티끌 속에 어이없게 묻혀버렸는지 상상만 해도 두려워진다.

한때 매사추세츠와 코네티컷 전역에 걸쳐 공포의 이름이었던 인디언 전사 포카노켓의 필립*2의 운명은 이랬다. 그는 뉴잉글랜드 식민지 시대 초기에, 필

---

*2 백인 식민지인들은 '필립'이라 불렀으나 그의 인디언 이름은 메타코메트(Metacomet, 1639~76), 왐파노아그 민족의 추장이다. 또 백인들은 그의 형 왐수타(Wamsutta, ca. 1634~62)

립은 피쿼트족과 나라간세트족,[*3] 왐파노아그족,[*4] 그 밖의 아메리카 동부의 여러 부족을 지배 아래 둔 알곤킨 어족 동맹의 추장들 가운데 가장 뛰어난 존재였다. 그 추장들은 모두 영웅의 자질을 갖추고 있었다. 인간의 지혜를 다해 노력하여 적을 이김으로써 강자가 되려 한 것도 아니고, 명성에 대한 지칠 줄 모르는 야망도 없었다. 오로지 자신들의 땅을 지키려는 큰뜻을 위해 마지막 한 방울의 피까지 짜내며 싸우고 또 싸웠다. 그들의 이야기는 시가(詩歌)가 번영을 누렸던 시대에 그 소재가 될 만한 가치를 지니고, 또 향토 소설이나 로맨스 소설의 소재로 알맞음에도 불구하고, 역사의 페이지에서는 확실한 흔적을 거의 찾아볼 수 없다. 다만 아득하고 막연한 전설이라는 빛바랜 광채 속에서 크나큰 그림자처럼 일렁일 뿐이다.

필그림 파더스라 불리는, 플리머스로 가는 순례자들이 구세계의 종교박해를 피해 신앙의 자유를 찾아서 아메리카 대륙 동해안에 다다랐을 무렵의 환경은 몹시 열악하여 백인들의 사기를 떨어뜨렸다. 식민지인 수는 결코 많지 않았고, 얼마 안 되는 사람들조차 질병과 고난 때문에 잇따라 죽어나가는 비참한 상황이었다. 그들을 에워싼 주위 환경은 끔찍했고, 그곳에서 황량한 들판의 강추위와 원주민족의 위협에 노출되었다. 순례자들은 북극권과 거의 비슷한 이 지방 특유의 매서운 추위를 견뎌야 하는 데다, 늘 기후변화의 영향을 받으면서 암울한 예감에 사로잡혀 있었다. 오직 신앙의 자유를 찾는다는 뜨거운 정열의 불길을 마음의 버팀목으로 삼고, 간신히 절망의 늪에 떨어지는 일 없이 저마다 자신을 꿋꿋하게 일으켜 세웠다.

그런 절망스러운 상황속에서, 순례자들은 이 주의 대부분을 지배하며 강대한 세력을 자랑하던 왐파노아그족의 추장 마사소이트를 만나게 된다. 마사소이트는 백인 침입자들의 수가 아직 적어서 굳이 그들을 자신들의 영토에서 추방하지 않고, 오히려 그들에게 재빨리 따뜻한 우정을 나타내며 소박하지만 환영하는 마음을 담아 대접했다. 마사소이트가 몇몇 부하를 거느리고 신 플리머스 식민지를 찾은 때는 아직 이른 봄이었다. 그들은 평화와 친목을 존중할 것

<hr>

를 '알렉산더'(Alexander)라고 불렀다.
*3 나라간세트(Narragansett)는 미국 롱아일랜드 주에 사는 부족.
*4 왐파노아그족(Wampanoag)은 미국 매사추세츠 주 남동쪽에 사는 알곤킨 어족에 속하는 인디언 부족.

을 엄숙하게 맹세하고, 식민지인들에게 자신들의 영역 일부를 넘겨준 뒤, 동맹 부족과도 서로 깊은 우호 관계를 쌓을 수 있도록 노력하겠다고 약속했다. 이전부터 인디언의 의롭지 못함을 우려하는 목소리가 있었지만, 마사소이트의 성의와 선의의 행위를 짓밟을 수는 없었다. 마사소이트는 백인에게 너그럽고 참된 우정을 존중하며, 자신의 영토 안에서 백인이 소유지를 확충하고 지반을 쌓는 것을 허락했을 뿐만 아니라, 백인 세력 확대와 번영에 질투심 같은 것은 털끝만큼도 품지 않았다. 그리고 죽음이 찾아오기 조금 전, 아들 알렉산더를 데리고 다시 플리머스의 식민지를 찾은 마사소이트는, 평화를 새롭게 맹세하고 그 둘 사이의 평화 우호 관계가 손자 대까지 길이 이어지기를 약속했다.

그 협의 때, 마사소이트는 조상 전래의 종교를 지키면서 백인 선교사들에 의해 자신들의 종교적 신앙이 침해당하는 일이 없도록 백인들을 설득하는 데 애썼다. 앞으로 백인이 인디언을 교묘한 말로 회유하여 조상의 신앙을 포기하게 만드는 일이 없도록 해달라고 요구한 것이다. 그러나 플리머스 식민지인 영국인들이 그 조건을 굳세게 거부하자, 그는 그 요구를 조용히 접는 수밖에 없었다. 그리하여 마사소이트에게 주어진 생애 마지막 책무는, 자신의 두 아들 알렉산더, 필립(두 사람 이름은 식민지인이 지어준 것이었다)과 함께, 식민지의 주요 지도자 집을 찾아가서 서로 친목과 신뢰를 유지하겠다는 확약을 받는 일이었다. 마사소이트는 식민지인과의 사이에 싹튼 굳은 유대와 영원한 사랑이 앞으로도 자손 대대로 변함없이 이어지기를 바랐다. 그 뒤 얼마 안 있어 숨을 거둔 이 착한 늙은 추장은, 다행히 생각지도 않은 비극이 이 부족을 덮치기 전에 조상들이 잠든 묘지에 묻히게 되었다. 그리고 그 뒤 그의 아들들은 그토록 괘씸하고 얄미운 백인에게 배신당하는 뼈아픈 경험을 하게 된다.

마사소이트 뒤를 이은 추장은 맏형인 알렉산더였다. 그는 민첩하고 충동적인 성격이 있는 데다, 자랑스럽게 세습 권리와 위엄을 고집하는 원주민으로, 백인의 침략적인 정치와 독재 만행에 분노를 불태웠다. 급기야 가까이 사는 부족의 촌락이 전쟁으로 인한 화재로 잿더미가 되는 광경을 불안한 마음으로 지켜보던 알렉산더는, 얼마 지나지 않아 백인을 영토 안에서 추방하려는 나라간세트족의 음모에 가담한 일로 식민지인의 분노를 사게 되었다. 어쨌든 원주민과 플리머스 식민지인의 전투가 실제로 있었는지, 또는 근거 없이 꾸며낸 이야기였는지 그 진위는 알 수 없다. 그러나 이제까지 식민지인의 잔학무도하고 위압적인 행위에서 판단하건대, 그 무렵 그들은 이미 자신들의 세력이 급격하게 커진 것을 매우 잘 알고 있었던 것은 분명했다. 그래서 인디언에 대해 가혹하고 사려 깊지 못한 태도를 보이며 매우 형편없는 대우를 해온 것은 틀림없는 사실이었다.

식민지인 지도자는 무장한 병사를 보내 알렉산더를 포박하여 신속하게 법정에 세우라고 명령했다. 그들은 일찌감치 알렉산더가 숨어 있는 곳을 알아냈다. 그러고는 사냥을 한 뒤 지친 심신을 달래려고 무기도 지니지 않은 채 부하들과 함께 쉬고 있던 알렉산더를 찾아냈다. 그리고 그의 허점을 찔러 기습을 감행했다. 느닷없이 신병을 구속당한 뒤 폭행까지 당하여 추장의 위엄이 무참하게 짓밟혔으니 무리도 아니지만, 쉽게 분노하는 자존심의 화신 같은 알렉산더는 심한 열병에 걸린 듯한 상태에 빠지고 말았다. 그는 자기 아들을 식민지인에게 볼모로 주고 일시적으로 귀가를 허락받았으나, 강제로 붙잡힐 때 입은 치명적인 부상 때문에 집에 도착하기도 전에 고통 속에 숨을 거두고 말았다.

알렉산더의 뒤를 이어 그의 동생 메타코메트가 추장이 되었다. 그는 고결한 정신과 패기에 찬 기질로 인해 식민지인들로부터 필립왕이라고 불렸던 인물이다. 이러한 성격과 아울러, 그는 널리 알려진 활발한 행동력과 진취성을 두루 갖추고 있었다. 그래서 백인들의 질투와 시기를 불러일으켜 그들에게 심각한 걱정을 안겨주고 말았다. 그는 평소부터 백인에게 집요할 정도로 적개심을 품고 있었기에, 아무래도 무서운 음모를 꾸미고 있는 위험분자로 여겨지게 된 것이다. 그런 이유로 식민지인의 습격을 받았지만, 그 정도는 충분히 있을 수 있는 일이고, 오히려 자연스러운 과정이었을 것이다. 그런데 메타코메트로서는, 백인들은 인디언 땅에 멋대로 들어와서 방약무인한 행동으로 원주민을 혼란에 빠뜨리고, 많은 지역을 파괴한 침략자라는 생각이 매우 강했다. 무엇보다 메타코메트는 동포였던 부족이 이 땅에서 거의 모두 사라지는, 더없이 부조리하고 끔찍한 광경을 보았다.

게다가 자신들의 영토를 두 눈 번히 뜬 채 빼앗겼고, 그로 말미암아 촌락은 쇠퇴의 길을 걸으며, 조금 남은 동포마저 흩어져서 백인에게 종속되고 만 것이다. 식민지인이 땅을 샀을지 모르지만, 그것은 식민지 개척 초기 혼란한 상황에서의 일이었기 때문에, 그 진상을 아는 이는 신 말고는 아무도 없다. 대체로 유럽인은 외교적 술책이 뛰어난 민족이다. 그들은 인디언을 참으로 교묘하게 다루어 그 드넓은 땅을 자신들의 손안에 넣었다. 백인은 나름대로 가지런한 법체계의 지식을 방패 삼아 기득권을 지키기 위해 점차 합법적인 형벌 규정을 적용했지만, 적절한 교육을 받지 않은 원주민족에게는 도저히 그 법체계를 자세히 조사할 능력이 없었다. 인디언이 판단할 수 있는 것은 중대한 사실 그 자체뿐이다. 유럽인이 침략하기 이전에는 그 땅의 주권자는 인디언이었지만, 이제 그들은 자신의 영토에서 방랑 민족이 되어 간다는 사실을 인식하게 되었다.

그러나 필립은 모든 부족이 지녔던 적개심과 형 알렉산더의 끔찍한 죽음으로 말미암은 개인적 분노가 아무리 클지라도 그것을 잠시 마음속에 넣어둔 채, 이 토지에 찾아온 식민지인과 새롭게 조약을 맺어, 포카노켓에서 잠시 동안 평화로운 삶을 보내는 것을 보장받았다. 포카노켓은 그의 부족이 고대부터 소유했던 영지 이름으로, 식민지인은 그곳을 마운트 호프라고 불렀다. 그런데 그들은 처음에는 필립에게 막연한 시기심을 품었을 뿐이었지만, 이윽고 그 실태를 드러냈다. 마침내 필립은 미국 동부의 부족들을 선동하여 일제 봉기를 꾀하고 압제자와의 유대를 깨뜨리려고 음모한 혐의로 규탄 당했다. 이는 아득히 먼 옛날 일이기에 정말 인디언에 대해 그렇게 공격했는지, 또 그 근거는 얼마나 믿을 만한지 확실하지는 않다. 단, 백인은 망상과 시기심에 사로잡혀 쉽사리 난폭한 행위로 기울어지기 쉬웠을 것이다. 그렇기 때문에 얼마쯤의 풍문이나 풍설도 중요시된 것이다. 정보를 제공하면 보수를 받을 수 있게 되자 밀고자들이 구름처럼 몰려왔고, 그 결과 백인의 승리가 거의 확실해지자 넓은 땅을 차지하기 위해 그들은 선뜻 칼을 뽑게 되었다.

필립 행동을 기록한 물증으로는 사우사만이라고 하는 반역분자의 고발장만 있을 뿐이다. 사우사만은 타고난 교활한 지혜가 매우 뛰어났다. 게다가 백인으로부터 어중간한 지식을 주입받아 그 교활함은 더욱 강화되었다. 그는 세 번이나 신앙을 바꿔 신에게 충성을 다하지 않았다. 한 가지로 모든 일을 다 알 수는 없지만, 이 사실은 틀림없이 그의 주의 주장이 확고하기보다는 얼마나 취약한지를 증명하는 것이 아닐까. 이젠에는, 필립의 고문 겸 비서 역할을 하면서 은혜와 보호를 충분히 누렸던 그는, 필립 주위에 먹구름이 끼고 곧 재앙의 소용돌이에 휩쓸릴 것처럼 보이자 자신의 책무를 포기하고 필립과 결별한 뒤, 백인 쪽에 붙었던 것이다. 그는 백인의 환심을 사려고 필립이 백인의 생명과 재산을 위협하는 악랄한 음모를 꾀하고 있다고 그럴듯한 소문을 퍼뜨려 옛 은인을 궁지로 몰아넣었다. 그러자 곧바로 진상을 밝히기 위해 철저한 조사가 시작되었다.

그러나 그 결과, 필립의 죄과에 해당하는 증거는 하나도 나오지 않았지만 일이 진전된 이상, 식민지인들은 처음으로 다시 돌이킬 수가 없었다. 그래서 그들은 필립을 1급 위험인물로 규정하고, 걸핏하면 불신감을 드러내어 자신들에 대한 적대감을 유도하려고 그를 도발하면서 비열한 짓을 저질렀다. 그렇게 되자 자연히 그들은 신변의 안전을 꾀하기 위해, 당연히 악인으로 만들어버린 필립을 말살할 필요에 쫓기게 되었다. 그 얼마 뒤, 필립을 배신하고 밀고자 활동을 했던 사우사만은 동포의 원한 서린 칼날을 맞고 늪 옆에서 시체로 발견되었다. 이윽고 세 명의 인디언들이 그 범행에 가담한 용의자로 붙잡힌 뒤에 가혹한 신문을 받았다. 그 가운데 한 사람은 필립의 친구이자 고문이었던 인물이다. 그리고 또 한 사람이 신빙성이 매우 결여된 증언을 함으로써, 세 명의 인디언들은 살인범으로서 극형에 처해졌다.

이렇게 심한 처사를 당한 부하와 명예를 더럽히고 처형대에서 사라진 친구를 생각하자, 필립은 자존심에 깊은 상처를 받고 끓어오르는 분노를 억누를 수가 없었다. 그리하여 필립의 발아래 번개가 달리고, 이른바 폭풍전야 같은 긴장감이 고조되었다. 그는 더 이상 백인 힘에 의지하지 않겠다고 결심했다. 능욕을 당하다가 참살된 형이, 지금도 여전히 필립의 마음을 무겁게 짓누르는 슬픔으로 다가왔다. 게다가 그는 나라간세트족의 대추장 미안토니모의 비극을 듣고 더욱 강한 경계심을 품었다. 이 대추장은 법정 증언대에 서서 고발자와 당당하게 논쟁을 벌인 뒤, 모의한 것을 정면으로 부정하고 백인과의 교류와 친목을 꾀하려고 했지만, 불행히도 그들의 악질적인 배신행위로 살해되고만 것이다. 이러한 사건을 바탕으로 필립은 용감한 전사들을 모으고, 할 수 있는 한 영토 밖의 원주민들을 종용하여 자군에 편입시켜 오로지 전력 증강에 힘쓰는 한편, 부녀자는 나라간세트족에게 맡겨 신변을 보호했다. 그리고 필립 자신은 어디에 가든 신변 경호를 위해 언제나 무장한 전사들을 거느렸다.

이렇게 둘 사이에 불신과 시기심이 조장된 상태에서는 더없이 하찮은 일이 전쟁이 시작되는 계기가 될 수 있다. 무기를 손에 든 인디언은 때로는 무모한 행동으로 나가기도 하여 소규모 약탈을 아무 거리낌 없이 저질러졌다. 그리고 마침내 한 인디언 전사가 약탈을 하다가 백인에게 사살되는 사건이 일어났다. 이 일이 전쟁을 여는 공공연한 원인이 되었다. 인디언들은 동포의 끔찍한 죽음을 슬퍼하며 복수하기 위해 모여들었고, 플리머스 식민지 일대에는 전쟁을 알리는 경보가 울려 퍼졌다.

이렇게 음울하고 어두운 식민지 초기 기록을 보면, 그 무렵 사람들의 마음이 얼마나 병들어 있었는지 많은 징후들을 만날 수 있다. 그들은 종교에 집착하여 어두운 망상에 사로잡혀 있었다. 그들은 인간의 발길이 닿은 적이 없는 숲과 원주민들에게 포위된 고요하고 음산한 환경 속에 자연히 미신적인 공상에 빠지기 쉬워서, 머릿속은 요술과 마술 같은 무서운 망상으로 가득했다. 또 불길한 운명의 조짐도 굳게 믿었다. 옛부터 내려온 전설에 따르면, 필립과 그 부족의 전쟁에 앞서서, 대참사가 일어날 조짐이 신들에 의해 온갖 현상으로 미리 계시되었다고 한다. 이를테면 인디언이 사용하는 활이 완전한 형태로 뉴플리머스의 하늘에 또렷하게 떠오른 광경을 보고, 몇몇 식민지 사람들은 '엄청난 유령'이라고 두려워하며 공손히 절했던 것 같다. 노샘프턴의 해들리와 그밖의 인근 도시에서는 '대포를 쏘는 듯한 커다란 소리가 울려 퍼지는 동시에 땅이 흔들렸고, 그 메아리가 심상치 않았다'. 또 쾌청하고 조용한 아침에 대포와 소총의 파열음이 갑자기 터져 놀란 사람들도 있고, 총알이 바람을 가르며 귓전을 스치는가 하면, 북소리가 하늘 높은 곳에서 서쪽으로 사라져가는 듯이 느낀 사람도 있었다고 한다.

또 어떤 사람은 머리 위에서 말 떼가 질주하는 발굽소리를 들었다고 했다. 그 시대에는 장애를 지닌 아기들이 여럿 태어나는 등, 흉사의 조짐이 몇몇 마을의 미신을 믿는 사람들의 머릿속을 가득 채웠다. 그러한 불길한 광경과 소리들은 대부분은 자연 현상의 일부, 즉 그 주변 지역에서 자주 볼 수 있는 선명한 오로라, 하늘에서 꼬리를 끄는 유성, 바람이 빠르게 숲 위를 지나가는 소리, 나무가 쓰러지는 소리, 바위가 깨지는 소리, 또는 인적 없는 고요한 숲속 깊은 곳에서 이따금 귀를 찢는 듯한 이상야릇한 소리가 메아리치는 현상들이었으리라. 그러한 현상에 대한 소문은 몇몇 망상가들을 놀라게 했고, 경이로운 것을 유난히 좋아하는 사람들에 의해 더욱 과장되어 곳곳에 퍼졌을 것으로 생각된다. 따라서 공포심을 부채질하거나 신비적인 현상이면 무엇이든지 좋아하는 사람들에게는 나름대로 신빙성을 가지고 받아들여진 것이다. 이러한 미신적인 현상이 세상의 눈길을 끌고, 더욱이 학자 한 사람이 기록에 남긴 것에서도, 그 무렵의 보편적인 실태를 여실히 보여준다고 할 수 있다.

식민지의 문명인과 원주민 사이에서 잇따라 일어난 전쟁은, 전략적으로는 완전히 다른 성질을 보여 주었다. 백인은 뛰어난 전술을 구사하여 성공리에 완수하는 것에 목표를 두고 있었기에, 원주민에게 당연히 주어져야 할 권리를 무시한 채 무익한 피를 흘리는 전쟁을 피할 수가 없었다. 한편, 인디언 쪽은 화평 합의가 성립된다 해도, 어차피 굴욕을 견디더라도 그들에게 종속되거나 부족이 멸망해 버릴 것이므로, 죽음도 두려워하지 않겠다는 각오로 과감하게 맞서는 수밖에 없었다.

이 전쟁의 결말은 그 무렵 한 성직자가 남긴 문서를 통해 오늘날까지 전해지고 있지만, 그것은 아무리 정당방위였다 하더라도 인디언들의 적대행위는 도저히 용납될 수 없는 것으로서 공포심과 분노가 담긴 필치로 서술되어 있었다. 이와는 달리 백인의 잔인무도한 학살행위에는 아낌없는 찬사가 나열되어 있었다. 필립은 잔학자, 또는 반역자로 지목되어 비난당했지만, 실은 그 사람이야말로 참된 군주로서 일족이 당한 박해에 복수심을 불태우면서 부족의 쇠퇴를 막기 위해 노력하고, 타국의 압제자로부터의 영토를 되찾기 위해 부하 전사들을 이끌고 용감하게 선두에 선 것이었지만, 이러한 실정은 완전 묵살되었다.

어쨌든 광범위에 걸쳐 동시에 무장봉기를 호소하고 모반을 꾀한 일이 사실이라 해도, 그것은 민족 지도자로서 당연한 식견과 도량에 걸맞은 행위이다. 만일 이 계획이 미리 발각되지 않았으면 결과적으로 중대한 사태로 발전했을 것이다. 그러나 실제로 일어난 전쟁은 작은 충돌 정도의 소규모여서, 우발적인 충돌이 때때로 거듭되는 기획의 연속에 지나지 않았다. 그것은 필립 방식의 교묘한 계략과 대담무쌍한 전술을 보여주었다. 이 사태의 전말은 한쪽으로 치우친 감정적인 필치로 서술되었는데, 그 어느 것도 분명한 사실로서 필립의 굽힘 없는 정신과 지혜, 온갖 어려움을 극복하는 담력, 그리고 비할 데 없는 결단력을 보여준 것으로, 우리의 동정과 칭찬을 이끌어내기에 충분했다고 할 수 있다.

조상 대대로 물려받은 영지 마운트 호프(포카노켓)에서 쫓겨난 필립은, 식민지 변경에 있는 넓고 깊고 울창한 숲으로 달아났는데, 그곳은 들짐승과 인디언 말고는 거의 아무도 발을 들여놓은 적이 없는 음산한 장소였다. 그는 세찬 비바람이 천둥구름 가장자리에서 맹위를 떨치듯이, 그곳에 부하 전사들을 모아놓고 시도 때도 없이 생각지도 못한 곳에 귀신같이 나타나 마구 휩쓸고 다녔다. 곧 마을은 대혼란에 빠졌고 사람들은 크게 놀라 어찌할 바를 몰랐다. 금방이라도 그들이 내습할 것 같은 불온한 기색이 주위를 뒤덮자, 백인들은 공포에 사로잡혀 정신적으로 궁지에 내몰렸다. 백인이 거의 아무도 살고 있지 않은 숲속에서 총소리가 들리거나, 숲으로 달아났던 소가 심한 상처를 입고 돌아오기도 하고, 숲의 경사진 들판에 인디언 몇 명이 잠복해 있는 줄 알았는데, 어느새 그곳에서 흔적도 없이 사라지는 변화무쌍한 움직임이, 마치 폭풍을 부르는 불길한 먹구름 끝에서 번개가 조용히 춤추는 것 같기도 했다.

이따금 생각지 않게 식민지 사람들에게 추적당해 포위당할 때도 있었지만, 필립은 그때마다 온갖 노련한 술책을 써서 그물에서 빠져나가듯이 마을에서 멀리 떨어진 황야 깊숙한 곳에 숨어버리는 바람에, 토벌하던 백인은 그를 찾아낼 방법이 없어서 완전히 포기한 상태가 되고 말았다. 그러자 이번에는 먼 곳에 떨어진 영지에 나타나 다시 약탈 행위를 되풀이하는 것이다. 그런데, 그들의 몇몇 성채 안에는 뉴잉글랜드 지방의 일부 지역에서 자주 볼 수 있는 커다란 늪지가 있는데, 그것은 바닥에 덮쳐 쌓인 검고 고운 진흙층으로 이루어졌으며, 기슭에는 떨기나무와 가시덤불, 잡초가 우거져 있고, 그밖에도 썩은 나무줄기가 곳곳에 쓰러져 있었다.

식민지인들이 이렇게 발밑이 험한 데다 복잡하게 헝클어진 미로 같은 곳에 들어가는 것은 곤란한 일이 아닐 수 없었다. 물론 인디언처럼 사슴 못지않은 뛰어난 기민함이 갖춰져 있으면 모르지만. 언젠가 필립은 포카셋 넥의 커다란 늪지대에 부하 전사들과 함께 쫓겨간 적이 있었다. 백인은 그렇게 어둡고 음산한 장소에 발을 들여 넣었다가는 틀림없이 늪지대나 수렁처럼 깜깜한 굴속에 들어가 버리거나, 또는 숨어 있던 인디언 복병의 기습을 받아 후퇴로를 차단당하지 않을까 걱정되어 감히 더는 뒤쫓지 못하고 포기하고 말았다. 그러자 그들은 필립 일당의 보급로를 끊어버릴 책략을 짜내어, 포카셋 넥 입구 부근에 성채를 쌓고 포위망을 펼치려고 했지만, 필립과 부하 전사들은 뒤에 처자를 남겨둔 채 어둠을 틈타 통나무배를 타고 단숨에 아득한 서쪽으로 가서 간발의 차이로 난을 피했다. 그리고 매사추세츠와 니프먹 지방의 원주민족에 대해 싸움의 불길을 크게 올림으로써, 코네티컷의 식민지를 위협했다.

그렇게 하여 필립 존재는 사람들 사이에 공포와 기피의 대상이 되었을 뿐 아니라, 그와 관련이 있는 신비로운 사건은 실제 이상으로 과장되어 널리 퍼졌다. 그는 마치 어둠 속을 떠도는 악마 같아서 그 출현을 예언할 수 있는 사람은 아무도 없었고, 또 경계해야 할 시기를 그 누구도 몰랐다. 그래서 이 지역 모든 백성들은 유언비어에 사로잡혀 마음속에 위기감을 심어놓고 말았다. 필립은 신과 마찬가지로 어디에나 모습을 드러낼 수 있는 존재로 여겨져, 드넓은 변방의 어떤 곳이든 숲에서 느닷없이 나타나는 인디언이 있으면, 그 우두머리는 틀림없이 필립으로 단정되었다. 그리고 그에 대한 미신적인 다양한 관념도 널리 퍼져나갔다. 그 전형적 예로, 필립은 마술을 부릴 수 있는 인물로 늙은 원주민 여자 주술자를 거느리고 온갖 술책을 부렸다고 하며, 그 여자 주술사와 예언자는 마법과 주문으로 필립을 도왔다는 이야기를 들 수 있다. 이것은 인디언 추장에게는 곧잘 있는 일로, 추장의 맹신에 의한 것이거나 부하 전사의 맹신에 따르거나 둘 중 하나이다. 예언자와 공상가들이 인디언의 미신적 신앙을 지배하는 큰 힘은, 이미 원주민과의 싸움에서 충분히 증명되었다.

필립이 포카셋에서 도망쳤을 때, 그가 처한 상황은 무척 끔찍하고 절망적이었다. 거듭되는 무력 충돌에 의해 병력은 황폐해졌고, 지난날 자원과 재력은 거의 잃어버렸다. 이러한 역경에 빠졌을 때, 필립은 나라간세트족의 추장 카논체트라고 하는 충실한 친구를 만날 수 있었다. 그는 대추장 미안토니모의 아들이자 유산 상속자였다. 그의 아버지인 대추장 미안토니모는 앞서 말했듯이 모반을 일으킨 죄로 고발당했다가 마지막에 멋지게 무죄판결을 받아낸 인물이었다. 그러나 그 뒤 불행하게도 식민지 백인들의 배신적인 행위로 말미암아 은밀하게 살해되고 말았다. 그때의 역사가는 다음과 같이 말한다. "그는 백인에 대한 증오뿐만 아니라, 아버지로부터 자부심과 오만함도 물려받았다." 그는 이처럼 아버지가 입은 능욕과 불행한 재앙을 지고 있었기에, 마땅히 그 원한을 푸는 데 정당한 처지에 있는 인물이라고 할 수 있다. 그는 이 승산 없는 전쟁을 적극적으로 이끌지는 않았지만, 그래도 필립과 그 패잔병을 환영하며 남다른 지원과 엄호를 아끼지 않았다. 그것은 백인들의 분노와 원한을 불러일으키는 원인이 되었다. 그리하여 이 두 추장을 토벌할 계획이 결정된 것이다. 이에 따라서 매사추세츠, 플리머스 및 코네티컷에서 소집된 병사들로 대군을 조직하여, 한겨울에 나라간세트 군을 향해 출병했다. 때가 때인 만큼 늪지는 얼어붙었고, 그 위에 나뭇잎이 쌓여서 꽤 순조롭게 나아갈 수 있었다. 그러므로 인디언에게도, 그곳은 더 이상 백인의 공격을 가로막을 수 있는 요새는 아니었던 것이다.

백인들 공격에 대비하여, 나라간세트 추장 카논체트는 사전에 재산과 필수품의 대부분, 그리고 노인, 부녀자, 병자의 안전을 확보하기 위해 그들을 튼튼한 성채에 보냈다. 그리고 필립과 함께 정예 부하들을 뽑아서 전쟁 대형을 짰다. 인디언들이 쉽사리 함락되지 않을 것으로 생각했던 이 성채는, 어느 늪지대 중앙의 높은 언덕 위에 있었는데, 그 부지 면적은 거의 56에이커였다. 이 성채 구조는 일반적인 구조에 비해 매우 뛰어났으며, 탁월한 혜안과 기술로 지어진 것으로 짐작된다. 이는 두 추장의 비범한 군사적 재능을 여실히 보여주는 한 사례일 것이다.

그러나 부족에게서 쫓겨난 한 인디언에게서 길안내를 받은 백인들은, 12월에 쌓인 차가운 눈을 헤치고 성채에 다가가서 상대의 허점을 찔러 단숨에 경비병을 습격했다. 싸움은 치열하기 그지없었고 자연히 혼란 상태에 빠져, 전투의 맨 앞에 선 병사들은 여지없이 쓰러지고, 용감한 몇몇 장병들은 칼을 휘둘러 성채를 공격하려고 했지만 여지없이 물러가게 되었다. 그러나 그들은 다시 공격을 시작했고 치열한 전투가 펼쳐졌다. 마침내 백인들은 한 거점을 차지하는 데 성공했다. 그리하여 인디언들은 점차 오지로 쫓겨가고 한 발짝 한 발짝 지켜야 할 영유지는 갈수록 좁아졌다. 쫓겨 가는 인디언들은 더욱 거세게 저항했지만, 늙은 병사로 이루어진 기병대 대부분은 뿔뿔이 흩어지는 상황이 되었다. 이 길고도 격렬했던 전투 뒤, 필립과 카논체트는 가까스로 살아남은 몇몇 전사들을 이끌고 성채를 떠나 인근 숲속에 몸을 숨겼다.

회심의 승리에 들끓는 백인들은 인디언의 천막집과 성채에 불을 질렀다. 그러자 눈 깜짝할 사이에 건물 전체가 붉은 화염에 싸였고, 그 안에 있었던 노인과 부녀자 대부분은 맹렬하게 덮치는 불길 속에서 숨을 거두었다. 이렇게 끔찍하고 부당한 형태로 사람의 목숨을 모독하는 행위에는, 그토록 냉정한 인디언도 더는 참을 수가 없었다. 가까스로 습격을 피해 달아난 인디언들은 자신들의 천막집이 파괴되는 모습과 사랑하는 처자가 비통한 비명을 지르면서 몸부림치다가 숨이 끊어지는 모습을 직접 보았기에, 당연히 분노의 감정을 억누를 길이 없었다. 그들의 원한과 절망에 찬 커다란 외침은 인접한 숲에까지 울려 퍼졌다. 그 무렵 작가는 다음처럼 말한다. "불에 타 사라진 주거지, 사랑하는 처자의 비통한 절규, 동지들의 오열, 이렇게 아수라장이 되어버린 처참한 광경을 목격한 전사들은 동요하지 않을 수 없었다." 그 작가는 망설이면서 다시 이런 말을 내뱉었다. "그 당시 살아 있는 인간을 불태우는 행동은, 정말 독실한 인도주의자와 성서의 자비로운 교리에 어긋나지 않는 것인지, 우리는 그것을 거듭 생각하고 돌아보았다." 그런데 용감하고 의리가 깊은 전사 카논체트 행위는 충분히 기록할 가치가 있다고 보며, 그 만년은 인디언의 아량을 유감없이 보여준 고귀한 삶이었다고 전해진다. 카논체트는 참패했기 때문에 병력도 재력도 더없이 황폐해지고 말았지만, 그런 상황에서도 동맹자와 불운한 아군에 대해서는 끝까지 충성을 지켜나갔다. 예를 들면, 그는 필립과 그 부하들을 배신하는 조건으로 작성된 화평 제안서를 거부하고, "백인을 섬기는 하인이 될 바엔, 차라리 최후의 한 사람이 될 때까지 싸우겠다"고 소리 높여 선언했다. 이미 그의 거처는 백인 정복자들의 침입으로 말미암아 철저히 파괴되고 황폐해져서, 그는 코네티컷 해안을 정처 없이 떠도는 신세가 되고 말았다. 그는 서부 인디언들을 위해 재집결할 터를 닦고 백인 식민지 몇몇 거점을 습격하는 것으로 그 울분을 풀었다.

초봄 무렵, 카논체트는 고작 30명 정도의 부하들을 이끌고 마운트 호프 근처의 시콩크에 침입하여, 군량을 얻기 위해 뿌릴 씨앗을 찾아 위험한 여행을 하던 중이었다. 그때 적이 내습할 거라는 경고가 들어온 것은, 카논체트가 이끄는 소대가 피쿼트 지방을 무사히 지난 뒤 나라간세트 중앙에 이르러, 포타게트 강에서 가까운 천막집에서 쉬고 있었을 때였다. 카논체트의 신변을 지키는 부하는 겨우 일곱 명밖에 되지 않았는데, 그는 그중 두 명을 가까운 언덕 위로 보내 적의 형세를 살피고 오라고 정찰 지령을 내렸다.

백인 병사들과 인디언 전사들로 이루어진 혼성군이 발빠르게 행군해 오는 광경을 보고 깜짝 놀란 두 부하는, 극렬한 공포심에 사로잡혀 몸이 얼어붙어 버려, 그 다급한 사태를 추장에게 전하지도 못한 채 그 자리에서 줄행랑을 치고 말았다. 카논체트는 다시 다른 정찰대를 보냈으나 결과는 마찬가지였다. 또다시 두 명의 정찰대를 현장에 급히 보내자, 이번에는 그중 한 사람이 몸을 구르듯이 돌아와서 적의 전군이 가까이 다가오고 있음을 알렸다. 이제 여기까지인가. 카논체트는 이 자리에서 달아나는 길밖에 없음을 직감하고, 그 언덕을 넘으려다가 운 나쁘게 적에게 들켜, 적진의 인디언과 두세 명의 발 빠른 백인의 거센 추격을 받게 되었다. 추격대가 바로 등 뒤에 다가왔음을 안 그는, 담요와 은실로 수놓은 윗옷, 그리고 조개껍데기로 만든 벨트를 내던졌다. 그 광경을 보고, 추격대는 그 인물이 카논체트임을 확신했다. 추격극은 더욱 긴장감이 높아졌다.

카논체트가 이윽고 강을 단숨에 건너려고 했을 때였다. 그는 돌 위에서 발을 잘못 헛디뎌 그만 물속에 빠지고 말았다. 그가 지니고 있었던 총도 강물에 잠겨 못쓰게 되었다. 카논체트는 절망의 나락으로 떨어지고 말았다. 뒷날 그 이야기에 따르면, "심장과 내장이 산산이 조각나는 듯한 충격을 받고, 생기를 잃은 썩은 나무토막처럼 되고 말았다"고 한다.

눈에 띄게 사기가 꺾이고 심신이 밑바닥까지 황폐해진 카논체트는, 강 가까이에서 한 피쿼트족에게 사로잡혔다. 늠름하고 건장한 체격을 자랑하며 그토록 용맹하고 과감했던 그가 옴짝달싹하지 못하고 적에게 붙잡힌 것이다. 그러나 포로 몸이 되었을 때도 그의 마음속에서는 긍지가 가득 솟아났다. 그때부터 군주의 품격과 함께 뛰어난 무용을 자랑하는 카논체트는, 기골이 넘치는 자신의 맨얼굴을 드러냈다. 그 모습은 백인이 남긴 옛 문서를 통해서도 충분히 짐작할 수 있다. 가장 먼저 달려온 스물두 살가량 젊은 백인이 트집을 잡으며 묻자, 이 품위 있는 전사는 모욕을 받은 표정으로 젊은이의 얼굴을 뚫어지게 바라보면서 이렇게 말했다. "너 같은 애송이가 전쟁에 대해 뭘 안다고 그러느냐. 너의 형이든 대장이든, 말이 통할 만한 인물을 불러오라. 그러면 대답해주마."

백인들은 목숨만은 살려줄 테니 영내의 부하들과 함께 자신들 밑으로 들어오라고 몇 번이나 권유했지만, 카논체트는 경멸을 담아 그 요구를 거절하고, 자신이 거느린 많은 부하들도 그 말에 마음이 흔들리지 않도록 신경을 썼다. 어쨌든 부하들은 어느 누구도 그러한 권유에 응하지 않겠다고 분명히 말했다. 그러자 그들은 카논체트에게 백인에 대한 서약불이행을 추궁하기 시작했다. 즉, 한 사람의 왐파노아그 인디언도, 아니, 그 발톱 한 조각도 넘겨주는 짓은 하지 않겠다고 잘라 말하는 그의 오만함, 또 살아 있는 백인을 집과 함께 불태워버리겠다는 위협 의미를 담은 협박에 대해 문책했다. 그런데도 그는 한 마디도 변명하지 않고, 꿋꿋하게 자기 부하들도 자신과 마찬가지로 끝까지 싸울 것임을 적에게 전하고 "더 이상 할 말 없다"고 결연하게 선언했다.

이렇게 굽힘 없는 고상한 정신을 지켜나가며 아군과 동포에 대해 충절을 다하겠다는 굳은 결의는 틀림없이 어진 사람과 용사의 마음을 움직였을 것이다. 그러나 카논체트는 어디까지나 한 인디언에 지나지 않았다. 그에게 전쟁은 비정하며, 인도적인 법도 없고 종교적인 자비도 기대할 수 없는 것이었다. 그는 끝내 사형을 선고받았는데, 기록으로 남겨진 카논체트의 마지막 말에서 그 영혼의 위대함을 엿볼 수 있다.

사형이 선고되자, 그는 "나는 스스로 죽음에 임하겠다. 적어도 마음이 꺾여 자신에게 부끄러운 말을 하기 전에, 깨끗하게 전쟁터의 이슬로 사라지고 싶다." 고 자신의 심정을 밝혔다. 적진도 이 위대한 용사에게 존경심을 나타냈고, 카논체트는 자신과 계급이 같은 세 젊은 추장에 의해 스토닝엄에서 총살당했다.*5

나라간세트 성채에서의 패배와 카논체트의 죽음은 필립의 운명에 치명적인 타격을 입혔다. 그 뒤 그는 모호크족을 부추겨 무기를 조달하고 전투를 다시 시작하려고 했으나, 결국 그 뜻을 이루지 못하고 만다. 필립은 정치가 기질을 타고났으나, 그 뛰어난 재주도 적의 탁월하고 발전된 기량에 의해 사라지고 말았다. 결국 적의 무섭도록 숙련된 전술은 부족들의 불굴의 투지를 꺾기에 이르렀다. 그리하여 이 불운한 추장은 차츰 세력이 줄어들어 힘을 잃고 말았다. 게다가 그의 곁에서 부하 병사들이 급격히 사라져버린 일은 그를 더욱 실망시켰을 것이다. 어떤 사람은 백인에게 매수되었고, 어떤 사람은 굶주림과 피로에 지쳐 떠나가고, 또 어떤 사람은 거듭되는 공격에 무참하게 목숨을 잃었다. 양식은 모두 적진에 빼앗기고, 친구와 동료들은 눈앞에서 홀연히 자취를 감췄다. 게다가 그의 숙부도 곁에 있다가 사살 당했고, 누이동생은 포로로 끌려가서 억류되고 말았다. 어느 날, 그는 가까스로 몸을 피해 간발의 차이로 난을 피했지만, 불행하게도 아내와 하나뿐인 아들을 적의 손에 넘기지 않을 수 없었다. 앞에서 이야기한 역사가는 이렇게 말했다.

"필립의 운세는 점차 기울어져 불행에 불행이 겹칠 뿐이었다. 아들은 포로

---

*5 나라간세트족의 카논체트(Canonchet) 추장은 1676년 4월 3일에 처형되었다.

신세, 친구 죽음, 학살당한 부하들, 가족의 죽음, 그리고 외부로부터의 모든 원조가 끊겨버렸으니 그것이 얼마나 괴로울지, 그는 경험을 통해 잘 알고 있었을 것이다."

그러나 필립을 덮친 불행은 거기서 끝나지 않았다. 그는 자신의 부하들에게도 목숨의 위협을 받는 신세가 되었다. 너무나도 수치스러운 일이지만, 그들은 자신의 몸을 지키기 위해 필립을 희생시키려 했다. 포카세트의 왕녀 웨타모아는 필립에게는 가까운 친족이자 동맹자였지만, 그녀의 몇몇 부하들은 필립의 충실한 숭배자의 속임수에 넘어가 적의 손에 떨어지고, 그 속에 있었던 공주 웨타모아는 기회를 틈타 근처 강을 건너 망명을 꾀했으나, 끝내 강변에서 알몸의 시체로 발견되었다. 물에 빠져 죽었는지 아니면 굶주림과 추위 속에 얼어 죽었는지, 그 진상은 어둠속에 묻히고 말았다.

그러나 그녀가 죽은 뒤에도 박해는 끝나지 않고 오랫동안 이어졌다. 어떠한 악인이라도, 비참한 처지에 있던 사람이 인고를 벗어나 마지막으로 달아날 곳은 죽음이지만, 이 몰락한 여성은 그것도 아니었던 모양이다. 그런 그녀의 대죄는 무엇이었을까? 그것은 그녀가 자신의 부족과 친구에게 깊은 충성심을 바쳤다는, 그 한 가지뿐이다. 그 때문인지 그녀는 말 못하는 시체가 된 뒤에도, 적진의 교활한 속셈에 따라 비열한 방식으로 복수의 대상이 되고 말았다. 어떻게 이토록 잔인하고 끔찍할 수 있단 말인가. 그 머리는 몸에서 잘려져 장대 끝에 꽂혀, 톤턴에서 포로가 된 부하들 앞에 보여졌다. 부하들은 곧 그 불행한 왕녀의 차마 눈뜨고 볼 수 없는 끔찍한 모습을 보았다. 그들이 경악하면서 바라본 광경은 이루 말할 수 없이 처참하기 짝이 없었다. 그때 '마성을 띤 처절한 통곡'이 터져나왔다고 전해진다.

필립은 자기를 에워싼 수많은 불행과 박해, 고통에도 흔들리지 않고 꿋꿋하게 참고 견뎠다. 그러나 부하의 반역을 알았을 때는, 그 또한 가슴이 조여 오는 듯한 괴로운 심정에 빠져 절망의 늪에 내몰리지 않을 수 없었다. '그는 그 뒤의 인생에서 행복과 성공을 손에 넣는 일은 없었다'고 전해진다. 필립의 희망은 덧없이 무너져 버리고, 진취적인 정신은 완전히 사라지고 말았다. 어디를 보아도 암흑과 위험한 세계가 있을 뿐이었다. 필립에게 동정의 눈길을 보내는 사람도 없었고, 구원의 손길을 내밀어주는 사람도 없었다. 이렇게 비참한 운명에 빠진 자신에게 변함없이 충성을 다하는 얼마쯤의 부하들을 이끌고, 필립은 조상 대대로의 거주지인 마운트 호프로 간신히 돌아갔다. 지난날 번성을 자랑하며 권력을 휘두르며 당당히 거닐던 그곳을, 집도 가족도 친구도 모두 잃은 그는 마치 유령처럼 숨죽이며 걸었다. 이 가엾은 처지에 놓인 인물을 아는 데는 한 역사가의 꾸밈없는 담담한 묘사로 충분할 것이다. 비운의 전사 필립을 매도한 이 역사가의 필치는, 의도하지 않았어도 저절로 독자의 동정심을 불러일으키게 한다. 그는 이렇게 말했다.

"필립은 마치 사나운 들짐승처럼 백인들에게 숲속을 이리저리 100마일이 넘게 쫓겨 다닌 끝에, 마지막에는 마운트 호프의 거처로 내몰려 마침내 더 이상 갈 곳을 잃었다. 그곳에서 그는 두세 명의 가장 친한 친구들과 함께 늪지대에 몸을 숨겼는데 나중에 생각하니, 그곳은 신의 뜻을 전하는 사신(死神)의 사자가 복수할 날을 알릴 때까지 그를 가두는 감옥에 지나지 않았다."

마지막에 다다른 절망감과 고요함이 감도는 이 은신처에서, 필립의 추억은 처참한 느낌을 더해갔다. 그가 심신이 모두 지쳐버린 친구들에게 둘러싸여, 가혹한 운명에 시달렸던 인생을 조용히 돌아보았을 때는, 은신처에 적막하고 구슬픈 느낌이 감도는 가운데, 일종의 야성적인 기백과 위엄이 한껏 고양되어 있었으리라. 그는 싸움에는 패했지만 마음은 꺾이지 않았다. 여지없이 패하여 다시 일어날 수 없게 되어도 굴욕을 얻은 것은 아니었다. 필립은 여러 번 비운에 시달리면서도 숭고한 자존심만은 결코 잃어버리지 않았고, 오히려 고통으로 이어진 쓸쓸함이 가득한 인생을 만족스럽게 돌아보는 것처럼 보였다. 보통 평범한 사람은 불행에 굴복하고 그 상황에 익숙해지지만, 위인은 그것을 초월하는 법이다. 필립에게 복종은 생각할 수도 없는 일로 더한 분노를 불태울 뿐이었다. 그러한 상황에서 부하 한 사람이 백인과 화평 협정을 맺으라고 말하자, 그는 부하를 단칼에 베어 칼날의 이슬로 사라지게 만들었다. 그 일로 말미암아 사태는 더욱 심각해졌다. 필립에게 살해당한 부하의 동생이 보복심에 불타올라 도망쳐서 적과 내통하고 그의 은신처를 일러바친 것이다. 그 기회를 놓칠세라 백인과 인디언으로 이루어진 혼성 부대가 분노와 증오에 떨면서 늪지대에 숨어 있는 필립을 급습하기 위해 파견되었다. 필립이 그 사실을 눈치 채기 전에 혼성 부대는 일찌감치 그의 주위에 공격 포진을 펴기 시작했다. 눈 깜짝할 사이에 필립은 충실한 부하 다섯 명을 눈앞에서 잃었다. 이제는 아무리 저항해도 도저히 승산이 없었다. 그는 은신처에서 벗어나 무모하게 달아나려 했

으나, 한 순간에 배신자인 아군 부족이 쏜 총에 맞아 심장이 꿰뚫려 그 자리에서 죽고 말았다.

이것이 용맹하고 과감한, 굽힐 줄 모르는 정신의 소유자였음에도 불우한 생애를 마감한 필립 이야기의 간단한 줄거리이다. 그는 살아서는 박해받고, 죽어서도 비방과 모욕을 받은 가엾은 무장이었다. 그러나 사실이 왜곡된 채 널리 알려진 적진의 이야기조차 자세히 조사하면, 우리는 필립의 슬픈 운명에 깊은 동정심을 금할 수가 없고, 그의 영혼에도 심심한 경의를 표하고 싶어진다. 즉, 필립의 아름다운 정신과 기품이 넘치는 인격의 한 부분을 접할 수 있기 때문이다. 필립은 견딜 수 없는 고통과 풀 길 없는 원통함에 가득찬 전쟁 중에도, 부부간 애정과 부모 자식의 유대를 존중하고, 육친이 아닌 사람과는 서로 두터운 우정을 키우는 것의 소중함을 일깨우며, 사람의 마음과 감정을 따뜻하게 접했음을 알 수 있다. '사랑하는 아내와 하나뿐인 아들'이 포로의 몸이 되자 필립은 깊은 절망과 고독에 빠졌는데, 그 일에 대해서는 옛날 책에도 기록되었고, 그의 친구 죽음이 가져다준 정신적인 타격은 더욱 컸을 거라고 기록되어 있었다.

그러나 그보다 더욱 그를 슬프게 한 것은, 믿었던 수많은 심복들의 배신이었다. 그 이후, 필립은 깊은 외로움 속에서 어떠한 위로도 공허하게 들릴 뿐이었다. 필립은 자기가 태어나서 자란 땅에 자기 몸을 바친 애국자였다. 어디까지나 신하들에게 충실했고, 신하의 부덕함에 당당하게 분노를 나타내는 군주였다. 그는 싸움터에서는 용감무쌍하기로 정평이 나 있었고, 어떠한 어려움에도 확고한 신념을 가지고 배고픔과 목마름, 쇠약함 같은 어떠한 육체적 고통에 대해서도 참을성 있게 견뎌 낼 줄 알았던 무장이었다. 그리고 필립은 충성심이 강한 아군을 위해서라면 언제든지 목숨을 내던질 각오를 지녔던 전사였다. 고귀한 마음을 가지고 과감하게 자연과 노니는 것에서 억누를 수 없는 기쁨을 느끼는 필립에게, 군이 품격 높은 정신을 꺾으면서까지 백인에게 복종하는 것은 떳떳한 일이 아니었다.

따라서 그는 식민지에서 안일을 탐하고 사치에 빠져 마침내 종속당하고 멸시당하면서 살기보다는, 차라리 숲에서 사나운 야수가 포효하는 소리와 싸우면서, 늪지대와 저습지대 깊은 곳에서 먹을 것도 쉽게 구할 수 없는 음산한 은신처에서 자유를 누리는 생활을 선택한 것이다. 그는 어마어마하게 큰 위업을 이룩했을 뿐만 아니라 영웅의 자질까지 갖춘 이 전사는, 문명사회의 한 용사로서 빛나는 존재였다. 그리하여 시인과 역사가에게 글의 주제가 될 수 있었던 것이었다. 그는 자신이 태어난 나라에서, 어쩔 수 없이 떠돌이와 도망자나 다름없는 생활을 하면서 깊은 먹구름 아래에서 날뛰는 폭풍 속에 가라앉는 보트처럼 침몰되고 말았다. 그러나 그의 죽음을 슬퍼하는 자비로운 눈길을 끌지도 못하고, 또 그의 고뇌를 언어로 기록해 주는 작가도 없었다.

존 불

장로가 한 자 한 자 엮어낸 옛 시,
드넓은 땅을 소유한 훌륭한 늙은 신사,
그곳에는 화려한 옛 저택이 서 있고,
신사는 풍요로운 삶을 누리고 있었네.
저택 문에서 가난한 사람에게 손을 내미는 늙은 문지기

옛날 서재에는 오래된 학술서가 가득하다네.
늙은 목사는 한눈에 그것을 알아보았네.
식품 저장고로 통하는 창틀은 부서지거나 빠져 있었지.
베테랑 요리사는 모두 여섯 명.
모두 늙은 신하 같다네. 운운.

옛 시에서

영국인은 탁월한 유머 감각을 지녔지만, 그중에서도 가장 뛰어난 것은 사물을 회화화하여 표현하거나 우스꽝스러운 이름과 별명을 붙이는 솜씨였다. 그 대상은 한 개인에 머무르지 않고 국민 전체와 관련된 것에까지 미친다. 영국인은 조크를 날리며 한없이 노는 것을 좋아하기 때문에, 자기 자신에게도 절대로 사정을 봐주지 않는다. 보통 사람들은 사물에 대해 이름을 지을 때, 어딘가 위엄이 있고 영웅답게 화려한 느낌이 드는 이름을 좋아하지만, 영국인은 특이하게도 투박하고 회화적이며 친근함이 느껴지는 이름을 좋아한다. 그래서 영국인은 국민적인 특이한 특성이 드러난 톱해트[*1]인 삼각모를 쓰고, 붉은 조끼와 정장 가죽 반바지를 입고, 굵은 떡갈나무 지팡이를 든, 뚱뚱하고 관록 있

[*1] 톱해트는 남자의 정장용 모자인 실크해트와 같다.

는 늙은 인물을 만들어냈다. 그리하여 그들은 자기 내면에 숨어 있는 가장 들키고 싶지 않은 결점을 재미있게 드러내는 것에서 묘한 쾌감을 느꼈다. 그들의 뛰어난 묘사력에 의해 어떠한 실재인물보다도 인상적으로 일반 대중의 마음속에 선명하게 새겨진 존재라고 하면, 그것은 아마도 별난 사람이자 괴짜인 존 불일 것이다.

아마도 이렇게 영국인에 대해 그려낸 이색적인 등장인물 모습에 늘 주목하고 있어선지, 그 인물상은 완전히 국민의 머릿속에 박혀 정착하게 되었다. 처음에는 대부분 상상 속의 인물일 뿐이었지만, 요즘에 와서 갑자기 진실성을 띠게 되었다. 사람은 주위로부터 이색적이라는 말을 자주 들으면, 저절로 그런 기질이 되어버리기 쉽다. 일반적인 영국인은 자신들이 만들어낸 존 불의 이상적인 모습에 아주 매료되어 버린 듯이, 언제나 자신이 눈앞에 엄연하게 존재하는 이 회화화된 인물에 걸맞은 행동을 보여준다. 불행하게도 이따금 그들이 편견을 휘두르거나 야비한 마음에 빠졌을 때는, 그들이 좋아하는 존 불을 끌어내어 궤변을 늘어놓는다. 특히 런던에서 태어나고 자란 순수한 런던내기로, 보 성당 종소리가 들리지 않는 곳에는 한 번도 간 적이 없는 사람들*²에게는 그런 경향이 더욱 두드러진다. 조금 거칠고 무례한 느낌이 드는 말투를 쓰는 사람은, 주로 자신이야말로 참된 존 불이라고 주장하며 언제나 거침없이 말을 내뱉는다. 가끔 작은 일에 집착하여 지나치게 화를 내는 경우에는, 존 불은 분통을 참지 못하는 성격의 소유자라고 말한다. 물론 한 순간 치솟은 감정이 가라앉으면 악의는 없었다는 듯이 깨끗하게 다시 기분을 되돌린다. 만일 자기도 모르게 자신의 천박한 취향을 드러내거나, 외국에서 건너온 섬세하고 우아한 취향에 대해 무감각한 행위나 언동을 취해버렸다면, 다행히 나는 그런 것에 대한 지식 같은 건 없으며, 아무튼 보다시피 전형적인 존 불이라서 허영이나 겉치레에는 전혀 관심이 없다고 주장한다. 모르는 사람들에게 속아서 형편없는 물건에 큰돈을 들이는 버릇이 있는 것조차 너그럽다는 핑계로 슬쩍 넘어가고, 존 불은 교활하기보다는 언제나 호탕하게 행동하는 것이 성질에 맞는다고 말한다.

이렇게 그들은 존 불이라는 이름을 빌려 모든 단점을 장점으로 바꿔버리면

---

*2 보 성당(Bow Church)의 종소리가 들리는 범위에서 자란 코크니(Cockney : 런던내기)를 가리킨다.

서, 자기야말로 이 세상에 가장 착실한 사람이라고 천연덕스럽게 주장하는 것이다.

그리하여 처음에는 이 존 불이라는 인물이 영국 국민을 나타낸다는 것이 매우 낯설었지만 서서히 익숙해지게 된다. 아니, 영국 국민들이 서로 적응하게 된 것이라고 해야 할 것이다. 만약 외국인으로서 영국인의 특성을 배우고 싶다면, 거리의 만화 가게 유리창에 붙어 있는 존 불의 초상화를 보라. 거기서 쓸모있고 다양한 정보를 얻을 수 있을 것이다. 그러나 존 불은 참으로 유머가 풍부한 재주꾼으로, 언제나 새로운 모습이기에 바라보는 각도에 따라 다양한 표정을 보여준다. 이제까지 존 불에 대해 수많은 글들이 나왔지만, 나는 내 눈에 비친 그의 있는 그대로의 모습을 간단한 스케치식으로 그려보고 싶다는 유혹을 도저히 뿌리칠 수가 없다.

존 불은 아무리 보아도 외관상으로는 싱거울 정도로 깨끗하고 올곧은 성격의 인물로, 시적인 정취는 더없이 부족하고 매우 산문적이다. 또한 낭만적인 자질을 타고나지는 않았지만 자연스러운 감정이 풍부하다. 존 불은 기지보다는 유머가 넘치는 뛰어난 재주를 발휘하며, 밝은 분위기라기보다는 쾌활한 느낌을 자아낸다고 말할 수 있다. 그리고 음울하다기보다는 어딘가 우울한 분위기를 띠고 있다. 그래서 작은 일에 감동하여 눈물짓거나 자기도 모르게 큰 소리로 웃기도 하지만 지나치게 쉬운 감상을 싫어하고, 즐겁게 떠들고 노는 것은 그다지 좋아하지 않는다. 그러므로 기분 좋게 즐거운 나날을 보내면서 세상의 주목을 한 몸에 받는 존재라면 그는 유쾌한 동료가 될 터이고, 또 아무리 심한 일처리를 당해도 생명과 재산까지 내던질 각오로 친구 편에 설 것이다.

이런 점에서 솔직히 말하면, 그에게는 모든 일에 대해 조금은 지나칠 정도로 미리 준비하는 버릇이 있다. 존 불에게는 어느 정도 오지랖이 넓은 성향이 있어서 자신과 가족만 생각하는 게 아니라 주변의 모든 사람들도 배려하며, 참으로 흔쾌하게 보살펴 주고자 한다. 언제 어느 때라도 그는 주위 사람들에게 도움의 손길을 내밀며 모든 문제를 해결하려고 하지만, 만일 상대가 자신의 의견을 무시하고 무언가 큰일을 저지른다면, 존 불은 당장 격노하고 만다. 그런데 그가 상대를 배려하여 치다꺼리를 해주다 보면 대개 언쟁이 일어나고 만다. 게다가 자신의 호의를 무시하는 은혜를 모르는 자라고 욕해 버린다. 존 불은 다행인지 불행인지 젊은 시절에 호신술을 제대로 배워두었기 때문에, 신체와 무기를 사용하는 기술에 매우 익숙하다. 그래선지 권투와 봉술 솜씨는 이미 달인 경지에 이르렀다. 그 후로 그의 인생은 번거로운 일의 연속이었다. 어딘가에서 싸움이 벌어졌다 하면 아무리 먼 곳이라도 자기가 나서서 득이 될지, 또는 자기에게 명예가 될지 어떨지 당장 지팡이로 머리를 어루만지면서 생각하는 것이다. 실제로 존 불의 센 콧대와 뛰어난 체력은 그 지역에서는 꽤 평판이 자자해서, 무슨 일이 일어나면 빈틈없이 쌓아 올린 권위와 위엄에 금이 가기 쉽다. 작은 영지에 안주하며 모든 방향으로 가는 실을 뻗고 있는 모습은 마치 화를 잘 내는 살찐 거미와 같다. 그러한 거미는 방안 곳곳에 거미줄을 치고, 파리 한 마리가 날아와 윙윙거리거나 바람이 살짝 불어 휴식의 한때를 방해받으면 곧바로 화를 내면서 그의 은신처인 거미줄에서 출격한다.

그는 사실은 정이 많고 친절한 노인인데, 참으로 이상하게도 말썽만 일어나면 신이 나서 그 한복판에 뛰어든다. 그러나 그 일의 시작에만 관심이 있다. 이렇게 언제나 기세 좋게 한바탕 싸움에 대들지만, 승리를 거두고 개선할 때는 왠지 모르겠지만 투덜투덜 불평을 터트린다. 그만큼 집요하게 싸움에 도전하여 자신의 의지를 밀어붙이려고 기를 쓰는 사람은 많지 않지만, 그보다는 싸움이 끝나서 화해할 때는 상대보다 더 열렬하게 악수를 하므로, 이제까지 그토록 승부를 다퉜던 공을 상대에게 몽땅 빼앗기게 되는 경우도 있다. 따라서 그가 경계해야 할 것은 싸움 그 자체보다 화해 순간에 보여주는 빈틈이다. 그를 지팡이로 때려봤자 동전 하나 빼앗을 수 없지만, 그를 치켜세우고 비위를 맞춰주면 주머니 속에 있는 것을 몽땅 털게 하는 것쯤은 일도 아니다. 그는 튼튼한 배와 같다. 즉, 아무리 거센 폭풍 속에 있어도 배 자체가 망가지는 일은 드물지만, 줄곧 바다가 잔잔하면 오히려 배가 흔들려 돛대를 물에 빠뜨리고 마는 경우가 있는 것이다.

그는 밖에서는 거물처럼 행동하는 것을 조금 좋아한다. 주로 장지갑을 꺼내어 권투시합이나 경마, 닭싸움에 돈을 듬뿍 뿌리고, 같은 호사가들과 함께 배를 내밀고 앉아서 거들먹거리기를 즐긴다. 그런데 이러한 충동적인 낭비가 진정된 뒤 소박하고 검약한 정신이 얼굴을 내밀면, 곧바로 심한 가책에 시달리며 얼마간 경비도 아끼고 지출을 억누른다. 이러다가 파산하여 구빈원(救貧院)에 들어가게 될지도 모른다고 생각하며 끝내 자포자기에 빠지기도 한다. 그런 씁쓸한 기분으로 있을 때는, 아무리 적은 액수의 쇼핑이라도 최대한 값을 깎으려고 상인과 실컷 실랑이를 하고 나서야 겨우 지갑을 연다. 사실 존은 세상에서 가장 정확하게 값을 치르는 사람이지만, 동시에 그만큼 투덜투덜 불평하면서 돈을 내는 사람은 아마도 드물 것이다. 그는 자못 내키지 않는다는 듯이 우물 거리면서 바지 주머니에서 돈을 꺼내 전액을 정확하게 내지만, 1기니를 낼 때 마다 불평 한 마디씩 꼭 엾는 것도 잊지 않는다.

그러나 그는 절약이라는 말을 입에 달고 살면서도 집에서는 위세를 부리고 손님도 후하게 대접한다. 그가 말하는 절약은 변덕스러운 것이어서, 그의 주된 관심사는 어떻게 하면 돈을 쓸 수 있을지 그 방법을 생각해내는 일이다. 즉, 비 프스테이크나 와인 한 잔 값조차 내기 아까워하는 날도 있는데, 그것은 그 이 튼날 소 한 마리를 통째로 굽고 커다란 맥주통 마개를 뽑아 이웃 사람들에게 진수성찬을 대접하기 위한 것이다.

그의 집과 생활에는 엄청나게 많은 경비가 드는데, 그 까닭은 외관을 화려 하게 연출하기 위해서가 아니고, 포만감을 느낄 정도로 두툼한 비프스테이크 와 푸딩을 실컷 먹고 수많은 하인들에게 의식주를 제공하기 때문이다. 또 그 특이한 성격대로 하찮은 일에도 큰돈을 투자하는 것도 한 가지 이유이다. 그 는 어디까지나 친절하고 너그러운 인물이다. 하인들은 그의 이상야릇한 기질 을 잘 알고 있어서, 이따금 그의 허영심을 부추겨 그들 앞에서 무진장하게 돈 을 쓰지 않는다면 그를 뜻대로 조종할 수 있다. 그의 덕으로 생활하는 모든 사람들은 풍요롭게 살며 생김새도 복스럽게 보인다. 이를테면 저택의 하인들 은 넉넉한 수당을 받고 자유롭게 행동할 수 있을 뿐만 아니라, 할일도 거의 엾 다. 그의 말들은 하나같이 털이 매끄럽게 빛나지만, 아무래도 게으른 버릇이 붙어버려 주인님의 전용 마차를 끌 때는 한껏 잰체하면서 느릿느릿 걷는다. 한 편, 개들은 저택 문 옆에서 쿨쿨 잠만 자고 불온한 자가 저택에 숨어들어도 모 르고 짖지도 않는다.

그의 저택은 오랜 세월을 거쳐 옛날 성처럼 잿빛을 띠고 있는 장원풍 건물 이다. 겉모습은 오랫동안 비바람에 웅대한 시달렸다고는 해도 왠지 모르게 위 풍당당하게 보인다. 그러나 이 저택은 웅대한 계획 아래 지어진 것이 아니라, 저마다의 부분을 잇대어서 크나큰 구조가 된 것이다. 따라서 여러 시대에 걸 쳐 덧붙여진 부분들이 공존하는데 그 취향도 각양각색이다. 건물 중앙부는 뚜 렷하게 색슨 건축양식의 흔적이 남아 있는데, 묵직한 돌과 영국산 떡갈나무

고목을 사용하여 무척 튼튼하게 지어졌다. 이런 양식을 지닌 모든 유적처럼 이 저택에도 어두컴컴한 복도와 복잡한 미로, 먼지투성이의 방들이 많이 있다. 최근에 와서 겨우 부분적으로 조명을 설치했으나, 아직은 여전히 어둠 속을 손으로 더듬어 나아가지 않으면 안 되는 장소가 몇 군데 더 남아 있다. 그때그때 필요에 따라 몸채는 증축과 함께 대규모로 수리했고, 전쟁과 반란 시절에는 탑과 흉벽이 세워졌으며, 평화로운 시절에는 부속건물을 지었다. 그리고 다양한 시대의 유행에 따라, 또 편의를 생각하여, 별채와 수위실도 새로 지었다. 그 결과, 이렇게 상상을 초월하는 크고 널찍하며 균형이 무너진 저택이 되어 버린 것이다. 한 부속 건물 전체가 예배당인데, 옛날에는 아마도 매우 화려하고 웅장하며 숭엄한 건물이었을 것이다. 그 뒤에는 온갖 시대 배경에 따라 고쳐지어서 간소화되었지만, 여전히 종교적인 장엄함을 띠며 당당하게 위용을 자랑한다. 그 안쪽에는 존 불의 조상들이 기념물로서 벽을 꾸미고 있고, 부드럽고 폭신한 쿠션과 호화로운 의자도 산뜻하게 갖춰져 있다. 가족 중에 종교 의식을 그다지 좋아하지 않는 사람이 있으면, 이곳에서 기분 좋게 졸면서 수행을 게을리할 수도 있다.

그는 이 예배당을 유지하는 데 거액의 돈을 쏟아 부었다. 그러나 그는 자신의 종교를 마음속으로 믿었기에 주변에 다른 종파 예배당이 들어서거나, 옛날부터 뜻이 맞지 않는 인근의 열성적인 가톨릭교인들이 활개를 치면 강하게 고집을 부리기도 한다.

예배당에서의 종교 활동에 힘쓰기 위해 그는 높은 보수를 주고 경건하고 풍채 좋은 목사를 고용했다. 목사는 매우 학식이 높고, 용의와 예절을 지키는 인물인데다 출신이 아주 좋은 기독교인으로, 언제나 이 늙은 신사의 의견에 따랐다. 그리고 하찮은 실책이 있으면 보고도 못 본 척하고, 아이들이 말을 듣지 않으면 꾸중하기도 하는 인물이었다. 그가 큰 도움을 준 것은 소작인들에게 성서를 읽고 기도하는 것을 장려한 일과, 토지 임대료를 제대로 지불하고 결코 불평을 하지 않도록 설득한 일이다.

가족들 방은 예스러운 분위기로 꾸며져서 어딘가 중후함을 느끼게 하지만, 대부분 편리성은 부족했다. 그래도 옛날의 엄숙하고 숭고한 기운이 가득하여, 방에는 빛바랬지만 호화롭게 짠 태피스트리가 걸려 있었고, 거추장스러운 가구류와 연대물처럼 보이는 크고 화려한 식기류도 진열되어 있다. 커다란 난로,

널찍한 주방, 넓은 지하 저장고, 호화로운 홀, 그 모든 것이 옛날의 영광과 영화를 말해준다. 그에 비하면, 현대에 영주의 저택에서 열리는 축제행사는 그것의 그림자일 뿐이다. 그러나 몇 군데는 틀림없이 사람이 살지 않고 몹시 낡았다. 우뚝 솟은 탑과 첨탑은 썩어 무너지기 직전이어서, 바람이 세차게 부는 날은 머리 위를 주의해야만 한다.

존은 때때로 이런 조언을 들었다. 이 낡은 건물을 완전히 해체하고, 불필요한 부분은 떼어내어 다른 곳을 보강하는 재료로 쓰라는 것이다. 그런데 이 늙은 신사는 그런 이야기만 나오면 어김없이 감정적이 된다. 그가 단언하기로는, 이 호화롭고 훌륭한 저택은 어떠한 비바람도 견딜 수 있는 튼튼한 구조여서 아무리 폭풍이 몰아쳐도 끄떡도 하지 않는다. 이미 몇백 년이나 서 있었는데 이제 와서 갑자기 쓰러질 리가 없다. 불편하기 짝이 없다고 하지만, 가족들은 그 불편함에 익숙해졌기 때문에 오히려 그렇지 않으면 편하게 느껴지지 않을 것이다. 또 다루기 힘들 만큼 크고 불균형한 구조라고 하지만, 그 까닭은 이 저택이 몇 세기에 걸쳐 계속 발전해 왔기 때문이며, 각 세대의 예지를 모아 고쳐 짓는 역사를 거듭해 온 결과이다. 그리고 자신처럼 유서 깊은 가계에 속하는 사람은 큰 저택에 살 필요가 있다. 새롭게 출세한 벼락부자라면 현대풍의 아담한 집이나 오두막 같은 작은 집에서 사는 것도 좋지만, 유서 깊은 집안 출신이라면 오래된 영주의 저택에서 살아야 한다. 만일 이 건물의 어떤 부분이 불필요하다고 지적한다면, 그것은 다른 부분을 구조상으로 보강하는 아름다운 장식으로 쓸모 있고, 나름대로 전체적인 조화를 이루고 있다. 그는 이렇게 주장하며 각 부분들이 서로 튼튼하게 이어지도록 시공되어서, 한군데라도 없애면 건물 전체가 단숨에 무너질 위험성을 안고 있다고 단정했다.

사실 존은 남을 보살펴주거나 도움을 주고 생색내기를 좋아하는 사람이다. 보수 면에서도 후한 편으로, 자신이 돌봐주지 않으면 안 되는 사람들을 위해 평생 재산을 탕진하는 것은 오래된 명가의 권위에 반드시 필요한 요건이라고 생각한다. 따라서 첫째는 긍지, 두 번째는 자비심에서 노년기를 맞이한 하인들에게는 반드시 살 집과 평생 동안의 생활비를 보장해 주고 있다.

그래서 그의 영지는 다른 명망 높은 집안들과 마찬가지로, 해고할 수 없는 늙은 고용인들과 포기할 수 없는 오래된 방식을 지키느라 옴짝달싹못하는 상태에 있었다. 그의 저택은 매우 커다란 병원 같은 인상을 풍기는데, 드넓은 부지를 가지고 있어도 거주인들은 넓다는 실감을 하지 못한다. 아무리 구석진 장소라도 남에게 별다른 도움이 되지 않는 인물을 살게 해주느라 노는 땅이 없는 것이다. 늙은 문지기나 통풍을 앓는 연금생활자, 식품 저장 관리를 잘하는 퇴역자들이 저택 담장에 기대어 쉬고 있거나 잔디밭 위에서 빈둥거리고, 나무 그늘에서 낮잠을 자고, 아니면 입구 근처 벤치에 앉아 햇볕을 쬐고 있다. 이 부지 안의 어느 대기소, 어느 별채에도 빈둥거리며 시간을 보내는 이런 사람들과 그 가족들이 곳곳에서 진을 치고 있는데, 더 놀라운 것은 그들의 수많은 자식들이다. 따라서 그들이 죽으면, 당연히 존에게는 유산 형태로 부양해야 할 그들의 아이들이 남게 된다. 저택 안의 가장 낡은 탑에서 곡괭이 소리가 들리면, 평생 존의 재력에 기대서 살고 있는 늘그막의 남자가, 반드시 어딘가의 틈새 또는 작은 창문에서 하얗게 센 머리를 가만히 내밀고, 일가의 늙은 고용인 머리 위에 있는 지붕을 허무는 게 웬 말이냐고, 자못 비통하게 갈라진 목소리로 하소연한다. 이런 식으로 호소하면, 정직한 마음의 소유자인 존은 도저히 외면할 수가 없다. 따라서 존을 위해 평생 열심히 일하면서 비프스테이크와 푸딩을 먹고 있으면, 틀림없이 늙어서도 그 보수로 담배와 파이프, 맥주가 제공될 것이다.

그의 땅 안에 있는 정원은 거의 다 목초지가 되었고, 그곳에는 예전에 타고 다니던 쇠약한 군마가 방목된 채, 그 누구에게도 방해받지 않고 한가로이 풀을 뜯으며 남은 생을 보낸다. 이것은 옛날의 은혜를 잊지 않는 것에 대한 훌륭한 본보기로, 만일 인근 사람들이 그것을 모방한다 해도 자신의 평판이 떨어지거나 불명예를 당하는 일은 없을 것이다. 사실, 이 인물의 커다란 즐거움은 손님들을 이 늙은 군마 앞으로 안내하여, 그 뛰어난 자질과 능력에 대해 이야기해주거나, 그의 특징과 내력을 칭찬하면서 조금 으쓱해하는 것이다. 그리고 그 명마가 존 불을 태우고 내달릴 때 얼마나 위험했으며 또 얼마나 혼이 났는지, 자신이 세운 훌륭한 무훈을 자랑스럽게 떠들어대는 것이다.

그러나 그는 가계 관습과 집안 식객을 존중하는 일에 이상하리만치 집착한다. 그가 소유한 저택에는 집시 집단이 침입하여 제 집인 양 돌아다니고 있는데도, 그는 왠지 그들을 굳이 쫓아내려고 하지 않는다. 그 이유는 이렇다. 집시들은 먼 옛날부터 그곳에 있었고, 그 집안의 어느 세대에서도 친숙한 밀렵자였기 때문이다. 또 그는 이 저택 주위 나무에서 죽은 가지를 베어내는 일도 좀처럼 허락하지 않는다. 그곳에서 지난 몇 세기 동안 둥지를 틀고 있는 까마귀를 방해해서는 안 된다는 것이다. 올빼미는 비둘기 둥지를 독차지했는데, 그들은 조상의 혈통을 이어받은 훌륭한 올빼미이기 때문에, 그 일상에 사람이 끼어들어서는 안 된다는 것이다. 한편 제비가 굴뚝에 집을 지어 거의 모든 굴뚝을 막고 있고, 바위제비는 모든 벽과 처마 부근에 집을 짓고, 까마귀는 탑 주위를 빙글빙글 돌고 있다. 또 저택 지붕의 어느 풍향계 위에서도 그 모습을 볼 수 있었다. 머리가 하얀 고참 쥐는 저택 어디에나 모습을 드러내며 뻔뻔스럽게도 대낮부터 은신처인 굴을 들락날락하며 바쁘게 돌아다닌다. 이렇게 존은 조상 대대로 전해오는 유서 깊은 것이라면 어떤 것이라도 고귀한 존재로서 경의를 표한다. 무엇보다 그는 나쁜 폐단을 고치자는 의견은 전혀 들을 생각조차 하지 않는다. 그 까닭은 저택에 전해내려 오는 종교도 나쁜 폐단이기 때문이다.

이 모든 독선적인 취향 때문에 늙은 신사의 지갑은 한심할 정도로 메말라 버렸다. 금전 면에서는 무척 정확하고 착실한 것을 자랑스레 이야기하며, 이웃과 일정한 신용 관계를 유지하려고 했다. 그러나 막상 채무를 다할 단계가 되자, 짐짓 이러한 버릇이 영향을 미쳐서 일이 잘 풀리지 않았고, 그도 어찌하면 좋을지 알 수가 없었다. 또 이러한 버릇이 원인이 되어 집안 식구들 중에서는 서로 다투고 미워하는 일이 끊이지 않았고, 사태는 더욱 심각해지고 있었다. 그의 자녀들은 자라서 이런저런 직업을 가지게 되자 사고방식도 저마다 달라졌다. 그러나 그 아들들은 언제나 자신들의 솔직한 의견을 거리낌 없이 털어놓을 수 있는 환경에서 자랐기에, 지금도 그 습관대로 이 늙은 신사와 관련된 모든 사항에 대해 날카롭게 자신의 주장을 펼쳤다. 한 아들은 가족 명예를 지키기 위해서는 아무리 비용이 든다 해도, 그 전통적인 방식을 모두 지금 그대로 유지해야 한다고 생각했고, 좀 더 신중하고 사려 깊은 유형인 다른 한 아들은 어떻게든 경비 절감을 단행한 다음, 전체적인 가정 경영을 통해 적절한 상태로 유지해야 한다고 늙은 신사를 압박했다. 사실 이 늙은 신사는 한때 그러한 아들들의 의견을 들어주며 존중하는 자세를 보인 적도 있었지만, 마침내 그들의 고마운 조언도 완전히 물거품으로 끝나고 말았다.

한 아들이 골치 아픈 소동을 일으켰기 때문이다. 그는 잔소리꾼인 데다 둔한 데가 있고 취미와 기호도 꽤 질이 낮고 변변하지 못해, 일은 게을리하면서 술집에는 뻔질나게 드나들었고, 마을 집회에서는 웅변가로 알려진 인물이었다.

그리고 이 늙은 신사가 고용한 가장 가난한 소작인들 사이에서는 현자로 통했다. 형제 하나가 개혁이니 경비 절감이니 그런 말을 꺼냈다 하면, 그는 신이 나서 상대의 말을 가로채고는 개혁을 일으키겠다고 기염을 토했다. 그리고 그의 연설은 한번 시작되면 무슨 일이 있어도 멈추지 않았다. 먼저 그는 방 안에서 큰 소리로 낭비에 대해 이 노인을 업신여기는 말을 퍼부었다. 그리고 노인의 취미와 오락을 비웃으면서 늙은 고용인들을 저택에서 쫓아내라고 압박하고, 늙은 말은 사나운 사냥개의 어금니 먹이가 되어버리는 게 낫다고 몹시 거칠게 내뱉았다. 또 풍채가 좋은 목사를 그만두게 하고, 그 대신 전도사를 고용하면 된다고 악담을 퍼부었다. 그런데, 거기서 끝나는 것이 아니었다. 이 저택을 송두리째 허물어버리고, 그 자리에 모르타르로 간소한 벽돌집을 다시 지어야 한다고 주장하거나, 어떠한 사교상의 즐거운 잔치나 가족 축하 파티에 대해서도 가차 없이 욕을 퍼붓다가, 마중 나온 마차가 문 앞에 도착하면 무엇인가 잔소리를 중얼거리며 술집에 가서 죽치고 들어앉는 것이었다. 그러고는 거기서 그는 평소에도 지갑이 늘 비어 있다고 불평하면서, 양심에 찔리는 기색도 없이 술잔을 주거니 받거니 하면서 열띤 논쟁을 벌이지만, 끝내 있는 돈을 몽땅 써버리고 빚만 늘리는 신세가 되는 것이다. 게다가 그럴 때면 그는 술을 마시면서 아버지의 낭비벽에 대해 설교를 하며 사람들 앞에서 비난하는 것을 서슴치 않았다.

이렇게 제멋대로인 말과 행동으로 거세게 비판하고 거스르는데, 격한 성질의 소유자인 그 늙은 신사와 잘 화합될 리가 없다는 것은 누구라도 쉽게 상상할 수 있는 일이다. 늙은 신사는 거듭되는 집요한 간섭에 나날이 분노가 쌓여 경비 절감이니 개혁이니 하는 말이 아들 입에서 나왔다 하면, 마침내 그것이 신호탄이 되어 이 노인과 술집의 그 현자 사이에는 격렬한 논쟁이 벌어진다. 그런데 이 현자라는 아들이 어찌나 완강한지 아버지가 감당할 수 있는 정도가 아니었다. 그는 굵은 떡갈나무 지팡이에도 겁을 먹지 않아서, 두 사람은 때때로 격렬한 폭언이 오가는 설전을 펼치곤 했다. 두 사람의 말다툼이 더욱 치열해지면, 존은 대꾸할 말이 없어서 또 다른 아들인 톰에게 구원을 청한다. 외지에서 근무한 경험이 있는 군인인 톰은 마침 휴가를 이용하여 집에 돌아와 있었는데, 그는 좋든 나쁘든 언제나 늙은 신사 편이고, 어수선하고 떠들썩한 일상생활을 매우 좋아하는 사람이었다. 그래서 눈짓과 고갯짓으로 신호를 보내면, 즉시 반응하며 칼을 뽑아든다. 그리고 술집의 현자가 아버지의 권위에 맞서서 독설을 토해내면, 그의 머리 위에서 칼을 휘두르는 것이다.

이러한 가족 사이의 충돌과 다툼은 늘 그렇듯이 곧 널리 알려지게 되어, 존의 집 부근에서는 아주 좋은 입방아거리가 된다. 그의 신변에 대한 일이 화제에 오르면, 사람들은 그럴듯한 얼굴로 고개를 저으면서 이구동성으로 이런 말을 한다.

"세상에서 생각하는 것 이상으로 그의 사정이 나쁘지 않았으면 좋겠는데. 하지만 아들들이 아버지의 사치스러운 생활을 헐뜯는 걸 보면, 아마도 꽤 심각한 상태인 게 틀림없어. 아무래도 그는 모든 자산이 저당 잡혀 꼼짝 못하는 상태에까지 내몰려, 벌써 융자를 받으려고 대금업자와 자주 접촉하는 모양이야. 그는 틀림없이 호기로운 인물이지만, 너무 정신없이 바쁘게 살아온 것 같다. 아무리 생각해도 그렇게 사냥과 경마, 술판에 또 격투기 시합에 열중하거나, 온갖 놀이를 즐기며 살아서 될 일이 아닌데 말이야. 어쨌든 미스터 불의 땅은 정말 훌륭하고, 또 오랫동안 이 가족이 소유해왔지만, 예전에는 조건이 더 좋은 토지가 경매에 많이 나왔던 것을 알고 있었을 거야."

무엇보다 나쁜 일은 이러한 재정상의 어려움과 가족 간의 불화가 이 가엾은 양반을 덮친 일이었다. 지난날의 존은 보기 좋게 나온 올챙이배를 내밀고 얼굴이 불그레하니 무슨 일에나 웃는 얼굴이었는데, 최근에는 체격도 눈에 띄게 작아져서 서리 맞은 사과처럼 쪼그라들고 말았다. 그가 순풍에 돛을 달고 자신감 넘치는 나날을 보내면서 행세깨나 하던 시절에는, 금몰이 달린 붉은 조끼도 불룩하니 풍채가 좋아보였는데, 이제는 그 자랑거리였던 조끼도 바람 빠진 돛처럼 푹 꺼져서 참으로 볼품없는 모습을 드러내고 있었다. 그리고 그의 가죽 반바지는 주름과 구김살투성이고 부츠를 신은 것도 안쓰러워 보였다. 틀림없이 그 부츠는 지난날 튼튼했던 두 다리를 확고하게 받아 넣고 있었는데, 지금은 양쪽으로 입을 크게 벌리고 하품을 하는 것처럼 보였다.

예전에는 당당한 차림으로 힘차게 걷거나 삼각모를 비스듬하게 쓰고 언제나 지팡이를 휘두르면서 그것으로 땅을 찍고, 어떤 사람의 얼굴이든 날카롭게 노려보고, 마음에 들거나 술자리에서 부르는 노래를 내키는 대로 흥얼거렸다. 그러나 이제는 그저 혼자 조용히 휘파람을 불며 주변을 거닐면서 기운 없이 고개를 떨어뜨리고, 애용하는 지팡이는 옆구리에 낀 모습이다. 또 바지 주머니에 두 손을 찔러 넣고 걷고 있지만, 그 속에는 뚜렷하게 아무것도 들어 있지 않은 기색이었다.

이것이 곤경에 빠진 정직한 존 불의 현재 모습이다. 그러나 이런 비참한 국면에 내몰려 있어도 여전히 이 늙은 신사의 정신은 건재하며 명석하고 용감했다. 따라서 주위에서 격려와 동정의 말을 건네기라도 하면, 그는 당장 분노가 폭발하여, 자기는 온 나라에서 으뜸가는 자산가일 뿐만 아니라 굳센 남자라고 허세를 부린다. 그리고 가까운 시일 안에 보란 듯이 큰돈을 들여 저택을 꾸미거나, 그렇지 않으면 새로운 땅이라도 사들일 거라고 의기양양하게 말하면서, 그 용감하고 강한 태도를 결코 무너뜨리지 않은 채 지팡이를 잡고는, 쿼터스태프*³ 시합을 다시 하고 싶다고 열정적으로 말하는 것이다.

자칫하면 이런 이야기에는 조금 고개가 갸우뚱해질 수도 있지만, 존의 처지를 생각하면 저절로 강한 호기심이 솟아난다. 그는 이상야릇한 기질과 고집스러운 편견의 소유자이지만, 순진한 마음을 지닌 노인이기도 하다. 존은 본인이 생각하는 정도로 훌륭한 사람은 아닐지 모르지만, 적어도 세상의 평판보다는 훨씬 착한 인물이다. 그에게 갖춰진 미덕은 모두 그의 독자적인 것으로, 거기에는 철저하게 소박하고 꾸밈없는 단순한 본질이 숨어 있다. 존의 단점조차 양질 특성을 나타내는 것이다. 이를테면 그의 낭비벽에는 너그러움이 숨어 있고, 싸움을 좋아하는 버릇은 용기를 나타내며, 또 그처럼 남을 믿는 경향이 강한 사람은 남에게 잘 속기 쉬운 호인이기도 하다. 그의 허영심에는 자존심이 숨어 있고, 무뚝뚝한 태도 속에는 성실한 인품이 엿보인다. 이러한 모든 단점에는 그의 풍요롭고 너그러운 정신이 유감없이 흐르고 있다. 그는 영국산 떡갈나무처럼 얼핏 거칠게 보이는 겉모습과는 달리 속은 꽉 차 있다. 그 껍질은 울퉁불퉁한 옹두리로 뒤덮여 있지만, 그것은 웅대하고 당당하게 서 있는 나무와 걸맞은 모습이다. 폭풍이 조금만 불어도 가지들이 이리저리 흔들리면서 무섭도록 처절하게 신음 소리를 내는 까닭은 가지가 빽빽하게 자라고 있기 때문이다. 이 오래된 저택의 겉모습도 어딘가 매우 시적이고 그림 같은 아름다운 양상을 자아낸다. 나는 이 저택이 쾌적한 거주공간을 유지하고 있는 한, 모든 취향과 사상이 혼미한 상태에 있는 오늘의 이 시대에 구태여 쓸데없

---

*3 쿼터스태프(quarterstaff)는 긴 몽둥이로 보여주는, 영국의 전통적인 봉술.

는 짓은 할 필요가 없다고 생각한다. 그런 광경을 보게 되면 마음이 우울해질 것만 같다. 존에게 조언하는 사람 가운데에는 틀림없이 뛰어난 건축가도 있을 테니, 그것도 크게 도움이 될 것이다. 그러나 그의 주위에는 단순히 풍파를 일으키지 않으려는 평등주의자들이 많으므로, 이 장엄한 건물에 일단 곡괭이를 내리치는 소리가 울리기 시작하면, 자신들도 그 건물더미 속에 묻혀버리지 않는 한 아마 해체 공사는 멈추지 않을 것이다. 나는 그 점을 걱정한다. 내가 오로지 바라는 것은, 존이 그러한 시련을 모두 다 이겨내고 앞으로는 더욱 신중하게 대처해 가는 법을 배우는 것이고, 적어도 남을 둘러싼 번뇌에서 벗어나야만 한다. 그리고 무엇보다도 권위의 상징인 지팡이 힘으로 이웃의 행복과 이익을 꾀하되, 세계 평화와 행복의 추진에 기여하고자 하는 헛된 시도는 그만둬야 한다. 먼저 은둔의 몸으로서 생계를 세우고 차례차례 단계적으로 이 저택을 고쳐 지어서, 언젠가는 자신의 마음이 가는 대로 풍요로운 땅에 작물을 재배하고, 수입을 필요에 따라 절약해 사용하면서 무엇보다도 검소한 생활을 꾸려 나가기 바란다. 그리고 가능하다면 말을 듣지 않는 자녀들을 잘 기르기를 바라며, 조상으로부터 물려받은 이 땅에서 즐거웠던 지난날을 되찾아 더욱 강건하게, 존엄과 명예와 평안으로 가득한 유쾌한 노후를 오래도록 즐기기를 진심으로 바란다.

마을의 자랑

늑대여, 제발 울부짖지 마라. 올빼미여, 소리내지 마라.
너의 무덤을 둘러싼 날개!
황량한 바람과 거친 폭풍은 이제 오지 않는다
봄처럼 부드럽고 달콤한 땅,
사랑이여, 이 무덤을 오래 소중히 지켜다오.

로버트 헤릭

　내가 영국의 어느 외딴 시골길을 여행하고 있었을 때 일이다. 나는 유난히
조용한 전원 지대로 통하는 좁은 길에 들어섰다. 그리고 오후에 어느 마을에
도착하여 거기서 걸음을 멈췄다. 그곳에는 이 세상이 아닌 것만 같은 아름다
운 시골 풍경이 펼쳐져 있었고, 마을 사람들의 모습에서는 더없이 소박하고
간소함이 느껴졌다. 그것은 큰길 옆 마을에서는 거의 볼 수 없는 광경이었다.
나는 그곳에서 하룻밤을 보내기로 마음먹고 일찌감치 저녁식사를 마친 뒤, 주
위에 펼쳐진 아름다운 경치를 즐기려고 가볍게 산책에 나섰다.
　여행자에게는 가끔 있는 일이지만, 얼마 지나지 않아 내 발길은 저절로 마
을에서 그리 멀지 않은 곳에 있는 교회로 향하고 있었다. 그 교회에는 확실히
호기심을 조금 부추기는 데가 있었다. 교회 안의 오래된 탑 표면에는 빈틈없
이 덩굴손이 휘감고 있었고, 부벽(버트레스)과 오래된 잿빛 벽 등, 곳곳에 돋을
새김이 지나치게 새겨진 장식물이 있을 뿐인 광경이, 우거진 초록 잎사귀 사이
로 내다보였다. 멋진 황혼녘 풍경이었다. 아침에는 날씨가 흐려서 가랑비가 흩
뿌렸는데, 오후부터는 말끔하게 개어 있었다. 여전히 시무룩한 구름이 머리 위
를 덮고 있었으나, 금빛으로 빛나는 하늘이 펼쳐진 서쪽에서는 저물어가는 석
양빛을 받아 나뭇잎 위에서 물방울이 영롱하게 반짝이고, 그 빛은 대지 위의
삼라만상을 구석구석 들춰내며 근심 어린 미소를 보내고 있었다. 그것은 선량

한 기독교인들이 이 세상에 작별을 고할 때, 죄와 슬픔으로 가득한 이 세상을 향해 미소를 보내며, 다시 영광 속에 재생할 거라고 확신을 주는 이별의 시간처럼 보였다.

깊은 생각에 잠길 때 누구나 그렇게 하듯이, 나도 반쯤 흙에 묻힌 석물 위에 앉아, 그리운 풍경과 몇몇 친구들—먼 곳에 간 친구와 세상을 떠난 친구—의 얼굴을 마음속에 그리며, 근심 어린 공상에 잠겼다. 그럴때는 흔히 기쁨보다도 어딘가 감미로운 감상이 끼어드는 법이다. 마침 가까운 교회 종탑에서 울리는 종소리가 내 귀에도 들려왔다. 종의 음색은 이러한 광경과 조화를 이루어, 생각에 잠긴 나의 정감을 방해하기는커녕, 오히려 감미로운 효과음으로 마음속에 남았다. 한동안 울려 퍼진 그 종소리는 분명히 장례를 알리는 조종(弔鐘)일 거라는 생각이 들었다.

이윽고 내 눈에 들어온 것은 마을의 초원을 가로질러 묘지로 향하는 장례 행렬이었다. 행렬은 좁은 길을 따라 천천히 나아가다가 곧 시야에서 사라졌다. 그러다가 다시 울타리 사이로 그 모습을 드러냈다. 그리고 내가 앉아 있던 석물 바로 옆으로 지나갔다. 하얀 옷을 입은 몇 명의 처녀들이 관을 덮은 직물을 받쳐 들었고, 열일곱 살쯤 된 처녀가 하얀 화관을 손에 들고 관 앞에서 걸었는데, 그것은 죽은 이가 젊은 미혼 여성임을 뜻하는 것이었다. 유해가 실린 관 뒤에는 부모가 따르고 있었다. 그들은 시골 농민 중에서도 유서가 있는 어엿한 가계의 부부였고, 아버지는 감정을 억누르고 있는 것처럼 보였으나, 한 점을 가만히 응시하는 눈길과 미간에 새겨진 깊은 주름이 가슴속의 고통을 드러내 보였다. 남편의 팔에 기댄 그의 아내는 딸을 잃은 슬픔을 이기지 못해 소리내어 울고 있었다.

나는 그 장례 행렬을 따라 교회 안으로 들어갔다. 관이 예배당 중앙의 측랑에 놓이자, 하얀 화관과 흰 장갑 한 켤레가 죽은 이가 생전에 늘 앉았던 자리에 조용히 놓였다.

죽은 이를 보내는 슬픔은 누구나 다 알고 있을 것이다. 사랑하는 사람을 잃고 슬퍼한 적이 한 번도 없는 행운아가 과연 있을까. 더욱이 인생에서 가장 꽃다운 시기에 하늘의 부름을 받은 아름다운 처녀를 떠올리면서 집행되는 장례라면, 세상에 그토록 마음 아픈 정경이 또 있을까. 간소하지만 품위 있고 팽팽하게 긴장된, 더없이 엄숙한 분위기 속에 유해를 묘지에 묻는 의식을 올리면

서, "흙을 흙으로, 재를 재로, 먼지를 먼지로 돌리다"라고 노래하는 것이다. 고인과 생전에 알고 지낸 젊은 벗들은 언제까지나 눈물에 젖어 있었다. 아버지는 여전히 슬픔과 세차게 싸우고 있는 듯이 보였지만, 그래도 딸의 영혼은 틀림없이 신의 보살핌을 받을 거라고 굳게 믿으며 애타는 마음을 달래고 있었다. 그러나 어머니는 인생에서 가장 빛나는 꽃다운 나이에, 마치 들판에 핀 한 송이 꽃이 누군가의 손에 무참하게 꺾인 것처럼, 갑자기 끊어진 딸의 짧은 인생을 생각하면 슬퍼서 견딜 수가 없었다. 라헬은 이렇게 말했다.

"자식의 죽음을 슬퍼하고 탄식해도 위안은 없다."(아이들은 이미 없으니까)[1]

여관으로 돌아오다가 나는 죽은 그녀의 사연을 처음부터 끝까지 알게 되었다. 참으로 소박했던 삶은 세상에서 흔히 들을 수 있는 평범한 인생이었다. 젊은 나이에 죽은 아름다운 처녀는 이 마을의 자랑거리였다. 일찍이 행세깨나 하는 농부였던 아버지는 이제는 가산이 기울어 형편이 좋지 않았다. 외동딸이었던 그녀는 집밖으로 한 걸음도 나가지 않고 소박한 시골 생활에 어울리게 애지중지 자랐다. 그녀는 마을 목사의 제자였는데, 학교의 어린 양떼 속에서도 목사가 무척 사랑하던 학생이었다. 선량한 목사는 교육열이 높아서 부모처럼 그녀를 보살폈지만, 그녀가 받은 교육은 자신이 처한 환경에 어울리는 절도를 구별하는 것이었다. 즉, 이 목사는 신분 이상의 교육을 베풀려고 하지는 않았던 것이다. 그녀는 단순히 시골 농가들 사이에서 꽃 장식 같은 귀여운 존재로서 소중하게 대우받아야 한다고 생각했기 때문이었다. 그녀는 부모 사랑과 너그러운 배려를 듬뿍 받으면서, 직업도 갖지 않고 자신이 좋아하는 일에 몰두하며 나날을 보낼 수 있었다. 그러한 환경은 그녀의 타고난 아름다움을 더욱 돋보이게 하고 섬세함을 더욱 빛나게 하는 원동력이 되었지만, 무엇보다도 나긋하고 화사한 그녀의 아름다운 용모와 훌륭하게 조화를 이루었다. 이 마을에 그녀가 나타난 것은 화단에 피어나는 향기롭고 예쁜 꽃이 생각지도 않게 들판에 피어난 것과 다름없었다.

그녀의 뛰어난 매력은 벗들도 하나같이 인정했는데, 거기에는 한 오라기의 질투도 섞여있지 않았다. 따뜻한 배려가 담긴 행위와 사람의 마음을 끄는 상

---

[1] 신약성서 《마태복음》 제2장 제18절에는 다음과 같은 기술이 있다. "In Rama was there a voice heard, lamentation, and weeping, and great mourning, Rachel weeping for her children, and would not be comforted, because they are not.

냥한 마음이 남보다 뛰어났기 때문이었다. 다음의 시는 바로 그녀를 노래하는 듯하다.

> 녹음 짙은 이 소박한 곳에서는 보기 드문,
> 아름다움을 자랑하는 낮은 신분의 처녀여,
> 무엇을 하더라도 신분 이상으로 고귀하니,
> 이러한 시골에는 어울리지 않는구나.*2

　이 한가로운 시골에는 요즘도 옛날 영국인의 풍습을 엿볼 수 있는 흔적이 남아 있었다. 이곳에서는 시골 축제와 제삿날의 오락을 즐길 수 있었고, 옛날에 유행했던 5월제(메이데이)의 풍습도 간직하고 있었다. 사실은 지금 목사의 노력으로써 이러한 일들이 행해지게 된 것이다. 목사는 옛부터 지켜오던 풍습을 좋아해서 오로지 세상의 즐거움을 장려하며, 이 세상에 한 사람이라도 착한 사람을 늘릴 수 있다면 목사로서 누릴 수 있는 과분한 행복이라고 생각하는 소박한 기독교인이다. 해마다 5월 1일이 되면 목사 주최로 화관이나 장식 리본을 매단 메이폴이 마을 녹지 한복판에 우뚝 세워졌다. 그리고 옛날처럼 5월제 여왕이 임명되면, 그녀는 축제 주역을 맡아 상품과 보수를 나눠주는 일을 맡았다. 그럼처럼 아름다운 마을 풍경과 기발한 시골풍 축제는 이따금 찾아오는 이들의 마음을 진심으로 끌어들였다. 최근에 이 부근에 주둔했던 어느 연대에 속한 청년 장교도 이 5월제에 깊은 감동을 느낀 한 사람이었다. 그는 마을의 화려하게 물든 행렬에 감도는 시골풍의 예스러운 분위기에 매혹되었다. 특히 그가 감탄한 것은 5월제 여왕의 갓 피어나기 시작한 아름다움이었다. 누가 뭐라 해도 5월제 여왕은 이 마을 사람들의 동경 대상이었다. 그녀는 머리에 화관을 쓰고, 젊디젊은 처녀의 수줍음과 기쁨이 배어 있는 아름다운 얼굴을 발갛게 물들이며 미소지었다. 소박한 시골 풍습 덕분에, 이 청년 장교는 곧 그녀와 아는 사이가 되었고 점차 친밀한 관계를 쌓은 뒤, 무분별하고 가벼운 수법으로 곧 그녀에게 사랑을 청하였다. 그것은 청년 장교들이 이러한 순박한

---

*2 셰익스피어의 《겨울이야기》 제4막 제4장 폴릭세네스의 말.
　　Polixenes : This is the prettiest low-born lass that ever/Ran on the green-sward : nothing she does or seems/But smacks of something greater than herself,/Too noble for this place.

시골 처녀의 환심을 사려고 할때 흔히 쓰는 상투적인 방법이었다.

　이 청년 장교가 유혹하는 말에는 쓸데없는 불안이나 경계심을 품게 하는 데가 전혀 없었고, 사랑과 관련된 말은 마음속에 간직한 채 한 마디도 하지 않았다. 그런데 세상에는 말을 뛰어넘은 웅변으로 교묘하게 상대의 마음에 깊은 인상을 주는 기술이 있는 법이다. 이를테면 눈동자의 광채라든가, 목소리, 그리고 모든 언어와 얼굴 표정, 몸짓으로 풍기는 수천 가지의 자상함—이런 것만큼 사랑을 웅변으로 말해주는 것은 없다. 그것은 상대의 마음에 가 닿아 확신과 함께 받아들여지는, 도무지 글로는 표현할 수 없는 현상이다. 그런 만큼, 그러한 방법으로 젊고 섬세한 감성이 넘치는 처녀의 마음을 쉽게 훔칠 수 있었다 해도 전혀 이상할 것이 없다. 그리고 그녀 쪽에서도 어느새 사랑에 빠져 있었던 것이다. 모든 사고와 감정을 빼앗아가는, 이 정체를 알 수 없는 열정이 나날이 더해갔지만, 과연 그 정체가 무엇인지, 또 그 끝은 어디인지는 굳이 알아보려고 하지 않았다. 사실 그녀는 미래에 대해서는 한번도 생각하지 않았다. 그와 함께 있을 때는 그의 용모에 어울리는 말씨와 태도에 완전히 열중해 버렸고, 홀로 있을 때는 지난번에 만나서 나눈 대화 내용만 마음에 떠올렸다. 그녀는 그와 함께 짙푸른 녹음 속의 오솔길을 거닐거나, 넓고 한가로운 전원 풍경 속에서 즐거운 시간을 보냈다. 그는 처녀에게 자연이 가져다주는 신선한 아름다움을 가르쳐주었고, 세련되고 우아한 상류 계급의 언어를 사용하면서 로맨스 소설과 시의 매력을 그녀의 귓전에 가만히 속삭였다.

　아마 남녀 사이 교제에서 이 순박하기 그지없는 처녀의 애정만큼 순수한 것은 없으리라. 맨 처음 그녀의 눈길을 끈 것은, 자신에게 열렬한 마음을 보내는 청년 장교의 산뜻하고 늠름한 용모와 빛나는 군복이었다. 그러나 그녀의 마음을 빼앗은 것은 그런 것이 아니었다. 그녀가 이 청년 장교에게 호의를 품은 이유는, 그에 대한 숭배의 마음이 이미 그녀의 마음속에 싹트고 있었기 때문이다. 그녀는 그를 자기보다 훨씬 높은 곳에 있는 존재로서 존경심을 드러냈다. 타고나기를 우아하고 시적 정취가 넘치는 여성이었던 그녀는, 그와 함께 있으면 자신도 뭔가 북돋워지는 느낌을 가질 수 있었다. 덕분에 이제 그녀는 자연 속에 펼쳐진 아름답고 숭고한 기운을 날카롭게 느낄 수 있게 되었다. 그녀는 신분이나 재산 같은 것은 전혀 상관하지 않았다. 그녀 마음속에서 그를 존경하는 마음이 싹튼 것은, 지성과 남자다움, 몸가짐 등에서 그 어느 것을 보아도 그는 누구보다 뛰어났고 이제까지 익숙하게 보아온 시골 남자들과는 사뭇 달랐기 때문이었다. 그녀는 언제나 그의 이야기에 푹 빠져 황홀한 듯 귀 기울이며, 기쁨에 넘쳐 어느새 할 말을 잊은 채 수줍은 듯이 눈을 내려뜨고, 뺨은 엷은 분홍빛으로 물들어 있었다. 그녀는 수줍은 듯이 망설이는 기분으로 그의 얼굴을 바라보다가, 가슴이 두근거리면 어쩔 줄 몰라 하며 눈길을 돌렸다. 그리고 자신이 얼마나 그에 비해 하찮고 못난 존재인가 생각하고 한숨을 내쉬며 뺨을 붉게 물들였다.

마찬가지로 그도 사랑의 열정에 들떠 있었지만, 그 마음에는 얼마쯤 비열한 감정이 섞여 있었다. 애초에 그것은 아주 하찮은 것에서 시작되었는데, 그는 이따금 동료 장교들이 마을 처녀를 구슬린 것을 자랑스럽게 떠들어대는 것을 듣고 있었기에, 자신도 어엿한 사내로서 그런 무훈을 세워 이름을 떨쳐야 한다고 생각했던 것이다. 무엇보다 그는 젊은 열정에 넘치고 있었다. 그런 마음은 객지를 떠도는 나날의 방종한 생활 속에서도 식지 않았고, 그렇다고 개인적인 욕심에 이끌려 멋대로 행동할 수도 없었다. 이윽고 그녀의 마음속에 교묘하게 사랑의 불길을 붙이려고 했지만 오히려 그 불똥을 뒤집어쓰게 되어, 어느새 자신이 처한 입장도 잊고 진실로 사랑에 빠지고 만 것이다.

이제부터 어떻게 해야 하는 걸까. 옛부터 이런 무관심한 애착에는, 어김없이 무언가의 장애가 뒤따르는 법이다. 이를테면 사회적인 지위, 혼인에 따른 계층 차이로 말미암아 생기는 문제, 오만하고 완고한 아버지의 개입, 이러한 상황을 고려하면 청년 장교는 그녀와의 결혼을 단념하지 않을 수 없었다. 그런데 더없이 다정하게 굴면서 두터운 신뢰를 보내오는 순박한 그녀의 모습을 보자, 그 순박한 마음과 나무랄 데 없는 진지한 생활 태도, 하소연하는 듯한 청초한 표정에 사로잡혀, 어떠한 음란한 감정까지도 그의 마음속에 봉인되고 말았다. 이 청년 장교는 냉혹하고 무정한 신사인 척하는 요즘의 많은 사내들처럼, 끊임없이 상대를 조롱하듯이 행동하며 그 정조를 농락함으로써 자신의 연애감정을 식히려고 했지만, 이 순진무구한 처녀에게는 어딘가 신비롭고 범접하기 어려운 마력이 감돌았다. 그러한 성스러운 공기가 지배하는 한, 거기에는 어떤 비열한 의도가 끼어들 여지가 없었다.

그리고 그 일은 갑작스럽게 일어났다. 그가 소속된 연대가 대륙으로 옮겨가게 된 것이다. 청년 장교의 머릿속은 더할 수 없는 혼란에 빠졌다. 그는 한동안 어떻게 해야 할지 결정하지 못한 채 매우 심한 마음의 고통에 빠져 있었다. 그는 떠날 날짜가 닥쳐올 때까지, 그녀에게 소식을 알리지 못하고 망설이다가 마침내 결단을 내렸다. 어느 날 저녁 산책하는 길에, 청년 장교는 그녀에게 대륙으로 건너가게 된 사실을 털어놓았다.

그녀는 설마 그와 헤어지게 되리라고는 꿈에도 생각지 못했다. 그것은 그녀의 꿈결 같은 행복을 한 순간에 깨뜨리는 끔찍한 소식이었다. 그녀는 도저히 어떻게 할 수 없는 갑작스러운 재앙을 당했다고 생각했다. 그리고 순진무구한 어린아이처럼 울면서 한동안 비탄에 잠겼다. 장교는 그녀를 가슴에 끌어안고 그 보드라운 뺨을 타고 끝없이 흘러내리는 눈물방울에 입을 맞췄고, 그녀는 그것을 거부하지 않았다. 슬픔과 애정이 뒤섞인 복잡한 감정이 일어나면, 이러한 연인들의 뜨거운 사랑의 포옹 장면은 신성하고 아름다운 것이 된다. 그에게는 타고난 성급한 성향이 있었다. 오늘 이렇게 자신의 품에 안겨 있는 아름다운 여인 모습, 그 마음을 손안에 넣었다는 자신감, 그리고 그녀를 한번 잃으면 두 번 다시 되찾을 수 없을지도 모른다는 불안감, 이러한 모든 생각이 들어서 그는 양심의 가책에 사로잡혔다. ─그러자 이 청년 장교는 그녀에게 과감하게 집을 나와 장래의 반려자가 되어 달라고 요청했다.

청년 장교는 이성을 유혹하는 방법 같은 것은 전혀 모르는 순진한 남자였다. 그래서 자신의 비열함에 염증을 느낀 청년은 얼굴을 붉히며 말끝을 흐리고 말았다. 그런데 내 것으로 만들 생각으로 구슬린 처녀는 더없이 순진한 여자여서, 처음에는 그가 하는 말이 잘 이해되지 않아 어리둥절해 있었다. 부모를 그 초라한 시골집에 남긴 채 어떻게 자기가 태어나고 자란 마을을 떠날 수 있단 말인가. 그러나 순진한 그녀도 가까스로 이 남자의 속마음을 눈치 채고 말았다. 그 결과는 참담했다. 그녀는 눈물을 흘리지도 않았고, 상대를 비난하지도 않았다. 아무튼 그 자리에서는 한 마디도 하지 않고, 다만 마치 독사를 피하듯이 두려움에 떨면서 뒷걸음질 치고는, 고뇌하는 표정으로 그야말로 마음을 찌르는 듯한 날카로운 눈길로 그를 한 번 바라보고는, 번민하면서 두 손을 꽉 쥐었다. 그리고 구원을 청하며 피난하듯이 부모가 있는 집으로 도망치듯 돌아갔다.

청년 장교는 당혹해 하고 굴욕감을 느끼면서 자신의 행동을 후회하며 그 자리를 떠났다. 출발할 때 황망한 분위기에 휩쓸려 정신이 없었던 것이 차라리 다행이었다. 만일 그렇지 않았으면, 고뇌 끝에 과연 어떤 결말을 맞이하게 되었을지 상상도 할 수 없었다. 그리고 새로운 풍경, 새로운 즐거움, 또는 새로운 만남 같은 진기한 사건은 곧 그가 품은 자책의 마음을 씻어버리고, 그 섬세한 감정을 마음속 깊이 넣어두고 말았다. 그러나 소란스러운 진영과 주둔지에서의 술과 노래의 잔치, 연대 장병의 정렬, 전투 소리, 이러한 격동의 한복판에서도, 그는 어느새 멀리 떨어진 조용하고 소박한 마을 풍경을 마음속에 그리고 있었다. 그것은 하얀 벽의 초가집, 은빛이 반짝이는 듯한 작은 강의 가느다란 물줄기와 산사나무 울타리를 따라 이어지는 오솔길, 그리고 그 산책길에서 자신의 팔에 기대어 순수하고 천진스런 눈동자를 빛내면서 조용히 귀를 기울이던 그 가엾은 처녀 모습이었다.

그 처녀는 가엾게도 자신이 그린 이상 세계가 뿌리채 뒤집히는 잔인한 사실에 충격을 받고 말았다. 그뿐만이 아니었다. 처음에는 현기증과 휘청거림, 그리고 초조한 증상이 그녀를 뒤덮었고, 그 뒤에는 괴로운 우울증에 시달렸다. 그녀는 집 창문에서 마을을 진군하는 연대를 바라보았다. 그 안에 있었던, 성실하지 못한 연인은 마치 개선하는 듯이 울리는 드럼과 트럼펫 소리의 전송을 받으며 대열을 지어 떠나갔다. 이윽고 해가 떠오르자 그의 주위에 밝은 후광이 빛나고, 모자에 꽂은 깃털 장식이 바람에 흔들리고 있었을 때, 그것이 일생의 마지막 기회인 듯이 그녀는 아플 만큼 애절한 눈길로 그의 모습을 뒤쫓았다. 그러나 그의 모습은 곧 덧없는 아름다운 환영처럼 그녀의 시야에서 사라졌고, 그녀는 어둠 속에 홀로 남겨졌다.

그 뒤의 그녀 인생을 자세하게 이야기하는 것은 부질없는 일이리라, 그것은 다른 연애 이야기와 마찬가지로 슬픔만이 가득할 뿐이기 때문이다. 그녀는 애써 사람들을 피하면서, 지난날 그와 함께 자주 거닐었던 오솔길을 홀로 쓸쓸하게 방황했다. 그녀는 화살 맞은 사슴처럼 정적과 고독 속에 울다 쓰러졌고, 가슴을 도려내는 듯한 아픔과 깊은 슬픔이 어린 이마에는 근심만이 가득했다. 그리고 어둠이 깊어질 무렵, 마을 교회의 현관에 앉아 있는 그녀의 모습을 이따금 볼 수 있었다. 또 젖짜는 처녀는 들에서 집으로 돌아가다가 산사나무 울타리를 따라가는 오솔길 근처에서 가끔 그녀가 슬픈 노래를 흥얼거리는 것을 들었다. 그 무렵 그녀는 교회를 자주 찾아갔는데, 그 열의는 차츰 높아져 갔다. 그녀는 몸도 마음도 지칠 대로 지쳐 얼굴에도 붉게 열을 띤 우울한 빛을 하고 있었다. 또 비애감이 온몸을 휘감아 어딘지 모르게 신성한 분위기를 띠었다. 마을 노인들은 그런 그녀가 걸어오는 것을 보면 어딘가 음산함이 느껴져서 가던 길에서 물러섰다. 그리고 그녀의 뒷모습을 바라보면서 무언가 불길한 일이 일어날 것만 같은 섬뜩한 예감을 느끼고 고개를 옆으로 젓곤 했다.

그녀는 자신의 몸이 묘지를 향해 서두르고 있음을 알고 있었다. 그녀는 그곳을 영원한 안식처로 생각했다. 이미 그녀와 이 세상을 이어주는 맑고 아름다운 실은 끊어지려 하고 있었다. 찬란하게 내리쬐는 햇살 아래에서도 그녀는 그 어떤 기쁨도 느낄 수 없었다. 그녀의 여린 가슴에 불타올랐던 불성실한 연인에 대한 분노는 이미 사라지고 없었고, 그럴 기력도 없었다. 더없이 큰 슬픔이 밀려온 순간, 그녀는 그 청년 장교에게 한통의 이별 편지를 썼다. 그것은 틀에 박힌 간결한 문장이었으나, 그 소박함 때문에 오히려 가슴을 찌르는 듯했다. 그 편지에는 자신의 마지막이 다가오고 있음이 암시되어 있었다. 구태여 그 원인을 따지자면 그의 무정한 처사 때문이라고 분명하게 적혀 있었다. 그뿐만이 아니었다. 그때까지 겪은 고뇌도 표현한 다음, 그를 용서하고 축복한다는 마음을 썼다. 그리고 그렇게라도 하지 않으면 자신은 평화롭게 죽을 수 없다는 말로 편지를 끝맺었다.

그녀의 몸은 점점 쇠약해져서, 이제는 외출도 어려운 심각한 상태에 빠졌다. 비틀거리면서 겨우 침대에서 창가로 가는 것이 고작이었다. 그 무렵에는 온종일 의자에 기대 앉아 창밖을 바라보는 것이 유일한 즐거움이었지만, 그녀는 주위 사람에게 불평 한 마디 하지 않았고, 자신의 가슴을 좀먹고 있는 깊은 병에 대해서도 침묵했다. 또 연인의 이름조차 말하지 않고 어머니의 가슴에 머리를 기대고 소리 없이 눈물만 흘릴 뿐이었다. 그녀의 부모는 불안감에 사로잡혀 가엾은 딸에게 말도 걸지 못한 채, 금방이라도 말라 바스러질 것처럼 시들어버린 딸 위에 몸을 굽히고 초췌한 얼굴을 들여다보았다. 부모는 딸이 지난 날처럼 기운을 되찾아 주기만을 기대하는 수밖에 없었다. 그래서 딸의 뺨이 이 세상 사람이라고는 생각할 수 없을 정도로 선명한 붉은 색으로 변화해 가는 것을 보고, 건강이 회복되는 흐릿한 조짐이라고 믿고 한 가닥 희망을 걸었다.

그런 상황 속에서 어느 일요일 오후, 그녀는 부모 사이에 앉아 있었다. 그녀의 손은 부모의 손에 꼭 쥐어져 있었고 방 안의 격자창은 열려 있었다. 창문에서 불어 들어오는 부드러운 바람이, 그녀가 자기 손으로 가꾼 창가에 덩굴 손을 휘감은 인동덩굴의 달콤한 향기를 은은하게 실어다 주었다.

그녀 아버지는 성경을 읽는 중이었다. 성서 속에서도 덧없는 현세와 천상의 기쁨을 노래한 대목으로, 그것을 듣고 있는 그녀 마음은 안도와 평온함에 싸인 것처럼 보였다. 그녀의 눈은 어느새 아득히 먼 곳에 보이는 마을 교회의 탑에 못 박혀 있었다. 그때 교회 종소리가 저녁때를 알렸다. 마지막으로 교회에 다다른 마을 사람이 교회 현관에 발을 들여놓는 중이었다. 곧 주위는 아무 소리도 들리지 않는 안식일 특유의 성스러운 고요에 싸였다. 그녀의 부모는 애처로운 심정을 애써 감추며 딸의 얼굴을 들여다보았다. 병상에 누워 슬픔으로 지새고 있으면, 그 얼굴에까지 바람직하지 않은 영향이 미치는 법이지만, 그야말로 천사 그 자체인 듯한 그녀 얼굴에서는 부드러운 푸른 눈동자가 눈물에 반짝이고 있었다. 그 신뢰할 수 없는 청년을 떠올리고 있어서일까, 아니면, 곧 그 몸이 묻히게 될 먼 교회 묘지를 생각하는 것일까.

그때 갑자기 말발굽 소리가 들려왔다—한 기사가 말을 타고 이 집 문 앞으로 달려온 것이다—기사는 창문 앞에서 말에서 내렸다—가엾은 처녀는 가느다란 경악의 비명을 지르더니, 곧 의자에 무너지듯 주저앉았다. 후회의 정에 사로잡힌 그 청년 장교였다. 다급하게 집안에 들어온 그는 그녀를 가슴에 안으려고 다가갔다. 그러나 수척해진 그녀 모습—죽음을 방불케할 정도로 심신이 황폐해져 있어도 더없이 선명하고 아름다운 그녀 모습—이 그의 영혼을 깨부쉈다. 그는 그녀의 발아래 몸을 던지고 비탄에 사로잡혔다. 이미 몸을 일으킬 수도 없을 만큼 쇠약해진 그녀는 간신히 떨리는 손을 그에게 내밀었다. 무엇인가 이야기하려고 입술을 움직였지만 말은 나오지 않았다—소리도 내지 못한 채 다정한 미소를 지으며 그를 내려다보았다—그리고 그녀의 눈동자는 영원히 닫히고 말았다.

내가 이 마을에서 보고 들은 이야기의 내용은 전말은 이와 같다. 단, 내가 손에 넣은 정보는 몹시 적은 데다, 굳이 특기할 만큼 특별한 인상을 가져다준 것은 아닐지도 모른다. 그것은 나도 알고 있다. 특별히 신기한 사건이나 끓어오르는 충동을 불러일으키는 이야기를 찾는 오늘날의 독자 여러분에게는, 이 이야기는 너무 진부하고 무미건조하게 생각될지도 모른다. 그러나 그 무렵 나에게는 매우 흥미로운 이야기로 생각되었다. 내가 본, 마음 깊이 스며드는 장례를 생각하면, 이 일은 다른 특별한 사건들보다 훨씬 깊은 감동으로 다가왔다. 그 뒤, 나는 이곳을 단순한 호기심이 아니라 얼마쯤 동정심에 이끌려 다시 교회를 찾았다. 때는 마침 겨울 저녁이었다. 나무에서 이파리가 춤추며 떨어지는 계절이 돌아와 있었다. 적막감이 감도는 교회 뜰에서는 차가운 바람이 마른 잎을 이리저리 흩뿌렸다. 그러나 마을 사람들의 사랑을 한 몸에 받던 그 처녀 무덤가에는 늘푸른나무가 심어져 있었고, 버드나무 가지가 그 위에 가지를 늘어뜨려 밑에 깔린 잔디를 상하게 하지 않도록 보호하고 있었다.

교회 문이 열려 있어서 안으로 들어가 보았다. 그녀의 장례식 당일 모습이 그대로 남아 있어, 지금도 꽃다발과 장갑이 걸려 있었다. 꽃은 이미 시들었지만, 티끌 하나 없이 그 순백이 더럽혀지지 않도록 보호되어 있었다. 나는 이제까지 수많은 기념비를 보았고, 그것들은 모두 예술의 진수가 응축되어 있어 보는 이의 동정심을 자아냈지만, 이 순진무구한 처녀의 기념비를 보았을 때처럼 가슴이 에이는 듯한 감동을 느낀 적은 없었다. 아마도 그것은 더할 수 없이 간소하고 우아하면서도 아름다운 분위기가 감도는 기념비였기 때문일 것이다.

낚시꾼

이날, 아름다운 자연은 사랑에 빠져 있는 것 같았지,
활력 넘치는 생명이 꿈틀거리기 시작하고,
신선한 수액은 서로를 감은 덩굴손을 촉촉하게 적셔주고,
새들은 연인에게 바짝 붙어 사랑을 지저귄다.
강바닥에 자리 잡았던 조심성 많은 송어는,
교묘하게 만든 제물낚시를 향해,
위로 떠올라 덥석 물었다.
나의 벗은 섬세한 몸짓으로 일어서서, 참을성 있게
낚시찌의 움직임을 눈여겨본다.*¹

불우한 나날을 보내는 많은 소년들이, 로빈슨 크루소 이야기를 읽고 충동적으로 집을 뛰쳐나가 선원 생활에 흠뻑 빠져 있다고 한다. 아마 그와 같은 경우라고 생각하는데, 전원풍경 속을 흐르는 작은 강가에서 낚싯대를 손에 들고 있는 어엿한 유한신사들도 아이작 월튼의 고전 명저《조어대전(釣魚大全)》의 문장에 반한 것이 그 첫 동기일 것이다. 나도 지나온 세월을 뒤돌아보면, 몇 년 전에 미국 친구들과《조어대전》을 읽고 당장 그 매력에 빠져 낚시 애호가가 되어버린 한 사람이다. 하기야 그때는 아직 시기적으로 일러서 낚시철이 오기를 애타게 기다렸는데, 기후 변화가 순조롭게 진행되고 봄이 지나 초여름이 찾아오면, 이제 나저제나 기다리던 우리 낚시꾼들은 낚싯대를 들고 시골 낚시터를 찾아서 우르르 몰려갔다. 그 모습은 마치 기사도 이야기를 읽고 미쳐 날뛰던 돈키호테와 비슷했다.

정말 우리 가운데 한 사람은 마치 자기가 돈키호테가 된 것처럼 머리끝부

---

*1 영국의 유명한 수필가 아이작 월튼(Izaak Walton, 1593~1683)의 《조어대전》(The Compleat
  Angler, 1653)에서 따온 시구

터 발끝까지 온몸을 한 치의 빈틈도 없이 그 시골 귀족처럼 차려 입고 나왔다. 그는 주머니가 50개쯤 달린, 아랫자락이 넓게 퍼진 퍼스티언 외투를 입었으며 딱딱하고 튼튼한 구두, 가죽 각반, 한쪽 어깨에는 어롱(魚籠)을 메고, 막 특허를 딴 뛰어난 성능을 가진 낚싯대, 사내끼, 그밖에 아마추어가 쓰는 일은 좀처럼 없고 진짜 낚시꾼이 아니면 거의 지니지 않을 것 같은 소도구도 갖추고 있었다. 그렇게 단단히 준비하고 낚시터로 떠났는데, 마치 갑옷을 입은 라만차의 용감한 기사 돈키호테가 스페인의 시에라모레나 산맥의 양치기들에게 에워싸여 있는 듯한 분위기였다. 그때까지 옷을 제대로 갖춰 입은 낚시꾼을 본 적이 없었던 시골뜨기들 속에서, 그는 그야말로 수많은 시선을 받을 정도로 놀라움의 대상이었다.

우리의 첫 번째 도전은 뉴욕 허드슨 고지의 산속에 있는 계곡에서 이루어졌는데, 부드러운 양탄자를 깔아놓은 듯한 고요함이 주위를 지배하는 영국의 작은 강에서 시도하기 위해 창의를 다해 고안된 낚시 기법을 그대로 실천하기에는 이 유역은 너무나도 부적합했다. 그 계곡은 인가에서 멀리 떨어져서 낭만적인 풍경에 싸인 외딴곳으로, 아름다운 산지의 기슭을 도도하게 흐르는 분방한 계류(계곡에 흐르는 시냇물)의 하나였다. 풍물을 찾아다니면서 스케치북에 남기기에는 더할 나위 없는 경관이었다. 그곳에는 암반에서 물줄기가 떨어져 작은 폭포를 이루는 곳도 있고, 그 위에는 나뭇가지가 곳곳으로 뻗어 있는 한편, 금방이라도 무너질 듯한 둑에서 무더기로 늘어져 있는 이름 모를 긴 잡초는, 폭포에서 떨어진 물보라를 맞고 젖어서 다이아몬드처럼 반짝거리는 물방울을 후두둑 떨어뜨리고 있었다. 또 때로는 그 물줄기가 굉음과 함께 물보라를 일으켜, 숲 그늘이 뒤덮은 계곡을 따라 수면에서 물거품이 끓어오르는데, 그 소리가 주변을 가득 채우듯이 울려 퍼진다. 강물은 그렇게 거친 표정을 보여주고는, 이번에는 놀랄 만큼 고요한 수면을 만들어내며 햇빛 아래 모습을 드러낸다. 전에 이런 경우와 비슷한 사람을 본 적이 있는데, 집안에서는 신경질적으로 화를 내고 악독하게 행동하던 여자가, 밖에서는 만나는 사람마다 듣기 좋은 말을 하거나 명랑하게 애교를 부리는 모습을 보이는 것과 다를 바 없었다.

이 변덕스러운 계류는 산지 기슭에 펼쳐진 푸른 풀밭 사이를 누비며 주뼛거리면서 흘러간다. 주변이 어찌나 조용한지, 가끔 방목지에 한가로이 쉬고 있는 말들의 목에 달린 방울소리, 또는 인근 숲에서 일하는 나무꾼의 도끼소리가 정적을 깰 정도였다.

나는 천성적으로 인내심과 기민함을 필요로 하는 오락은 어떤 것이든 매우 서툴다. 그래서 30분만 낚싯줄을 드리우고 있어도, 낚시 묘미를 실컷 만끽한 듯한 기분을 느낄 수 있다. 낚시는 마치 시 짓기와 비슷한 느낌이 있어, 낚시의 재능은 타고 나는 것이 틀림없다고 주장하는 아이작 월턴 말의 진리를 이미 터득한 셈이다. 나는 물고기가 아니라 내 몸에 낚싯바늘을 찌르거나, 낚싯줄은 여기저기 나뭇가지에 걸리고, 끝내 미끼만 잃거나 낚싯대를 부러뜨리는 실수를 연발하던 끝에, 낙담하다가 그대로 낚시를 계속하는 것은 포기하고 말았다. 마침내 나는 나무 그늘에 앉아 월턴 책을 읽으면서 그날의 나머지 시간을 보내기로 했다. 그 책을 읽는 동안에 무엇보다도 내 마음을 움직인 것은, 그의 순진하고 소박한 인품에서 배어나는 매력과 시골 정서가 넘치는 분위기로, 반드시 낚시에 대한 열정은 아니었다. 그러나 나의 낚시 친구들은 끈기 있게 낚싯대를 조종하는 데 열중하여 요즘도 그때의 광경이 선하게 떠오르는데, 그들이 햇살이 비치는 장소와 떨기나무, 키 작은 나무가 우거진 시냇가를 노리고 가만히 걸음을 옮기면, 좀처럼 없는 뜻밖의 침입자의 인기척에 알락왜가리까지 놀라 소리를 지르면서 높이 날아올랐다. 높은 언덕 협곡에 거무스름한 빛을 띤 깊은 물레방아용 저수지가 있었는데, 물총새가 그곳에 늘어진 고목나무 가지에서 무언가 수상쩍다는 듯이 그들을 바라보고 있었다. 또 바위나 통나무 위에서 한가롭게 햇볕을 쬐던 거북은, 무엇 때문인지 비탈면에서 못으로 미끄러져 떨어졌다. 그들이 다가가자, 개구리가 놀라서 거꾸로 물속에 뛰어들며 일찌감치 주위에 경고를 알렸다.

그러나 내가 기억하는 것은, 하루의 대부분을 덤벙거리느라 고생하면서 한자리에 머물면서 낚싯대의 움직임을 지켜보거나 알맞은 낚시터를 찾아 돌아다녔지만, 우리는 훌륭한 낚시도구를 갖추고 있었으면서도 아무런 성과를 올리지 못한 것이었다. 그때 어딘가 어리석은 느낌이 드는 한 시골 아이가 나뭇가지를 낚싯대 삼아 2, 3야드의 낚싯줄을 달아서 어깨에 매고, 높은 언덕을 걸어서 내려왔는데, 낚시용 바늘은 핀을 구부려서 쓰고, 불쾌할 정도로 몸을 구불거리는 지렁이를 미끼로 쓰는 것 같았다. 그런데 놀랍게도 그 아이는 30분도 지나지 않아 많은 물고기를 낚아올린 것이다. 그에 비해 우리는 그날 물고기가 미끼만 떼어먹고 가버리는 한심한 결과만 맛보았다.

그러나 무엇보다 내 기억에 가장 남아 있는 것은, 높은 언덕 허리에서 조용히 솟구치는 기분 좋은 맑은 샘 바로 옆, 너도밤나무 그늘에서 '맛있고 소박한 데다 영양분이 듬뿍 들어 있어 입맛까지 돋우는' 식사를 한 일이었다. 식사를 마치자, 참가자 가운데 한 사람은 아이작 월턴과 우유짜는 여자가 나오는 장면을 읽고 있는데, 나는 풀밭 위에 벌렁 누워 탐스럽게 떠 있는 선명한 구름을 바라보면서 머릿속에 공중누각을 쌓다가, 어느새 낮잠에 빠져들었다. 사실 모든 것이 단순한 이기주의에 지나지 않을지도 모르지만, 나는 이러한 추억을 글로 쓰고 싶은 기분을 참을 수가 없었다. 그것은 마치 음악 선율처럼 마음을 스치고 지나가다가, 얼마 뒤 기분 좋은 광경으로 떠오른 기억들이다.

어느 날 아침, 웨일스 언덕에서 내려와 디강으로 흘러들어 작고 아름다운 물줄기를 이루는 아란 강둑을 거닐었는데, 그 강가에 앉아 있는 사람들의 모습이 보였다. 가까이 다가가 보니 세 남자였는데, 그 가운데 한 사람은 베테랑 낚시꾼이고 나머지 둘은 시골티가 나는 젊은이들이었다. 베테랑 낚시꾼은 나무 의족을 한 노인으로, 정성스럽게 몇 겹으로 덧댄 옷을 입고 가난함을 꿋꿋하게 견디면서 성실하게 사는 것 같았는데, 그의 차림새는 나름대로 깔끔하고 단정했다. 그의 얼굴에서는 인생의 온갖 고난을 견뎌온 흔적이 엿보였지만, 그때는 모든 것이 평온한 상태인지 따뜻한 표정을 띠고 있었다. 미간의 주름은 친근한 미소로 변했고, 철회색 머리카락은 귀를 덮고 있었다. 그는 하루하루 눈이 어지럽게 변해가는 세상을 있는 그대로 받아들이려고 하는, 철학자 풍의 참으로 담백한 느낌이 드는 인물이었다. 그러나 그 동료 가운데 한 사람은 다 떨어진 허름한 옷을 입고, 악질적인 밀어업자(密漁業者) 특유의 뭔가 비밀스러운 움직임이 눈에 띄는 것이 아무래도 수상해 보였다. 확실하게 말해서 그 사내는 칠흑같이 어두운 밤, 가까운 어느 유한신사의 낚시터에라도 잠입하여 몰래 일을 저지를 것이 틀림없었다. 바로 그런 인상을 주는 인물이었다. 또 한 사람은 큰 키에 빈둥거리는 걸음걸이를 하는 시골풍의 거친 사내로, 어딘가 촌스러운 느낌이 오히려 멋스러운 분위기를 자아냈다. 노인은 방금 낚아 올린 송어 뱃속에서 내장을 꺼내, 지금 계절에는 어떤 것을 즐겨 먹는지 열심히 살펴보면서 곁에 있는 두 젊은이들에게 자세히 설명하고 있었고, 젊은이들은 노인에게 깊은 경의를 나타내면서 열심히 귀를 기울이고 있었다. 나는 아이작 월턴의 책을 읽은 뒤부터 모든 '낚시꾼 동료'에게 일종의 호의적인 감정을 품게 되었다. 아이작 월턴의 말로는, 낚시꾼들은 '따뜻하고 유쾌한 인품과 아울러 평화 정신을 지닌 사람들'이다. 나는 그들에게 진심으로 경의를 품었는데, 그것은 《조어대전》이라는 멋진 고전과의 만남을 통해 더욱 깊어진 느낌이 들었다. 무엇보다 그 책 속에는 순수한 낚시꾼들에 대한 격언이 풍부하게 실려 있다. 그 성실한 책은 이렇게 말한다.

"낚시를 제대로 즐기기 위한 마음가짐으로는 첫째, 누군가에게 그 문을 열더라도 닫아서는 안 된다. 금전적인 이익을 위해 낚시 솜씨를 갈고닦는 것은 헛짓이다. 특히 중요한 것은 무언가의 위안을 얻고, 심신의 건강증진과 유연한 정신의 형성에 도움이 되는 것을 지향해야 한다."

지금 내 눈 앞에 있는 이 노인이야말로 이 책에 그려진 낚시꾼의 본보기, 그 자체라고 여겨졌다. 게다가 그의 모습에는 내 마음까지 저절로 끌려드는 듯한 기분 좋은 충만감이 있었다. 그는 낚싯줄이 땅에 닿거나 수풀에 걸리는 일도 없이 그대로 공중에 절묘하게 던져 참으로 화려한 솜씨로 낚싯대를 다루면서 강을 나아가, 적당한 위치에 재빨리 낚싯바늘을 던졌다. 어떤 때는 작은 여울의 수면을 스치듯이 낚싯바늘을 던지거나, 또 어떤 때는 커다란 송어가 숨어 있을 듯한 뒤틀린 나무뿌리 밑이나, 튀어나온 둑 근처의 컴컴한 구멍 속에 능숙하게 던져 넣었다. 아무래도 이러한 능숙한 솜씨에 대해서는 말하지 않을 수가 없다. 그러는 동안에도 노인은 두 젊은 낚시꾼에게 낚싯대를 다루는 방법과 제물낚시를 매다는 법, 그리고 수면에 낚싯줄을 던지는 방법을 가르쳐주면서 사이사이 설명을 이어갔다. 그런 광경을 보고 있으려니, 성인(聖人) 피스카토르(라틴어로 어부, 낚시꾼)가 제자들을 가르치는 모습을 눈앞에서 보는 듯한 느낌이었다. 주변에는 월턴이 즐겨 그려낼 것 같은 한가로운 전원풍경이 펼쳐졌는데, 그것은 아름다운 게스포드 계곡 근처에 위치한 잉글랜드 북서쪽 체셔 대평원 지대의 일부를 이루고 있어, 꼭 웨일스의 완만한 구릉이 신록의 달콤한 향기를 머금은 초원에서 솟아난 듯한 지형으로 보였다. 그날도 월턴 책에 그려진 듯한 따뜻한 날씨였는데, 이따금 부드러운 안개 같은 소나기가 내려, 마치 주변 일대에 다이아몬드라도 뿌린 듯이 보였다.

그리고 얼마 뒤, 나는 이 노장 낚시꾼과 이야기를 나누게 되었고, 대화가 무르익자 낚시 기술을 배운다는 핑계로 둑을 함께 거닐면서 그의 이야기에 열심히 귀를 기울이며 그날 대부분의 시간을 함께 보내게 되었다. 그는 대화를 나누며 유쾌하게 시간을 보내기 좋아하는 노인들이 거의 그렇듯이 참으로 쾌활하고 말이 많은 인물이었다. 이 노장 낚시꾼은 낚시에 관한 온갖 지식을 발휘할 수 있는 기회를 얻어, 살짝 자랑스러워하는 기색이 엿보였다. 역시 그런 때는 누구나 자랑하고 싶어지는 모양이다.

이 노인은 젊은 시절에는 마음 내키는 대로 떠돌이 생활을 하면서 전 세계를 돌아다녔는데 바로 그 무렵 미국으로 건너가, 특히 사바나에서 몇 년을 지낸 뒤 해운무역업에 뛰어들었다고 한다. 그런데 동료의 비열한 행동으로 말미암아 경영파탄이 일어나 그 뒤에도 여러 번 인생유전을 겪고 나서 해군에 들어갔으나 불행하게도 캠퍼다운 해전[*2] 중에 총탄을 맞고 한쪽 다리를 잃어버렸다고 한다. 그러나 이런 일을 전화위복이라 해야 하겠지만, 이 불행한 사건으로 그는 상이군인연금 지급대상자가 되었을 뿐만 아니라 상속재산 일부를 받게 되어 40파운드에 가까운 수입을 확보할 수 있었다. 이것을 계기로 해서 그는 고향으로 돌아가 홀로 조용하게 은거 생활을 하면서, 여생을 '품격 있는 낚시'에 바쳤다는 것이다.

그 역시도 열성적인 아이작 월턴의 애독자임을 알 수 있었다. 아마도 그 책의 문장에서 풍기는 소박한 멋과 전편에 넘치는 품격 있는 감성을 누리고 있었으리라. 그는 세상의 물결에 흔들리면서 살지만, 사회 자체는 건전하다고 여기며 만족해했다. 어느 산울타리와 떨기나무가 우거진 장소에 있어도 마구 털이 뽑히는 가엾은 양처럼, 이 노인도 곳곳에서 괴로운 처사를 당했던 것 같았다. 그래도 그곳 주민들에 대해 공평성을 잃지 않고 솔직하고 따뜻한 말투로 말했는데, 아무래도 온갖 경험 속에서 좋은 점만 생각하는 것처럼 보였다. 그는 미국으로 건너가 사업을 경영했지만, 불행의 소용돌이에 휩쓸려 실패하는 가운데서도 겸허한 자세를 잃지 않고 너그러운 마음으로, 그 결점을 자신의 책임으로 돌려야 한다고 생각하고 미국이라는 나라에 어떠한 미움이나 원한도 품지 않았다. 나는 이제까지 살아오면서 이 노인 같은 인물은 만나본 적이 거의 없었다. 이 늙은 낚시꾼의 가르침을 받은 젊은이 하나는, 마을에서 여관을 경영하는 체격이 좋고 늙은 미망인의 아들로 그녀의 법정 상속인이기도 했

---

*2 1797년 10월 11일, 영국 함대와 네덜란드 함대 사이에서 펼쳐진 해전으로, 영국 함대가 승리했다

다. 물론 그에게는 유산을 상속받을 전망이 있었다. 그래선지 그는 그 지역에 사는 신사풍의 한량들 가운데서도 매우 인기가 높았다. 따라서 이 노인이 그를 잘 보살펴주는 이상, 아마도 술집의 한 자리에 진을 칠 수 있는 특권을 기대하고 있었던 것이리라. 그리고 가끔은 맛있는 맥주라도 얻어먹고자 하는 생각도 있었을 것이다.

낚시에는 확실히 무언가가 있다. 낚시꾼은 미끼로 쓰는 벌레에게 심한 고통을 주는 것을 미안하게 여기는데, 그것만 아니면 낚시라는 오락에는 따뜻한 기질을 길러주고, 조용하고 순수한 마음을 기르게 하는 뭔가 특수한 요소가 있어 매우 이롭다. 영국인은 오락에 대해서도 참으로 생각이 논리정연하여 매우 과학적인 방법으로 낚시를 즐길 줄 안다. 따라서 영국에서는 낚시도 분명한 규칙과 절차에 따라 이루어진다. 이러한 낚시는 문화의 향기가 높은 따뜻하고 아름다운 영국의 전원 풍경과 멋지게 조화를 이루는 오락이다. 그런 풍경 속에 있으면, 모든 볼품없는 것들이 부드럽게 녹아든다. 시원한 강물은 은빛 선을 그리면서 아름다운 전원지대 속으로 깊숙이 들어가고, 그 지류의 하나는 다양한 자연 경관을 배경으로 구불거리다가, 때로는 온갖 꽃들이 군락을 이룬 땅을 누비면서 흘러간다. 또 때로는 달콤하고 그윽한 향기를 내뿜는 꽃들이 흐드러지게 피어 있는 신록의 풀밭을 따라 끝없이 흘러가거나, 촌락과 작은 마을이 펼쳐진 지역에까지 대담하게 파고들기도 한다. 그러다가 또 변덕스럽게 제멋대로 풀과 나무가 무성하게 자라 깊은 그늘을 이루고 있는 장소를 지나가는 것이다. 그렇게 한가롭고 평화로운 풍경을 바라보면서 느긋하게 거니는 것은 참으로 즐거운 일이다. 조용하고 평온하면서도 감미로운 자연 속에서 낚시라는 오락 풍경을 가만히 바라보고 있으면, 천천히 명상 속에 빠져들어 따뜻한 충족감이 밀려옴을 느낀다. 그런데 이따금 새가 지저귀고 멀리서 농부가 피리를 불거나, 자유로운 물고기가 고요한 수면으로 튀어 올라 거울 같은 수면이 한 순간 물결을 만들면서 흔들리면, 그 고요가 기분 좋게 깨지고 만다. 아이작 월턴은 이렇게 말했다.

"만약 담력과 자신감을 얻고 예지를 모아 신의 섭리를 믿고 싶다면, 강물이 속삭이며 흐르는 풀밭을 거닐면서, 아무도 돌아보지 않는 백합꽃이나, 신의 자비로 창조되어 살아가는(인간은 그것을 모르지만) 수많은 작은 생물의 모습을 가만히 들여다보면서 깊은 명상에 잠겨야 한다고 생각한다."

나는 나의 옛날 낚시친구가 한 말을 꼭 여기에 인용하고 싶다. 그 또한 깨끗하고 행복한 정신을 이야기한 것이다.

　　나는 맑고 깨끗한 마음으로 편안하게 살고 싶다.
　　트렌트 강이나 에이번 강 가까이 집을 마련하여,
　　낚시용 깃털과 낚시찌에 꼬치고기와 잉어와 황어 등이 달려드는 그곳에서,
　　물속 깊이 가라앉는 찌를 가만히 바라보고 싶다.
　　또 세상의 온갖 일들과 신의 섭리를 생각하고 싶다.
　　세상에는 온갖 부정한 방법으로 부를 얻으려는 무리가 있게 마련이고
　　술로 지새며 악행과 다툼, 불순한 장난에 시간을 낭비하는 자도 있는데
　　그런 즐거움을 바란다면, 그 또한 좋은 일이 아니겠는가.
　　유쾌한 공상을 마음껏 즐기는 것도 좋다.
　　그래서 나는 날마다 푸른 풀밭을 바라보면서 시원한 강변을 발길 닿는 대로 걷는다.
　　데이지와 푸른 제비꽃, 그리고 붉은 히아신스와 수련 사이로.

　나는 이 늙은 낚시꾼과 헤어질 때 그가 사는 곳을 물었고, 그 뒤 2,3일쯤 지나서, 마침 그 근처에 가게 되어 호기심에 이끌려 그 노인의 집을 방문하고 싶었다. 그리하여 찾아낸 그의 집은 방이 하나뿐인 작은 오두막이었다. 그런데 그 방의 구조와 배치가 매우 참신한 발상으로 설치되어 있었다. 마을에서 떨어진 녹음이 짙은 언덕 위에 서 있는 그의 집은 도로에서 조금 들어간 곳에 있었다. 집 앞 작은 텃밭에는 음식에 쓸 채소류가 심어져 있고, 소박하지만 꽃이 피는 풀도 있었으며, 집 정면에는 인동덩굴이 무더기를 이루고 있었다. 지붕 꼭대기에는 풍향계로 배가 얹혀 있었고, 집안도 모두 선실을 본뜬 내장으로 꾸며져 있었다. 본디 이렇게 일상 편의와 안락함을 배려한 방 구조는 군함의 침실에서 비롯된 듯했다.

　천장에는 해먹을 튼튼하게 달아 놓았는데, 필요 없을 때는 말아서 넣어 두면 되기에 전혀 장소를 차지하지 않았다. 방 한가운데에는 직접 만든 배 모형이 걸려 있었다. 쉽게 옮길 수 있는 중요한 물건은 두세 개의 의자, 테이블 하나, 그리고 커다란 선원용 소지품 상자 정도였다. 벽에는 선원의 애창가인 발

라드 종류, 이를테면 《프랜시스 호시에 제독의 유령》,[3] 《다운스 정박지(정박지에》, 《톰 볼링》[4] 등이 해전을 그린 그림과 함께 붙어 있었다. 그중에서도 캠퍼다운 해전 그림이 가장 눈에 잘 띄는 곳에 자리하고 있었다. 난로 앞 쪽은 조개껍데기로 꾸며져 있고, 그 위에 천체 고도 측정기인 상한의(象限儀)가 걸려 있으며, 그 양옆에는 무뚝뚝한 얼굴을 한 해군사령관 두 사람의 목판화가 있었다. 그의 낚시도구는 방 벽에 붙여놓은 못이나 고리에 가지런하게 걸려 있고 선반에는 서적이 놓여 있는데, 그 속에 낚시에 관한 너덜너덜 닳은 책 한 권, 돛천으로 싼 성서, 오래된 항해기 한두 권, 항해 달력 한 권, 그리고 노래책 한두 권이 진열되어 있었다.

이 노인의 가족으로는 애꾸눈에 몸집이 커다란 고양이와 항해 중에 잡아서 길들이고 가르친 구관조가 있었다. 이 구관조는 노련한 갑판장처럼 갈라진 목소리로 온갖 바다 항해용어를 발음할 줄 알았다. 이 집의 모습을 바라보고 있자니, 문득 로빈슨 크루소 이야기가 떠올랐다. 낚시에 대한 모든 도구는 배 안의 규율과 질서에 따라 정확하게 '수납되어' 소중하고도 정연하게 보관되고 있었다. 그의 말로는 '매일 아침 갑판을 닦고, 식사와 식사 사이에 청소를 한다'는 것이다.

나는 그가 문 앞 벤치에 걸터앉아 따뜻한 석양을 받으면서 파이프를 피우고 있는 모습을 발견했다. 애꾸눈에 몸집이 큰 고양이는 진지한 얼굴로 목을 가릉거리고, 구관조는 새장 한복판에 매단 철제 고리 안에서 이상한 몸짓으로 움직이고 있었다. 그는 종일 낚시에만 열중해 있어서, 마치 개선장군이 의기양양하게 전쟁 공적을 이야기하듯이 낚시 기록에 대해 자세하게 설명해 주었다. 특히 크나큰 송어를 낚아 올렸을 때 사용했던 방법을 이야기할 때는 유난히 자랑스러워하고 재미있어 했다. 아마도 그렇게 큰 송어를 잡으려면 매우 숙련된 기술과 세심한 주의가 필요한 모양이다. 참고로, 그 송어는 내가 숙박하고 있는 여관 안주인에게 전리품으로 보내졌다.

나는 쾌활하고 자기 삶에 만족해 하는 노인을 만난 셈인데, 그렇게 오랫동안 모진 세월을 겪은 뒤, 늘그막에 겨우 안주할 땅을 얻어 평온한 나날을 누리고 있는 사람을 보면, 내 자신이 위로를 받고 치유된 듯하다. 그러나 그 행복

---

*3 영국 시인 리처드 글로버(Richard Glover, 1712~85)의 발라드 시.
*4 영국 작곡가이자 극작가인 찰스 딥딘(Charles Dibdin, 1745~1814)의 작품.

은 절대로 외부에서 주어진 것이 아니라 자신의 손으로 싸워 얻은 것이다. 그는 신이 주신 가장 소중한 선물인 배려와 자애의 마음을 끝없이 지니고 있었다. 그것이 인생을 저절로 순조롭게 나아가게 하는 윤활유 같은 역할을 하여, 험악한 날씨에도 바다 위를 떠다니고 어떠한 어려움에도 굴복하지 않고 평온하게 있을 수 있었던 것이다.

그에 대해 더욱 상세하게 알고 싶어서 여러 질문을 해 보니, 노인은 이 마을에 널리 알려진 인기인으로, 또 술집 현자로서 통하고 있음을 알 수 있었다. 그는 술집 손님들에게 노래를 들려주어 홍을 돋우거나, 《아라비안나이트》에 나오는 신드바드와 비슷한 모험담, 이를테면 진기한 나라에 대한 이야기, 난파선 이야기, 해전 이야기 등을 흥미진진하게 이야기해 주어 손님들을 감탄하게 했다. 그는 인근의 낚시를 좋아하는 유한신사들로부터 특별한 인정과 대우를 받으면서, 그 가운데 몇 사람에게는 낚시 비법을 전수해 주었고, 무엇보다 그들의 부엌에 드나들 수 있는 특권을 얻었다. 그의 생활은 거의 단조로워서 날마다 아무 일도 없이 평온무사하게 지나갔다. 날씨가 좋은 계절에는 대개 가까

운 강가에서 놀면서 하루를 보낸다. 그 밖의 날에는 집안에 머물면서 다음에 필요한 낚시 도구를 준비하는 데 시간을 보내거나, 후원해주는 귀족과 유력자의 자제를 위해 낚싯대와 사내끼, 제물낚시 등을 만드는 일에 열중했다.

이 노인은 일요일에는 반드시 교회에 가는데, 거의 설교 도중에 잠들기 일쑤였다. 그의 유일한 소망은, 자신이 죽으면 교회의 자기 자리에서 바라다 보이는 푸른 풀밭에 묻히는 것이다. 그는 젊었을 때부터 그 장소로 정해 놓고 있었다. 고향을 멀리 떠나 흰 물결을 일으키며 흔들리는 바다 물보라 속에서 자칫하면 물고기 먹이가 될 것 같은 위험한 순간에도, 그 소망이 뇌리를 스쳤다고 한다. 그곳은 그의 부모가 묻혀 있는 장소였다.

이제 독자 여러분도 슬슬 지루해지기 시작했을 테니 이쯤에서 펜을 놓기로 한다. 아무튼 나는 이 '낚시친구' 노인에 대해 이야기하며 그에게 얽힌 일화를 소개하지 않을 수 없었다. 이 노련한 낚시꾼 덕분에 나는 전보다 더 이론을 좋아하게 되었지만, 유감스럽게도 낚시 기술이 더 발전한 것 같지는 않다. 그 성실한 아이작 월턴의 말을 빌려, 나의 독자 여러분과 '진심으로 미덕을 사랑하고 신의 섭리를 믿으면서, 마음을 조용히 가라앉히기 위해 낚시를 하러 가는 현자 여러분들에게' 성 베드로의 은총이 있기를 빌면서, 이 길고 지루한 이야기를 마치고자 한다.

슬리피 할로우의 전설
디트리히 니커보커 씨의 유고(遺稿)에서

기분 좋고 나른해지는 곳,
반쯤 감은 눈앞에서 일렁이는 덧없는 꿈,
지나가는 구름 사이로 찬란하게 빛나는 하늘의 성,
그리고 언제나 여름 하늘에 떠 있는 구름.[1]

《나태의 성》에서

    옛날 네덜란드인 항해사들이 타판지라고 불렀던 허드슨 강 동쪽 유역은 강폭이 매우 넓어서, 그곳을 항행할 때 그들은 반드시 신중하게 돛을 펴고 팽팽하게 줄을 당겨 수호신 성 니콜라스의 가호를 빌었다. 그 동쪽 기슭에 만처럼 움푹 들어간 깊고 넓은 뒤쪽 끝에는 작은 시장과 시골 정서가 가득한 항구가 있었다. 그린즈버그라 부르는 사람들도 있지만, 정식 지명은 태리타운이며 보통은 그 이름으로 알려져 있다. 아마도 그 이름은 그 옛날 인근에 살던 아낙네들이 붙인 것 같다. 시장이 서는 날이면 남편들이 마을 술집 주변에 모두 모여 좀처럼 그 자리를 떠나지 못하는 특이한 지역성을 나타낸 듯하다. 어쨌든 확실한 것은 나도 잘 모른다. 다만 나로서는 이 사실을 미리 말하여, 사태를 정확하게 파악하고 공평하고 올바르게 쓰고자 한다. 이 마을에서 그리 멀지 않은, 2마일쯤 떨어진 곳에 높은 언덕 사이에 끼어 있는 작은 골짜기가 있다. 아니, 차라리 움푹 팬 낮은 땅이라고 하는 편이 더 어울릴지도 모른다. 그곳은 세상에서 가장 조용한 장소의 하나로, 계곡을 졸졸 흐르는 작은 강의 속삭임은 사람을 편안한 잠으로 이끌고, 기껏해야 이따금 들려오는 메추라기 울음소리나 딱따구리가 나무를 쪼는 소리가 주변을 가득 채운 고요함을 깨는 정도

---

[1] 스코틀랜드 시인 제임스 톰슨(James Thomson, 1700~48)의 《나태의 성》(The Castle of Indolence, 1748)에서 따옴.

이다.

내가 아직 소년이었던 시절, 다람쥐 사냥에 푹 빠져 처음으로 공을 세운 적이 있었다. 이 계곡의 한쪽에서 울창하게 자라는 키 큰 호두나무 숲 근처였다고 기억한다. 내가 그 숲속에 들어간 것은 정오 무렵이었는데, 그곳은 완전히 정적에 싸인 자연 공간이었다. 아무튼 내가 쏜 총에서 나오는 그 요란한 소리에 내가 놀랐을 정도였다. 총소리는 일요일에만 느낄 수 있는 평온한 정적을 깨고, 분노의 메아리처럼 길게 울려 퍼졌다. 만일 소란스러운 속세와 고통에서 벗어나 인생의 늘그막을 꿈결처럼 보낼 수 있는 은둔의 땅을 찾는다면, 이 작은 계곡보다 더 멋진 장소는 없을 것이다.

나른한 정적이 지배하는 이 일대의 인적 없는 협곡은, 초기 네덜란드 이민자 후손들의 특이한 기질을 지녔던 것에서 비롯하여 오랫동안 슬리피 할로우라는 별명으로 불리고 있었다. 그리고 촌스러운 사내애들은 하나같이 슬리피 할로우의 개구쟁이들이라 불렀다. 졸음을 부르는 꿈같은 마력이 이 땅을 감싸고 있고, 그것은 그곳의 공기 속에도 스며들어 있는 듯했다. 미국 이주가 시작된 초기 무렵에, 독일의 유명한 요술사가 이 땅에 마법을 걸었기 때문이라는 사람도 있고, 헨리 허드슨 선장*²이 이끄는 일행이 이 땅을 발견하기 전에, 인디언 예언자인지 아니면 마법사인지 알 수 없는 늙은 추장이 이곳에서 의식을 집행했기 때문이라는 사람도 있다. 아무튼 이 일대의 땅에는 아직도 마법 같은 신비로운 힘이 가득 차 있다. 그것이 착한 주민들의 마음에도 주술을 걸어 몽환의 미궁 속을 방황하게 한다. 그러면 그들은 온갖 신비로운 것들의 포로가 되어 마음을 빼앗기거나 환상 세계에 잠시 빠져드는 것이다. 그들은 곧잘 신비로운 광경을 보거나, 허공에서 들려오는 이상야릇한 소리와 목소리를 듣기도 한다. 이 일대에는 많은 전설이 남아 있고, 유령이 나타나는 장소도 많은 것으로 알려져 있다. 또 황혼녘에 얽힌 미신의 이야기도 수없이 많다. 그리고 이 지역에서는 밤하늘을 달려가는 혜성과 별똥별이 떨어지는 광경을 다른 어느 곳보다도 자주 볼 수 있다. 그런데 아홉 명의 부하를 거느린 몽마(夢魔)도 이곳이 마음에 들었는지 유쾌하게 달리면서 신나게 논다는 것이다.

그러나 마법에 걸린 이 지역에 나타났다 없어지는 유령의 우두머리이자, 시

---

*2 헨리 허드슨(Henry Hudson, ca. 1550?~1611)은 영국 탐험가.

공을 지배하는 군대의 총지휘관 같은 존재는, 바로 머리가 없는 기사 유령이다. 그는 독일의 헤센 기병(영국 정부에 고용된 독일인 용병)의 유령인데, 독립전쟁 무렵에 어디선가 이름도 없는 작은 무력충돌 중에 대포알을 정면으로 맞아 머리가 날아갔다고 한다. 그 헤센 기병 유령을 가끔 마을 사람들이 직접 보기도 하는데, 마치 바람의 날개를 타고 있는 것처럼 칠흑 같은 어둠 속을 내달린다고 한다. 이 유령이 나타나는 장소는 계곡만은 아니다. 때로는 인근 길가에서 본 적도 있다. 그러나 그 모습이 가장 많이 보인 곳은 이곳에서 그리 멀지 않은 교회 부근이다. 실제로 인근에서 가장 믿을 수 있는 어느 역사가는, 이 유령 이야기를 신중하게 모아서 그것을 비교하면서 정밀조사를 한 적이 있다고 한다. 그 내용을 바탕으로 그들이 주장하는 바에 따르면, 교회 묘지에 이 기병의 유해가 묻혀 있는데, 그 유령이 밤마다 잃어버린 자신의 머리를 찾아서 그 싸움터로 말을 타고 달려가는 것이며, 이따금 한밤중에 질풍처럼 이 낮은 지대를 급히 지나가는 것은 날이 새기 전에 다시 교회 묘지에 도착하려고 서둘러 돌아가는 것이라고 한다.

여기까지가 이 전설적인 미신의 대략적인 내용이다. 이것이 소재가 되어, 이 지방에는 유령이 나타난다는 신비롭고 이상야릇한 이야기들이 많이 생겨났다. 그때부터 이 유령은, 어느 집 난롯가에서도 '슬리피 할로우의 머리 없는 기사의 유령'이라는 이름으로 사람들의 입에 오르내리게 되었다.

여기서 특별히 기록해 두고 싶은 것은, 지금까지 이야기한 환상적인 세계에 끌려들어가는 경향은 이 계곡 부근에서 태어나고 자란 현지 사람들에게서만 볼 수 있는 특이한 현상이 아니라, 잠시 그곳에 머물러 사는 사람들에게도 모르는 사이에 그 영향이 미친다고 한다. 사람들은 나른해지는 이 낮은 땅에 들어가기 전에 아무리 눈을 똑똑히 뜨고 있어도, 그 주위에 떠다니는 마력을 들이마시게 되어 곧 이런저런 공상에 빠지거나 꿈을 꾸고 유령을 보게 되는 것이다.

나는 이 평화로운 장소에 큰 찬사를 보내고 싶다. 이 장소는 뉴욕의 큰 주(州)에 있는 네덜란드인들이 거주하는 후미지고 조용한 계곡 속에 자리하며, 이곳에 사는 사람들의 생활과 풍습은 지금도 옛날 그대로의 모습을 지니고 있다. 끊임없이 변화하는 미국의 다른 지역에서는 대량의 이민 유입과 개혁을 동반한 거대한 조류가 밀려와 시시각각 달라지고 있지만, 그러한 크나큰 흐름도 이 계곡에서는 알려지는 일 없이 조용히 흘러가 버린다. 이곳은 거세게 흘러가는 물줄기와 맞닿아 있는 잔잔한 작은 웅덩이 같은 곳이어서, 옆에서 솟구치며 흐르는 격류에 휩쓸리지도 않고, 지푸라기나 거품만 쓸쓸하게 떠 있거나, 어딘가 항구 같은 장소에서 부드럽게 소용돌이치고 있는 듯한 분위기가 감돈다. 내가 슬리피 할로우의 나른한 숲 그늘을 헤치고 들어가 헤맨 뒤에 몇 년이나 흘렀다. 그러나 지금도 그때를 떠올리면 나무들이 울창하게 자라고 있고, 어쩌면 그때의 사람들이 지금도 그 후미진 곳에서 단조로운 일상을 느긋하게 꾸려나가고 있는 것은 아닐까 하는 생각을 하게 된다.

지금으로부터 30년쯤 전, 이 자연계의 한 변두리에서 미국 역사가 시작된 무렵, 이카보드 크레인이라는 이름의 뛰어난 인물이 근처의 아이들을 가르치기 위해 슬리피 할로우 땅에 잠시 머물고 있었다. 아니, 그의 말을 빌리면 '정처 없이 어슬렁거리고 있었다'고 한다. 이카보드 크레인은 코네티컷 주 출신이었다. 참고로, 코네티컷 주는 삼림 개척자뿐만 아니라 학문 지도자도 배출하고, 해마다 수많은 나무꾼을 변방으로 내보내는 동시에 많은 교사를 전원에 파견하고 있었다. 그의 크레인(학이라는 뜻)이라는 이름은 그의 풍모와 참으로 비슷했다. 이 인물은 분명히 키가 컸으며 무척 가느다란 체형으로, 어깨는 좁고, 팔다리는 길쭉해서 소매 끝에서 두 팔이 1마일은 비어져 나와 있는 듯하고, 다리는 삽으로도 쓸 수 있을 것처럼 재미있는 모양을 하고 있었다. 즉, 신체 전체가 몹시 느슨하고 흐물흐물해 보였다. 머리는 작고 정수리는 납작하며 귀는 이상할 정도로 컸다. 눈도 초록색인 데다 크기가 남의 두 배는 되고, 도요새 부리 같은 긴 코를 가진 그 특징적인 용모를 바라보면, 마치 풍향계가 그 가늘고 긴 목 위에 앉아 바람의 방향을 알려주는 것만 같았다. 바람이 세게 부는 날 그가 언덕 위를 양복자락을 펄럭이면서 큰 걸음으로 걷는 모습을 보면, 가난의 신이 이 땅에 내려왔거나, 허수아비가 옥수수밭에서 도망쳐 나왔나 하는 생각이 들 정도였다.

이카보드 크레인이 교편을 잡고 있었던 학교는 나지막한 건물로, 허술한 통나무로 지은 교실 하나뿐이었다. 창의 일부는 유리창이었지만 또 한쪽은 오래된 습자책을 덕지덕지 이어붙였다. 그는 매우 이상야릇하게도 수업이 없을 때는 부드러운 덩굴로 출입구 손잡이를 단단히 묶고, 창 덧문에도 걸쇠를 걸어두었다. 그래서 만일 도둑이 학교에 침입하더라도 달아나려면 애를 먹지 않을 수 없게 된다. 이 기발한 생각은, 아마 건축가 요스트 반 후텐이 생각해 낸 장어잡이 통발에서 빌려온 것인 듯하다. 학교는 조금 고요함이 감돌기는 하지만 그래도 쾌적한 장소에 있었다. 나무가 울창하게 자라는 언덕 기슭 가까이에는 작은 강이 흘렀고, 그 한쪽 끝에는 커다란 자작나무가 우뚝 서 있었다. 나른해지는 여름날에는 학교에서 열심히 공부하는 학생들이 낮게 웅얼거리는 목소리가 들려왔다. 그것은 마치 붕붕거리는 꿀벌의 날갯짓 소리처럼 들렸는데, 이따금 그 목소리가 끊어지면 이카보드 크레인 선생이 꾸짖고 있는 건지 지시하고 있는 건지 뚜렷하지 않은 엄숙한 목소리가 들려왔다. 그리고 가끔 공부를 게을리 하는 불성실한 학생을 꾸짖거나 격려하기 위해 매질하는 소리도 들렸다. 실제로 그는 매우 성실한 사람으로, 언제나 '회초리를 아끼면 아이를 망치게 된다'는 신조를 마음 속 깊이 지니고 있었다. 그러므로 이카보드 크레인의 학생들은 틀림없이 엄격한 가르침을 받고 있었던 셈이다.

그렇다고 해서 그를 학생들에게 고통 주는 것을 좋아하는 잔인한 권력자로는 생각하지 말아주기 바란다. 오히려 그의 교육방침은 그저 엄격하게 학생을 처벌하는 것이 아니라, 학생의 자질을 파악하여 알맞게 대응하는 것이었다. 이를테면 약자의 부담은 강자가 대신 지게 했고, 마음이 약한 학생은 회초리를 치켜들기만 해도 뒷걸음질 치며 오그라들기 때문에 너그럽게 멈출 줄도 알았다. 그러나 회초리를 맞고 분한 듯이 불만을 드러내며 외고집을 부리는, 헐렁한 바지를 입은 네덜란드인 특유의 개구쟁이는 넉넉히 2인분 처벌을 받게 된다. 이 모든 것에 대해 그는 '학생들의 부모에게 교사로서의 책무를 다하고 있다'고 거리낌 없이 말했다. 꾸중을 듣고 채찍질을 당하는 개구쟁이의 처지에서는 틀림없이 달갑지 않은 친절이겠지만, 그는 학생을 꾸짖은 뒤에는 반드시, '너는 평생 동안 이 일을 떠올릴 때마다 나에게 감사하게 될 것'이라고 말해주곤 했다.

학교 수업이 끝나면 이카보드 크레인은 나이 많은 학생들의 친구가 되고 놀이 상대도 되어주었다. 또 휴일 오후에는 어린 학생들을 집까지 데려다 주기도 하는데, 그 집에 마침 그 아이의 예쁜 누나가 있거나 요리 솜씨가 좋기로 소문이 자자한 착한 어머니가 있을 때도 있었다. 따라서 그가 학생들과 좋은 관계를 유지하지 않을 수 없었던 것은 말할 필요도 없다. 무엇보다 그는 학교 급료가 적어서 그것만으로는 나날의 생계를 유지하는 데 빠듯했다. 더군다나 그는 마른 체격에 어울리지 않게 상당한 대식가여서, 아나콘다 같은 놀라운 위장의 소유자였기 때문이다. 그런 그는 생활비를 마련하기 위해, 이 일대의 시골 풍습에 따라 제자들이 있는 농가를 옮겨다니는 생활을 하면서 어떻게든 배를 채웠다. 그는 각각의 농가에서 일주일씩 신세를 지는데, 그때는 지니고 있는 소지품을 몽땅 그러모아 무명 보자기에 싸가지고 찾아간다.

이윽고 그런 일들이 이카보드 크레인을 후원하는 시골 사람들에게 힘겨운 부담을 주면, 그들은 아이를 학교에 보내는 것은 금전면에서 어쨌든 경비가 든다고 생각하거나, 교사는 어차피 식객에 지나지 않는다고 불평을 하게 마련이다. 그러므로 그렇게 되지 않으려고 그는 부지런히 일을 거들면서 모든 사람들의 마음에 들려고 애써 노력했다. 가끔이기는 하지만, 그는 농가 사람들에게 일손이 되어 간단한 밭일을 맡아했다. 이를테면 건초를 만들거나 울타리를 고치고, 말에게 물을 먹이기 위해 끌고 나가기도 하고, 암소를 방목지에서 외양간으로 데리고 돌아오거나, 겨울에 난로에 넣을 나무를 베는 일을 하면서 돕고 있었던 것이다. 게다가 그는 일을 할 때에는 학교라는 작은 제국에서 아이들을 다스릴 때의 위압적인 태도나 절대적인 지배권은 모두 벗어버리고, 놀랄 만큼 싹싹하게 행동하면서 호인으로 바뀌었다. 그는 아이들을 친근하게 대했는데 특히 어린 아이들에게 관심을 가지고 귀여워했기 때문에 어머니들로부터 남다른 호의를 얻고 있었다. 그런 그의 모습에는 그 옛날 용맹한 사자가 너그러운 마음으로 양을 안고 있는 듯한 분위기가 있었다. 그는 자주 몇 시간씩 참을성 있게 아이를 무릎 위에 태우고 요람을 흔들듯이 다리로 어르곤 했다.

그밖에도 그는 다른 직업으로 근처의 노래 선생이기도 하여, 젊은이들에게 찬송가 영창법을 가르쳐주고 반짝거리는 실링 은화를 꽤 벌었다. 일요일에는 엄선된 멤버들이 모인 성가대를 교회 신도석 정면에 배치하여 합창하는 것으로 허영심을 적잖게 채우고 있었다. 그곳에 서면, 그는 목사로부터 영예를 완전히 빼앗은 듯한 기분이 되었다. 그의 목소리는 확실히 어느 누구보다도 훨씬 높게 울려 퍼졌다. 요즘도 교회 안에서 묘하게 떨리는 목소리가 들려오지만, 조용한 일요일 아침에는 반 마일이나 떨어져 있는 물레방아용 저수지 반대쪽에서도 들릴 때가 있었다. 그 목소리는 어김없이 이카보드 크레인의 코를 통해 울리는 노랫소리였다고 한다. 그렇게 온갖 수단과 방법을 다하여 '무슨 수를 써서라도 뭐든지 하는' 교묘한 수법으로, 이 훌륭한 교육자는 최상의 생활을

누렸다. 그러나 두뇌 노동과는 거리가 먼 사람들은 더없이 행복하고 안락한 생활을 하는 인물로 생각했다.

교사는 꽤 버젓한 인물로 이 주변의 시골 부인들에게는 존경받는 존재이다. 즉 가까운 곳에서는 유한신사 같은 풍채를 한 인물로 인기를 끌며, 시골뜨기들에 비하면 훨씬 뛰어난 취미와 특기를 가지고 있는 것으로 여겨지기 때문이다. 그리고 실제로 학식면에서는 목사 다음으로 인정을 받기도 했다. 그렇기 때문에 교사가 농가에 나타나면 조금은 술렁거림이 일어나는데, 이를테면 티타임을 즐기는 테이블에는 케이크와 과자 등 달콤한 것이 생각지도 않게 올라오거나, 가끔은 은으로 만든 티포트가 등장하기도 한다. 그리하여 이카보드 크레인 선생이 등장하자 그는 시골 처녀들에게도 큰 인기를 얻었다. 일요일 교회에서 예배를 드릴 때 그는 그곳에 앉아 있는 처녀들 사이에서 참으로 이색적인 존재였다. 그는 그녀들을 위해, 주위의 나뭇가지에 탐스럽게 달려있는 산포도를 따거나 묘비명을 모조리 외워서 그녀들을 매우 기쁘게 하기도 하고, 또 그녀들 모두를 안내하여 인근에 있는 물레방아용 저수지의 둑을 거닐면서 즐거운 시간을 보냈다. 그러자 시골의 수줍음이 많은 남자들은 앞에 나서지도 못한 채, 이카보드 크레인의 우아하고 빈틈없는 응대를 지켜보며 부럽게 생각할 뿐이었다.

이카보드 크레인은 반쯤 떠돌이 여행 같은 생활을 했기 때문에, 말하자면 다리 달린 신문 같다고나 할까, 여기저기서 귀로 듣는 소문을 모아서 이집 저집 퍼뜨리고 다녔다. 그러므로 이카보드 크레인이 나타나면 어느 집이든 그를 환영했다. 뿐만 아니라 부인들로부터는 꽤 박식한 인물로 존경을 받았다. 그가 책 몇 권인가를 독파했을 뿐만 아니라 위대한 사상가인 코튼 매더[*3]의 저서 《뉴잉글랜드 마법의 역사》를 완벽하게 통달했기 때문이다. 그는 이 책에 절대적인 믿음을 보냈다.

사실 이카보드 크레인의 성격에는 빈틈없이 행동하는 요령과 사물을 쉽게 믿어버리는 면이 묘하게 섞여 있었다. 또 호기심은 남보다 배로 강하고, 그 내용을 음미하는 능력도 보통이 아니었다. 더욱이 이러한 특성은 이 신비로운 마력을 품고 있는 곳에 살기 시작한 뒤로 더욱 강해졌다. 그는 아무리 하찮은 이

[*3] 코튼 매더(Cotton Mather, 1663~1728)는 저명한 청교도 성직자. 대표작으로 《미국에서의 그리스도의 위업》(Magnalia Christi Americana, 1702)이 있다.

야기나 무서운 이야기도 깨끗하게 삼켜버릴 수 있었다. 방과 후에는 학교 옆에 졸졸거리며 흐르는 시냇가에 가서, 그곳에 가득 깔린 토끼풀 위에 마음껏 몸을 뻗고 누워 코튼 매더의 무서운 책을 탐독하는 것이 하나의 큰 즐거움이었다. 아무튼 그는 저녁이 되어 어두컴컴해져서 글씨가 잘 보이지 않게 될 때까지 읽고는 했다. 그러다가 겨우 돌아갈 생각을 하는데, 도중에 늪지와 강을 지나고 무서운 숲을 빠져나가 그날 머물 농가로 가다가, 요괴가 나타났다 없어질 것 같은 시간이 되면 자연이 내는 모든 소리가 그의 흥분한 상상력을 자극했다. 언덕 비탈에서 들려오는 쏙독새의 날카로운 울음소리, 폭풍의 조짐을 암시하는 청개구리의 불길한 울음소리, 올빼미가 호, 호, 우는 적막한 소리, 갑자기 놀라서 둥지에서 날아오른 새가 덤불 속을 헤치는 소리 등이다. 어둠 속에서 유난히 또렷하게 반짝이는 반딧불이가 이카보드 크레인이 가는 길을 가로지르면 그때만은 그도 무척 놀라곤 했다. 그럴 때, 우연히 멍청하게 큰 투구벌레가 놀란 기색으로 어디서 튀어나와 그와 부딪칠 뻔하면, 가엾은 이카보드 크레인은 마녀의 저주에 걸린 것으로 착각하고 죽을 만큼 놀란다. 그런 상황에 빠졌을 때, 기분을 바꾸고 나쁜 기운과 악령을 물리치는 오직 한 방법은 찬송가를 부르는 것이었다. 그 때문에 슬리피 할로우에 사는 착한 사람들은 해질 무렵에 집 앞에 앉아 있으면, 그가 콧노래로 부르는 '길고 감미롭게 이어서'*⁴라는 선율이 때때로 먼 언덕을 넘어 어두운 길에서 흘러오는 것을 두려움에 떨면서 듣곤 했다.

그가 두려워하면서도 즐기는 또 하나는, 긴긴 겨울밤을 늙은 네덜란드인 아낙네들과 함께 보내며, 난롯가에 올려놓은 사과가 구워지는 소리를 듣고, 그 옆에서 그녀들이 실잣기를 하면서 들려주는 유령과 요정, 그리고 유령이 나타나는 들판, 강, 다리, 저택, 특히 '머리 없는 기사', 즉 그녀들이 이따금 그렇게 부르는 '슬리피 할로우의 빨리 달리는 헤센 사람'에 대한 이상한 이야기를 듣는 일이었다. 그도 마찬가지로, 이전에 코네티컷 주에서 널리 퍼졌던 마술 이야기, 공중에 떠다니는 무서운 조짐, 그리고 신비로운 광경과 불길한 소리에 대한 이야기를 들려주어 그녀들을 즐겁게 해주었다. 또 혜성이나 별똥별에 대해 자기만의 추론을 펼치거나, 지구는 분명히 자전하므로 그녀들도 하루의 반

---

*4 영국 시인 존 밀턴(John Milton, 1608~74)의 《쾌활한 사람》(L'Allegro, 1645)에서의 따옴

은 거꾸로 매달린 상태에서 생활하는 거라는 놀라운 이야기를 해주어 그녀들을 매우 놀라게 했다.

그러나 타닥타닥 소리내면서 타오르는 모닥불의 시뻘건 불꽃을 등지고, 유령 같은 건 나타날 리 없는 난롯가에 편안하게 모여 앉아 상대의 이야기에 귀를 기울이는 동안은 좋았지만, 그 뒤에 돌아오는 길에서의 공포는 이루 말할 수가 없었다. 눈 오는 밤의 흐릿한 빛 속에서, 어딘가 으스스한 수상한 그림자가 그의 앞을 가로막고 선다. 거친 들판의 아득히 먼 저편에 있는 집 창문에서 새어나오는 불빛을 보면 뭐라 말로 표현할 수 없는 애처로운 기분이 들었다. 그리고 눈이 소복하게 덮인 딸기나무가 얇고 하얀 삼베옷을 입은 유령처럼 불길한 모습으로 가는 길을 가로막을 때마다, 그는 수없이 간담이 서늘해지곤 했다. 또 얼어붙은 땅바닥을 울리는 자기 발소리에 놀라 걸음을 멈추거나, 뒤를 돌아보면 무슨 이상한 것이 뒤따라오는 게 아닌가 하는 의심에 빠져 무서워지곤 했다. 또 나무들 사이를 한 줄기 바람이 불어 지나가면, '빨리 달리는 헤센 사람'이 매일 밤 이 주변을 헤매는 것이 아닌가 하는 두려움에 완전히 빠져 버렸다.

그러나 이 모든 일들은 칠흑 같은 밤의 공포에 지나지 않았고, 어디까지나 어둠 속에서 활개를 치는 마음속의 망상이었다. 그는 여태까지 많은 유령을 만났고, 또 홀로 거닐 때는 이런저런 모습을 한 악마에게 시달린 적이 한두 번이 아니었지만, 낮에 햇빛이 비치면 어둠의 악마는 모두 흔적도 없이 사라져 보이지 않았다. 만일 유령과 요정, 그리고 모든 마녀를 한데 모은 것보다 더 인간을 괴롭히는 하나의 존재가 그의 길을 막지 않았다면, 설령 악마가 그곳에서 무슨 짓을 한다 해도 이카보드 크레인은 충만하고 즐거운 인생을 누렸을 것이다. 그 존재란 바로 여자였다.

일주일에 한 번 이카보드 크레인이 찬송가를 지도하는 모임이 밤에 열렸는데, 그 학생들 가운데 카트리나 반 타셀이라는 부유한 네덜란드인 농가의 외동딸이 있었다. 그녀는 꽃도 부끄러워 할 열여덟 살 처녀였다. 그녀의 체형은 메추라기처럼 포동포동하고 뺨은 아버지가 키우는 잘 익은 복숭아처럼 엷은 분홍색이었는데, 그저 아름다운 외모 때문만이 아니라 막대한 유산 상속인으로서도 인근에 널리 알려진 존재였다. 카트리나의 차림새는 고풍스러운 느낌을 풍기면서도 최신 유행을 따랐기에 얼마쯤 요염한 매력도 지니고 있었는데, 그것이 그녀를 한결 더 돋보이게 해주었다. 그리고 할머니의 할머니가 네덜란드 자르담에서 가져왔다는 순금 장식품도 몸에 걸치고 있었다. 오래전에 유행했던 세련된 스토마커로 앞가슴을 꾸미고, 자극적인 짧은 페티코트를 입어 이 지역에서 가장 예쁜 발과 복사뼈를 아낌없이 드러냈다.

이카보드 크레인은 여성에게 무척 친절하고 어리석을 만큼 정에 약한 면이 있었으니, 이토록 매력적인 카트리나가 이 사나이 마음을 어찌 사로잡지 않을 수 있었겠는가. 특히 그가 그녀의 집을 방문한 뒤로 마음이 더욱 끌리게 된 것은 전혀 이상할 게 없었다. 그녀의 늙은 아버지 발터스 반 타셀은 무엇 하나 부족함 없이 넉넉하게 생활하고 있었다. 그는 행동거지가 부드럽고 대범한 성격의 소유자로, 그야말로 완벽한 농부의 전형이었다. 그는 자신의 농장의 땅 말고는 어떤 것에도 눈길도 주지 않고 깊이 생각하지도 않았다. 그런데도 이 농장에서는 모든 일이 원활하게 잘 돌아가면서 쾌적한 상태로 유지되고 있었다. 이 노인은 자신이 넉넉한 생활을 하는 것에 만족했지만 절대로 그것을 과시하지 않았고, 하물며 엄청난 자산을 가진 것에 대해서도 자랑스럽게 떠들지 않았다. 그의 본거지는 허드슨 강변 근처, 네덜란드인으로 농민이라면 누구나 살고 싶어하는 녹지 속의 조용한 오지에 있는 수수하면서도 기름진 토지였다.

커다란 느릅나무가 저택을 거의 뒤덮을 듯이 드넓게 가지를 펼치고 있었다. 느릅나무 아래에는 술통 같은 모양의 작은 우물이 있어, 그곳에서 놀랄 만큼 달고 맛있는 물이 솟아나왔고, 그것이 반짝반짝 빛나면서 목초지를 지나 가까운 강으로 흘러들고 있었다. 그 강은 낙엽 큰키나무인 오리나무와 키 작은 버드나무 사이를 누비며 하얀 거품을 마구 일으키면서 흘러갔다. 농가의 안채 바로 가까이에는 넓은 헛간이 있었는데, 교회로도 쓸 수 있을 정도로 훌륭했다. 헛간의 어느 창문이나 틈새에서도 농장의 수확물이 넘쳐흐르는 것 같았다. 그 속에서 곡물을 터는 도리깨 소리가 밤낮을 가리지 않고 쉴 새 없이 울렸다. 참새가 지저귀면서 헛간 처마 끝을 살짝 스치며 날았다. 비둘기들이 줄지어 앉은 지붕 위에는 한쪽 눈을 치뜨고 하늘을 주시하는 비둘기가 있는가 하면, 머리를 날개 속에 감추거나 가슴에 얼굴을 묻는 놈, 암놈 주위에서 몸을 잔뜩 부풀리는 놈, 활발하게 고개를 이리저리 움직여 '구, 구' 울면서 일광욕을 즐기는 비둘기도 있었다. 널찍하고 넉넉한 우리 속에서는 반들반들하게 살찐 돼지가 꿀꿀거렸고, 아직 젖도 떼지 않은 새끼돼지들이 바깥 공기 냄새를 맡으려는 듯이 우리에서 뛰쳐나오기도 했다. 눈처럼 하얀 거위들은 위풍당당한 함대를 만들어서, 오리의 전 함대를 호위하면서 가까운 연못의 수면에 떠서 일렁거렸다. 칠면조 떼 연대가 농가 안마당에서 꽥꽥거리면, 뿔닭은 그 소리가 거슬려 마치 심기 불편한 마나님들처럼 신경질적으로 큰 소리를 지르며 불평을 터뜨렸다. 헛간 문 앞에서는 사나운 얼굴을 한 수탉이 뻐기면서 힘차게 걸었는데, 마치 집안의 주인이나 용사, 또는 훌륭한 신사 모습과 비슷했다. 수탉은 반짝이는 날개를 퍼덕이며 진심으로 자랑스러운 듯 즐겁게 울면서 이따금 땅바닥을 발로 차고 돌아다니다가, 주린 배를 안고 있는 아내와 아이들을 불러 모아 자신이 찾아온 먹음직스러운 먹이를 호탕하게 내놓았다.

이카보드 크레인 선생은 그런 광경을 보고 군침을 잔뜩 흘리면서, 이만하면 올해는 호사스러운 겨울을 보낼 수 있겠다고 생각했다. 그는 탐욕스러운 상상을 부풀리며, 통구이 돼지고기와 푸딩으로 배를 채우고 후식으로 사과를 한 입 베어 물고 있는 자신의 모습을 떠올렸다. 비둘기는 먹음직스러운 파이 껍질 속에 기분 좋게 누워있고, 거위는 자신의 몸에서 떨어진 육즙 속을 헤엄쳤다. 오리 두 마리는 행복한 부부라고 자랑하듯이 양파 소스에 푹 잠겨 접시에 나란히 담겨 있었다. 식용 돼지라고 하면, 머지않아 매끄러운 베이컨이 될 기름진 옆구리 살을 베어내는 광경과 육즙이 많고 풍미가 가득한 햄을 상상할 수 있다. 칠면조도 마찬가지로 모래주머니를 날개 밑에 숨긴 채 먹음직스럽게 꼬챙이에 꿰어 있는 모습이, 향기로운 풍미를 풍기는 소시지를 목걸이로 걸고 있는 듯했다. 그 영리한 수탉도 접시 위에서 하늘을 향해 벌렁 누워서 발톱을 위로 높이 쳐들고, 살아 있었을 때는 기사도 정신을 발휘하느라 차마 생각지도 못했던, 목숨을 구걸하는 듯한 모습을 드러내 보였다.

더없이 행복한 황홀감에 싸인 이카보드 크레인은 그러한 공상을 즐기면서 커다란 녹색 눈을 이리저리 굴리며, 풍요롭게 펼쳐진 목초지와 탐스러운 밀밭, 호밀밭, 메밀밭, 옥수수밭, 그리고 붉은 열매들이 가지가 휘어지도록 달린 과수원을 바라보았다. 반 타셀의 온기가 느껴지는 저택은 바로 그런 환경 속에 있었다. 그는 앞으로 이 영지를 물려받게 될 처녀 카트리나에게 애틋하게 그리워하는 마음을 품게 되었다. 이러한 땅을 당장 처분하여 현금으로 바꾸면, 그 자금을 드넓은 미개발지 개간에 투자하여 황야에 판자지붕을 올린 커다란 저택을 지을 수 있지 않을까? 이렇게 그의 활발한 상상력은 점점 더 부풀어만

갔다. 아니, 그가 성급하게 상상력을 동원하는 동안, 그러한 일들은 이미 이루어지고 있었던 게 아닐까. 그는 또 여러 가지 가재도구를 짐수레에 가득 싣고, 아래쪽에는 주전자와 양동이를 단 채, 그 위에 아름다운 카트리나와 많은 아이들을 태운 마차가 달려 나아가는 광경을 마음속에 그려보았다. 한편으로는 이카보드 크레인 본인은 망아지를 한 마리 이끌고 암말에 기분 좋게 걸터앉아, 켄터키나 테네시, 또는 어딘지도 모르는 땅으로 여행을 떠나는 모습을 상상했다.

그렇게 생각하며 그 집에 들어서자마자, 그의 마음은 완벽하게 정복당하고 말았다. 높은 지붕이 완만하게 기울어진 그 널찍한 농가는 초기 네덜란드 이민자에 의해 전해오는 건축양식이었다. 처마가 낮게 튀어나와 있어 정면에 베란다가 만들어졌고, 날씨가 좋지 않을 때는 닫을 수 있도록 되어 있었다. 베란다 아래에는 도리깨와 마구(馬具), 온갖 농기구, 그리고 가까운 강에서 물고기를 잡을 때 쓰는 그물이 걸려 있었다. 베란다 양쪽에는 여름에 사용하는 벤치가 있고, 한쪽 끝에는 커다란 물레가, 다른 한쪽에는 버터 제조기가 놓여 있었다. 이렇게 여러 쓰임새로 사용되는 것을 보니 이 베란다가 얼마나 중요한 역할을 하는지 짐작이 되었다. 그런 모습에 완전히 감탄한 이카보드 크레인이 베란다에서 홀 안으로 들어서자, 그곳은 이 저택의 중심부로 여느 때에는 거실로 사용되는 곳이었다. 그 방에는 눈부시게 빛나는 고급스러운 도자기들이 긴 찬장에 나란히 진열되어 있었다.

방 한쪽에는 곧 실을 자을 커다란 양털 자루가 놓여 있고, 다른 한쪽에는 베틀에서 방금 나온 아마와 털을 합쳐서 짠 직물이 산더미처럼 쌓여 있었다. 또 옥수수 이삭과 끈으로 묶어서 말린 사과와 복숭아가 눈부시게 붉은 빛깔의 고추와 함께 꽃줄 장식처럼 벽을 따라 죽 걸려 있었다. 문이 하나 열려 있어서 그 방안을 살짝 들여다보니, 호화롭게 꾸민 고급스러운 실내와 온갖 물건들이 보였다. 먼저 네덜란드풍 의자와 거울처럼 반짝거리는 호사스러운 검은색 마호가니 탁자가 눈에 띄었다. 그리고 난롯가의 장작 받침대와 삽과 부젓가락이 아스파라가스 잎 그늘에서 반짝거렸다. 고광나무와 나사조개가 난롯가의 선반을 꾸미고 있고, 그 위에는 여러 색조의 새알들을 끈으로 엮어서 매달아 두었는데, 커다란 타조알은 방 한가운데에 매달려 있었다. 방 한쪽에 놓인 찬장 문은 일부러 열어두었는지, 오래된 은제품의 어마어마한 보물들과 잘 손질된 도자기가 진열되어 있었다.

이 멋진 광경을 본 순간, 이카보드 크레인은 완전히 마음의 평정을 잃고 말았다. 그리고 어떻게 이 비할 데 없는 매력을 지닌 카트리나 반 타셀의 애정을 얻어낼 것인지에 대해 온갖 방법을 고민하기 시작했다. 그러나 그 소망을 이루려면, 옛날부터 잘 알려진 방랑 기사가 맞닥뜨린 어떠한 시련보다도 어려운 상황과 마주하지 않으면 안 되었다. 옛날 방랑 기사들은 거인이나 마법사, 또는 불을 뿜는 용처럼 쉽게 물리칠 수 있는 괴물들과 싸우면 되었고, 철문이나 놋쇠문을 지나 굳센 장벽을 넘어서 마음에 둔 여성이 갇혀 있는 성안에 들어가기만 하면, 그것으로 모든 일은 끝이었다. 그 정도는 이른바 크리스마스 파이 한가운데를 파먹는 일만큼이나 쉬웠다. 마지막에는 여성이 기사의 구혼을 받아들인 것은 말할 것도 없다. 그러나 이카보드 크레인의 경우는 그것과 달랐다. 어떻게든 그는 이 탐스러운 시골 처녀의 마음을 사로잡아야 되는데, 그녀는 끊임없이 사랑의 난관과 장애가 소용돌이치는 변덕과 충동의 미로 속에서 갈팡질팡했다. 게다가 그가 마주 싸워야 하는 무서운 상대는 피와 살을 지닌 인간, 즉 카트리나를 숭배하는 많은 마을 청년들이었다. 그녀의 환심을 살 수 있는 모든 출입구가 막혀버리자 그들은, 분노를 띤 눈빛으로 서로를 주시하다가, 새로운 경쟁자가 나타났다 하면 공통의 목적을 위해 모두 하나가 되어 그 경쟁자를 공격했다.

그 가운데 가장 만만치 않은 인물은, 건장한 체격에 마구 으르렁대며 상대를 가리지 않고 적대감을 드러내는, 에이브러햄이라는 오만하고 거친 사나이였다. 그는 마을에서 네덜란드식 브롬 반 브란트라는 이름으로 불리고 있었다. 이 지역에서 그는 늠름한 힘과 대담한 배짱이 있는 영웅으로 널리 알려졌다. 어깨가 넓고 유연한 신체에 짧게 곱슬거리는 검은 머리, 성격은 무뚝뚝하고 거칠지만, 그 표정에서는 불쾌감을 느낄 수 없을 정도로 장난기와 오만함이 뒤섞인 듯한 풍모를 지녔다. 그는 엄청난 체격과 강인한 힘 때문에 그는 브롬 본즈(통뼈 브롬이라는 뜻)라는 애칭으로 통했다. 또한 그는 승마술 지식이 풍부한 데다 그 실력도 상당한 것으로 널리 알려져 있었다. 말을 다루는 솜씨는 마치 승마술의 민족 타타르인처럼 능숙하고, 어떠한 경주나 닭싸움에 참가해도 말아 놓고 일등이었으며, 시골 생활에서는 모든 일에 힘이 통하게 마련이듯이 그는 그것을 무기로 삼아 모든 분쟁에 스스로 심판역을 자청하여, 모자를 비스듬하게 쓴 채, 어떠한 반대나 하소연도 물리치는 강인한 태도와 단호한 말투로 판정을 내렸다. 그는 분명히 오만하고 아무 거리낌 없이 함부로 말하고 행동하는 사람이었으나, 마음 깊은 곳에는 참으로 소탈하고 애교가 넘치는 심성을 지닌 인물이었다. 브롬 본즈에게는 마음이 통하는 친구들이 몇 명 있었는데, 그들은 모두 그를 모범적인 존재로서 따랐다. 그는 그러한 이들의 맨 앞에서서 사방 몇 마일에 걸쳐 힘차게 거닐면서, 싸움과 유쾌한 오락으로 들썩이는 곳이면 어디든 가리지 않고 그 모습을 드러냈다. 추울 때는 여우꼬리가 달린 털모자를 쓰고 있어서 멀리서도 그를 알아볼 수 있었다. 그래서 시골 사람들은 무슨 모임이 있을 때 멀리서 한 무리의 기마대 속에 흔들리고 있는 여우꼬리털이 눈에 보이면, 언제나 폭풍 같은 소동에 대비해야만 했다. 가끔이기는 하지만, 그가 이끄는 무리가 한밤중에 마치 러시아제국의 돈 카자크 기병대처럼 '와, 와' 함성을 지르면서 농가 사이를 누비며 단숨에 달릴 때도 있었다. 그럴 때마다 그 소동에 놀라 잠에서 깬 노파들은 한동안 귀를 세우고 있다가 일당이 집 옆을 지나가면 큰 소리로 외쳤다. "그러면 그렇지, 브롬 본즈하고 그 패거리야." 마을 사람들은 두려움과 찬양과 호의가 뒤섞인 묘한 감정으로 그를 바라보았다. 이 인근에서 어처구니없는 야단법석이나 거친 싸움질이 일어나면, 그들은 언제나 고개를 설레설레 저으면서, 그 배후에는 틀림없이 브롬 본즈의 존재가 있을 거라고 짐작했다.

이 난폭하고 야만적인 영웅은 얼마 전부터 아름다운 카트리나를 자신의 구애 상대로 점찍고 있었다. 그의 사랑의 몸짓은 어딘가 곰이 재롱을 부리거나 애정을 드러낼 때의 몸짓을 닮았지만, 소문으로는 그녀도 그런 그의 소망을 거절하지는 않은 모양이었다. 사실 브롬 본즈가 자신의 존재를 드러낸 것은, 달리 말하면 다른 경쟁자들은 선을 넘지 말고 일찌감치 물러서라는 신호였다. 물론 그들도 갑옷을 입은 사자의 연애를 감히 방해하는 어리석고 둔한 짓은 생각도 하지 않았다. 그리하여 일요일 밤에 반 타셀의 집 울타리에 말이 매어져 있으면 그 기수는 물어볼 것도 없이 브롬 본즈였고, 그가 집안에서 카트리나에게 온갖 말로 구애하고 있거나, 아니면 흔히 하는 말로 '구슬리려고 열을 올리고 있다는' 확실한 증거였다. 그러면 다른 구애자들은 실망하고 낙담한 채 발길을 돌리거나, 자신의 연애 상대를 다른 데서 찾는 수밖에 없었다.

이렇듯 이카보드 크레인의 연애 경쟁자는 어마어마한 상대였다. 모든 상황을 깊이 생각해보면, 만일 이카보드 크레인의 힘이 좀 강하다 해도 이 연애 경쟁에서는 한 걸음 물러섰을 것이고, 더욱 현명하다면 나름대로 손을 떼려고 생각했을 것이다. 그런데 그의 성격은 타고난 끈기와 부드러움이 무기였고, 몸도 마음도 곰버들처럼 튼튼하고 부드러웠다. 즉 구부러질 것 같으면서 구부러지지 않고, 부러질 듯하면서 부러지지 않는 강인한 심상의 소유자였다. 이를테면 얼마쯤 힘에는 고개를 숙이지만, 다음 순간에는 다시 힘차게 일어나서 언제나처럼 머리를 높이 쳐들고 당당하게 행동하는 것이다.

그렇더라도 브롬 본즈와 거리낌 없이 정면대결하는 것은 미친 짓이나 다름없었다. 브롬은 자신의 연애에 장애가 있다고 해서 고분고분 물러서는 인물이 아니었기 때문이다. 그는 여성 편력이 화려하기로 유명했던 그리스 신화의 영웅 아킬레우스 같았다. 따라서 이카보드 크레인은 상대가 낌새를 눈치채지 못하도록 교묘하게 작전을 펼쳤다. 먼저 노래 선생이라는 입장을 내세워 반 타셀의 집에 뻔질나게 드나들었다. 부모의 성가신 간섭은 아무래도 연애에 방해가 되지만, 그는 전혀 신경 쓰지 않았다. 집주인인 발트 반 타셀(앞에 나온 발터스 반 타셀 노인을 가리킴)은 느긋하고 어딘가 종잡을 수 없는 데가 있는 인물이었다. 그는 자신의 딸을 누구보다도 사랑했고, 현대적인 훌륭한 아버지인 가장 발트는 무슨 일이든 딸의 뜻대로 하게 했다. 또 반 타셀 집안의 매우 모범적인 안주인도 가정을 꾸리고 기르는 날짐승들을 돌보는 것만으로도 바쁜 사람이었다. 그녀가 신중하게 말한 바에 따르면, 오리나 거위는 어리석은 생물이어서 잘 보살피지 않으면 안 되지만, 딸은 제 앞가림을 스스로 알아서 잘할 수 있으니 걱정 없다는 것이었다. 이러한 이유로 고양이 손도 빌리고 싶을 만큼 바쁜 부인은 여전히 집안을 바쁘게 돌아다니며 일했고, 베란다 구석에서 물레를 돌리며 실을 잣기도 했다. 그동안 성실한 가장 발트는 다른 한쪽 구석에서 저녁 때 파이프를 피우면서, 양 손에 칼을 든 작은 기사 모습을 한 나무 풍향계가 헛간 꼭대기에서 살랑거리며 바람과 싸우는 풍경을 바라보고 있었다. 그러는 동안 이카보드 크레인은 그 큰 느릅나무 아래 샘가에서 사랑을 속삭이거나, 누구나 말이 많아지는 황혼녘 어스름 속을 여유롭게 거닐면서 카트리나에게 구애의 말을 늘어놓았다.

어떻게 하면 여성의 마음을 사로잡을 수 있는지는 나는 잘 모른다. 무엇보다, 나에게 여성은 언제나 신비로운 수수께끼를 품은 찬미의 대상이다. 이를테면 한 곳만 공략하면 쉽게 정복할 수 있는 여성이 있는가 하면, 공략할 부분이 많은 여성의 경우에는 온갖 수단을 다 동원하여 다루어야 간신히 그 마음을 얻을 수 있게 된다. 전자인 여성을 내 사람으로 만드는 데는 숙련된 기술이 필요하지만, 후자인 여성을 손안에 넣을 수 있다면 그것은 공략하는 수완이 매우 뛰어난 달인이라는 증거가 된다. 왜냐하면, 이 성채를 지키려면 모든 문과 창문을 지키기 위해 치열한 공방전을 펼치지 않으면 안 되기 때문이다. 따라서 천 개의 공통된 마음을 사로잡을 수 있는 남성이 있다면 나름대로 칭찬할 만하지만, 카트리나 같은 매력적인 여성을 손안에 넣어 모든 면에서 능숙하게 다룰 수 있다면, 그야말로 사나이 뜻을 이룬 영웅의 증거가 된다. 분명히 말할 수 있는 점은, 그 무서운 브롬 본즈조차 그런 면에서는 호걸이라고는 말할 수 없었다는 것이다. 이카보드 크레인이 카트리나에게 온갖 말로 구애하기 시작하자 브롬 본즈의 세력은 순식간에 약해져서, 이제 일요일 밤 그의 말이 그 집 울타리에 매어져 있는 광경은 볼 수 없었다. 그리하여 브롬 본즈와 슬리피 할로에 사는 이카보드 크레인 사이에는 무서운 싸움이 시작되었다.

브롬 본즈는 타고난 거친 기질과 함께 기사도 정신도 얼마쯤은 갖추고 있었다. 그래서 그는 카트리나와의 사랑의 교섭권을 싸워 얻기 위해 옛날 방랑 기사들의 방법처럼, 공공연한 장소에서 보란듯이 이카보드 크레인에게 매우 단순 명쾌하게 결투를 신청하려고 결심했다. 그런데 이카보드 크레인은 미워하는 경쟁자 브롬 본즈의 힘이 자기보다 센 것을 잘 알았기에, 결코 그 도발에 응하지 않았다. 소문에 따르면, 브롬 본즈는 그 자신만만한 몸짓을 해보이며 "그런 학교 선생 따위, 두 동강으로 요절을 내어 학교 울타리 위에 걸쳐놓고 구경거리로 만들어버릴 테다." 이렇게 장담했다고 한다. 그럴수록 이카보드 크레인은 경계심을 높이며 상대에게 틈을 주지 않았다. 이렇게 상대가 어디까지나 평화적으로 응대하자 그것을 딱 잘라 무시할 수도 없어서 더욱 분노가 커진 브롬 본즈는, 참으로 한심하고 고약한 장난을 걸어 경쟁자 이카보드 크레인에게 타격을 주려는 방법을 쓰는 수밖에 없었다. 그리하여 이카보드 크레인은 브롬 본즈와 그 추종자들로부터 이상야릇한 피해를 당했다. 먼저 그들은 이제까지 평온하고 무사한 나날이 이어졌던 이카보드 크레인의 영역인 학교를 기습하여 굴뚝을 막아버림으로써 학생들이 연기를 견디지 못해 밖으로 뛰쳐나오게 만들었다. 또 밤에는 버드나무 가지와 빗장으로 큰 문단속을 해 두었지만, 그들은 학교 건물을 습격하여 그곳의 모든 집기를 엉망진창으로 망가뜨려 버렸다. 그러자 가엾는 이카보드 크레인 선생은 그것을 인근에 있는 모든 마녀들이 몰려와서 저지른 짓이라고 생각했다. 무엇보다 더욱 화나게 하는 것은, 브롬 본즈가 기회 있을 때마다 카트리나가 보는 앞에서 연애 경쟁자 이카보드 크레인을 웃음거리로서 만들어 놀리는 일이었다. 이를테면 브롬 본즈는 털이 거친 잡종견을 키웠는데, 그 개에게 심하게 우스꽝스러운 울음소리를 가르친 다음 카트리나에게 데려와서, 찬송가를 가르치는 이카보드 크레인과 겨루게 한 것이다.

한동안 그러한 상황이 이어졌지만 서로 겨루는 양쪽 상황에는 큰 변화가 생기지는 않았다. 어느 화창한 가을날 오후, 이카보드 크레인은 깊은 생각에 잠겨 여느 때처럼 수업 중에 학생 한 사람 한 사람을 주의 깊게 살피기 위해 높은 팔걸이의자에 왕과 같은 모습으로 앉아 있었다. 한손에는 전제군주의 왕홀 같은 회초리용 나무막대기를 쥐고 그것을 휙휙 소리나게 휘두르면서 권력을 과시하고 있었다. 행실이 나쁜 아이들에게는 언제나 공포 대상인 자작나무 가지로 만든 정의의 회초리는 왕좌 뒤 세 개의 못에 걸려 있었다. 한편 교사의 책상 위에는 게으르고 고집스러운 아이로부터 빼앗은 각종 금지품과 교실에 가져와서는 안 되는 장난감 무기들이 놓여 있었다. 이를테면 반쯤 먹다 만 사과, 장난감총, 팽이와 팔랑개비 종류, 곤충상자, 그 밖에도 종이로 만든 싸움닭 등이었다. 아무래도 조금 전에 엄하게 꾸지람을 들었는지, 아이들은 허둥지둥 책을 읽거나, 그렇지 않으면 한쪽 눈으로는 선생님을 쳐다보면서 책으로 얼굴을 가리고 열심히 읽는 척하며 소곤소곤 잡담을 하고 있었다. 그래서 교실 전체가 조용한 가운데 분명하지 않게 웅성거리는 소리만 들려왔다. 그러나 그 고요함은 느닷없이 한 흑인이 그 자리에 나타남으로써 깨지고 말았다. 거친 아마포 윗도리와 바지에, 로마 신화에 나오는 머큐리처럼 테 없는 둥근 모자를 쓴 이 사내는 손질도 대충대충하고 거의 제대로 훈련받지 않은 듯한 망아지에 걸터앉아, 고삐 대신 밧줄을 움켜쥐고 여기까지 몰고 온 모양이었다. 그는 교문 부근까지 달려와서는 이카보드 크레인에게 오늘 밤 반 타셀 씨의 저택에서 '바느질 놀이'라고 하는 즐거운 모임이 열리니 꼭 참석해 달라고 말했다. 그것이 그의 역할이었다. 주로 흑인은 그런 하찮은 메시지를 전하는 심부름에도 지나치게 거드름을 피우며 일부러 꾸민 듯한 말투로 용건을 말하는 법

이다. 이 사나이도 마찬가지로, 무사히 이 심부름을 마치자 마치 중대한 사명이라도 띤 것처럼 기세 좋게 개울을 건너 저지를 향해 달려가 버렸다.

그때까지 조용하던 교실은 이때다 하고 왁자지껄대며 당장 난장판이 되고 말았다. 수업은 자세한 점은 다루지 않고 빠르게 진행되었다. 머리 회전이 빠른 아이라면 책을 대충 건너뛰고 읽어도 꾸짖음을 당하지 않지만, 기억력이 나쁜 아이는 책을 빨리 읽도록 독촉함을 당하거나, 어려운 말을 이해하도록 이따금 나무 막대로 등짝을 맞았다. 책을 책장에 제대로 꽂지도 않고 아무렇게나 내팽개치고, 잉크병을 단숨에 뒤엎어버리고, 의자를 내던지거나 쓰러뜨리는 가운데, 수업은 평소보다 한 시간이나 일찍 끝났다. 아이들은 학교에서 벗어나자, 마치 작은 도깨비들처럼 들판으로 나가 환호성을 지르며 뛰어다녔다.

멋쟁이 이카보드 크레인은 다른 때보다 적어도 30분이나 더 시간을 들여 화장실에서 멋진 남자답게 몸단장을 했다. 가장 좋은 옷이라지만 실은 단벌뿐인 칙칙한 검은 옷을 솔질하여 할 수 있는 한 모양을 내어 입고는, 교실 안에 걸어둔 깨진 거울 조각을 들여다보면서 매무새를 다듬었다. 그는 진짜 기사처럼 늠름한 모습을 카트리나에게 보이기 위해, 그 무렵 묵고 있던 집주인인, 조금은 까다로운 한스 반 리퍼라는 이름의 네덜란드인 노인에게서 말을 빌려 훌쩍 올라타고는, 모험을 찾아 길을 떠나는 방랑 기사처럼 달려갔다. 그런데 옛날의 진정한 기사도 이야기 정신에 따라, 이 이야기 주인공 이카보드 크레인과 그 말의 모습, 그리고 그 출발의 실상을 조금 설명할 필요가 있을 것 같다. 그가 타고 있는 늙고 부서진 쟁기 말의 비실비실하고 지친 얼굴에는 고약한 성격이 고스란히 드러나 있었다. 말은 완전히 말라 비틀어져 거칠고 덥수룩한 털이 더욱 두드러져 보였고, 암양처럼 가늘고 긴 목 위의 머리는 마치 망치대가리처럼 보였다. 빛바랜 고동색 갈기와 뒤엉킨 꼬리털에는 나방이 붙어 있었다. 뿐만 아니라 한쪽 눈은 눈알이 없어서 도깨비처럼 보이고, 다른 한쪽은 진짜 악마라도 숨어 있는 것처럼 번뜩였다. 그렇지만 이 말이 '건파우더'(화약이라는 뜻)로 불리고 있다는 사실에서 추측건대, 전성기에는 틀림없이 사납고 용맹한 기질로 유명했을 것이다. 사실 이 말은 옛날에는 급하고 화를 잘 내는 성격이었던 반 리퍼가 가장 아끼던 말이었다. 아마도 난폭한 기수로 널리 알려졌던 그의 거친 기질이 애마에게도 조금 투영된 것인지도 모른다. 다시 말해, 이 말은 겉으로 보기에는 늙고 말라 비틀어졌지만, 인근의 어느 젊은 말도 도저히 따를 수 없는 마성의 피가 흐르고 있었던 것이다.

이카보드 크레인은 그런 말에 딱 어울리는 인물이었다. 등자가 너무 짧아서 두 무릎이 거의 안장 앞쪽에 닿을 듯했고, 가늘고 뼈가 앙상한 팔꿈치는 메뚜기 다리처럼 튀어나와 있었다. 손에는 채찍을 들었는데, 그것을 마치 왕홀처럼 똑바로 세우고 있었다. 그런 모습을 하고 있으니, 말이 천천히 터벅터벅 걸으면 그의 두 팔은 새가 날갯짓을 하는 것처럼 우스꽝스럽게 움직였다. 이마가 지나치게 좁아서 머리에 쓴 작은 모자는 코 위에 살짝 얹힌 듯한 느낌이었고, 검은 윗옷 자락은 펄럭펄럭 나부껴 말 꼬리에까지 닿을 것 같았다. 이상이 이카보드 크레인과 그 말이 한스 반 리퍼의 집 문을 나서서 밖으로 나갔을 때의 모습이었는데, 정말이지 한낮에는 맞닥뜨리고 싶지 않은 유령과 다름없는 몰골이었다.

앞에서도 말했듯이, 맑고 따뜻한 가을날이었다. 쾌청한 가을 하늘은 한없이 깨끗하고 맑았고, 이 계절의 자연은 넘치는 은혜 속에 풍요를 떠오르게 하는 환한 금빛 옷을 입고 있었다. 숲은 차분한 갈색과 노란색의 가을 빛깔로 물들고, 섬세한 나무들은 서리를 맞아 주황색과 자주색, 진홍색으로 가득한 경치를 보여주었다. 들오리들은 흐르는 듯한 선을 그리며 차례차례 하늘 높이 날아올랐다. 너도밤나무와 호두나무 숲에서는 다람쥐 울음소리가 들려오고, 가까운 곳의 보리 그루터기 들판에서는 메추라기가 처량하게 울어대는 소리도 이따금 들려왔다.

작은 새들은 작별 잔치를 열고 있었다. 잔치가 무르익자 그들은 날갯짓, 지저귐, 장난을 즐기면서 가볍게 수풀에서 수풀로, 나무에서 나무로 날아다니며 자유롭게 주위에 널린 먹이를 주워 먹었다. 짓궂은 사냥꾼들이 좋아하는 사냥감인 울새는 불만을 쏟아내는 듯 날카롭게 울어대고, 흑고니는 검은 구름처럼 떼지어 날면서 지저귀고 있었다. 금빛 날개 뻐꾸기는 진홍색 볏과 검은 갑옷 같은 목도리, 아름답고 화려한 깃털을 자랑하고, 날개 끝은 붉고 꼬리가 노란색인 여새는 작은 깃털이 달린 둥근 사냥 모자를 쓴 것 같은 모습이었다. 명랑하고 시끄러운 멋쟁이 푸른 어치는 밝은 하늘색 저고리와 하얀 바지를 입고 큰 소리로 수다를 늘어놓고, 고개를 끄덕이거나 머리 숙이며 인사하는 것을 보니 마치 숲의 모든 가수들과 사이가 좋다고 자랑하는 것 같았다.

이카보드 크레인은 천천히 가고 있었지만 눈만은 반짝반짝 빛내면서 어디

맛있는 것이 없나 하고 즐겁게 주위를 둘러보며 풍요로운 가을 풍경을 마음 껏 즐겼다. 곳곳 어디를 둘러봐도 사과, 사과, 사과였다. 그 사과밭에는 탐스럽 게 익은 사과들이 가지가 부러질 듯이 매달려 있었다. 그리고 시장에 내다 팔 사과는 바구니와 통에 넘칠 듯이 담겨 있고, 즙을 낼 사과는 따로 산더미처럼 쌓여 있었다. 앞으로 더 나가가자 커다란 옥수수밭이 보였다. 보자기처럼 감싸 고 있는 잎사귀 사이로 금빛 이삭이 고개를 내밀고 있는데, 그것을 원료로 케 이크와 헤이스티 푸딩 같은 과자류를 만들 수 있는 것이다. 그 아래 노란 호박 은 예쁘고 동그란 배를 해를 향하고 누워, 맛있는 고급 파이로 만들어지기를 기다리는 것 같았다. 이윽고 그는 벌집에서 풍기는 달콤한 향기가 코를 간질이 는 메밀밭을 지나갔다. 그러자 버터를 듬뿍 바르고 그 위에 벌꿀을 친 사치스 러운 팬케이크를 먹을 수 있을지 모른다는 달콤한 기대에 자신도 모르게 마 음이 설렜다. 게다가 귀여운 카트리나 반 타셀 양의 사랑스러운 작은 손으로 만든 팬케이크를!

이렇게 달콤한 향기로 넘치는 생각을 가슴에 품고 '달달한 공상'을 끝없이 펼치면서, 이카보드 크레인은 장대한 허드슨 강의 절경이 내다보이는 언덕 비 탈을 올라갔다. 태양은 그 둥근 몸을 굴려 시시각각 서쪽으로 기울어가고 있 었다. 미동도 하지 않는 타판지의 넓은 수면은 거울처럼 잔잔했지만 이따금 조 용한 물결이 수면을 흔들고, 먼 산의 푸르스름한 그림자가 길게 누워 있었다. 바람이 없는 하늘에는 호박색 구름이 군데군데 동동 떠서 멈춰 있었다. 아름 다운 금빛으로 빛나던 지평선은 이윽고 시시각각 엷은 녹색으로 바뀌다가, 머 리 위에 높이 펼쳐진 하늘의 짙은 감색으로 물들어갔다. 강가로 나온 석양은 깎아지른 절벽 위 우거진 숲 근처를 머뭇거리면서 암벽을 어두운 잿빛과 자주 색으로 물들였다. 저 멀리 배 한 척이 물결에 몸을 맡기고 천천히 강을 내려가 는 것이 보였는데, 돛이 제구실을 하지 못한 채 헛되이 돛대에 걸려 있었다. 푸 른 하늘이 조용한 강물에 비쳐 반짝거리니 마치 배가 공중에 매달려 있는 것 처럼 보였다.

땅거미가 주위를 완전히 뒤덮을 무렵에, 이카보드 크레인은 반 타셀 씨의 커 다란 저택에 도착했다. 이미 마을의 선남선녀들이 많이 모여 있었다. 무두질한 가죽처럼 엷은 갈색의 여윈 얼굴을 한 나이 지긋한 농부들은 집에서 지은 웃 옷을 입고 반바지와 푸른 스타킹에 커다란 구두를 신었는데, 버클만은 훌륭한 백랍으로 만든 것이었다. 활기찬 늙은 아낙들은 아름다운 주름으로 꾸민 모자를 쓰고, 허리선을 낮게 잡은 짧은 가운과 손수 지은 페티코트를 입었다. 옷 바깥쪽에는 가위와 바늘꽂이, 화려한 무늬의 옥양목 주머니를 달고 있었다. 토실토실 귀여운 처녀들도 어머니들처럼 예스러운 차림이었지만, 머리에 밀짚모자를 쓰고 예쁜 리본을 달고 있었다. 하얀 드레스를 입는 것은 최신 유행을 의식한 도시적인 취향이었다. 한편 아들들은 어마어마하게 큰 놋쇠단추를 주르륵 꾸며놓은 밑단이 각진 짧은 상의를 입고, 머리 모양도 주로 그 무렵 유행에 따라 후두부에 남긴 머리를 땋아서 늘어뜨리고 있었는데, 이러한 변발을 유지하는 데는 뱀장어 껍질이 최고였다. 전국적으로 뱀장어 껍질은 모발 건강에 효과가 있는 것으로 알려졌기 때문이다.

브롬 본즈는 짐짓 이 자리에서도 주인공이었다. 그는 반 타셀 저택에 애마(愛馬) 데어데블(저돌적인 말이라는 뜻)을 타고 들어왔는데, 그 말도 주인을 닮아 기세가 등등하고 늘 말썽부리기를 좋아했다. 따라서 브롬 본즈 말고는 이 말을 다룰 수 있는 사람은 아무도 없었다. 그는 거친 말을 골라 순하게 길들이는 것으로 유명했다. 즉, 기수 목뼈를 부러뜨려 놓을지도 모르는 위험한 말이면 어떤 말이든 상관없었다. 그는 잘 길들여진 순종적인 말은 혈기 넘치는 젊은이에게는 어울리지 않는다고 생각했다.

이 이야기 주인공 이카보드 크레인이 반 타셀 저택의 홀에 들어섰을 때, 그의 넋을 쏙 빼버린 멋진 매혹의 세계에 대해 자세히 이야기하지 않을 수 없다. 그것은 아름다운 용모를 한껏 치장한 마을 처녀들이 아니라, 모든 것이 넘쳐나도록 풍요로운 가을을 맞이하여 테이블 위에 차려놓은, 전통적인 네덜란드 풍미를 갖춘 화려한 음식들이었다. 또한 말로 다할 수 없을 만큼 다채로운 과자류가 산더미처럼 쌓여 있었다. 모두 빼어난 기술을 가진 베테랑 네덜란드인 아낙네들만이 만드는 비법을 알고 있는 맛있는 과자였다. 먹음직스러운 도넛, 튀긴 과자, 설탕을 묻힌 과자, 쇼트케이크, 생강 과자, 벌꿀을 친 케이크, 그 밖의 온갖 과자들이 테이블에 차려져 풍성한 색채를 이루고 있었다. 사과 파이, 복숭아 파이, 호박 파이도 얼굴을 내밀고 있었다. 햄과 스모크비프 슬라이스, 설탕에 절인 자두, 복숭아, 배, 그리고 마르멜로 열매 등을 먹음직스럽게 쌓아 올린 접시가 몇 개나 놓여 있었다. 양념을 발라 구운 청어와 닭고기 구이는 말할 것도 없고, 우유와 생크림이 담긴 커다란 볼도 함께 놓여 있어, 내가 말한 모든 것들이 한데 뒤섞여서 식탁을 가득 채우고 있었다. 그 한복판에 떡하니 자리 잡은 커다란 찻주전자에서는 따뜻한 김이 모락모락 피어오르고 있었으니, 참으로 호사스러운 식탁이 아닐 수 없었다. 이 잔치 광경을 하나하나 자세히 이야기하자면 끝이 없고 그럴 시간도 없으니 이쯤에서 그만 넘어가기로 하자. 다행히 이카보드 크레인은 나 같은 사람하고는 달라서 그다지 서두르는 기색도 없이 테이블을 풍성하게 꾸미고 있는 음식을 하나하나 느긋하게 즐기기 시작했다.

이카보드 크레인은 의리가 강하고 인정이 넘치는 사람이었다. 맛있는 음식을 먹고 배가 불러오자, 그와 비례하여 기력도 솟아났다. 마치 술을 마시면 기분이 좋아지는 것과 같은 이치이다. 그는 음식을 먹으면서 이 저택 안을 커다란 눈으로 두리번거리며 둘러보았다. 그리고 언젠가는 상상을 초월하는 이 사치스럽고 현란하며 호화로운 이 저택의 주인이 될지도 모른다는 생각에 혼자 미소 지었다. 그때 그는 이런 생각을 했다. 이제 그 낡은 학교에 작별을 알리고 한스 반 리퍼나, 어제나 오늘이나 늘 볼품없이 사는 모든 후원자들의 눈앞에서 손가락을 탁 튀기며 도발해 주자는 것이었다. 만일 신임 교사가 와서 자기를 만만하게 동료 취급을 하려고 든다면, 저택 입구에서 한 마디 호통을 쳐야겠다고 생각했다.

기분이 좋은 듯 만족한 표정으로 손님들 사이를 누비고 있는 발터스 반 타셀 노인의 얼굴은 기쁨으로 보름달처럼 환하게 빛났다. 손님들을 맞이할 때의 그의 인사는 간단했다. 그는 그저 손님과 유쾌하게 악수를 나눈 뒤 어깨를 가볍게 두드리며 껄껄 웃으면서, "사양하지 말고 마음껏 드십시오." 권하는 정도였지만, 거기에는 진심이 담겨 있었다.

이윽고 홀에서 음악이 들려오자 모두들 춤을 추기 시작했다. 연주자는 흰머리의 늙은 흑인으로, 이 근처에서는 이미 반세기가 넘게 순회 음악사로 활동하고 있는 인물이었다. 그와 마찬가지로 악기도 매우 오래되었고 낡았다. 연주는 대부분 두세 줄의 현을 튀기는 정도이며, 그는 악기를 움직일 때마다 머리도 같이 움직였고, 새로운 두 사람이 춤 추기 시작하면 언제나 머리가 바닥에 닿을 듯이 인사를 하며 발을 굴러 흥을 돋웠다.

이카보드 크레인은 노래도 잘하지만 춤도 잘 춰서 그의 자랑거리 중 하나였다. 무엇보다 팔과 다리를 격렬하게 움직이며 쉴 줄을 몰랐다. 휘청휘청한 몸을 온 힘을 다해 움직여 홀 안을 요란하게 누비며 도는 모습을 보면, 누구나 춤의 수호신인 성(聖) 비투스가 살아 돌아와서 현란하게 춤을 추는 것이 아닌가 하고 착각할 정도였다. 모든 흑인들은 그를 호감과 존경의 눈길로 바라보았다. 농장과 가까운 마을에서 남녀노소를 막론하고 흑인들이 이 저택에 가장 많이 모였는데, 저택의 모든 문과 창문에 아름답게 빛나는 칠흑같은 피부의 흑인들이 피라미드처럼 무리지어 늘어서서, 집안 광경을 즐거운 듯이 구경했다. 그들은 눈을 두리번거리면서 귀까지 찢어진 커다란 입에 상아 같은 하얀 이를 드러내고 히죽히죽 웃으면서 즐거워했다. 한창 장난을 좋아하는 아이들을 채찍으로 엄격하게 지도하는 학교 선생은 서서히 흥이 올라 유쾌한 기분이 되지 않을 수 없었다. 게다가 이카보드 크레인이 남몰래 마음에 두고 있는 여성이 춤 파트너였으니 어찌 유쾌하지 않겠는가. 이카보드 크레인이 상대에게 매료된 듯이 추파를 보낼 때마다 그녀는 상냥하게 미소 지어 보였다. 그 광경을 본 연애 경쟁자 브롬 본즈는 애타는 마음과 질투심에 고통스러워하며 혼자 말없이 한쪽 구석에 앉아 있는 수밖에 다른 방법이 없었다.

춤이 끝나자, 이카보드 크레인의 발길이 저절로 향한 곳은 노장들이 모여 있는 곳이었다. 그들은 발터스 반 타셀 노인과 함께 베란다 한쪽에 앉아 담배를 피우면서, 옛 이야기에 꽃을 피우며 독립전쟁에 얽힌 긴 일화를 지루하게 늘어놓고 있었다.

지금 여기서 이야깃거리가 되고 있는 일이 일어났을 무렵에, 이 지역은 풍부한 역사와 전승과 함께 많은 명사를 낳은 것으로 유명했다. 독립전쟁 때는 영미 양군의 경계선이 이 부근에 있었기에, 이 일대에서는 약탈 행위가 끊이지 않았는데 망명자와 영국 편을 든 왕당파 무뢰한들과 여러 변경에서 기사단이 들끓고 있었다. 그때부터 많은 세월이 흘렀기에 누구나 자신에게 이롭게 이야기를 보태어 사실처럼 꾸몄고, 또 이야기하는 본인 기억도 믿을 수 없는 것이어서 저절로 자신을 모든 공훈담의 주인공으로 만들 수밖에 없었다.

드퓨 머틀링이라는 이름의 체격이 크고 푸른 수염을 기른 네덜란드 사람 이야기로는, 흙과 모래를 쌓아올린 흉벽에서 쏜 9파운드짜리 낡은 철제 포탄 한 발로 영국의 소형 구축함을 격침시키기 직전까지 갔지만, 여섯 발째를 발포했을 때 아깝게도 자신의 총이 갈라져 터지고 말았다는 것이었다. 그러자 네덜란드인 늙은 신사가 이야기를 시작했다. 실은 이 늙은 신사는 어마어마한 대부호인데 이름은 굳이 밝히지 않기로 한다. 그는 귀신같은 방어의 달인으로, 뉴욕 북부 교외의 화이트 플레인스 전투*5에서 날아오는 탄환을 단검으로 막아내어, 머스킷총 탄환이 소리를 내면서 칼날을 스쳐 손잡이에 명중한 것을 확인했다고 한다. 그 증거로 단검 손잡이가 조금 휘어져 있는 것을 언제든지 보여줄 수 있다고 장담했다. 그밖에도 전쟁터에서 공을 세운 자가 몇 사람 있었는데, 모두 똑같이 자신이 전쟁을 승리로 이끌어 종결시키는 데 크게 기여했다고 주장했다.

그러나 그 뒤에 이어서 이야깃거리로 나온 유령이나 요괴 이야기에 비하면, 이런 이야기는 아무것도 아니었다. 이 근처에는 이런 종류의 귀중한 전설들이 많이 남아 있었다. 지방색이 풍부한 민화와 미신은, 뭐니 뭐니 해도 네덜란드 사람이 오랫동안 정착하고 살았던 오지에는 전해지고 있지만, 미국 대부분 지역은 경계를 넘어서 이주하는 사람들이 많아서 그들에게 유린당해 그곳에 정착하지 못하고 사라지고 만다. 게다가 이 주변의 마을에서는 유령이 나타난다 해도 유령이 함부로 날뛰도록 그 기세를 북돋아 주지 않았다. 유령이 무덤 속에 들어가 잠이 들면 몸을 뒤척일 새도 없이, 살아남은 지인들은 그곳에서 어느새 떠나버리기 때문이다. 따라서 유령이 밤에 나타났다 사라져서 일대를 배회하려고 보면 이미 찾아갈 벗들은 한 사람도 남아 있지 않은 것이다. 오래전부터 네덜란드인이 살고 있는 마을을 빼놓고는 유령이 나온다는 소문이 나돌지 않는 이유는 아마도 그러한 사정 때문일 것이다.

그러나 이 주변에 초자연적인 현상에 얽힌 이야기가 많은 직접적인 원인은, 말할 것도 없이 슬리피 할로우와 가까운 위치에 있었기 때문이다. 공기 속에 감염력이 높은 전염병 병원체가 떠다니다가 유령이 나타나는 장소에서 날아온다. 그것이 꿈이나 공상 같은 매혹적인 숨결을 통해 부근 일대에 퍼지는 것이다. 이 저택에도 슬리피 할로우의 주민들이 몇 사람 와 있었는데, 그들이 여느 때처럼 신비로운 전설을 몇 가지 풀어놓기 시작했다. 이를테면, 불운의 대명사 같은 존재인 영국군 장교 존 앙드레 소령*6이 붙잡힌 장소에 커다란 나

---

*5 1776년 10월 28일에 윌리엄 하우 장군(William Howe, 1729~1814)이 이끄는 영국군과 워싱턴 장군이 이끄는 육군이 뉴욕 주 화이트 플레인스 근처에서 충돌했다. 이것이 '화이트 플레인스 전투'이다.

*6 존 앙드레 소령(John André, 1750~80)은 독립전쟁 때의 영국 육군 장교로, 미국 육군에 붙잡

무가 한 그루 서 있는데, 그곳에서 장례행렬을 보았거나 탄식하는 목소리와 울부짖는 소리를 들었다는 음산한 이야기가 잇따라 등장했다. 실제로 그 부근에는 그런 나무가 서 있었다. 이어서 레이븐 록(까마귀 바위라는 뜻)이라는, 검은 어둠에 싸인 골짜기에 출몰하며, 겨울밤 폭풍이 불기 전에 날카로운 비명을 지른다는 하얀 옷을 입은 여성 유령 이야기도 이야깃거리에 올랐는데, 그녀는 옛날 그 골짜기에서 눈에 파묻혀 죽었다고 한다. 그러나 그중에서도 특히 유명한 이야기는, 널리 알려진 슬리피 할로우의 인기 높은 유령, 즉 목 없는 기사에 대한 이야기였다. 최근에도 몇 번 이 부근을 그 유령이 떠돌아다닌다는 소문이 나돈 적이 있었는데, 매일 밤 교회 묘지에 말을 매어두고 있다는 것이었다.

그 교회는 인가에서 멀리 떨어진 곳에 홀로 서 있어서, 전부터 하늘의 부름을 받지 못한 영혼들이 자주 나타났다고 한다. 교회는 콩과 식물인 아카시아 나무와 키 큰 느릅나무가 무성한 언덕 위에 서 있는데, 그런 나무들 사이에서 청빈한 인상을 주는 교회의 흰 벽이 부드럽게 빛나는 모습에는, 순수한 기독교 정신이 깊은 어둠 속에서 빛을 내는 듯한 분위기를 풍겼다. 완만한 비탈면은 교회 부근에서 햇살을 받아 은빛으로 빛나는 수면을 향해 뻗어 있고, 기슭에는 키 큰 나무들이 우뚝 서 있으며, 그 사이로 허드슨 강의 푸른 언덕이 보였다. 이 교회에서 풀이 우거져 자란 묘지에 햇빛이 조용히 흔들리는 광경을 본다면, 누구나 적어도 이런 곳에 누워 있는 유해는 편히 잠들어 있을 거라고 생각할 것이다. 교회 한쪽에는 수목이 우거진 넓고 큰 계곡이 펼쳐져 있고, 그것을 따라 흐르는 커다란 물줄기는 부서진 바윗덩어리와 무너진 수목 줄기에 물보라를 뿌리면서 요란한 소리를 내고 있었다. 이 물줄기는 교회에서 그리 멀지 않은 곳에서 깊고 어둡게 흘렀는데, 옛날에는 그 근처에 나무다리가 걸쳐져 있었고, 그곳으로 통하는 길과 다리 자체도 우거진 나무에 푹 덮여 있어서 한낮에도 그늘이 드리워져 어두컴컴했다. 게다가 밤이 되면 무서울 만큼 칠흑 같은 어둠에 싸였다. 이곳이 그 목 없는 기사가 자주 출몰하거나 가끔 보이는 장소였다. 브라워 노인에 대한 이야기를 들었는데, 유령 같은 건 전혀 믿지 않는 사람이었던 그는 슬리피 할로우의 영지에 들어갔다가 돌아오는 길에 목 없

혀 스파이 혐의로 처형되었다.

는 기사와 딱 마주쳤는데, 눈 깜짝할 사이에 강제로 안장 뒤에 태워 풀숲과 울창한 수풀을 지나고 언덕과 늪지를 넘어서 마침내 이 다리가 있는 장소에 다다랐다고 한다. 그러자 그 기사는 갑자기 해골로 변하여 브라워 노인을 강물 속에 내던지더니, 주위에 천둥 같은 굉음을 일으키면서 나무 우듬지 위로 사라졌다는 것이다.

이 이야기에 맞서듯이 마치 봇물이 터진 것처럼 브롬 본즈의 이상한 체험담이 시작되었다. 그는 '빨리 달리는 헤센 사람'은 순전히 사기꾼이라면서 가볍게 무시했다. 브롬 본즈가 흔들림 없는 자신감을 가지고 말한 바에 따르면, 어느 날 저녁 가까운 싱싱 마을에서 말을 타고 돌아오는데, 뒤에서 쫓아온 사람이 있었다고 한다. 그가 바로 한밤중의 그 기사였다. 그래서 브롬 본즈는 그 기사에게 펀치 한 잔을 걸고 경주를 하지 않겠느냐고 제안했다. 내기는 브롬 번즈의 승리로 끝나 펀치 한 잔은 그의 차지가 될 터였다. 분명히 브롬 번즈의 애마 데어데블은 기사의 말을 완벽하게 앞질러 승리를 거두었다. 그런데 두 사람이 바로 이 교회 다리 근처에 접어들었을 때, 빨리 달리는 헤센 사람이 갑자기 펄쩍 뛰어오르더니 한 줄기 불기둥이 되어 홀연히 자취를 감추고 말았다는 것이다.

그 이야기를 그가 졸리는 듯 중얼거리는 목소리로 이야기하니 마치 어둠 속에서 듣고 있는 듯한 이상야릇한 분위기가 감돌았고, 게다가 이따금 파이프에서 새나오는 변덕스러운 불빛에 듣는 사람들의 얼굴이 아련하게 비춰지는 것이 이카보드 크레인의 마음에 매우 깊은 인상을 남겼다. 그들에 이어 이카보드 크레인도 그에 질세라 비슷한 괴담을 말하기 시작했다. 이를테면 그에게는 무엇과도 바꿀 수 없는 중요한 작가의 한 사람인 코튼 매더 책에서 무서운 이야기를 몇 가지 뽑아내 이야기하거나, 고향 코네티컷 주에서 일어난 이상야릇한 사건을 이야기하고, 거기에 덧붙여 슬리피 할로우 부근에서 밤에 거닐다가 맞닥뜨린, 온몸의 털이 곤두서는 듯한 무서운 광경도 말했다.

이윽고 모임도 거의 끝나가고 있었다. 늙은 농부들이 가족을 불러 모아 마차에 태우고 울퉁불퉁한 길을 지나 저 멀리 언덕을 넘어가면서 삐그덕거리는 바퀴소리가 한동안 어둠속에서 울려 퍼졌다. 곧이어 마음에 드는 젊은이 뒤의 안장에 걸터앉아 꺅꺅거리는 처녀들의 즐거운 웃음소리가 말이 달려 나가는 말발굽소리에 섞여 조용한 숲에 메아리쳤다. 이윽고 그 소리도 차츰 작아지더니 완전히 사라지고, 이제까지 떠들썩했던 저택에는 손님들이 조금씩 줄어들어 마침내 드디어 아무도 남지 않게 되었다. 이카보드 크레인은 소원 성취를 위한 길을 착실하게 나아가고 있다고 확신했기 때문에, 시골 연인들 관습에 따라 이 저택의 상속녀 카트리나와 단둘이 이야기를 나눌 생각에 홀로 남아 있었다. 두 사람이 그 뒤 어떤 이야기를 나누고 어떻게 시간을 보냈는지에 대해서는 굳이 말하지 않겠다. 사실 나도 그에 대해서는 잘 모르기 때문이다. 그러나 아마도 잘 되지는 않은 모양이라고 나는 생각했다. 왜냐하면, 그리 오래지 않아 그가 풀이 죽어서 어깨를 축 늘어뜨리고 완전히 의기소침한 모습으로 그 저택에서 나왔기 때문이다. 참으로 여자라는 생물은 알다가도 모를 존재이다. 그는 그 매력적인 변덕쟁이 처녀에게 농락당한 것일까. 그녀가 가엾은 이카보드 크레인 선생에게 그토록 애교를 부리면서 여지를 준 것은, 그의 연애 경쟁자를 완전히 정복하기 위해 그를 단순히 이용한 것에 지나지 않는단 말인가. 그것은 신만이 아는 일일 뿐, 나는 알 수 없다. 단, 이 말만은 해두고 싶다. 아름다운 처녀의 마음을 빼앗기 위해 그 저택을 찾아간 이카보드 크레인은, 돌아올 때는 마치 닭서리를 하러 온 좀도둑처럼 발소리를 죽이며 나온 것이다. 바로 조금 전까지만 해도 주위에 펼쳐진 한가로운 전원 풍경을 즐거운 눈길로 바라보았건만, 그는 이제 주위에는 전혀 눈길도 주지 않고 곧장 마구간으로 갔다. 그곳에서 풍요롭게 맺힌 옥수수와 오트밀, 그리고 골짜기에 가득 깔린 풀과 클로버를 꿈꾸면서 깊은 잠에 빠져 있던 버릇없는 말을 여러 번 발로 걷어차 그 기분 좋은 잠에서 거칠게 깨웠다.

이카보드 크레인이 무거운 마음으로 침울하게 고개를 숙이고 태리타운 위쪽의 높은 언덕을 올라가 귀로에 올랐을 때는 이미 초목도 깊이 잠든 한밤중이었다. 그날 저녁 때는 그토록 경쾌하고 명랑한 기분으로 지나온 길이건만, 이게 무슨 처량한 꼴인가. 시간도 그의 마음처럼 음울한 분위기를 자아냈다. 저 멀리 눈 아래에는 어두컴컴한 타판지의 수면이 어슴푸레하게 펼쳐져 있고, 육지에서 뻗어나온 나무 아래의 어둠 속에 조용히 닻을 내린 범선의 돛대도 군데군데 보였다. 고요한 정적에 싸인 한밤중이어서 허드슨 강 건너편 기슭에서 개 짖는 소리도 들려왔지만, 그 소리가 너무 흐릿해서 인간에게 충실하고 순종적인 개조차도 자기한테서는 멀리 떨어져 있는 것만 같았다. 이따금 갑자기 눈을 뜬 닭이 길게 억양을 붙여서 우는 소리가 아득히 먼 언덕 중턱의 농가에서 들려왔다. 그러나 그의 귓전에 닿는 그 울음소리는 꿈결처럼 아련하게 들릴 뿐이었다. 그의 주변에서는 살아 있는 생물의 숨결을 느낄 수가 없었다. 다만 가끔 귀뚜라미가 구슬프게 울거나, 잠자리가 불편해서 마음에 들지 않는지 황소개구리가 목을 가릉거리면서 우는 소리가 가까운 늪에서 들려오는 정도였다.

그날 밤의 잔치에서 나온 유령과 요괴 이야기들이 새삼스럽게 한꺼번에 그의 머리에 떠올랐다. 밤의 어둠이 깊어질수록 밤하늘에 빛나는 별도 깊이 가라앉는 것만 같고, 때로는 질주하는 구름떼가 주위의 별을 몽땅 숨겨버리기도 했다. 이카보드 크레인은 이토록 고요한 분위기 속에서 음울한 기분을 느낀 적이 이제까지 한 번도 없었다. 게다가, 지금 그는 온갖 유령 이야기에 나왔던 바로 그 장소에 다가가고 있었다. 길 한가운데에 커다란 백합나무 한 그루가 서 있는데, 마치 거인처럼 주변의 다른 나무 위로 솟아올라 하나의 이정표 구실을 하고 있었다. 그 백합나무 가지는 옹두리투성이인 데다 빈 구멍이 많아 참으로 이상야릇한 모양이었다. 자세히 보니, 일반 나무줄기만큼 굵은 가지가 거의 땅에 닿을 듯이 늘어졌다가 다시 하늘로 뻗어오르고 있었다. 앞에서도 말했듯이, 불행한 앙드레 소령은 이 백합나무 바로 옆에서 붙잡혔는데, 이제 이 나무는 그의 비극적인 생애를 기리기 위해 이름 붙여진 '앙드레 소령 나무'로 널리 알려져 있었다. 사람들은 이 나무를 경의와 미신이 뒤섞인 복잡한 심정으로 바라보았다. 그것은 이 나무의 이름에 얽힌 불운한 인물의 운명에 대한 동정심에서, 또 이 나무를 둘러싸고 신비로운 광경을 보거나 슬프게 탄식하는 목소리를 듣기도 한다는 전설에서 비롯되었다.

이카보드 크레인은 이 불길한 나무에 다가가자 휘파람을 불기 시작했다. 누군가가 그 휘파람에 대답하는 듯한 기분이 들었으나, 한 줄기 바람이 메마른 가지를 뒤흔들며 그 사이로 빠져나갔을 뿐이었다. 나무에 바짝 다가가자, 무언가 하얀 것이 나무 한가운데에 걸려 있는 것처럼 보였다. 그는 그 자리에 섰다. 휘파람도 그쳤다. 그러나 더 가까이에서 자세히 보니, 그것은 벼락을 맞아 나무껍질이 하얗게 벗겨진 부분이었다. 그때 갑자기 어디선가 신음소리가 들려왔다. 그는 이를 덜덜 마주치고 두 무릎도 무서움으로 와들와들 가늘게 떨다가 안장에 부딪쳤다. 그런데 알고 보니, 그것은 커다란 나뭇가지가 바람에 흔들리면서 서로 스치는 소리였다. 이카보드 크레인은 가까스로 그 나무 옆을 지나갔다. 그렇지만 그의 앞에는 또다른 위험이 기다리고 있었다.

그 나무에서 200야드쯤 떨어진 곳에 작은 시냇물이 길을 가로질러 와일리 늪이라고 알려진, 습하고 나무들이 우거진 협곡으로 흘러들고 있었다. 강에는 베어낸 지 얼마 안 된 통나무 두세 개가 다리 대신 걸쳐져 있었다. 이 강이 숲으로 흘러드는 기슭의 한쪽은 떡갈나무와 밤나무 숲으로 에워싸였고 거기에는 포도덩굴이 몇 겹으로 휘감겨 있어, 마치 그 주변은 동굴처럼 어두컴컴한 분위기를 자아냈다. 이 다리를 건너는 것은 여간 어려운 일이 아니었다. 불행한 앙드레 소령이 붙잡힌 곳이 틀림없이 이 장소이고, 그 주변의 밤나무와 포도덩굴 속에 숨어 있었던 강력한 지역 용사들이 그에게 뜻밖의 일격을 가한 것이다. 그 뒤, 이 강에는 유령이 나타난다는 소문이 끊이지 않았다. 그래서 지금도 해가 진 뒤에 홀로 이 다리를 건너야 하는 학교 학생에게는 겁에 질리지 않을 수 없는 곳이었다.

이 강에 다가가자, 이카보드 크레인의 가슴은 쿵쾅거리기 시작했다. 그러나 용기를 짜내어 건파우더(말이름) 옆구리를 열 번쯤 힘껏 차서 다리를 단숨에 건너가려 했으나, 이 빙퉁그러지고 성질 고약한 늙은 말은 앞으로 나아가기는커녕 옆으로 꺾더니 난간에 자신의 옆구리를 부딪치고 말았다. 그렇게 어물거리는 사이에 더욱 겁이 난 이카보드 크레인은, 이번에는 반대쪽으로 고삐를 획 당겨 온힘을 다해 건파우더의 옆구리를 다른 쪽 다리로 걸어찼다. 그러나 이 늙은 말은 도무지 생각대로 움직여 주지 않았다. 분명히 건파우더는 앞발을 차서 뛰어오르기는 했지만, 당황했는지 길 건너편의 덤불이나 오리나무 수풀 속으로 뛰어들고 말았다. 이카보드 크레인은 늙은 말 건파우더의 여윈 옆구리에 혼신의 힘을 다해 채찍을 휘두르며 발뒤꿈치로 세게 걸어찼다. 그러자 건파우더는 콧김을 거칠게 내뿜으며 미친 듯이 무시무시한 속도로 똑바로 달려나갔다. 그런데 이 말이 다리 바로 앞에서 갑자기 멈춰서는 바람에, 기수 이카보드 크레인은 하마터면 건파우더의 머리 위로 튕겨나가 앞으로 고꾸라질 뻔했다. 바로 그때였다. 얕은 여울에 걸친 다리 밑에서 첨벙첨벙 강을 건너는 소리가 이카보드 크레인의 잔뜩 날카로워진 귀에 분명하게 들려왔다. 그리고 강가 어두운 숲속에 거대하고 이상야릇한 모양을 한 검은 물체가 우뚝 서 있는 것이 그의 눈에 들어왔다. 그것은 미동도 하지 않고 버티고 서서, 마치 어둠 속에서 공격 태세를 취한 커다란 도깨비가 지나가는 사람에게 달려들려는 것처럼 보였다.

이 광경에 완전히 겁을 먹어버린 이카보트 크레인은 공포로 머리털이 쭈뼛 곤두서는 것만 같았다. 도대체 이제 어떻게 해야 하나? 방향을 바꿔 그 자리에서 달아나려 해도 이미 때는 늦은 것 같았다. 그게 만일 유령이나 요괴라면 바람의 날개를 타고 날아서 옮겨갈 수 있을 테니 도저히 달아날 길이 없었다. 그래서 그는 있지도 않은 허세를 부리며 강한 척하고 말을 더듬으면서 물었다. "도대체, 넌, 누구냐!" 그래도 아무 대답이 없었다. 그는 목소리를 더욱 떨면서 다시 한 번 물었다. 이번에도 아무런 대답이 없었다. 그는 그 자세 그대로 꿈쩍도 하지 않는 늙은 말 건파우더의 옆구리를 발뒤꿈치로 차고는, 두 눈을 감고 정신없이 큰 소리로 찬송가 한 소절을 불렀다. 마침 때를 같이 하여 그 음산하고 어두컴컴한 그림자 같은 물체가 움직이기 시작하더니, 가볍게 바위 꼭대기에 기어올라 길 한가운데에 버티고 서서 가는 길을 막는 것이었다. 몹시 어둡고 음침한 밤이었지만, 정체를 알 수 없는 그 도깨비의 윤곽이 서서히 떠올랐다. 그것은 튼튼하고 혈기 넘치는 말을 탄 거구의 기사처럼 보였다. 그는 위해를 가하거나 어떤 방해도 하지 않고, 그렇다고 친절하게 말을 걸어오지도 않았다. 다만 건파우더의 짜부라진 눈 쪽의 길가로 천천히 나아갔다. 그러자 건파우더도 공포심이 좀 줄어들었는지 침착해졌다.

이카보트 크레인은 한밤중에 이런 이상야릇한 사나이와 길동무가 된 것이 아무래도 꺼림칙했고, 또 브롬 본즈가 '빨리 달리는 헤센 사람'과 경주했을 때 이야기가 문득 떠올라, 여기서는 일단 늙은 말 건파우더를 채찍질하여 이 기사를 추월하여 먼저 가야겠다고 생각했다. 그런데 정체를 알 수 없는 그 기사도 끊임없이 말을 재촉하여 건파우더와 보조를 맞추는 게 아닌가. 그 광경을 본 이카보트 크레인은, 이번에는 일부러 뒤처지도록 고삐를 당겨 말이 느린 걸음으로 걷게 했다. 그러자 상대도 즉각 같은 전술로 나왔다. 이카보트 크레인은 가슴이 덜컥 내려앉는 것만 같았다. 그는 다시 찬송가를 부르려고 했지만 아무래도 노래가 잘 나오지 않아서 단념하고 말았다. 두려움 때문에 목에 경련이 일어나고 혀도 바짝 말라버렸으며, 바짝 마른 혀가 입천장에 달라붙어 노래를 부르려고 해도 목소리가 나오지 않았다. 이카보트 크레인을 집요하게 쫓아오는 기사도 마찬가지로 기분이 썩 좋지 않은 듯 아무 소리도 내지 않았다. 그 모습을 보자, 그는 등줄기가 오싹해지는 불길한 느낌이 엄습해 왔다. 이윽고 그의 정체를 알게 된 이카보드 크레인은 깜짝 놀라지 않을 수 없었다. 언덕 위로 올라가자 기사의 모습이 밤하늘에 또렷하게 드러나서, 처음으로 그의 정체가 뚜렷하게 보인 것이다. 그곳에는 망토로 몸뚱이를 감싼, 거인처럼 키가 큰 사내가 말 위에 앉아 있었다. 그러나 무엇보다 이카보드 크레인을 경악시킨 것은 그 기사 목 위에 머리가 없다는 사실이었다. 그러나 공포는 거기서 끝나지 않았다. 몸 위에 있어야 할 사람의 머리가 말 안장 앞쪽에 있는 것을 보았기 때문이다. 그는 무시무시한 공포 때문에 거의 착란상태에 빠지고 말았다. 이카보드 크레인은 건파우더를 뒤꿈치로 마구 차고 미친 듯이 채찍을 휘두르면서, 그 자리를 잘 빠져나가면 어떻게든 목 없는 기사를 따돌리고 달아날 수 있으리라고 생각했다. 그러나 이 유령도 이카보드 크레인과 함께 전속력으로 달리기 시작했다. 그 둘은 무작정 세찬 속도로 내달렸다. 양쪽 말이 한번 뛸 때마다 곳곳으로 돌이 튀어오르고 불꽃이 튀었다. 이카보드 크레인은 어떻게든 이 상황에서 벗어나기 위해, 건파우더의 머리 앞으로 그 말라비틀어진 몸을 쑥 내밀고 얇은 옷자락을 펄럭펄럭 밤하늘에 나부끼면서 미친 듯이 달렸다.

이윽고 그들은 슬리피 할로우로 꺾어지는 길에 다다랐다. 그런데 건파우더는 악마에게 홀린 것처럼 그 길을 가지 않고 반대 방향으로 진로를 잡아, 쏜살같이 언덕을 내려가서 왼쪽으로 꺾더니 똑바로 달려나갔다. 그 길은 4분이 1마일쯤 울창한 숲이 뒤덮고 있는 모래 저지를 지나, 괴담에 나오는 유명한 다리로 통하고 있었다. 그 바로 앞쪽에는 전체가 푸른색으로 물든 높은 언덕이 보이고, 그 위에 아름다운 하얀 벽의 교회가 서 있었다.

늙은 말 건파우더가 극심한 공포에 질려 어디로 달아나야 할지 몰라 갈팡질팡한 것은 기수인 이카보드 크레인의 미숙함을 드러낸 것이다. 그래도 이런 상황에서의 추격극에서는 틀림없이 이카보드 크레인 쪽에 승산이 있었다. 그런데 그가 바로 골짜기의 중간쯤 왔을 때, 말안장 복대가 느슨해지더니 엉덩이 밑에서 미끄러지는 것이 느껴졌다. 그는 안장 앞쪽을 꼭 붙들고 떨어지지 않으려고 죽을힘을 다해 매달렸지만 헛일이었다. 그는 늙은 말 건파우더의 목덜미에 달라붙어 낙마만은 간신히 피했지만, 그 바람에 안장이 땅에 떨어져 추격자인 목 없는 기사 말발굽에 짓밟히는 유쾌하지 않은 소리가 들렸다. 한 순간, 말 주인인 한스 반 리퍼가 누르락푸르락하여 고함을 지르는 광경이 눈앞에 떠올랐다. 그것은 그의 외출용 안장이었기 때문이었다. 그러나 지금은 그런 걱정이나 하고 있을 때가 아니었다. 목 없는 기사 요괴는 그의 바로 등 뒤까지 다가와 있었다(그의 승마기술은 참으로 한심한 수준이었다). 안장 없이 말 등에 앉자 그때부터 온갖 수난이 시작되었다. 한쪽으로 미끄러지는가 하면, 다음에는 반대쪽으로 미끄러져 떨어질 뻔하는 등, 말 등에 붙어 있는 것도 불안한 데다, 높은 말 등에서 이리저리 마구 흔들려 온몸이 상처투성이가 되는 것 같았다. 이러다가 끝내 온몸의 뼈가 산산조각으로 부서지는 게 아닌가 하는 생각이 들 정도였다.

숲이 조금씩 열리자, 그는 교회 다리에 가까워졌다고 생각하고 비로소 마음이 좀 놓였다. 강물 위에 은빛으로 빛나는 별이 비치는 것으로 보아 그의 추측이 틀린 것은 아니었다. 저쪽에 보이는 나무 아래로 교회의 흰 벽이 그의 눈에 희미하게 보였다. 그는 브롬 본즈와 경주했다고 하는 유령이 자취를 감춘 그 장소를 떠올렸다. "그 다리까지 가면 나는 살아날 수 있다." 그렇게 희망의 빛이 보이기 시작했다고 생각한 바로 그때였다. 집요하게 뒤쫓아 오던 불길한 검은 말이, 바로 그의 등 뒤에서 숨을 헐떡이고 있었다. 이카보드 크레인은 목덜미 뒤에 뜨거운 숨결을 생생하게 느낀 것 같은 기분이 들었다. 그가 다시 반사적으로 건파우더의 옆구리를 뒤꿈치로 걷어차자, 이 늙은 말은 남은 힘을 다 짜내어 다리 위로 뛰어올랐다. 그리고 다리의 널빤지가 삐걱거리는 것도 아랑곳하지 않고 죽을힘을 다해 건너편에 이르렀다. 이카보드 크레인은 추격하는 기사가 이제까지의 정설대로 과연 한 줄기 유황불이 되어 사라질 것인지 어떤지 확인해 보려고 무심코 뒤를 돌아보았다. 그러나 그때 이카보드 크레인의 눈에 보인 것은 그 유령이 말의 등자 위에 장승처럼 버티고 서서 자신의 머리를 그를 향해 던지려 하는 광경이었다. 이카보드 크레인은 몸을 젖혀 순간적으로 그 무서운 물건을 피하려고 했지만, 이미 때는 늦었다. 그것은 매우 이상한 소리를 내면서 이카보드 크레인의 머리에 정통으로 맞았다. 이카보드 크레인은 땅에 완전히 거꾸로 떨어졌고, 목없는 기사는 늙은 말 건파우더와 검은 말과 함께 질풍처럼 사라져버렸다.

이튿날 아침, 늙은 건파우더가 발견되었는데, 등에 안장도 없고 재갈도 다리 아래에 늘어뜨린 상태로, 주인 집 문 앞에서 아무 일도 없었던 것처럼 풀을 뜯고 있었다. 이카보드 크레인은 아침 식사 자리에 나타나지 않았다. 점심 때에도 보이지 않았다. 학생들은 학교에 모여 근처에 있는 강둑을 따라 빈둥거리며 거닐었다. 그러나 여전히 이카보드 크레인 선생의 모습을 본 사람은 아무도 없었다. 한스 반 리퍼는 가엾은 이카보드 크레인과 자신이 아끼던 말안장의 행방이 걱정되기 시작했다. 곧바로 수색이 시작되었다. 그들은 가까스로 이카보드 크레인의 흔적을 찾아냈다. 교회로 가는 길에서 짓밟혀 진흙투성이가 된 말안장이 발견되었다. 또 말 발자국이 길에 깊이 찍혀 있어, 분명히 무시무시한 기세로 내달렸다는 것을 보여주고 있었다. 그 흔적은 다리까지 이어져 있었다. 강물도 안쪽으로 갈수록 깊고 검고 강폭도 넓어지는데, 그 근처의 기슭에서 불행한 이카보드 크레인이 썼던 모자가 발견되었고, 그 바로 옆에는 호박 한 덩이가 산산조각으로 박살나 있었다.

강 근처를 찾아보았지만, 이카보드 크레인의 시체는 발견되지 않았다. 한스 반 리퍼가 그의 유산관리인으로서 그의 전 재산인 소지품을 넣어둔 보따리를 풀어보았다. 그의 재산은 셔츠 두 장하고 반 쪽, 목도리 두 개, 소모사 양말 한두 켤레, 오래된 코듀로이 반바지 한 벌, 녹슨 면도칼 하나, 곳곳에 페이지가 접힌 찬송가 책 한 권, 그리고 깨진 음정을 고르는 피리 하나가 전부였다. 학교 책과 놀이 도구는 모두 이 마을의 소유였으나, 코튼 매더의 《뉴잉글랜드 마술사》, 《뉴잉글랜드 연감》, 《꿈과 점술》 같은 책은 거기에 들어가지 않았다. 《꿈과 점술》이라는 책에는 대판양지(大判洋紙) 크기의 종이가 끼워져 있었는데, 거기에는 이카보드 크레인이 반 타셀 집안의 상속녀에게 시를 써서 바치려고 몇 번이나 썼다가 지운 흔적이 남아 있었다. 이 마술책과 시가 끄적여진 종이는 곧 한스 반 리퍼에 의해 불태워지고 말았다. 그 이후, 한스 반 리퍼는 자신의 아이들을 더는 학교에 보내지 않기로 결정했다. 어차피 그 따위 글이나 읽고 쓰는 것이라면 배워봤자 이득될 것도 없다는 생각에서였다. 이카보드 크레인은 실종되기 하루 이틀 전에 석 달 치 급료를 받았는데, 실종되었을 때도 그것을 몸에 지니고 있었던 것이 틀림없었다.

이 이상야릇한 사건은 다음 일요일 교회에서도 이런저런 물의를 일으켰다. 호기심이 많고 소문을 좋아하는 사람들은 삼삼오오 짝을 이루어 그 묘지와 다리, 모자와 호박이 발견된 장소에 모인 것이다. 그들은 브라워 노인 이야기와 브롬 본즈 이야기, 그 밖의 모든 이야기를 떠올리고 그것을 신중하고 정밀하게 조사하여 이번 사건과 비교 검토하기로 했다. 그러나 결국 모두 고개를 내저으며 이카보드 크레인은 '빨리 달리는 헤센 사람'에게 납치되었다는 결론에 이르렀다. 그는 독신으로 누구에게도 돈을 빌리지 않았고 손해를 끼친 적도 없기에, 더 이상 아무도 그에 대해 골치를 썩일 필요도 없었다. 학교는 슬리피 할로우의 다른 장소로 옮겨졌고, 새로운 선생이 이카보드 크레인을 대신하여 수업을 맡게 되었다.

사실 이 이상한 유령이야기는 한 늙은 농부한테서 들은 것이다. 그 노인은 그 뒤 몇 년이 지나 뉴욕에 갔다 왔는데, 이카보드 크레인이 아직 현지에 살아 있다는 정보를 가지고 돌아왔다. 그에 따르면 이카보드 크레인이 고향을 떠난 이유의 하나는, 그 유령과 한스 반 리퍼에 대한 공포와 난처함을 이겨내지 못했기 때문이고, 또 하나는 반 타셀 집안 상속녀에게 실컷 놀림 당하고 굴욕을 겪은 일 때문이었던 것 같았다. 그런 사정으로 그는 먼 곳으로 거처를 옮겨 교사 생활을 계속하면서 법률을 공부하여 마침내 변호사가 되었고, 다시 정치가로 변신하여 선거운동에 뛰어다녔으며, 신문에도 기고하여 호평을 얻었다. 그리고 드디어 민사재판소 판사 지위에까지 올라갔다고 한다. 한편 브롬 본즈는 연애 경쟁자였던 이카보드 크레인이 자취를 감춘 얼마 뒤에, 아름다운 처녀 카트리나의 손을 잡고 당당하게 혼례 제단으로 이끌었다. 브롬 본즈는 이카보드 크레인 이야기가 나오면 어김없이 무언가 사정을 잘 아는 듯한 기색을 보였고, 또 그때의 호박 이야기가 나오면 자기도 모르게 웃음을 터뜨려서, 그가 그 일에 대해 입 밖에 내어 말하는 것 이상으로 뭔가 알고 있는 것이 틀림없다고 의심의 눈초리를 보내는 사람들도 있었다.

그러나 이런 일에 대해 가장 뛰어난 판관이라면, 아무래도 시골의 늙은 아낙네들이리라. 그녀들은 이카보드 크레인은 초자연적인 수단에 의해 어디론가 끌려간 것이 틀림없다고 오늘도 믿고 있다. 그래서 이 지방 사람들은 겨울밤 난로를 둘러싸고 앉아 즐겨 이 이야기를 화제에 올린다고 한다. 그리고 그러한 사연이 있는 다리는 예전보다 더욱 초자연적인 두려움의 대상이 되었다. 그래선지 최근에 교회에 가는 사람들은 그곳을 피해 물레방아용 저수지 한쪽을 지나가게 되었고, 폐교가 된 학교는 차츰 쇠락하여 불행한 이카보드 크레인 선생 유령이 그곳에 나타나는 것 같다는 소문이 나돌았다. 조용한 여름 저녁이면 집으로 돌아가는 농삿집 아이들의 귀에는, 침묵에 싸인 슬리피 할로우에서 때때로 구슬프게 찬송가를 부르는 이카보드 크레인의 목소리가 들리는 듯하다는 것이다.

덧붙이는 말—니커보커 씨 수기에서

앞 이야기는 뉴욕 맨해튼에서 열린 집회에서 내가 들은 것을 거의 그대로 정확하게 옮겼다. 이 모임에는 그곳의 지식인과 명사들이 많이 참석했다. 이야기를 하는 사람은 초라한 행색을 했으나, 애써 유쾌한 신사처럼 행동하는 노인이었다. 그는 희끗희끗한 무늬가 있는 옷을 입고 우스꽝스럽고도 슬픈 표정을 하고 있어서, 나는 아마도 어려운 처지에 있는 인물일 거라고 짐작했다. 그러나 그는 짐짓 유쾌하게 행동하면서 그 자리의 흥을 돋우려고 했다. 그의 이야기가 끝나자, 장내에 밝은 웃음소리가 번지면서 매우 큰 박수 소리가 일어났다. 정말 재미있다는 듯이 큰 소리로 웃는 사람들은, 이야기도 거의 듣지 않고 거의 모든 시간을 졸면서 그 자리를 지키던 시의회의원의 보좌관들이었다. 그런데 청중 속에 키가 크고, 짙고 굵은 눈썹에 무뚝뚝한 표정을 한 늙은 신사가 있었다. 그는 줄곧 무겁고 엄격한 표정을 풀지 않고 있었다. 그리고 가끔 팔짱을 끼거나 고개를 숙이고 바닥을 내려다보는 기색에서 추측하건대, 뭔가 의심에 사로잡혀 있는 듯했다. 그는 용의주도하고 신중한 인물로, 그럴만한 이유가 없는 한 절대로 소리 내어 웃지 않았다. 즉, 그의 모든 행동은 나름대로 이유와 이치에 근거를 두었을 때만 나오는 것이다. 참석자들의 환성이 가라앉고 다시 정적이 돌아오자, 그는 한 팔은 의자 팔걸이에, 다른 한 팔은 허리에 대고 잰 체하면서 흐릿하게, 그러나 또렷하게 현자처럼 내려다보는 태도로 고개를 젓더니, 다시 미간에 주름을 잡고 이렇게 물었다. 이 이야기가 주는 교훈은 무엇인가, 그리고 도대체 이 이야기는 무엇을 말하려는 것인가.

이야기를 마치고 잠시 숨을 돌린 뒤 와인 잔에 입술을 대던 화자(話者)는, 동작을 잠시 멈추고 깊은 존경심을 담아 질문자인 늙은 신사를 바라보았다. 그리고 잔을 조용히 테이블 위에 내려놓았다. 그가 늙은 신사의 질문에 답하기를, 이 이야기는 다음과 같은 것을 어디까지나 논리적으로 증명하려고 한 것이라고 말했다.

"인생에는 어떠한 상황에서도 반드시 좋은 점과 기쁨이 있는 법이지요. 물론 농담을 이해할 수 있다면 말입니다."

"만일 유령인 목 없는 기사와 경주를 하게 된다면, 누구라도 앞뒤 생각 없이 덮어놓고 달려 나가는, 신중하지 못한 행동을 하게 마련이지요."

"따라서 시골학교 선생인 이카보드 크레인에게는 네덜란드 사람 반 타셀 집안의 상속녀에게 퇴짜를 맞은 것이 사실은 출세가도의 첫걸음이 된 셈입니다."

항상 신중하게 행동하는 늙은 신사는, 이 설명을 듣고 더욱 당혹과 곤혹을 느끼며 미간에 주름을 더 깊게 새겼다. 아무래도 이 삼단논법적인 추론을 이해하지 못한 것이리라. 한편 희끗희끗한 무늬 옷을 입은 신사는 조금은 의기양양해 하는 미소를 지으면서, 곁눈으로 늙은 신사를 흘끗 쳐다보았다. 마침내 늙은 신사는 입을 열고 말했다. "뭐, 그럴 수도 있겠군요. 다만, 이야기에 얼마쯤은 비약한 데가 있어 보이고, 의문이 남는 곳이 몇 군데 있기는 하지만."

"정말, 맞는 말씀입니다." 이야기를 이끌어가던 사람이 대답했다. "그 점에서, 이렇게 말하는 저 또한 이 이야기의 반도 믿지 않으니까요."

D. K.

끝내고 나서

작은 책이여, 세상에 나가거라.
신은 너에게 특별히 멋진 문장을 내리셨다.
그리고 간절히 기도하라.
그것을 읽고 듣는 사람들에게.
잘못된 의견이 있다면, 그 많고 적음을 따지지 말고,
그들로 하여금 그것을 바로잡게 해야 한다.

초서의 《무정한 미녀》*1

나는 《스케치북》 제2권을 끝내면서, 제1권을 간행할 때 크나큰 은혜를 받았던 것과 아울러 이방인임에도 불구하고 이토록 친근하고 남다른 호의를 베풀어주신 것에 대해 깊은 감사의 뜻을 표하지 않을 수 없다. 이 책을 읽은 뒤 이런저런 견해가 있을 수 있지만, 평론가들로부터 매우 너그러운 대우를 받은 것을 밝혀두고 싶다. 그러나 평론가에 따라서는 이 책의 한두 작품에 대해서는 비난하기도 했다. 그것을 비춰보면 이 작품은 매우 좋은 평가를 받았다고는 할 수 없다. 그러나 어떤 평론가가 온갖 말로 비난한 작품에, 또 어떤 평론가는 분에 넘치는 칭찬을 아끼지 않았으니 그나마 마음의 위로가 되었다. 그리하여 이 작품은 세상 사람들의 쓰디쓴 비평을 찬사로 가라앉히기도 했으므로, 대체로 분에 넘치는 평가를 받은 셈이다.

나는 여러 가지 과분한 충고와 조언이 있었음에도 그것을 따르지 않아, 관계자 여러분의 두터운 호의를 짓밟아버린 것이 아닌지 걱정스럽다. 모처럼 귀한

---

*1 《무정한 미녀》(La Belle Dame sans Merci, 1532)는 옛날에는 제프리 초서 작품으로 여겨졌지만, 프랑스 시인 알랭 샤르티에(Alain Chartier, ca. 1385~1430) 시를 영국 시인 리처드 로스 경(Sir Richard Ros, 1429~?)이 번역한 것이다. 참고로, 영국 낭만파 시인인 존 키츠(John Keats, 1795~1821)도 이 시를 읽고 감명을 받아 자신의 작품에 반영했다.

조언의 말을 얻고도 길을 헤매는 일이 있다면, 그것은 모두 내게 덕이 부족한 탓이다. 그것에 대해 변명할 생각은 털끝만큼도 없지만 《스케치북》 제1권을 간행할 때 여러 관점에서 귀한 의견들을 주셨고, 나는 한때의 감정에 이끌려 그 의견에 충실하게 따라 제2권을 쓰기로 결심을 굳혔다. 그러나 얼마 지나지 않아 그와는 다른 훌륭한 조언자의 다른 의견을 접하자 자연히 그 대응에 매우 난처해지고 말았다. 즉, 해학이 담긴 작품은 다루지 않는 편이 현명하다고 호의적으로 충고해 주시는 분도 있었고, 슬픈 시름을 불러일으키는 것은 피해야 한다고 하는 사람도 있었다. 그리고 이 작가는 참으로 뛰어난 묘사를 자랑한다고 전제한 뒤에, 거기에 자만하지 말고 이야기에만 충실해야 한다는 사람도 있었다. 또 그는 이야기를 이끌어 나가는 데에 매우 뛰어난 재능을 보여주며 그런 이야기는 기분이 침울할 때 유쾌한 분위기를 자아내어 마음을 어루만져주지만, 그렇다고 유머 정신이 풍부한 작가로 생각한다면 큰 오산이라고 분명히 말한 사람도 있었다.

이렇게 평론가들이 하는 말 그대로 따랐더라면, 끝내 한계에 부딪쳐 초조감에 사로잡히고 말았을 것이다. 무엇보다 그들의 귀띔으로 말미암아 알맞은 창작의 이정표를 잃었다고 생각했는데, 어느새 손바닥을 뒤집듯이 다른 길을 개척할 실마리를 보여주어 나를 당혹시켰다. 그래서 한때는 당황하여 무엇을 어떻게 해야 할지 몰랐지만, 그때 나의 뇌리를 재빨리 스친 것이 있었다. 그것은 초심으로 돌아가 내 자신 본래의 창작 자세를 지키고 유지해야 한다는 것이었다. 이 책의 특징은 다양성에 있고, 저마다의 소품은 흔히 다른 상황 속에서 쓰인 것이 많다. 따라서 여기에 실린 모든 작품이 한결같이 독자 여러분의 흥미를 끌고 모든 것을 만족시키는 것은 아니라고 생각한다. 그러나 만일 그 속에 독자 여러분 저마다의 취미에 맞는 작품이 있다면 지은이로서는 그러한 목적을 다소나마 이룬 것이 되니, 그보다 더 큰 기쁨은 없을 것이다. 이를테면, 식탁에 둘러앉은 손님들이 모두 똑같은 기호를 가지고 있지는 않다. 사람의 기호는 모두 저마다 다르다. 점잖고 품위가 있으며 돼지고기 구이를 싫어하는 사람도 있고, 카레 요리와 향신료를 친 매운 요리를 몹시 싫어하는 사람도 있다. 또는 사슴고기와 오리고기처럼 강한 야생의 향을 견디지 못하는 사람도 있을 것이다. 또 튼튼한 위장을 가진 건강한 사람이라면 보통은 고급스러운 여성용 요리가 식성에 맞지 않을 것이다. 이렇게 아무리 맛있는 음식이 식탁에 차려져 있어도 누구나 똑같이 만족하지는 않는다. 앞에서도 말했듯이 사람마다 기호는 모두 다르지만, 어떤 음식이라도 누군가의 입에는 들어가며, 손도 대지 않은 요리 접시가 고스란히 식탁에서 내려지는 일은 거의 없다.

이렇게 마음속으로 이리저리 생각을 하다가, 나는 제2권도 제1권과 마찬가지로 폭넓고 다양한 내용을 담은 형태로 세상에 내놓기로 했다. 그래서 독자 여러분의 지혜로운 판단을 원한다. 만일 사랑하는 독자 여러분이 이 책 속에서 충분히 만족할 수 있는 몇 개의 소품을 만날 수 있다면, 그것은 지성이 넘치는 분들의 취향에 맞춰 쓴 것이라고 생각해주기 바란다. 그러나 만약 여러분의 기호에 맞지 않는다면, 그것은 깊은 품격과 정취가 없는 작품도 쓰지 않을 수 없었던 사정을 헤아려 주시고 부디 용서해주시기 바란다.

그건 그렇고, 이 책에는 많은 잘못된 점과 빠진 부분이 있어 완벽한 체재를 갖췄다고 말하기는 어렵다. 물론 나는 작품을 쓰는 데 있어 내 자신의 기량과 재주가 부족함을 잘 알고 있다. 이러한 원인의 바탕에는 나의 특수한 처지 때문이었다. 그것은 영국에서는 이방인이었기에 그 어떤 주눅과도 비슷한 위축된 마음이 날이 갈수록 커져 간 것이다. 즉, 나는 영국이라는 낯선 땅에서 집필 활동을 하고 있지만, 그것 말고 다른 것도 또 있다. 사실을 말하면, 영국은 내가 어릴 때부터 무언가 말로 표현할 수 없는 숭고한 마음과 함께 외경심마저 품고 가까이 느껴왔던 나라이다. 이제 그 위대한 나라의 생활환경 속에 몸을 담고 한 작가로서 대중 앞에 맨얼굴을 드러낸 것이므로, 내 마음이 위축되는 것은 당연한 일이라고 할 수 있다. 솔직하게 고백하면, 이 책이 독자 여러분의 마음에 들지 어떨지 불안감으로 가득하다. 이러한 걱정이 무거운 짐이 되어 나의 필력과 마음도 점점 의기소침해지는 것 같고, 또 성공의 길을 달려 올라가는 것에 반드시 필요한 요소인 안도와 신뢰의 마음을 잃어가고 있기도 하다. 그러나 여전히 마음 든든한 격려와 함께 계속 북돋우고 따뜻하게 지켜봐 주는 여러분들의 변함없는 호의에 보답하여, 나는 언젠가 확고한 기반을 쌓을 수 있도록 창작 활동에 더욱 전념하며 나날이 힘써 나아가고 있다. 그리하여 나는 모험심을 적당히 채우고 모든 일에서 후회가 없도록 마음을 더욱 다잡고, 내 자신의 행운을 곱씹으면서 내가 믿는 길을 오로지 걸어가고자 한다.

*이 책은 1권과 2권의 합쳐진 완본판입니다.

워싱턴 어빙의 삶과 문학

어빙의 고향 뉴욕

미국 문학의 개척자인 워싱턴 어빙(Washington Irving)은 미국 역사상 큰 획을 그은 인물 중 한 사람이다. 특히 그는 《주홍 글씨》를 쓴 나다니엘 호손, 《인생 찬가》를 비롯 여러 주옥같은 시를 남긴 헨리 워즈워스 롱펠로, 허먼 멜빌, 에드가 앨런 포 같은 그 시대 최고의 미국 문학가들에게 큰 영향을 끼쳤을 뿐 아니라, 유럽에까지 널리 이름을 떨친 작가이다.

워싱턴 어빙은 1783년 4월 3일 뉴욕 로어 맨해튼 윌리엄가 131번지에서 부유한 상인의 11남매 중 막내로 태어났다. 어빙의 어머니는 막내아들이 미국 독립을 이루어 낸 조지 워싱턴 같은 훌륭한 사람이 되길 바라는 마음에서, 아들 이름을 워싱턴 어빙이라고 지었다. 어빙은 6세가 되던 1789년, 맨해튼 월스트리트에서 거행된 미국 초대 대통령 취임식 차 뉴욕에 온 조지 워싱턴을 직접 만났으며, 뒷날 조지 워싱턴 전기를 쓰기도 한다.

1798년 맨해튼에 열병이 돌자 어빙의 어머니는 그를 맨해튼에서 30마일 떨어진 북쪽 마을 태리타운으로 옮겨가게 했는데, 그곳이 바로 그의 소설에서 중요한 지역인 슬리피 할로우였다. 그곳의 캐츠킬 산맥은 〈립 밴 윙클〉의 배경이 되기도 한다. 그만큼 그의 상상력을 자극할 만한 충분히 아름답고 신비로운 곳이었다.

그 뒤 어빙은 뉴욕 맨해튼을 생활 본거지로 삼아 교육을 받고, 온갖 유령들이 나타나고 다양한 생각들이 뛰노는 세계를 실감있게 그려내며 문학활동을 펼친다. 그동안 그는 맏형 윌리엄(1766~1821) 철물점에서 일하기도 했고, 바로 위의 형인 존 트리트(1778~1838) 법률사무소 일을 도와 주면서 여러 신문에 글을 기고하거나 스스로 잡지를 창간하기도 한다.

어빙은 생애 내내 가족과 긴밀한 관계를 유지하며 강한 유대로 이어져 있었다. 그는 아버지와는 많은 이야기를 나누지는 않았지만, 어머니와 누나들로부터는 막둥이로서 사랑을 독차지하며 자랐다. 그러나 무엇보다도 어빙의 초기 문학활동을 정신적으로 뒷받침해준 것은 형들이었다. 형 윌리엄, 피터(1772~1838), 에비니저(1776~1868), 그리고 어빙보다 다섯 살 위인 형으로 변호사인 존 트리트 등이 그의 모든 상담에 적극적으로 협력을 아끼지 않았다. 여섯 살부터 열네 살까지 어빙은 벤저민 로메인 학교에서 공부했는데, 나중에 경영자인 로메인이 교육계에서 무역상으로 진출한 것을 기회로, 조사이어 A. 헨더슨 신학교에 편입한다. 그 학교에서는 대학에 진학하는 사람도 있었지만, 어빙은 학업에 특별히 뛰어난 학생은 아니었다.

그는 학교에서 라틴어, 그리스어, 지리 등을 배우기보다는, 정규 학업이 아닌 미술감상 등에 더욱 흥미를 느꼈다. 어빙은 음악에도 관심을 가지고 있어 플루트와 피아노를 배워 비범한 재능을 보여주기도 했다. 그러나 미술, 음악보다 더 그가 열중했던 것은 연극으로, 10대 끝 무렵까지는 수업시간을 빼먹고 자주 극장에 가곤 했다. 아버지 윌리엄 어빙은 경제적인 여유는 있었지만 아들들이 자라는 과정에서, 저마다 자립하여 저마다의 분야에서 활약하기를 강하게 바라고 있었다. 이러한 이유에서, 어빙은 1801년에 브록홀스트 리빙스턴 밑에서 법률공부를 시작, 1802년에는 조사이어 오그던 호프만에게 주기적으로 가르침을 받았다. 한편, 같은 해에 형 피터가 뉴욕에서 〈모닝 크로니클〉을 창간하여 어빙의 관심을 크게 끌었다. 어빙은 글을 기고하여 작가로 첫걸음을 내디뎠지만 그다지 큰 인기를 얻지 못했다. 그의 형들은 놀이로 시와 에세이를 짓곤 했는데, 어빙도 그 영향으로 조나선 올드스타일이라는 필명을 써서 뉴욕 사회와 극장에 대한 연작 풍자 에세이를 썼다. 그는 이때 썼던 아홉편의 에세이를 〈모닝 크로니클〉에 1802년에서 1803년까지 게재했다.

그 무렵 뉴욕에서 발행되던 신문은, 독립전쟁 뒤의 시민생활과 정치에 대한 관심이 높아지는 가운데, 저마다 지지하는 당파를 가지고 있어 정당 기관지 같은 성격을 띠고 있었다. 이를테면 〈모닝 크로니클〉이 뒷날 미국 부통령으로 제퍼슨파인 애론 버(1756~1836)를 지지하는 편집 내용으로써, 어빙을 포함하여 집안은 그를 지원하였다. 사실 어빙도 애론 버를 존경하며 그를 위한 홍보·선전을 비롯한 정치활동에 참여했다.

어빙 집안이 지지한 애론 버는 주로 남부의 면화재배업의 뒷받침을 얻어 각

주의 자치권을 중시하는 반연방주의자로 그 진영 안에서는 급진파로 지목되고 있었다. 그 무렵에는 미국 사회가 변화가 컸던만큼 시민의 정치적 주장이 반드시 일관성을 가진 것은 아니었다. 어빙이 법률을 배웠던 리빙스턴은 처음에는 연방주의자였다가 나중에 자유주의를 표방한 제퍼슨의 주장을 지지했고, 호프먼 집안은 한때 제퍼슨파인 모건 루이스(1754~1844)를 지지하다가 이윽고 연방주의로 돌아섰다. 이윽고 1800년 선거에서 제퍼슨이 제 3대 미국 대통령에 당선되자, 주권주의에 따른 통일

워싱턴 어빙(1783~1859)

국가 형성에 힘써서 국민의 이익과 행복을 중시하는 공화정치와 남부의 경제 발전의 기반이 되었다. 그러함에도 여러 분파와 지지자들은 갈라져 있었다. 이렇게 혼란스러운 정치와 어지러운 경제상황, 그리고 신흥계급의 떠오름, 벼락출세한 그들을 비웃는 옛 지주계급 등, 어빙이 〈샐머건디〉를 비롯한 여러 잡지에 주제로 올리게 되는 그의 글 소재들이 곳곳에 널려 있었다.

그러던 중 어빙은 1804년 결핵에 감염된 증상을 보여 그의 형들은 그를 2년 동안 유럽으로 여행을 보내 주었다. 그곳에서 그는 날카로운 시각으로 유럽문화를 관찰하고 유려한 필치로 그곳의 모습들을 기록한다. 그렇게 1804~06년까지 어빙은 유럽을 두루 여행했다.

〈샐머건디〉 창간

여행에서 돌아온 뒤 어빙은 1806년 끝 무렵에 변호사 시험에 합격하여 법조계로 나갔다.

1807년에는 형 윌리엄과 워싱턴 어빙, 또 친구인 제임스 K. 폴딩에 의해 〈샐머건디(Salmagundi)〉가 창간되었다. 그러자 어빙은 1807~08년 변호사 일보다는 〈샐머건디〉에 평론을 발표하는 일에 더 열중했다. 부정기로 20회 간행된 이 잡지의 성격은 제1호에 실린 발간사에서 엿볼 수 있다. 즉 "초절임한 청어, 양파, 후추 등으로 만든 식품의 라벨로 널리 알려진 〈샐머건디〉가 도대체 무엇인지 모르는 사람은 거의 없을 테니 새삼 설명할 필

1789년 조지 워싱턴을 우연히 만난 어빙(6세) 조지 버나드 버틀러 2세가 그린 수채화. 1854.

요는 없을 것 같다. 우리는 저속하고 비천한 것을 싫어하는 것과 마찬가지로, 쓸데없는 수고를 생략한다." 그리고 '우리가 뜻하는 바는 도시를 정상화하고 시대를 일깨우는 것'이라고 매우 진지하게 선언하는 한편, '우리가 글쓰기에 스스로 싫증나면, 언제라도 간행을 중단한다'고 덧붙였다.

랭스태프와 다른 집필자들은 주로 연극비평을 하는 〈윌리엄 위저드〉 또는 〈핀더 코클로프트〉, 뉴욕 사교계 모임 등에 대한 기사를 중심으로 쓰는 〈신사 앤서니 에버그린〉이라는 이름으로 등장한다. 이들은 모두 어빙으로 짐작되지만, 그는 아마도 랭스태프와 다른 집필자들을 더한 이 네 개의 펜네임을 자유자재로 썼던 것 같다. 잡지 〈샐머건디〉를 창간했을 때, 그들의 방침은 그즈음 단기간 뉴욕에서 간행된 〈타운〉지를 패러디하는 것이었지만, 곧 그들은 독자적인 길로 나아간다. 그들은 뉴욕의 일반시민, 특히 사교계의 저명한 사람들을 비웃고 철저하게 야유했다. 그래서 〈샐머건디〉에 거론된 사람들은 실명이 아니어도 시민들은 누구를 가리키는지 쉽게 짐작할 수 있었다.

이때 〈샐머건디〉에서 사용한 고담(Gotham)이라는 단어는 20세기에 들어와서 영화 〈배트맨〉에서 사용되는 등 뉴욕의 대표적인 별명으로 쓰이고 있다. 고담은 앵글로색슨어로 "Goat's Town"이라는 의미인데, 어빙은 멍청한 사람들이 사는 뉴욕이라는 뜻으로 사용한 표현이었다.

이렇듯 잡지 〈샐머건디〉는 서투른 익살과 패러디, 만화, 독설, 적당히 버무린 역사, 야유와 풍자를 담았던, 이른바 유머의 잡문집 같은 것이었다. 그러나 그즈음 사회의 과도기적 측면을 주로 다룬 이 평론들은, 사회환경에 대한 지표

〈샐머건디〉 어빙과 형 윌리엄, 친구 폴딩과 함께 1807년 창간한 잡지. 어빙은 평론을 발표했다.

로서 매우 중요한 의미를 지닌다. 이윽고 어빙은 〈샐머건디〉의 경험을 바탕으로, 그의 초기 문학 활동의 결정판이라고 할 수 있는 《뉴욕의 역사》를 쓰기 시작한다.

《뉴욕의 역사》 발간

그즈음 1809년에 약혼했던 오그던 호프만의 딸, 마틸다가 갑자기 결핵으로 세상을 떠났다. 어빙은 그뒤 평생 독신으로 남게 된다. 그러나 그녀의 죽음은 그가 그녀의 아버지에게 법조계에 헌신하겠다는 약속에서 해방시켜 주었다. 어빙은 법조계를 그다지 좋아하지 않았기에 마음이 홀가분했다. 그로부터 그는 창작에 더욱 열정적으로 힘을 쏟았다.

같은 해, 12월 6일에 간행된 《뉴욕의 역사》는 사무엘 L. 미칠의 《뉴욕의 모습》을 패러디한 것으로, 잡지 〈샐머건디〉와 마찬가지로 어빙이 뉴욕 독자들을 위해 쓴 유머 역사책이라고 할 수 있다. 《뉴욕의 역사》는 그때까지 써온 신문기고나 잡지와는 분위기를 달리하여 어빙 최초의 본격적인 저작이라고 이를 만한 것으로, 거기에 등장하는 대상은 그즈음 사교계 유행과 연극계 작품비평 같은 좁은 세계에서 뉴욕사회 전반으로 확대되었다. 그러나 그것은 역사책이라기보다는 식민지 시대부터 그 무렵까지의 뉴욕에 대한 정치 또는 사회적 중요 인물들의 캐리커처를 서술한 것이다. 풍자적인 사회 비판도 이미 폐간된 〈샐머건디〉와 큰 차이가 없었다.

따라서 어빙은 〈샐머건디〉 경우처럼 이 작품에서도 자유자재로 글을 쓴다. 다시 말하면, 그는 분명하게 비평가의 견해 같은 것은 생각지도 않았고, 때에 따라서는 어떠한 인물들에게 분노와 화를 당하게 될지도 모르지만 그런 것은 염두에 두지 않았던 것이다. 게다가 쓰여 있는 내용이 사실(史實)에 정확하게 맞지 않는다하더라도 전혀 신경 쓰지 않았다. 그러나 어빙이 이렇게 자유로운 입장을 취했기 때문에, 《뉴욕의 역사》는 너무나도 미국다운 유머를 담은 작품으로서의 선구가 될 수 있었다.

어쨌든 《뉴욕의 역사》는 뉴욕에서 펼쳐진 어빙의 초기 문학 활동을 끝맺는데 어울리는 작품이었다. 또한 〈샐머건디〉를 거쳐 조금씩 확립되어 가던 그의 문학적 기법이 유감없이 발휘된 작품이라고 말할 수 있다.

영국에 가다

어빙은 1815년 5월 25일, 뉴욕에서 영국으로 출발했다. 그 뒤 17년 동안이나 고국을 떠나 있게 된다.

처음에는 리버풀에 있는 형 피터와 버밍엄에 있는 누이 세라를 방문한 뒤, 영국 곳곳을 둘러보고 프랑스, 이탈리아, 그리스까지 갔다가 돌아올 예정이었다. 그러나 형 피터의 건강이 악화된 데다, 가업인 리버풀의 'P&E 어빙 상회'의 운영이 위태로웠으므로 여행을 포기할 수 밖에 없었다. 게다가 업무에 능통한 사원이 그해 가을에 갑자기 죽어, 경영을 다시 일으키는 것은 매우 어려운 상황에까지 이르렀다.

형 피터의 어려움을 눈앞에 본 이상 그저 외면할 수가 없었던 그는 사원을 대신하여 익숙하지 않은 경리일에 매달렸고, 그리스까지 가려고 준비했던 경비를 모두 사업을 살리는 데 털어넣는다. 그러나 상점은 파산하고 말았다. 그러던 중, 1817년 4월에 막내인 그를 가장 깊이 사랑했던 어머니가 돌아가셨다. 그의 상실감은 이루 말할 수 없었다.

어빙은 영국에 머물면서 병상에 있는 형 피터를 도와 다시 생활을 일으키기 위해서는 얼마 동안 문필활동에 의지하는 수밖에 없다고 생각했다. 그런데 그 무렵 영국은 나폴레옹 전쟁 뒤 경제가 더없이 황폐하던 시기였다. 어빙은 그의 친구 헨리 불보트에게 그 상황을 다음과 같이 써서 편지를 보냈다.

《뉴욕의 역사》(1809) 속표지　어빙이 창조한 인물 디트리히 니커보커가 뉴욕 식민지 역사를 흥미롭고 재미있게 이야기한다.

"이 나라를 뒤덮은 빈곤과 비참함을 자네는 도저히 상상할 수 없을 거야. 말과 글로 다할 수 없을 만큼 빈민계급 사람들의 고난은 정신적인 것을 넘어섰네. 이 나라 노동자들은 굶주리고 헐벗고 모든 종류의 어려움에 맞닥뜨려 있다네. 그나마 나은 경우라도 겨우 거친 음식으로 겨우 입에 풀칠이나 하는 정도니까. 심할 경우에는 굶어 죽는 거나 거의 다름없는 상태가 되었다네."

그 글에서 그즈음의 엄격한 사회 상황을 느낄 수 있었다. 다행스러운 점은 그의 대표작 《뉴욕의 역사》와 〈샐머건디〉는 이미 런던에서도 미국판 복제본이 출판되어 호평을 받고 있었다. 그러나 뉴욕에서는 작가로 그의 이름이 얼마쯤 알려져 있었지만, 영국에서는 아직 작가로서의 기반이 뚜렷하지 않았다. 그 무렵, 그의 가슴 속에는 단편집 《스케치북》의 출판 구상이 있었고, 이미 몇 개의 소품은 완성되었지만, 당장 생계를 일으킬 수 있는 정도는 아니었다.

어빙은 한동안 버티기 위해 한 가지 방책을 찾아내었다. 영미 두 나라 출판사 사이의 다리가 되어 출판의 길을 여는 것이었다. 그 무렵에는 국제적으로 정해진 저작권없이 한 나라 안의 저작권에만 한정되어 있었기에, 온갖 해적판이 무분별하게 나돌고 있었다. 그러나 미국과 영국의 출판사들이 상대 나라에서 판권을 가진 책이 판매되기 전에 그 복사본을 손에 넣을 수 있으면, 남발되는 복제를 막을 수 있었다. 그래서 어빙은 그 문제를 해결하기 위해 줄곧 런던에 머무를 수밖에 없었다. 그는 트래펄가 광장에서 가까운 콕스퍼 거리에 방을 얻어 런던에서의 활동 거점으로 삼았다.

영국 출판계에 인맥이 없던 어빙은 먼저 롱맨사(社)에 자신의 계획을 알리고, 다시 시드넘에 있는 시인 토머스 캠벨(1777~1844)을 찾아가서 도움을 청한다. 그는 어빙의 이야기에 관심을 갖고 협력하기로 약속했으며, 선뜻 스코틀랜드의 문호 월터 스콧과 저명한 출판업자 존 머레이에게 어빙을 소개하는 편지를 써주었다. 진작부터 어빙의 작품을 동경했던 월터 스콧은 존머레이에게 스케치북을 맡아서 출판하라고 권한 것이다.

《스케치북》 출판

스케치북은 처음에 두 가지 버전으로 나왔다. 페이퍼백의 7부 연재 미국판과 하드백의 2부 영국판이다. 영국판에는 미국 연재형 원본에 포함되지 않은 3편의 에세이가 실려 있었다. 어빙은 1848년 조지 푸트남 출판사의 스케치북 수정본에 수록된 에세이 〈런던의 일요일〉과 〈골동품이 있는 런던 풍경〉을 덧붙였다. 그때 어빙은 에세이를 다시 정리했다. 따라서 현대판 스케치북에는 32개의 이야기가 모두 수록되어 있다.

《스케치북》 미국판

스케치북의 미국판 초판은 처음에 미국에서 7개의 종이 묶음으로 출판된 29편의 단편 소설과 수필로 구성되어, 1819년 6월 23일과 1820년 9월 13일 사이에 간헐적으로 등장하였다. 어빙의 형 에비니저와 친구 헨리 불보트는 그의 특사 자격으로 활동했기에, 마지막 편집과 출판을 위해 각 회분의 우편물들을 그들에게 부쳤다. 이 작품집들은 뉴욕출판사 C.S에 의해 뉴욕, 보스턴, 볼티모어, 필라델피아에서 동시에 출판되었다.

《스케치북》 영문판

스케치북의 일부분은 거의 즉시 영국 문학 잡지에 재인쇄되었다. 미국 작품이 영국에서 재인쇄되는 것을 막기 위한 실질적인 국제 저작권법이 없었기 때문에, 밀렵된 미국 작가들은 그들의 작품에 대한 수익도 법적 청구권도 받지 못했다. 그러자 스케치북을 밀렵으로부터 보호하기로 결심한 어빙은 런던에서 작품을 자비로 출판함으로써 영국 저작권을 확보하기로 했다.

그에 앞서 어빙은 1819년 3월 3일, 뉴욕에 있는 형 에비니저에게 미국판 《스케치북》 원고를 보냈다. 미국에서 먼저 출판하기로 한 까닭은 이미 《뉴욕의 역사》로 자신의 작품이 호평을 받은 실적을 생각했기 때문이다. 그로부터 최초 미국판은 4부로 나누어 간행되어, 그해 11월 10일에 완결되었다. 다행히 첫 발행부터 미국 독자층에

30대의 어빙 그즈음 리버풀에서 가업(무역상)을 도우면서 《스케치북》을 썼다.

환영을 받았고, 서평도 거의가 매우 호의적이었다. 《스케치북》(1819~20)은 풍자와 기이한 착상, 사실과 허구, 구세계와 신세계가 혼합된 작품이다. 여기에 실린 32편의 글 가운데 근대 단편소설의 효시로 불리는 〈슬리피 할로우의 전설〉, 〈립 밴 윙클〉, 〈유령 신랑〉 등이 있다. 이 책이 큰 성공을 거두자 어빙은 글을 쓰는 것만으로도 생계를 유지할 수 있겠다는 자신을 얻었다.

그 뒤 어빙은 스케치북 최초 네 권을 한 권에 모아서 벌링턴 아케이드의 존 밀러사에게 보내 자비로 출판할 것을 말했다. 그런데 우연찮게도 존 밀러의 사업이 불황에 빠져 판매 전에 《스케치북》이 모두 존 머레이에게 넘어갔다. 그가 높은 가격에 사들인 것이다. 이리하여 《스케치북》은 머레이사에서 출판하게

마을로 돌아온 립 밴 윙클 아서 래컴의 삽화. 1905년 영국판. 립이 노인이 되어 낡은 옷차림으로 마을에 나타나자 처음 보는 아이들에게 놀림을 받으며 개들에게 쫓긴다. 눈에 익숙한 집들은 사라지고 마을 모습은 완전히 바뀌었다.

된다.

어빙의 〈슬리피 할로우의 전설〉

《스케치북》에 실린 단편 〈슬리피 할로우의 전설〉을 살펴보면 슬리피 할로우는 네덜란드계 후손들이 사는 조용하고 유서 깊은 마을인데, 이곳에는 '머리 없는 기사'가 밤마다 말을 타고 달려간다는 이상야릇한 이야기가 전해져 내려오고 있다. 사건은 주인공 이카보드 크레인이라는 인물에서 시작된다. 그는 학식 있는 신사로서 마을 사람들로부터 존경을 받는 인물이다. 하지만 그는 날카로운 지성에도 상상력이 풍부하여 신비로운 이야기를 곧잘 믿는 단순한 성격을 지녔다. 그는 마을 처녀 카트리나를 좋아한다.

그렇지만 카트리나에게는 이미 브롬이라는 연인이 있다. 브롬은 카트리나가 이카보드에게 관심을 보이자 그를 괴롭히고 위협한다. 그러나 이카보드는 브롬과 힘에 의한 직접적인 대결을 피한다. 어느날 이카보드는 마을 축제에 초대되어 카트리나와 즐거운 시간을 보내고, 경쟁자인 브롬 앞에서 그녀에게 사랑을 고백하지만 거절당한다.

그는 처량한 모습으로 말을 타고 집으로 가는 길에 머리 없는 기사의 유령을 만난다. 한없는 두려움에 사로잡혀 이카보드는 말을 몰아 도망가지만 머리 없는 기사는 줄곧 쫓아오고, 다리를 뛰어넘는 순간 머리 없는 기사의 유령이 말 등에 얹혀 있던 자기 머리를 이카보드에게 던진다. 이카보드는 머리를 맞아 말에서 떨어져 나뒹굴고 그의 말과 유령의 말은 계속 달려 사라진다.

다음 날 아침 이카보드의 말은 돌아왔지만 그는 나타나지 않는다. 마을 사람들은 그가 머리 없는 기사에게 납치되었다고 생각한다. 작중화자는 다음과 같이 상황

《스케치북》 속표지 1820년판. 제프리 크레용이라는 필명으로 단편 4권을 한데 모아 존 밀러사에서 자비로 펴냈다.

을 요약한다. 즉, 이카보드가 머리에 맞은 것은 호박이었고, 브롬이 머리 없는 기사를 흉내내어 이카보드를 쫓아내고 카트리나와 결혼했다. 그러자 이카보드는 카트리나에게 굴욕감을 느껴 마침내 그 지방을 떠난다.

단편 〈슬리피 할로우의 전설〉은 이제까지 여러 차례 영화 또는 연극으로 만들어졌고, 최근에도 미국 TV 드라마로도 만들어져 방영되었다. 이 작품은 세월이 흘러도 인기가 있는 소재라 할 수 있다. 그 가운데 가장 잘 알려진 것은 팀 버튼이 감독하고 조니 뎁과 크리스티나 리치가 주연한 1999년 제작 〈슬리피 할로우〉이다.

어빙의 〈립 밴 윙클〉

'립 밴 윙클'은 소설 작품의 주인공 이름이다. 이 단편은 워싱턴 어빙이 1819년 미국 독립전쟁 시기의 카츠킬 산맥 주변 마을을 배경으로 그렸는데, 전설을

도입해 환상 같은 요소를 더했다. 미국에서 1819년 그 시절 전설을 바탕으로 해서 시간을 건너뛰는 소재를 소설화 했다는 점이 주목된다.

주인공 립 밴 윙클이 애견 울프와 함께 카츠킬 산맥 어느 산으로 사냥을 나갔다가 하룻밤을 지내고 마을로 내려오니 시간이 20년이 흐른 뒤였다는 이야기이다.

립 밴 윙클은 영국 왕이 아메리카 신대륙을 지배하던 미국 독립 이전 시점에서 시작한다. 립 밴 윙클은 남한테는 잘해주고 집안일은 등한시하는, 부인들이 싫어하는 전형적인 인물이다. 보잘것없는 인물이 소설 주인공이 되고 나중에는 영웅 이야기를 풀어놓으며 주목받는 사람이 된다.

주인공은 자기 억센 부인에게는 꼼짝도 못하고 마을 사람들에겐 이용만 당하고 아이들에겐 놀림을 받는 바보 같은 남자이다. 그는 무서운 아내와 하루종일 같이 있는 게 불행이라 여겨 총을 메고 부인으로부터 천대받는 개 울프와 함께 산으로 들어간다. 립은 고요한 산 속에서 어떤 짤막한 노인이 술통을 지고 가다 쉬는 것을 발견하자 그 노인으로부터 좀 들어달라는 부탁을 받는다.

차마 그 부탁을 외면하지 못하는 립은 술통을 대신 메고 노인을 따라 더 깊은 산속으로 들어간다. 깊은 산 속으로 들어간 립은 그곳에서 별세계를 발견한다. 넓은 공터에선 노인과 비슷한 차림의 사람들이 볼링과 비슷한 놀이를 하고 있다. 그들의 옷차림은 유럽에서 신대륙 아메리카로 건너오던 초창기 네덜란드인 복장이다. 립이 그곳에 있다는 것을 누구도 신경 쓰지 않는다. 립은 술통에서 술을 따라 홀짝홀짝 마시다가 그만 잠이 들어버린다.

다음 날 잠에서 깨어났을 때 희한하게도 어제 술통을 짊어진 노인을 처음 만났던 그 장소이다. 꿈인가 싶어 어제 노인을 따라 갔던 계곡으로 올라가보니 사람은 없었지만 어제 보았던 그 장소가 틀림없다. 꿈인지 생시인지 혼란스럽기만한 립. 더 큰 걱정은 하루 외박한 상황이라 부인에게 뭐라고 변명해야 할지 고민한다.

산을 내려가니 허드슨강 옆 자기가 살던 마을이 아주 낯설다. 예전보다 규모가 더 커진 것만 같다. 마을로 들어서자 이곳저곳 풍경들도 많이 바뀌었다. 마을 사람들과 이야기를 나누던 여관 앞의 모습도 달라졌다. 그러고 보니 모두 다 모르는 사람들뿐이다. 립은 더 놀라운 사실을 발견한다. 어느새 자신의 머리가 터벅하고 하얀 수염이 길러져 있었다. 자기도 모르게 수염을 쓰다듬는 습

캐츠킬 산맥 《스케치북》속의 단편 〈립 밴 윙클〉의 무대가 된 허드슨강 서쪽 기슭에 있는 산맥. 그 산속에서 그는 네덜란드 복장을 한 신비한 노인을 만난다. 현재는 어빙과 관련된 문학 산책로와 캠프장이 마련된 휴양 공간이 되었다.

관까지 생겼다.

세월이 어느새 20년이 지나버린 것이다. 영국 왕정의 식민지였던 이곳이 독립국가인 공화국으로 바뀌어 있었으며 자치단체 선거를 앞두고 있다. 그는 20년 전 상황만 생각하고 왕정을 옹호했다가 왕당파로 몰려 곤혹스러운 상황에 처하기도 한다. 사람들이 자기를 정신이 이상한 사람으로 생각하자, 그는 자신은 본디 이곳 사람이며 그저께까지 이야기를 나누던 사람들 이름을 늘어놓는다. 그러자 마을 사람들은 그들이 어떻게 죽어 갔는지 이야기해준다. 그는 립 밴 윙클이라는 사람을 아느냐고 묻자 마을 사람들은 20년 전에 갑자기 실종된 사람이라고 말한다. 립은 그 사람이 바로 자신이라고 말하지만 사람들은 좀처럼 믿지 않는다.

사람들 중에 주디스 가드니어가 나와서 립이 자기 아버지임을 알아채고 20년 만에 마주하게 된다. 엄마 소식을 묻자 주디스는 립이 사라지고 얼마 되지 않아 어떤 양반하고 싸우다가 그만 화병으로 죽었다고 말한다. 그러나 립은 오히려 그 소식에 안심하는 모습을 보인다.

이 동화처럼 신비로운 이야기는 미국 뉴욕 북쪽 허드슨강을 따라 펼쳐진 카

서니사이드의 집
뉴욕 북쪽, 허드
슨강 동쪽 기슭
에 있는 옛 집.
어빙은 1835년
네덜란드계 주
민의 낡은 돌집
을 구입해 자신
의 취향에 맞춰
개조하고 노년
에는 여기서 집
필을 하고 교우
를 나누는 나날
을 보냈다. 현재
는 어빙문학기
념관으로 보존
중이며 관광 명
소가 되었다

츠킬 산맥의 어느 마을에 얽힌 전설을 어빙이 소설로 풀어낸 것이다. 현실과는 조금 거리가 있지만 동화같은 상황 묘사로 독자들의 흥미를 끌게 한다. 또한 지금 읽어도 전혀 부담스럽지 않다. 어떤 면에서는 우리나라의 《몽유도원도(夢遊桃源圖)》 이야기를 떠올리게 한다.

《스케치북》에 대한 평가

　《스케치북》에 대한 비평가와 독자 반응은 거의가 매우 호의적이었다. 어빙의 형 에비니저와 함께 미국에서 제1분책을 출판하느라 바빴던 친구 헨리 불보트는 1819년 9월 9일 어빙에게 쓴 편지에서, "자네의 작품은 바르고 우아한 문장을 쓰고자 하는 사람들에게 본보기인 동시에 미국 문학의 자랑인 것은 널리 일치된 의견"이라고 말하고, 〈뉴욕 이브닝 포스트〉, 〈애널렉틱 매거진〉, 〈노스아메리칸 리뷰〉 등에 실린 서평을 보냈다. 그즈음 〈뉴욕 이브닝 포스트〉는 다음과 같이 말했다.

　"이 새로운 작품은 워싱턴 어빙 씨의 우아하고 생기 넘치는 필치에 의한 것이다. 그 아름답고 우아한 문체, 깊은 배려와 인정미가 넘치는 따뜻한 필치, 밝은 회심의 유머가 자유롭게 뛰는 흐름, 섬세하고 날카로운 관찰 안목, 이 모든 것들이 아름다움과 매력을 더하여 《스케치북》 속에 새로운 모습으로 펼쳐져 있다. 무엇보다 〈립 밴 윙 클〉은 걸작이다. 쌉쌀한 기분을 느끼지 않고 평범하지 않은 감각을 즐길 수 있는 익살스런 정신에서, 이 〈립 밴 윙클〉 이야기를 넘어서는 것은 아마 없으리라."

첫 번째 미국 리뷰는 어빙의 친구 헨리 불보트가 대신하여 잘 배치한 홍보의 결과였다. 이 책이 출간된 지 3일 뒤 불보트는 뉴욕 이브닝 포스트에 익명의 평론을 실어 《스케치북》을 찬양하고 독자들에게 어빙의 작품임을 분명히 했다.

서니사이드에서 가까운 어빙턴에 있는 어빙의 흉상

"문체의 고상함, 자애로운 감정의 풍부하고 따뜻한 어조, 행복한 유머가 자유롭게 흐르는 정맥, 그리고 세밀한 관찰 정신과 재치가 지금까지 두각을 나타냈듯이 놀랍도록 빠르고 확실하다. 또한 그것이 스케치북에 새롭게 전시되어, 상큼한 아름다움과 매력을 더했다."

비평가 길리안 버플랭크는 다음과 같이 썼다.

"《스케치북》을 읽은 누구에게도 어빙 씨의 펜임을 알릴 필요는 없을 것이다. 그의 풍부하고 때로는 사치스러운 유머, 그의 우아한 공상, 심지어 문체, 취향, 그리고 지방적인 암시라는 사소한 특색들의 도움 없이도, 존경받는 니커보커와 함께 여행한 제프리 크레용을 단번에 식별할 수 있다."

앞에서도 말했지만 영국에서의 《스케치북》 출판에 대해서는, 어빙이 1817년에 스코틀랜드 에든버러를 여행했을 때 방문하여 우정을 맺게 된 월터 스콧이 도움을 주었다. 어빙의 전기비평가인 조안나 존스턴에 따르면, 영국 비평가 중에는 《스케치북》에는 특별히 새로운 것은 없고, 올리버 골드스미스와 윌리엄 쿠퍼 등에 의해 이미 널리 알려져 있는 전원민화(田園民話)의 낡은 형식을 답습한 것에 지나지 않는다'고 비판한 사람도 있었지만, 좋은 평가를 내린 경우가 더 많았다. 이를테면 영국의 계관시인으로 유명한 로버트 사우디(1774~1843)는 '어빙은 매우 유쾌한 작가로, 어떠한 독자의 마음도 사로잡을 수 있는 감정과 기질로 글을 쓴다'고 칭찬을 아끼지 않았고, 무정부주의 선구자이며 영국 문단에도 널리 알려진 윌리엄 고드윈(1756~1836)은 〈영국의 전원생활〉에 대해 '그가 쓴 것은 분명히 모두 진실이고, 또 읽어보면 이제까지 아무도 이야기한 적이 없는 것들이 그려져 매우 흥미롭다'고 말하며, 어빙 문학의 참신하고 독특한 요소를 인정했다.

이처럼 어빙은 《스케치북》으로 미국에서 문인으로서 흔들림이 없는 지위를 굳건히 함과 동시에, 유럽문학계에서도 자신의 존재를 보여주는 첫발자국을 또렷하게 찍었다. 따라서 나중에, 그의 유럽시대의 문학 활동은 《스케치북》의 연장선에 있다고 말할 수 있다.

《스케치북》의 영향

1820년에 영국에서 프랑스로 건너가 첫 번째로 머물렀던 파리에서는, 제프리 크레용이라는 이름으로 쓴 《스케치북》의 서명이 이미 알려져 있었다. 어빙은 여기서도 영국인 거주 지역과 미국인 체류자들에게 인기를 얻었다. 주프랑스 미국공사 앨버트 캘러틴을 비롯하여 많은 사람들이 어빙을, 미국이 낳은 최초의 세계적 작가로서 자랑스럽게 환영했다. 나중에 그의 작품 《애스토리아》 (1836)의 주인공이 된 존 제이콥 애스터와 역사가 조지 밴클로프, 그리고 마침 체류 중이었던 아일랜드 시인 토마스 무어 등과 친구가 된 것도 이때였다. 〈샐머건디〉 그리고, 깊은 인연을 맺은 존 하워드 페인도 파리에 머물고 있었기에, 어빙은 옛 친구와 새로운 친구가 뒤섞인 사귐 속에서 바쁜 나날을 보냈다.

그러나 시간이 지나면서 다음 작품에 대한 어빙의 마음 부담을 솔직한 의견으로 덜어준 것은 아일랜드의 시인 토마스 무어였다. 그는 《스케치북》 속의 크리스마스와 사이먼 브레이스브리지에 관한 수필을 바탕으로 하여, 이에 덧붙이는 한 편을 써 보는 것이 어떻겠느냐고 넌지시 권했다. 무어의 권유을 받은 어빙은 열흘 뒤인 1821년 5월 19일, 130페이지의 원고를 써냈다. 이것이 《스케치북》의 속편이라고 할 수 있는 《브레이스브리지 홀》이다. 그러나 그가 읽어주는 줄거리를 듣고 이런 식으로 해보면 어떨까 하고 제안한 무어는, 같은 해 6월 21일에 '재미는 있지만 《스케치북》을 읽은 사람들의 기대에는 못 미치는 것 같다'고 편지를 보냈다. 아마 어빙 자신도 기술적으로 부족한 면이 있음을 깨달았을 것이다. 그 뒤로 최종 원고가 출판사의 손에 들어오기까지 거의 1년의 세월이 걸렸다.

이 무렵에 어빙은 독일·오스트리아·프랑스·스페인·영국을 여행하고 미국 곳곳을 돌아보았다. 1826년 무렵, 그는 알렉산더 H. 에버릿의 초청을 받아들여 스페인 주재 미국 공사관의 일원이 되었다. 그곳에서 《콜럼버스》(1828), 《콜럼버스의 일행들》(1831)을 썼으며, 무어인의 전설에 매료되어 《그라나다의 정복》(1829), 《스케치북》의 스페인판이라 할 수 있는 《알람브라 궁전》(1832)을 썼다. 이 책으로 어빙은 더욱 널리 이름을 떨치게 되었다.

어빙과 알람브라 궁전

어빙은 1831년부터 알람브라 궁전에 머물렀다. 태수의 허락을 받아 알람브라 궁전에 머물렀던 그는 여왕의 규방에서 묵고 사자의 정원에서 점심을 먹으며 특별한 사치를 만끽했다. 소년시절부터 여행을 좋아하고 많은 것을 보고 듣고 옮겨온 그는 지치지 않는 호기심으로 신기한 이야기들을 모았다. 그에 대한 세간의 평은 '낭만을 재발견한 작가'였으니, 그와 낭만적인 알람브라 궁전의 만남은 행복할 수밖에 없었다.

알람브라 궁전에서 지냈지만 왕족처럼 우아한 생활은 아니었다. 어빙이 머물던 그즈음 알람브라 궁전은 온갖 가난한 하층민들이 임시로 살고 있는 곳이었다. 마지막 왕실 거주자는 18세기 초에 머물렀던 펠리페 5세와 왕비인 파르마의 엘리자베타였는데 그들도 오랫동안 머무른 것은 아니었다. 그 뒤 군사적 입지로서 인정받았을 뿐, 궁궐은 방치되었고 아름다운 홀과 정원은 폐허가 되었다. 그 폐허로 밀매업자들과 온갖 종류의 강도와 불한당들이 모여들었다. 정부군이 개입하여 소탕할 때까지 알람브라 궁전은 범죄자들의 은신처 노릇을 맡아야 했다.

어빙이 도착했을 즈음에는 그에게 식사와 잠자리를 제공해 줄 착한 하녀 안토니아 아줌마가 알람브라 궁전을 돌보고 있었고, 그녀의 조카들과 가난한 이웃들이 기꺼이 그를 위해 봉사할 준비가 되어 있었다. 그중에는 수다쟁이 안내꾼 '알람브라의 아들' 마테오 히메네스도 있었다. 유난스러운 넉살로 어빙의 여행 안내자이자 경호원·역사문헌에 관한 시종 역할을 꿰찬 그는 온갖 전설과 설화들을 그에게 실어날랐다. 그에게 들은 이야기들과 알람브라 궁전 구석구석에 둥지를 튼 가난한 이웃들이 해준 이야기들이 모여 마침내 흥미 넘치는 책, 《알람브라 궁전》이 탄생했다.

어빙 특유의 섬세한 관찰력과 더불어, 스페인 민중들의 입에서 입으로 떠도는 온갖 이야기들에 독특한 유머 감각이 더해진 이 책은 알람브라 궁전의 또다른 얼굴들이다. 건조한 역사적 사실 위에 덧씌워진 낭만적인 이야기들은 이곳의 풍경을 더욱 풍요롭게 만들었다.

알람브라 궁전에서 유명한 곳들은 외양이 아름다운 곳들이다. 어빙의 표현을 따르면 "시간의 손길이 가장 가볍게 스친 곳"인, 12마리의 사자상이 유명한 사자의 정원을 중심으로 한 수조 궁전은 우아하고 화려한 두 자매의 방과 피비린내 나는 전설을 지닌 아벤세라헤 홀과 이어지고 웅장하기 이를 데 없는 코마레스탑과도 이어진다. 이곳에서 볼 수 있는 우아함과 화려함은 지난날의 알람브라 궁전의 영고성쇠를 짐작하게 한다. 어빙은 "흐릿한 공상들을 피워올리고 과거의 장면들을 눈앞에 보듯이 떠올리게 하면서 벌거숭이 현실에 추억과 상상으로 만들어진 환상의 옷을 입혀주는" 것이 알람브라 궁전의 독특한 매력이라 생각했는데, 가장 풍화가 덜 된 궁궐의 중심부들에서 특히 그 그윽한 매력을 느낄 수 있으리라.

그러나 어빙이 남달리 관심을 기울였던 곳들은 낡아 못쓰게 된 곳, 잊힌 곳, 외진 곳이었다. 그가 머물렀던 '여왕의 규방'이 그러했다. 이곳은 궁전과 붙어 있었지만 유령이 나타난다며 사람들이 피하던 성에 딸린 건물로, 린다락사의 작은 정원과 나란히 아름다운 방들이 배치되어 있다. 18세기 초 펠리페 5세와 왕비 엘리자베타가 알람브라 궁전에 살았던 시기에 왕비와 그녀의 시중을 들 여종들을 위해 준비된 곳이었다 하는데, 그들이 떠나고 난 뒤에 잊혀버렸다. 이리저리 거닐다가 이 방들을 발견한 어빙은 못 쓰게 된 곳을 고치고 자리잡았는데, 나중에는 워싱턴 어빙 기념관이 되었다.

특히 그는 무어의 마지막 왕인 보압딜이 알람브라를 넘겨주고 떠나며 지나

알람브라 궁전

갔던 문이 남아있는 칠층탑을 좋아했다. 보압딜은 "몰락한 자 특유의 감상적인 기벽으로" 가톨릭 부부왕에게 자기가 지나간 뒤로는 아무도 그 문을 지나가지 못하도록 청했다 한다. 그때 이미 폐쇄된 문은 낡고 못 쓰게 되어 흔적만 남았을 뿐, 그뒤에는 출입문의 역할을 하지 못했다. 또한 이곳은 미신의 중심지였다. 기괴한 유령들과 마술을 부리는 무어인들은 이곳을 중심으로 나타난다. 키작은 물지게꾼 페레힐이 무어인에게 받은 유산으로 보물을 발견하게 되는 곳도 칠층탑의 지하이고, 도깨비가 한밤중에 머리없는 말의 형상으로 나타나는 곳도 이곳이다.

칠층탑에서 멀지 않은 곳에 자리잡은 '왕녀들의 탑'도 어빙의 관심을 끌었다. 왕녀들의 탑이라는 이름은 폭군왕인 아버지에게 갇혔던 세 무어인 공주의 사랑 이야기에서 비롯된 것이다. 점성술사의 예언에 따라 결혼 적령기에 이를 때까지 갇혀 자라난 세 공주는 우연히 만난 스페인 기사 포로들과 사랑에 빠지고, 마침내 아버지로부터 달아나고 만다. 불쌍한 막내공주 조라하이다만 두려움에 사로잡혀 남게 되는데, 결국은 그때 달아나지 못했던 것을 한스러워하다가 이른 나이에 세상을 떠난다.

망루로도 쓰이는 거대한 무어식 사각탑인 '정의의 문'은 알람브라로 들어서는 입구인데, 이곳에 얽힌 풍성한 이야기는 어빙의 귀를 솔깃하게 했다. 전설에 따르면, 정의의 문은 알람브라 궁전이 지어지기 전에 이미 있었다. 몇백년 전 그라나다를 다스리던 아벤 하부즈 왕과 늙은 점성술사는 아름다운 고트족의 공주를 사이에 두고 다투게 되었는데, 점성술사는 자신의 마술에 계책을 더하여 왕으로부터 공주를 납치하였다. 그리하여 정의의 문 지하, 마술로 봉해진 동굴에서는 지금도 아름다운 공주의 리라 소리에 맞춰 꾸벅꾸벅 조는 점성술사가 살고 있다고 한다. 공주의 리라 소리는 사람들이 잠들게 하는 힘을 지니고 있어, 문 앞에서 보초를 서는 병사들은 근무지에서 조용히 졸음에 빠진다. 어빙에 따르면 이곳은 "기독교 세계를 통틀어 가장 졸음이 많이 오는 군주둔지"인데, 그 배후에는 이러한 마력의 힘이 자리잡고 있었던 것이다.

다행히 어빙의 《알람브라 궁전》 책이 출판되자 널리 읽히게 되어 그곳을 알지 못했던 사람들에게 환상을 심어주게 되었다. 그것은 어빙이 안내자에게 들었던 이야기들에 환상의 날개를 달고 그의 독특한 유머를 보태어 빼어나게 각색해졌기 때문이다.

알람브라의 낭만적 이미지를 만드는 데 워싱턴 어빙이 기여한 공로는 크다. 스페인 전역에서 아랍 유적들이 소리소문 없이 파괴되고 있을 때 쓰여진 이 책 《알람브라 궁전》은 영어권 사람들에게 이 궁전에 대한 아름다운 환상을 심어주었다. 어빙의 이 책 덕분에 폐허로 쓰러져가던 알람브라는 전설적인 궁전으로 부활하여 다시 자리매김을 하게 되었고, 그때부터 수많은 관광객들이 모여들어 더는 파괴되지 않고 오히려 새로이 보수 건축을 하게 되었다. 그래서 죽어가던 알람브라는 다시 살아나 숨 쉬게 된 것이다.

롱펠로 어빙에게 시를 헌정하다

17년간이란 오랜 외국생활을 마치고 1832년 뉴욕으로 돌아온 어빙은 큰 환대를 받는다. 그리고 서부를 여행한 뒤 《대평원 여행》(1835), 《애스토리어》(1836), 《보너빌 대위의 모험》(1837)을 잇따라 발표했다. 그 뒤 스페인 주재 공사 4년간 말고는 여생을 줄곧 뉴욕 허드슨 강변 태리타운에 있는 서니 사이드 자택에서 집필에 몰두하며 지냈다. 1855년, 그는 어린시절부터 존경해 마지 않았기에 일생의 꿈이라고도 할 수 있었던 조지 워싱턴의 전기를 쓰기 시작했다. 워싱턴 D.C 와 마운트 버논을 수차례 여행하며 조지 워싱턴에 관해 방대한 자료를 모았고 4년에 걸쳐 워싱턴의 전기를 끝마쳤다. 그리고 그로부터 8개월 뒤인 그해 1859년 11월 28월 76세의 나이로, 자신의 집 2층 방 안락의자에서 심장마비로 운명했다.

그는 세상을 떠난 뒤, 그가 사랑했던 슬리피 할로우의 공동묘지에 묻혔다. 그를 흠모했던 대시인 워즈워스와 롱펠로는 1876년 그를 기념하여 〈태리타운의 교회 부속 묘지에서(In the Churchyard of Tarrytown)〉이라는 시를 지어 헌정했다.

롱펠로는 어빙이 처음 스케치북을 발간했을 때 그의 문학적 관심을 자극했다고 말했다. 그리고 그는 "모든 독자들은 그의 첫 번째 책을 가지고 있을 것이다. 그 책은 젊은 시절에 처음으로 나의 상상력을 매혹시켰고, 따라서 내 문학적 욕구를 한껏 충족시켰다. 나에게 어빙의 스케치북은 인생의 첫 번째 책이다"라고 말했다.

또한 바이런은 어빙의 〈실연〉과 〈과부와 아들〉이 자신을 눈물 흘리게 했다고 말했다.

롱펠로(1807~1882)

그리고 보면 어빙 문학의 매력은, 단순히 민속학과 신화, 전설을 그러모은 다채로운 문맥의 전개에만 머무르지 않고, 문학적으로 뛰어난 구성과 표현, 미학을 갖춰 그것을 훌륭하게 하나로 엮은 점에 있다. 그러므로 그의 어느 작품에서나 엿볼 수 있는 치밀한 취재와 철저한 실지조사, 그리고 탁월한 소재의 취사선택이 독자적인 표현방식을 드러내는 이야기 형식과 어우러져, 깊고 풍요로운 문학을 이끌어내는 데 성공했다고 할 수 있다. 그리하여 오늘날도 어빙 작품은 그윽한 향기를 내뿜으며 독자를 끝없는 즐거움으로 이끌어 간다.

*

이 책은 워싱턴 어빙의 *The Sketch Book of Geoffrey Crayon, Gent*의 한국최초 완역판이다. 이 책을 옮기면서 저본으로 삼은 것은 *The Sketch Book of Geoffrey Crayon, Gent*.,(New York : Sleepy Hollow Press, 1981)이지만, 필요에 따라 *The Sketch Book of Geoffrey Crayon, Gent*.(New York : Oxford Up Inc., 1996), *Old Christmas with illustrations by Randolph Caldecott*.(New York : Sleepy Hollow Press, 1977) 및 *The Sketch Book of Geoffrey Crayon, Gent*. (Philadelphia : J. B. Lippincott & Co., 1871)도 참조했다.

이 책의 그림들은 앞서 나온 *The Sketch Book of Geoffrey Crayon, Gent*., *Old Christmas with illustrations by Randolph Caldecott*, 그리고 *The Sketch Book of Geoffrey Crayon, Gent*.(Philadelphia : J. B. Lippincott & Co., 1871)에서 인용했다. 이 책을 한국어로 옮기면서 원저(原著) 어빙의 문장이 손상되지 않도록, 저마다의 장면과 문맥에 어울리는 가장 적절한 말을 적용하려 애썼으며, 문장 이해를 돕고자 원문 의미에 따라 알맞은 말을 골라 쓰는 일에 온 힘을 기울였다.

옮긴이 강경애(姜敬愛)

경북 영천 출생.

수필가. 시인. 1992년 〈시와 비평〉으로 문단에 나옴.

동국대학교 문화예술대학원 문학창작학과 졸업.

산문집 : 《바람은 바람을 일으킨다》《그래 우리가 진정 사랑한다면》《삭제하시겠습니까》

시집 : 《내가 나를 부를 때마다》

예세이포레 문학상 수상. 한국시원 시문학상 수상.

World Book 297

Washington Irving

THE SKETCH BOOK OF GEOFFREY CRAYON, GENT.

스케치북

워싱턴 어빙/강경애 옮김

1판 1쇄 발행/2020. 8. 8

발행인 고정일

발행처 동서문화사

창업 1956. 12. 12. 등록 16-3799

서울 중구 마른내로 144(쌍림동)

☎ 546-0331~6 Fax. 545-0331

www.dongsuhbook.com

사업자등록번호 211-87-75330

ISBN 978-89-497-1783-8　04080

ISBN 978-89-497-0382-4　(세트)

월드북(세계문학/세계사상) 목록

분류	NO.	도서명	저자/역자	쪽수	가격
사상	월드북1	소크라테스의 변명/국가/향연	플라톤/왕학수 옮김	824	20,000
사상	월드북2	니코마코스윤리학/시학/정치학	아리스토텔레스/손명현 옮김	621	18,000
사상	월드북3	형이상학	아리스토텔레스/이종훈 옮김	560	15,000
사상	월드북4	세네카 삶의 지혜를 위한 편지	세네카/김천운 옮김	624	18,000
사상	월드북5	고백록	아우구스티누스/김희보·강경애 옮김	566	14,800
사상	월드북6	솔로몬 탈무드	이희영	812	14,000
사상	월드북6-1 6-2	바빌론 탈무드/카발라 탈무드	〃	각810	각18,000
사상	월드북7	삼국사기	김부식/신호열 역해	914	25,000
사상	월드북8	삼국유사	일연/권상로 역해	528	15,000
사상	월드북10	인간불평등기원론/사회 계약론	루소/최석기 옮김	530	15,000
사상	월드북11	마키아벨리 로마사이야기	마키아벨리/고산 옮김	674	12,000
사상	월드북12	몽테뉴 수상록	몽테뉴/손우성 옮김	1,344	28,000
사상	월드북13	법의 정신	몽테스키외/하재홍 옮김	752	16,000
사상	월드북14	학문의 진보/베이컨 에세이	베이컨/이종구 옮김	574	9,800
사상	월드북16	팡세	파스칼/안응렬 옮김	546	14,000
사상	월드북17	반야심경/금강경/법화경/유마경	홍정식 역해	542	15,000
사상	월드북18	바보예찬/잠언과 성찰/인간성격론	에라스무스·라로슈푸코·라브뤼예르/정병희 옮김	520	9,800
사상	월드북19 20	에밀/참회록	루소/정병희 홍승오 옮김	740/718	12,000/16,000
사상	월드북22	순수이성비판	칸트/정명오 옮김	770	25,000
사상	월드북23	로마제국쇠망사	에드워드 기번/강석승 옮김	544	15,000
사상	월드북25	헤로도토스 역사	헤로도토스/박현태 옮김	810	18,000
사상	월드북26	역사철학강의	헤겔/권기철 옮김	570	15,000
사상	월드북27-1	의지와 표상으로서의 세계	쇼펜하우어/권기철 옮김	564	9,800
사상	월드북28	괴테와의 대화	에커먼/곽복록 옮김	868	15,000
사상	월드북29	자성록/언행록/성학십도/논사단칠정서	이황/고산 역해	616	18,000
사상	월드북30	성학집요/격몽요결	이이/고산 역해	620	18,000
사상	월드북31	인생이란 무엇인가	똘스또이/채수동 고산 옮김	1,180	28,000
사상	월드북32	자조론 인격론	사무엘 스마일즈/장만기 옮김	796	14,000
사상	월드북33	불안의 개념/죽음에 이르는 병	키에르케고르/강성위 옮김	546	15,000
사상	월드북34	잠 못 이루는 밤을 위하여/행복론	카를 힐티/곽복록 옮김	937	15,000
사상	월드북35	아미엘 일기	앙리 프레데릭 아미엘/이희영 옮김	1,042	18,000
사상	월드북36	나의 참회/인생의 길	똘스또이/김근식 고산 옮김	1,008	18,000
사상	월드북37	인간적인 너무나 인간적인	니체/강두식 옮김	1,072	19,800
사상	월드북38	차라투스트라는 이렇게 말했다	니체/곽복록 옮김	1,040	19,800
사상	월드북41	인생 연금술	제임스 알렌/박지은 옮김	824	18,000

사상	월드북42	유토피아/자유론/통치론	모어·밀·로크/김현욱 옮김	506	15,000
사상	월드북43	서양의 지혜/철학이란 무엇인가	러셀/정광섭 옮김	994	19,800
사상	월드북44	철학이야기	윌 듀랜트/임헌영 옮김	528	15,000
사상	월드북45	소유냐 삶이냐/사랑한다는 것	프롬/고영복 이철범 옮김	644	15,000
사상	월드북47	행복론/인간론/말의 예지	알랭/방곤 옮김	528	15,000
사상	월드북48	인간의 역사	미하일 일린/동완 옮김	720	12,000
사상	월드북49	카네기 인생철학	D. 카네기/오정환 옮김	546	9,800
사상	월드북50	무사도	니토베 이나조·미야모토 무사시/추영현 옮김	528	12,000
문학	월드북52	그리스비극	아이스킬로스·소포클레스·에우리피데스/곽복록 조우현 옮김	688	18,000
문학	월드북55	이솝우화전집	이솝/고산 옮김	760	15,000
문학	월드북56	데카메론	보카치오/한형곤 옮김	832	19,800
문학	월드북57	돈끼호테	세르반떼스/김현창 옮김	1,288	16,000
문학	월드북58	신곡	단테/허인 옮김	980	19,800
사상	월드북59	상대성이론/나의 인생관	아인슈타인/최규남 옮김	516	15,000
문학	월드북60	파우스트/젊은 베르테르의 슬픔	괴테/곽복록 옮김	900	14,000
문학	월드북61	그리스 로마 신화	토머스 불핀치/손명현 옮김	530	14,000
문학	월드북66	죄와 벌	〃	654	15,000
사상	월드북67	대중의 반란/철학이란 무엇인가	오르테가/김현창 옮김	508	9,800
사상	월드북68	동방견문록	마르코 폴로/채희순 옮김	478	9,800
문학	월드북69 70	전쟁과 평화 I II	똘스또이/맹은빈 옮김	834/864	각18,000
사상	월드북71	철학학교/비극론/철학입문/위대한 철학자들	야스퍼스/전양범 옮김	608	18,000
사상	월드북72	리바이어던	홉스/최공웅 최진원 옮김	712	15,000
문학	월드북73	사람은 무엇으로 사는가	똘스또이/김근식 고산 옮김	560	14,000
사상	월드북74	웃음/창조적 진화/도덕과 종교의 두 원천	베르그송/이희영 옮김	760	20,000
문학	월드북76	모비딕	멜빌/이가형 옮김	744	18,000
사상	월드북77	갈리아전기/내전기	카이사르/박석일 옮김	544	15,000
사상	월드북78	에티카/정치론	스피노자/추영현 옮김	560	18,000
사상	월드북79	그리스철학자열전	라에르티오스/전양범 옮김	752	12,000
문학	월드북80	보바리 부인/여자의 일생/나나	플로베르·모파상·졸라/민희식 이춘복 김인환 옮김	1,154	16,000
사상	월드북81	프로테스탄티즘의 윤리와 자본주의 정신/직업으로서의 학문/직업으로서의 정치	막스베버/김현욱 옮김	577	14,800
사상	월드북82	민주주의와 교육/철학의 개조	존 듀이/김성숙 이귀학 옮김	624	15,000
문학	월드북83	레 미제라블 I	빅토르 위고/송면 옮김	1,104	16,000
문학	월드북84	레 미제라블 II	〃	1,032	16,000
사상	월드북85	인간이란 무엇인가 오성/정념/도덕	데이비드 흄/김성숙 옮김	808	18,000
문학	월드북86	대지	펄벅/홍사중 옮김	1,067	18,800
사상	월드북87	종의 기원	다윈/송철용 옮김	664	18,800

사상	월드북88	존재와 무	사르트르/정소성 옮김	1,130	28,000
문학	월드북89	롤리타/위대한 개츠비	나보코프 피츠제럴드/박순녀 옮김	524	9,800
문학	월드북90	마지막 잎새/원유회	O. 헨리 맨스필드/오정환 옮김	572	9,800
문학	월드북91	아Q정전/아침 꽃을 저녁에 줍다	루쉰/이가원 옮김	538	9,800
사상	월드북92	논리철학논고/철학탐구/반철학적 단장	비트겐슈타인/김양순 옮김	730	18,000
문학	월드북94	채털리부인의 연인	D. H. 로렌스/유영 옮김	550	9,800
문학	월드북95	백년의 고독/호밀밭의 파수꾼	마르케스·샐린저/이가형 옮김	624	12,000
문학	월드북96 97	고요한 돈강ⅠⅡ	숄로호프/맹은빈 옮김	916/1,056	각15,000
사상	월드북98	경제학·철학초고/자본론/공산당선언/철학의 빈곤	마르크스/김문운 옮김	768	18,000
사상	월드북99	간디자서전	간디/박석일 옮김	622	15,000
사상	월드북100	존재와 시간	하이데거/전양범 옮김	686	22,000
사상	월드북101	영웅숭배론/의상철학	토마스 칼라일/박지은 옮김	500	14,000
사상	월드북102	월든/침묵의 봄/센스 오브 원더	소로·카슨/오정환 옮김	681	15,000
문학	월드북103	성/심판/변신	카프카/김정진·박종서 옮김	624	12,000
사상	월드북104	전쟁론	클라우제비츠/허문순 옮김	992	19,800
문학	월드북105	폭풍의 언덕	E. 브론테/박순녀 옮김	550	9,800
문학	월드북106	제인 에어	C. 브론테/박순녀 옮김	646	12,000
문학	월드북107	악령	도스또옙스끼/채수동 옮김	869	15,000
문학	월드북108	제2의 성	시몬느 드 보부아르/이희영 옮김	1,072	24,800
문학	월드북109	처녀시절/여자 한창때	보부아르/이혜윤 옮김	1,055	16,000
문학	월드북110	백치	도스또옙스끼/채수동 옮김	788	18,000
문학	월드북112	적과 흑	스탕달/서정철 옮김	672	12,000
문학	월드북113	양철북	귄터 그라스/최은희 옮김	644	12,000
사상	월드북114	비극의 탄생/즐거운 지식	니체/곽복록 옮김	584	15,000
사상	월드북115	아우렐리우스 명상록/키케로 인생론	아우렐리우스·키케로/김성숙 옮김	543	15,000
사상	월드북116	선의 연구/퇴계 경철학	니시다 기타로·다카하시 스스무/최박광 옮김	644	15,000
사상	월드북117	제자백가	김영수 역해	604	15,000
문학	월드북118	1984년/동물농장/복수는 괴로워라	조지 오웰/박지은 옮김	436	9,800
문학	월드북119	티보네 사람들Ⅰ	로제 마르탱 뒤 가르/민희식 옮김	928	18,000
문학	월드북120	티보네 사람들Ⅱ	〃	1,152	18,000
사상	월드북122	그리스도인의 자유/루터 생명의 말	마틴 루터/추인해 옮김	864	15,000
사상	월드북123	국화와 칼/사쿠라 마음	베네딕트·라프카디오 헌/추영현 옮김	410	9,800
문학	월드북124	예언자/눈물과 미소	칼릴 지브란/김유경 옮김	440	9,800
문학	월드북125	댈러웨이 부인/등대로	버지니아 울프/박지은 옮김	504	9,800
사상	월드북126	열하일기	박지원/고산 옮김	1,038	25,000
사상	월드북127	자기신뢰 철학/영웅이란 무엇인가	에머슨/정광섭 옮김	458	15,000
문학	월드북128 129	바람과 함께 사라지다ⅠⅡ	미첼/장왕록 옮김	644/688	12,000

사상	월드북130	고독한 군중	데이비드 리스먼/류근일 옮김	422	13,000
문학	월드북131	파르마 수도원	스탕달/이혜윤 옮김	558	9,800
문학	월드북132	오만과 편견	제인 오스틴/김유경 옮김	422	9,800
문학	월드북133	아라비안나이트 I	리처드 버턴/고산고정일	1,120	18,800
문학	월드북134	아라비안나이트 II	〃	1,056	16,000
문학	월드북135	아라비안나이트 III	〃	1,024	16,000
문학	월드북136	아라비안나이트 IV	〃	1,112	16,000
문학	월드북137	아라비안나이트 V	〃	1,024	16,000
문학	월드북138	데이비드 코퍼필드	찰스 디킨스/신상웅 옮김	1,136	18,800
문학	월드북139	음향과 분노/8월의 빛	윌리엄 포크너/오정환 옮김	816	15,000
문학	월드북140	잃어버린 시간을 찾아서 I	마르셀 프루스트/민희식 옮김	1,048	18,000
문학	월드북141	잃어버린 시간을 찾아서 II	〃	1,152	18,000
문학	월드북142	잃어버린 시간을 찾아서 III	〃	1,168	18,000
사상	월드북143	법화경	홍정식 역해	728	18,000
사상	월드북144	중세의 가을	요한 하위징아/이희승맑시아 옮김	582	12,000
사상	월드북145 146	율리시스 I II	제임스 조이스/김성숙 옮김	712/640	각15,000
문학	월드북147	데미안/지와 사랑/싯다르타	헤르만 헤세/송영택 옮김	546	12,000
문학	월드북148 149	장 크리스토프 I II	로맹 롤랑/손석린 옮김	890/864	각18,000
문학	월드북150	인간의 굴레	서머싯 몸/조용만 옮김	822	18,000
사상	월드북151	그리스인 조르바	니코스 카잔차키스/박석일 옮김	425	9,800
사상	월드북152	여론이란 무엇인가/환상의 대중	월터 리프먼/오정환 옮김	488	15,000
문학	월드북153	허클베리 핀의 모험/인간이란 무엇인가	마크 트웨인/양병탁 조성출 옮김	704	12,000
문학	월드북154	이방인/페스트/시지프 신화	알베르 카뮈/이혜윤 옮김	522	15,000
문학	월드북155	좁은 문/전원교향악/지상의 양식	앙드레 지드/이휘영 이춘복 옮김	459	9,800
문학	월드북156 157	몬테크리스토 백작 I II	알렉상드르 뒤마/이희승맑시아 옮김	785/832	각16,000
문학	월드북158	죽음의 집의 기록/가난한 사람들/백야	도스토옙스키/채수동 옮김	602	12,000
문학	월드북159	북회귀선/남회귀선	헨리 밀러/오정환 옮김	690	12,000
사상	월드북160	인간지성론	존 로크/추영현 옮김	1,016	18,000
사상	월드북161	중력과 은총/철학강의/신을 기다리며	시몬 베유/이희영 옮김	666	20,000
사상	월드북162	정신현상학	G. W. F. 헤겔/김양순 옮김	572	15,000
사상	월드북163	인구론	맬서스/이서행 옮김	570	18,000
문학	월드북164	허영의 시장	W.M.새커리/최홍규 옮김	925	18,000
사상	월드북165	목민심서	정약용 지음/최박광 역해	986	18,000
문학	월드북166	분노의 포도/생쥐와 인간	스타인벡/노희엽 옮김	712	18,000
문학	월드북167	젊은 예술가의 초상/더블린 사람들	제임스 조이스/김성숙 옮김	656	18,000
문학	월드북168	테스	하디/박순녀 옮김	478	12,000
문학	월드북169	부활	톨스토이/이동현 옮김	562	14,000

문학	월드북170	악덕의 번영	마르키 드 사드/김문운 옮김	602	25,000
문학	월드북171	죽은 혼/외투/코/광인일기	고골/김학수 옮김	509	14,000
사상	월드북172	이탈리아 르네상스 이야기	부르크하르트/지봉도 옮김	565	18,000
문학	월드북173	노인과 바다/무기여 잘 있거라	헤밍웨이/양병탁 옮김	685	14,000
문학	월드북174	구토/말	사르트르/이희영 옮김	500	15,000
사상	월드북175	미학이란 무엇인가	하르트만/ 옮김	590	18,000
사상	월드북176	과학과 방법/생명이란 무엇인가?/사람몸의 지혜	푸앵카레·슈뢰딩거·캐넌/조진남 옮김	538	16,000
사상	월드북177	춘추전국열전	김영수 역해	592	18,000
문학	월드북178	톰 존스의 모험	헨리 필딩/최홍규 옮김	912	25,000
문학	월드북179	난중일기	이순신/고산고정일 역해	552	15,000
문학	월드북180	프랭클린 자서전	벤저민 프랭클린/주영일 옮김	502	12,000
문학	월드북181	즉흥시인	한스 크리스티안 안데르센/박지은 옮김	515	15,000
문학	월드북182	고리오 영감/절대의 탐구	발자크/조홍식 옮김	562	12,000
문학	월드북183	도리언 그레이 초상/살로메/즐거운 인생	오스카 와일드/한명남 옮김	466	12,000
문학	월드북184	달과 6펜스/과자와 맥주	서머싯 몸/이철범 옮김	450	12,000
문학	월드북185	마음은 외로운 사냥꾼/슬픈카페의 노래	카슨 맥컬러스/강혜숙 옮김	442	12,000
문학	월드북186	걸리버 여행기/통 이야기	조나단 스위프트/유영 옮김	492	12,000
사상	월드북187	조선상고사/한국통사	신채호/박은식/윤재영 역해	576	18,000
문학	월드북188	인간의 조건/왕의 길	앙드레 말로/윤옥일 옮김	494	12,000
사상	월드북189	예술의 역사	반 룬/이철범 옮김	774	18,000
문학	월드북190	퀴리부인	에브 퀴리/안응렬 옮김	442	12,000
문학	월드북191	귀여운 여인/약혼녀/꼴짜기	체호프/동완 옮김	450	12,000
문학	월드북192	갈매기/세 자매/바냐 아저씨/벚꽃 동산	체호프/동완 옮김	450	15,000
문학	월드북193	로빈슨 크루소	다니엘 디포/유영 옮김	600	15,000
문학	월드북194	위대한 유산	찰스 디킨스/한명남 옮김	560	15,000
사상	월드북195	우파니샤드	김세현 역해	570	15,000
사상	월드북196	천로역정/예수의 생애	버니언/르낭/강경애 옮김	560	14,000
문학	월드북197	악의 꽃/파리의 우울	보들레르/박철화 옮김	482	15,000
문학	월드북198	노트르담 드 파리	빅토르 위고/송면 옮김	614	15,000
문학	월드북199	위험한 관계	피에르 쇼데를로 드 라클로/윤옥일 옮김	428	12,000
문학	월드북200	주홍글자/큰바위 얼굴	N.호손/김병철 옮김	524	12,000
사상	월드북201	소돔의 120일	마르키 드 사드/김문운 옮김	440	20,000
문학	월드북202	사냥꾼의 수기/첫사랑/산문시	이반 투르게네프/김학수	590	15,000
문학	월드북203	인형의 집/유령/민중의 적/들오리	헨리크 입센/소두영 옮김	480	12,000
사상	월드북204	인간과 상징	카를 융 외/김양순 옮김	634	25,000
문학	월드북205	철가면	부아고베/김문운 옮김	755	18,000
문학	월드북206	실낙원	밀턴/이창배 옮김	648	19,800

문학	월드북207	데이지 밀러/나사의 회전	헨리 제임스/강서진 옮김	556	14,000
문학	월드북208	말테의 수기/두이노의 비가	릴케/백정승 옮김	480	14,000
문학	월드북209	캉디드/철학 콩트	볼테르/고원 옮김	470	12,000
문학	월드북211	카르멘/콜롱바	메리메/박철화 옮김	475	12,000
문학	월드북212	오네긴/대위의 딸/스페이드 여왕	알렉산드르 푸시킨/이동현 옮김	412	14,000
문학	월드북213	춘희/마농 레스코	뒤마 피스/아베 프레보/민희식 옮김	448	14,000
문학	월드북214	야성의 부르짖음/하얀 엄니	런던/박상은 옮김	434	12,000
문학	월드북215	지킬박사와 하이드/데이비드 모험	로버트 루이스 스티븐슨/강혜숙 옮김	526	14,000
문학	월드북216	홍당무/박물지/르나르 일기	쥘 르나르/이가림 윤옥일 옮김	432	12,000
문학	월드북217	멋진 신세계/연애대위법	올더스 헉슬리/이경직 옮김	804	18,000
문학	월드북218	인간의 대지/야간비행/어린왕자/남방우편기	생텍쥐페리/안응렬 옮김	448	12,000
문학	월드북219	학대받은 사람들	도스토옙스키/채수동 옮김	436	12,000
문학	월드북220	켄터베리 이야기	초서/김진만 옮김	640	18,000
문학	월드북221	육체의 악마/도루젤 백작 무도회/클레브 공작 부인	레몽 라디게/라파예트/윤옥일 옮김	402	14,000
문학	월드북222	고도를 기다리며/몰로이/첫사랑	사무엘 베게트/김문해 옮김	500	14,000
문학	월드북223	어린시절/세상속으로/나의 대학	막심 고리키/최홍근 옮김	800	18,000
문학	월드북224	어머니/밑바닥/첼카쉬	막심 고리키/최홍근 옮김	824	18,000
문학	월드북225	사랑의 요정/양치기 처녀/마의 늪	조르주 상드/김문해 옮김	602	15,000
문학	월드북226	친화력/헤르만과 도로테아	괴테/곽복록 옮김	433	14,000
문학	월드북227	황폐한 집	찰스 디킨스/정태륭 옮김	1,012	22,000
문학	월드북228	하워즈 엔드	에드워드 포스터/우진주 옮김	422	12,000
문학	월드북229	빌헬름 마이스터 수업시대/편력시대	괴테/곽복록 옮김	1,128	20,000
문학	월드북230	두 도시 이야기	찰스 디킨스/정태륭 옮김	444	14,000
문학	월드북231	서푼짜리 오페라/살아남은 자의 슬픔	베르톨트 브레히트/백정승 옮김	468	14,000
문학	월드북232	작은 아씨들	루이자 메이 올컷/우진주 옮김	1,140	22,000
문학	월드북233	오블로모프	곤차로프/노현우 옮김	754	18,000
문학	월드북234	거장과 마르가리타/개의 심장	미하일 불가코프/노현우 옮김	626	14,000
문학	월드북235	성 프란치스코	니코스 카잔차키스/박석일 옮김	476	12,000
사상	월드북236	나의 투쟁	아돌프 히틀러/황성모 옮김	1,152	20,000
문학	월드북239	플라테로와 나	후안 라몬 히메네스/김현창 옮김	402	12,000
문학	월드북240	마리 앙투아네트/모르는 여인의 편지	슈테판 츠바이크/양원석 옮김	540	14,000
사상	월드북241	성호사설	이익/고산고정일 옮김	1,070	20,000
사상	월드북242	오류행실도	단원 김홍도 그림/고산고정일 옮김	568	18,000
문학	월드북243~245	플루타르코스 영웅전 ⅠⅡⅢ	플루타르코스/박현태 옮김	각672	각15,000
문학	월드북246 247	안데르센동화전집 Ⅰ Ⅱ	안데르센/곽복록 옮김	각800	각18,000
문학	월드북248 249	그림동화전집 Ⅰ Ⅱ	그림형제/금은숲 옮김	각672	각16,000
사상	월드북250 251	신국론 Ⅰ Ⅱ	아우구스티누스/추인해 추적현 옮김	688/736	각19,800

문학	월드북252 253	일리아스/오디세이아	호메로스/이상훈 옮김	560/506	각14,800
사상	월드북254 255	역사의 연구 I II	토인비/홍사중 옮김	650/520	각18,000
문학	월드북256	이탈리아 기행	요한 볼프강 폰 괴테/곽복록 옮김	794	19,800
문학	월드북257	닥터지바고	보리스 파스테르나크/이동현 옮김	680	18,000
사상	월드북258	세네카 인생철학이야기	세네카/김현창 옮김	576	18,000
사상	월드북259 260	국부론 I II	애덤 스미스/유인호 옮김	568/584	각15,000
사상	월드북261	방법서설/성찰/철학의 원리/세계론/정념론	데카르트/소두영 옮김	784	20,000
사상	월드북262	시와 진실	괴테/최은희 옮김	860	20,000
사상	월드북263	즐거운 서양철학사	S.P. 렘프레히트/김문수 옮김	696	20,000
사상	월드북264 265	정신분석입문/꿈의 해석	프로이트/김양순 옮김	584/600	각15,000
사상	월드북266	군주론/전술론	마키아벨리/황문수 옮김	460	15,000
사상	월드북267 268	황금가지 I II	제임스 조지 프레이저/신상웅 옮김	544/528	각15,000
사상	월드북269	실존주의란 무엇인가	사르트르/이희영 옮김	588	15,000
문학	월드북270 271	안나 까레니나 I II	똘스또이/맹은빈 옮김	544/528	각15,000
문학	월드북272 273	카라마조프 형제들 I II	도스토예프스키/채수동 옮김	504/688	각14,000
문학	월드북274 275	마의 산 I II	토마스 만/곽복록 옮김	440/504	각14,000
사상	월드북276 277	인간의 기원 I II	찰스 다윈/추한호 옮김	464/496	각29,000
사상	월드북278	역사란 무엇인가/이상과 현실	E.H. 카/이상두 옮김	454	18,000
사상	월드북279	독일 국민에게 고함/인간의 사명/권리를 위한 투쟁	피히테/폰 예링/권기철 옮김	424	15,000
문학	월드북280	고흐 영혼의 편지	빈센트 반 고흐/김유경 옮겨엮음	1,022	25,000
사상	월드북281	프랑스혁명 성찰	에드먼드 버크/이태동 옮김	478	15,000
문학	월드북282	존 왕/에드워드 3세/리처드 2세/헨리 4세 제부 외	윌리엄 셰익스피어/신상웅 옮김	702	18,000
문학	월드북283	헨리 6세 제1부/헨리 6세 제2부/헨리 6세 제3부 외	윌리엄 셰익스피어/신상웅 옮김	528	18,000
문학	월드북284	햄릿/오셀로/리어왕/맥베스/율리우스 카이사르	윌리엄 셰익스피어/신상웅 옮김	566	18,000
문학	월드북285	로미오와 줄리엣/티투스 안드로니쿠스 외	윌리엄 셰익스피어/신상웅 옮김	564	18,000
문학	월드북286	말괄량이 길들이기/뜻대로 하세요/십이야 외	윌리엄 셰익스피어/신상웅 옮김	568	18,000
문학	월드북287	실수 연발/사랑의 헛수고/윈저의 즐거운 아낙네들 외	윌리엄 셰익스피어/신상웅 옮김	512	18,000
문학	월드북288	페리클레스/심벨린/겨울 이야기/폭풍우/두 귀족 친척	윌리엄 셰익스피어/신상웅 옮김	540	18,000
문학	월드북289	말은 말로 되는 되로/트로일로스와 크레시다 외	윌리엄 셰익스피어/신상웅 옮김	592	18,000
사상	월드북290	내훈/정인보 소전	소혜왕후/정양완 옮겨풀어씀	528	15,000
사상	월드북291	악(惡)에 대하여/인생과 사랑/희망의 혁명/불복종과 자유	에리히 프롬/고영복 옮김	680	18,000
문학	월드북292	겐지이야기 I	무라사키 시키부/추영현	584	16,000
문학	월드북293	겐지이야기 II	무라사키 시키부/추영현	554	16,000
문학	월드북294	겐지이야기 III	무라사키 시키부/추영현	624	16,000

월드북시리즈 목록은 계속 추가됩니다.